사회학적 파상력

社會學的 破像力

사회학적 파상력

김홍중 지음

문학동네

이 책에는 2008년부터 2016년까지 여러 지면에 실렸던 다양한 글들이 세 가지 주제를 중심으로 다시 정돈되어 있다. 그 세 주제는 그간 나의 탐구를 이끈 주요 테마들이자, 2009년 출간된 『마음의 사회학』의 관심이 심화되고 분화되어 형성된 지적 가지들이다.

제1부 '몽상과 각성'은 '꿈'을 핵심주제로 한다. 근대 계몽주의 정신에 뿌리를 두고 있는 사회학은 사회가 꾸는 꿈들(특정 세계관, 이데올로기, 허위의식, 대중문화)을 응시하고 해체하는 비판적 역할을 자임해왔다. 그것은 사회학 특유의 합리주의적 지향과 깊은 연관을 갖는다. 그러나 인지적 합리성뿐 아니라 감정과 욕망의 힘을 동시에 중시하는 '마음의 사회학'의 관점에서 보면, 인간 행위자는 계산하고 판단하는 존재이기 이전에 미래를 상상/서사하는 몽상가dreamer다. 꿈꾸는 능력(꿈-자본)은 사회적 삶을 영위하기 위해 인간이 갖추어야 하는

중요한 역능이다. 꿈은 판타지이기도 하지만 비전vision이기도 하다. 양자는 쉽게 구분되지 않는다. 행위의 창조성 혹은 광기는 꿈의 창조성 혹은 광기에서 온다. 꿈은 인간 행위자와 그의 현실 사이에 탄력적인 매개공간을 만든다. 거기 터무니없는 백일몽이나 환상세계가 펼쳐지기도 하지만, 주어진 현실의 모순을 날카롭게 지시하면서 그것을 넘어서려는 의지와 욕망에서 솟아난, 예언적 그림들이 출몰하기도 한다. 이 모든 상像의 세계는 덧없는 거짓 우주인 동시에 미래세계의 앞당겨진 실현이기도 하다. 집합적이고 거시적인 차원에 대해서도 같은 논리를 적용할 수 있다. 특정 시대는 그 지배적 몽상구성체에 의해 조형되어간다. 우리가 체험하는 현재는 지난 시대에 꿈꾸어진 것들이, 불완전하게 혹은 의도하지 않았던 방식으로 실현된 세상이다. 앞서간 자들의 치열한 소망이 현 세계의 풍경과 구조에 은밀히 구현되어 있고, 그들의 꿈이 현재적 리얼리티의 바탕을 이루고 있다. 그 위에서 우리는 또, 아직 태어나지 않았거나, 아직 어린 자들이 살아갈 다음 세상을 꿈꾸고 있다. 우리가 살아가는 21세기 한국사회는 지난 100여 년간 한국사회가 격렬하게 꾸었던 꿈들(문명개화, 해방, 근대화, 산업화, 민주화, 세계화)의 성취와 실패, 기억과 망각, 매혹과 환멸의 복잡다단한 퇴적층이자, 미래를 당겨오는 다수의 몽상구성체들이 격돌하는 전장에 다름아니다. '사회적인 것'의 근본질료인 이 '몽상적인 것'을 탐구하는 것이, 마음의 사회학의 주요과제인 까닭이 거기에 있다. 우선 나는 과거의 꿈들이 부서진 잔해에 집중했다. 최근 우리 사회는 여러 차원에서 집합적 파상破像을 체험하고 있다. 신자유주의적 양극화와 불평등의 심화, 세월호 참사, 민주주의의 후퇴, 지배카르텔의 무능과 부패, 삶의 안전을 위협하는 각종 재난과 사건들, 사회적인 것의 모든 경계들(계급, 세대, 지역, 젠더, 종교, 인종)을 가로지르며 분출되는 혐오의 정동 등이 그것이다. 꿈을 연구한다는 것은 꿈이 개인적/집합적 상상 속에서 어떻게 미래를 구성하느냐를 탐구하는 것과 동시에, 이처럼 구성된 미래가 어떻게 환멸적으로 붕괴되거나 위기에 빠지느냐를 탐구하는 것이다. 즉 몽상의 모멘트와 파상의 모멘트가 동시에 포착되어야 한다. 그리고 많은 경우 양자는 긴밀히 연관되어 있다. 파상 속에서 몽상의 실체가 드러나며, 새로운 몽상은 그 이전 몽상의 폐허에서 출현하기 때문이다.

제2부 '생존과 탈존'에는 21세기 청년세대에 대한 문화사회학적 접근들이 묶여 있다. 우리 시대의 청년문화를 탐구해가는 과정에서 나는 그들의 심적 역능과 에너지를 휘몰아가는 핵심기표인 '서바이벌'의 독특한 의미론에 주목했다. 이들이 추구하는 '생존'은 목숨의 구제를 의미하는 것이 아니라, 경쟁상황에 잔존하여 최소한의 안전을 확보하는 것에 더 가깝다. 그것은 대단한 성공이 아니라 소박하고 평범하고, 미래가 있는 삶에 대한 희망이라는 의미를 지닌다. 이런 점에서 서바이벌은 청년세대의 꿈이며 악몽이다. 그들의 심적 에너지(마음)를 동원하고 조직한다는 점에서 생존은 이들의 꿈이지만, 그 실현전망이 희박하고 가혹한 고투를 요구한다는 점에서 동시에 악몽으로 체험되는 것이다. 생존이 합리적 '노력'을 통해 달성될 수 없는 불가능한 프로젝트로 인지되면서, 다양한 문화적 표상과 담론들을 통해 청년들의 좌절감과 무기력이 예리하게 표출되고 있다. 그 극단의 형태들에서 관찰되는 집합적 마음의 지향을 탈존脫存으로 개념화했다. 탈존은 생존의 반대 방향으로 마음이 기울어져가거나 생존을 향한 마음의 동원이 불가능해져서, 생명의 에너지가 자기파괴 또는 현실도피의 방향으로

흐르는 삶의 형식을 가리킨다. 그것은 희망의 상실과 전망의 소실, 꿈 꿀 수 있는 능력의 고갈, 현실에 대한 조롱과 냉소의 몸짓들로 이어진 다. 이 우울한 마음의 풍경은 청년문화의 한 흐름을 이루고 있으며, 이 는 생존주의라는 시대적 꿈의 파상을 보여주는 듯하다. 생존주의가 한 국의 근대성을 특징짓고 매우 오랫동안 한국사회의 중요한 가치로 기 능하며 청년세대의 삶을 지배하고 있음에도 불구하고(김홍중, 2015a), 생존에 몰입하는 삶은 그 자체로 도덕적 정당성과 존재의 건 강성 그리고 자신의 삶을 창조해나가려는 실존의 꿈과 근본적으로 배 치된다. 이런 점에서 청년세대 스스로 생존이 아닌 다른 유형의 삶의 형식을 만들어가려는 여러 형태의 파상적 실천들에 주목할 필요가 있 는데, 그 한 사례연구로서 '시 쓰는 청년들'에 대한 탐구를 묶어넣었다.

제3부 '사회와 마음'에는 이론적 작업들이 묶여 있다. 나는 마음을 인간의 정신기관 전체를 포괄하여 지칭하는 대신, 사회이론의 "실천학 적praxéologique"관점에 국한시켜 사용하기를 제안한다(Bourdieu, 1972: 234-5). 즉, 마음이 문제가 되는 것은 언제나 의미 있는 사회적 행위(혹은 무위)가 발생했을 경우이다. '왜 그들은 이런 행위를 했는 가?'라는 질문에 대한 해답을 행위자들의 인지적, 정서적, 의지적 행 위능력의 복합체(마음)에서 찾는 것이 마음의 사회학의 기본관점이 다. 마음은 하나의 '힘'이다. 심적 역능은 합리적 사고능력뿐 아니라 감 정능력과 욕망능력을 모두 포괄한다. 마음에 대한 성찰이 심화되면서, 나는 그 기획의 뿌리가 베버의 문화사회학에 깊이 닿아 있다는 사실 을 더 명확하게 확인하게 되었다. 베버 사회학의 핵심질문은 흔히 '왜 서유럽에서 근대성이 출현했는가?'라고 이야기되지만, 조금 더 깊이 살펴보면 위의 질문은 인간 행위의 수준으로 분해되어 재구성된다.

즉,『프로테스탄티즘 윤리와 자본주의 정신』에서는 '왜 초기 캘빈주의자들이 그토록 강박적인(부조리한) 노동을 행했는가?'라는 질문이 나타난다. 베버는 그 해답을, 행위자들이 스스로에 창조해낸 의미연관, 윤리, 에토스, 혹은 정신Geist과 같은 마음의 논리에서 찾았다. 구원에 대한 욕망/의지, 구원받지 못할지 모른다는 불안감, 그리고 일상생활의 합리성이라는 심적 능력의 복합체가 그것이다(베버, 2010). 자본주의의 발생에서 마음의 레짐을 찾아내는 베버의 이런 작업은 20세기 사회과학의 저변에 복류로 흘러가고 있다. 가령 푸코에게서 마음이 장치dispositif들을 통해 사회적으로 '생산'된다는 관점을, 부르디외에게서 마음이 신체에 하비투스habitus의 형식으로 각인되어 '사용'된다는 사실을, 그리고 벤야민에게는 마음의 '표현Ausdruck'이 문화라는 몽상세계를 이룬다는 것을 배울 수 있다. 이들의 공통점은 인간 정신, 의미, 상징세계의 힘과 물질성을 동시에 중시하여, 사회와 마음 사이의 변증법적 관계를 집요하게 포착하고자 했다는 것이다. 이들은 사회적인 것의 핵심에서 심적인 것을 찾아내고, 심적인 것의 핵심에서 다시 사회적인 것을 찾아내는 이중작업의 수행자들이다.

책의 제목에 사용된 '파상력破像力'이라는 용어는 원래 2007년 발표한 논문「발터 벤야민의 파상력 연구」에서 처음으로 제안된 개념이다(김홍중, 2007). 위의 논문에서 나는 '파괴-수집-재구성'으로 이루어진 벤야민의 독특한 방법론을, 상을 파괴하는 힘으로 집약하여 이해하고자 했다. 이 책에서는 용어의 의미를 더 확장시켜, 나 자신이 수행하는 사회학적 작업의 힘이자 윤리이자 자세이자 방법인 무언가를 지칭하는 용어로 사용하고자 한다. 파상이란 기왕의 가치와 열망의 체계들이 충격적으로 와해되는 체험을 가리킨다. 21세기는 세계적인 차원에서뿐 아니라 한국사회의 수준에서 보더라도, 근대성의 여러 이념적, 제도적, 미학적, 윤리적, 정치적 건축물들이 깨져 변형되는 구조적 파상의 시대다. 9·11 테러, 2008년 금융위기, 3·11 동일본 대진재, 이슬람국가is의 등장, 창궐하기 시작하는 극우보수주의의 물결, 아시아 평화를 위협하는 지정학적/지경학적 긴장과 갈등, 파국적으로 엄습해오는 환경파괴와 재난들이 우리 시대를 특징짓는 어지러운 풍경을 이루고 있다. 또한, 일상을 떠도는 막연하고 애매한 불안과 공포의 정서, 사회적인 것의 해체에 대한 실감과 예감 속에서도 파상의 만연된 분위기는 감지된다. 파상의 시대는 문명사적 변동기이며, 대안이 명확하게 드러나지 않은 상황에서 과거의 꿈들이 자신의 한계를 드러내며 문제화되는 시기다. 또한, 파상의 장소는 과거의 몽상이 파괴되는 곳일 뿐 아니라 아직 우리가 인지하지 못하는 미래의 꿈이 태동하는 곳이기도 하다. 이 책에 실린 여러 연구들은 나 스스로 체험한 파상적 상황들과 긴밀히 연관되어 있다. 나는 파상력이라는 말로, 연구자 자신이 이런 상황을 탐구할 때 요청되는 인식론적, 윤리적, 존재론적 '스탠스stance'이자 그 스탠스에 함축되어 있는 여러 힘들의 총체를 지시하고자 했다. 파상력의 반대편에는, 부재하는 대상을 허구적으로 현존시키는 능력인 상상력이 있다. 상상력은 없는 것을 있는 것으로 구성해내고, 차이 속에서 동일성을 간파하는 도식화의 능력이다. 그러나 파상력은 구성이 아니라 파괴의 방향으로, 질서가 아니라 카오스의 방향으로 활동한다. 상상력의 최고치가 꿈이라면, 파상력은 깨어남, 즉 각성의 순간에 발휘된다. 꿈에서 깨어날 때, 우리는 몽상세계의 난잡한 이미지들이 깨지고 흩어져 폐허로 부서져내리며 다른 세계(현실)가 열리는 충격을 경험한다. 이 충격은 새로운 인식가능성의 확장을 가져다준다. 꿈에서 깨어나는 체험에 원형을 두고 있다는 점에서 파상력은 능동적 '행위력行爲力'이라기보다는 수동적 '감수력感受力'에 더 가깝다. 일차적으로 파상력의 주체는 행위자agent가 아니라 겪는 자patient이다. 우리는 자발적 의지를 가지고 꿈에서 깰 수 없으며 깨어남은 우리의 의지를 초월하여 도래하는 사건적 성격을 갖는다. 즉, 깨어나야겠다는 마음과 의지가 발동하는 것은 이미 꿈이 어느 정도 붕괴되어 있다는 것을 가리키는 징후이다.

하지만 파상력에는 이런 수동적 겪음의 힘을 넘어서는 능동적 요소 또한 내포되어 있다. 각성 이후의 체험을 중시했던 벤야민과 달리 나는 각성 직전의 체험을 더 중시하고 싶다. 그것은 우리가 실제로 종종 체험하는 '가위눌림'이다. 가위눌림 속에서 우리는 깨어남과 꿈 사이의 회색지대에서 짓눌린 채 마비된다. 우리는 그것이 꿈이라는 사실을 지각하고, 그로부터의 자유를 욕망한다. 몸과 정서를 덮쳐오는 부자유와 공포의 느낌을 떨쳐내고자 달아나거나, 머리를 흔들거나, 비명을 지르거나, 발버둥을 치면서, 꿈의 마력을 떨쳐내고자 한다. 그러나 그것은 곧바로 깨어남으로 이어지지 않는다. 그것은 깨어남의 과정이기도 하고, 영원히 깨어나지 못할 것 같은 불안의 시간, 이대로 꿈의 암흑 속으로 떨어져내려갈지 모르겠다는 두려움의 시간이기도 하다. 파상력은 이때 솟구치는, 미약하지만 필사적인 힘의 총체, 이 마비적 몽환의 장을 벗어나겠다는 몸부림이다. 그리고 깨어나 우리는 식은땀을 닦고, 부서져내리는 꿈의 잔해와 가위눌림의 파편들을 바라본다.

파상의 시대는 꿈과 깨어남 사이에 여러 형태의 '가위눌림'이 전개되고, 과거의 꿈과 아직 도래하지 않은 새로운 꿈 사이에 긴 '환멸'이 전개되는 시기이다. 현실을 직시하지 않는 자들이 여전히 꿈결에 취해 있고, 성급한 자들은 미래를 어설픈 상상으로 봉합하고자 한다. 꿈과 꿈 사이에 펼쳐진 이 가위눌림과 환멸을 있는 그대로 겪어내는 힘, 그리고 희망의 근거를 그 파편들 속에서 찾아내려는 자세, 그것이 바로 파상력의 핵심이다. 이는, 가령 C. W. 밀스가 『사회학적 상상력』 (1959)에서 주창했던 바와 큰 차이를 갖는다. 조직자본주의의 전성기이자 근대의 정점에서 그가 낙관적으로 전망했으며 또한 자신 있게 약속했던 '사회학적 상상력'은 액화된 근대성(바우만), 위험사회(울리히 벡), 재귀적 근대(기든스), 사회적인 것의 종언(보드리야르), 세계의 비참(부르디외), 포스트민주주의(콜린 크라우치) 등의 진단이 내려진 21세기의 맥락에서 보면 묘연한 침묵과 무능 속에 잠겨가고 있다. 양자 사이에는 녹록지 않은 거리가 가로놓여 있다. 사회학적 상상력은 사회적인 것의 미래를, 구조와 생활세계 사이의 원활한 번역가능성에서 발견하고자 했다. 그것은 사회학자의 일일 뿐 아니라 시민 전체가 획득할 수 있을 것으로 기대되었던 사회학적 리터러시literacy의 문제이기도 했다. 하지만, 21세기는 사회적인 것이 약화되고, 사회적 상상계social imaginary로 기능했던 시장, 공론장, 주권적 인민의 위기가 동시에 심화되어가는 시대이다. 더불어 개인에게 발생하는 현상들을 사회학적 맥락에서 해독해낼 수 있는 역량도 전반적으로 약화되어가고 있다. 이런 시대에 사회의 꿈과 마음을 냉정하게 짚어가는 작업을 시도하기 위해 필요한 것은, 밀스가 50여 년 전에 약속했던 '상상력'이 더 이상 아니다. 우리 시대의 상상력은 기업에서 훈련시키고, 자기계발 속에서 육성되고 실현되는 목적합리적 행위의 한 유형으로 전락하여, "측정가능한 측정measurable measure" 시스템의 내부에 포섭되었다 (Gielen, 2013: 27). 그것은 천박해졌고, 진부해졌고, 개인화되었다. 그것은 세계의 구성, 구축, 연결, 건설에 노골적으로 복무하고 있으며, 소위 창조계급이나 창조경제를 통해 생성되어 있는 제도적, 물질적, 문화적 회로들 속에서 (재)생산되고 가치화된다. 상상력의 세계는 여전히 발전과 진보와 개발의 꿈을 대표한다. 상상력을 예찬하면서, 상상력을 강조하고, 거기에 내포된 인간의 창조력을 중시하는 것은 불가피하게 미래를 장밋빛으로 물들인다. 그러나 그런 상상은 21세기적 리얼리티의 고통과 비참을 가리는, 스크린에 투사된 허상인 경우가 더 많다. 기본적으로 의미와 상징으로 구성된 사회세계를 다루는 문화사회학 그리고 그 한 프로그램으로 제안된 마음의 사회학이 상상력이 아닌 파상력을 이야기하는 이유는 거기에 있다.

밀스가 말하는 사회학적 상상력은 미래를 약속하는 힘이지만, 파상력은 어떤 미래도 약속하지 못한다. 예언하지도, 계몽하지도, 도덕적 훈계를 가하지도 못한다. 상상력이 보장하는 좋은 세계를 그려주지 못한다. 파상력은 상상력의 한계지점에서 나타나는, 능력과 무능력의 미분화된 체험 형식이다. 그것을 가지고, 혹은 그것 속에서 우리는, 파괴되어가는 것들과 새로이 생성되는 것들을 사회적 가시권과 가청권으로 끌어내어, 고뇌의 공통공간을 만들어낼 수 있을 뿐이다. 파상은 비판이 아니다. 꿈은 비판될 수 없다. 꿈이란 살과 삶의 절박성에 뿌리를 내리고 있으며, 말이나 논리로 허물어지는 것이 아니라 오직 역사의 전개과정에서, 우발성과 사건성의 작용하에서, 자신의 기능이 소진되었을 때, 신기루처럼 사라지는 것이다. 파상력은 사회를 특정 관점에서 디자인하려 하거나, 통치하려 하거나, 조직하려 하지 않는다. 대신 사회적인 것이 끓어오르며 새로운 길을 뚫는 장소, 그 어딘가에서 예기치 않은 희망의 씨앗이 '그럼에도 불구하고' 생성되는 곳을 증언하기를 소망한다. 이런 점에서 파상력은 실천론적이고 단자론적 monadologique이다. 파상력의 주체에게 총체성은 오직 세부detail에, 한 알의 밀알에, 하나의 영상에, 하나의 순간에, 하나의 실천에 표현되어 있을 뿐이다. 이 책에 수록된 여러 연구들이 사례연구의 형식을 띠는 것은 그 때문이다. 파상력은 일반화되고 물화된 총체성이 아니라 파편 들의 몽타주를 통해 만화경처럼 변전하는 총체성을 추구한다. 사회 전 체를 대상으로 하는 지식이 아니라, 미소한 단위 속에서 전개되는 파 괴와 생성의 드라마에 내포된 보편성과 특이성의 분리할 수 없는 결 합을 추구한다. 이 책이 다루고 있는 것들은 우리 시대라는 모자이크 화를 구성하는 중요한 '파편'들이다. 파편들을 생산해낸 광풍이 불어 오는 곳이 바로 사회학자가 발을 딛고 있던 '현장'이다. 사회학자는 거 기 '역사의 천사'처럼, 날개가 꺾이고 눈이 휘둥그레진 채, 마음이 부서 지거나 다소 얼이 빠진 채, 사태의•진실을 아직 파악하지 못한 채, 상 황의 힘에 말려들어, 그것이 발휘하는 몽상의 '가위눌림'을 벗어나려 애쓰면서, 머물고 있는 것이다. 이런 점에서, 파상의 체험 속에서 수 행된 이 연구들은 기본적으로 현장증언의 성격을 띤다. 이 책의 저 자는 자신의 동시대의 증인이다. 모든 증인들이 그러하듯이, 그 또한 증언의 말들이 누군가의 삶에, 어떤 순간에, 결정적인 힘이 되기를 희 망한다.

2016년 가을
김홍중

일러두기

* 이 책 각 장의 초본이 된 글들은 다음과 같다. 대부분의 초본은 수정, 보완, 변형, 번역되어 실렸다.

1장. 「미래의 미래」, 『문학동네』 71, 2012.
2장. 「마음의 부서짐─세월호 참사와 주권적 우울」, 『사회와이론』 26, 2015.
3장. 「골목길 풍경과 노스탤지어」, 『경제와사회』 77, 2008.
4장. "Risk or Totem? Semantics of Child in Korean Risk Society", *Development and Society* 42(2), 2013.
5장. 「신경숙 문학의 몇 가지 모티프들」, 『문학동네』 70, 2012.
6장. 「꿈에 대한 사회학적 성찰─부르디외와 벤야민을 중심으로」, 『경제와사회』 108, 2015.
7장. 「서바이벌, 생존주의, 그리고 청년세대」, 『한국사회학』 49(1), 2015.
8장. 「한중일 청년세대의 얼굴을 읽다」, 이재열 편집, 『아시아는 통한다』, 진인진, 2016.
9장. 「탈존주의의 극장─박솔뫼 소설의 문학사회학」, 『문학동네』 79, 2014.
10장. 「진정성의 수행과 창조적 자아에의 꿈」, 『한국사회학』 50(2), 2016.
11장. 「소명으로서의 분열─〈사당동 더하기 22〉가 사회학에 제기하는 문제들」, 『문화와사회』 12, 2012.
12장. 「사회로 변신한 신과 행위자의 가면을 쓴 메시아의 전투─아렌트의 '사회적인 것'의 개념을 중심으로」, 『한국사회학』 47(5), 2013.
13장. 「사회적인 것의 합정성을 찾아서」, 『사회와이론』 23, 2013.
14장. 「마음의 사회학을 이론화하기」, 『한국사회학』 48(4), 2014.

1부

몽 상 과   각 성

미래의 미래

I. 나가이 다카시의 경우

—

나가이 다카시永井隆, 1908-1951는 『나가사키의 종長崎の鐘』을 쓴 저술가로서 방사선의학의 개척자이자 독실한 가톨릭 신자였다. 1945년 8월 9일 오전 11시 2분 나가사키의 우라카미浦上에 원폭이 투하되었을 때, 그는 의과대학 본관 진료실 2층 자신의 방에서 외래환자 진찰지도를 하고자 엑스선 필름을 추리고 있었다. 눈앞에 섬광이 일고 감각기관의 수용치를 초과하는 폭발이 일어났다. 다행히 콘크리트 건물 안에 있었기 때문에 최악의 사태는 피했지만, 건물 밖에는 지옥도가 펼쳐져 있었다. 모든 것은 화염에 휩싸여 있었고, 간신히 살아남은 자들은 피부가 벗겨져 흙을 뒤집어쓴 애벌레들처럼 기어다니며 비명과 신음을 내뱉고 있었다. 그는 목숨을 부지한 의사, 의대생, 간호사 들 약 20여 명

을 급히 조직하여 구조작업을 시작한다. 시신들을 모아 화장하고 부상자들을 치료하고 이송하는 급박한 작업이었다(이 작업은 10월까지 이어져 10월 15일에 「원자폭탄 구호보고서」로 제출된다). 박사가 자신의 집으로 돌아간 것은 사흘간의 구조작업을 마치고 나서였다. 집은 폐허가 되어 있었고, 부엌 뒤쪽에서 그는 타다 남은 골반과 허리뼈 그리고 아내의 묵주를 발견한다. 그녀는 부엌에서 기도를 하다가 소실되었던 것으로 추정된다. 아이들은 다행히 시골의 외할머니 댁에 보내져 있었다. 박사는 원폭 투하시의 피폭으로 심각한 외상을 입은 상태였지만, 자신의 두 아이들을 데리고 폭심지爆心地 우라카미로 돌아가 움막을 짓고 살면서 잔류방사선을 연구한다. 1946년에 병세가 악화되어 쓰러진 후 다시 일어나지 못하고 1951년 절명하기까지 여기당如己堂이라 이름붙인 거소에서 저술활동을 했다. 그의 유언은 '네 몸같이 남을 사랑하라如己愛人'였다. 나가이 다카시의 행적과 사유는 나에게 세 가지의 석연찮은 불안감을 야기했다. 첫째는 원폭 투하를 종교적으로 해석하여 이해하고자 한 소위 번제설燔祭說이다. 그는 이렇게 쓴다.

세계가 운명의 기로에 서 있던 그때, 오전 11시 2분, 한 발의 원자폭탄이 우라카미 상공에서 폭발하여 가톨릭 신자 8000명의 영혼은 일순간에 하늘의 부르심을 받았습니다. 맹렬한 화재로 인해 수 시간 만에 동양의 성지는 폐허로 화하고 말았습니다. 그날 밤, 성당마저 홀연 불이 나서 전소하고 말았습니다. 같은 시간에 최고군사회의에서는 종전의 결단을 내렸습니다. 8월 15일, 마침내 종전이 발표되어 전 세계는 새로운 평화의 날을 맞이하게 되었습니다. 동시에 이날은 성모님의 승천축일이었습니다. 우라카미 성당을 성모님께 바쳤던 것이 새삼스레 생각납니다. 이런 기이한 일치가 단순한 우연일까요? 아니면 하느님의 거룩한 뜻이었을까요? 세계대전의 종결을 결정지었던 원자폭탄은 원래 다른 도시에 투하하기로 예정되어 있었다고 합니다. 그러나 그곳 상공에 구름이 끼어 조준폭격을 할 수 없게 되자 갑자기 예정을 변경하여 예비 목표지였던 나가사키로 향하게 된 것이었습니다. 폭탄을 투하할 때 구름과 풍향의 영향으로 원래 목표로 삼았던 군수공장에서 약간 북쪽으로 빗나가 결과적으로 성당 정면에 떨어지고 말았다는 이야기를 들었습니다. 이것이 사실이라면 미군 비행사가 우라카미를 겨냥한 것이 아니라 어떤 우연에 의해 폭격이 이곳에 떨어지게 된 것입니다. 과연 그것이 단순한 우연이었을까요? 저는 종전과 우라카미의 궤멸 사이에 깊은 관계가 있지 않을까 생각합니다. 세계대전이라는 인류의 죄악을 씻기 위해 일본의 성지 우라카미가 제단에 바쳐질 순결한 희생양으로 선택된 것은 아닐까요?(나가이 다카시, 2011 : 203-4).

가톨릭 성지이며 순교의 혈흔이 낭자한 바로 그 장소에 원폭이 투하되었다는 공교로운 사실이 이런 방식으로 해석되었다는 것은 당혹스럽다. 이런 종류의 번제설은 원폭투하의 모든 복합적 과정을 일순간 가상적 행위주체(신)의 의지로 환원한다. 사람의 일이 신의 뜻으로 전도된 채 해석될 때, 우리는 막대한 민간인 사망의 책임이 과연 누구에게 있는지를 물을 수 없게 된다.[1] 하지만, 그런 발상을 통해서라도 자신에게 일어난 사건의 의미를 규정하고자 안간힘을 쓰는 한 인간이 처한 실존적 상황의 참혹함을 가만히 생각해보면, 내심 이해의 감정이 들지 않는 것만은 아니다. 그런 점에서 나에게 진정 불편한 것으로 다가온 것은 박사의 신심과 그에 기초한 희생제의설이라기보다는 오히려 그가 보여준 과도한, 과학에의 신념과 열정이었다.

사실 그는 원폭투하 이전에 이미 방사능에 오랫동안 노출되어 백혈병에 걸려 있던 상황이었다. 자신의 목숨 따위는 과학의 전당에 기꺼이 헌납할 수 있다는 식의 이런 태도는 한편으로는 숭고하지만 다른 한편으로는 섬뜩하다. 더구나 원폭으로 인한 대폭발 속에서도 박사는 놀라운 집중과 헌신의 자세를 보여준다. 동요하지도 않고 두려워하지도 않는다. 그는 골수까지 '의사'로서의 소명으로 가득찬 구원기계처럼 움직였다. 그 주변의 동료들 역시 대동소이하다. 그들은 이 대폭발이 원자폭탄에 의한 것임을 인지하고서, 그 급박한 순간에 서로 모여 '과학적 토론'에 열중한다. 누가, 어떻게, 언제쯤, 어떤 방법으로 폭탄을 제조했을지 논의하고 논쟁한다. 박사는 전쟁에서 패했다는 사실에 비탄을 느꼈다. 그러나 인간이 드디어 원자물리학의 영역에서 어떤 도약을 이뤄냈다는 사실을 깨닫고 "새로운 진리탐구의 본능이 태동하는 것"을 느끼며, "홀연히 신선한 흥미가 황량한 원자 벌판에서 솟아"오름을 느낀다(나가이 다카시, 2011: 105). 그의 구호활동을 추동한 힘은 인도주의와 더불어 이 무서운 '지식에의 의지'였다. "진리탐구만이 우리의 생명, 이것만 할 수 있다면 외관은 아무리 험해도 문제가 안 된다. 원자폭탄이 인류의 머리 위에서 최초로 폭발했다. 어떤 증세가 나타날 것인가? 지금 우리가 보고 있는 이 환자들이야말로 의학사에

---

1 1958년의 『원자폭탄과 인간의 미래』에서 야스퍼스는, 원자폭탄의 사용과 전체주의 사이에 하나를 고르라고 한다면 원자폭탄을 고를 수밖에 없다는 논리를 편다. '나이브한' 평화주의자들을 비판하기 위한 이런 논리를 전개하면서 야스퍼스 역시 희생양, 총체적 희생 등의 수사를 사용하면서 원자폭탄의 사용이 불가피하다는 주장을 피력하고 있다(Jaspers, 1963: 23, 84, 135, 478).

있어 완전히 새로운 자료인 것이다. 이것을 간과한다면 이는 비단 자기태만일 뿐 아니라 귀중한 연구를 포기하는 것이다. 과학자로서 용서 못 할 일이다"(나가이 다카시, 2011: 135).

7만 4000명이 죽고, 20만 명 이상의 민간인이 부상당한 절망적 상황에서 돌올하게 솟아오른 저 냉철하고 거센 과학에의 꿈은 가공할 만하다. 과학적 합리성의 중심에 어른거리는 이 '거룩한 광기'의 정체는 도대체 무엇인가? 미국의 맨해튼 프로젝트가 성공하지 못했다 할지라도, 아인슈타인과 퀴리 부인이 없었다 할지라도, 페르미나 닐스 보어가 존재하지 않았다 할지라도, 일본의 과학자들이 언젠가 유사한 원자폭탄을 만들었을지도 모른다. 그들에게 시간이 주어졌다면, 그들에게 자원이 주어졌다면. 행여 나가사키가 아니었다 해도, 1945년이 아니었다 해도, 그 폭탄은 세계의 다른 어떤 곳에, 다른 시간에 투하되었을지도 모른다. 적과 아군을 가르는 절대적 분리선이 있는가? 가해자와 피해자를 구분할 수 있는가? 중요한 것은 원폭을 투하한 쪽과 원폭에 의해 피해를 입은 쪽이 모두 동일한 가치의 레일 위에서 앞서거니 뒤서거니 경쟁하고 있었다는 사실이다. 동일한 방향을 향해가고 있었으며 동일한 것을 욕망했다. 그것은 근대 과학의 언어이며 근대 과학이 전제하는 합리성과 낙관이다. 근대성의 다른 경로가 정말 실질적인 대안으로 존재하지 않는다면 원폭의 투하는, 유적 존재로서의 인간사의 진행과정에서 어쩌면 불가피한 사건이었을지도 모르겠다.[2]

나가이 다카시 교수는 엄마를 잃은 두 아이들을 데리고 폭심지로

---

2 이런 점에서 막스 베버의 합리화 테제가 기원전 5세기의 기축시대(야스퍼스)로까지 거슬러올라가는 것은 당연한 것이기도 하다.

들어간다. 그는 나무와 함석으로 한 평 남짓한 움막을 만들어 거기 거주한다. 이 위험천만한 행위 역시 "폭심지의 잔류방사선이 인체에 미치는 영향을 관찰하기 위한 것"이었다. 더구나 그는 자신의 아이들을 실험대상으로 삼았다. 즉 "어른뿐 아니라 어린이의 경우엔 어떤 영향을 주는지 알아보기 위해" 두 아이와 함께 거주했던 것이다(나가이 다카시, 2011: 190). 아이에 대한 사랑과 아이를 볼모로 한 탐구열이 뒤섞인 이 무모한 행위를 어떻게 이해해야 하는가? 전쟁에 대한 혐오와 전쟁의 도구를 창조하는 지식에 대한 과도한 욕망의 공존을 또한 어떻게 납득해야 할까? 과학의 진보가 가져오는 파국적 가능성에 대한 공포와 진보에 대한 반성되지 않은 환희의 혼용을 또한 어찌 설명할 것인가? 근대 과학의 첨단에서 생산된 한 발의 폭탄이 지상에 지옥을 열었음에도 불구하고, 그 폭탄의 원리를 가장 가까이 이해하고 있던 한 과학자의 사유를 지배하는 것은 여전히 섭리의 시간, 섭리의 역사, 진보의 역사였다. 박사에게는 기독교가 있었고 구원에 대한 믿음이 있었다. 그 논리 속에서라면, 처참할지라도 죽음은 죽음이 아닐 수 있다. 의미가 부여된 죽음은 또다른 삶이다. 지구는 신국이 아니기 때문에, 중요한 것은 지구의 파산이 아니라 신국에서의 신생일 뿐이다. 지구는 다만 역사가 운동하는 곳, 시간이 전진하는 곳, 구원의 한 계기에 지나지 않는다. 시간의 끝은 지구라는 공간과 분리될 수 있다. 이런 발상은 결국 원자력에 대한 믿을 수 없을 만큼 낙관적인 견해와 친화적이다.[3]

원자시대는 도래했다. 그러나 그것은 되돌릴 수 없는, 불길한 도약으로 인지되지 않는다. 선용하느냐 악용하느냐의 문제로 환원된다. 선용하는 방향으로 가면, 원자시대는 인류에게 구원의 가능성을 제공할 것이다. 그에게는 최종 심판자가 엄존하며 인간은 외롭지 않다. 미래는 아직 열려 있는 무엇이다. 원폭의 체험도 미래라는 시간 지평을 파괴하지는 못했다. 그는 심지어 믿을 수 없이 참혹한 그 현장에서도 '과학'이라는 몽상에 빠져 있다. 이것이 이 명석하고 성실한 동시에 근본적으로 나이브한 과학자의 행적이 야기하는 세번째의 불안이다. 즉, 온몸으로 체험한 세계사적 대변환이 그에게 '사유'의 대변환을 가져오지 못했던 것이다. 그에게 원폭은 풍문도 소문도 아닌 실재였다. 뇌동맥이 폭발로 끊어졌고, 방사능의 효과가 그의 배에 복수를 가득 채웠다. 그의 부인을 순간 산화시켰다. 동료들을 절멸시켰다. 그럼에도 그의 사유는 핵 그 자체, 핵의 존재와 의미를 좀더 차갑게, 좀더 어둡게, 좀더 처참하게 붙들지 못하고 있다. 진보의 관념과 구원의 희망이 눈앞의 참상에 내포되어 있는 인간 전체의 존재론적 변화를 차폐하고 있기 때문일지도 모른다. 가히 비관의 불능이자, 꿈의 집요함이라 하지 않을 수 없다. 절망의 불가능이며, 부정의 불가능이며, 단몽斷夢의 불능이다. 나가이 다카시 사유의 이 영웅적이고 눈물겨운 몽상성, 혹은 로런 벌런트를 빌려 말하자면 이 "잔인한 낙관주의cruel optimism"는 일본이 원자폭탄에 의한 민간인 대량 살상의 상처를 두 차례 입었음에도 불구하고(Berlant, 2011) 그 트라우마 위에 다시 수많은 원자력 발전소들을 건립한, 부조리한 선택을 이해하게 하는 사상적 징후이다.

---

3 "이제 바야흐로 인류에게는 원자시대가 개막되었다. 인류는 원자로 인해 행복해질 것인가, 아니면 비참해질 것인가. 하느님이 감추어두었던 원자력이라는 보검을 수중에 넣은 인류가 이 검을 휘두르며 어떤 춤을 출 것인가? 선용하면 인류문명의 비약적 진보가 될 것이요, 악용하면 지구를 파멸시킬 것이다. 어느 편이나 쉽고 간단한 일이다. 어느 편을 택하느냐 하는 것도 결국 인류의 자유의지인 것이다. 인류는 마침내 자기 손으로 얻은 원자력을 소유함으로써 자기의 운명의 열쇠를 소유하게 된 것이다. 생각이 이에 이르니 실로 소름이 끼친다. 참된 종교 외에는 이 열쇠를 잘 사용하고 지킬 방법이 없을 것 같다"(나가이 다카시, 2011: 214).

나가이 다카시의 나가사키와 2011년의 후쿠시마 사이에는 자연스런 연속성이, 혹은 필연성이 존재하고 있다.

II. 탄생, 잉태, 죽음의 불가능
—

『인간의 조건』서문에서 아렌트는 현대세계의 시발점을 바로 그 원자폭탄의 투하라는 사건에 두고 있다(아렌트, 1996a: 54). 그렇지만 사실 『인간의 조건』은 아렌트가 스스로 명시하고 있듯 1957년의 스푸트니크 1호의 발사를 통해 열린 '지구로부터 우주에로의 탈출'의 의미를 탐구하는 책이라는 점에서, 히로시마와 나가사키의 정치철학적 함의를 본격적으로 다루고 있지는 않다. 아렌트가 이 저서에서 고찰하는 근대는 인간의 행위가능성이 근원적으로 축소된 시대이다. 다양한 각도에서 아렌트는 세계소외와 공리주의적 행복주의의 부상, 경제적 인간의 등장을 지적하면서 근대세계의 정치철학적 협소성을 조명한다. 그럼에도 불구하고 『인간의 조건』에 등장하는 한 개념이 20세기의 어둠에 찬란한 빛을 던지고 있다. 그것이 바로 '탄생성natality'이다.
  탄생성을 자신의 사유에 장착함으로써 아렌트는 스승이자 애인이던 하이데거 철학의 음울함(사멸성)을 지우는 데 성공하고 있다. 후자에 의하면 인간은 유한하며, 죽음을 향해가는 현존재이다. 아렌트는 이 근원적 이미지를 부정한다. 인간은 죽음 앞의 존재로 전부 환원되지 않는다. 죽어가는 존재 이전에 인간은 행위를 하는 존재이고, 행위를 하기 이전에 인간은 태어난다. 인간은 두 가지 의미에서 태어난다. 그는 첫째 어머니로부터 세상에 태어나고, 둘째는 비정치적 무세계성에서 벗어나 정치의 세계로 진입한다. 세계는 인간의 탄생으로 끝없이 변화해가는 열린 지평이다. 이런 신념이 탄생성 개념에 심어져 있다. 베버 이래 독일 사회사상의 한 중추를 구성하는 행위 개념은, 아렌트의 이 가면 쓴 메시아주의 속에서, 개별 행위자의 합리적 계산이나 판단이라는 다소 협소한 차원을 벗어나, 구조나 시스템의 힘을 변형시킬 수 있는 잠재력을 지닌 하나의 '기적'이자 '창조'로 재평가되고 있다. 이에 의하면, 인간의 행위는 하나의 '시작'이다. 인간은 새로 시작할 수 있는 존재이다. 그것은 로고스(말)의 권능이기도 하고, 기억의 능력이기도 하고, 용서의 힘이기도 하다. 기억은 역사의 조건을 건설하며, 용서는 과거의 업을 무화시키고 새로운 지평을 연다. 인간이 인간의 행위로 행위의 연쇄를 끊어낼 수 있는 것은 용서의 힘을 통해서다. 이 모든 시작의 힘을 아렌트는 '탄생'의 메타포로 포착한다. "탄생에 내재하는 새로운 시작은 새로 오는 자가 어떤 것을 새로이 시작할 능력 즉 행위의 능력을 가질 때만 생각할 수 있다"(아렌트, 1996a: 57). 한 아이가, 그가 행할 수 있는 모든 가능성을 품고 태어날 때, 그가 바로 메시아다.

인간사의 영역인 세계를 그것의 정상적이고 '자연적' 황폐화로부터 구원하는 기적은 궁극적으로는 다름아닌 탄생성이다. 존재론적으로 이 탄생성에 인간의 행위능력이 뿌리박고 있다. 달리 말하면 기적으로 새로운 인간의 탄생과 새로운 시작, 그러니까 인간이 탄생함으로써 할 수 있는 행위이다. 이 능력의 완전한 경험만이 인간사에 희망과 믿음을 부여할 수 있다. 그러나 고대 그리스는 인간 실존의 본질적인 두 특징인 믿음과 희망을 완전히 무시하고 '믿음'을 가지는 것

을 매우 공동적이지 못한 덕으로 평가절하했으며 '희망'을 판도라 상
자에 있는 악 중의 하나로 간주했다. 이 세계에서 믿음을 가질 수 있
고 이 세계를 위한 희망을 가져도 된다는 사실에 대한 가장 웅장하면
서도 간결한 표현은, 복음서가 그들의 '기쁜 소식'을 천명한 몇 마디
말에서 발견할 수 있다. '한 아이가 우리에게 태어났도다'(아렌트,
1996a : 312).

아렌트의 이 풍만한 사유는 우리의 심장을 뛰게 한다. 세계의 중심
에 인간 행위자를 복귀시키고 있기 때문이다. 아렌트는 강조한다. 노
동이나 제작과 달리, 다원성을 조건으로 하는 인간 행위는 그 결과의
우연성을 동반한다. 행위의 미래는 미지에 점령되지만, 이 미지야말로
미래를 생명에 개방하는 장치에 다름아니다. 태어나는 아이가 짊어진
미래는 구원의 가능성으로, '희미한 메시아적 힘'으로(벤야민) 충만해
있다. 미래는 메시아가 들어올 수 있는 작은 문이며, 아이는 그런 미래
의 육화된 생명이다. 그런데 우리가 주목해야 할 것은 '이 탄생성의 세
계가 히로시마와 나가사키 이후에 가능한가?'라는 질문이 아렌트에
게 존재하지 않는다는 점이다. 이 질문이 던져졌다면, 아렌트 정치철
학의 향방은 사뭇 달라졌을지도 모른다. 폴리스, 로고스, 비타 악티바,
사유, 정신의 삶 등의 개념들로 구성된 아렌트 사유의 황금빛 성좌가
어떤 블랙홀에 노출되었을지도 모른다. 왜냐하면 핵, 방사능, 핵전쟁
은 탄생성 개념을 근본적으로 손상시키기 때문이다.

핵으로 인한 재난이 존재하지 않던 시절에도 물론 수많은 재해들
이 있었다. 그러나 지진, 홍수, 기근, 전염병, 해일, 가뭄 등의 자연재해
들은 인류의 생명체로서의 존속가능성 그 '자체'를 파괴하지는 못했

다. 문명은 멸망할 수 있다. 그러나 그것은 다시 시작될 수 있다. 순환과 회귀의 시간이 존재한다. 기상이변이나 전쟁, 심지어 지구온난화 역시 생명체와 인간의 어떤 본질적인 부분을 파괴하거나 변형시킬 것으로 생각되지는 않는다. 생명을 가진 것들이 대규모로 사멸할 가능성은 언제나 존재했지만, '생명 그 자체'가 유지될 것이라는 희망이 꺼진 적은 없었다. 핵은 이와 같은 재난의 상상계에 전대미문의 어둠을 드리운다. 방사능과 죽음의 재, 혹은 핵폐기물은 생명체들을 살상하고 파괴하는 것을 넘어서 그런 생명체들이 이어가고 구성하는 '생명 그 자체'에 회복불가능한 손상을 가하기 때문이다. 가령 피폭된 생명은 그 자신만큼은 일정 기간을 연명할 수도 있다. 혹은 피폭의 효과가 나타나지 않는 행운을 입을 수도 있다. 그러나 그의 손상된 유전자는, 그가 잉태하게 될 미래의 모든 생명체들에게 영구적 침해를 가한다. 피폭된 생명체는 절대로 다시 정상적이고 건강한 생명체를 잉태할 수 없다. 핵은 생명의 미래를 파손시켜 원상복귀를 불가능하게 한다. 작은 종말이 피폭과 더불어 발생한다. 불임, 기형, 격세유전적 질병들을 야기하는 방사성 물질은 생명체의 반복가능성을 근본적으로 교란시킨다. 개체가 아닌 종種이, 생명체가 아닌 생명 그 자체가 파괴된다. 생명의 순환, 반복, 자기조절의 섭리가 치명적으로 교란된다. 요컨대 방사성 물질이 허물어뜨리고 있는 것은, 아렌트가 탄생성의 개념으로 포착했던 인간 생명 고유의 가능성 혹은 '새로 시작할 수 있는 능력'이다. 태어날 사람들에 대한 아름다운 희망이 불가능해질 때, 인간은 과연 무엇을 위해 살 수 있을까? 핵은 생명현상과 자연의 힘에 내포된 기적에 가까운 창발성emergence에 대한 시적·철학적 신뢰와 영감 또한 퇴색시킨다. 체르노빌 이후에 지구상의 모든 구름은 더이상 바슐라르가 말하는 "책임 없는 몽상", 보들레르가 말하는 "기상학적 아름다움들" 등의 상징계로 수렴되지 않는다(Bachelard, 1943: 239; Baudelaire, 1961: 1082). 핵폭발의 상징인 버섯구름은 차치하고서라도, 유유히 흘러가는 구름의 형상은 이제 죽음의 재를 싣고 나르는 불길한 수증기 덩어리이자 흑우黑雨를 흩뿌릴 죽음의 기호로 변화한다.[4] 또한 빗소리가 우리에게 선물하는 근원적이고 유희적인 쾌감은 이제 더이상 순수한 감각적 체험으로 남지 못한다.

내 세상 뜰 때
우선 두 손과 두 발, 그리고 입을 가지고 가리.
어둑해진 눈도 소중히 거풀 덮어 지니고 가리.
허나 가을의 어깨를 부축하고
때늦게 오는 저 밤비 소리에
기울이고 있는 귀는 두고 가리.
소리만 듣고도 비 맞는 가을 나무의 이름을 알아맞히는
귀 그냥 두고 가리(황동규, 1995: 46).

빗소리를 듣기 위해서 한쪽 귀를 이 세상에 남겨놓고 가겠다는 시인의 애틋하고 세련된 소망이 제공하는 미학적 풍취는, 방사능이 유출

---

4 체르노빌에서 확산된 방대한 방사능 구름은 제트기류를 타고 서유럽까지 확산되었다. 이때 프랑스에서 원전 안전을 책임지고 있던 펠르랭 교수는 방사능 구름이 프랑스 국경에 와서 멈춰버렸다는 (물론 거짓말인) 어처구니없는 선언을 한다. 체르노빌은 구름의 상상계를 핵과 긴밀히 연결시키는 결정적 사건이 된다. 2006년에 독일의 감독 그레고어 슈니츨러는 핵발전소의 폭발이라는 가상 상황을 극화한 『구름(The Cloud)』이라는 제목의 영화를 찍는다.

된 지역으로부터 오는 비의 오염가능성에 의해, 부분적으로 제약을 당한다. 시인의 청각에 우주의 가장 신묘하고 정겨운 소리로 들려오는 바로 그 빗방울들에 의해 죽어가는 생명의 입장 때문이다. 자연의 4대 원소에서 인간이 취할 수 있는 미학적 쾌락과 음미와 몽상은 더이상 순수한 향유일 수 없다. "물이 있는 곳에서 사람은 다시 한번 살 수 있 다Wo Wasser ist, kann man noch einmal leben"고, 파울 첼란은 노래한 바 있 다(Celan, 1983: 69). 그러나 핵의 시간은 시인의 이 웅장한 상상력에 도 오점을 드리운다. 한 방울의 물속에 녹아 있는 방사능 물질은 생명 의 재출현 가능성을 봉쇄하기 때문이다. 한 방울의 물에서 생명이 시 작되었다면, 한 방울의 오염수를 마시고 생명이 끝날 수도 있다. 이제 까지의 인간이 언제나 불완전했고, 그리하여 참된 인간의 모습이 시간 속에서 다가오는 무엇으로 표상될 수 있었다면, 이제 그런 느긋한 혹 은 시간에 대한 신뢰에 기초한 인간의 이미지 또한 파산을 겪는다. "인 간은 올 것이다. 인간은 인간의 미래다L'Homme est à venir. L'homme est l'avenir de l'homme". 사르트르가 격찬했던 퐁주의 이 유장한 잠언도 이 제 무심히 들리지 않는다(Ponge, 1948: 230). 인간이 인간의 미래이기 위해 요청되는, 인간을 둘러싼 환경의 영구한 안정성이 동요하고 있기 때문이다. 핵무기, 핵발전소, 핵폐기물과 연관된 재난들은, 퐁주가 니 체의 목소리를 빌려온 듯 장엄하게 언명하고 있는 저 인간 드라마에 대한 신뢰, 미래의 인간에 대한 신뢰를 해체한다.

방사능에 의해 오염된 인간들에게 "한 아이가 우리에게 태어났도 다"는 더이상 복음이 되지 못한다. 그것은 누군가가 또 길고 치유할 수 없는, 사악한 고통의 세계에 던져졌다는 사실의 통보일 뿐이다. 그것 은 더이상 미래의 새로움의 기약이 되지 못한다. 과거의 악한 씨앗이 피워낸 악한 과실일 뿐이다. 그렇게 태어난 한 아이는 더이상 메시아가 아니다. 그는 환자이다. 미래의 화신이 아니라 한 희생자이다. 2012년 3월 10일 서울 시청광장에서 있었던 후쿠시마 1주기 〈이제는 탈핵이다〉 집회에 참석한 소녀 아베 유리카는 어른들에게 쓴 자신의 편지를 다음과 같이 담담하게 읽었다. "원전사고가 일어나기 전으로 돌아가고 싶습니다! 하지만 이제는 본래대로 되돌아갈 수 없습니다. 원전사고가 일어나면 본래대로 되돌릴 수 없습니다. 이제 더이상 저와 같은 생각을 (또다른) 누군가가 하게 하고 싶지 않습니다. 이제 더이상 이런 사고는 두 번 다시 일어나지 않았으면 합니다. 저는 원전사고 때문에 방사능을 뒤집어쓰게 되었습니다. 저는 어른들에게 묻고 싶습니다. 저는 몇 살까지 살 수 있을까요? 제가 결혼할 수 있을까요? 제가 건강한 아기를 낳을 수 있을까요?"[5] 이 아이가 던진 마지막 세 가지 질문은 파괴된 미래 개념의 실상을 적나라하게 보여준다. 삶의 불가능. 사랑의 불가능. 그리고 잉태의 불가능. 이 세 가지의 불가능은 탄생성의 불가능, 미래의 불가능, 미래를 인간의 것으로 사유할 수 있는 가능성, 즉 꿈의 불가능이다.

주목해야 하는 것은, 탄생성의 이런 훼손이 인간에게 고유한 죽음의 형식, 즉 사멸성의 훼손을 동반한다는 사실이다. 삶, 사랑, 잉태가 불가능해진다는 초유의 사태는, 인간의 죽음 또한 불가능 속으로 던져넣는 결과를 야기한다. 주지하듯, 호모사피엔스의 죽음은 생물학적 사태가 아니라 상징적 사태다. 죽음을 맞이하고 주검을 처리하는, 문화

---

5 아베 유리카, 「어른들에게 묻고 싶습니다」. 당시 참고했던 오마이뉴스의 기사는 삭제되었고, 현재 향린교회 홈페이지에서 전문을 확인할 수 있다. http://www.hyanglin.org/bbs/mok01_10/304286.

적으로 축적되고 전승된 관습들의 맥락에서 의미가 부여되는 사회적 사태다. 그러나 피폭으로 죽은 자의 시신은 더이상 인간의 시체가 아니다. 인간의 시체로서 적절한 의례를 통해서 씻기고, 애도되고, 매장되어 흙으로 돌아가지 못한다. 죽은 자의 몸은 방사성 유해물질이 확장된 오염된 사물에 불과하다. 가령 피폭의 위험 때문에 후쿠시마 재해의 현장에 구조대가 들어갈 수 없는 상황에서 피해자의 시신들은 방치된 채 부패할 수밖에 없었다. 후쿠시마 사태의 가장 참혹한 이야기들 중의 하나가 바로 시신들의 불가피한 방치였다. 핵시대의 인간은 '죽지' 못한다. 그는 동물처럼 '존재하기를 멈추는 것'도 아니다(하이데거). 핵시대에 죽음이라는 인간학적 현상 속에서 발생하는 새로운 사태는, 사자死者가 '납관에 밀봉하여 지하 1000미터 이하에 묻어야 하는 폐기물로 변화'되는 물리학적 변용이다. 체르노빌 사건 현장에서 피폭된 남편을 간호하던 부인에게 간호사는 이렇게 말한다. "잊지 마세요. 당신 앞에 있는 사람은 남편도, 사랑하는 사람도 아닌 전염도가 높은 방사성 물질이에요. 죽고 싶어요? 정신 차리세요"(알렉시예비치, 2011: 42-3). 태어나지도, 낳지도, 그리고 죽지도 못하는 존재, 그것을 우리는 인간이라 부를 수 있을까? 그런 존재의 새로운 삶과 죽음의 조건은 무엇인가? 이 물음을 아렌트는 왜 던지지 않았을까?

III. 10만 년 동안의 고독

—

핵의 문제를, 아렌트의 표현을 빌려 말하자면 '난간 없는 사유Denken ohne Geländer'의 대상으로 급진화한 것은 그녀의 첫 남편이었던 귄터 안더스였다. 한스 요나스와 함께 하이데거의 제자이기도 했던 그는 1945년 원폭투하를 목도하면서 자신의 철학적 여정에 결정적인 전환점을 체험한다. 나치를 피해 파리로(여기에서 그는 벤야민을 만난다), 다시 미국으로 망명했다가 1950년에 유럽으로 귀환한 그는 독일의 반핵운동을 주도했으며, 1956년에 주저 『인간의 구식성Die Antiquiertheit des Menschen』을 출판하여 원자폭탄에 의해 형성된, 전 지구적 종말론적 상황을 집중적으로 다뤘다. 1950년대 후반부터 그는 지속적으로 핵시대를 사는 인류의 존재론적 변환을 경고, 진단, 분석하는 철학적 작업을 수행했다. 1960년에 쓴 짧은 글에서 그는 원자폭탄이 인간의 형이상학적 지위에 가져온 변화를 다음과 같이 정리한다. "1945년까지, 우리는 끝없는 연극 속에서 오직 조연의 역할만을 맡아왔다. 그 연극이 끝날지, 끝나지 않을지 그 문제로 골치 아플 필요가 없는 그런 연극에서 말이다. (……) 1945년까지, 우리는 무시간적인 것으로 여겨진 한 유類의 사멸하는 구성원들이었을 뿐이다. 그 유에 대해서 우리는 '그것이 사멸하는 것인가, 불멸하는 것인가?'라고 물어본 적도 없었던 것이 사실이다. 이제 우리는 그 자체로 사멸하는 유에 속하게 되었다. 죽어야 한다는 의미에서 사멸적인 것이 아니라, 죽을 수 있다는 점에서 사멸적인 것이다. 우리는 '사멸적인 것들의 유'의 위치에서 '사멸하는 유'의 위치로 자리를 바꿨다"(Anders, 2006: 248-9; Anders, 2002: 269-70).

원자폭탄의 발명과 사용은 인간에 의한 인류 전체의 파괴가능성을 창출함으로써, 인간과 자연, 인간과 지구, 인간과 세계의 관계를 그 토대로부터 재정립하게 한다. 인간의 손에, 인간의 총체적 파멸의 가능성이 주어져 있는 한에서, 인간의 시간은 '끝의 시간'에 이미 도달한 것이며, 오직 '시간의 끝'만을 남기고 있다. 이런 점에서 보면, 원자폭탄의 시대 혹은 원자력의 시대는 여러 시대들 중의 한 '시대'가 아니라 모든 시대들이 끝을 향해감에 있어서 형성된 잠깐 동안의 '유예'에 더 가깝다(Anders, 2006: 146). 귄터 안더스의 묵시록에 의하면, 인류는 1945년 이후 이미 사라짐을 선고받았다. 우리는 지금 우리의 '사라짐' 속에, 탈존 속에, 우리의 종언 속에 있다. 지금 우리가 아직 생존해 있다는 것은 요행일 뿐이다. 이런 상황은 과거의 어떤 종말론적 신화와도 질적인 차이를 갖는다. 인간의 형태로 다시 태어날 수 있다는 희망 그 자체를 파괴하는 종말론은 없었기 때문이다. 원자력의 사용에 내재된 종말은, 흔히 묵시록들이 그렇게 하는 것과는 달리, 어떤 유토피아와도 결합되지 못한다(쿠마르, 2011: 263). 오직 원자력의 인간적 사용을 통해서 인간은 자신을 포함한 생명 전체의 인위적이고 절대적이고 장구한 소멸을 현실화한다. 미래 어느 순간으로 여겨지던 '종언'이 지금 눈앞에 현존하고 있다. 우리는 미래를, 지금 이미 진행되고 있는 현재 쪽으로 깊숙이 당겨와버렸다.

이 언명은 수사가 아니다. 핵폐기물이 제기하는 위협의 시간성 속에서 미래와 현재의 새로운 관계는 부정할 수 없는 현실로 드러난다. 주지하듯 방사성 동위원소의 반감기는 짧게는 100만 분의 1초에서 길게는 10억 년에 이르기까지 매우 다양하다. 100년에서 100만 년에 이르는 과도기적 동위원소의 경우, 그 처리과정이 간단한 것이 아니다. 긴 기간 동안 핵폐기물을 안정적으로 보관할 수 있는 장소를 지구 위에서 찾아내야 하기 때문이다. 가령 프랑스의 경우 1만 7000년 전에 만들어진 퇴적층을 연구하여 활용한다. 퇴적층은 지하 500미터에 위치하고 있고, 그 두께가 130미터에 이르는 것으로 알려져 있다. 바로 그곳에 일종의 방사성 금고를 만들고자 하는 계획이다. 지질학적으로 안정적인 지역에 두꺼운 납의 봉인을 씌워 폐기물을 최대 10만 년 동안 보존한다는 것이다(카브동, 2006: 58-60). 문제는 이 10만 년의 시간을 누가 책임질 것이냐는 사실이다(10만 년이라는 시간의 산술적 의미는 중요한 것이 아니다. 그것은 인간 개체의 시간으로 환산하면 영원에 근접한다). 10만 년 동안 고도의 위험물질이 묻힌 지역에 지진을 포함한 여타의 강력한 지각변동이 없어야 하며, 의도적 테러나 폭발도 없어야 하고, 예기치 않은 물길이 흘러 납관이 부식되어 내용물이 유출되는 일도 없어야 한다. 수많은 개연성들을 괄호에 묶는 부조리 속에서만 폐기물의 가상적 안정성이 확보되는 것이다. 프랑스의 원전은, 누구도 확신할 수 없는 미래의 10만 년을, 아직 태어나지 않은 인간과 생명들에게 동의를 구하지 않은 채, 독단적으로 빌려 사용하고 있는 것이다. 미래는 과연 누구의 것인가? 지금 거주하는 인간들의 안락과 안녕을 위해 미래를 사용할 수 있는 권리가 우리에게 존재하는가? 미래의 인간과 생명들이 미래에 발생할 사고의 결과로 피해를 입는다면, 그 책임은 누구에게 귀속되는가?

핵의 존재는 인간의 시간성을 근본적으로 재구성하고 있다. 특히 핵폐기물의 반감기는 우리에게 현재의 개념을 다시 사유하지 않을 수 없게 한다. 핵폐기물이 매립된 바로 그 순간부터 위험은 10만 년 동안 변함없이 지속된다. 환언하면 위험이 존재하는 시간은 동질화된다. 10만 년 동안, 현재가 미래로 전환될 기회는 기적이 아니고서는 존재하지 않는다. 지금 있는 그것이, 죽음의 위력을 휘두르며 계속 있게 될 바로 그 순간까지가 현재로 전개된다. 현재는 '지금부터 10만 년 이후까지의 시간'으로 다시 정의되어야 한다. 일본의 철학자 다지마 마사키田島

正樹는 10만 년이라는 계산불가능한 시간이 현재에 포섭되어 연속성의 단위로 묶일 때 발생하는 아이러니를 이렇게 지적하고 있다. "핀란드 어딘가의 옛 광산지가 고수준 방사성 폐기물의 최종 처리장으로 예정되었다고 들었다. 세계에서 유일한 시설이며 땅속에 깊이 묻을 계획이라고 한다. 그런데 땅속에 폐기물만 묻는 게 아니라 조각과 회화도 함께 보관된다고 한다. 몇만 년 후의 인류를 향해 위험을 알려야 하는데 언어가 통하지 않을 경우를 대비한 것이다. 100년 후까지는 어떻게 석관을 유지하더라도 수만 년 후까지 그걸 지속적으로 맡을 조직, 기술, 자원이 있다고 누가 장담할 수 있겠는가?"(다지마 마사키, 2012: 142-3).

이제 막 매립된 핵폐기물의 안전한 관리를 위해서는 10만 년 동안 동일한 언어, 동일한 시스템, 동일한 가치, 동일한 주체성, 동일한 조직·기술·자원의 존속이 가정되어야 한다. 10만 년 동안 문명은 단절되지 않아야 하고, 폐기물의 위험에 대한 각성, 위치에 대한 기억, 기억의 재생산과 교육이 차질 없이 실행되어야 한다. 10만 년의 시간의 내부에 동질적인 주체들과 사태들과 세계들이 가정되어야 하고, 강요되어야 한다. 10만 년의 내부에 깃들일 수 있는 여하한 타자성은 무화되어야 한다. 그때 비로소, 지금 10만 년을 당겨 소비하는 이 광기 어린 권리남용의 정당성이 가까스로 확보된다. 끝나지 않는 현재가 요원한 미래를 10만 년의 바깥으로 밀어내버린 형국이다. 핵물질의 반감기를 표시하는 10만 년이라는 숫자는 나와 타자를 가르는 경계, 지금과 미래를 가르는 경계, 오염상태의 지속과 오염으로부터의 자연정화를 가르는 경계의 부호이다. 10만 년의 이쪽 편에는 유有가 있고, 그 저편에는 무無가 존재한다. 혹은 그 반대이다. 이쪽 편에 끝없는 현재가 있다면, 저쪽 편에 비로소 미래의 조그만 틈이 열린다. 끝없이 확장된 이 현재가 지옥이건 아니면 낙원이건, 인간이 핵폐기물로부터 자유로워지기 위해서는 10만 년을 어쩔 수 없이 기다려야 한다. 핵무기와 핵발전소는 인류에게, 과거의 어떤 신학도 감히 제시하지 못했던 과도한 시간의 기다림을, 하나의 사실적 과제로서 던지고 있다. 10만 년 동안 변형되면서 살아남아야 한다. 10만 년을 참고 기다려라. 10만 년 동안의 고독을 견뎌라. 그때 비로소 청정淸淨이, 안심이, 평화가 오리라. 구원의 시간은 10만 년 이후이다.

말하자면 우리는 미래를 현재 쪽으로 깊숙이 잡아당겨 그 정수를 손상시켰다. 그리고 우리 자신의 사라짐이 허무하고 애처롭게 펼쳐지는 우주적 과정 속에, 현재의 위태롭고 끝없는, 쇠멸해가는 연장延長 속에 상처입은 애완동물들처럼, 웅크리고 있다. 1979년 스리마일 섬, 1986년 체르노빌, 그리고 2011년 후쿠시마, 그리고 그사이에 보고되지 못한, 은폐되고 망각된, 종말을 실현시키는 사고들의 전개. 질병들의 긴 잠복기와 사후적 발병. 인과관계의 불투명성, 입증의 불가능성, 수많은 논란과 싸움과 피로와 부정의不正義. 생명의 고리를 따라 순환하는 핵물질들. 그 물질들을 섭취함으로써 드러나는 괴사의 징후들. 지구의 생명 전체가 하나의 순환계로 구조화되어 있는 이상, 사라짐의 시간은 생명의 최종단위가 꺼질 때까지 지속될 것이며, 그것은 아주 오랜 세월을 요구할 것이다. 생명의 서식이 불가능한 지역과 인간의 거주가 불가능한 지역은 지상과 지하로 서서히 확장되어간다. 종말이 생명의 종말이라면, 그 메커니즘은 이미 작동되었다. 기계장치처럼 점진적으로 그리고 체계적으로, 살아 있는 것들의 고통을 증대시키면서, 인류가 긴 세월 창조해온 것들을 하나씩 허물어뜨리면서, 인류의 지구적 동반자들인 다른 생명체들의 삶의 조건을 위협적으로 축소시키면서, 종말은 진행될 것이다. 현재가 미래 쪽으로 확장되어, 미래를 더 멀리로 밀어내고 미래가 원래 있던 곳을 점령했다면, 미래는 연속적 재난의 형식으로 현재 속에서 자신의 영역을 또다시 회복한다. 미래 속으로 현재가 침투하는 것과 동시에 현재 속에 미래가 침투한다. 재난들은 현재 속으로 터져나오는 미래의 비명이다. 현재에 대해서 경고하고, 저주하고, 통첩하는 미래의 몸부림이다. 끝나지 않는 현재에 구멍을 뚫으며 나타나는, 이 미래로부터의 메시지를 청취할 능력이 있는 존재는 지구상에 인간밖에는 없다.

인간과 생명의 사라짐을 저지하고 방해하고 종결짓는 것은 어떻게 가능할 것인가? 이 질문은, 서서히 진행되는 우리의 사라짐 속에서, 던져진다. 아이들은 여전히 태어나지만, 태어남 속에서 태어나는 것이 아니라 사라짐 속에서 태어난다. 우리가 사는 이 시간은 탄생성이 신학적, 정치적, 미학적 가치로서 훼손된 시간이다. 탄생성에 희망을 걸수 없는 시간, 미래를 표시할 수 없는 시간, 미래를 상상할 수 없는 시간, 사라짐의 이 지속적 전개가 '끝나지 않는 현재'로서 미래를 밀어내는 기묘한 시간이다. 아이들에게, 이제 아이를 낳지 말라고 충고하는 것이 현명한 행위가 되는, 그런 시간이다.6 아이들에게, 그들을 이 세상에 낳았다는 무책임한 사실을 사죄해야 할지도 모르는 시간이다. 미래의 부재를 납득시키고, 미래의 증발에 대해서 미래의 인간에게 양해를 구해야 할 시간이다. 자신이 아이를 잉태하여 세계에 던져놓았다는 사실에 대해 죄스럽고, 그들이 살아갈 생애의 어둠의 예감이 안겨주는 열패감에 좌절을 겪고, 또 바로 그런 마음의 통증을 극복하기 위해서 무언가를 해야 한다. 그것은 정치일 수도 있고, 학습일 수도 있고, 교육일 수도 있고, 운동일 수도 있다. 무엇이든 해야 한다. 시간의 절박함에 치를 떨며, 시간이 이렇게 중대한 것임을 너무 늦게 깨달아가며, 무엇이든 움직여 사라짐의 시간을 저지하는 생명의 시간을 확보해야 한다. 그러나 우리에게 과연 시간이 있는가?

유리창에 등을 비벼대며,
거리를 미끄러져가는 노란 안개에도
확실히 시간은 있을 것이다And indeed there will be time.
만날 얼굴들을 대하기 위하여 얼굴을 꾸미는 데에도
시간은 있으리라, 시간은 있으리라.
살해하고 창조할 시간은 있으리라,
그리고 그대의 접시 위에 한 의문을 들었다 놓았다 하는
두 손의 모든 일들과 날들을 위한 시간은 있으리라.
그대를 위한 시간과 나를 위한 시간은 있을 것이고,

6 아쿠타가와 류노스케의 『갓파』(1927)에 이런 이야기가 나온다. 일본의 수생요괴의 하나인 갓파의 세계에 빗대어 당대 일본을 풍자하는 이 글에서, 아쿠타가와 류노스케는 갓파들의 해산장면을 다음처럼 서술하고 있다. "우리 인간의 눈으로 보면 갓파의 해산만큼 이상한 것은 또 없지요. 실제로 나는 얼마 후, 백의 아내가 해산하는 것을 보러 그의 집으로 갔습니다. 갓파도 아이를 낳을 때에는 우리 인간과 마찬가지입니다. 역시 의사나 산파의 도움을 빌려서 해산을 하지요. 그렇지만 해산을 하기 전, 아버지는 전화라도 걸듯이 어머니의 생식기에 입을 대고, '너는 이 세상에 태어날지 말지 잘 생각해보고 대답을 해라' 하고 큰 소리로 묻는 것입니다. 백도 역시 무릎을 꿇고 몇 번이고 되풀이해서 이렇게 물었습니다. 그러고는 테이블 위에 있던 소독용 물약으로 양치질을 했습니다. 그러자 부인의 뱃속에 있는 아이는 다소 주위에 신경을 쓰듯 하며 작은 소리로 이렇게 대답을 했어요. '나는 태어나고 싶지 않아요. 무엇보다도 아버지한테서 정신병이 유전되는 것만 해도 문제구요. 게다가 갓파라는 존재를 나쁘다고 믿고 있으니까요.' 백은 이 대답을 들었을 때, 부끄러운 듯이 머리를 긁고 있었어요. 그런데 그 자리에 있던 산파는 금세 부인의 생식기에 두꺼운 유리관을 밀어넣고 무슨 액체를 주사했어요. 그러자 부인은 안심한 듯이 깊은 숨을 쉬었습니다. 동시에 지금까지 부풀어 있던 배는 수소가스를 뺀 풍선처럼 풀썩 줄어들어버렸어요"(아쿠타가와 류노스케, 1997: 43).

백 번이나 망설이고,

백 번이나 몽상하고 백 번이나 수정할 시간은 있으리라.

토스트를 먹고 차를 마시기 전에.

(……)

감히 한번 해볼까

천지를 뒤흔들어볼까?

이 일순간에도 시간은 있다In a minute there is time

일순간에 뒤바뀔 결단과 수정의 시간은For decisions and revisions which
a minute will reverse(엘리엇, 1988 : 12–3)

1917년에 「황무지」의 시인은 "시간은 있을 것이다"라고 노래했다.
시간은 있을 것이다. 엘리엇은 믿는다. 시간이 있을 것이다. 나에게는,
시간의 실존에 대한 확신을 주장하는 저 (강박적) 확인은 기실, 제1차
세계대전을 통해 엿본 인류의 자기(세계)파괴 가능성에 대한 예감 속
에서 시간이 없음에 대한 인식, 시간의 사라짐에 대한 인식, 시간의 증
발에 대한 인식을 이기고 넘어서려는, 엘리엇의 시적 자기최면으로 들
린다. 시간은 '있을 것이다'가 아니라, '있어야 한다' 혹은 '있었으면 좋
겠다'의 주어였을 것이다. 만약 시간 속에 저와 같이 마르지 않고 솟아
나는 시간의 샘이 있다면 20세기는 희망을 잃지 않아도 될 것이었다.
탄생과 회복과 재기와 결정적으로 파국의 정지가 가능할 것이다. 그러
나 이 시의 화자 프루프록은 핵을 알지 못한다. 그는 핵 이전의 인간이
며, 모더니티의 진정한 파괴적 성격에 대한 그의 사변은 아직 관념적
이다. 핵 이후의 세계에서 시간은 다른 방식으로 흐를 수 있다는 사실
을 그는 아직 사유하지 못하고 있다. 후쿠시마 이후 언제 어떻게 터져

나올지 모르는 프랑스의 원전, 한국의 원전, 중국의 원전에서의 돌이 킬 수 없을 (미래의 어떤) 거대참사 이후에도, 그는 '시간이 있을 것이 다'라고 노래할 수 있을까? 핵이 시간의 존재를 분쇄하고, 시간이 있 을 것이라는 생각을 좌절시키는 이 시대에.

핵문명은 우리로부터 시간을 앗아간다. 우리에게 시간은 증여되지 않는다. 시간이 없다. 시간이 없어지고 있다. 시간의 정체가 모호해지 고 있다. 살고, 사랑하고, 희망하고, 계획하는 인간적 시간이, 물질의 해독과 정화에 걸리는 천문학적 시간 속으로 녹아 사라지고 있다. 장 구한 시간 동안 변함없이 푸를 것으로 상상되는 하늘, 숲, 바다를 주재 하는 자연의 영원성에 대한 기대의 자명성 또한 소실되고 있다. 현 상 태의 세계와 소위 종말 이후로 상상되는 세계의 풍경 사이가 급박하 게 좁아지고 있다는, 불길한 감각이 부유하고 있다. 이런 상황에서 우 리에게 던져지는 가장 중대한 질문은 '최종 파국의 도래를 저지할 수 있는 시간을 우리가 창출할 수 있는가'이다. 문제가 성숙하여 처리할 수 없는 지경으로 가는 시간보다 더 빨리 문제를 해결할 수 있는 능력 을 키울 수 있는 시간이 우리에게 있는가? 10년에 한 번씩 터지는 방 사능의 거대재난보다 더 빨리 원전을 폐쇄하고, 대안 에너지를 현실화 하고, 그러기 위해 아직도 원자력에 대한 신화에 사로잡혀 있는 시민 사회를 설득하고, 원전의 배후에서 지구환경의 파괴에 가장 큰 책임을 지고 있는 지구적 자본주의체제를 제어하고, 기업들을 다른 방향으로 움직이고, 법체계를 바꾸고, 학계와 산업계에 포진한 국제 원자력 마 피아를 제압할 수 있을까? 미국에서, 한국에서, 중국에서, 일본에서, 프랑스에서? 과연 진정 '결단과 수정의 시간'을 가질 수 있을까? 만일 그래야 한다면 어떻게 그것은 가능할 것일까? 3·11을 사유한다는 것,

3·11을 사상으로 접근한다는 것은, 시간을 어떻게 그리고 누가 생성시킬 것인가를 고민하는 것이다. 그 고민은 너무 늦은 것일지도 모르지만, 불가피한 것이다. 아니 어쩌면 이렇게 말해야 하는 것인지도 모른다. 그 고민은 불가피한 것이지만, 너무 늦은 것인지도 모른다. 이 늦음을 경고라도 하듯이 벤야민은 쓴다.

"우리가 예언이나 경고를 놓치고 말았을 때, 그때야 비로소 그것들은 해석가능한 것이 된다. 그래서 우리는 그것을 읽게 되는 것이다. 그러나 이미 때는 너무 늦어버렸다. 그래서 갑자기 불이 난다거나 아니면 마른하늘에 날벼락이 치듯 누군가의 부고가 날아들 때면 우리는 말문이 막힌 그 첫 경악의 순간에 죄의식을, 형체를 알 수 없는 비난의 목소리를 듣게 되는 것이다. 사실은 네가 그것을 이미 알고 있었던 게 아니더냐? 네가 지난번 그 사자死者에 대해 말했을 때 너의 입안에서 그의 이름이 이미 다르게 울리지 않았더냐? 네가 보고 있는 불꽃 속에는 네가 이제야 비로소 그 언어를 이해하는 엊저녁의 신호가 눈짓을 보내고 있지 않더냐? 네가 좋아하던 어떤 것이 사라졌을 때, 몇 시간 전, 며칠 전에 이미 그 사실을 알리는 무엇인가가 그 주변에 있었던 것 아니냐?"(Benjamin, GS IV-1: 141-2)

IV. 깨어남
—

3·11은 먹고, 마시고, 숨쉬는 인간의 기본적 생명유지활동의 양상을 근본적으로 변화시키고 있다. 방대한 지역이 '저선량피폭지대底線量被爆地帶'로 변했다(이케가미 요시히코, 2012: 70). 일본 시민들에게 일상적

피폭과의 힘겨운 싸움은 되돌릴 수 없는 일이 되었다. 정확한 정보를 공개하지 않고 있는 일본 정부는 국내적, 국제적으로 신뢰를 잃었다. 그토록 자신하던 첨단기술은 무기력하고, 자본은 부도덕하고 무책임하다. 이미 2만 명이 해일로 죽었고, 피폭의 전개로 아마도 100만 이상의 사망자가 향후 발생할 것으로 예측되고 있다. 난민의 숫자만 10만이다. 그나마 다행스러운 것은, 오랫동안 잠들어 있던 일본 시민사회가 "불안에 의해 동기화된 연대"(벡, 1997: 97-8)를 통해 목소리를 내기 시작했으며, 결국 2012년 5월 5일 오전 11시를 기점으로 52기의 원전은 모두 가동이 중지되었다는 사실이다. 그러나 쓰나미에 파괴된 후쿠시마 원전들은 여전히 현재의 과학기술과 인간의 힘으로는 어찌할 수 없는 속수무책의 상태에 던져져 있다. 체르노빌을 훨씬 능가하는 막대한 양의 방사능 물질이 전 지구로 확산되고 있다. 특히 1535개의 연료봉이 저장되어 있는 원전 4호기 원료저장 수조를 받치고 있는 바닥이 철골이 드러날 정도로 손상되어, 지진 등의 충격에 의해 무너져내릴 경우, 상상할 수 없는 최악의 대참사가 벌어질 수 있다는 경고가 있다.

후쿠시마는 설명되지 못하고 있다. 원전에서는 죽음을 야기하는 물질들이 부단히 흘러나오고 있다. 그 결과는 계산할 수도 예측할 수 없다. 누구도 손을 쓸 수 없다. 결사대를 투입하기에도 너무 늦었다. 인간은 거기 진입하면 즉사한다. 로봇도 현장에서는 작동되지 못한다. 전자기기가 고밀도 방사능에 의해 바로 파손되기 때문이다. 오직 그 폐허의 상공에 출몰했다 보도된 UFO 같은 상상적 존재에 덧없는 희망을 품어보고 돌아서서 우리는 실소한다. UFO마저 나타나지 않았다면, 인류는 자신이 짊어진 21세기적 고독을 견디기 힘들었을지 모른다. 후쿠시마 앞에서 인류는 오직 자신만이 자신의 미래를 책임지고 있다는, 너무나 당연하고 기초적인 사태를 도리어 충격적으로 맞이하고 있다. 손을 뻗어도 도와줄 신은 없다. 악마도 없을 것이다. 모든 것은 인간에 의해, 인간의 역사에 의해, 발전에 의해, 발전의 필요에 의해, 그 꿈에 의해, 꿈의 실현에 의해, 자신들이 선택한 바로 그 몽상의 노정 속에서 벌어진 사태들인 것이다. 파스칼적이라기보다는 차라리 박민규적인 의미에서, 기도나 비탄이 아닌 오직 유머로밖에는 이겨낼 수 없는 것처럼 보이는 우주적 고독이다. 인류는 어려운 과제 앞에 서 있다. 그것은 구원도 해방도 해탈도 행복도 아닌 생존이다. 호모사피엔스가 진화의 현 단계에서 자신에게 부과한 숙제는 '서바이벌'이다.

3·11의 충격은 근대성의 뿌리로 기능해온 기초적 사유범주들의 자명성을 흔들고 있다. 인간중심주의, 이성에 대한 신뢰, 과학주의, 역사철학의 개념들, 세계종교들의 독트린과 윤리, 생명과 자연에 대한 철학 등이 급진적으로 재고되어야 하는 상황이다. 근대의 문과 학문들은 20세기를 거슬러, 사유의 중심성과 성찰의 우선성을 강조하면서 현실의 피부에서 벌어지는 수많은 시급한 당면과제들로부터 일정 거리를 유지한 채 사고할 수 있는 '스탠스'를 자신에게 허용해온 경향이 있다. 그러나 후쿠시마 이후에 그것은 더이상 가능하지 않을지도 모른다. 그러기에는 현실의 변화가 사유에 가하는 압박이 너무 강력하다. 근대의 과학기술에 대한 신화적 믿음이 허무하게 나자빠진 바로 그 자리에서 인문적 사유 또한, 자신의 무능과 한가함, 허황된 논리의 미로, 현실과 무관한 공허한 관념의 유희 속에서 정작 모두에게 가장 중요한 근원적 문제를 사유하지 못한, 일종의 직무유기를 참담하게 되돌

아보게 될 것이다.[7] 3·11은 SF적 묵시록의 상상력도 뒤흔든다. SF가 그리는 지구 종말은 일순간에 지구 전체가 거대재난에 의해 파괴되어 가는 자연적, 생태적, 우주적 대재앙의 장면들로 구성되는 것이 보통이다. 혜성과의 충돌, 태양의 폭발, 외계생명체의 공격, 괴바이러스에 의한 전염, 화산의 대폭발, 대규모 지각변동, 곤충들의 습격, 좀비 바이러스를 통한 인류의 절멸 등이 그것이다. 〈노잉Knowing〉(2009)과 같은 영화에 표상된 세계의 끝은 수십 초 사이에 행성 전체가 불바다가 되는 일대 스펙터클의 대단원이다. 그것은 파국적이지만 공평하고 단기적인 죽음의 형식이다. 이번 후쿠시마 대진재를 통해 분명해진 것은, 실제·우리를 위협하는 것은 자연이나 우주적 천재지변(쓰나미)이 아니라, 그 안정성이 보장되지 못하며, 일단 문제가 생겼을 때 그 피해를 되돌릴 수 없는 원자력 발전소들이라는 사실이다. 종말이 미래의 어느

---

7 가령 18명의 일본 지식인들이 후쿠시마 사태를 목도하면서 느낀 고뇌를 모아놓은 『사상으로서의 3·11』에서, 가토 노리히로는 이 재앙이 자신에게 가한, 두 가지 지적 충격을 언급하고 있다. 첫째는 미래라는 문제이다. 그는 쓴다. "저는 줄곧 과거와 제대로 관계를 맺지 않으면 미래는 보이지 않는다고, 미래를 만들 수 없다고 주장해온 인간입니다. 과거와의 관계가 지니는 소중함을 주시해왔습니다. (……) 그러고 있는데 어느 날 미래 쪽으로부터 불의의 일격이 가해졌습니다. 이번 원전사고를 대하면서 진정 과거와의 관계와 아울러 미래와의 관계도 중요하다고 느꼈습니다. 줄곧 과거에 관심을 두었지만 미래에도 관심을 기울이지 않으면 안 된다고 말이죠"(가토 노리히로, 2012: 125). 둘째는 인문학 혹은 인문적 지식 전체에 대한 어떤 반성, 그 공허하고 사변적인 게다가 자기애적인 유희성에 대한 자조적 성찰이다. 그는 쓴다. "한편, 이달의 『스바루』에는 나카자와 신이치 씨의 「일본의 대전환」이라는 논고가 실렸습니다. 아직 전편(前篇)이지만, 읽어보면 천연원자로가 17억 년 전에 존재했다는 이야기의 도입부는 몹시 자극적이며 재밌습니다. 그렇지만 다음에서는 일신교적 기술(技術)이라는 개념이 제시되어 자본주의론으로 이어집니다. 이건 남 이야기만은 아닙니다만, 이케다 씨의 글을 읽고 나서인지, '인문적 지식이란 뭔가 나르시스틱한 산물인 건가'라고 느꼈습니다. '나 머리 좋지 않니'라는 소리가 들립니다. 그 대목이 놀이이고 나르시스적입니다. 다소 느긋해 보입니다. 문학의 본질이 '놀이'라고는 하지만, 요로 다케시 씨가 이따금 '문과 계통 녀석들은 말야'라고 말할 때의 느낌을 조금은 알 것 같습니다"(가토 노리히로, 2012: 137).

순간 닥칠 한 차례의 사건이 아니라, 이미 시작되었고 오랜 시간 지속될 어떤 경향이라는 사실이다. 엘리엇을 한번 더 빌려 말하자면, 세상은 "폭발이 아니라 흐느낌으로not with a bang but a whimper" 끝날 것이라는 사실이다(엘리엇, 1988: 78-9). 이런 맥락에서 3·11은 종말의 '비유적' 성격을 종식시킨다.

　대개의 묵시록이 상정하는 종말은 문자 그대로의 종말(지구의 종언이나 생명의 끝)이 아니라 특정 역사적 국면에서의 구조적 변화(정치, 경제, 사회, 문화, 종교)를 '은유'하는 것으로 읽혀왔다. 묵시록이 창궐하는 시대는 사회가 불안과 혁명과 혁신과 파괴의 준동으로 끓어오르는 대격변의 시기이다. 이때 세상의 종말은 특정 '체계'의 종말이거나 정치 '레짐'의 종말이거나 한 '시대'의 종말을 대리표상하는 이미지였다. 종말론은 보편적 서사 형식이다(커머드, 1993). 종말의 이런 비유적 성격이, 후쿠시마가 보여준, 임박한 지구의 생명거주 불가능성의 실현 앞에서 내파된다. 실제로 문제가 되고 있는 것은 지구와 생명의 파산이다. 종말은 이제 결코 은유가 아니다. 그것은 실재의 표징이다. 더이상 무언가의 은유가 아니라 그 자체를 가리키기 시작한 이 '종말'은 인류에게 닥친 지구 환경의 문제를 하나의 '절대적' 문제로 재구성하고 있다. 절대적이란 말은 여기에서 시간과 공간을 초월하여 보편적이라거나, 어떤 관점에서도 타당하다는 의미는 아니다. 지구의 보존, 생명의 지속, 인류의 생존, 즉 미래가 '절대적' 문제인 것은 지구, 생명, 인류, 미래가 다른 모든 문제들이 그 위에, 그 이후에, 그것 위에서만 존재하며 의미를 가질 수 있는 토대이기 때문이다. 그것이 없다면 다른 것도 없다는 의미에서, 우리의 '절대적' 토대이기 때문이다. 절대의 개념은 미래의 미래다.

그러나 이 절대는 사실 요원한 절대이자, 연약한 절대이며, 방치된 절대이다. 현대사회는 절대를 절대로서 바라볼 수 있는 특권적 지점을 갖고 있지 않으며, 절대에 책임을 질 수 있는 주체가 따로 존재하는 것도 아니기 때문이다. 지구 혹은 생명이라는 절대의 자리는 경제, 법, 과학, 정치, 종교, 교육 등 기능적으로 분화된 시스템들의 고유한 코드의 맥락에서만 부분적으로 관찰될 수 있다. (칸트 이래 베버를 거쳐) 루만이나 부르디외 사회학의 기본적 통찰은 근대세계가 사회적 하위체계나 장champ의 '분화' 위에서만 가능하다는 것이다. 근대 과학은 아름다울 필요가 없고, 근대적 도덕은 참될 필요가 없으며, 근대 예술은 선하지 않아도 된다. 분화된 체계(장)는 서로에게 닫힌 자율적 우주이다. 그리고 그 내부에 존재하는 코드만으로 세계를 관찰하고 소통한다. 경제의 논리에서 이익을 가져오는 것은 법적으로는 불법일 수 있다. 학문적으로는 진리가 아닌 것이 종교적 초월의 원리일 수 있다. 정부는 환경 문제를 오직 5년 동안의 집권과 통치의 맥락에서만 판단한다. 경제는 환경과의 관계에서 발생할 단기적, 장기적 이득만을 따진다. 언론은 보도가치가 있는 한에서만 생명의 문제를 다룰 수 있다. 현대사회는 지구, 환경, 미래 등의 '절대'를 전체적으로 조망할 수 있는 지점, 총체성의 자리, 그것을 오랜 시간 탐구하고 책임질 수 있는 선험적 주체를 갖고 있지 않다. 여기에 문제의 핵심이 있다(루만, 2002).

후쿠시마는 지구, 생명, 인간, 미래를 하나의 절대로서 드러냈다. 현재 가장 중요한 문제가 무엇인지를 일깨웠다. 그런데 현대사회는 이 절대를 절대로서 바라볼 수 있는 가능성을 쉽사리 제공하지 않는 방식으로 기능하고 있다. 행정부의 관료들은 자신 부서의 일상적 업무에 바쁘고, 금융시장은 복잡한 숫자들의 끝없는 변동 속에서 돌아가고 있다. 공장들은 아무 일도 없는 것처럼 가동되고, 대학교수들은 승진심사를 위해서 실험을 하고, 데이터를 모으고, 논문을 쓴다. 학생들은 리포트를 쓰기에 바쁘고, 취업준비에 열중한다. 곳곳에서 소송들이 진행 중이고, 코미디언들은 아이디어 회의를 한다. 소설가는 자신의 단편을 완성시키고자 고민하고, 건축업자는 별장을 짓는다. 누군가는 투병을 하고, 간병을 하고, 한숨을 쉬며 누군가를 장사지낸다. 프로야구 선수들은 야구장에서 땀을 흘린다. 피로한 몸을 이끌고 저녁 늦게 집으로 돌아가는 길의 가로등 아래에서, 일요일 오후의 낮잠 속에서, TV 뉴스를 지켜보다가 잠시 사람들은 '지구의 미래'를 스치듯 상상할 것이다. 원전반대 집회 참가자들의 함성과 행진을 지켜보며 예전보다 훨씬 더 그들의 행동에 마음이 끌리고 있는 자신을 발견하겠지만, 그것이 행동으로 이끌리기에 아직 무언가가 부족하다. 세계의 점진적 사망은 일상의 지속과 충돌하지 않는다. 절대를 고민하고, 절대를 위한 행동은 '모두의 일'이지만 사실 '아무의 일'도 아닌 상태로 남겨져 있다. 후쿠시마가 우리에게 던진 이 문제는 너무나 깊고 아득하다. 우리는 누구인가? 우리는 어디로 가야 하는가? 우리는 어디로 가고 있는가?

보론1. 미래의 종언[8]

—

1977년 런던에서 펑크 뮤직이 태어났다. 그들은 "미래가 없다"고 노래

---

8   이 글의 원본은 다음과 같다. 김홍중. 2013. 「프랑코 베라르디 비포, '미래 이후'」. 『문학동네』 75.

한다. 보드리야르는 1978년에 '사회적인 것의 종언'이라는 부제가 붙은 『침묵하는 다수의 그늘 아래서』를 썼고, 리오타르는 1979년에 『포스트모던적 조건』을 출판한다. 같은 해에 소비에트는 아프가니스칸을 침공하고, 중국과 베트남에서 전쟁이 일어나고, 캄보디아의 대량학살이 공개된다. 구사회주의권의 도덕적 위신이 추락하고, 자유주의 국가들은 마거릿 대처의 "사회라는 것은 없다"는 명제를 기치로 신자유주의적 드라이브를 걸기 시작했다. 케인스적 관점이 파산하고, 통화주의와 공급파경제학이 부상했다. 무언가 결정적인 변화가 그때 일어났다. 근대성의 다양한 실험들이 모두 붕괴하고, 대안 없는 시대가 시작되고 있었다. 거대서사의 종언, 역사, 해방 개념의 시효는 끝난 듯이 보였다. 이탈리아 자율주의 운동가 프랑코 베라르디 '비포'는 바로 그 시기에 '미래의 종언'을 읽어낸다.

'비포'가 말하는 미래는 물리적으로 주어진 시간이 아니다. 그것은, "진보적 근대의 문화적 상황에서 출현한 심리적 인식, 즉 근대 문명의 오랜 기간 동안 만들어졌고 제2차세계대전 이후 몇 년 동안 정점에 달한 문화적 기대"로서의 미래를 가리킨다('비포', 2013: 35). 미래는 '진보' '발전' '해방' '유토피아' 등의 수사로 장식되어 있던 개념이다. 그것은 신화였다. 의미와 꿈이 거기에서 솟아나와 현재를 움직였다. 서구적 모더니티는 1850-1950년 사이의 100년 동안 이 신화화된 미래를 신앙하면서 진화해왔다. 미래는 언제나 과거보다 더 나은 삶의 시간이었다. 과학과 기술이 그런 신뢰를 보조했으며, 부르주아 계급은 그 믿음을 노동과 경영의 근본원칙으로 설정했다. 베버가 말하는 자본주의 정신이란 결국, 지금 주어진 향락의 기회를 참아내면, 더 나은 미래가 열릴 것이라는 가능성을 핵심으로 생활양식Lebensführung을 정립하는 원칙에 다름아니다. 이 풍요로운 미래가 미학적으로 승인된 것은 이탈리아의 미래주의자들에 의해서이다. 1909년 2월 5일에 마리네티가 발표한 「미래주의 선언」은 미래를 향해 질주하는 서구문명의 속도와 방향에 대한 미학적 찬가이다. 이탈리아 미래주의는 속도와 변화와 전쟁을 찬미했다. 그들은 당시의 파시스트, 공산주의자, 그리고 민주주의자들이 각기 다른 방식으로 꿈꾼 바로 그 낙관적 미래를 시화詩化했다. 시인이라는 존재 역시 이 질주에 동화된다. 「미래주의 선언」제6조에서 시인의 책무는 이렇게 묘사된다. "시인은 본원적인 요소들에 대한 열광적 열정을 높이기 위해 열렬하게, 찬란하게, 아낌없이 자신을 소진시켜야 한다"('비포', 2013: 39).

1977년에 섹스 피스톨스가 "미래는 없다"고 노래했을 때 부정된 것이 바로, 이처럼 상상되고 기대되고 추구된 모더니티의 꿈인 미래다. 우리 시대의 미래는 더이상 좋은 삶의 가능성을 의미하지 않는다. 미래는 빚이거나, 질병이거나, 불확실성이다. 성장 패러다임의 한계가 자명해지고, 환경으로부터의 위협이 단순한 수사를 넘어서 현실을 재구성하는 근본 문제가 되었으며, 신자유주의적 노동 불안정성이 개인의 미래를 단단한 토대 위에서 계획하는 것을 불가능하게 할 때, 미래의 실존은 액화된다. 미래는 신선하게 열리는 미지의 시간이 아니라 폐쇄된 채 부패하는 검은 덩어리에 더 가까워졌다. 이런 변화의 핵심에는 자본주의의 구조적 변동이 존재한다.

기호자본주의적 생산의 흐름은 탈脫인격화된 시간의 세포화된 파편들을 포획하고 연결한다. 그러면 자본은 인간 시간의 프랙털들을 구매해 망 속에서 재조합한다. 자본주의적 가치화의 관점에서 보면, 이 흐름은 중단되지 않고 그 통일성을 생산된 대상 속에서 발견할 수 있다. 그러나 인지노동자의 관점에서 보면, 노동의 공급은 파편화된다. 시간의 프랙털들과 맥박이 뛰는 노동 세포들의 전원은 전 지구적 생산의 거대한 통제실에서 켜졌다 꺼졌다 한다. 따라서 노동시간의 공급이 노동자의 신체적, 사법적 인격과 분리될 수 있는 것이다. 그리고 사회적 노동시간은 자본의 필요에 따라 소화되고 재조합될 수 있는, 가치화하는 세포들의 바다가 된다('비포', 2013: 61).

노동계급은 비물질노동의 파편적 재조합의 거대한 복잡계에, 분절된 세포의 형태로, 포섭된다. 그들은 여하한 공통성을 상실한다. 노동하는 몸과 마음의 인접성과 연속성은 파괴되었다. 노동하는 영혼들은 모바일/디지털 테크놀로지의 접속장치를 매개로 자본의 최종 통제장치에 산발적으로 연결될 뿐이다. 지구적으로 펼쳐진 이 네트워크 안에 개인들은 "무한한 뇌덩굴, 프랙털 모양의 이용가능한 신경에너지 세포들로 이뤄진 끊임없이 변하는 모자이크"의 형태로 분산된다('비포', 2013: 200). 가치가 실현되는 과정의 찌꺼기 혹은 자본의 이런 만화경적 증식과정의 한 계기로 전락한 개인들이 공통의 몸과 마음을 이룰 수 있는 물리적 가능성은 파괴되었다. 노동운동이 퇴조하고 노동자의 지구적 연대가능성이 희박한 것은 이 때문이다. 이런 방식의 노동에 포섭된 개인들은 정신의 소진을 체험한다. 신경쇠약, 각종 정신병리적 증상들, 공황, 우울, 자살, 이 모든 이상들이 우리 시대의 일상을 구성한다.

요컨대, 기술-금융자본주의는 미래를 꿈꾸고, 사유하고, 미래로 향하는 주체들의 자리를 탈취하여 분쇄한다. 적은 센터도 거점도 없다.

어디에서 시작해야 할지 아무도 알지 못한다. '비포'는 비관적이다. "내가 보기에는 어떤 눈에 띄는 주체화도, 의식성의 회복도, 해방의 형식도 가까운 미래에 가능할 것 같지 않다. 그리고 나는 이 게임에서 속임수를 쓰고 싶지 않다. 나는 스스로를 위안하는 공허한 말이나 다중에 대한 수사적 발언을 좋아하지 않는다. 적어도 내 눈에 보이는 대로의 제한된 진실일지언정 나는 진실을 말하는 편을 선호한다. 출구는 없다. 사회적 문명화도 끝났다. 신자유주의가 초래한 노동은 (……) 과거에 저항을 가능케 했던 문화적 항체들을 파괴했다. 내가 아는 한에서는 그렇다"('비포', 2013: 243). 그는 미래를 다시 건설하지 말고, 아예 버리자고 말한다. 미래에 무엇이 올지 지금 우리는 결코 알 수 없기 때문에. 이 무지의 힘으로 저항하자고 말한다. 여전히 희망을 잃지 말자는, 안간힘으로부터 나온 메시지다. 비포의 논의는 역사철학적 신화가 제거된 각성된 눈으로 다시 당대의 역사를 보았을 때 엄습하는 파상적 전율을 동반한다. 루만과 보드리야르와 가타리도 같은 것을 보았다. 우리도 후쿠시마의 망가진 원전에서 그것을 보았다. 도처에서 그것을 볼 수 있다. 매일매일 그것을 볼 수 있다. 그것은 확산되어 있고 명백해져 있다. 그것은 미래의 파상破像이다. 우리 시대는 미래가 파상된 시대이다. 주어진 것은 파편들의 폐허이다. '비포'는 거기까지 말하고 있다. 희망을 찾아내는 것은 그의 몫이 아니라 우리 자신의 몫이라는 듯이.

보론2. 반딧불의 잔존[9]

—

조르주 디디-위베르만의 『반딧불의 잔존』이 번역되었다. 프랑스에서 그의 수업을 들었었다. 파리 라스파이 대로에 있는 회색 건물의 지하 대형 계단식 강의실이었다. 그가 진행하던 수업에서 특이했던 것은 조명과 세팅이었다. 강의가 시작되어도 밝고 환한 조명이 제공되지 않는 것이 상례였다. 학생들은 컴컴한 관객석에 묻혀 공연을 관람하는 기분으로 그의 수업을 들었다. 빛은 약한 미광이 전부였다. 강의자 또한 희박한 빛 속에서 수업을 진행했다. 더구나 디디-위베르만은 자신의 강의를 시작하기 전에 무대의 전면에 요정의 이미지를 투사한다. 피렌체의 화가 기를란다요의 프레스코화 〈세례 요한의 삶: 요한의 탄생〉의 화면 오른쪽에 등장하는, 머리에 과일 광주리를 인 닌파Ninfa의 이미지다. 바람에 실려 우연히 방으로 날아온 나비처럼, 가볍고 무심한 젊은 여성의 이 영상은 그 자체로 신비스런 매혹의 분위기를 강의실 전체에 방사하고 있었다. 디디-위베르만의 말은 느리고, 부드럽고, 정교했다. 가히 우아하다고 표현해도 과언은 아닐 것이다. 매번 대단한 설득력을 가진 말들이, 어둠에서 어둠으로, 템포와 리듬을 타면서, 파도처럼 전개되었다. 학생들은 숨을 죽이고 노트에 그의 말들을 적는다. 질문도 대답도 없다. 말들이, 끊어질 듯 이어지면서, 사고를 촉발시키고 마비시키며, 밀려왔다. 정교하면서 화려한 말. 표면적이고 분절적이고 명징하며 단단한 불어가 메스처럼 현상을 자르고 들어가는 차갑고 상쾌한 포착과 결합의 경험, 상징의 힘의 경험. 디디-위베르만의 수업은

---

9 이 글의 원본은 다음과 같다. 김홍중. 2012. 「묵시록에 대항하는 잔존의 사유」. 『문학동네』 72.

같은 강의실에서 요일을 달리하여 진행되던 데리다의 수업만큼이나, 언어를 마술사처럼 혹은 사제처럼 다루는 자가 발휘할 수 있는, 모방할 수 없는 권위를 품고 있었다.

'영상인류학'이라는 제목을 가진 이 강의에서 디디-위베르만이 관심을 갖고 탐구하던 테마들은 다채롭고 다양했다. 그가 주로 참조하던 학자들 역시 방대한 스펙트럼을 형성하고 있었다. 그는 아감벤, 들뢰즈, 데리다, 피에르 페디다Pierre Fédida, 라캉, 블랑쇼 등의 현대철학자와 정신분석학자들을 지속적으로 인용하면서 자신의 이미지 이론을 정립해가고 있었다. 이미지의 문제에서 그를 가장 매료시킨 인물들은 벤야민, 바타유, 그리고 특히 아비 바르부르크였다. 그를 이해하기 위해서 우리는 바르부르크라는 인물에 대한 개략적인 지식을 갖고 있어야 한다.

바르부르크Aby Warburg, 1866-1929는 함부르크의 부유한 은행가의 장남으로 태어났다. 자신의 동생에게 장자권을 양도하는 대신 자신이 소장하고 싶은 모든 책과 작품들을 구입해줄 것을 약속받은 후, 이탈리아 플로렌스 르네상스와 루터 종교개혁 시기의 독일미술에 대한 독창적 연구를 남긴 현대 도상학의 아버지이다. 1889년에 구상되어 1900년에서 1906년에 조성된 개인 도서관인 바르부르크 문화학 도서관Kulturwissenschaftliche Bibliothek Warburg은, 프리츠 작슬의 지휘하에서, 1921년부터 일종의 공적 연구소로 변모하게 된다. 1933년에 나치를 피해서 런던으로 옮겨지게 되면서 바르부르크 연구소는 런던 대학의 부속연구소가 된다. 부르크하르트에서 발원한 독일의 문화사 전통과 영국 문화인류학의 전통 그리고 예술사와 심리학을 포괄하는 방대한 영역으로부터 영향을 받아 형성된, 새로운 학문적 시도의 선구자로서

바르부르크가 일관적으로 탐구했던 주제 중 가장 중요한 것이 바로 서구문화(예술)적 형상들의 감정적 구조였다. 그는 문화사의 근원적 추동력을 파토스와 사유, 감정과 이성의 변증법적 갈등에서 찾았으며 이를 지칭하는 '파토스형식Pathosformel' 개념을 창안한다. 1925년에서 1929년 사이에 그는 '그림지도-기억Der Bilderatlas Mnemosyne'이라는 제목의 방대한 이미지 몽타주를 시도한다. 이 지도는 79개의 목록Tafel으로 구성되어 있고, 각 목록은 특정 테마를 표현하는 다종다기한 이미지들을 내포하고 있다.

가령, 디디-위베르만이 수업시간에 배경에 쏘아놓는 이미지, 즉 닌파는 이 그림지도의 마흔여섯번째 목록에 등장한다. 거기에는 닌파와 연관되어 있는 수많은 이미지의 사진들이 28장 배열되어 있다. 이미지들은 시간과 공간을 초월하여 특정 형상, 몸짓, 가치를 부여받은 채 차이와 반복의 구조 속에서 현상한다. 과일 바구니 대신 물동이를 든 여인들, 현대 이탈리아의 평범한 농부 부인의 사진, 성서에 등장하는 수많은 탄생 일화들의 도상들이 그것이다(Warburg, 2008: 84-5). 바르부르크의 그림지도는 이처럼 특별한 설명이나 이론적 사변 없이, 이미지 그 자체의 제시를 통해서 이미지의 역사와 기원과 힘을 드러내며, 더 나아가서 집합기억과 이미지의 깊은 연관을 암시한다.[10] 그의 "이름 없는 과학science sans nom"은 이미 당대부터 중요한 반향을 형성

---

10 바르부르크는 1895년에서 1896년 사이에 미국을 여행하면서 인디언들의 다양한 의례(특히 호피족 인디언들의 뱀의례)들을 참여관찰한다. 특히 이미 고대 그리스의 이교도적 이미지세계의 생명력에 관심을 기울였던 그는, 서구세계를 벗어난 비서구세계의 의례 속에서 이미지와 감정, 몸짓과 의식의 문제를 인류학적으로 탐사하기도 했다. 이 여행은 원래 동아시아 일본에까지 이르기로 되어 있었으나, 실현되지는 못했다(Warburg, 2003).

하고 있었다(Agamben, 2004: 9-35). 바르부르크 도서관은 당대 독일 문화학의 메카로 등장한다. 이 도서관이 키워낸 20세기 초반의 거대 지성 중의 한 사람이 당시 함부르크 대학의 교수로서 신칸트주의자이 자 짐멜의 제자이기도 했던 에른스트 카시러다. 그는 20년대 초반에 이 도서관을 처음 방문하여 방대한 '문제들의 집적'에 크게 감명을 받고, 거기에서 작업하면서 문화에 대한 일반학을 구상한다. 그의 유명한 『상징적 형식의 철학』(I권은 1923년에 출판)은 바로 바르부르크 도서관에서의 작업의 결실이다. 파노프스키는 카시러의 '상징적 형식'이라는 개념을 수용하여 1927년에 원근법에 대한 기념비적인 저서를 남기고, '도상학'을 창시한다. 영국의 유명한 예술사가인 곰브리치는 바르부르크의 사망 7년 후인 1937년에 연구소에 들어가 1959년에 소장이 된다. 그는 후일 바르부르크의 전기를 쓴다(Gombrich, 1970).

시각문화에 대한 가장 심오하고 방대한 탐구자로 평가받는 바르부르크의 '잔존Nachleben' 개념은 빙켈만으로 대표되는 근대 예술사의 시간에 대한 이해를 근본적으로 비판한다. 근대 예술사의 시간관에 의하면, 찬란했던 고대 예술은 중세의 암흑기가 시작되면서 '죽었고', 르네상스에서 다시 '태어났다'. 이 관점은 예술, 특히 이미지의 역사적 삶을 관장하는 시간의 일의성과 연속성을 함축한다. 시간은 한줄기로 흐른다. 예술들, 작품들, 이미지들은 시간의 흐름 속에서 생멸한다. 바르부르크는 이미지의 삶에서 이와 같은 삶-죽음-부활의 메타포를 제거한다. 이미지와 예술은 (그런 의미의) 역사를 갖지 않는다. 역사가 아니라 아나크로니즘이다. 회귀이며, 복류이다. 그것은 물수제비와 같은 나타남과 사라짐의 영원한 반복이다. 예술은 죽지 못한다. 죽는 것이 아니라 삶의 형식을 바꾸는 것뿐이다. 고대의 찬란했던 이방의 신들이, 중세 기독교세계의 암흑 속에서, 지상을 벗어나 밤하늘로 올라가 별자리가 되거나, 아니면 지하의 악마로 변신하여 연명했듯이, 이미지의 생명은 종식되는 것이 아니라 변형되어 연장된다. 이것이 바로 '잔존'의 개념이다.

잔존은 죽음/부활이 아니다. 죽음이 없기 때문에 부활도 없다. 그것은 어떤 잉여적nach, sur 삶이자 유령적 삶이다. 변형의 삶이다. 잔존은 역사적 단절과 연속성의 메타포를 동시에 부정한다. 그것은 끊어짐으로써 이어지는 삶이다. 단절(망각)되었기 때문에, 그 단절 속에서 다시 회귀하는(회상되는) 삶이다. 그것은 추억souvenir처럼 평온한 과거의 복귀가 아니라 기억mémoire처럼 파국적인 과거의 복귀이다. 고대 조형예술의 격정적 역동성(가령 〈라오콘〉의 몸짓들)은 르네상스예술에 '잔존'한다. 바르부르크의 천재성은 보티첼리의 〈비너스의 탄생〉에 등장하는 우아한 비너스의 머리칼에서 〈라오콘〉의 뱀의 꿈틀거림을 발견하는 데 있다. 고대적인 것은 죽지 않는다. 그것은 유령처럼 단지 시야에서 사라져, 근육과 주요한 몸짓으로부터 머리칼과 같은 변방지역에 전위되어 잔존한다. 파토스의 이미지는 죽은 적이 없으며, 죽은 적이 없기 때문에 되살아난 적도 없다. 다만, 자신의 장소를 바꾸어 영구히 연명했을 뿐이다. 차이를 동반하는 영원한 회귀. 그것이 바로 이미지의 시간과 생명의 형식이다.

바르부르크의 잔존 개념에 대한 깊은 성찰을 통해 디디-위베르만은 현대 예술의 운명을 단순한 종말론으로 서술하지 않을 수 있는 가능성을 획득한다. 문제는 예술의 죽음이나 재생이 아니라 잔존이다. 예술은 죽지 않는다. 그것은 언제나 새로 시작하며, 언제나 아나크로닉하다(Didi-Huberman, 2000). 바르부르크의 '잔존' 개념을 자신의 미학적 사유의 핵으로 설정한 디디-위베르만은 미학으로부터 서서히 정치의 영역으로 개념의 함의를 확장시켜왔다. 특히 2009년부터 2011년까지 그가 '역사의 눈oeil'이라는 부제하에 상재한 3권의 연구서는 모두가 이미지에 대한 그의 사유가 정치와 역사의 현실적 차원에 대한 고뇌와 깊이 결합하고 있다는 사실을 강변한다.[11] 2009년에 나온 『반딧불의 잔존』은 이런 의미에서 디디-위베르만의 사유의 궤적에서 정치와 미학의 가교를 이루는 저작이라 할 수 있다. 디디-위베르만의 저작이 늘 그러하듯이, 여기에서도 하나의 지배적 이미지가 존재한다. 그것은 반딧불이luciole의 빛, 즉 미광lueur의 이미지이다. 반딧불이의 빛은 약하고 덧없다. 가장 밝은 순간 소멸해버리는 믿을 수 없는 빛이다. 그것은, 파솔리니의 젊은 시절을 사로잡았던 빛의 형태이기도 하다.

1975년 11월 오스티아의 해변에서 잔혹하게 살해당하던 바로 그해 2월, 파솔리니는 당대 정치상황을 다룬 한 편의 글을 코리에레 델라 세라Corriere della sera에 기고한다. 이는 후일 『해적문집』에 "반딧불에 대한 논고"라는 제목으로 다시 출간된다. 파솔리니는 이 글에서, 자신이 오래전에 젊은 서정시인으로서 발견했던 빛나는 이미지, 즉 "사랑으로 날고 빛을 뿜으면서 서로를 찾아"다니는 반딧불이에 대한 희망과 믿음의 상실을 선언한다(디디-위베르만, 2012: 21). 파시즘의 광기가 눈부신 조명을 쏘아대던 시대, 연약하지만 어둠을 끝없이 소요하는 반딧불이는 이탈리아 민중의 저항의 상징이자 그 가능성의 표징이

---

11 G. Didi-Huberman, 2009. *Quand les images prennent position*, Paris, Minuit: G. Didi-Huberman, 2010. *Remontages du temps subi*, Paris, Minuit: G. Didi-Huberman, 2011. *Atlas ou le gai savoir inquiet*, Paris, Minuit.

였다. 파솔리니는 이제 반딧불이의 죽음을 애통해한다. 가장 어두운 시대라 생각했던 파시즘의 시련 속에서도 살아 있던 저항, 희망, 꿈틀거림, 분노, 문화 즉 반딧불이들은 이제 사라졌다. 상품과 소비의 독재, 텔레비전의 시대, 스펙터클의 광란(기 드보르). 이 빛나는 모든 것들의 공허한 승리 속에서 정작 반딧불이는 사라졌다. 파솔리니는 이제 민중을 더이상 믿지 않는다. 그는 울부짖는다. "나는 한 마리의 반딧불이를 위해서라면 몬테디손 전체라도 건네주겠다"(디디-위베르만, 2012: 37). 파솔리니의 묵시록은 70년대 유럽 정신의 보편적인 곤경과 아픔의 표징이다. 끝났다. 이에 의하면 파시즘은 종식된 것이 아니라 후기 자본주의 문화로 전이되었다. 역사의 빛은 꺼졌다. 눈을 멀게 한 자본의 빛 아래에 인간의 빛은 영원히 꺼졌다. 파솔리니의 이런 묵시록은, 젊은 시절 그에게 큰 영향을 받았으며 그의 영화에 출연하기도 했던 아감벤에서도 발견된다.

디디-위베르만은 아감벤 철학의 파솔리니적 어둠(반딧불이의 종언)을 냉정하게 응시한다. 좀더 정확하게 말하자면, 아감벤 철학은 한편으로는 묵시론적 종말론의 파토스에 감염되어 있고, 다른 한편으로는 잔존의 파토스를 이해하고 있다. 벤야민을 사숙했던 아감벤이, 바르부르크의 미술사에 조예가 깊은 그가, 데리다 철학과 동시대적으로 공명했던 아감벤이 '잔존'의 시간성을 모를 리 없다. 어떤 것도 그냥 사라지는 법은 없다는 것, 이미지는 다시 오며, 생존하여, 변형되어, 나타난다는 것, 묵시론이 가슴 아프게 통곡하는 '단절'은 존재하지 않는다는 것, 반딧불이는 죽지 않는다는 것을 그는 누구보다도 잘 알고 있을 것이다. 하지만 아감벤은 이와 동시에 하이데거의 제자이기도 하다. 이미지의 이 연약한 세계 뒤에 공고한 지평을 건설하고자 했던 형이상학자이기도 했다. 형이상학자란 "그의 대상이 죽어야만 결정적인 지식의 자격으로 그것의 최종적 진리에 관해 발언할 수 있다"고 생각 하는 자이다(디디-위베르만, 2012: 78). 아감벤 정치철학의 모호함의 근원에는 이처럼 묵시론과 잔존 사유의 공존, 이미지와 지평의 공존, 강한 메시아와 약한 메시아의 공존이 있다. 디디-위베르만은 반딧불 이의 정치학을 '잔존'의 시간성과 다시 결합시킨다.

> 오직 종교적 전통만이 인간적 사태의 모든 묵시록과 모든 파괴를 넘 어서는 구원을 약속하는 법이다. 잔존은 단지 내재적인 역사적 시간 에만 관련된다. 잔존은 어떠한 구원의 가치도 지니지 않는다. 그리고 잔존의 계시의 가치는 오로지 빈틈을 포함하고 조각나 있을 따름이 다. 결국 그 가치는 징후적인 것이다. 잔존은 어떠한 부활도 약속하 지 않는다(유령에게 부활을 기대하는 것이 과연 의미가 있겠는가?). 잔존은 단지 어둠 속을 지나가는 미광일 뿐이며, 어떤 경우에도 강한 '모든 빛의 빛'으로 도래하지 않는다. 잔존은 우리에게 파괴가 결코 절대적이지 않다고—설사 연속적이더라도—가르쳐준다. 그렇기 때 문에, 우리는 어떤 '최후의' 계시나 '최종적' 구원이 우리의 자유를 위해 필연적인 것이라고 믿지 않아도 된다. 정의상 '잔존의 정치'는 종말의 시간을 전혀 필요로 하지 않는다. —반드시 필요로 하지 않 는다(디디-위베르만, 2012: 82-3).

디디-위베르만이 정치와 미학을 연결시키는 과정에서 중요한 버 팀목으로 사용하는 것은 벤야민의 통찰들이다. 주지하듯이 벤야민에 게는 전통적 의미의 묵시록이 존재하지 않는다. 그의 묵시록은 미래의 묵시록이 아니라 지금-시간의 묵시록이다. 말하자면 벤야민은 비관주의의 급진화를 통해, 종말의 시간을 미래가 아닌 지금 여기에 옮겨놓는다. 이미 우리가 그 안에 있는 것으로 여겨지는 종말 속에서 인간은 꿈꾸고, 사고하고, 기획할 수 있는 시간이 없다. 시간이 없다는 것, 시간이 없다는 이 느낌, 지금이 아니면 곧 문이 닫힌다는 절박함, 절망, 그리고 절망 속에서 비로소 움트는 어떤 집합적 신경감응Innervation의 실체를 이해하지 못한다면 벤야민의 전도된 묵시록을 이해하기는 매우 힘들다. 우리는 이미 그리고 언제나 카이로스 속에, 예외상황 속에, 결정의 기로에, 정지된 변증법 속에, 시간의 압축과 폭발 속에 있다. 벤야민 사유에서 이미지가 출현하는 것은 바로 이 시점이다. 이미지는 참된 것/거짓된 것으로 구분될 수 없다. 그것은 사물이 새로운 인식가능성의 지금 안에서 스스로를 드러내는 방식이다. 이미지는 현실을 찢고 나온다. 깨달음이기도 하고, 절망이기도 하다. 벤야민, 바르부르크에서 디디-위베르만으로 이어지는 지적 계보에서 어떤 이미지는 정신/육체를 깊이 찌르고 들어가는 전기적 자극과도 같은 것이다. 이미지로 인해 살고 죽을 수 있다. 벤야민의 표현을 빌려 말하자면, 변증법적 이미지는 불덩어리이다. 지평을 태운다. 인식을 태우고 부수고 무너뜨린다. 이미지는 파상한다.

이런 파상적 이미지란, 성서 어딘가에 인색하고 희박하게 등장하는 불타는 떨기나무나 꼬리를 흔들며 달아나는 독사처럼, 열이나 독과 분리되지 않는 리얼리티를 획득한 실물로서 육박하고 있다. 풍요로운 지중해의 색계色界를 배경으로 한 희랍철학에서와는 완전히 다른 계시적 물질성으로, 제상諸相이 비상非相임을 알아야 비로소 여래를 본다는 아시아적 영상철학의 극단에 존재하는 마술적 권능에 대한 감각이 거기에 있다. 상상적인 것, 영상적인 것, 즉 이미지적인 것은 이들의 사유 속에서는 실재의 또다른 양태이다. 이미지는 실재의 '얼굴'이다. 바로 여기에서 정치적인 것과 이미지는 만난다. 역사에서 실재를 인식할 수 있는 자리는 상승하는 계급의 자리가 아니라 몰락하는 자들의 자리이다. 벤야민 역사철학의 비관주의가 겨냥하는 곳이 거기이다. 역사가는 온 힘을 다해 패망에, 파국에, 파상에 집중해야 한다. 왜 벤야민이 알로이스 리글의 예술사에 매료되었던가? 그것은 리글이야말로 특정 사조들의 전성기가 아닌 쇠퇴기(데카당스)가 뿜어내는 특정한 활력을 보여주고자 했기 때문이다(디디-위베르만, 2012: 121). 그것이 어떤 종류의 것이든 간에, 최상의 표현가능성, 표상가능성, 역사적 가시성, 그리고 희망의 가망성은 몰락 속에서, 미광으로, 반딧불이의 발광처럼, 단지 1초 사이에 빛나고 꺼지는, 덧없음 속에서만 존재한다는 역설의 통찰이 있다. 그 섬광의 출현공간이 바로 벤야민이 말하는 이미지 공간Bildraum이다. 이런 맥락에서 디디-위베르만은 자신의 '정치적인 것'의 원형을 이루는 홀로코스트의 시대를 환기시킨다. 그가 생각하는 가장 어두웠던 시대, 파시즘의 인종학살과 전쟁의 시기에 빛나던 반딧불 같은 지식들, 반딧불 같은 시인들, 반딧불 같은 이미지들, 반딧불 같은 민중을 이야기한다. 희망이라는 것이 빛의 형태를 띤다면, 그것은 태양광이나 샹들리에의 불빛이 아닐 것이다. 그것은 눈을 멀게 하는 빛이 아닐 것이다. 그것은 아마도 반딧불 같은 불빛일 것이다. 그것은 어둠이 있어야만 태어날 수 있는 빛이다. 어둠 속에서 움직이는 빛이다. 허망하고 덧없는 빛. 세상을 바꿀 수 없을 것 같은 빛. 밤의 빛. 우리가 희망 속에서 희망하는 것은 무엇인가? 천국인가? 혁명인가? 이 세계의 전변인가? 아니다. 우리가 희망 속에서 희망하는 것은, 어둠 속에서 희망하는 것은, 빛이 있다는 사실의, 마음으로부터의 확인이다. 희망은 (사태가 아니라) 희망을 희망한다. 거기에 희망의 미스터리가 있다. 빛이 저기에, 그저 나타나서 춤춘다는 사실, 빛이라는 것을 망각하지 않는다는 사실, 그 빛은 망ㄷ하지 않는다는 사실, 그 작은 순간의 창조이다. 그 작은 순간에 들어 있는 씨앗 같은 것이 품고 있는, 알 수 없는 미래로 움직여가는, 반딧불이의 깜박거리는 위태로운 운동을 닮은, 우연하고 흔들리는 마음의 움직임이다. 그것은 삶을 살아야 하는 우리에게 영원한 잔존하는 능력이다.

마음의 부서짐

세월호 참사와 주권적 우울

I. 들어가며

—

2014년 4월 16일에 발생한 '세월호 사건'은 한국사회 전체에 큰 충격
을 안겨준 대형 참사로서, 문제의 발생과 대응과정에서 모두, 사회의
구조적 모순들을 드러낸 참혹한 사건이었다. 4월 16일 8시 52분 42초
단원고 학생 최덕하가 자신의 휴대전화로 '119 전남 소방본부'에 최초
로 신고전화를 건 이후부터 72시간의 골든타임이 모두 지날 때까지,
해경, 해군, 해수부, 안전행정부, 청와대, 대통령에 이르는 국가조직 전
체가 거의 마비되어 있었고 그 결과 전복된 배에 갇힌 단 한 사람도 구
조하지 못했다. 수많은 이들이 이 부조리한 무능의 장면을 실시간으로
목도해야 했다. 한 정신치료의의 추정에 의하면, 이는 한국전쟁이 남
긴 심리적 외상에 비할 만큼의 깊은 상흔 즉, '마음의 부서짐'을 야기

했다.[1] '마음의 부서짐'이라는 용어는 미국의 사회운동가 파커 파머에게서 빌려온 것이다(파머, 2012; Palmer, 2005). 그가 말하는 "마음이 부서진 자들brokenhearted"은 소중한 가치의 상실 앞에서 마음의 상처나 희망의 파괴를 체험한 사람들, 특히 우울에 함몰된 사람들이다.[2]

나는 파머의 통찰(우울의 정치적 차원에 대한 사고)을 기본관점으로, 세월호 참사 이후 한국사회에 광범위하게 나타난 집합우울의 발생 메커니즘과 그 함의를 다음과 같은 순서로 탐구해보고자 한다. 첫째, 세월호 사건의 무엇이 도대체 그처럼 깊고 넓은 마음의 부서짐을 야기했는지를 살펴보고자 한다. 무고한 다수의 희생자가 발생했다는 사실과 더불어 국가 신화의 붕괴가 그 원인으로 제시될 것이다. 둘째, 이런 마음의 부서짐을 이해한다는 것이 무엇인가에 대한 방법적 성찰을 개진할 것이다. 우울한 마음과 그 마음에서 분출된 담론들에 대한 접근법으로서, 내가 '통감痛感의 해석학'이라 칭하고자 하는 방법적 가능성을 성찰하고자 한다. 통감의 해석학은, 합리주의적인 이해사회학 전통 혹은 언표 발화의 무의식적 질서를 탐구하는 담론분석 전통과 상이한 스탠스[3]를 내포하는 것으로서, 파국적 사건이나 사회적 고통 속에서 드러나는 타인의 마음과 언어에 접근할 때 사회학자를 규정하는

---

1   이명수·정혜신 인터뷰, 2014년 5월 5일, 「슬픔 속으로 뛰어드세요」, 『한겨레 21』 1009, 50쪽.

2   마음의 부서짐이 민주주의의 위기에 대한 상심에 그치지 않고, 깨져 열림으로써 정치적 가능성으로 전화될 수 있는지를 보여주는 한 실례로서, 파머는 극심한 우울증으로 평생을 시달린 것으로 알려진 링컨의 삶을 소개한다. 그는 링컨의 우울을, 민주주의를 미국사회에 뿌리내리게 하기 위한 정치적 고통와 유기적으로 연결시켜 해석하면서, 갈등과 실의를 이겨내는 마음의 열림을 적극적으로 전망하고 있다(파머, 2012: 34-5).

3   스탠스는 "사유와 세계를 이해하는 것과 연관되어 자아가 취하는 감정적이고 정동적인 위치설정"을 의미한다(Gibson-Graham, 2006: 1).

체험논리와 깊은 연관을 갖는다. 셋째, 세월호가 야기한 집합우울을 '주권적 우울'로 명명하고, 이를 두 가지 이론적 관점을 동원하여 분석할 것이다. 주권적 우울은 주권자 데모스demos[4]가 자신의 주권이 침해됨을 인지하고 이를 문제시하지만, 이에 대한 민주적 해결의 시도가 좌절되어, 헌법에 규정된 이상과 정치적 현실 사이의 간극이 좁혀지지 않을 때 체험하는 집합감정으로 정의된다. 세월호의 경우 두 가지 경로로 주권적 우울이 형성된다고 보았다. 하나는 희생자들에 대한 애도(진상규명)의 좌절이 형성한 멜랑콜리이며, 다른 하나는 '학습된 무기력'이 야기한 우울이다. 마지막으로 주권적 우울의 주체를 대한민국 헌법 전문에 대한 해석으로부터 유추하고, 주권적 우울의 개념을 이론화할 수 있는 가능성을 모색할 것이다.

4　나는 이 글에서 인민(人民), 시민(市民), 국민(國民), 공민(公民), 민중(民衆) 등으로 상이하게 불리는 근대 민주주의 정치체제의 '주권자'를 '데모스(民, demos)'라는 용어로 총칭하고자 한다. 근대적 개념공간에서(특히 동아시아의 경우) 위의 용어들은 상당한 혼란을 야기하면서 공존하고 있다(박명규, 2014). 특히 헌법에 명시된 주권자로서 한국, 일본, 대만의 헌법은 모두 '국민' 개념을 쓰고 있는데, 이는 민주주의체제의 주권자를 '시민(citizen)'으로 규정하는 서구적 전통과 상이한 지점이다. 더구나 '국민' 개념에는 국가의 신민이라는 협소한 의미가 부착되어 있어서, 시민(citizen) 개념이 민주주의와 맺는 생산적이고 유기적인 관계를 표상하지 못하는 현실이다. '인민' 개념은 중국, 북한에서 'people'의 역어로 사용하고 있지만, 한국사회에서는 거의 의미 있게 사용되지 못하는 형편이다(송호근, 2011). '민중'은 1970년대와 1980년대에 집중적으로 논의되었지만, 1990년대 이후 시민 개념에 그 자리를 내어주었다. 특히 민중신학 계열에서는 민중을 마르코복음에 등장하는 '무리(오클로스, ochlos)'와의 연관 속에서 풀어내는 경향이 있었다(안병무, 1979). 이런 개념적 혼란을 완화시키고 일관적인 이해가능성을 재고하기 위해, 나는 주권자로서의 인민을 '데모스'라 총칭하며, 그것의 헌법적 표현은 '국민'으로 하고(헌법 제1조), 그것의 사회·정치적 표현을 '시민'으로 고정하고, 'people'이나 'peuple'을 번역해올 경우에 '인민'이라는 용어를 사용할 것이다. 민(民)과 데모스는 동의어로 사용한다.

II. 무엇이 데모스의 마음을 부수었는가?

—

세월호 사건이 일차적으로 불러일으킨 집합감정은, 이유를 알 수 없는 부당한 죽음 앞에서의 분노 어린 비탄이었다. 희생자들 대다수가 어린 학생들이었고, 죽음의 과정은 처참했다. 소위 참척慘慽의 슬픔, 죽은 자식을 '가슴'에 묻는 부모들의 애끓는 절규와 비탄은 우리의 마음을 산산이 부수어놓았다. 그것은 그 자체로 공동체의 정신세계를 뒤흔들어놓기에 충분한 아픔이었다.[5] 세월호 사건은 문자 그대로의 참사다. 하지만 그것이 참혹한 사건이라는 사실을 넘어서는 참극慘劇적 성격이 세월호 사건에는 부가되어 있다. 세월호의 침몰장면은 하나의 '스펙터클'처럼 전국에 실시간 생중계되었다. 한국사회 전체가 일종의 '목도의 공동체'가 되어 이를 바라보았다. 우리는 단어의 두 가지의 의미에서 그 현장에 공적公的/共的으로 현존했다. 그런데 이런 감각적 확실성은 사건의 본질, 이유, 원인에 대한 불확실과 착종되어 있다. 카메라의 눈이 포착하는 사건현장의 자명성은, 이 사건이 도대체 어떻게, 왜 발생했는가라는 질문에 대한 어떠한 이성적 추리와도 결합하지 못했다. 그 간극에서 일련의 수수께끼들이 지속적으로 제기되었다. 왜 선장과 선원들은 승객들에게 '가만히 있으라'고 명령했는가? 왜 해경은 골든타임에 적극적으로 구조활동을 벌이지 않았는가? 정부는 그 시간에 무엇을 하고 있었는가? 언론이 사실과 다른 보도를 내보낸 이유는 무

---

5   복도훈은 세월호 참사가 야기한 가장 고통스런 마음의 상처가 부모가 아이를 잃은 상황 그 자체에 있음을 지적하면서, 참척의 인륜적 보편성이 저 멀리 그리스비극에까지 뻗어 있음을 지적하고 있다. 가령 에우리피데스의 『탄원하는 여인들』에는 이런 대사가 나온다고 한다. "인간들에게 죽은 자식을 보는 것보다 더 큰 고통이 어디 있겠느냐?"(복도훈, 2014: 62–3)

엇인가?

　사건과 진실 사이에 펼쳐진 극적 공간에 참사의 의미, 원인, 책임 귀속, 함의를 둘러싼 다양한 서사들이, 종종 음모의 형식으로 각축하고 있었다. 세월호 사건의 전대미문적이고 불길한 특성은 그것이 거대 참사라는 점(희생자의 수나 사건의 규모)에 있는 것이 아니라, 사건의 참극적 성격과 연관되어 있다. 사건의 진실은 재구성되어야 하는 것으로서 은폐되어 있고, 사건의 진실을 밝히고 그것을 권위 있게 드러낼 수 있는 존재인 '정부(국가)'는 도리어 상황의 작인作人으로 연루되어 있다. 국가는 자신에게 예상되고 기대된 기능(국민의 생명보호)을 수행하지 못했고, 도리어 참사를 조장하고 방조한 혐의에 얽혀 있다. 이런 아연한 사태는 '국가란 무엇인가' 혹은 '이것이 국가인가'라는 질문으로 응축되어 한국사회를 떠도는 참담한 화두가 되었다. 국가조직에 퍼진 부패의 고리('관피아' '해피아'), 상업적이고 선정적 보도를 일삼은 언론의 무책임과 비공공성('기레기'), 자본의 파렴치성(청해진해운), 한국사회의 지배카르텔의 비인륜성이 드러났고, 이런 집결된 현상들은 궁극적으로 국가에 대한 데모스의 회의, 환멸, 분노, 절망으로 전환되어갔다. "국가의 특수법인화"(정용택, 2014: 83), "국가의 허구성"(이명원, 2014), "국가의 실종"(소영현, 2014: 107-8), "멈춰진 국가"(최원, 2014)라는 진단들이 생산되었다.[6] 이 모든 사태들은 급박한 상

6　국가는 불안해진 사회의 소요가능성을 차단하는 데는 "전광석화처럼 신속하게 체계적으로" 움직였다. 교육부는 전국 시도교육청에 '학교/학생 안정화 방안'이라는 공문을 내려보내 유언비어 유포를 금지시키도록 했고, 시위현장에서의 잦은 연행과 정보경찰들의 활동을 독려함으로써 기민하게 움직이는 모습을 보인다(엄기호, 2014: 70-1). 무능한 국가와 유능한 국가의 이 착종이 새롭게 등장한, 지배카르텔의 이해관계를 위하여 자신에 대한 저항에 폭력적인 방식으로 '개입'해들어가는 신자유주의적 국가의 진면목이다(하비, 2009: 93-4).

황에 대통령이 부재했던 7시간으로 상징화되었다.

이런 점에서 보면, 세월호가 야기한 충격의 핵심에는 죽은 자들에 대한 비탄을 넘어서는, 국가 신화의 파상破像이 발생했음을 추측하게 한다.[7] 세월호 사건 속에서 국가라는 것은 모호해졌고, 희박해졌고, 경멸스러워졌다. 시민들은 국가를 둘러싸던 몽상과 신화가 분쇄되어 신기루로 변화하는 각성적 체험을 하게 된다(지주형, 2014: 31-3). 이때 파괴된 신화 속의 국가는 다음의 세 가지 중첩된 의미를 갖는다. 첫째, 1970년대 이후의 경제적 성취에 뿌리내린, 국민의 생명과 안전을 지켜줄 수 있는 기술적, 행정적, 경제적 능력을 갖고 있는 '발전된 국가'. 즉, 세월호 참사는 개발독재를 통해 형성된 발전국가의 이미지(산업화에 성공하고 기술입국에 성공한 선진국가)를 파괴하고, 그 환상의 장막 너머로 침몰해가는 거대 여객선과 속수무책으로 허둥지둥하는 국가의 진면목을 드러냈다. 둘째, 1987년 이후 소위 '87년체제'의 성취(민주화)에 뿌리내린, 주권재민을 원칙으로 하는, 그리하여 권력과 권력의 정당성이 국민으로부터 나오는 '민주공화국'. 환언하면, 위급한 상황이 발생했을 때 주권자들의 생명이 포기될 수 있다는 기민화棄民化 가능성을 실제로 상연함으로써 국가가 자신의 정당성의 원천(국민)을 스스로 파괴하는 역설적 사태를 실연했다(오창룡, 2014: 최원, 2014). 셋째, 다른 모든 신화들의 너머에 존재하는 본원적이고 근원적인 귀속감, 내

---

7   파상의 순간은 신화화되었던 과거가 붕괴하면서 방출하는 '변증법적 이미지'들의 출몰공간(Bildraum)을 이룬다. 세월호는 대한민국이라는 민족-국가의 신화적 구성이 급작스럽게 와해하면서 야기한 집합적 충격체험을 생산했고, 짧게는 20년 전의 각종 재난들(삼풍백화점, 성수대교의 붕괴)로부터 광주학살, 그리고 각종의 국가폭력과 이승만의 국민기만(서울에서의 후퇴), 더 나아가서는 조선후기의 학정과 가렴주구에까지 이르는 변증법적 이미지들을 한국사회의 집합기억 속에 솟아오르게 한다.

가 태어난 땅이자, 조상들이 살아온 땅이며, 아이들이 살아갈 장소이며 터전이라는 감각과 생각의 총체에 기초하고 있는 '우리나라'라는 것.

세월호 참사는 한국인들에게 '이것이 나라인가'라는 질문을 던지도록 했다. '이것이 나라인가'라는 언명은 질문인 동시에 영탄으로 읽힌다. 이것이 우리가 만들고, 꿈꾸고, 사랑해온, 앞으로 더 좋은 나라가 되기를 희망해온 바로 그 '나라'였던가라는 탄식. 그런 비탄을 내뱉는 자들의 마음속에서 복잡하게 충돌하는, 총체적 실패를 부인하고픈 욕망과 그것을 인정할 수밖에 없다는 체념 사이의 심적 갈등상황이 거기에 녹아들어가 있다. '이것이 나라인가'라는 탄식은 더이상 이 나라에 대한 '나'의 귀속감과 애정에 희망이 없을지도 모른다는 좌절감, 좋은 삶과 행복을 위해서는 이 나라를 떠나야 할지도 모르겠다(적어도 다음 세대는 다른 나라에서 살게 하고 싶다)는 공유된 예감을 암시하며, 이런 사태에 이르게 되는 데 어떤 방식으로든 기여한 자신의 삶에 대한 자책과 회한과 죄의식을 동시에 함축하고 있는 것이다.[8]

'나라'는 '국가'와 미묘한 의미론적 차이를 갖는다. 국가가 실정적 제도와 장치의 앙상블을 가리킨다면, 나라는 데모스의 마음에 배태되어 있는 정치공동체에 대한 집합표상인 동시에 이에 조응하는 역사·지리·인문적 리얼리티의 총체이다. '나라'는 '국가'보다 더 근원적인 상

---

8 이런 점에서 세월호 참사와 겹쳐 나타나는 집합기억 속의 사건은 씨랜드 참사다. 이 사건은 1999년 6월 30일, 경기도 화성군 서신면 백미리에 있는 청소년수련원에서 화재가 발생하여 잠자고 있던 유치원생 19명과 인솔교사 4명이 사망한 사건을 가리킨다. 당시 사고현장에는 497명의 어린이가 잠들어 있었다. 참사에서 아이를 잃은, 필드하키 전 국가대표 김순덕씨는 그동안 국가로부터 받은 훈장을 반납하고 뉴질랜드로 이민을 간다. "국민의 생명조차 지켜주지 못하는 나라에서 더이상 살 필요가 없다"고 절규하면서. 김덕영은 이 사건이 한국사회에서 국가의 본질, 의미, 기능에 대한 최초의 공론화라고 추측한다(김덕영, 2014: 123).

징의미를 부여받고 있는 기표다. 국가들(정권들)의 흥망성쇠를 넘어서 존속하는 역사적 삶의 터전이 바로 나라다. 오랫동안 타향살이하던 동포들에게 한국은 '국가'가 아니라 '나라'다. 애국가의 "우리나라 만세"가 "우리국가 만세"로 대체될 수 없는 이유가 거기에 있다. 나라는 고향, 산천, 풍경, 기억, 역사를 모두 내포하는 지리, 역사, 심성적 총체다. 사랑의 대상은 국토와 풍경을 요청한다. 나라는 사상의 대상이 아니라 총체적인 마음의 지향의 대상이다. '국가사상思想'은 가능하지만 '나라사상'은 불가능하다. 사유가 아니라 상상과 희망을 포함한 포괄적 마음의 대상이다. 이런 의미에서, 팽목항에 매달린 실종자 가족의 한 편지에 적혀 있는 "얘들아 넋이라도 혼이라도 절대 이 나라 돌아보지 마라"라는 절규는, 세월호 사건이 야기한 마음의 부서짐의 심도를 가늠케 하는 척도이다. 한국을 떠나는 것도, 정권을 비판하는 것도, 대한민국 국적을 포기하는 것도 아닌 '나라' 그 자체를 돌아보지 말라는 것은, 존재 전체가 '나라'에 의해 배신당한 사람의 심저에서 울려나온 무서운 육성이다.

III. 통감의 해석학

세월호 참사 이후 한국사회는 그에 대한 수많은 언어의 파편들을 생산해냈다. 말들은 여러 층위에서 솟아났다. 거리에는 희생자들을 향한 애도의 상징들이 나부꼈고, "살아서 돌아오라" "미안하다" "잊지 않겠다" "가만히 있지 않겠다"라는 다짐의 말들, 마음의 부서짐의 표현들이 솟아나기 시작했다. 실종자 가족들은 여러 차례 대국민호소문을 발표했다. 교사들, 대학교수들, 문인들, 재외동포들이 성명서를 발표했다. 세월호에서 돌아오지 못한 304명을 기억하기 위한 '304 낭독회'가 광화문에서 열렸고, 작가와 시민들은 준비해온 글을 읽었다. 분향소마다 노란 리본과 사연을 적은 메모지들이 가득했다. 그 위에는 "사랑한다" "잊지 않겠다" "돌아오라"라는 절규들이 적혀 있었다. SNS를 비롯한 인터넷공간은 비통의 심정을 표현하거나 분노의 욕설을 토설하는 플랫폼을 제공했다. 2014년 가을에 이르면 한국사회의 공론장은 세월호 사건에 대한 본격적인 성찰의 결과물들을 제출하기 시작한다.

그것이 파편적인 것이건 조직된 것이건, 거리에서 우발적으로 터져나온 것이건 공론장의 규칙들에 근거하여 세심하게 생산된 것이건, 전문가의 것이건 시민의 것이건, 이 담론들은 강력한 정동적 감염성을 공유하고 있었다. 중요한 것은 메시지의 내용이 아니라 그 정서적 힘이었다. 분노, 좌절, 우울로 이어지는 마음의 부서짐은 언어에 대한 일상감각을 기묘한 방식으로 교란시켰다. 언어는 순간적으로 그 자명성을 상실하고 불신과 생경함에 오염되었다. 희생자들의 죽음을 어떤 명사로 수식할 것인가? 유족들을 어떤 단어로 위로할 것인가? 어떤 언어로 이 사태를 규정할 것인가? 우리가 사용하는 모든 말들이 사태 그 자체의 압도적 터무니없음 앞에서 자신의 상징적 결손, 결여, 격차를 드러냈다. 그런 상황 속에서 '말을 한다는 것'이 우스꽝스럽고 심지어 뻔뻔하거나 부도덕적인 행위로 여겨졌다. 2014년 가을, 세월호를 주제로 글을 쓴 다수 저자들에게서 이 감각은 공통적인 기조를 이루고 있다. 다음의 인용문에서 볼 수 있듯이, 담론생산자들은 담론 행위 자체에 대한 회의와 죄스러움, 그리고 무력감에 시달리면서 글을 썼다.

학회에서 비교적 존경받는 원로학자들이 토론하는 것을 들었다. 그 말들은 왠지 공허했다. 하나도 건질 게 없다 느껴졌다. 저 말들과 저 지성은 300여 명의 시민과 무고한(?) 청소년들이 죽는 것을 막지 못했고, 그들은 바다에서 건져올릴 수 없고, 앞으로 또다른 세월호가 침몰하는 것을 막을 수도 없다고 느꼈다. 이것이 내가 처한 '허무'의 한 면이라 생각되었다(천정환, 2014: 51).

세월호 참사에 대해 쓰려고 했다. 하지만 쓰는 행위 자체가 같잖은 기만 같고 내가 쓰는 문장이 죄다 쓰레기 같다. 인터넷 기사에 달리는 이기적이고 잔인한 댓글과 나의 글이 다르지 않다는 자괴감과 죄책감(최진영, 2014: 58).

쓸 수 있을까. 이해 아니 감히 가늠이나 할 수 있을까. 세월호 참사를 두고 과연 차분하고 논리적인 글을 쓴다는 것이 가당키나 한 것일까(김도민, 2014: 89).

이들의 죽음을 앞에 두고 머릿속 사전을 아무리 뒤적여도 적절한 애도의 말을 찾아낼 수 없었다. 그것은 말/논리를 압도하는 말/논리 이전의 충격이었다(이영진, 2014: 283).

내 경우 4월 16일 이후로 말이 부러지고 있다. 말을 하든 문장을 쓰든 마침에 당도하기가 어렵고 특히 술어가 잘 떠오르지 않는다. 문장을 맺어본 것이 오래되었다(황정은, 2014: 88).

우리는 지금 말의 불가능성 앞에 서 있다. 한편에는 슬픔과 분노를 담은, 말의 형태를 띤 많은 말들이 넘쳐나고 있지만, 그것들은 이 불가능성의 공백을 메우기는커녕 이 공백을 더 깊고 크게 확인시켜줄 뿐이다(엄기호, 2014: 61).

소설가 김애란은 이런 말의 불가능성의 원인처럼 보이는 어떤 현상을 다음과 같이 지적하고 있다.

한때 크고 좋은 말들을 가져다 아무 때고 헤프게 쓰는 정치인들을 보며 '언어약탈자'라고 생각한 적이 있다. 그런데 안산에서 이제는 **말 몇 개가 아닌 문법 자체가 파괴됐다는 느낌**을 받았다. 어떤 낱말이 가리키는 대상과 그 뜻이 일치하지 못하고 흔들리는 걸, 기의와 기표의 약속이 무참히 깨지는 걸 보았다. (······) 4월 16일 이후 어떤 이에게는 '바다'와 '여행'이, '나라'와 '의무'가 전혀 다른 뜻으로 변할 것이다. 당분간 '침몰'과 '익사'는 은유나 상징이 될 수 없을 것이다. 우리는 우리가 본 것으로부터 벗어나지 못할 것이다. (······) 그리고 그사이 나는 **망가진 문법더미** 위에 앉아 말의 무력과 말의 무의미와 싸워야 했다. 어떤 말도 바닷속에 가닿을 수 없고, 어떤 말도 바로 설수 없는 상황에서 스스로를 납득시킬 말조차 찾을 수 없었다(김애란, 2014: 14-5, 18. 강조는 필자).

언표 행위의 규칙 그 자체(문법)가 교란됐다는 이런 공유된 느낌은 일상적 담론공간이 정지하고 비상적非常的 언어공간이 열렸다는 것을 암시한다. 이것은 상징계의 위기상황이다. 포스트-트라우마적 담론공간에서 생산된 언어들은, 말이란 것이 역겹고 무가치한 것으로 변해버린 것 같은 막연한 느낌, 말하고 싶지 않다는 부정적 의욕, 그러나 이와 동시에 무언가를 말해야 한다는 도덕적 압박 사이에서 솟아나온, 매우 기묘한 말들이다. 분석의 욕구와 제어할 수 없는 감정의 분출, 거친 내면의 진심을 토설하고픈 욕망과 말의 규칙을 준수하여 발언해야 하는 의무 사이에서 벌어지는 착잡한 갈등들이 이 말들을 지배하고 있다. 이는 우리가 일반적으로 원용하는 서구적 담론분석의 기본전제인, 로고스(이성/말)의 권능에 대한 신뢰를 재고하게 한다. 가령, 푸코에게 담론이란 "서로 다른 장에 속할 수 있지만 여하튼 공통적인 작동규칙들에 복종하는 언표들의 총체"를 가리킨다(Revel, 2002: 22). 이때 담론 개념의 요체는 '아 프리오리a priori'하게 존재하는 그 작동규칙들règles de fonctionnements에 있다. 담론은 법칙이나 규칙성 없이 출몰하는 우발적 언표들의 중구난방이 아니라, 폴 벤느가 말하는 "물밑의 문법"에 의해 은밀하게 규제되고 있기 때문이다(벤느, 2004: 471). 이와 같은 구조적 규칙에 적합한 것들만이 말해질 수 있다. 즉, 담론에는 '질서'가 존재하며, 이것을 찾아내어 해명하는 것이야말로 담론분석의 중요한 과제인 것이다(푸코, 1993; Fairclough, 1995: 132). 이러한 담론 개념은 인간의 말이 상징적 실천들을 선험적으로 규제하는 규칙들의 통제에 비교적 성공적으로 포섭되어, 담론과 규칙 사이의 상관관계가 안정적 토대 위에 구축되어 있거나, 그런 구축 자체가 사회적으로 공인되고 인정된 경우에 비로소 가능한 것이다.

그런데 세월호 사건은 이런 전형적 담론상황이 크게 흔들린 곳에 새로운 담론공간을 열었다. 이 언표들은 사상사나 이념사에서 출발한 푸코식의 담론분석, 또는 페어클럽의 비판적 담론분석과는 그 '스탠스'를 달리하는 방법적 성찰을 요청한다. 왜냐하면 문제가 되는 말들은(이 글을 포함하여) 사실상 '담론이 되지 못하는 담론'이며, 현장과 존재론적으로 분리되지 못하는, 감정에 지배되어버린, 목청이나 뇌리에서 머뭇거리며 분출하는 말들이며, 그 자체로 이미 마음의 부서짐에 오염되어버린 훼손된 말들이기 때문이다. 과학도, 과학성을 주장하는 진리의 체계도, 사상도, 깊은 사유도, 실험이나 관찰을 통해 나온 신중한 언어도 아닌 위태로운 말들, 침묵과 착종된 말들, 말의 주체들이 사건의 충격과 진동으로부터 아직 벗어나지 못한 상태에서 발화된 것들이기 때문이다. 시인이나 소설가 역시, 그들에게 우리가 일상적으로 기대하는 언어의 숙련과 세련을 보여주지 못했다. 세월호를 직접적 소재로 한 시들은 대개 거칠고 직설적이었다. 매끈하고 세련되고 아름다운 시가 있다면, 그것이 도리어 도덕적 혐오감을 불러일으켰을지도 모른다. 언어가 도저히 아름다울 수 없는, 참혹한 현실로부터 솟아나온 어떤 힘이 언어시스템 자체를 도덕적으로 뒤틀고 있었던 것이다.

거기 뒤틀리지 않은 언어, 흔들리지 않은 언어는 거짓일 뿐 아니라 심지어 사악한 것으로 보이기까지 했던 것이다. 이런 상황에서 문제가 되는 것은 이 담론들을 생산한 규칙에 대한 탐구가 아니라, 규칙이 어떻게 파괴되고 있는가에 대한 탐구다. 담론 그 자체의 자율성과 자기입법성의 환상이 깨져버린 상황에서 부각되어오는 것은, 담론 내부로 파고들어와 규칙의 작동을 교란하고 자신의 존재를 감정적 격렬함 속에서 각인시키며 준동하는, 파손된 리얼리티 그 자체다. 담론은 현실을 구성하는 초월적 권위를 상실하고, 더 나아가 현실을 재현하거나 지시하는 기능적 권위도 상실하고 부유하는 듯이 보였다. 2014년 세월호 참사 이후, 담론의 위상은 그 어느 때보다 더욱 모호해져갔다. 그

담론들은 현실에 생겨난 의미의 구멍을 집요하게 가리키는 손가락들과도 같다. 그들의 기능은 현실의 재현, 분석, 해석이 아니라 그런 담론들을 읽는 사람과 쓴 사람, 그리고 담론의 대상이 된 사람들 사이에 기묘하고 순간적인 공통감각의 영역, 일종의 고통스런 감정의 "연결감sense of connectedness"을 형성하는 것에 머무는 것처럼 보인다(파머, 2012: 34).[9]

이 고통스런 연결감과 그 안에서 주체에게 밀려드는 세계의 고통을 감각하는 사태를 통감痛感이라 부른다면, 통감을 통하여 수행되는 이해는 그다지 '합리적'이지 않다. 이 지점에서 우리는 사회학의 전통적 '이해Verstehen' 관념을 다시 성찰할 필요를 느낀다. 잘 알려진 것처럼 베버가 말하는 '이해'는 딜타이가 이야기하는 '추체험'과 질적으로 다른 절차를 가리킨다(딜타이, 2009: 502-7). 추체험은 "타자의 체험을 다시 한번 체험하는 정신적 과정"으로서(김덕영, 2004: 202), 인간 마음에 대한 깊은 이해의 환상적 가능성에 대한 신화를 내포한다. 그러나 베버에게 이해는 '체험의 반복'이 아니라, 특정 행위가 내포한 '의미'의 이해, 혹은 "의미연관Sinnzusammenhang"의 해석적 파악이다.[10] 환언하면 이해는, 행위자가 마음에 품고 있는 "주관적으로 생각된 의미"와 "심리

---

9   가령 유가족의 육성기록을 담당한 김순천의 다음과 같은 회상은, 이런 상황의 특수성이 어떤 독특한 인식을 가능하게 했는지를 역설한다. "벌써 8개월이라는 많은 시간이 흘렀다. 그래도 그날의 기억들이 지워지지 않는다. 4월 16일 그날, 내가 처음으로 본 부모들은 가슴을 움켜쥔 채 뛰어가는 모습이었다. (……) 아이들이 나오기 시작하자 동네에는 한 달이 넘도록 장례식이 이어졌다. 온 마을이 상가(喪家)였다. 안산은 250여 명의 아이들이 순식간에 사라진 슬픈 도시가 되었다. 가슴에 통증이 계속 몰려왔다. 그 순간 인간에게만 영혼이 있는 것이 아니라 사회에도 영혼이 있는 게 아닐까 하는 생각이 들었다. 희생자들과 우리 하나하나는 뿌리가 같은 영혼의 나무처럼 서로 연결되어 있었다. '아, 한 사회에서 함께 산다는 건 이렇게 서로 깊게 연결되는 것이구나'"(김순천, 2014: 4-5. 강조는 필자).

학적 동인"을 포착하는 행위이다(베버, 1997: 119; 베버, 2010: 172). 그것은 "직관적이고 공감적으로 인간들의 행위를 이해하는 것"이 아니라, "지적이고 합리적인 인식의 기획 속에서 인간들의 행위를 이해 가능한 것으로 만드는" 절차다(Schnapper, 2012: 4). 그리하여 베버 이후의 이해사회학은 명실상부한 '합리주의적' 전통을 획득하게 된 것이다(베버, 1997: 122). 사회학적 이해는 타인의 마음속으로 들어가는 것(시저를 이해하기 위해 시저가 되는 것)이 아니라, 타인의 마음을 움직이는 합리적 논리(의미연관)를 포착하는 것이다.

그런데, 이해사회학의 이런 스탠스는 세월호 사건이 부수어버린 데모스의 마음을 이해하고자 할 때 진지한 재고의 대상이 된다. 왜냐하면 지금 제기된 과제는, 목적합리적 행위를 일상적으로 수행하는 인간을 이해하는 것이 아니라, 마음에 발생한 파국으로 인해 감정의 특정 측면(혹은 무능력)이 극대화되어 있고, 이런 감정으로부터 매개 없이 솟아나온 의지/욕망이 노골적으로 돌출되어 있는 행위자와 그의 말을 이해하는 것이기 때문이다. 이런 경우 마음과 말에 대한 이해는 협소한 합리성의 원리를 넘어서야 한다. 정서와 욕망을 포함하는 포괄적 마음에 대한 다른 이해의 경로를 고민해야 한다. 합리성보다 더 강력하게 작용하는 합정성合情性과 합의성合意性의 토대 위에서 담론에 접근하

---

10 "설명이란 행위의 의미를 다루는 과학에 있어서는, 그 주관적으로 '생각된' 의미에 따라 시의적으로 이해할 수 있는 행위가 들어 있는 의미연관의 파악(Erfassung der Sinnzusammenhang)에 다름아니다. (……) 이해란 이 모든 경우에 a) 개별적인 경우에 실제로 생각된 의미나 의미연관을(역사적 고찰에 있어서), 또는 b) 평균적으로 그리고 서로 엇비슷하게 생각된 의미나 의미연관을(사회학적인 대량 고찰에 있어서), 또는 c) 빈번한 현상의 순수한 유형(이상형)에 있어서 과학적으로 구성하게 될 (이상형적) 의미나 의미연관을 해석적으로 파악하는 것을 의미한다"(베버, 1997: 125-6).

는 방법, 예컨대 '통감의 해석학'을 고려하는 것이 바로 그 때문이다.[11]

통감의 해석학이란 두 가지 의미를 동시에 갖는다. 하나는 통감에 '대한' 해석학, 즉 타자의 통감을 대상으로 하는 해석학이다. 다른 하나는 사회적으로 형성된 통감 속에서 사회학자에 의해 수행된, 무언가에 대한 해석이다. 이때 통감은 '고통스럽게' 타인의 감정을 느끼는 것, 타인들의 감정에 피할 수 없이 연루되어 고통을 받는 것이다. 하지만, 그것은 공감이나 동감과는 다르다. 공감/동감은 함께 느끼거나sympathy, 감정을 이입하여 느끼는 것empathy이다. 그러나 통감은 주체가 대상의 내부로 들어가는 것이 아니라, 대상들이 형성하는 집합적 마음의 흐름에 인식 주체가 휩쓸려 그 안에 빠져드는 마음의 다이내믹스를 동반한다. 통감은 의도적으로는 수행될 수 없다. 통감은 저절로, 불수의적으로 일어난다. 우리는 자신의 통痛을 통제할 수 없다. 통감의 주체는 불가피한 수동성 속에서 구축된다. 이런 점에서 통감의 해석학은 근대 사회과학의 한 예외적 가능성으로 간주되어야 한다. 모든 이해사회학적 연구가 통감적 해석학일 수도 없고 그래서도 안 되겠지만, 특수한 상황이 야기하는 특수한 인식가능성에 대한 추구가, '분노도 열정도 없이sine ira et studio' 사회세계에 접근하는 것을 이상으로 하는 지배적 사회과학의 헤게모니에 의해 배제되어서는 안 된다.

통감 속에서 사회학자는 자신의 직능적 정체성을 유지하면서 사태를 대상화시킬 수 있는 존재론적, 인식론적, 정동적 입장을 갖고 있지

---

11 마음은 인지적일 뿐 아니라 정서적이고 의지적인 행위능력을 갖는다. 나는 전자를 '합정성(合情性)'이라 명명하고 후자를 합의성(合意性)이라 부른다(김홍중, 2014a: 189-192; 김홍중, 2013). 마음의 능력을 합리, 합정, 합의로 배분하여 이해하는 것은 서구의 근대 사회이론에 내포된 합리주의에 대한 해독제의 역할을 한다.

못하다. 그는 '역사의 천사'(벤야민)처럼 세계의 흐름에 속절없이 휘말려 일상적 정체성을 작동시킬 수 없는 '바보'와 흡사하다(김홍중, 2009c: 30-33). 그는 '현장'에 휘말린다. 그는 '현장' 속으로 불가피하게 던져진다. 허버트 블루머가 말하는 "경험적 사회세계 속에 직접 뛰어들기"(블루머, 1990: 72), 또는 클리포드 기어츠가 말하는 "거기에 있기being there"의 체험이 열린다(기어츠, 2014: 14). 이런 경우 통감의 해석학의 주체는 사회학자이기 이전에, 연구자이기 이전에 사회의 '증인'이다. 그 자신이 연구대상을 이루는 세계에 깊이 연루되어 있는 상황에서, 그의 연구는 애초부터 객관성을 목표로 하지 않는다. 객관성이 중요하지 않기 때문이 아니라, 그것이 고려될 시간과 여유가 없기 때문이다. 그의 연구는 비통한 현장성을 전달하고 기록하는 것을 최우선의 목적으로 한다. 학문적 객관성의 이런 교란은 사회학자의 글쓰기에서 관습적으로 삭제되는 '나'를 다시 소환해낸다. 통감 속에서 작업하는 사회학자는 '나'의 고통과 우울과 마음의 부서짐을 글쓰기의 내부에서 직접 표현할 수 있고, 도리어 그것을 과학성의 장애로 생각하는 것이 아니라, 연구의 윤리적·인식론적 전제로 삼는다. 그는 행위자agent가 아니라 아픈 자patient, 즉 세계를 감수하고 겪는 자다.

　광주 항쟁에 대하여 한국 사회과학이 생산해낸 가장 탁월한 성과 중의 하나인 『오월의 사회과학』에서, 최정운은 실증주의적 사회과학 방법으로는 그런 예외상황에서 펼쳐진 "몸과 몸의 부딪침 그리고 몸의 으깨어짐", 시민들의 심리적 상처와 모욕, 그들의 저항과 사랑과 연대, 그리고 거기에서 솟아나온, "어떤 언어로도 표현할 수 없었고 목격하지 않은 사람들에게 전달해줄 수도 없"는 말들을 이해하고 해명하지 못할 것이라고 판단한다(최정운, 1999: 96-7). 그는 대신 "(행위자들의) 입장에 들어가 함께 느끼는 시도"를 통한 "내적 경험"의 사회과학, 환언하면 "내면을 추적하는 사회과학"만이 광주에 대한 깊이 있는 이해를 제공한다고 보았다(최정운, 1999: 23-4). 그가 명시적으로 통감이라는 용어를 사용하고 있지는 않지만, 그의 이해사회학은 이미 베버의 합리주의적 접근보다는 "치가 떨리는"(최정운, 1999: 97) 광주시민들의 필설로 다할 수 없는 충격적인 몸의 으깨어짐과 마음의 부서짐에 대한 통감적 접근에 기울어져 있다. 그가 시도하는 담론분석은 애초에 실패를 자처하는 분석이다. 왜냐하면, 광주에서 쏟아져나온 말들 역시 '담론이 될 수 없는 담론들'이기 때문이다. 그는 이렇게 쓴다. "침묵은 광주를 탄압하고 방조한 사람들만의 몫은 아니다. 군사정부의 탄압은 차치하고 5·18 당사자나 목격자 치고 언어의 좌절을 맛보지 않은 사람은 많지 않을 것이다. 광주시민들은 눈앞에서 벌어지는 모습에 '이게 꿈이냐 생시냐'며 서로 껴안고 치를 떨며 울부짖었다. 그들의 경험은 너무나 엄청나서 말하려 하면 가슴의 웅어리에 숨이 막히고, 담배를 몇 대를 피워도 어디서부터 어떻게 시작해야 할지 난감했을 것이다. (……) 말은 초라한 배신자로 전락하든지 그렇지 않으면 사건을 규정하는 폭력적 언어 앞에 5·18의 경험은 찌그러지고 마는 것은 5·18담론의 현실이다"(최정운, 1999: 27-8). 이런 맥락에서, 통감의 해석학은 담론의 분석이라기보다는 차라리 '침묵의 분석'이다. 침묵이 담론보다 훨씬 더 두껍고, 위험하고, 풍부한 해석학적 과정으로 주체를 삼긴다는 사실을 고통의 리얼리티는 언제나 증거하고 있다.

IV. 우울의 분석[12]

—

세월호 사건이 사회적으로 관찰되고, 그에 관한 소통이 발생하는 과정에서 희생자 유가족과 시민들의 정신건강과 정서상태는 빈번하게 회귀하는 주요 테마로 설정되었다. SNS에는 '우울'과 '슬픔'의 정서가 빠르게 퍼져나갔고, 대한신경정신의학회와 대한정신건강재단 재난정신의학위원회는 4월 28일에 '상실과 애도에 대한 정신건강 안내서'를 언론에 발표하기에 이른다.[13] 일간지들은 세월호 사건 이후의 트라우마, 무력감, 스트레스, 대리외상,[14] 우울증, 울분장애embitterment disorder,[15] 생존자 증후군[16] 등에 대한 다량의 기사를 통해 한국사회의 감정적 리얼리티를 면밀히 관찰했다. 이를 전체적으로 요약해보면, 한국사회는 "집단 무력감증과 정신적 외상"[17] "충격과 분노, 우울"[18] "우울 증후군"[19]

---

12   기사 통합 검색 사이트(www.kinds.or.kr)를 통해서. 2014년 4월 16일부터 2015년 1월 26일까지 세월호 참사를 다룬 일간지 기사와 주간지 기사들을 바탕으로 우울, 애도, 무기력, 트라우마 등의 키워드와의 연관 분석을 해보면, 일간지에서는 모두 1870건이 발견되고, 주간지에서는 155건이 발견된다. 참고로 이 글에서의 분석을 위한 검색에 포함한 일간지는 경향신문, 국민일보, 동아일보, 문화일보, 서울신문, 세계일보, 아시아투데이, 조선일보, 중앙일보, 한겨레, 한국일보로 총 11곳이며, 주간지는 『주간경향』 『주간동아』 『주간조선』 『한겨레21』로 총 4곳이다.

13   「눈앞서 벌어진 비극, 온 국민이 트라우마에 시달린다」, 한겨레 4월 21일자 ; 「대한민국 집단 트라우마 극복에 힘 모아야」, 서울신문 4월 22일자.

14   「'대리외상' 증후군에 빠진 대한민국」, 국민일보 4월 21일자.

15   「세월호 비극, 울분장애냐 외상후 성장이나」, 중앙일보 4월 25일자.

16   「죄책감, 대인기피, 우울증… '생존자 증후군'도 치료 절실」, 한겨레 4월 21일자.

17   「"친지 결혼식도 가기 싫어요" 대한민국 집단 트라우마」, 중앙일보 4월 22일자.

18   「아이들의 분노와 슬픔, 그대로 들어주세요」, 경향신문 5월 7일자.

19   「"자꾸만 눈물이 나요" 전 국민이 우울 증후군」, 『주간경향』 1074, 39쪽.

"집단 우울증"[20] "집단 트라우마"[21] 등의 "심리적 재난상황"[22] 속에서 "비탄과 우울, 불안, 죄책감"[23]에 시달리고 있으며, 마치 "사회 전체가 집단 우울증 환자로 가득찬 거대한 병동이 된 느낌"[24]을 느끼게 하거나 혹은 "대한민국 전체가 우울증을 앓고"[25] 있는 듯한 인상을 주기까지 한다는 것이다. 이처럼 4·16 이후 펼쳐진 우리 사회의 정신풍경의 중요한 부분이 '우울'이라는 용어에 의해 점유되어 있음을 발견하는 것은 어려운 일이 아니다.

비록 전문가들(정신과 의사들, 상담치료사, 정신분석의)의 진단을 통해 명명된 것이기는 하지만, 세월호 사건이 야기한 저 '우울'은 결코 의료시스템의 소통코드에 의해 질병으로 범주화되는 '우울장애 depressive disorder'로 환원될 수 없으며, 그래서도 안 된다.[26] 세월호 사건 이후 한국사회를 떠다닌 저 '우울'이라는 기표는, 개인이나 집단의 정상/병리 여부를 진단하고 측정하여, 그것에 처방을 내리기 위한 일련의 절차 속에서 형성되는 표준화된 질병의 개념, '의학적' 용어가 결

---

20 「집단 우울증」 서울신문 4월 23일자 ; 「'집단 우울증' 빠진 한국… 햇볕 쬐면서 걷는 게 약」 문화일보 4월 29일자 ; 「무거운 시간」 『한겨레21』 1008(4월 25일). 검색일자 2015년 2월 10일 ; 「어른도 아이도 모두 아프다… 집단 우울증 급속 확산」 노컷뉴스 4월 25일자. 검색일자 2015년 3월 7일.

21 「전 국민이 '집단 트라우마'… 외상후 스트레스 장애 우려」 서울신문 4월 23일자 ; 「대한민국 집단 트라우마 극복에 힘 모아야」 서울신문 4월 22일자.

22 「"죽은 아이들이 어른거려" 한국은 지금 지옥이다… 참혹 사고 온 국민 심리적 재난」 국민일보 4월 20일자.

23 「"차마 뉴스 못 보겠다"… 온 국민이 트라우마」 조선일보 4월 19일자 ; 「길어지는 트라우마… 애통해도 자책은 말아야」 조선일보 4월 23일자 ; 「"자꾸만 눈물이 나요" 전 국민이 우울 증후군」 『주간경향』 1074, 39쪽.

24 「상처는 동심원으로 커져가는데」 『한겨레 21』 1008.

25 「어찌 웃을 수 있나. 집단 우울증」 『주간동아』 935, 23쪽.

코 아니다. 그것은 한국사회의 구성원들이 자신의 트라우마와 상처와 충격, 그리고 부서진 마음을 표현하고 소통하며, 타인들의 상심을 우려하고, 안타까워하는 마음의 집중된 체험들이 집결되어 있는 '초超의 학적' 용어다. 그것은 우리 사회의 감정적 연대의 매체, 고통의 분유와 전파의 개념적 미디어로 기능했다. 이런 맥락에서 말하자면, 항우울제의 복용이나 다양한 심리치료기법들(합리적 정서행동치료, 인지치료, 대인관계치료), 혹은 심부뇌자극과 같은 뇌수술적 치료를 통해서 사회적으로 형성된 우울감의 일부를 의료적으로 완화시킬 수는 있겠지만(벡, 1997; 엘리스 & 맥레런, 2007; 클러만, 2002), 세월호 참사가 야기한 우울감에 부착되어 있는 환멸, 분노, 충격과 무력감의 구조와 뿌리 그 자체는 결코 제거되지 않을 것이다. 왜냐하면 이 우울은 하나의 사건이 야기했고, 그 해결책이 불투명한 상황에서 발생하는 '정치적' 우울의 성격을 띠고 있기 때문이다. 더 구체적으로 말하자면, 국가의 무능이 야기한, 의미를 찾기 어려운 죽음에 대한 정당하고 실질적인 '애도'의 지속적 좌절을 통해 이 죽음의 부당함이 정치적으로 '인정'되지 못했다는 사실과, 부조리하고 참담한 상황의 연쇄를 목도하면서도 거기에 개입할 수 없음을 확인해야 했던 일종의 '무력감의 학습'에 모두가 노출되었다는 '정치적' 체험이 이 우울감을 구성하는 핵심적 발생기제다.

---

26 서구정신의학에서 우울증을 진단하는 데 쓰는 기준은 미국정신의학회(American Psychiatric Association)의 주도하에 1952년에 발표된 「정신장애에 대한 진단 및 통계 편람(Diagnostic and Statistical Manual of Mental Disorders, DSM)」이다. 최근 2000년의 개정판까지 모두 5번의 대대적 개정을 거쳤고, 이는 정신장애와 질환을 이해하는 현대적 사고방식에 결정적 영향을 끼친 것으로 알려져 있다(양보람, 2013: 30).

1. 애도의 불가능성

애도의 불가능에서 비롯된 우울의 발생에 관해서는 이미 다양한 논자들이 지적한 바 있다(정원옥, 2014b: 318; 이영진, 2014: 301; 김석, 2014: 39). 대부분의 경우 이 관찰들은 정신분석학적 논리를 원용한다. 프로이트가 1917년에 발표한 「애도와 멜랑콜리」는 정신분석학적 관점에서 우울형성의 기본논리를 해명하는 초석적 논문이다. 이에 따르면, 애도와 멜랑콜리는 모두 무언가의 상실에 대한 심리적 반응이다. 상실된 대상은 애착(리비도)이 충당되던 "사랑하는 사람", 혹은 그와 심리적 등가를 이루는 "어떤 추상적인 것, 즉 조국, 자유, 어떤 이상"이다(프로이트, 1997: 244). 증상의 관점에서 보면 애도와 우울증은 거의 흡사하다(프로이트, 1997: 244-5). 그러나 양자는 리비도의 경제학(욕망의 등가교환)의 맥락에서 차이를 보인다. 애도는 상실된 애정의 대상에 투자되었던 심적 에너지가 포기되고, 새로운 대상에 재투입되는 노동과정이다. 그리하여 아무리 고통스럽다 할지라도, 애도를 통해 마음이 부서졌던 자는 삶으로 회귀한다. 이와 달리 멜랑콜리는, 애도가 적절하게 이루어지지 않는 상황에서, 리비도가 새로운 대상을 찾아 투하되지 못한 채, 주체의 심리 내부로 회수되어(자기애적 동일시) 가학적으로 자아에 충당되는 상황에서 발생한다. 이때 멜랑콜리의 주체는 명확한 상실의 대상을 인지하지 못한 채 "쓸모없고, 무능력하고, 도덕적으로 타락한 자아"에 대한 비하감에 시달리게 된다(프로이트, 1997: 247).

멜랑콜리의 주체는 자신이 무엇을 상실했는지를 정확하게 인지하지 못한다는 점에서 애도의 주체와 구분된다. 그에게 상실은 무의식적인 것으로 남는다. 이때, 자신이 무엇을 상실했는지를 정확하게 인지하지 못한다는 것은 무엇을 의미하는가? 프로이트는 이렇게 쓰고 있다. "이런 경우는 환자가 자신이 상실한 것이 무엇인지 의식적으로 인지하지 못한다고 해야 할 것이다. 실제로 환자가 자신의 멜랑콜리를 불러일으킨 상실에 대해 잘 알고 있더라도 그렇게 될 수 있다. 가령, 잃어버린 사람이 누구wen인지는 알고 있지만 그의 어떤 것was을 상실했는지 모를 경우, 우리는 환자가 상실을 의식적으로 인식하지 못하고 있다고 말할 수 있는 것이다. 이런 설명을 통해 우리가 제시할 수 있는 것은, 멜랑콜리란 의식에서 떠난 (무의식의) 대상 상실과 어떤 식으로든 연관이 있지만, 반대로 애도의 경우는 상실에 관한 그 어떤 것도 무의식적인 것이 아니라는 점이다"(프로이트, 1997: 246-7. 강조는 필자). 애도와 멜랑콜리의 차이는 미묘한 '앎'의 유무에 놓여 있다. 멜랑콜리의 주체는 자신이 상실한 것의 '정체'를 모르는 것이 아니라 그 '의미'를 모른다. 상실한 대상이 자신에게 어떤 '의미'를 갖는지, 상실한 사람과 자신의 관계가 무엇인지, 상실한 대상의 어떤 속성으로 인하여 이토록 큰 상실감에 시달려야 하는지를 스스로 명료하게 해명할 수 없을 때, 그 상실은 멜랑콜리로 귀결된다. 상징적 의미화 기제가 작동하지 않아서 상실이 상징화되는 데 실패했을 때, 상실은 애도를 통해 지양되지 못하는 것이다. 멜랑콜리의 주체에게 상실이 무의식적인 것으로 남는다는 말이 이를 의미한다.

흥미로운 것은, 다소 추상적으로 들리는 이 통찰을 정치적 맥락에서 사고해보면 그 적실성이 확연히 드러난다는 사실이다. 대표적 실례가 바로 국가폭력에 의한 '의문사'의 문제다. 의문사는, 그 죽음이 왜 일어나야 했으며, 누가 그 죽음을 야기했으며, 그리하여 궁극적으로 죽음의 책임이 누구에게 귀속되는지 명확하게 밝혀지지 않은 죽음이다. 이런 경우 유가족의 입장에서 보면 '누가' 죽었는지는 알 수 있지만, 그 죽음의 '어떤 것'이 그것을 죽음으로 구성하는지가 미지의 것으로 남게 된다. "이렇듯 '누구'를 잃어버렸는가가 아니라 '무엇'을 잃어버렸는가에 대한 앎과 모름이 애도와 우울증을 낳는 원인이라고 한다면, 의문사 유가족들은 근본적으로 애도가 불가능한 조건에 놓여 있다고 할 수 있다. 사랑하는 가족이 죽음에 이르게 된 과정을 알지 못한다는 것은 그의 죽음뿐만 아니라 삶의 마지막 부분까지도 수수께끼적인 차원에 머물게 된다는 것을 뜻한다. 더욱이 의문사가 국가폭력에 의한 타살 의혹이 제기되는 사건이라고 할 때, 강압적으로 목숨을 빼앗겨야 하는 상황에 직면하여 죽은 자가 '어떤 것'을 생각하고 느꼈을지 유가족들은 가늠할 수조차 없다. (……) 요컨대 유가족이 우울증적 주체일 수밖에 없는 것은 사랑하는 가족의 죽음으로 인해 무엇을 잃어버렸는지, 무엇을 괴로워하고 아파해야 하는지 알 수 없는 무지로부터 비롯된다고 할 수 있다"(정원옥, 2014a: 30).

세월호 희생자들의 죽음 역시 '의문사'의 성격을 띠고 있다. 유족들은 '의문사 가족'과 같은 정서적·존재론적 상태에 놓여 있으며, 매체를 통해 그들과 통감했던 시민들은 유사한 심리상태를 공유하는 '확장된 유가족'의 심정을 체험한다. 이들에게 세월호는 "전부 '왜'라는 물음에서 시작해서 '왜'라는 물음으로 끝"난다(4·16 세월호 참사 시민기록위원회 작가기록단, 2014: 187). 세월호 희생자를 사회적으로 애도하는 것이 단순히 그들의 시신을 인양하고, 분향소를 설치하고, 애도 공간을 행정적으로 열어주는 것이 아니라, 그들 죽음의 상징적 의미, 즉 진실을 규명하는 것이라는 '의미화'를 요구하는 것은 그 때문이다.[27] 마음의 부서짐을 치유하기 위해 가장 중요한 것은 "진실과 정의"

다.[28] 희생자 유예은 양의 아버지 유경근(가족대책위원회 대변인)은 2014년 5월 21일 서강대학교에서 열린 추모미사에서 이렇게 말한다. "많은 분들이 걱정하고 위로해주십니다. 하지만 전혀 와닿지 않습니다. 진심은 알지만 실제로 들리지 않는 목소리입니다. 어떤 말도 위로가 될 수 없습니다. 다만 이렇게 이야기해주십시오. '한 달 뒤에도 잊지 않겠습니다. 1년 뒤에도, 10년 뒤에도, 평생 잊지 않겠습니다.' 그것이 저희에게는 가장 큰 힘이 됩니다. 저희가 가장 두려워하는 것은 잊히는 것입니다. 우리 아이들이 잊히고 우리가 잊히는 것입니다."[29]

망각에의 두려움은 세월호의 진실이 매장될 가능성에 대한 두려움이다. 세월호의 진실을 밝혀, 그것에 대해 사회적으로 납득할 수 있는 이야기를 구성해내기 전에는 어떤 위로나 애도도 "들리지 않는 목소리"로 남게 될 것이다. 특별법 제정과 진상규명이라는 정치적 절차가 완수되기 이전에, 세월호 희생자들에 대한 애도는 좌절과 봉쇄의 상태를 벗어날 수가 없는 것이다. 이런 점에서 세월호 참사와 광주 항쟁은 큰 유사성을 갖고 있다. 광주의 피해자들에 대한 보상은, 그들이 폭도가 아니었으며, 공수부대의 무차별적 폭력에 기본적 인권을 상실당한 상황에서 자신들의 삶을 지키기 위해 일어난 의거의 주체라는 사실을 '인정'받는 것이었다(한상진, 1998a). 의미를 부여받은 죽음은 애도될 수 있다. 그러나 아직 그 명확한 의미가 공개되지 않은 죽음, 그리하여

---

27   심리학자 373명은 8월 27일 세월호 유가족과 국민이 입은 극심한 세월호 참사 트라우마를 치료하기 위해서는 수사권, 기소권이 보장된 세월호 특별법 제정이 필요하다는 성명을 발표했다. 「심리학자 373명, 세월호 유족 지지 선언」(성명전문 포함), 서울신문 2014년 8월 27일자.

28   「트라우마 치유 위해 가장 중요한 건 진실과 정의」, 한겨레 5월 19일자.

29   「저희가 가장 두려워하는 것은 잊혀지는 것입니다」, 가톨릭뉴스 지금여기, 2014년 5월 22일자.

천도되지 못하고, 상징화되지 못하는 그런 죽음은 애도될 수 없다. 그것은 버틀러가 말하는 "아직 매장되지 않은 것the unburied"으로서의 죽음이며(버틀러, 2008: 65), "살아 있는 죽음", "해명되어야 할 죽음"이다(정근식, 2013: 29-30). 거기에서 우울이 생겨난다. 세월호가 야기한 우울감의 한편에는 주권자들의 주권적 요구(진상규명)가 민주적으로 수용되지 못하고 좌절되는 과정에서 형성된 멜랑콜리가 존재하는 것이다. 이 시민적/국민적 우울은 이런 점에서 '학습된 무력감'의 구조에 대한 고려를 자연스럽게 요청한다.

2. 학습된 무력감learned helplessness

긍정심리학의 창시자인 마틴 셀리그만은 우울현상에 대한 정신분석학과 생의학적 관점을 모두 비판하면서, 우울을 '학습된 무력감' 개념으로 접근한다. 무력감helplessness이란 "어떤 일에 대해 스스로 통제하는 것이 불가능할 때 종종 나타나게 되는 심리상태"(셀리그만, 1983: 25)이며, 이는 "자신이 무엇을 하건 아무 변화도 생기지 않는다는 것과, 자신이 어떻게 반응하건 원하는 바를 얻을 수 없다는 것을 깨닫게 하는 경험"에서 생겨난다(셀리그만, 2012: 132). 그는 개를 대상으로 수행한 1967년의 실험에서, 회피할 수 없는 전기충격을 여러 차례 받은 개들이, 상황이 바뀌어 회피가능성이 있는 방식으로 전기충격이 주어진다 해도 적절히 반응하지 못한다는 점을 발견했다(Seligman & Maier, 1967; Seligman, 1972). 학습된 무력감이 학습능력을 갖춘 동물들에게서 일반적으로 나타남을 확인하고 이를 인간행태에 대한 연구로 확장시켜, 무력감이 야기하는 동기적 결손, 인지적 왜곡, 정서적 혼란이라는 부정적 효과들을 찾아냈던 것이다(Abramson & Seligman,

1978).

　우울증은 정서적 혼란의 귀결점이다. 그 핵심에는 "자신의 행동이 쓸모없을 것이라는 믿음"(셀리그만, 2012: 137), 즉 통제불가능한 상황에 직면한 유기체가 반복된 좌절을 통해서 획득하게 되는 부정적 설명양식negative explanatory style이 존재한다. "이러한 사실을 전체적으로 고려하면, 무기력에 관한 우리의 이론은 다음과 같이 요약할 수 있다. 어떤 결과와 반응이 독립적이라는 사실에 대한 기대는 첫째, 그 결과를 통제하려는 동기를 감소시키고, 둘째, 그 반응을 하면 결과가 통제된다는 사실에 대한 학습을 제지하며, 그리고 셋째, 만일 그 결과가 외상적인 것일 경우, 당사자가 그 결과의 통제불가능성에 대해 명확히 자신을 갖지 못하게 되면 공포를 유발하고, 이어서 다시 우울증을 유발하게 된다"(셀리그만, 1983: 95). 셀리그만의 논의는 동물실험으로부터 긍정심리학에 이르는 여정을 거치면서, 사회·정치적 함의를 배제하는 방향으로 진행되어가였으며 이에 대한 비판적 견해도 존재한다(에런라이크, 2011: 209-246). 그럼에도 불구하고, 무력감의 학습을 통해 형성되는 "부정적 인지 세트negative cognitive set"의 형성과 그 작용의 결과 형성되는 디프레션에 대한 일관된 실험과 관찰은, 세월호 참사가 야기한 무력감을 정치적 차원에서 효과적으로 해명해줄 수 있는 좋은 이론적 자원이 된다(Seligman, 1972: 411). 세월호 참극은 다음과 같은 연속되고 집중된 '무력감의 스펙터클'을 제공했기 때문이다.

　첫째, 사고의 물리적 인상 그 자체가 야기한 무력감이 있다. 세월호라는 거대한 배(6825톤급의 여객선)가 장난감처럼 뒤집힌 채 침몰하는 장면은, 감각적인 수준 그 자체에서 충격적 무력감을 주기에 충분했다. 이것은 한 희생자의 가족이 사고 이후에 거기에 빠져든다고 고백한, "거인이 돼서 배를 끌어올리는 상상"에 애절하게 함축되어 있다(4·16 세월호 참사 시민기록위원회 작가기록단, 2014: 92).

둘째, 방송된 사고 수습과정이 야기한 무력감이 있다. "배가 침몰해서 형체도 없이 사라질 때까지 지켜볼 수밖에 없었다는 무력감"(이영진, 2014: 283-4), "세월호가 침몰하는 화면을 멀뚱멀뚱 바라보면서 아무것도 하지 못했던 무력감"(김도민, 2014: 92)은 세월호 참사를 목격한 많은 관찰자들이 보편적으로 토로하는 공통의 감정이었다.

셋째, 세월호에 대한 언론의 왜곡되고 편파적인 보도가 야기한 무력감이 있다. 최초의 '전원구조'라는 오보誤報는 차치하고, 4월 17일 JTBC가 실종자 가족 인터뷰를 통해서 당시 방송내용과 현장상황이 다르다는 사실을 내보내면서 드러난 구조와 연관된 거짓보도들은, 진도 팽목항 현장에 있는 유가족들을 극도로 분노하게 만든 동시에, 이명박 정권 집권 이후 진행된 정권의 방송장악(특보 사장들 임명, 미디어 관련법 개악, 종편채널 방영)의 결과 지배카르텔의 이해관계에 충실한 하수인이 되어버린 언론이 국민의 눈과 귀를 가로막고 있다는 확연한 인식과 그에 동반한 무력감을 야기했다.

넷째, 세월호의 진실을 추구하는 시민들의 노력을 색깔공세로 돌려세우고, 유족들의 요구에 소통을 시도하지 않은 집권여당과 대통령에 대한 무력감이 있다. 특히 세월호 사건을 두고 터져나온 '망언'들은 한국사회의 근본 적대의 화해불가능한 선線의 실재를 드러냈고, 통합과 연대의 원리하에 문제를 해결해나가려는 집합의지에 깊은 무력감을 안겼다. 또한 정부와 경찰을 비롯한 공권력의 무능의 정도가 너무 심각한 것이었기 때문에, 짧은 분노 이후의 강력한 무력감을 야기했다.

다섯째, 시민사회가 세월호 참사에 대한 정부의 대응을 촉구하고 특별법 제정을 위한 서명운동을 하고 11월까지 약 600만 명이 서명에 동참했지만, 이것이 과연 효과적으로 문제를 해결하는 방향으로 정치권을 움직여나갈 것인가라는 질문 앞에서 느끼게 되는 무력감이 있다.

이런 종류의 정치적 무력감은 사실 2008년의 촛불 항쟁 이후 이명박 정권하에서 시민들이 체험한 좌절들에 의해 서서히 형성된 집합감정과 유사한 맥락을 공유한다. 주지하듯 2008년 5월 초 청계광장에서 여중고생들이 시작한 미국산 쇠고기 수입반대 시위에서 대중들은 '이명박 퇴진'이라는 과격한 정치구호를 내걸고 청와대를 향한다. 2008년 6월 10일 컨테이너 박스(소위 명박산성)가 시위대를 가로막았고, 대중의 흐름은 이에 가로막혔다. 촛불 시위는 과거의 시위현장과는 사뭇 다른 조직, 문화, 실천의 가능성을 보여주었다. 그러나 시위대의 축제, 풍자, 조롱, 요구는 '소통'을 거부한 채 명박산성 뒤로 존재를 숨긴 대통령과 정부에 전달되지 못했다. 시위의 거센 흐름이 사위어들자, 마치 아무 일도 없었다는 듯 2008년 가을부터, 이명박 정권은 자신들이 추진하고자 했던 다양한 정책들을 추진해나가기 시작한다. 두 달이 넘는 기간 동안 그토록 강렬하게 타올랐던 촛불들은 이명박 정권이 펼쳐나갈 다양한 형태의 국가폭력들(용산, 쌍용자동차, 강정 해군기지), 반민주적/반서민적 정책들, 언론 생태계의 파괴, 4대강 사업 등의 주요 정치 문제의 결정과정에 어떤 통제력과 영향력도 행사하지 못하는 당황스런 무기력을 체험해야 했다. 정책이 야기할 부작용을 우려하는 전문가, 시민단체, 지식인들의 성명이 이어졌고, 시민적 저항이 지속되었으며, 노동자들이 철탑에 올라가서 자신들의 이야기를 목숨을 걸고 호소했고, 시인들과 예술가들이 현장을 찾아다니며 노래를 하고 퍼포먼스를 하는 등, 다양한 비판과 저항이 실천되었음에도 불구하고 이들이 결국 반향 없는 무력감으로 귀결되어버린 것이다. 2008년 촛불항쟁이 끝난 이후부터 세월호 참사가 발생하기까지의 약 6년 동안, 한국사회의 데모스의 마음은 "아무리 난리를 해도 권력이 안 듣는다는 것, 변화도 반영도 없다는 것에서 오는 무력감"에 시달렸다. 그리고 "말로 정치에 개입해 통제한다는 것이 얼마나 불가능해져버렸는지를 사람들이 느끼게" 되면서 발생한 "사회적 우울감"이 한국사회를 유령처럼 배회하고 있었다.[30]

V. 주권적 우울
—

애도의 좌절에서 비롯되었든 학습된 무력감에서 비롯되었든 세월호 참사 이후의 우울이 정치적 성격을 띠고 있다면, 이 '정치적'인 것의 실체는 무엇인가? 이 우울에 정치성을 부여하는 것은 무엇인가? 왜 이 마음의 부서짐은 주부우울, 학생우울, 우울증으로 인한 자살, 우울증 환자 증가 등 우리 시대의 정신풍경을 진단하는 각종 정신의학적, 심리학적 클리셰들로 환원될 수 없는 고유한 정치성을 갖고 있는가? 나는 이 우울이, 민주공화국의 주권자로 스스로를 인지하고 있는 주체가, 자신의 주권이 훼손되고 부정되고 손상되는 일련의 체험들 속에서

---

30   정연순·엄기호 대담, 「애도의 땅에 신뢰공동체를」, 『한겨레21』 1010.

느끼는 마음의 부서짐(우울)이라는 관점을 취한다.

이런 점에서 다시 한번 2008년의 촛불집회를 돌아볼 필요가 있다. 촛불집회의 가장 큰 특이성 중의 하나는, 시위 참여자들이 '헌법'의 테마를 광범위하게 그리고 문화적으로 친숙한 언어로 충분히 번역된 형태를 통해 전면화시켰다는 사실이다. 잘 알려진 것처럼, 당시 집회 참가자들에게 가장 많이 불린 노래와 구호는 〈헌법 제 1조〉, 즉 "대한민국은 민주공화국이다. 모든 권력은 국민으로부터 나온다"였다. 사실, 한국 시민사회에 '헌법'이 이처럼 주요한 테마로서 등장하기 시작한 것은 그리 오래된 일이 아니다. 그것은 2004년 노무현 대통령의 탄핵심판과 이를 반대하는 대규모 시위 속에서 처음 나타났고, 〈헌법 제1조〉라는 노래도 탄핵반대 시위에서 탄생하여 불린 바 있다. 그럼에도 불구하고, 2008년에 시민들이 보여준 자발적 동원과 헌법적 주체성의 공적 표명은 "자신을 법의 주체의 자리에 놓는 민주적인 시민의 주인된 태도"를 보여주는, 그 폭과 깊이에 있어서, 확연히 새로운 현상이었다(김종엽, 2009: 153; 한보희, 2009: 262). 그렇다면, 여기에서 "법의 주체"로 스스로를 정립한 존재들은 과연 누구인가? 누가 헌법을 노래하고, 헌법을 주창하면서 그 자리에 현존했는가? 누가 자신이 헌법상의 주권자라고 말하는 주어/주체의 자리를 차지하고 있었는가? 이 질문에 대한 해답은 헌법 제1조가 아닌 헌법 전문에서 발견할 수 있다. 대한민국 헌법은 흥미롭게도, 그 본문에 명시된 주권자인 '국민'과 상이한 제헌권력을 자신의 전문에 다른 이름으로 명시하고 있다. 그것이 바로 "우리들 대한국민大韓國民"이다. 1948년의 제헌헌법의 전문은 이러하다.

悠久한 歷史와 傳統에 빛나는 **우리들 大韓國民**은 己未 三一運動으로 大韓民國을 建立하여 世界에 宣布한 偉大한 獨立精神을 繼承하여 (……) 檀紀 4281年 7月 12日 이 憲法을 制定한다(제헌헌법 전문 일부. 강조는 필자).

위의 전문은 이후 아홉 차례에 걸쳐 헌법이 개정되는 과정에서 지속적으로 변화를 겪었다. 가령, 1962년 12월 26일의 제5차 개헌을 통해 헌법 전문에는 4·19 정신이 추가되었고, 1980년 10월 27일의 제8차 개헌에서 4·19에 대한 언급은 다시 삭제되었지만, 1987년 12월 29일의 9차 개헌에서 4·19 정신이 다시 명기되기에 이른다(서희경, 2011). 이런 과정 끝에 주어진 현행 헌법 전문의 일부는 다음과 같다. "유구한 역사와 전통에 빛나는 우리 대한국민은 3·1운동으로 건립된 대한민국 임시정부의 법통과 불의에 항거한 4·19 민주이념을 계승하고……" (강조는 필자) 제헌헌법의 "우리들 대한국민"이 현행 헌법에서는 "우리 대한국민"으로 바뀌어 있긴 하지만, 중요한 것은 '대한국민'이라는 주체가 헌법제정의 주어로 정립되어 있다는 변함없는 사실이다. 이 '대한국민'은 헌법 제1조에 등장하는 '국민'과는 다른 존재이다. 가령 '국민'이 주권자라면, 대한국민은 주권자가 주권을 가진 존재라는 사실을 선포하는 메타적 존재이다. 언어학적으로 말하면, 국민은 '언표된 주어'이며, 대한국민은 '언표행위의 주어'이다. 또한 법적으로 풀어 말하면, 국민은 '입헌권력constituted power'을 표상하는 반면에, 우리들 대한국민은 '제헌권력constituent power'을 표상한다. 즉, 헌법전문의 대한국민은 주권자를 주권자로 규정하는 "제헌적 주권자constituent sovereign"로서(Kalyvas, 2005: 225) 선명하게 표명되고 있다.[31]

정치학자 김성호와 최명호는 "실정법적으로 확인되는 영토성에 기반하여 자의식적인 집합 행위를 통해 민주적 자치를 가능케 할 헌법 규범과 그에 근거한 국가기구를 창설하고자 했던 정치적 '인민'"이 바로 '우리들 대한국민'이라고 해석한다(김성호·최명호, 2008: 106). 헌법학자 이국운은 훨씬 더 과감한 주장을 내놓고 있다. 그에 의하면, 헌법 전문의 '대한국민'은 "대한민국을 민주공화국이라고 선언하고, 그 (대한민국)의 주권이 국민에게 있으며, (주권을 포함한) 모든 권력은 국민으로부터 나온다고" 규정하고 선언하는 헌법의 최고 주체이며, 이 규정과 선포는 1948년의 헌법제정이라는 구체적 상황을 초과하는 것으로 해석되어야 한다(이국운, 2010: 155). 즉, 제헌권력은 역사적 사건들 속에서 자신의 존재근거를 발견하며 미래의 정치과정에서 언제나 주권적 존재로 등장할 수 있는 잠재성의 형식으로 존재한다. 바로 그런 이유로 그것은 1948년의 이전과 이후에도 "감격"을 동반한 채 "반복적으로 재현될 가능성"을 갖는 것이다(이국운, 2010: 157). "식민지배 속에서도 독립과 해방, 그리고 주권의 민주화를 염원했던 사람들" "군사 쿠데타를 통해 전시긴급정부가 군부독재정권으로 전락했을 때 반독재의 이름으로 민주화투쟁에 나섰던 사람들" 그리고 "대한민국이라는 프로젝트를 완결시키기 위해 (……) 분명히 나서서 민주주의의 성숙과 평화적인 통일을 동시에 이루어낼 사람들"이 모두 대한국민이라는 적극적 해석이 가능한 것은 바로 그 때문이다(이국운, 2008: 47). 이 견해를 빌려 말하자면, '우리들 대한국민'은 헌법에 삽입

---

31   주권의 역설, 제헌권력의 모호함, 주권자의 예외성 등에 관한 정치철학적 논의는 다음을 참조할 것(Negri, 1997; 아감벤, 2008: 55 이하). 또한 '주권' 개념 그 자체에 대한 다양한 비판적 논의들에 대해서는 다음을 참조할 것(Kalyvas, 2005: 223-5).

된, 주권의 수행자/공연자performer, 즉 제헌주체의 이름이다. 그것은, 20세기 한국의 정치사의 어둠을 뚫고 등장하여 정치지형을 바꾸어놓고 다시 일상으로 사라져버리는 사건적 주체 형식이다. 우리들 대한국민은 사회학적 측정을 통해 확인할 수 있는 경험적 사회 그룹이 아니며, 특정 계급이나 젠더, 세대, 직능 혹은 사회운동에 참여하는 집단들, 혹은 동일한 이념적 경향을 보이는 유권자 집합 등으로 환원되지 않는다. 역사적이고 정치적인 그리고 동시에 심적인 범주로서 대한국민은 현실적 분할, 분리, 분열, 차이를 뚫고 창발하는 주권적 사건의 주인공이며, 이와 동시에 순간 돌연 소멸하여 아무 일도 없었다는 듯 일상으로 잠복하여 생활, 생존, 생계에 몰두하는 존재이기도 하다.

피에르 로장발롱이 지적하고 있듯이, 근대 정치공간에서 데모스는 "발견될 수 없는introuvable" 존재로 인지되었다(Rosanvallon, 1998: 20). 주권자인 동시에 사회공학적 통치대상인 데모스는 폭동, 혁명, 축제, 봉기와 같은 "인민-사건peuple-événement"을 통해서만 간헐적으로 가시화될 수 있었다(Rosanvallon, 1998: 53-5). 한국 근대정치사는 '발견될 수 없는' 대한국민이 사건의 형식을 빌려 가시화되어 나타나고 다시 잠복하는 '물수제비'의 궤적을 그리는 장기적 진보와 투쟁의 역사이다. 헌법 전문에 명시된 3·1운동과 4·19혁명이 그런 나타남의 사건이며, 1980년 광주가 그러하며(정근식, 2007), 1987년의 6·10대항쟁이, 촛불이 또한 그러하다. 거대한 운동은 오랜 기간의 민民의 침묵 이후에 불현듯 터져나온 것이며, 사건들의 혁명성은 대개 지배권력에 의해 폭력적으로 억압되어 좌절되거나 변질되고, 그 성과가 집권세력에게 탈취되기도 했다. 그러나 장기적으로 보면, 이처럼 지난한 운동을 통해서 20세기 한국은 민주주의와 공화주의의 이념 쪽으로 천천히 이행해왔다. 2008년의 촛불집회는 대한국민의 출현이라는 한국 현대정치사의 간헐적 운동의 한 모멘트로 이해될 수 있으며, 더 구체적으로 말하자면, "자신들을 국가의 주권자로 선포하고, 집합의지를 표현하는" 대한국민들이 헌법을 수행perform했던 현장이었던 것이다(한보희, 2009: 262). 거기 모인 "여고생, 예비군, 유모차를 끌고 나온 주부와 아이, 아베크족, 장애인, 할아버지, 이주 노동자" 등이 광장에 모여, 놀고, 논의하고, 걷고, 분노하고, 함성을 지르고, 노래를 부르고, 검역주권과 생명주권을 동시에 선포, 요청, 공시하면서 대한민국의 헌법 제1조를 상연하는 과정에서, 헌법은 추상적 최상위법이라는 고정된 형식으로부터 살아 있는 이념이자 정치적 삶의 원리로 하강하여 물질성을 띤 채 재현된다(이국운, 2010: 157).

우리가 집합적 감정현상을 이런 정치적 관점에서 접근한다면 세월호 사건이 야기한 우울에 대한 다음과 같은 추론이 가능해진다. 즉 이 우울은, 멀게는 1987년을 기점으로, 더 가깝게는 2000년대에 접어들어 한국사회가 스스로의 목소리와 언설과 실천 속에서 확인한 '대한국민'이라는 제헌권력(민주적 제도와 교육을 통하여 자신의 주권을 인지하고 욕망하며, 민주적 운동과 연대의 체험과 기억 속에서 주체화된 존재들)의 상실감과 학습된 무기력을 핵심으로 한다. 이것이 바로 주권적 우울이다. 나는 주권적 우울이 세 가지 중요한 형식적 구성요소를 갖는다고 본다. 그것은 제도적 조건, 상황적 조건, 그리고 주체적 조건이다. 이를 고려하여 정식화하면, 주권적 우울은 i) 법적·정치적 수준에서 민주주의의 형식적 절차가 구비되고, 민주적 시민성이 사회적 정당성을 획득한 사회에서(제도적 조건), ii) 다양한 방식으로 제기되는 위기와 문제들이 민주적 절차·소통·운동을 통해 해결되지 못하는 상황이 지속되는 과정에서(상황적 조건), iii) 자신을 주권자로 간주하는 데모스(주체적 조건)가 체험하는 마음의 부서짐을 의미한다. 세월호 참사가 야기한 주권적 우울은 '1987년체제'의 성립이라는 '제도적' 조건하에서, 1997년 외환위기로 촉발된 신자유주의화와 2008년 이후의 보수정권 집권이 야기해온 민주주의의 쇠퇴와 파행의 점진적 과정이 세월호 참사를 통해 극명하게 드러나는 비상적非常的 상황을 맞이하여, 주권자라는 정체성을 강화시켜온 시민들에 의해 체험된 것으로 이해할 수 있다.

VI. 마치며
—

통감의 방법은 근대 사회과학의 신화들(객관성, 과학성, 추상성, 수학적 확실성, 방법론주의 등)에 도전하면서 새롭게 실험되어야 하며, 실험되고 있다. 이런 방법적 성찰은 특히, 한국 근대의 정치사과정을 탐구할 때 깊게 고려되어야 한다. 한국사회는 19세기 후반부터 외상적이고 충격적인 파국들을 지속적으로 겪어왔으며, 이 과정에서 수많은 폭력, 살해와 박해, 억압과 아픔을 겪어왔다(정근식, 2013; 김동춘·김명희, 2014). 세월호 참사는 바로 이런 고통의 사건들 중의 하나로서 접근되어야 한다. 통감의 해석학이 열어주는 인식가능성은 인간 고통에 있어서 '정치적인 것'의 우위이다. 서구 근대의 멜랑콜리에 대하여 수행했던 나 자신의 연구(김홍중, 2006)에 결여되어 있던 관점이 바로 그것이다. 통감은 방법이 아니라 도리어 방법의 파괴이다. 통감은 연구의 길을 보여주는 것이 아니라, 연구 자체를 불가능하게 한다. 그것은 벤야민이 '변증법적 이미지'라 부르는, 섬광처럼 스치는 어떤 영상과의 신체적, 정동적, 신경적 뒤엉킴으로 우리를 이끈다. 타자들이 겪는 압도적 고통이 연구자를 꼼짝 못하게 포박하는 마비의 상태에서, 사태의 진실을 쥐고 있는 듯이 보이는 이미지들이 출현한다. 나에게 그것은 이 비극적 사건을 배후로부터 규정해오는 모순들과 적대, 이들이 구성하는 정치적인 것의 무게에 짓눌린 채 생명과 존엄을 손상당한 자들의 얼굴이었다.

세월호가 야기한 통감의 해석공간에서 연구자의 망막에 맺혀 꿈틀거린 것은 주권자들의 우는 얼굴이었다. 국가가 사라진 곳에(팽목항의 민간자원봉사), 국가와 대치하면서(시위현장), 국가와 공조하면서(분향소), 데모스는 오열하는 얼굴 혹은 슬픈 얼굴로 사회의 곳곳에 출몰했다. 팽목항에서 아이를 잃은 부모들은 주저앉아 바다를 보고 절규하며 통곡했다. 자원봉사를 하는 시민들도 울었고, 분향소에서 고개를 숙인 아이들도, 광장에서 시위에 참가한 주부들도, 안산을 찾아간 시민들도, TV 앞에서도, 교실에서도 수많은 인민들이 흐느끼고 통곡했다. 그리고 시간이 흐르면서, 이들의 얼굴은 우울의 어둠 속으로 잠겨갔다. 파커 파머는 말한다. "자아와 세계에 관한 지식을 온 마음으로 붙든다면 마음은 때로 상실, 실패, 좌절, 배신 또는 죽음 등으로 인해 부서질 것이다. 그때 당신 안에 그리고 당신 주변의 세계에 무엇이 일어나는가는 당신의 마음이 어떻게 부서지는가에 달려 있다. 만일 그것이 수천 개의 조각으로 부서져 흩어진다면broken apart 결국에는 분노, 우울, 이탈에 이를 것이다. 그러나 마음의 경험이 지닌 복합성과 모순을 끌어안을 위대한 능력으로 깨져서 열린다면broken open, 그 결과는 새로운 삶으로 이어질 것이다"(파머, 2012: 57). 주권적 우울은 그가 말하는, 부서져 깨진 마음과 깨져서 새로이 열리는 마음 사이에 존재한다. 그것이 향후의 정치적 화약으로 작용할 것인지, 아니면 개인화된 패배감에 머물고 말 것인지 누구도 예견할 수 없다. 그것은 아마도 우리가 우리 마음의 고통을 어떻게 해석하고, 나누고, 그것으로부터 새로운 실천원리들을 발견해내느냐에 달려 있을 것이다.

보론1. 민주주의와 우울
—

어쩌면 민주주의는 그 자체로 주권적 우울 메커니즘을 내장하고 있는 정치체제일지도 모른다. 즉 '데모스=주권자'라는 등식은 현실적으로 좌절되기 쉬운 이상이며, 대중의 대규모 헌신이 동원되어야 하는 미완의 과제이며, 많은 경우 현재가 아닌 미래로 연기되고 지연되는 꿈이며, 기술적이고 제도적인 여러 장애들을 동반하고 있기 때문이다. 가령, 고대 그리스적 형태에서 이미 민주주의는 일종의 아나키anarchy이며, 고정된 기초가 없는 것이며, 변화무쌍하고 불완전한 것으로 인지되고 있었다. 대개 혁명이나 폭동을 통해 데모스가 과거의 지배자를 처형한 이후에 나타나는 것으로 간주되는 민주정은, 바로 이런 점에서, 지배와 통치의 초월적이고 절대적인 근거를 상실한 채, 질서의 원리를 오직 내재적 현실, 갈등적 현실, 불화의 현실에서 구성해야 한다는 점에서 무질서를 피할 수 없는 체제로 인식되고 있다(플라톤, 1997: 536-547). 클로드 르포르를 빌려 말하자면, 민주주의적 권력은 "텅 빈 장소lieu vide"에 기초하며, "확실성의 지표들의 와해"와 항상적 "미결정"상태를 자신의 설립, 작동의 원리로 설정하는 역설에 사로잡혀 있다(Lefort, 1986: 28-30). 데리다에 의하면, 민주정치는 "자신 스스로 연기되고, 자신과 달라지는 차연 속에서만 그 자신"이 된다는 역설을 내포한다(데리다, 2003: 98). 초월적 근거에 대한 이런 선험적 상실감은, 한편으로는 민주주의의 주체들에게 해방감과 동시에 최종질서의 확정된 토대의 부재가 야기하는 우울을 야기할 수 있다. 민주주의적 상태가 언제나 규정불가능성에 노출되어 있고, 부단한 변화가능성을 내포하고 있으며, (기본적으로 데모스가 다원적 갈등의 공존체이기 때문에) 민주적 이상이 쉽게 환멸을 야기하며, 경험적으로 특정 목표점에 고정시키기 어려운 규제적 이념의 성격을 갖기 때문이다. 민주주의는 쉽사리 도달될 수 있거나, 한 번 도달되었다고 해서 바로 완성되지 않는, 지속적 유지와 재구성을 요청하는 '우울한' 목표이다. 민주주의는 스스로를 발명해야 한다(낭시, 2010: 110). 대의민주주의는, 민주주의에 내재되어 있는 정치적 우울의 가능성을 배가시킨다. 루소에 의하면, 민주적 주권은 하나이면서 분할할 수 없는 인민의 집합의지를 그 소재로 한다. 따라서 주권자와 국가 사이에는 어떤 매개조직이나 대의기구도 필요가 없다.[32] 그러나 현실에서 이런 직접민주주의의 실현은 거의 불가능하며, 민은 언제나 "절반의 주권적 인민 semisovereign people"으로 존재할 뿐이다(샤츠슈나이더, 2008: 205-226). 효율적인 대의를 통해 문제를 해결할 수 있다는 여론, 주장, 철학이 존재하고 있음에도 불구하고(임혁백, 2011), 대의시스템 그 자체가 민주주의의 원초적 가능성과 독창성을 구제할 수 있다는 믿음은

---

[32] "주권은 양도될 수도 대표될 수도 없다(représenté). 그것은 본질적으로 일반의지로 성립된 것인데, 이 의지는 대표할 수 없는 것이다. 그것은 그 자신이거나 아니면 다른 것일 뿐, 중간이란 있을 수 없다. (……) 인민이 직접(en personne) 비준하지 않은 법은 무효이다"(Rousseau, 2003: 429-30).

민주주의의 근본이미지와 배치된다. 더 나아가, 20세기 후반의 세계화, 신자유주의화, 양극화 등의 구조 변동과정에서 글로벌하게 관찰되는 '민주주의의 후퇴'현상은 주권적 우울의 보편성을 사고하게 한다. "민주주의의 쇠퇴"(스카치폴, 2011), "민주주의의 위기"(틸리, 2010), "민주주의의 경영화"(Wolin, 2008), "탈脫민주화"(브라운, 2010), "포스트 민주주의"(크라우치, 2008) 등의 진단들은 민주주의의 가치와 이념과 현실에 도래한 문제적 상황들, 그리하여 민주적 주권자에게 우울을 야기할 수 있는 상황들에 대한 우려를 적절히 반영하고 있다. 실제로 파커 파머가 '마음의 부서짐'이라는 개념을 제안하는 것도 9·11 이후 미국사회가 민주적 가치를 유보하면서 민주주의에 심각한 위기가 도래하던 시점이었다. 그 자신 역시 우울증을 앓는다.

보론2. 주권적 우울

—

이 글에서 제안된 주권적 우울 개념은, 여러 형식적 조건들에 대한 섬세한 고려를 전제로 하면, 다른 시기, 다른 사건, 다른 주체들의 체험에 대한 설명도구로도 활용될 수 있을 것으로 보인다. 가령, 4·19 이후 '분출'한 민주주의에의 열망이 5·16에 의해 '찬탈'되었을 때, 한국사회의 민주적 주체들이 느꼈을 상실감과 좌절감도 '주권적 우울' 개념으로 포착될 수 있을 것이다. 김수영의 시편들에 표상된 우울 혹은 설움의 본령은 그런 정치적 감정이 아니었을까? 혁명의 희망이 쿠데타에 의해 허무하게 부정되자, 김수영은 마음이 부서져버린 채 일상적 삶의 비루한 공간으로 숨어들어가 '귀거래사' 연작을 쓴다. 소시민적 욕망을 자학하기도 하고, 삶의 비루함을 조롱하기도 하고, 좌절된 혁명과 한국사회의 후진성을 공격적으로 원망하기도 한다. 이 시기 그를 사로잡고 있던 정동은 설움이나 모멸감이며, 그것은 때로는 풍자로, 때로는 무력감으로 표출된다. 그런 마음의 드라마의 저변에는 정치적 좌절의 상처가 엿보인다. 그리하여, 이 시기를 겪어내고 그가 남긴 「풀」은 주권적 우울을 극복하고 데모스의 정치적 역량을 긍정하는 방향으로 선회하는 마음의 역동을 보여주는 작품으로 해석될 수 있다. 1970년대와 1980년대 권위주의적 통치하에서, 민주화투쟁, 노동운동, 학생운동을 실천하던 사람들의 마음에도, 미래에 대한 정치적 희망과 더불어 '주권적 우울'이 형성되어 있었을 가능성이 있다. 5·18의 참상을 말하지도, 알리지도 못한 채, 군사정권과 맞서던 사람들의 부서진 마음은 '의학적' 디프레션이 아니라 '주권적 우울'로 이해되어야 한다. 지배집단에 의해 파괴된 민주주의의 원리를 염원했던 사람들의 우울감과 좌절감 역시 '주권적 우울'의 양태에 포함시켜야 한다. 그것은 민주화를 향한 도정에서 억압과 폭력에 의해 존재를 다친 자들의 마음에 형성된 파상적 정동破像的 情動이다. 주지하듯, 20세기 한국사회의 민주주의는 파행과 억압을 간신히 뚫고 자신의 혈로를 개척해왔다. 좌절된 혁명, 개혁, 변혁 속에서 민주주의와 공화주의의 이상에 비추어 참혹한 현실이 펼쳐질 때, 보이지 않는 수많은 마음들이 '주권적 우울'을 경험했을 것이다. 주권적 우울은 민주주의의 이상이 약속하는 인간으로서의 보편적 권리, 통치주체성, 집합적 행위능력에 대한 믿음과 그 배반에 대한 분노를 동시에 함축하는 것이다. 민주주의적 가치가 믿음의 대상이 되지 않을 때는 그것에 대한 상실감도 존재할 수 없으며, 그 이상이 배반되지 않는다면 우울도 발생하지 않기 때문이다.

보론3. 주권적 우울과 주권적 불안

—

주권적 우울이라는 집합감정은, 주권자들의 마음이 정치적으로 부서져버리는 현상이다. 그것이 영원히 지속되는 것이 아니기 때문에, 일정 시간이 흐르면 그것은 망각되거나, 부인되거나, 거부되거나, 소멸되거나, 잠재되거나, 변형된다. 우리는 세월호 참사에 대한 국민적 우울감이 2014년 여름을 지나면서 빠르게 분화, 소멸되어갔고, 유족들에 대한 혐오발화hate speech와 무관심, 혹은 사건에 대한 동정피로현상이 확산되었다는 사실을 잘 알고 있다. 이는, 주권적 우울이 특정한 사회적 경계에 의해 차별적으로 체험된다는 사실, 그것이 시간 속에서 형성, 변화, 소멸, 잠복, 재점화의 리듬을 갖는다는 사실, 더 나아가서 주권적 우울에 대한 사회적 적대, 주권적 우울과 다른 종류의 정동적 흐름이 주권적 우울의 전개와 확산에 일종의 반대모방contre-imitation의 흐름(타르드)을 형성했을 가능성을 암시한다. 이런 현상들에 대한 좀 더 경험적인 접근은 이 연구에서 시도되지 못했다. 하지만 이를 이해하기 위한 다음과 같은 가설을 하나 제시하고 논의를 마치고자 한다. 나는 21세기 한국사회에, 시민들의 마음에 두 개의 주권 개념이 공존적으로 경합하고 있다고 본다. 하나는 '인민주권'이며, 다른 하나는 '국가주권'이다. 인민주권은 앞서 말했듯이 헌법에 명시된 주권의 원리, 주권재민主權在民의 이념의 핵심이다. 인민주권이 문제시되는 상황에서 등장하는 집합감정의 역동이 '주권적 우울'이다. 그러나 주권 개념의 귀속주체는 '데모스'일 뿐 아니라, 개념사적 진화과정을 살펴보면, '국가'이기도 하다(박상섭, 2008). 특히, 19세기 후반 이후 정치공동체의 패망과 분열과 전쟁과 분단의 공포를 체험한 한국인들의 심성 속에서

'주권' 개념은 집합적 생존의 문제와 긴밀하게 연관되어왔던 것이 사실이다. 위기상황에서 주권의 주체로서의 국가/민족이라는 관념이 우선권을 얻고, 이를 통해 대중을 심적으로 동원하는 메커니즘이 형성되어온 것은 바로 그 때문이다. 국가주권은, 한국적 상황에서는, 한편으로는 굴욕감humiliation, 그리고 다른 한편으로는 불안감과 연동되어 있다. 굴욕은 주권상실의 집합기억 때문이며, 불안감은 주권상실이 발생할 수 있는 미래에 대한 상상에서 온다. 헌법상으로 주권이 국민에게 있다는 사실을 부정하는 것은 불가능하지만, 국가적 안위와 민족적 위기상황에 대한 수많은 경험과 담론과 정서적 체험들을 축적해온 한국인들은, 결정적인 순간에 주권의 소재를 데모스가 아닌 국가에 부여할 가능성이 존재하는 것이다. 그것은 한국적 근대성이 형성되는, 파국적 역사적 체험의 논리(생존주의적 근대성)를 떠나서는 잘 이해되지도 설명되지도 않는다. 한국의 20세기는 그야말로 여러 형태로 변화되어간 생존압력하에서(19세기 후반의 만국공법질서, 20세기 중반의 냉전체제, 20세기 후반의 글로벌자본주의질서), 정치공동체 혹은 민족공동체가 항상적 비상상태에 던져져 있다는 인식론적 프레임의 지배를 받아왔다(김홍중, 2015a). 같은 논리로, 한국사회에서 주권 개념이 귀속되어야 하는 주체는 국가와 데모스로 분리되어 있으며, 주권적 정동역시 우울과 불안이라는 대표적 감정 유형으로 나누어져 있는 것이다. 인민주권의 우울이 넓은 의미의 저항세력의 것이었다면, 지배세력과 그의 이데올로기적 헤게모니에 포섭된 대중은 국가주권의 불안이라는 감정구조를 내면화해왔다. 그것이 단순한 외세이건, 북한으로 대표되는 냉전적 대치세력이건, 아니면 경제적 열강이건, 혹은 새롭게 부상한 G2이건 국민주권에 대한 이런 환경의 위협은 가장 먼저 해결해

야 하는 선차적 문제로서 인지되어왔고, 그런 논리에서 보면, 국가주
권의 확보가 인민주권의 확보보다 더 시급하고 근본적인 문제라는 판
단이 가능해지는 것이다. 20세기 한국 권위주의 정권의 지배정당성의
기초에는 (국민)주권적 불안의 방대한 동원과 조직이 있어왔으며, 그
것은 사실 21세기적 상황에서도 종식되지 않았다. 세월호 참사가 야
기한 (인민)주권적 우울 또한, 시간이 흐르면서 (국가)주권적 불안과
의 경합과정을 통해, 변형되거나 봉합되었을 가능성이 있는 까닭이 거
기에 있다.

보론 4. 통감의 예술[33]

—

화엄의 바다. 지루하고 현란한 생성의 바다. 새가 날고, 다른 새가 또
날고, 수상한 빛이 비추이다, 어둠으로 스러진다. 떨리는 암흑이 깊어
가다 수상한 빛이 태어나, 작은 새가 지나가고, 또다른 새가 날아간다.
모든 것의 바탕으로서, 있는 것들의 뭇 변화를 체현하는 총체적 미디
어로서, 바다라는 것이 (하늘이라는 것과 뒤섞인 채) 거기 있다. 한순
간도 쉬지 않고 출렁거리는, 저 환각의 최대치의 녹아버린 부처, 우울

---

33 이 글은 장민승 작가의 작품 〈Voiceless〉에 대한 해설로 2015년 2월에 쓰인 것을 부분적으로 수
정한 것이다. 〈Voiceless〉는 세 가지 다른 작품들의 앙상블로 구성되어 있다. 〈검은 나무여〉는 젊은 여
성이 하이쿠의 테마에 맞추어 수화를 하는 장면을 흑백으로 촬영한 영상물이며, 〈마른 들판〉은 구겨진
흰 천들에 위의 하이쿠들을 한글로 적어 어두운 복도에 진열해놓은 작품이며, 〈둘이서 보았던 눈〉은
빛과 어둠과 수평선과 파도만이 끊임없이 전변하는 해양의 풍경을 찍은, 1시간 29분 51초의 러닝타임
을 갖고 있는 영상물이다. 〈둘이서 보았던 눈〉은 세월호 참사 이전에 촬영되었고, 그 이후에 편집된 작
품이다. 세 작품 전체를 아우르는 제목인 〈Voiceless〉는 2014년 헤르메스 재단 미술상을 수상했다.

한 반복의 장소, 검은 바다. 선악도, 생사도 없는, 무경계의, 무차별의 표정. 〈둘이서 보았던 눈〉 앞에 앉은 자는 의식의 얕은 수준에 출몰하는 생각들의 전원을 차단당한다. 바다 그 자체의 현상계로 정신은 지향된다. 영상에 붙들린 풍경의 지속은, 관념의 매개 없는 즉각적인 명상의 조건을 만들어낸다. 표상들이 끊어지고, 어딘지 모르게 깊이 매장되어 있던 이미지와 감정들이 아련히 솟아난다. 은밀한 낭만성과 명백한 불안의 기묘한 착종이, 사건의 부재와 사건의 충만의 모순적 공존이 거기에 있다. 아무 일도 없지만, 잊을 수 없는 일이 벌어진 이 세간世間의 알레고리가 거기에 있다. 우리는 안다. 이 작품이 담고 있는 바다는 세월호 사건으로 깊은 내상을 입은 예술가의 영혼을 거쳐나온 바다이다(그것은 사건 이전에 촬영되었지만 그 이후에 편집되었다). 거기에는 어떤 죄의 의식, 죄의 무게가 음울한 속삭임처럼 깔려 있다. 하지만, 아이러니하게도 저 바다는 4·16을 삼키고 그 상처를 끌어안고 아무 일도 없었다는 듯, 영원히 그러한 상태로 회귀한 바다처럼 보인다. 비극도 희극도, 분노도 절망도 태연하게 무無로 되돌리는 초월의 바다, 인간 너머의 바다처럼 보인다. 의인화시킬 수 없는, 근본적으로 명상적이며, 야속하기 그지없고, 멱살을 붙들고 드잡이하고 싶은, 그러나 어떤 유한성도 이길 수 없는, 망각과 기억의 끝없는 교체만이 발생하는 바다. 바로 그런 한에서 〈둘이서 보았던 눈〉은 단 하나의 단어도 사용하지 않은 채 세월호의 비극을 처참하게 환기시키고 있다. 어쩔 수 없는 바다의 동일성, 무변성, 자연성 앞에 우리의 마음은 항복해 들어가지만, 그 항복의 마음을 붙드는 또다른 마음의 바다가 화면과 대칭을 이루는 우리 자신의 가슴 안에서 거칠게 일어나는 것이다. 언제나 저렇게 같은 바다여도 되는가? 우리의 침묵은, 아름다움은, 추억은 정당한 것인가? 목소리 없음이 목소리의 발생과 만나는, 이 마음의 싸움이 일어나는 장소로서의 작품, 그것을 체험하는 일은 고통스러운 매혹을 안겨준다.

〈검은 나무여〉가 우리에게 안기는 충격과 비애는 이 충돌하는 두 극성極性의, 화해를 알지 못하는 지속적 대립으로부터 온다. 거기에는 빛과 어둠이 맞붙어 있고, 이미지와 소리가 대결하고 있다. 세월호 사건이 야기한, 상징화될 수 없는 슬픔과 분노가, 가장 정제된 형식을 만나, 최소한의 낭비도 없이, 최소한의 감정적 누수도 없이, 인색할 정도의 엄격함을 통하여 냉정하게 표현되고 있다. 시체의 경직된 얼굴을 닮은 여성의 눈빛은 그 섬뜩한 무표정의 차가움을 뚫고, 해석이 불가능할 정도로 과열된 알 수 없는 메시지를 방사한다. 그 난해하지만 집중된 눈빛은 메두사의 그것처럼, 희생자들이 끊임없이 요구하는 기억의 의무를 망각한 관객들을 순식간에 마비시킨다. 수화手話 또한, 형용이 불가능한 죽음 앞에서 우리가 체험하는 감정의 분출을 한편으로는 빈약하지만 다른 한편으로는 강직한 언어의 형식에 담아냄으로써, 최상급의 파토스가 그 절정에서 수습되어 절제된 채로 표상되는 데 효과적으로 기여하는 장치이다. 몸짓으로 번역된 하이쿠들은(숯이라는 단어가 수화에 없기 때문에 '검은 나무'라는 새로운 기호로 번역되었다) 단 한 줄의 언어로 모든 사태를 집약하고 있다. 아비 바르부르크의 표현을 빌려 말하자면, 장민승의 미학은 파토스 형식Pathosformel을 주축으로 하고 있는 듯이 보인다. 파토스 형식은 미적인 것이 아니라 비극적인 것에 더 가깝다. 도취를 특징으로 하는 원초적 광기(디오니소스적인 것)와 몽상을 특징으로 하는 조형적 질서(아폴론적인 것)의 결합으로 나타나는 '비극성'은 단지 아름다운 것이 아니라 끔찍하고 전율적인 것을 내포한다. 조형예술의 영역에서 이런 파토스의 형식은 인간의 몸짓 표현의 특정 모멘트에 전형적으로 깃들인다. 〈라오콘〉의 뒤틀린 근육들, 〈오르페우스의 죽음〉의 격앙된 포즈들, 〈비너스의 탄생〉의 꿈틀거리는 머리칼과 미친 듯이 나부끼는 옷자락들에서 바르부르크는 그것을 읽어내었다. 파토스 형식은 예술이 지옥을 붙드는 방편이며 테크닉이다. 예술이란, 자칫 우리를 삼켜버릴 고도의 부정성 쪽으로 예술가를 잡아당기는 방향감각에 다름아니다. 그것은 죽음이거나 중독이거나 우울이거나 파멸이거나 폭력이다. 그러나 예술은 폐허에서 건져올린 잔해들의 빛나는 배열의 원리이기도 하다. 예술이 삶으로부터 나오되 삶 그 자체를 간혹 초과하는 것은 그 때문이다. 구원은 형식에 있다. 구원은 파토스의 형식에 있다. 예술이 세월호 사건이 남긴 이 캄캄한 무의미를 구원하는 방식 역시 그와 다르지 않을 것이다. 모든 것을 붕괴시키는 저 참극의 심장으로 걸어들어가 거기서 용감히 부서지되, 그 잔해를 다시 일으켜세워 하나의 조그만 환영(작품)을 구성해야 하는 것이다. 어둠으로 충분히 가까이 가지 못한 자들은 비통한 죽음들의 진실이 알려지기도 전에, 그들이 비로소 애도되어야, 천도되어야 할 존재로 인정되기도 전에 성급히 곡을 하고, 상처를 봉합하고, 피로에 시달리는 것이다. 반대로 의미의 어둠 속으로 정말 깊이 들어간 자는 스스로 어둠의 일부가 되어 어둠을 살아버릴 것이다. 파토스 형식의 자리는 그 사이 어딘가다. 그것은 불가능한 애도를 지속하려는 고집스런 몸짓의 자리이며, 사자들을 소환하여 가망 없는 소통을 시도하는 자리이며, 끔찍한 것을 끔찍한 채로 보존하려는 헛된 노역의 자리이다. 바다 밑 어두운 곳에 갇힌 채 죽어갔을 희생자들이 입을 열어 말한다면 그들은, 장민승과 정재일이 함께 그려낸 저 '목소리 없는voiceless' 몸짓들로 말하지 않았을까? 목소리 없음으로 인해서 말들은 말이 아닌 말, 영영 번역되어야 하고, 영영 오해될 것이며, 영영 우리에게 도달하지 못할 언어로 남을 것이다. 일반화되지 않고, 이해되지 않고, 전달되지 않는 언어로. 그러나 우리는 안다. 지하 전시장의, 침몰한 배의 선실 같은, 납골당 같은 어둠에 발을 들여놓는 순간, 스크린에 얼굴과 손짓이 열리기 이미 이전에, 팽목항의 소름끼치는 파도와 어지러운 요령소리가 들려오기 이전에, 가슴을 긁어대며 어루만지는 첼로가 연주되기 이전에, 하나의 선험처럼 혹은 예견처럼, 치유될 수 없는 거센 슬픔이 우리를 휘감게 될 것이며, 가슴 깊이 맺혀 있던 삶의 오욕이 처참하게 꿈틀거릴 것이며, 곧 잊히겠지만 결코 사라지지 않을 하나의 총체적 체험이 시작되리라는 것을. 작가가 무엇을 보았고, 무엇에 떨었는지. 어떻게 싸웠는지. 누구와의 만남으로 우리를 초대했는지. 그리고 그 만남이 얼마나 고통스럽고 진실한 것인지…… 그 통감의 공간에서 우리는 한 시대의 깊은 상처를 바라보며 함께 고통스러워하고 있다.

몽상공간론

골목길 풍경과 노스텔지어

I. 몽상공간
—

골목길은 각별한 장소이다. 누군가에게 그곳은 유년의 추억이 담긴 곳이자, 가로등 밝혀진 어귀를 방황하면서 사춘기의 혼란을 겪었던 곳일 수 있으며, 다른 누군가에게는 사랑의 흥분과 좌절을 위무해준 공간, 늦은 귀가의 쓸쓸함과 따스함의 일상을 품어낸 '길'일 수도 있다. 탄생의 축하도, 애도와 잔치도, 이웃들과의 친교와 다툼 그리고 화해, 아픈 누군가를 위해서 건넛집에서 노는 굿판도 바로 골목길에 대한 기억 속에 녹아 있을 것이다. 이런 점에서 보면, 한국인들에게 골목길은 기하학적 척도에 의해 측정되는 '공간'이 아니라 정체성과 기억과 감정이 배어 있는 전형적 '장소'의 하나라 할 수 있다(렐프, 2005: 25 이하).

골목길에 서면 항상 가슴이 설렌다. 또각또각 모퉁이를 돌면 나타나는 신선함도 좋지만 흑백영화에나 나옴직한 이발소와 방앗간, 올망졸망한 아이들의 낯설면서도 친근한 미소, 그 모든 것에 배어 있는 아련한 그리움 (……) 그것이 바로 골목의 느낌이다(이동미, 2005: 4).

서울의 골목길들을 탐방과 발견의 장소로서 유혹하는 한 책자에 적힌 이러한 구절은, 골목길이 제공하는 장소감場所感의 핵심을 정확하게 포착하고 있다. "아련한 그리움", 그것은 향수이다. 집의 상실이 야기하는 고통, 즉 노스탤지어의 감정을 골목길이 불러일으킨다는 사실은 다음 두 가지 함의를 내포한다. 우선, 골목길은 고향이나 집이 환기하는 기원적 공간에 특유한 모성, 유년, 행복을 상기시킨다. 그러나 이와 동시에 노스탤지어와 결합된 골목길은, 더이상 생활세계에 현존하는 환경이 아니라 '상실된 것' 혹은 '다시 회복할 수 없는 것'으로 나타난다. 골목길에 묻힌 삶은 과거의 것, 돌아갈 수 없는 지나간 삶이다. 이는 사실 골목길이라는 공간소素가 실제의 현실 속에서 겪어왔던 바를 충실하게 반영하고 있다. 즉, 한국사회에서 골목길은 (물리적으로) 사라져가는 동시에 (문화적으로) 다시 나타나고 있는 무엇이다. 임석재에 의하면, "골목길이란 이름을 붙일 정도의 흔적을 조금이라도 가지고 있는 동네는 서울에 잘해야 마흔 곳 정도"에 불과하며, 이제 골목길이 "한 토막이라도 온전히 남아 있는 동네는 스무 군데가 채 되지" 않는다(임석재, 2006: 12-3). 이처럼 소멸해가는 골목길은 그러나 하나의 풍경, 기호, 또는 미학적 표상으로 되살아나고 있다. 골목길은 '부활'하고 있다. 가령, 다양한 여행안내 책자들은 서울의 구석구석에 존재하는 골목들의 풍취와 아름다움과 멋스러움을 상품화하고 있으며,

사진과 영화를 포함한 영상매체는 풍부한 장소감을 환기시키는 아우라적 공간으로 골목길을 재현해내고 있다. 실제의 삶에서 사라져가는 것이 이처럼 문화공간에서 부활한다는 역설 속에서 등장하는 골목길 풍경은 신자유주의적 삶의 원리가 재편한, 정글과 같은 소위 '승자독식의 사회'에서 한국인들이 마음 깊은 곳에서 꿈꾸고 욕망하는 것들이 환상적으로 보존되는 몽상공간으로 기능하고 있다.

벤야민이 지적했듯이, 모든 시대는 자신에게 고유한 꿈을 갖는다. 그 꿈은 한편으로는 환등상Phantasmagoria이기도 하지만 다른 한편으로는 사람들을 움직여가는 행위동원의 자원이기도 하다. 문화공간에 출몰하는 꿈은 반드시 개인적인 체험에 국한되지 않는 집합적 함의를 가지며, 인간 개인의 내면적 활동인 동시에 객관적 표현물에 외적으로 각인된다. 가령 벤야민은 19세기 유럽이 도시의 곳곳에 만들어놓은 "집단의 꿈의 집들Traumhäuser des Kollektivs", 즉 다양한 몽상공간들을 거론하고 있다. 그것은 "아케이드, 온실, 파노라마, 공장, 밀랍인형, 박물관, 카지노, 역"을 포함한다(Benjamin, GS V/1: 511). 이 공간들은 당시의 지배적 집합소망이 구현되어 있는 장소들로서, 그들의 건축적 구성양식과 풍경은 일종의 "시대의 하위의식"(Benjamin, GS V/1: 494)으로 기능한 것으로 간주된다. 서바이벌이 삶의 핵심 프레임이 되어버린 21세기 한국사회에 나타난 골목길이라는 몽상공간에는, 과거가 있고 공동체가 있고 서정과 낭만이 있고 삶의 끈끈하고 아름답고 사소하고 풍부한 이야기들이 있다. 구조조정과 고용불안, 과도한 경쟁과 양극화 그리고 사회적 평등과 공공성 대신 생존투쟁의 시장원리가 지배하는 21세기 한국사회는 골목길을 보면서, 거기 모여 공동체를 이루고 살던 시절의 꿈에 잠긴다. 이 꿈은 순수하고 아름답다. 그러나 꿈의 외부에는 정글과 같은 야만적 현실이 펼쳐지고 있다. 공동체가 아닌 불신의 사회가, 상호부조와 연대의 삶이 아닌 질시와 혐오의 관계가, 가난에도 불구하고 행복을 꿈꾸며 희망을 만들어가는 삶이 아닌 닫힌 미래 앞에서 좌절한 삶이 거기에 있다. 골목길 풍경의 이데올로기적 효과가 그것이다. 그것은 우리 시대의 서정적 판타지, 일종의 몽상공간이다. 이 연구는 골목길 풍경이 하나의 몽상공간으로 구성되는 과정을 공간사회학과 감정사회학의 교차를 통해 탐구하려는 한 시도이다.

II. 분석틀

—

공간은 그 안에 살아가는 인간들이 행하는 실천의 그물망 속에서 생성과 변천을 겪어가는 '사회적' 운명을 갖는다. 공간은 생산/파괴되고, 체험되고, 표상된다. 르페브르가 강조하고 있듯이 "(사회적) 공간은 (사회적) 생산물"인 것이다(Lefèbvre, 1974: 35). 이처럼 사회적으로 구성되는 공간들은 그와 연관된 행위자들을 독특한 방식의 체험으로 유도한다. 공간은 추상적 실체가 아니라 인간의 감각적, 감성적 능력을 자극하거나 보완하면서, 그에게 특정 정동을 유발하는 힘을 갖고 있기 때문이다. 또한 공간은 문화적 실천들과 산물들을 통해 표상되고 향유된다. 풍경이 그 대표적 실례이다. 이처럼 생산/파괴, 체험, 표상이라는 사회적 운명의 상이한 차원들은 모두 적절한 방식으로 접근되어 분석될 필요가 있다. 가령 골목길이 하나의 풍경으로 나타나는 현상, 이 연구가 주목하는 공간생성의 현상을 설명해내기 위해서는, 골목길이 어떤 방식으로 생성/파괴되었는가, 그리고 골목길에서의 정서적 체험은 무엇인가, 더 나아가서 그것이 어떻게 하나의 풍경으로 표상되는가라는 세 가지 질문에 대한 해답을 찾아야 한다. 이를 그림으로 표현하면 다음과 같다.(그림1)

첫째, 골목길 풍경의 생성에 대한 탐구는 골목길이라는 공간소가 어떻게 시간 속에서 구성되었는지를 분석하는 과제와 다르지 않다. 이런 '정치경제학적 발생구조'는 주로 제도적 과정으로 진행된다. 공간을 변형시키고 개발하는 특정 논리와 담론 그리고 정책들이 공간을 통해 구현되는 과정을 살펴보아야 하는 것이다. 그것은 한국의 도시화와 근대화를 이끌었던 개발주의적 혹은 신개발주의적 논리와 긴밀한 연관을 갖는다. 둘째, '문화적 표상구조'는 특정 공간이 전문적이거나 비전문적인 지식체계, 영상매체, 청각매체, 전자매체 등의 다양한 미디어나 문학, 미술, 사진, 영화, 드라마 등의 예술 형식을 통해 표상되는 과정과 그런 표상의 규칙들을 지칭한다. 골목길 풍경이 생성된다는

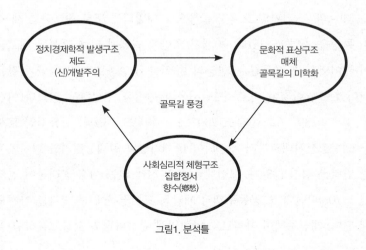

그림1. 분석틀

것은 이 같은 문화적 매체를 통해서 골목길이 생활세계의 실제 공간이 아니라 미학적으로 향유할 수 있는 풍미를 띤, 유형화된 이미지로 구성된다는 것을 의미한다. 셋째, 공간의 '사회심리적 체험구조'는, 이처럼 정치경제학적 발생구조와 문화적 표상구조를 거치면서 실제적으로 소멸되었지만 문화적으로 재구성된 공간 혹은 그 이미지가 행위자들에게 야기하는 집합적 감정구조를 가리킨다. 골목길은 여러 가지 정서들 중에서 특히 노스탤지어를 야기하는 특이성을 갖는다. 상실된 것에 대한 애틋한 그리움이라는 집합적 정서는 각박한 현실을 가리고, 그런 현실과 대립되는 소망의 이미지들을 전시함으로써, 집합적 꿈의 생산과 체험을 가능하게 한다.

Ⅲ. (신)개발주의와 골목길의 소멸
—

서울은 1950년대까지도 나지막한 스카이라인, 상가와 주거지역의 구분, 대로와 그 뒤편의 보행자 골목으로 대별되는 도로 형태라는 세 가지 특징을 지니고 있었다. 20세기 초반에 일제에 의해 건설된 대로들이 늘어났지만, 골목길은 '한양의 미로'를 구성하는 기본 혈맥과 같은 것이었으며 이것이 바로 수도 서울의 원형을 구성하고 있었다(이건영, 1987: 139-162; 줄레조, 2007: 26 재인용). 서울의 전통적인 도시구조는 조선시대로부터 계승되어 19세기말과 일제강점기를 거치면서 큰 변화를 겪지 않았다. 그런데 서울의 전례 없는 성장과 더불어 진행된 1970-80년대 초 공동주택의 개발은 도시경관에 큰 변화를 가져오게 된다. 개인주택이 아파트로 바뀌면서 한옥마당과 고불고불하던 골목길은 콘크리트로 포장된 주차장, 도로나 놀이터, 테니스장 같은 공동시설로 변모했다(줄레조, 2007: 25).[1] 또한 골목길이 밀집해 있던 서울의 도시빈민 주거지는 서울시가 추진해온 주택재개발 사업(도시개조 정책)을 통하여 20세기 후반을 거치는 동안 거의 대부분 현대식 아파트 단지로 변모한다(김광중·윤일성, 2003: 614; 장세훈, 1994). 서울의 경우 목동, 신정동, 돈암동, 신림동, 봉천동, 오금동으로 대표되는 소위 달동네 혹은 판자촌은 1990년대 후반이 되면 사실상 자취를 감추게 된다. 1960년대 이래 진행된 이농향도의 결과로 형성된, 서울시민의 10%가 거주해온 판자촌의 역사가 세기말을 즈음하여 끝나게 된다(남원석, 2004: 87).

이처럼 물리적으로 골목길이 점차 소멸하게 되는 과정은 그 자체로 한국 근대화 과정의 한 장면을 표상하고 있다. 한국의 근대화는 불도저와 망치로 부수고, 허물고, 다시 세우는 끝없는 파괴와 건설의 과정이었다.[2] 이 견인차가 발전국가였으며, 그 지도적 이념이 소위 "자연환경이나 자연자원을 착취하고 이용하며 이를 통해 기술, 경제, 산업의 진흥을 도모하는 행위와 이를 둘러싼 가치"를 가리키는 '개발주의'였다고 할 수 있다(조명래 외, 2004: 16). 개발주의적 가치의 실현과정은, 도시공간의 내부에 깃들어 있는 "시간의 켜"(강내희, 2004: 125)를 파괴하는 과정에 다름아니었다. 그것은 직선과 속도와 투명과 지배의

---

1 이러한 변모는 서울에서 건설되는 주택 유형의 변화추이를 살펴보면 쉽게 확인된다. 이는 크게 다음의 두 가지로 요약된다. 첫째, 단독주택들이 주목할 만한 급감추세를 보였다. 즉, 1977년부터 단독주택은 감소하여 1990년대 후반에는 10% 미만의 수준에 이르렀으며, 2001년에는 전체 주택 건설량의 3.1%에 불과하게 된다. 둘째, 아파트 건설물량이 지속적으로 증가했다. 1980년대 강남개발과 더불어 1990년대 중반 이후 건설되는 주택의 70% 이상이 아파트이며, 1999년에는 전체 건설물량의 88%를 차지했다(김광중·강범준, 2003: 62-3).

과정이었고, 바로 이 과정이 서울의 골목길이 소멸하는 과정과 맥을 같이 하는 것이다. 이러한 개발주의적 가치는 한국 도시공간의 근대적 생산과 재생산을 규정하는 원리로 기능했으며, 1990년대에 접어들면서, 좀더 정확하게 말하자면 1997년의 IMF 외환위기 이후의 신자유주의와 접합된 개발주의라 할 수 있는 신개발주의로 전환한다.

일견 신개발주의는 개발주의적 가치에 제동을 걸고, 개발주의가 노골적으로 파괴하는 환경의 보전에 대해 관심을 보이는 듯하다. 그러나 실제로 그것은 더욱 심층적인 개발을 의도하는, 심화되고 위장된 개발주의이다. 가령 1990년대 후반에 접어들면서 환경 정책의 근간을 구성하게 되는 소위 '경제와 환경의 상생전략' 즉 '투 에코two ecos 전략'은 환경을 더이상 비용이 아닌 경제적 가치의 창출원천으로 파악하는 발상을 보임으로써 환경을 총체적으로 경제논리에 종속시키게 된다(조명래, 2003; 조명래 외, 2004: 36). 개발주의와 신개발주의의 이러한 내적 연속성에 초점을 맞추면 골목길의 파괴를 추동한 정치경제학적 동력을 (신)개발주의 즉 개발주의+신개발주의로 파악할 수 있게 된다. 개발주의가 파괴한 골목길은 신개발주의 시대에 하나의 풍경으로 재등장한다. (신)개발주의는 물리적 골목길을 파괴하고, 골목문화

2 임석재는 한국의 골목길과 유럽의 골목길의 차이를 근대성의 성격에서 찾고 있다. "한국의 골목길에는 군집성, 귀납성, 공동체의식으로 대표되는 한국의 전통공간이 그대로 나타났다. 골목길은 한국전쟁 이후 다수의 사람들이 동산의 맨땅 위에 모여 살면서 자유롭게, 자기들끼리, 스스로 주인이 되어, 자기들만의 공간 개념과 조형의식으로 만든 기록이자 증거다. (……) 유럽의 골목길은 중세 때부터 있던 것이 계속 이어진 것이다. 보존의 의미는 있지만 근대성의 의미는 없다. (……) 반면 한국의 골목길은 근대기 이후에 형성된 것으로 근대성의 고민이 반영된 결과다. 사람이 주체가 되어 공간을 만든 결과며, 중세성의 단순보존이 아니라 중세성을 능동적으로 연장하고 새롭게 만들어낸 근대성의 결과다"(임석재, 2006: 172–3).

를 상업화하는 근본동력이라 할 수 있다. 그렇다면 이처럼 파괴되어 이미지로 재창출되기 이전의 골목길은 우리에게 무엇이었는가?

골목은 집과 세계, 우리와 남을 이어주는 사이in-between 공간이다 (윤재홍, 2002: 79). 집이 거주의 장소라면 세계는 이동과 변화의 공간 이며, 골목은 거주로부터 이동으로 혹은 이동으로부터 다시 거주로의 변환을 완충시키는 일종의 '공간적 범퍼'의 기능을 했다. 이와 동시에 집이 혈연적 근친관계로 구성된 혈육의 공간이고, 세계가 이와는 반대 로 면식이 부재한 타자들의 공간이라면, 골목은 사귐을 통하여 타자가 혈육으로 동화되는 '이웃'의 공간을 이룬다(윤재홍, 2002: 82). 광장이 부재한 한국사회에서 골목은 매우 독특한 '사회적 교류의 장'으로 기 능했으며, 바로 이런 의미에서 골목문화는 한국적 공공성의 물질적 기 초를 제공하는 공동체적인 문화의 성격을 갖고 있었다(김혜란, 1998: 152).[3] 1960년대에서 70년대 서울의 성북구 삼선동의 골목길을 이러 한 원형적 공공성의 장소로 기억하고 있는 황익주에 의하면, 골목길은 무엇보다도 꼬마아이들의 놀이공간이었다. 주요한 놀이들로 "술래잡 기, 집잡기, 말타기, 다방구, 나따라하기, 오징어놀이, 자치기, 비석치 기, 제기차기, 땅따먹기, 사방치기, 오재미, 고무줄놀이나 말랑한 고무

---

3 김종선과 신남수에 의하면 골목길은 첫째, 이웃관계의 장. 둘째, 가사생활이 연속된 공간, 셋째, 서 비스공간. 넷째, 메시지의 공간이라는 주된 기능을 갖고 있다(김종선 · 신남수, 1998: 692). 여기에 하 나 추가해야 하는 것은 장터로서의 골목길이다. 골목길을 회상하는 다양한 글 속에서 골목길은 온갖 장사치들이 소리지르며 드나드는 일종의 장터 기능을 하고 있다. "이른 새벽골목을 흔드는 맑고 투 명한 두부장수의 종소리, 때맞춰 지나가는 조개젓장수의 구성진 외침, 느릿느릿 한가하게 두드리 는 굴뚝 청소부의 징소리, 솜사탕장수의 나팔, 엿장수의 가윗소리, 낡은 가죽가방을 든 채권매입 장 사꾼, 겨울밤을 따뜻하게 해주던 메밀묵장수, 그리고 딱딱이를 두드리며 지나는 야경꾼……"(김석원, 1985: 62–3).

공을 사용하는 변형된 야구인 찜뽕" 등이 있었다. 그는 이렇게 쓴다. "특히 무더위로 인해 좁은 집안에 들어앉아 있기가 고통스런 여름날 밤 같은 경우에는, 넓은 골목길 여기저기에 나와 돗자리를 펼쳐놓고 삼삼오오 모여 앉아 음식을 곁들여 이야기를 나누거나 통금시각이 되기 전까지라도 시원한 데서 잠을 청하는 어른들, 그리고 골목길 전체를 누비며 뛰어노는 아이들로 골목길은 밤늦은 시각까지 사람들의 발길이 넘쳐나는 공간이 되곤 했다"(황익주, 2005: 70-1). 한편 남자 중학생이나 고등학생 등은 골목길에서 운동을 하거나 장기, 바둑을 두기도 했고, 성인 남성이나 성인 여성들 역시 골목길을 중요한 교류공간으로 활용했다. 마치 시골의 우물터나 빨래터 혹은 정자나무 아래에서처럼, 이들은 골목길에서 만나고, 이야기하고, 다투고, 화해했다. 회상 속에서 골목길은 도시 속에 옮겨다놓은 고향과 같은 모습을 하고 있다(어효선, 2000; 유영우, 2004: 134). 이러한 골목길의 공동체문화는 특히 물리적 조건으로 인해 서로 긴밀한 부조扶助의 관계를 맺을 수밖에 없는 달동네의 경우에 두드러진다(강수미, 2003: 27; 임석재, 2006: 166-7).

(신)개발주의적 공간의 생산, 파괴, 재생산의 과정에서 사라진 것은 이와 같은, 공간으로서의 골목길과 문화로서의 골목길의 결합체다. 공간과 문화의 결합으로서의 골목길은 느림과 온정과 공동체와 유년과 놀이와 아늑함과 따스함으로 구성된 일련의 의미계열을 상징하면서 속도, 계산, 계약적 관계, 성인세계, 사회적 생활, 황량함, 차가움으로 구성된 대립적 의미계열을 위무하는 동시에 은폐하는 일종의 차폐기억으로 기능한다. 요컨대, 개발되어 사라진 것과 개발이 가져다주는 편리와 이득을 대가로 상실한 모든 것들을 '가상적으로' 품고 있는 공

간이 바로 골목길인 것이다.

IV. 골목길의 풍경화風景化
—

1. 풍경의 메커니즘

일반적으로 풍경은 시각적 주체의 감관에 포착된 자연의 이미지를 가리키거나 혹은 그러한 이미지가 예술적으로 표현된 영상물을 가리킨다. 그러나 풍경 개념을 이처럼 이미지의 차원에만 고착시키면, 그러한 이미지를 생산하는 물질적 과정에 대한 인식을 놓치게 된다. 왜냐하면 이미지는 자연적인 것이 아니라 언제나 특정한 시각과 권력에 의해서 만들어지는 것이기 때문이다. 풍경이 이미지로 성립하여 완상의 대상이 되기 위해서는, 풍경을 풍경으로 만들어주는 '비영상적인' 담론의 개입이 요구된다. 담론은 풍경을 보는 '눈'을 훈련시키며, 풍경에 대한 취향을 고정시키고, 풍경에 대한 미적 판단의 코드를 규정한다. 더 나아가서, 이미지로서의 풍경과 담론으로서의 풍경은 결과적으로 그런 풍경과 연관된 구체적 실천들, 즉 풍경미학의 수행performance을 요구한다. 풍경의 개념을 이렇게 분화시켜 고찰했을 때 드러나는 세 상이한 차원을, 이 글에서는 각각 i) 이미지-풍경, ii) 담론-풍경 그리고 마지막으로 iii) 풍경적 실천으로 명명한다.

첫째, 이미지-풍경은 풍경화, 풍경사진, 풍경에 대한 문학적 묘사 등을 포함하는 '이미지로 현상된 풍경'을 가리킨다. 문화적으로 재현되었건, 인식주체의 의식 속에 가상적으로 재현되었건, 혹은 물리적 실재로서 객관적으로 존재하건, 이미지-풍경은 풍경의 가장 가시적이고 직접적인 존재 형식이다. 일상화된 용어로서 '풍경'은 대개 이런 이미지-풍경과 동의어이다. 20세기 중반 이후 예술사, 문화분석, 인문지리학, 문학사 등의 분과는 이 이미지-풍경을 주목할 만한 연구의 대상으로서 부각시킨 바 있다(Smith, 2000; Barrel, 1980; Bermingham, 1986). 이런 접근들은 공히 풍경의 성립을, 일상적 체험의 수준에서 예술적 규범에 이르는 방대한 영역에서 진행된 시각체제의 변동이라는 관점에서 접근하며, 풍경의 탄생과 성립에 은닉되어 있는 정치적, 이념적, 권력적, 인종적, 계급적 함의를 분석한다.

그런데 이런 이미지-풍경의 산출은 이미지를 산출하게 하는 담론적 조건의 형성과 동시적으로 진행된다. 파노프스키의 정식을 빌려 말하자면, "눈이 세계와 맺는 관계"는 사실상 "영혼이 눈의 세계와 맺는 관계"다(Panofsky, 1915: 188). 환언하면 〈눈→세계〉의 영상적 관계는 사실상 〈눈→(영혼)→세계〉라는 매개된 관계로 되어 있으며, 여기에서 파노프스키가 사용한 영혼이라는 용어는 그것을 통하여 세계를 바라보는 인식의 격자, 미학적 기준, 담론의 틀 등으로 해석될 수 있다. 담론-풍경이란, 이처럼 풍경이 하나의 이미지로서 산출되기 위해서 요구되는, 그 대상을 풍경으로 지각하게 해주는 특정 담론들의 총체를 가리킨다. 담론-풍경은 무엇이 아름답고 무엇이 아름답지 않은가를 규정하며, 무엇이 감상할 가치가 있고 무엇이 그런 가치가 없는가를 결정하며, 어떤 장소가 풍경으로 방문되어야 하고 어떤 장소는 방문의 필요가 없는지를 판단하는, 요컨대 "시각체제scopic regime"를 규정하는 규칙들이라 할 수 있다(Jay, 1988).

마지막으로 풍경적 실천은, 풍경의 향수자들이 특정 풍경을 실제로 체험하면서, 담론과 이미지에 의해 구성된 풍경을 물리적으로 실현해가는 과정을 가리킨다. 그 대표적 실례는 관광이다. 존 어리가 분석했듯이, 근대적 관광객은 백지상태에서 자신의 관광지를 선택하거나 유람하지 않는다. 그는 담론에 의해서 '이미' 구성된 풍경에 대한 지식을 구비하고, 하나의 이미지로서 '이미' 결정結晶된 풍경의 다양한 영상들에 대한 간접체험을 갖고 있는 상태에서, 관객의 자격으로 풍경적 실천에 참가한다(Urry, 2002). 풍경적 실천은 이처럼 구조화된 담론-풍경의 메커니즘을 통해 구성된 이미지-풍경을 최종적으로 인준(소비)하는 절차라고 할 수 있다.

풍경은 이 세 차원들의 순환을 통해서 하나의 사회적 사실로 생산된다. 이런 메커니즘은 서구 회화사에서 풍경화가 독자적인 장르로서 등장하는 과정에서도 확인된다. 원래 성서나 신화를 재현한 그림의 배경에 불과하던 풍경은, 15세기 중반 이래 이야기로부터 독립하여 독자적인 재현의 대상으로 정립되기 시작한다(Roger, 1997: 75). 풍경화의 이러한 독립현상은 인물화, 정물화, 풍속화 등의 동시다발적인 독립과 그 맥을 같이 하는 것으로서, 전통적 회화의 부속물들이 자율성을 확보하는 회화공간의 근대화의 한 국면이다(Todorov, 1993: 10). 이처럼 자연의 장면들이 풍경으로 구성되어 미적 감상의 대상이 되기 위해서는 자연을 미적 대상으로 확립시키는 미학적 담론의 성립(칸트나 버크의 숭고론)과 원근법적 시각양식의 성립, 그리고 그것이 가능하게 하는 '공간의 합리화'와 '보는 주체의 구성'이라는 담론적 운동이 선행되어야 했다(김홍중, 2005: 133-146; 주은우, 1998: 95 이후). 이런 담론-풍경을 바탕으로 하여, 17세기 고전주의 시기에 이르면 푸생이나 로랭 등의 탁월한 풍경화가들이 자연의 아름다운 풍광을 이미지-풍경으로 생산하기 시작한다. 자연은 회화의 풍경과 결합하여 '감상되는데', 이런 풍경적 실천은 실제로 푸생이나 로랭이 그린 자연공간을 탐방하여 화가의 시선을 좇아서 장소를 바라보는 일련의 관행을 낳는다. "자연의 숭고한 아름다움에 대해 처음으로 사람들의 눈을 일깨워준 화가는 바로 클로드 로랭이었다. 그가 죽은 지 거의 100년 가까이 되었을 때에야 여행자들은 클로드의 기준에 따라 실제의 풍경들을 판단해보기 시작했다. 만약 풍경들이 클로드가 그려 보여준 시각세계를 상기시키기만 하면 그들은 그 풍경을 아름답다고 찬미하며 거기에 소풍을 가 즐기곤 했다. 부유한 영국인들은 더 나아가 클로드의 아름다움에 대한 갖가지 꿈들을 바탕으로 그들의 공원이나 저택에 자기들 전용의 인공적인 소자연小自然을 꾸며놓으려고 마음먹기까지 했다"(곰브리치, 1994: 386-7).[4]

2. 골목길의 이미지-풍경

앞서 언급한 것처럼, 물리적 공간이자 문화로서의 골목길이 소멸하면서 비로소 골목길은 미학적 가치를 띤 대상, 즉 문화적 재현의 대상이자 주요한 풍경으로 새롭게 등장한다. 골목길의 이미지-풍경은 사실상 매우 다채롭다. 골목길은 영화, 사진, 드라마, 회화 등의 시각매체 속에서, 문학작품 속에서, 그리고 대중가요 속에서, 대체할 수 없는 고유한 아우라를 뿜어내는 매혹적인 이미지로 등장하게 된 것이다. 이런 골목길의 미학화의 한 전형적 케이스가 바로 사진작가 김기찬의

---

4 이러한 풍경 생산의 메커니즘은 또한 한류관광의 체험에서 쉽게 발견된다. 대부분의 한류 관광객들은 여행서적, 가이드북, 여행사 등을 통해서 자신이 관광할 장소에 대한 담론-풍경을 이미 소유하고 있으며, 드라마와 영화 속에 재현된 이미지-풍경 또한 소유하고 있다. 담론-풍경과 이미지-풍경은 서로를 강화하면서 결국 한류관광이라는 풍경적 실천을 낳는다(최인호, 2006: 123 이하).

골목길 풍경사진들이다. 김기찬은 1988년부터 2003년까지 15년에 걸친 세월 동안 일관적이고 집요한 방식으로 골목길을 찍음으로써, 골목길을 인상적인 한국적 풍경의 하나로 만드는 데 성공한다(김기찬, 2016). 그가 포착한 세계는 서울 산동네의 골목과 거기에 사는 사람들의 일상이었는데, 그는 이 소멸해가는 공간을 안타까움과 향수가 뒤섞인 그리움의 파토스를 통하여 아름답고 따스한 '풍경'으로 재창출한다. 그의 뷰파인더를 통하여 바라본 골목은 현실의 골목인 동시에 시간과 향수에 의해서 해석된 골목, 추억과 그리움의 대상으로서의 '풍경'이 된다.[5]

이런 풍경화風景化의 과정은 어떻게 이루어지는 것일까? 윤일성은 이를 다음과 같이 해설하고 있다. "김기찬이 묘사한 골목길 공간은 한 편의 그림 같다. 그의 공간은 깊이 있는 공간이다. 정태적이며 평면적인 공간이 아니라 동적이며 입체적인 공간이다. 울퉁불퉁한 흙길이나 정연하지 않게 깔린 보도블록, 그리고 제멋대로인 계단들은 두툼한 질감을 느끼게 하는 것과 동시에 입체적인 깊이감을 더해준다. 또한 그의 공간은 닫힌 공간이 아니라 열린 공간이다. 골목길의 공간은 흘러다닌다. 그것을 바라보는 우리의 시선도 골목길로 들어갔다가 다시 나온다. 그의 사진은 들어가고 나오는 공간을 시각적으로 뛰어나게 표현하고 있다. 한편 그의 골목길 공간은 머무르고 싶은 공간이다. 보는 사

---

5 사진작가 김영종은 자신의 『난곡 이야기』에서 철거중인 난곡의 골목길들에 대한 또다른 풍경화의 가능성을 보여준다. 그는 풍경구성의 오브제들(태아, 해골, 화분, 사진 액자 등)을 임의로 배치하고 연출함으로써 서정적인 삶의 공간으로서의 골목길이 파괴되고 훼손되는 과정의 폭력성을 고발한다. 김영종이 풍경화하는 골목길은 그리하여 서정적 골목길 풍경의 연약한 사회적 토대를 고발한다(김영종, 2004).

람을 편안하게 만드는 내밀한 공간이다. 그 속에 들어가서 머무르고 싶은 유혹을 받는다"(윤일성, 2006: 195).

김기찬의 사진적 재현을 통하여 물리적인 골목길은 이제 우리가 그 '안'에서 살고, 놀고, 걷는 '환경'이 아니라, 우리가 차분히 그 '안'을 '밖'으로부터 바라다보는 시선의 객관적 대상으로 전환된다. 골목은 사진가의 시선을 통하여 객관화되고 틀지어지며, 골목의 미묘한 서정, 따스한 기운, 누추한 냄새, 사람들의 해맑은 표정, 골목길을 둘러싼 집들이 형성하는 시각적 미감 등이 '골목길의 미학'이라 부를 수 있는 자율적인 차원을 획득하게 되는 것이다. 바로 이러한 의미에서 김기찬의 골목길 사진은 '그림 같은pittoresque' 미적 체험을 유도하고 있다. 또한 독자의 시선은 골목의 내부로 침투하여 그 공간감을 상상적으로 유영할 수도 있다("골목길의 공간은 흘러다닌다. 그것을 바라보는 우리의 시선도 골목길로 들어갔다가 다시 나온다").6 그리하여 결국 골목길 풍경은 그 안에 들어가서 '머무르고' 싶을 만큼 유혹적인 이미지로 인지된다.

바르트에 의하면, 이 '머무르고 싶은 유혹' 또는 '그곳에서 살고 싶은 욕망'이 풍경사진의 매혹의 원천이다. 풍경사진은 거기 재현된 고장을 방문하고 싶게 만드는 것이 아니라, 그 고장에 그야말로 살고 싶다는 마음을 불러일으켜야 한다(바르트, 2006: 56-7). 그런데 이 머무

---

6 윤일성이 말하는 '시선의 유영'이 사실 골목길의 풍경을 특징짓는 시선의 조망점(眺望點)의 특이성을 잘 보여준다. 시선의 조망점이란 풍경을 감상할 수 있는 시선의 위치를 가리킨다. 폭포는 아래에서 '올려다보는' 조망점에서 보아야 풍경이 되는 것이며, 골짜기는 숨어 치닫는 모습을 내려다보아야 풍경이 된다(강영조, 2005: 294). 골목길을 풍경으로서 즐길 수 있는 가장 좋은 조망점은 그 안을 걸으면서 골목길을 바라보는 것이다. 이것이 바로 골목길 풍경과 다른 장소에 대한 풍경이 갖고 있는 차이라 할 수 있다. 골목길 풍경은 그 안에서 풍겨나오는 냄새까지를 포함한다(강수미, 2003: 78).

름의 욕망, 거주의 욕망은 근원적인 장소에 대한 동경과 끌림이라는 심층심리학적 함의를 내포하고 있다. "이처럼 특별히 좋아하는 풍경 앞에서 모든 것은 마치 내가 그곳에 있었던 것이 확실하거나 아니면 그곳에 가야 하는 게 확실한 것 같다. 그런데 프로이트는 어머니의 육체에 대해 이렇게 말하고 있다. '우리가 과거에 이미 그 안에 존재했음을 그토록 확실하게 말할 수 있는 다른 장소는 없다.' 따라서 욕망이 선택한 풍경의 본질은 내 안에서 어머니를 고향과 같이 친근하게 heimlich 되살아나게 하는 것이리라"(바르트, 2006: 57). 거주를 유혹하는 풍경은 어머니, 혹은 집으로 은유된다. 이미 죽어 다시 만날 수 없는 어머니의 몸과 같은 근원적 동경을 유발하는 풍경은 견딜 수 없는 향수의 대상이 되는 것이다. 김기찬의 골목길 풍경이 거기 거주하고 싶은 욕망을 불러일으킨다는 것은 그가 풍경화한 골목길이 당대 한국인들의 집합무의식 속에서 일종의 모성적 공간으로 인지될 수 있는 가능성을 암시하고 있다. 모성적 공간으로서 골목길 풍경은 변화와 발전의 시간이 아닌 "기다림의 시간, 영원성의 시간, 치유의 시간"이 지배하는 공간이다(Kristeva, 1997: 352). 이러한 여성의 시간 혹은 어머니의 시간은 전형적인 노스탤지어의 감정이 욕망하는 과거이며, 진보와 발전의 남성적 시간이 나타나기 이전의 유년의 시간, 즉 퇴행하는 정신이 욕망하는 시간이다(문재철, 2002: 83 이하). 골목길의 이미지-풍경은 현실의 골목길이 아닌, 노스탤지어에 의해서 재구성되고 재해석된 골목길이다.7 그것은 기억 속의 골목길이거나 아니면 욕망의 골목길이다.

3. 골목길의 담론-풍경

골목길 담론-풍경은 골목길을 풍경으로 감상할 수 있도록 만드는 미학적·사회적 담론들에 의해 그리고 그것들 속에서 형성되는 풍경이다. 담론-풍경은 이미지-풍경의 형성조건을 구성하며, 각종 실천들에 의해 현실화된다. 이러한 담론 속에서 골목길은 다른 공간과 구별되는 풍경화의 조건을 부여받게 되는데, 그 대표적인 방법이 골목길의 명소화名所化다. 골목길 담론-풍경은, 골목길을 명소로서 창출하고 이를 탐방하도록 유도하는 각종의 가이드북, 답사서, 기행서 등의 출판물들의 집합이며, 이는 일반적으로 서울이라는 공간에 대한 여러 지식들(답사서, 기행서, 가이드북)의 한 하위 유형을 이루고 있다.

서울이 답사공간이자 기행장소로 설정되기 시작한 것은 1990년대 후반에서 2000년대 초반에 일어난 현상이다. 서울을 담론화한 주요 주체들은 건축학자, 사회학자, 기자, 시인, 지리학자 등의 공간전문가들로서, 이들은 이제까지 단순한 삶의 자연적 배경으로 머물던 서울을 나름의 방식으로 체험하고 이를 에세이의 형식으로 묶어 펴냈다.[8] 분

---

7 "김기찬의 사진에는 우리가 살아온 과거가 고스란히 담겨 있다. 가난하고 그래서 조금쯤 암담했던 과거가 저장되어 있다. 그러나 어둡지가 않다. 우울하지도 않다. 오히려 정겹지만 사실, 이들 사진은 김기찬의 '향수'의 노래이다. 이들 사진이 정겨운 것은 그 까닭이다"(한정식, 2003: 5-6; 윤일성, 2006: 197 재인용).

8 강홍빈·주명덕, 2002, 『서울 에세이』, 열화당; 김중식·김명환, 2006, 『서울의 밤문화』, 생각의나무; 서현, 1999, 『그대가 본 이 거리를 말하라』, 효형출판; 심승희, 2004, 『서울, 시간을 기억하는 공간』, 나노미디어; 안웅걸, 2003, 『서울체험나들이』, 두남; 임석재, 2006, 『서울, 골목길 풍경』, 북하우스; 원제무, 2004, 『서울의 영감. 풍경의 매혹』, 공간사; 최준식, 2003, 『최준식 교수의 신 서울 기행 1, 2』, 열매; 최준식, 2005, 『Soul in Seoul』, 동아시아; 홍성태, 2004, 『서울에서 서울을 찾는다』, 궁리. 이와 더불어, 1993년에서 1997년 사이에 3권으로 출판되어 선풍적인 인기를 누린 유홍준의 『나의 문화유산 답사기』이후 소위 '문화유적 답사'류의 서적이 봇물처럼 쏟아져나오게 되었고, 서울의 문화유산을 역사적 시선으로 재구성하는 답사서도 등장하게 된다(정운현, 1995; 서울학연구소, 1997).

석적이기도 하고 감상적이기도 하며, 어떤 경우는 전문가적 식견을 최대한 살렸거나 혹은 그저 단순히 서울 거주인의 입장에서 쓴 이 다양한 기행의 이야기들 속에서, 서울이라는 거대도시는 생활세계의 일상적 모습 속에 숨기고 있던 의미와 역사, 정경과 감정을 드러내고 있다. 그런데 이러한 탐색적인 '시선'과 '언어'가 서울을 포착하는 과정에서 은밀하고, 애틋하고, 아름다운 각별한 공간소로 부각된 것이 바로 골목길이다. 대다수의 서울 담론들은 이야기의 어느 지점에서 골목길에 대한 '애정'을 토로할 자리를 만들어놓고 있다. 골목길 탐방은 말하자면 서울 기행의 '로망스'를 이루고 있는 것이다. 하지만 골목길이라는 장소에 부여되는 이 각별함은 모종의 양가성에 둘러싸여 있다. 왜냐하면 골목길에 대한 미학적 평가, 애정, 향수가 골목길의 사회성·역사성과 필연적으로 충돌하기 때문이다. 골목길의 미학성은 앞서 본 바와 같이 골목길의 다채로운 조형감, 골목길을 품고 있는 동네들이 전체적으로 표출하는 부피감(산동네), 골목길이 제공하는 정서적 안정감, 생활의 수많은 작은 부분들이 자연스러운 조화를 구성하는 풍광의 재미와 그 무엇보다도 골목길에 대하여 거의 모든 사람들이 보편적으로 느끼는 노스탤지어에 의해서 보장되는 것이다. 그러나 이처럼 다양한 요소들이 만들어내는 아름다운 '풍경'이란 사실 그 안에 거주하고 있는 사람들의 빈곤한 삶의 환경을 은폐하고 있는 가면이자, 더 나아가서 한국의 폭력적 근대화과정에서 소외된 자들의 삶의 공간을 미화하는 일종의 베일일 수 있다.

가령, 건축학자 임석재에게 골목길의 미학과 골목길의 역사성은 다음과 같이 충돌하고 있다. 우선, 그가 포착하는 골목길은 무엇보다도 인간적이고, 정감 넘치는, 그리고 조형적인 풍요로움을 갖고 있는 아름다운 풍경이다. "골목길이 가장 아름다울 때는 '해질녘, 딸내미 피아노의 똥땅거리는 소리가 들리고, 어머니가 호박 써는 도마 소리가 통통통 울리고, 된장찌개 끓는 냄새가 퍼지고, 가끔 개가 멍멍 짖고, 집 밖에 널어놓은 빨래가 기분좋게 말라가고, 화분 속 꽃도 휴식에 들어가고, 일터로 나간 남편과 아버지를 기다리는 마음이 골목 어귀까지 뻗는 때이다. 재미있게 꺾인 물리적 윤곽 자체도 물론 중요하지만, 그렇게 꺾이는 궁극적 목적은 결국 이런 것들을 담기 위함이었다는 것이 내가 내린 결론이다"(임석재, 2006: 16-7). 그러나 바로 이런 순간의 미적 체험을 찾아 서울의 수많은 골목길들을 탐사했던 건축학자는, 이러한 미적 향유가 자신만의 "비현실적 이상"일 수 있으며, "철부지 감상주의"일 수 있다는 점을 자각한다. "골목길 사람들은 한층 힘들고 붕괴된 가정생활을 살고 있을지 모른다. 여름에는 더위와 모기에 시달리고, 겨울에는 차가운 외풍에 시달리고, 골목길은 지저분한 쓰레기로 넘쳐나고, 화장실은 집 밖에 냄새나는 재래식으로 남아 있고, 코딱지만한 집에서 싸움이 끊이지 않고, 가난 때문에 가정은 붕괴되었을 수도 있다"(임석재, 2006: 16-7).

재개발로 인해 사라지기 직전의 난곡을 탐사한 소회를 적은 심승희 역시 유사한 양가감정을 느낀다. 그녀는 소멸 직전의 동네에서 "크리스마스카드에 잘 나오는 고요한 산속의 교회 같은 따스함과 정겨움, 성스러움을"을 느꼈다고 토로한다. 그러나 곧바로 빈민들의 고통스런 삶의 공간을 아름답게 인지한 자신의 미감을 도덕적으로 단죄하듯이, 두려움과 죄책감을 느낀다(심승희, 2004: 230). 그리고 이 미적 감수성과 도덕적 판단을 소위 '빈자의 미학'으로 절충한다. "난곡에는 지금도 연탄가게가 있고, 옛날 구멍가게 같은 가게에서 옛날 과자들을 팔고 있다. 또 집안에는 옛날 자개농이 있고, 옛날 벽지가 있고, 옛날 변소가 있다. 어떻게 보면 가난하다는 것은 남들보다 더딘 시간을 살아간다는 의미다. 그래서 밖에서 보았을 때 가난한 사람들의 더딘 시간은 마치 도시의 거대한 지층에 외롭게 박혀 있는 작은 화석조각이다. 이 가난한 동네를 보고 아름답다고 느끼는 건 그곳이 지나간 시간을 간직하고 있기 때문일 것이다. 건축가 승효상도 난곡을 두고 '빈자의 미학'을 떠올렸다"(심승희, 2004: 231-2). 이것이 바로 골목길의 담론-풍경을 특징짓는 도덕적 부담이다. 이 도덕적 부담은 골목길에 대한 풍경적 실천을 상업화하는 데 장애로 기능한다. 골목길은 관광하듯이 둘러볼 곳이 아니라, 내면에 골목길의 역사 전체를 음미하고 성찰할 수 있는 식견과 의식을 갖고 있는 사람들에 의해서 완상되고, 서술되고, 풍경화되어야 한다는 것이다. 골목길의 담론-풍경에서 이 도덕적 부담을 제거하면 무엇이 남게 될까? 그것이 바로 2000년대 이후에 출판된 다양한 골목길 탐방서적들이 제공하는 골목길 풍경이다.[9] 골목길을 테마파크나 관광명소와 같은 공간으로 재구성하는 과정을 거치면서, 골목길 풍경을 가로지르던 미학성과 역사성의 충돌이 중화되고, 순수한 상업적 소비의 기호로 골목길이 변모하는 현상이 발견된다.

추적추적 비가 오거나 바람이 불면 피맛골에 가고 싶어진다. 가는 실비가 안개처럼 바람에 날리는 날이면 피맛골에 들어서는 것만으로도

---

9   디자인하우스편집부, 2002, 『인사동 가고 싶은 날』. 디자인하우스: 송기원, 2006, 『뒷골목 맛세상』. 이룸; 이경택, 2004, 『맛과 멋. 풍경이 있는 숨은 골목 즐기기』. 성하; 장상용, 2005, 『서울 도심에서 만나는 휴식산책길』. 넥서스북스; 전영미 · 한수정, 2005, 『골목에서 서울찾기』. 랜덤하우스코리아; 정승일, 2002, 『Seoul City Tour Bus 서울명소체험하기』. 한림출판사.

작은 설렘이 일어 어느새 나는 빨려들듯 피맛골로 스며든다. 그래, 피 맛골은 빨려든다는 표현이 가장 잘 어울리는 곳이다. 대로를 걷던 일 행 또는 앞서가던 사람이 순식간에 사라지는 골목(이동미, 2005 : 17).

위의 인용문에서 볼 수 있는 골목의 담론-풍경은 도시빈민의 주거 공간이 아니며 그들의 집단적 삶의 문화가 전개되는 공간도 아닌 쇼 핑, 식사, 산책, 휴식의 소비공간이다. 다니엘 부어스틴의 표현을 빌려 말하자면, 그것은 "가짜-사건pseudo-event"들이 발생하는 공간, 즉 여행 이 아닌 순수한 관광의 공간이다(부어스틴, 2004). 명소로서의 골목길 은 골목길 고유의 장소적 물질성이 순화된 몽상공간이 된다. 그것이 아무리 우리의 깊은 추억과 감회를 자극하는 원형적 공간의 모습을 띠고 나타난다 할지라도, 이미지와 담론이라는 상이한 두 차원에서 풍 경화된 골목길은 결국 이처럼 노스탤지어를 생산하는 우리 시대의 대 표적인 몽상공간의 하나로 형성되는 과정을 겪어온 것이다.

V. 노스탤지어

—

1. 포스트 IMF 체제의 정서구조

물리적으로 소멸한 골목길이 미적 풍경으로 귀환할 때 거기에는 독특한 사회심리적 효과가 동반된다. 그것이 노스탤지어의 효과이다. 한국의 '포스트 뉴 웨이브 영화'를 감정의 맥락에서 분석했던 문재철 을 원용하자면, 노스탤지어는 레이먼드 윌리엄스가 말하는 '정서구조' 의 하나로 파악될 수 있다(문재철, 2002: 19). 정서구조란 "사유된 느낌"이자 "느껴진 사고", 즉 사유와 감정의 결합체로서, "기존의 의미체계로서는 제대로 파악할 수 없는, 그럼에도 실제로 체험되고 활동에 관여하며 또한 물질적 성격을 지닌 부인할 수 없는 개인적, 사회적 경험"을 가리킨다(윌리엄스, 1991: 160-9). 정서에 초점을 맞췄다는 점에서 그것은 감정적으로 체험된 현실과 직접적으로 연관된다. 또한 구조에 초점이 맞춰진 개념으로서 그것은 행위자들의 집합적인 심리적 체험, 즉 개별자들에게는 사회적인 것으로 인식되지 못하고, 사적인 것, 개인 특유의 것, 또는 심지어 고립된 것으로 간주되지만 구조적인 수준에서 공통의 경향을 갖고 있는 감정의 프레임워크를 가리킨다(윌리엄스, 1991: 165-6).

원래 노스탤지어는 귀향을 의미하는 그리스어 '노스토스nostos'와 고통 혹은 열망을 의미하는 '알지아algia'를 결합한 말로서 '집으로 돌아가고픈 고통스런 열망 혹은 질병'을 가리킨다. 이 용어는 스위스의 의사였던 요하네스 호퍼가 1688년에 제출한 논문 「향수에 대한 의학적 논고」에서 처음으로 사용된다. 17세기 후반에 노스탤지어는 외국에서 용병생활을 하는 스위스 군인들이 느끼는 향수병을 특정적으로 지칭하고 있었지만, 19세기와 20세기에 접어들면서 그 원래의 함의로부터 벗어나 문학적, 예술적, 일상적인 수준에서 보편적인 의미를 획득한다. 요컨대, 노스탤지어는 근대 혹은 탈근대를 살아가는 인간에게 두루 체험되는 한 감정으로, 존재론적 뿌리뽑힘déracinement 혹은 삶의 근본토대의 상실과 연관되어 있다는 것이다(Wilson, 2005: 21-37; Davis, 1979: 1-13; Boym, 2001: 3-18).

그러나 골목길이 불러일으키는 향수는 우리 사회의 특수한 역사적 상황을 고려할 때 더 잘 이해될 수 있다. 그것은 소위 돌진적 근대화

속에서 오직 '미래'를 향하여 모든 에너지와 관심과 역량을 집중하던 유사-군사적인 삶의 속도가 90년대 이후 일련의 재난 속에서 반성적으로 점검되고, IMF 외환위기 이후에 그러한 전진을 통하여 도달하게 될 미래에의 전망이 불투명해지면서 사회적 시선이 회고回顧의 경향을 띠게 된 것과 연관이 있다. 집합적 미래의 전망과 그 전망으로부터 제공되는 정체성이 위기에 빠졌을 때, 미래에 대한 꿈을 향해 집중되던 집단의 몽상 에너지가 자신의 목표를 상실하고 부유할 때, 과거의 좋았던 시절에 대한 또다른 몽상적 지향이 그 흩어진 에너지를 흡수하는 역할을 수행하는 것이다. 미래 지평의 불투명성 앞에서 흔들린 행위자들은, 노스탤지어를 매개로 새롭게 열린 과거의 몽상세계 속에서 새로운 정체성의 자원들을 길어온다. 노스탤지어 현상 속에서 사람들이 과거를 애틋하게 회고하는 것은 사실 그들의 현재가 위기에 빠졌고(Davis, 1979: 34-5), 그 위기가 그들의 미래를 증발시키고 있기 때문이다.

이런 관점에서 보면, 1997년 이후 다양한 분야와 영역에서 향수라는 정서적 테마가 등장했다는 사실에 놀랄 이유가 없다. 1997년 IMF 외환위기 이후 광고나 마케팅의 분야에는 노스탤지어 정서를 의도적으로 활용하는 주목할 만한 트렌드가 형성되었고(황병일, 1999: 88), 이는 유사한 시기에 제작된 다양한 뮤직비디오들의 주요한 서사양식에서도 발견되는 현상이다(이희은, 2006: 24-33). 대중문화의 영역에서, 광주의 7080 축제, 7080 추억의 빅 콘서트, KBS 방송 프로그램 〈콘서트 7080〉 등의 향수현상이 등장한 것도 유사한 맥락에서 이야기될 수 있고(노명우, 2004: 166-7), 1997년 이후부터 2000년대 초반에 상영된 많은 한국영화들도 과거에 대한 향수와 그리움의 정서를 자극하는 모습을 보여준 바 있다(문재철, 2002: 14-5). 2000년에 접어들면서 한국사회의 소비 트렌드의 한 특징으로서 패션, 음악, 광고, 식품 등 전반 분야에 걸친 복고적 향수문화의 추세가 발견되며, 특히 이런 노스 탤지어의 문화가 관광 상품개발의 한 코드가 되고 있다는 사실도 잘 알 려져 있다(임은미, 2006: 116 이하). 골목길 풍경이 불러일으키는 노스 탤지어는 이런 의미에서, 포스트IMF체제의 매우 지배적인 정서구조 라 할 수 있는 복고, 향수, 회고 경향의 한 케이스로 이해될 수 있다.

2. 고향, 과거, 실재

린 후퍼에 의하면, 노스탤지어의 구조는 '귀환' 즉 '다시는 돌아갈 수 없는 곳으로의 귀환'이다(Huffer, 1998: 14). 그렇다면 어디로의 귀 환인가? 만일 골목길이 노스탤지어를 불러일으킨다면, 이때 골목길에 대한 향수는 결국 무엇을 지향하는 것인가? 이에 대하여 세 가지 상이 한 지향점을 제시할 수 있다. 골목길의 노스탤지어는 i) 상징적으로는 '고향'으로의 귀환이며, ii) 시간적으로는 '과거'로의 귀환이며, iii) 존재 론적으로는 '실재real'로의 귀환이다. 정확히 표현하자면, 골목길의 노스 탤지어 속에서 풍경의 향수자는 이제 더이상 돌아갈 수 없는, 고향과 과 거와 실재라는 세 가지의 지향점을 동시에 소비하고 있는 것이다.

첫째, 골목길 풍경이 환기하는 노스탤지어는 '고향'에 대한 그리움 과 긴밀하게 연관되어 있다. 2002년 10월 20일의 한 인터뷰에서 김기 찬은 자신이 골목길 풍경을 찍게 된 어떤 결정적인 계기에 대하여 다 음과 같이 진술하고 있다. "우리나라 나이로 65세, 만으로 64세고, 그 러니까 골목에 대한 향수, 뛰어놀던 곳에 대한 그리움이 있어요. (……) 그때 당시에는 고향이 없다고 생각했는데, 내가 사진을 찍으 면서 골목에 딱 들어서니까 '고향이 여기구나' 싶더라고. 물론 내가 갔던 골목은 내가 살던 사직동 골목보다 못사는 동네였지만, 골목의 느낌, 사람 사는 그런 분위기는 어렸을 때 겪은 것과 같았어요. 그래서 골목에 굉장히 매료됐지. 그 골목에 들어가 사진을 찍으면서 '아! 나는 고향을 찾았구나' 했죠"(김기찬·강수미, 2003: 69). 고향에 대한 이 노스텔지어는 골목이 소멸했다는 사실로 인해서 더욱 강화된다. 골목길의 이미지-풍경과 담론-풍경은 이런 의미에서, 골목길에서 유년을 보냈던 사람들의 향수를 크게 자극하는 효과를 낳는다. 그리하여 이들이 다시 지방의 소도시나 혹은 상품화된 장소로서의 골목길을 탐방할 때 말할 수 없는 고향의 풍취를 느낄 수 있게 되는 것이다.

둘째, 골목길 풍경은 시간적으로는 '과거'에 대한 노스텔지어를 생산한다. 물론 이 과거는 아주 먼, 그리하여 이미 기억에 의해서 정리되고 정돈된 그런 과거가 아니다. 노스텔지어의 과거는 가까운 과거이며, 그곳으로 다시 돌아갈 수 없다는 사실로 인하여 특별한 가치가 부여된 '순수한 과거'이다. 다음과 같은 감상은 골목길 풍경 속에서 우리의 노스텔지어가 발견하고자 하는 것들이 얼마나 순박하고 아름다운, 때묻지 않은 과거와 연관되어 있는가를 잘 보여준다. "골목을 들어서는 순간, 우리는 익명의 존재에서 벗어나 자신의 실존을 되찾는다. 우리는 느긋하게 거닐고, 기웃거리고, 지나가는 사람과 눈을 맞추고, 올리 없는 애인을 기다리며 공연히 설레고, 밑도 끝도 없이 흐뭇해하고, 느꺼워한다. 행복의 감각, 살가운 감각의 행복을 되찾는다. 그 어디쯤, 고즈넉이 쪼그리고 앉아, 그 골목 안을 흐르는, 보이지 않는, 맑고 투명한 실개천의 흐름소리에 귀를 기울이고 싶어진다"(최성각, 2005: 38). 골목은 이때 모든 사회적 삶의 갈등이 면제된 사적 실존의 공간으로 형상화된 하나의 풍경, 행복의 상징이다. 그런데 중요한 것은 바로 이

사적 영역이 흔히 시간적으로 과거로 설정된다는 사실이다(문재철, 2002: 86). 바로 이 점으로부터 골목길 풍경이 환기하는 노스탤지어의 여성적이고 사적이고 포용적인 특성이 비롯되는 것이다.

마지막으로 골목길 풍경이 환기하는 노스탤지어는, 알랭 바디우가 말하는 "실재에의 열정passion du réel"을 내포하고 있다(Badiou, 2005). 실재에 대한 열정이란 상상적이거나 상징적인 것을 넘어서 존재하는, 이미지와 언어에 포획되지 않은 '리얼'한 것에 대한 열망이다. 그것은 모든 사물이나 기호가 실재와 무관한 자율적이고 환상적인 시뮬라크르로 변화한 시대에 더욱 부각되는 열정이라 할 수 있다. 보드리야르가 지적하고 있듯이, "실재의 소멸"은 역으로 실재에 대한 향수를 낳는다(보드리야르, 2001: 28; Jameson, 1989: 160-3). 골목길 풍경을 구성하는 모든 요소들을 상기해보면, 어떤 점에서 골목길 풍경이 이런 향수를 촉발시키는지를 알 수 있다. 많은 경우 그것은 가난, 궁핍, 온정, 공동체, 소박한 생활, 순정 등을 표상하는 시각적 효과를 갖는다. 이것들은 풍요의 사회의 눈으로 보면, 보다 진정한 그리하여 '리얼'한 삶의 풍경이다. 그런데 문제는 이미지-풍경과 담론-풍경 그리고 풍경적 실천의 연쇄적 과정 속에서 새롭게 등장한 골목길 풍경을 감상하고 그로부터 노스탤지어의 정서를 느끼는 사람들이 이제 더이상 골목길에서 살지 않는다는 사실이다. 그들은 '실재'가 아닌 '실재효과'를 체험할 뿐이다. 실재에 대한 노스탤지어를 느끼기 위한 조건은 바로 "실재의 영원한 부재"라는 아이러니이기 때문이다(김종갑, 2006: 106). 골목길은 이런 의미에서 더이상 존재하지 않는 존재론적 안정감의 원천인 고향, 더이상 돌아갈 수 없는 과거, 그리고 접촉할 수도 체험할 수도 없는 삶의 실재에 대한 향수를 통하여 구성된 몽상공간이다. 이

공간을 소비할 때, 우리는 골목길이 실제의 삶의 조건이었던 시절(이 것이 바로 고향-과거-실재의 결합체이다)로 돌아갈 수 없다는 것을 알고 있는 한에서 그것을 미학화한다.

VI. 실재효과
—

쿤데라의 소설 『참을 수 없는 존재의 가벼움』의 서두에서 소설의 화자 는 당혹스런 체험을 고백하고 있다. 어느 날 화자가 히틀러에 관한 서 적을 살피다가, 거기 실린 당시의 사진들을 보고 자신의 유년기를 연 상하게 된다. 그는 예기치 않게 떠오른 기억과 그 기억을 유발한 사진 들에 대한 기묘하고 강력한 향수를 느낀다. 그러다 그는 곧바로 스스 로를 자책하기 시작한다. 자신의 유년기가 바로 파시즘의 시대였고 또 한 자신의 친구들이 히틀러가 만든 강제수용소에서 죽지 않았는가? 그 용서할 수 없는 히틀러의 시대에 대하여 어떻게 자신이 이제 와서 향수를 느낄 수 있단 말인가? 한순간 저항할 수 없는 아련함과 그리 움으로 자신의 이성을 해체한 노스탤지어 속에서 그는 과거의 폭력과 부조리와 어처구니없이 화해하는 자신의 모습에 경악하고 이렇게 탄 식한다. "저녁노을에 비치면 모든 것은 향수의 유혹적인 빛을 띠고 나 타난다. 단두대까지도 그렇다"(쿤데라, 1988: 12-3). 노스탤지어는 이 런 관점에서 보면 그 외관상의 무해함과 순수함에도 불구하고, 사실은 윤리적 성찰의 가능성을 허물고 해체시키는 정치적 효과를 가져올 수 있다. 고향을 그리워하는 향수가 "책임감 없는 어린이로 회귀하고자 하는 충동"과 다르지 않다는 지적은 이 때문이다(Lowenthal, 1985:

25). 정사正邪, 선악, 그리고 시비를 넘어선 어떤 무차별적 욕망을 향수는 일깨운다. 과거의 복잡하고 다기한 면모들은 순간 신화화되고 단순화되어, 하나의 이미지, 멜로디, 미각으로 변신한다. 이처럼 '풍경'으로 변모한 과거 전체와 우리는 이제 조건 없이 화해할 수 있는 것이다. 그것이 식민지 시기에 대한 역사적 향수이건, 군가 한 소절이 불러일으키는 군대 시절에 대한 부조리한 향수이건, 지나간 청춘에 대한 실존적 향수이건, 박정희 시대에 대한 정치적이고 집합적인 향수이건, 혹은 우리가 이 논문에서 살펴본 골목길이 불러일으키는 '아름다운 시절'에 대한 향수이건, 과거와의 조건 없는 일체감 혹은 화해는 위험한 환상에 뿌리내리고 있다. 그것은 노스탤지어의 기본구조 즉 '도달할 수 없는 곳으로의 귀환'이라는 구조에 기인한다. 노스탤지어는 상징적으로는 고향, 시간적으로는 과거 그리고 존재론적으로는 실재에 대한 열망이지만, 오직 이 고향과 과거와 실재와 '상상적으로만' 만나는 한에서 실재를 체험하는 것과 같은 효과를 유발하기 때문이다. 실재효과는 존재론적 불안을 종식시킨다. 실재효과를 통해서 주체는 존재감을 확인하고, 자신의 불확실한 주체성을 고정시킬 정박점을 확보하는 것이다. 골목길 풍경의 노스탤지어는 그리하여 소위 '97년체제' 이후 한국사회가 생산하고 소비하는 불안의 동학과 깊은 연관을 갖고 있다. 그것이 시장에서의 불안이건, 사회적 불안이건 아니면 실존적인 불안이건, 노스탤지어의 아련한 아름다움의 뿌리에 존재하는 것은 이처럼 야만적인 신자유주의적 삶의 원초적 상처들이 분비하는 불안의 감정들이다. 골목길이 아름다우면 아름다울수록, 실제의 삶은 그만큼 더 프리케리어스precarious한 것임을 미루어 짐작할 수 있다. 풍경은 상처를 숨기는 미적 가상이기 때문이다.

리스크-토템

위험사회에서 아이의 의미론

I. 유괴영화

—

2000년대 이후 한국영화에 등장한 새로운 테마 중에 주목할 만한 것이 바로 아동유괴의 모티프이다. 이 주제를 중심으로 하거나 주요한 서사적 장치로 삼는 영화들은 상당히 많다. 가령, 박찬욱 감독의 〈복수는 나의 것〉(2002)과 〈친절한 금자씨〉(2005), 임상수 감독의 〈바람난 가족〉(2003), 김태윤 감독의 〈잔혹한 출근〉(2006), 박진표 감독의 〈그놈 목소리〉(2007), 이창동 감독의 〈밀양〉(2007), 원신연 감독의 〈세븐 데이즈〉(2007), 김형주 감독의 〈초감각 커플〉(2008), 김형준 감독의 〈용서는 없다〉(2009), 김상만 감독의 〈심야의 FM〉(2010), 우민호 감독의 〈파괴된 사나이〉(2010), 윤재근 감독의 〈심장이 뛴다〉(2010), 이정범 감독의 〈아저씨〉(2010), 이규만 감독의 〈아이들...〉(2011), 정근섭 감독의 〈몽타주〉(2013) 등이 이에 속한다.

유괴영화는 이전에도 간헐적으로 제작되고 소비된 바 있다. 하지만 2000년대 이후에 나타난 위의 영화들은 이전과 구분되는 몇 가지 특징을 보여준다. 우선, 등장 시점의 문제이다. 즉, 유괴영화의 생산은 2002년 이후에서 현시점(2013년)까지로 집중되어 있다. 2007년 이후의 한국영화에서는 특히 아동유괴의 테마와 스릴러 장르를 결합시키는 독특한 스타일이 발명된 것으로 보인다(정하제, 2010: 204). 둘째, 이들 가운데 몇몇 작품은 실제 일어났던 사건에 의존하고 있으며, 다큐멘터리 영화기법을 부분적으로 활용하기도 함으로써 강한 현실감을 불러일으킨다. 예컨대 〈그놈 목소리〉는 1991년에 발생한 이형호 어린이 살인사건을 토대로 하고 있으며, 〈아이들...〉 역시 1991년 대구에서 발생했던 다섯 명의 국민학생의 실종사건을 근거로 하고 있다 (이 두 사건은 화성 연쇄살인과 함께 '3대 영구미제사건'으로 불리고 있다). 셋째, 이들 영화의 대부분이 다수의 관객들을 동원하는 데 성공했다. 영화진흥위원회의 통계에 따르면 〈복수는 나의 것〉은 16만 2570명, 〈친절한 금자씨〉는 317만 4173명, 〈잔혹한 출근〉은 36만 2348명, 〈그놈 목소리〉는 304만 5726명, 〈밀양〉은 167만 7363명, 〈심야의 FM〉은 122만 3352명, 〈파괴된 사나이〉는 102만 2874명, 〈심장이 뛴다〉가 103만 3746명, 〈아이들...〉은 187만 1486명의 관객을 동원한 것으로 집계되어 있다(흥행에 실패한 것은 〈잔혹한 출근〉과 〈초감각 커플〉 두 작품뿐이다).

유괴영화에서 흥미로운 것은 '납치된 아이'가 형상화되는 방식이다. 대부분의 경우 아이는 폭력적으로 감금되고, 몸값 교섭의 대상으로 처리된다. 아이를 상실한 부모 역시 총체적 위기상태에 봉착한다.

관객은 불안과 공포에 휩싸이며, 범죄자에 대한 분노와 무력감을 체험한다. 유괴영화가 촉발하는 감정은 매우 격렬하다. 사실 이렇게 '위협받는 아이' 혹은 '생사의 위험에 빠진 아이'라는 영화적 테마는 관객들이 극장이라는 제한된 시공간에서만 느끼고 나서 다시 '안전한 현실'로 복귀하여 망각할 수 있는, 그런 환상 속의 악몽이 아니다. 우리 시대의 아이들은 실제로 수많은 위협과 리스크의 환경으로부터 충분히 보호받지 못하고 있고, 그것은 어른들의 항상적 불안을 이루고 있다. 사회구조적 변동의 거시적 차원에서 말하자면, 유괴영화는 '위험사회 risk society'에서 아이라는 존재가 획득하게 되는 새로운 의미를 보여주는 대표적 문화표상으로 해석될 수 있다.[1] 실제로 후기 근대적 현실 혹은 위험사회에서 아이들은 다각적 위험에 노출되며(임신, 출산, 양육, 교육, 보육 등의 과정에서), 복합적 성찰대상이 되어왔다(Wyness, 2006; Jackson & Scott, 1999; Lupton, 1999; Kelly, 2001; Javeau, 2006; Scott & Jackson & Backett-Millburn, 1998). 특히, 일상환경에 내포된 수많은 위험들(미세먼지, 대기오염, 유해 장난감, 음식, 보육원에서의 폭력, 안전사고, 학대, 아동성폭력)과 더불어, 씨랜드 사고, 세월호 사건, 그리고 가습기살균제 사건 등 불의의 참사의 기억이 생생

---

1   사회분석의 주요관점으로 리스크 개념을 제안한 두 개의 중요한 저서가 1986년에 유럽에서 출판된다. 울리히 벡의 『위험사회』와 에발드의 『복지국가』가 그것인데, 이 둘은 많은 점에서 차이를 보인다. 일례로 벡은 비판이론의 전통에 속하지만 에발드는 푸코적 관점을 취하고 있다. 벡의 리스크 개념이 근본적으로 환경적 파국으로부터 영감을 얻었다면, 에발드의 리스크 개념은 순전히 사회적인 차원에 국한되어 있다. 하지만 이들이 거의 같은 시기에 리스크 개념을 통해 현대성을 포착할 수 있는 새로운 가능성을 열었다는 점에 주목할 필요가 있다. 5년 뒤 루만은 위험과 위난을 엄격히 구별한다. 특정한 손상이 어떤 의사결정에 귀속되면 이를 위험(risk)이라 부른다. 하지만 그러한 손상이 환경에 귀속되면 이는 위난(danger)이라 한다(Luhmann, 1991: 21-8). 이 글에서 risk는 '리스크' 혹은 경우에 따라서 '위험'으로 번역하고, danger는 위해 혹은 위난으로 번역한다.

한 우리 사회에서 아이의 안전은 각별한, 공통의 불안과 우려의 영역을 이루고 있다.

유괴범은 아이에게 닥칠 수 있는 가장 전율적이고 비인륜적 위협의 상징이다. 구체적인 정황들의 차이는 분명 존재하지만, 그럼에도 불구하고 유괴영화가 우리를 정동적情動的으로 위치지우는 방식은 대개 동일하다. 사랑하는 존재에 위협이 닥친 상황에서 느끼는 압도적 '불안', 국가나 경찰과 같은 공적 제도가 아이를 구해주지 못한다는 '절망감', 자신의 가족에게 위해를 가한 범죄자에 대한 '분노', 무엇을 어떻게 해야 할지 알지 못하면서 사태와 맞서야 하는 '무력감', 마지막으로 이런 과정에서 부모가 아이에게 느끼게 되는 '죄책감'과 '사랑'이 그것이다. 이처럼 복합적으로 구성된 정동적 상황affective situation이 영화와 리얼리티를 연결하는 중요한 인터페이스로 기능한다(가령, 우리는 세월호 참사에서 이와 같은 정동정 상황을 집합적으로 체험했다). 환언하면, '불안, 절망, 증오, 무력감, 죄책감, 사랑'과 같은 일련의 감정들은 유괴영화를 지배하는 정동적 연결망인 동시에, 영화 외부의 현실에서 가령 미디어나 상호작용을 통해 끊임없이 흐르면서 전파, 모방, 전염되고 사회적 행위자들을 움직이는 감정에너지이기도 하다. 즉, 위험사회에서 부모로 산다는 것은, '유괴범'으로 상징되는 온갖 리스크에 대한 방어막을 아이에게 제공하기 위해 외롭게 고군분투해야 한다는 것을 의미하며, "리스크의 사사화privatization"(Dean, 1999: 133-4) 혹은 "리스크의 개인화"(O'Malley, 1996: 198-202) 현상 속에서, 아이를 지켜야 하는 최종의무는 결국 부모에게 귀속되는 것이다. 유괴영화는 이런 점에서, 21세기의 한국사회에서 '아이'라는 존재에 부여된 복합적 의미를 예리하게 드러내는 동시에, 위험사회에서 아이를 키우는 부모들의 '심적 풍경'을 적나라하게 보여주는 흥미로운 문화적 징후이다.

II. 이중의 우연성double contingency
—

유괴영화는 '아이의 납치'를 주제로 이야기를 풀어가는 서사구조를 갖는다. 납치범은 아이의 생사여탈권을 쥐고 있고, 대개 그 존재가 숨겨져 보이지 않는다. 게임을 조종하는 것은 범죄자이다. 가령, 박진표 감독의 〈그놈 목소리〉에서 납치범의 낮은 톤의 목소리는 영화 내내 위협적으로 상황을 주도하지만 기본적으로 그 자신은 비가시적 영역에 감춰져 있다. 이는 부모와 관객의 공포를 배가시키는 역할을 한다. 이들 영화에서 경찰은 별다른 존재감이 없다. 사건에 개입하긴 하지만 대개 태만하고 문제해결능력이 별로 신통치 않은 모습으로 등장한다. 부모들은 어찌할 바를 모르며 이성적 판단능력을 상실한 채, 자신에게 닥쳐온 갑작스런 불행의 힘에 압도당한다. 한 유괴영화의 제목을 빌려 말하자면, 그들은 말 그대로 '파괴된' 자들로 나타난다(〈파괴된 사나이〉). 하지만 시간이 흐르면서 이들은 (경찰과 다른 경로를 통해서, 즉 사적 자원들을 활용하면서) 범죄자와 협상을 벌이기 시작한다. 이 과정에서 유괴범과 부모라는 두 대립하는 행위자들의 (아이의 목숨을 건) 상호작용이 영화의 핵심 스토리라인으로 부각된다. 말하자면, 유괴영화는 아이가 사라지면서 시작되어 부모와 유괴범의 협상이 해소될 때 끝나는 것이다. 이런 관점에서 보면, 유괴영화를 유괴영화로 만들어주는 가장 중요한 구조적 장치는 '납치된 아이'와 그를 둘러싼 '협상'으로 집약된다. 납치된 아이의 의미를 다루기에 앞서 우선 그 의미를 좀더 명확하게 이해하게 해주는 '협상'의 의미를 분석할 필요가 있다.

부모와 납치범이 벌이는 협상에서 가장 흥미로운 점은, 그것이 일반적으로 사회적 상호작용이 발생하여 지속하기 위해 요청되는 여러 조건들이 거의 결여된 상태에서 일어나는 커뮤니케이션이라는 사실이다. '협상'의 두 주체는 물리적으로 만나거나 대면적 상호작용을 수행할 수 없는 상황에 던져져 있다. 이 관계는 지속가능성이 사실상 희박한데, 그 이유는 소통주체들 사이에 극심한 정보 불평등과 협상자원의 불균형이 존재하기 때문이다. 범인은 수화기 너머에서 자신의 실존을 완전히 숨긴 채 부모와 임의로 접촉하고 있으며, 부모는 자신들의 의사와는 완벽하게 무관해진, 어떤 의미에서는 자신의 능력과 가시권을 벗어나 있는 존재와 소통을 해야 한다. 소통의 형식과 내용 모두 자신들이 통제할 수 없는 것이며, 절대적으로 불리한 위치에서 이를 수행해야 한다. 양자 사이에는 소통에 요청되는 신뢰나 도덕적 공유점이 없다. 이들은 서로에게 적대적인 존재들이다. 극도의 의심이 이들을 감싸는 공통정서다. 부모는 아이가 해를 입지 않았을까 염려하면서 범죄자의 언어를 믿지 못하며, 범인은 부모가 몰래 경찰과 접촉하여 자신에게 덫을 놓는 것이 아닌가 하는 의구심을 버리지 않는다. 양자 사이에는 본질적으로 거대한 수렁이 존재하기 때문에 이들의 커뮤니케이션은 시작부터 파멸의 조짐을 보이는 것이다. 이들은 가령, 파슨스가 "이중의 우연성"이라 불렀던 상황의 한 전형을 이룬다. 즉 한 사회적 행위자가 또다른 행위자와 마주하고 있지만, 두 개의 블랙박스처럼 서로의 내적 의식을 간파할 수 없는 상황이 그것이다. 근대 사회이론의 가장 흥미로운 퍼즐, 즉 서로의 의식을 읽을 수 없는 두 존재 사이에서 어떻게 '사회적 관계'가 가능한가라는 질문이 이 상황의 저변에 놓여 있다.

상호작용에는 이중의 우연성이 내재되어 있다. 한편으로 에고의 만족은 가능한 대안들 가운데 우연한 선택에 따른 것이다. 하지만 상대의 반응은 에고의 선택에 우연적일 것이며 자기 나름대로 그에 상응하는 방식으로 이뤄진 자신의 선택으로부터 나오게 될 것이다. 이러한 이중의 우연성 때문에, (에고와 상대에게 결코 동일하지 않은) 구체적 상황의 특수성으로부터의 일반화 그리고 양자가 관찰하는 '관례'에 의해서만 보장되는 의미의 안정성 없이 커뮤니케이션은 존재할 수 없다(Parsons & Shils, 1951 : 16).

근대적 사회관계가 맺어지기 위해서는 이런 이중의 우연성을 나름의 방식으로 해소함으로써 "의미의 안정성"을 확보해야 한다. 그렇다면 유괴영화에서 부모와 범죄자 사이에 존재하는 극단적 우연성은 어떻게 통제됨으로써 소통을 발생시키고 재생산하는가? 명백한 것은 양자 사이에 뒤르케임이 역설한 소위 '계약의 비계약적 전제'로서의 신뢰나, 베버가 제시한 상호이해의 가망성(기대), 또는 하버마스가 기대를 걸었던 소통적 합리성의 이상적 상황, 혹은 파슨스가 말하는 "공유된 상징체계"와 같은 토대가 존재하지 않는다는 것이다(Parsons & Shils, 1951: 16). 양자 사이에는 상식, 동정, 공감, 연대 등 어떠한 공통성도 존재하지 않는다. 양측 모두에게 강력한 규범적 효력을 발휘하는 단일한 가치나 도덕성도 존재하지 않는다. 오히려 현실은 그와 정반대

방향을 가리키고 있다. 협상의 두 파트너가 추구하는 가치는 완벽하게 상충하고 있다. 부모는 자식에 대한 무조건적 사랑이 이끄는 대로 행동하는 반면, 범인은 자신의 이해를 극대화하기 위해 움직이고 있다. 유괴영화의 흥미와 서스펜스는 이러한 모순적 존재들 사이에서 일종의 '관계'가 형성되는 과정이 긴장감 속에서 서사되고 있다는 사실과 무관하지 않다. 도대체 어떻게 저 만날 수 없는, 만나서는 안 되는 두 행위자 사이의 사회적 관계가 가능한 것일까? 그 근거가 무엇이며, 그것이 우리에게 말하는 바는 또 무엇인가?

III. 계산가능성과 계산불가능성

—

역설적이게도 부모와 범죄자가 서로 소통을 이어갈 수 있는 것은, 양자가 공통성(이익, 도덕, 가치)을 갖고 있는 것이 아니라 극단적 차이를 갖고 있기 때문이다. 더 정확히 말하면, 두 행위자가 납치된 아이에게 각기 부여하고 있는 '의미'의 차이가 이들의 커뮤니케이션이 지속될 수 있게 하는 토대로 기능하고 있는 것이다. 왜 그런 것일까?

그것은, 이들이 상호작용 속에 묶이기 위해서는(서로에게 말을 걸고 그 말을 건넴이 지속적으로 재생산되기 위해서는) 다음과 같은 조건이 요청되기 때문이다. 즉, 부모는 아이를 무사히 되찾기 위해 모든 노력을 기울이고 있고, 납치범은 아이로부터 감정적으로 거리를 둔 채 냉혹하게 아이의 몸값에 관심을 갖고 있어야 한다는 것, 부모의 사랑과 납치범의 이해관계가 중첩된 채 교차해야 한다는 것이다. 만일 이런 조건에 문제가 생기면 양자의 상호작용은 덧없이 소멸한다. 가령,

부모가 아이의 생사에 무관심하거나(〈잔혹한 출근〉의 경우), 납치범이 인간적 애정을 가지고 아이를 보살피게 되는 경우가 그것이다. 이런 경우 유괴영화는 자신의 궤도를 벗어나 코미디나 명랑드라마로 변질된다. 부모가 아이에게 관심이 없으면 협상에도 무관심해지고, 유괴범이 아이에게 인간적 감정을 가지면 아이의 몸값을 흥정할 수 없는 것이다. 아이에게 부여된 양자의 상이한 의미 사이의 현격한 격차가 평행선을 그리며 유지될 때에만 협상(커뮤니케이션)이 가능하다. 다시 파슨스로 돌아가서 말하자면 이들 사이의 이중의 우연성은, 납치된 아이에 대한 이율배반적antinomic 의미론에 의해 해소되고 있다고 말할 수 있다.

사실 유괴영화에서 아이의 의미가 상충하는 두 가지 측면으로 쪼개져 있다는 사실은 별다른 입증을 필요로 하지 않을 정도로 자명하다. 납치범에게 아이는 생명이 없는 상품으로, 계산가능한 가치이자 가격으로 나타난다. 아이를 유괴한 이유는 그 때문이다. 몸값이 매겨지는 아이는, 납치범의 입장에서 보면 교환가능한 처분대상에 불과하다. 그것은 생명이 아니라 교환가치이다. 아이의 값은 양적으로 측정되며, 그 물질적 구체화가 몸값ransom이다.[2] 몸값이 반드시 화폐의 형

---

2 실제 유괴사건에서 몸값을 요구하는 범죄의 비중이 제일 높은 것은 아니다. 강은영과 박지선은 1997년부터 2008년 사이에 발생한 미성년자약취유인사건의 목록을 검토하여, 전국 16개 검찰청에 보관된 미성년자약취유인사건에 대한 수사 및 재판기록을 조사하여 315개의 관련 사건을 분석했다. 그중에서 범죄의 목적에 대한 조사 결과에 의하면, 양육목적(27.8%), 성적 목적(19.8%), 영리목적(11%), 비영리적 목적(9%), 복수목적 (3.9%), 단순애착(3.6%), 그리고 별다른 목적이 없는 경우도 12.4%에 이른다. 영리목적 중에서 '몸값을 요구한 경우'는 1.7%에 불과하다(강은영·박지선, 2009: 119-120). 최인섭은 1989년부터 1993년 사이에 발생한 미성년자약취유인사건 165건을 분석했는데, 그 목적 중에서 '몸값요구'는 23건으로 전체의 약 13.9%를 차지하고 있었다(최인섭, 1996: 37).

태를 띨 필요가 있는 것은 아니다. 그것은 구원舊怨에 대한 복수일 수도 있다. 그러나 어떤 경우에건, 아이의 '가격'과 '가치'에 대한 계산은 존재한다. 납치범은 그것이 돈이건 앙갚음이건 혹은 다른 상징적 교환의 형식이건 간에, 아이를 대가로 정해진 목적을 달성하고자 하는 것이다. 아이의 대체가능성이나 환금성, 상징성이 전제되지 않는다면 유괴영화의 이야기는 제대로 전개되지 않을 것이다. 유괴범에게 아이의 의미는 그 계산가능한 측면에만 배타적으로 집중되어 있다. 그런데 동일한 아이는 부모에 의해서는 완전히 다른 방식으로, 그러니까 값을 매길 수 없이 소중한 존재로 의미화된다. 부모는 아이를 구하기 위해 무엇이라도 기꺼이 희생하고자 하는데, 이때 아이는 절대적이고 가치를 따질 수 없고 거의 성스러운 무언가를 상징하게 된다. 아이가 납치되고 나면, 일상적 삶에 잠재화되어 있던 아이의 진짜 의미가 부모에게 또렷하게 부각되어온다. 즉, 부모의 삶 그 자체보다 더 소중한 것으로 여겨지는, 절대적 의미가 아이에게 투사되어 있었다는 사실이 날카롭게 인지되며, 상실된 아이에 대한 복합적 감정들(주로 미안함과 죄책감)이 솟구쳐오른다.[3]

이처럼 아이는 이중적 존재로 나타난다. 한편으로 그는 '성스러운' 질적 가치인 동시에, 다른 한편으로 '세속적' 교환가치다. 동일한 존재

---

3 박진표 감독의 〈그놈 목소리〉의 엄마 오지선은 납치된 아들 상우를 평소에 매우 가혹한 방식으로 훈육한다. 이는 아들이 납치된 이후에 그녀에게 견디기 어려운 가책으로 작용한다. 유인호는 이에 대해서 다음과 같이 쓰고 있다. "아들 상우에 대한 신체관리는 어머니 오지선에게 있어 아버지를 자아이상으로 고정되게 하는 작업인 것이다. 아이는 윗몸일으키기를 하고, 혼자만 체중감량을 위한 별식을 강식당하고, 러닝머신에서 숨을 헐떡거리며, 얼굴에 하나 가득 한방침을 꽂은 채 몇 시간 동안 꼼짝없이 누워 있어야 했다. 비만체격의 아이를 가혹하다 싶을 정도로 훈련시키는 오지선은 우리들이 너무도 익숙해하는 90년대의 강남엄마의 전형적 모습이다"(유인호, 2011: 129–30).

에 대한 이 이중의 의미화, 차이의 공존과 교차가 조건화되어야 비로소, 두 적대적 당사자 사이의 소통이 가능해진다. 정식화하면, 유괴영화의 서사적 문법은 납치된 아이를 '계산가능한 것calculable'인 동시에 '계산불가능한 것incalculable'으로 구성한다. 아이는 철저하게 값이 매겨진 존재인 동시에priced, 값을 매길 수 없이 소중한 것priceless으로 나타나야 한다. 두 대립되는 차원은 단순히 서로를 부정하는 모순적 가치들의 병존인 것이 아니라, 서로가 서로를 유기적으로 요청하는 구성적 필요요소이기도 하다. 즉, (부모에게) 아이가 계산불가능한 것일 때비로소 그 아이는 (유괴범에게는) 계산가능한 것이 될 수 있다. 반대로 아이가 계산가능한 것으로 나타나는 순간(유괴의 순간)에 비로소그 아이의 계산할 수 없는 소중함이 자각된다. 이처럼 합리성/감정, 성/속, 교환가치/숭배가치의 기묘한 복합체를 이루는 아이의 의미론적 이중코드를 나는 '리스크-토템risk-totem'이라 부르기를 제안한다. 왜냐하면, 유괴영화에서 아이는 한편으로 리스크(합리적 관리의 대상)로 정립되는 동시에 다른 한편으로 뒤르케임이 말하는 토템(숭배대상)의 의미를 획득하기 때문이다. 납치된 아이는 리스크이면서 토템이다. 양자는 뫼비우스의 띠처럼 서로 얽혀 있다. 그는 리스크이기때문에 토템이며, 토템이기 때문에 리스크가 된다. 즉, 리스크와 토템의 이율배반적 합체물이 바로 유괴된 아이에 다름아니다. 그런데 영화적 상상력에 포착된 이 기이한 이율배반은 문화적 허구에 불과한 것이 아니다. 우리 시대 '아이'는 부모에게 (정서적으로) 가장 소중한 존재이며 사랑과 심지어 숭배의 대상이기도 하지만,[4] 그를 잉태하고, 출산하고, 양육하고, 교육시키는 총체적 과정의 합리적 통치성이 점점더 강화되는 경향을 띠고 있다. 부모는 아이를 '사랑'하지만, 그 사랑은 아이의 건강과 능력과 행복에 대한 조율된 통제와 '관리'를 요구하는 것이다. 아이에 대한 합리적 관리는 사랑과 구분되지 않은 채, 아이에 대한 막대한 정서적 에너지와 경제적 자원의 투하를 요청한다. 그리고 그것은 하나의 '규범'이 되어 사회적 구속력을 갖는다. 즉, 그렇게 하지 않을 때 우리는 아이에 대한 사랑의 여부를 스스로 의심하거나, 죄책감을 갖게 되는 경우가 있다.

IV. 보험
—

이처럼 본질적이고 소중하고 대체불가능한 가치를 지닌 것을 합리적 관리와 통치의 대상으로 구성해내는 전형적인 통치 테크놀로지가 있다. 그것이 바로 보험insurance이다. 보험에 구현된 통치성이 대상을 구성하는 방식은, 우리가 살펴본 유괴영화에서 '아이'의 의미가 구성되는 방식과 매우 흡사한데, 그것은 보험이 전형적으로 값을 매길 수 없는 순수한 가치를 산술적 리스크의 논리에 의해 번역하여, 보장의 대상을 일종의 '리스크-토템'으로 창출해내기 때문이다. 미첼 딘이 말하듯이 "계산불가능한 것을 계산가능한 것으로 만들려는 시도"(Dean, 1999: 138)에 다름아닌 보험은 생명, 건강, 질병, 신체, 심지어 영혼 등과 같이 계산적 합리성 너머에 존재하는 가치에 대한 잠재적 위협들을 계산가능성의 장으로 포섭하는 것을 가능하게 한다. 인간 삶의

---

4   리어는 『아이숭배자들(The Childworshipers)』에서 "유아통치(pedocracy)" "아이-중심적 삶의 양식(filio-centric way of life)" 등의 용어를 사용하면서 아이를 중심으로 재편되는 현대적 가족의 모습을 소묘하고 있다(Lear, 1963).

이러한 사건이나 속성들이 일단 보험논리에 붙들리면 그것은 더이상 운이나 운명과 같은 섭리에 의존하는 것으로 여겨지지 않게 되며, 합리적 절차에 의한 통제와 관리에 따라야 하는 것으로 다뤄진다.

"일상언어에서 '리스크'라는 용어는 위험이나 위난, 즉 누군가에게 일어날 수 있는 불행한 사건과 동의어로 이해된다. 이는 객관적 위협을 지칭한다. 반면 보험에서 리스크는 특정한 사건이나 현실에서 일어나는 (불행한) 사건 일반이 아니라 일군의 사람들, 더 정확히 말해 어떤 개인의 집단(즉, 하나의 인구집단)이 대표하고 소유한 가치 또는 자본에 일어날 수 있는 어떤 사건을 다루는 특정한 방식을 지칭한다. 그 자체로 리스크인 것은 없다. 그러나 다른 한편으로 그 어떤 것도 리스크가 될 수 있다. 이 모든 것은 위험을 어떻게 분석하고 사건을 어떻게 보느냐에 달려 있다. 이마누엘 칸트식으로 말하면 리스크의 범주는 오성의 범주이며, 감성이나 직관에서 나올 수 없다. 리스크의 테크놀로지로서의 보험은 무엇보다 합리성의 도식, 즉 현실의 어떤 요소들을 분해하고 재배열하고 질서짓는 방식이다"(Ewald, 1991 : 199. 강조는 에발드).

프랑수아 에발드가 지적하고 있듯이 '리스크'는 경험적 현실 그 자체에 존재하는 것이 아니라, 현실을 특정 방식으로 구성하는 인식의 격자이다. 가령 동일한 흡연 행위가 50년에는 리스크가 아니었지만, 지금 우리 시대에는 리스크로 구성되는 것이 한 실례가 될 수 있다. 흡연이 리스크가 되었다는 것은, 담배 그 자체의 성분이나 거기에 내포된 질병가능성이 변화했기 때문이 아니다. 그것은, 담배를 피우는 행위와 건강 사이에 '합리적' 연관이 설정되고, 그것이 '위험한 것'인 동시에 '관리되어야 하는 것'으로 인지되고, 그것에 대한 다양한 통제와 통치가 실행되기 시작했다는 것을 가리킨다. 따라서 리스크는 현실에 있는 것이 아니라 관점과 범주 수준에서 작용한다. 모든 것이 리스크가 될 수 있으며, 어떤 것도 그 자체로는 리스크가 아니라는 것은 바로 이런 의미에서이다. 의료과학의 진전과 더불어 진행되는 삶의 의학화는 우리의 몸을 서서히 리스크의 장소로 의미화하는 결과를 가져온다. 유전적 질병가능성에 대한 정보에 접근할 수 있을 때, 우리는 자신의 자궁과 간과 대장과 췌장을 자연적으로 주어진 신체의 한 기관으로 보는 것을 넘어서, 향후 몇 년 사이에 거기에서 암이 발생할 수 있는 $n\%$의 확률을 가진 '장소'이자 '대상'으로 보게 된다. 그리고 그에 대한 예방(수술을 포함한)과 관리를 하게 된다. 이는 신체뿐 아니라 존재 전반으로, 더 나아가서 타자들과의 관계로도 확장된다. 즉, 우리의 통제를 벗어난 것처럼 보이던 타인들과의 인연 속에서 발생할 수 있는 수많은 사건들도 리스크의 문법에 포섭될 수 있다. 연애, 사랑, 결혼, 이혼, 양육, 출산, 노화의 전 과정도 리스크에 이미 포섭되었거나 포섭되어가고 있다. '위험사회'란 위험요소가 증가한 사회가 아니라, '리스크'라는 관점과 인식의 프레임워크가 사람들을 움직이고, 사람들에게 중요한 것으로 작용하고, 공적 의사결정이나 여론, 그리고 사회적 현상들의 발생에서 중요한 역할을 수행하는 그런 사회를 가리킨다. 이런 위험사회의 간판 통치기술이 바로 보험인 것이다.

보험이 중요한 것은, 과거에는 신의 의지나 운명의 영역으로 일컬어지던, 위에서 말한 인간의 존재론적 실체들(신체, 관계, 정신) 그리고 인간사의 잠재적 비극들(사고)을 합리적으로 관리하는 "리스크의 기술"(Ewald, 1991: 198)을 제공하기 때문이다. 보험은 계산될 수 없는 것을 계산하고, 복구될 수 없는 것을 복구하고, 보상될 수 없는 것을 보상할 것을 약속한다. 보험은 사회적 행위자로 하여금 자신의 계산능력에 따라 우연한 불행에 대비하도록 함으로써 생활세계의 합리화를 심화시킨다(Beck-Gernsheim, 1996: 142). 그러나 반대로 말하자면, 그러한 보험기술은 삶의 계산될 수 없는 측면들의 가치를 부각시키는, 의도하지 않았던 결과를 가져오기도 한다. 보험을 통해 합리적으로 지켜지는 것들은 신체의 일부, 생명 자체, 아이 등과 같이, 일단 상실되는 경우 결코 다시 복구될 수 없는 것들이기 때문이다. 젤라이저는 19세기 후반 미국에서 아동에 대한 생명보험이 처음 등장했을 때, 그것이 심각한 여론의 역풍에 직면했었다는 사실을 상기시킨다. 순수한 합리성의 논리는 당시에 통용되던 공적 도덕감각과 합치할 수 없었던 것이다. 이에 보험사들은 이른바 민심과 타협을 할 수밖에 없었고, 보험이 자녀에 대한 사랑과 보살핌의 의례라는 사실을 부각시키는 전략을 사용한다. 계산불가능한 아이는 이렇게 해서 계산가능한 것의 범주, 즉 보험논리의 관할에 들어가는 과정 속에서 신성한 존재로 의미화되었던 것이다(Zelizer, 1978). 값을 매길 수 없는 존재에 값을 매기려는pricing the priceless 합리적 계산 테크놀로지를 보여주는 보험의 논리는 위험사회에서 행위자들이 자신에게 소중한 가치와 대상들을 어떻게 관리하고 통치하는지를 보여주는 일종의 다이어그램인 것이다(Ewald, 1986).

우리가 유괴영화의 '협상' 커뮤니케이션을 분석하면서 발견했던, 아이를 둘러싼 두 대상의 대립적 분열은 이런 점에서 보면, 매우 흥미로운 해석가능성을 제공한다. 영화 속에서 대립된 주 행위자로 분열되어 있던 존재들은 각각 아이를 합리적 계산의 대상으로 보는 '관점'과 아이를 정서적 사랑의 대상으로 보는 '관점'을 대표한다고 말할 수 있다. 부모의 관점은 계산할 수 없을 만큼 귀중한 것에 사로잡힌 비합리성을 표현하고, 범죄자의 관점은 순수한 양적 측정의 대상으로 아이를 합리화하는 방식을 표상하고 있다. 이처럼 두 대립되는 방향으로부터 진행되어오는 협상 속에서 아이는 '리스크-토템'이라는 이중체로 나타난다. 우리가 만일 유괴영화가 야기하는 여러 도덕적, 정서적 상황을 괄호에 묶고, 아이가 어떤 방식으로 '의미화'되는가에 집중한다면, 거기에서 보험이 대상을 구성하는 방식과 거의 동일한 의미구성의 메커니즘을 발견하는 것은 어려운 일이 아니다. 즉, 부모와 유괴범의 '관점'은 보험에 통합되어 있는 두 시각이 각각 두 상이한 행위자에 분열되어, 유괴영화 특유의 극화 속에서, 드라마틱하게 발전해나간 양상을 보인다.

V. 리스크-토템
—

'위험사회'는 1990년대 후반에 소개되어 당대 한국사회를 비판적으로 진단하는 중요한 개념으로 기능했다(노진철, 2010). 한국적 맥락에서 위험사회 담론은 1990년대 후반에서 2000년대 초반에 풍성하게 펼쳐졌는데, 주로 당시 발생했던 참사들에 초점을 맞추어 전개된다. 주지하듯 이 시기 한국사회는 일련의 끔찍한 참사들을 경험했다.[5] 이러한 재난이 발생한 이유를 조명하기 위하여 많은 사회학자들은 벡이 제안한 '위험사회'를 개념적 틀로 내세웠으며, 사고들이 발생한 주요원인이 한국 근대성의 근본결함에 있다는 점에 공감했다(이재열, 1998; 장경섭, 1998; 한상진, 1998b). 이런 진단들은 한국의 근대화가 서구의 그것과 비교해보았을 때 소위 '정상적'인 방식으로 이루어지지 않았다는 판단을 공유한다.[6] 따라서 문제를 해결하기 위해서 기술적 효율성에 기초한, 실질적 근대성을 성취해야 한다는 처방이 내려지게 된다.

바로 여기에 당시의 위험사회 담론이 갖는 특이성이 존재한다. 말하자면, 이러한 진단들에서 사용된 위험 개념은 벡, 에발드, 루만 등이 제안한 애초의 리스크 개념과는 다소의 차이를 갖는다. 유럽의 이론가들이 제안한 리스크 개념은 근대성을 문제의 해결책이 아니라 원인으로 간주한다. 이는 위험사회가 정상적 근대성의 결여가 아니라 그것의 역사적이고 재귀적인 과정에 기인한다는 것을 의미한다. 둘째로, 유럽의 이론가들에게 리스크란 실생활의 사고나 사건을 가리키는 것이 아니다. 오히려 이러한 일들이 사회적 의미를 획득하게 되는 어떤 해석의 형식을 가리키는 성격이 더 강하다. 논쟁의 소지가 있기는 하지만

---

5   1993년 1월에는 청주 우암상가 붕괴(28명 사망), 3월에는 부산 구포역 열차 탈선전복사고(78명 사망), 7월에는 아시아나 733편 목포 추락사고(66명 사망), 10월에는 위도 서해훼리호 침몰사고(292명 사망)가 있었다. 1994년에는 충주호 유람선 화재사고(29명 사망), 성수대교 붕괴사고(32명 사망), 마포 아현동 가스폭발사고(13명 사망)가 발생했다. 1995년에는 대구 지하철 가스폭발사고(101명 사망)와 삼풍백화점 붕괴사고(502명 사망)가 있었다. 1997년 8월에는 대한항공 801편 괌 추락사고(254명 사망)가 있었으며, 한국인 상당수에게 사회적 파국을 가한 IMF 외환위기가 같은 해에 발생했다. 1999년 6월에는 화성 씨랜드 청소년수련원 화재 사건으로 23명이 사망했으며, 2003년에는 대구 지하철 방화 사건으로 192명이 사망했다.

6   이런 비정상은 아래와 같은 다양한 개념화의 시도로 이어졌다. 김대환은 "돌진적 성장주의"가 추동한 "이중위험사회"를, 장경섭은 "복합위험사회"를, 성경륭은 "총체적 위험사회"를, 이동훈과 정태석은 "후진적 위험사회"를 제안한 바 있다(장경섭, 1997; 김대환, 1998; 성경륭, 1998; 정태석, 2003).

벡이나 루만이 말하는 "위험사회"는 "위험한dangerous" 사회와는 관계가 없으며, 합리적 위난 관리에 기초한 위험 범주를 통해 잠재적 문제들을 인지하는 특정 사회 유형을 가리킨다. 이를 고려하면 앞서 언급한 한국의 위험사회론은 유럽의 위험사회론과는 그 정서와 진단과 처방에 있어서 매우 다른 담론구성체임을 알 수 있다. 즉, 전자는, 일차근대의 성공이 후기 근대의 위험으로 돌아오는 역설보다는 파행적 근대성을 더 강조하고 있고, 리스크를 선험적 방식으로 기능하는 구성주의적 틀로 이해하기보다는 경험적이고 현상적 세계에서 발생하는 현실적 위협으로 간주하는 경향을 보인다. 그 배후에는 앞서 언급한 1990년대의 사건들에 대한 한국사회의 충격과 환멸이 배음으로 깔려 있다.

이런 특이성은 한국사회가 위험사회로 진화하는 과정과 그것에 대한 사회학적 진단 사이에 기묘한 시차를 창출하는 결과를 가져온다. 즉, 2000년대에 접어들면서 1990년대 중반과 같은 거대참사의 발발이 잦아들면서 위험사회 담론의 현실적 준거 자체가 사라지는 것처럼 보였고, 이는 위험사회론이 파악한 것처럼 실질적 합리성과 안전장치의 확보를 통해서 문제가 해결되어가는 양상으로 진단될 수 있었다. 그러나 사실 같은 시기 비록 거대재난은 잦아들었지만, 위험감수성, 위험을 인지하는 사회적 프레임, 리스크를 중심으로 형성되는 시민사회의 불안공동체와 운동의 촉발이라는 맥락에서 보면, 한국사회가 유럽적 의미의 '위험사회'로 전환해가고 있음을 보여주는 징후가 다양하게 드러나고 있었다. 개인, 가족, 사회의 안전에 대한 관심이 높아졌고, 음식, 공기, 물 등 환경 문제에 대한 염려, 그리고 사랑, 우정, 섹슈얼리티, 결혼, 이혼, 임신, 출산, 양육, 노화 등의 친밀성 영역이 빠르게 '리스크'

의 관점에 포섭되고 있었다. 사회의 의료화와 더불어 신체와 정신이 의학적 관리와 항구적 체크의 대상으로 합리화되었고, 삶의 여러 단계들에 내포된 리스크들이 더이상 운명의 언어로 이해되기보다는 개인의 책임과 관리의 대상으로 전환되는 현상이 진행되고 있었던 것이다. 위험사회론이 한국사회의 하드웨어적 수준에서 발생한 사고들에 초점을 맞추는 과정에서 상대적으로 부각되지 못했던 소프트웨어적 영역의 위험사회화에 대한 사회학적 논의는 그다지 풍부하게 생산되지 못했다. 그 핵심에 바로 아이의 형상이 놓여 있다.

사실 1980년대 이후 유럽에서 리스크라는 테마가 등장하게 되는 과정에는 문명사적 재난들이 큰 영향을 미친 것이 사실이지만,[7] 이와 더불어 친밀성 영역의 구조변동에 대한 사회학적 문제의식 역시 중요한 역할을 했다는 점 또한 지적되어야 한다. 후기 근대성에 관한 저명한 이론가들 거의 모두가 탈전통화와 개인화의 영향 속에서 변화를 겪고 있는 친밀성의 논리에 관심을 기울였다(루만, 2009; 벡·벡-게른스하임, 1999; 기든스, 2003). 이들의 논의에 따르면, 20세기 후반부터 전개되기 시작한 후기 근대성 속에서 친밀성 영역은 서서히 리스크의

---

7   가령, 위험사회론은, 핵겨울(nuclear winter), 스리마일 섬(Three Mile Island)의 원전사고(1979년), 체르노빌 원전사고(1986년), 가슴 임플랜트를 비롯한 다양한 재생산 테크놀로지와 바이오테크놀로지의 확산, 오존층 구멍의 발견(1985년), 온실 여름, 에볼라 바이러스와 광우병(BSE), 에이즈의 확산, 챌린저 호 사고, 라인 강의 오염 등 국민국가의 차원을 벗어나는 지구적 환경재앙에 대한 불안에 뿌리를 내리고 있었다(Ungar, 2001: 272–3). 그러나 유럽이 체험한 이들 재난들은 과학의 불완전성이 아니라 그 의도하지 않은 부작용에 대한 역설적 위기감이 더 컸고, 그리하여 근대 문명의 '결손'이 문제시되었던 것이 아니라, 그것의 '성공'에 내재한 역설적 실패가 문제시되었던 측면이 더 크다. 벡 또한 실재론적 입장을 다소 고수했던 『위험사회』에서와 달리 최근의 『세계위험사회』에서는 리스크와 위난/파국을 개념적으로 구별하고 있다(Beck, 2007: 29). 한편, 딘과 스콧은 벡의 위험 개념이 실재론적 함의를 갖고 있음을 지적한다(Dean, 1999: 136; Scott, 2000: 38).

문법에 의해 침식되어가고 있었고, 그 핵심요소가 바로 개인화이다. 개인화individualization 과정 속에서 행위자들은 "각자의 생활 방식의 입법자, 자기가 범한 위반의 재판관, 자기가 지은 죄를 용서하는 사제 그리고 자신의 과거의 속박들로부터 스스로 벗어날 수 있게 해주는 심리치료사"(벡·벡-게른스하임, 1999: 29)의 역할을 모두 떠맡는다. 개인의 인생life은 "프로젝트"로 전환된다(Beck-Gernsheim, 1996: 139). 부모노릇, 아이의 출산과 양육, 그리고 자신의 건강과 직업생활, 심지어는 죽음마저도, 이제 합리적 계산과 통제와 계획planning의 명시적 대상으로 전환되고, 그 모든 과제를 조율하고 책임지는 주체는 결국 자기 자신이 된다. 위험의 의미론이 개인화와 함께 친밀성 영역에 깊이 침투하는 현상을 분석했던 벡-게른스하임은, 아이의 의미가 "신이 주신 선물"에서 "원하지 않는 부담" 혹은 "다루기 힘든 대상"으로 변했다는 사실을 지적한다(Beck-Gernsheim, 1996: 143-4).[8] 후기 근대사회에서 아이를 갖는다는 것은 이제 단순한 축복이나 운명이 아니라, 고도의 성찰과 결단을 통해서 내려진 선택이며, 그 선택의 결과에 대하여 충분한 책임을 져야 하는 중대한 의미를 갖는 사건이 된다. 아이는 하나의 과제, 즉 "아이라는 문제Kinderfrage"가 된다(벡-게른스하임, 2000). 아이와 연관된 모든 판단과 실천들은 이제 실존의 논리가 아닌 리스크의 논리로 재구성되어버린 것이다. 흥미로운 것은 친밀성의 합리화가 친밀성의 신성화를 동반한다는 사실이다. 벡과 벡-게른스하임은 우리 시대에 사랑이 "신성한 종교"이자 "프라이버시의 신"으로 변해왔다고 주장한다. "사랑은 종교 이후의 종교이며, 모든 믿음의 종말 이후의 궁극적 믿음"이 되었다(벡·벡-게른스하임, 1999: 40-1) 그런데 이 새로운 종교성이 친밀성(사랑)을 핵심으로 하고 있다면, 아이야말로 이러한 신성성의 진정한 상징이 된다. 세속종교인 사랑의 최종 숭배대상은 연인이 아니라 아이다. '토템'이라는 분명한 표현을 쓰고 있지는 않지만『위험사회』에서 벡은 아이라는 존재가 사랑의 꿈이 파괴된 이후에도 살아남는 최종의미의 핵심이라는 사실을 명백히 하고 있다.

아이는 마지막 남은 돌이킬 수 없고irrevocable 바꿀 수 없는 unexchangeable 일차적 관계의 원천이다. 동반자는 떠나도 아이는 남는다. 바라고 있지만 관계 속에서 실현될 수 없는 모든 것이 아이에게로 향한다. 양성 간의 관계가 약해질수록 아이는 실제적인 동반관계에 대한, 그렇지 않아도 점점 더 드물어지고 의심스러워지고 있는

---

8   아이에 대한 사랑은 본능에 뿌리내린 애착의 한 형태로 이해되지만 사실 문화적 힘에 의해 광범위하게 조형될 수 있다. 아이의 '의미론'은 시대와 사회마다 큰 폭으로 달라지는 것이다. 가령, 사학자 김성칠은 한국전쟁 당시에 자신이 들었던 한 에피소드를 다음과 같이 전하고 있다(나는 이 이야기를 한국학중앙연구원의 서호철 선생에게 전해들었다). "1950년 11월 12일. 고향서 온 친구의 이야기이다. 여름에 낙동강 전선에서 후퇴할 무렵 피란민들이 강변에 구름같이 모여들었으나 강을 건널 길이 아득하고 시간을 지체하면 미군이 비행기로 폭격하게 될는지도 모를 일이고 (……) 하여 크게 혼란한 중에 늙은 어버이와 어린아이를 데린 어떤 젊은 내외가 아무리 하여도 늙은이와 어린이를 다 같이 건사할 수는 없을 지경에 이르러 어린 아기를 강물에 던져버렸다는 이야기를 하고, 그리고 그 내외의 효성에 모든 사람이 감탄해마지않았다고. 갸륵한 일이다. 그러나 이 사건을 통하여서도 조선 사람은 앞을 내다보지 않고 항상 뒤를 돌아다보고 사는 민족이라는 비판은 옳은 것임을 수긍할 수밖에 없다. 그러나 이건 우리의 천성이 아닐 것이다. 유교와 함께 몸에 밴 습성이다"(김성칠, 1993: 279). 어린 아기를 강물에 던져버리고 부모를 구하는 효(孝)의 윤리 속에서 '아이'란 무엇이었을까? 조선 개국 초에 권근이 편한『효행록』에 등장하는 유명한 일화인 곽거매자(郭巨埋子)의 에피소드가 가령 이와 같이 유교적으로 정립된 아이의 의미론의 전형을 보여주고 있을 것이다. "곽거의 집은 몹시 가난하였는데 늙은 어머니를 모시고 살았다. 세 살 된 어린 자식이 있었는데, 어머니가 항상 자신의 밥을 덜어 손자에게 주었다. 곽거는 아내에게 말하기를, '가난해서 먹을 것을 제대로 드리지도 못하는데, 자식이 어머니의 음식을 먹으니, 함께 자식을 묻어버립시다'라고 하였다. 아내도 남편의 말을 따랐다. 땅을 석 자쯤 팠을 때, 황금 솥 하나가 나왔다. 그 위에는 '하늘이 효자 곽거에게 주는 것이다. 관청에서도 이를 빼앗지 못하고, 다른 사람도 훔쳐가지 못한다'라고 하였다"(권근, 2004: 84-5).

감정의 생물학적 주고받기에 관한 독점권을 획득한다. 여기서 하나의 시대착오적인 사회적 경험이, 바로 개인화과정 때문에 일어날 것 같지 않았고 몹시 바라게 되었던 사회적 경험이 축복받으며 배양된다. 아이에 대한 지나친 애정, 아이(라는 가련하고 지나치게 사랑받는 피조물)에게 허용되는 '아동기의 연출staging of childhood', 이혼소송 동안과 이혼 후에 아이를 둘러싼 불쾌한 투쟁은 이 같은 사실을 보여주는 몇 가지 징후이다. 아이는 사랑이 사라질 가능성에 맞서서 구축될 수 있는, 외로움에 대한 마지막 대안이 된다. 아이는 재-주술화re-enchantment의 소생하는 사적 유형이며, 환멸disenchantment과 함께 나타나고 환멸에서 자신의 의미를 끌어낸다. 신생아의 수는 줄어들고 있지만, 아이의 중요성은 커지고 있다(벡, 1997: 197. 번역은 부분수정).

한편으로 아이는 리스크이지만, 다른 한편으로 아이는 재-주술화된다. 한편으로는 합리적 선택과 관리를 요하는 것으로 인지되지만, 다른 한편으로 아이는 숭배되고 신성시된다. 이와 같은 아이의 토템화는 후기 근대사회의 다양한 부문에서 확인된다. 아이는 부모들이 무거운 책임감을 가지고 사로잡혀 있는 가족토템이다(Furedi, 2002). 예를 들어 소아성애나 아동폭행 같은 사건은 곧장 사람들에게 격한 감정적 반응을 불러일으킨다. 시민사회에서는 끊임없이 아동인권에 대한 문제제기를 한다(Hartas, 2008). 위험사회는 아이를 리스크-토템으로 구성한다.

VI. 마치며

—

'아이'는 부모의 꿈이 가장 절실하게 육화된 독특한 존재이다. 아이를 낳아야 할 것인가 말아야 할 것인가라는 고민으로부터, 잉태된 아이에 투하되기 시작하는 희망과 의미, 영아에게 주어지는 음식들과 물리적/심리적 환경 등에 대한 모성적 케어의 질에 대한 강박, 사회적 양육시스템의 미비로 인해 부모에게 부과되는 육아의무의 무거움, 무너진 공교육시스템과 불안한 대안교육 사이에서의 끊임없는 선택갈등, 아이의 미래에 대한 근본적 불안과 고민 등이 '아이'를 중심으로 형성되고 그 대상에 집중된다. 이런 고민들의 저변에는 아이의 '의미'에 대해 우리 사회가 구성해내고 있는 해답의 시스템이 있다. 유괴영화와 위험사회 담론 속에서 '아이'가 형상화되고 인지되는 방식을 살펴본 결과, 매우 특징적인 의미의 논리를 발견할 수 있었다. 그것이 바로 '리스크-토템'으로서의 아이이다. 아이가 리스크인 한에서 그 존재는 여러 형식의 통치성의 작용에 둘러싸인다. 그런데 역설적으로 이 과정은 정서적 친밀성의 극대화, 아이와의 사랑을 통한 일체감의 증가와 더불어 진행된다. 리스크-토템은 부모의 희망과 불안이 결합된 기묘한 정동적 혼합물로 나타난다. 아이에게 품어진 희망은 그에 대한 극대화된 사랑의 감정과 연결되지만, 아이의 안전과 안녕에 대한 불안은 그에 대한 강화된 책임감과 연결되어 있다. 사회가 아이들의 삶을 행복하게 해주고, 그들을 안전하게 성장할 수 있게 하는 능력을 갖고 있지 못할 때, 아이를 낳지 않겠다는 결정이 가능해지는 것은 그 때문이다.[9] 저출산의 사회심리적 근거에는 이와 같이 리스크-토템이라는 아이의 의미론이 있다. 아이가 중요하지 않기 때문에 낳지 않는 것이 아니라, 아이가 너무나 중요하기 때문에, 그렇게 중요한 아이를 이런 사회에서 낳고 기를 수 없다는 사고패턴이 도출되는 것이다. 그것은 단순한 경제의 문제가 아니라, 사회문화적이며, 더 근본적으로는 마음의 문제이다. 아이에 대한 합리성의 꿈과 사랑의 꿈이 혼융되어 섬세한 균형점을 찾고 있을 때, 가령 그런 꿈속의 아이는 가장 사랑받고, 가장 잘 관리된 존재로 상상된다. 그러나 현실 속에서 그런 이상적 아이와 부모는 존재할 수 없는 것이다.

9   아이를 낳아 행복한 존재로 키우고 싶다는 소망이 불가능해질 때, 사회가 '자식'에 대한 일루지오, 관심, 욕망, 즉 꿈을 생산하지 못하고 반대로 좌절, 고통, 불안만을 생산하여 이를 개인들의 책임으로 전가할 때, 저출산은 병리현상이 아니라 하나의 문화가 된다. 오직 소수의 특권층만이 '자식'에 대하여 여전히 환상적인 꿈세계를 유지할 수 있다. 이들은 여러 유형의 자본을 동원하여 리스크에 대한 안전망을 최대한 확보할 수 있기 때문이다.

사랑의 꿈과 환멸

신경숙 문학에서 '빈집'의 테마

I. 빈집

—

벌판 위의 빈집. 거기 가난한 부부가 정처 없이 벌판을 유랑하다 보금
자리를 꾸렸다. 남편은 공사장에 나가 노동을 하고 부인은 그곳을 아
름답게 가꾸었다. 아이를 낳아 키우면서 행복이 깊어갔다. 그러던 어
느 날, 아이와 함께 장을 보고 돌아오는 길이었다. 현관의 계단을 오르
는데 아이가 장난스럽게 묻는다. "엄마, 나 이뻐?" 엄마는 대답한다.
"그럼, 이쁘지." 또하나의 계단을 올라 아이는 같은 질문을 던진다. 여
자는 무거운 짐에 지쳐 있다. 그런데 아이는 계단마다 걸음을 멈추고
묻는다. "엄마, 나 이뻐?" 그 질문은 마지막 아홉번째 계단에서도 반복
된다. 순간 여자는 어떤 정체불명의 힘이 자신을 사로잡는 것을 느낀
다. 아이를 떠밀 생각까지는 없었는데, 여자의 손길에 아이는 어이없

이 계단에서 굴러떨어져 죽는다. 상처를 잊고 또 세월이 흘러 새로 아이가 태어났다. 둘째가 다섯 살이 되던 해 어느 날 여자가 아이와 장을 보고 귀가하던 중에 갑자기 계단에서 아이가 묻기 시작했다. "엄마, 나 이뻐?" 악몽과 같은 이 장난은 5년 전과 마찬가지로 아홉번째 계단까지 이어진다. 동일한 실수를 반복하지 않기 위해 여자는 마지막 순간까지 정신을 놓지 않고 대답한다. "응, 니가 제일 이뻐." 아이는 의아하다는 듯 묻는다. "그런데 왜 그때 나 밀었어, 엄마?" 사내가 돌아왔을 때 집에는 아무도 없었다. 사내도 견디지 못하고 빈집을 떠났다. 벌판에는 아직도 빈집이 남아 있다.

1993년에 신경숙이 발표한, 200자 원고지 30매 정도의 장편掌篇 「벌판 위의 빈집」의 줄거리다(신경숙, 1996: 64-72). 이 "섬뜩하게 아프고, 슬프고, 아름답고, 무서운" 이야기는 기묘하고 매혹적이다(김병익, 1996: 514). 미학적으로 혹은 정신분석학적으로만 그런 것이 아니라 사회학적으로도 그러하다. 빈집은 무엇을 표상하는가? 신경숙 문학의 가장 중요한 징후(반복되면서 변주된다는 의미에서)처럼 읽히는 저 빈집의 테마가 우리에게 야기하는 불안과 흥미는 어디에서 비롯되는 것인가?

위 이야기에는 선명하게 구분된 두 개의 공간이 존재한다. 한편에는 남편이 취직해 있는 '공사장'과 부인이 가끔 다녀오는 '시장'이 대표하는 노동과 교환의 영역이 있다. 그것은 공적 질서가 지배하는 공간이다. 다른 한편에는 이야기의 주무대인 '집'이 있다. 부부는 빈집에서 자신들만의 사적 공간을 확보하고, 출산과 양육을 통해 핵가족을 구성한다. 남자는 밖에서 일하고 여자는 집을 예쁘게 가꾸고 소비한다. 넓은 벌판에 이렇게 만들어진 '집'의 이미지는 친밀성intimacy의 알레고리로 읽힌다. 친밀성은 사랑, 결혼/이혼, 모성, 부성, 섹슈얼리티, 양육의 실천과 담론을 포함하는, 공적 공간의 논리로 접근되지 않는 '순수한 관계'(기든스)의 장을 가리킨다. 신경숙의 사회학적 파상력破像力에 포착된 1990년대 한국사회의 핵심 문제는 말하자면 '공사장'도 '시장'도 아닌 '집'이었다. '집'에서 벌어지는 모든 사건과 상황과 운명의 궤적이었다. 이런 점에서 보면, 표층적으로 별다른 사회·역사적 좌표 없이 진공상태에서 부유하는 듯 보이는 위의 우화는 사실, 한국사회의 중요한 구조변동을 압축적으로 재현하는 하나의 상징이라 할 수 있다. 신경숙 문학은 실제로 90년대 이래 친밀성의 심연을 섬세하고 깊이 있게 탐색해왔으며, 위의 이야기에서 그 심연은 '섬뜩한 것' 또는 '저주받은 것'이라는 강렬한 이미지로 부각되고 있다. 아이를 떠미는 손을 묘사하면서 신경숙이 사용한 "알 수 없는 힘"이라는 용어 속에 친밀성의 영역을 배회하는 파괴적이고 불길한 욕동의 현존이 암시되어 있다.

신경숙 자신이 거기 속해 있으며 그녀 소설의 많은 주인공들 역시 거기에 속해 있는 소위 386세대는, 90년대 초반에 이르러 자신들의 가족, 자신들의 '집'을 형성하기 시작한다. 정치·사회적 관점에서, 과거 세대들과 급격한 단절을 통해 민주화라는 역사적 변동을 이끈 중심 행위자들이었던 이들에게 '집'을 갖는다는 것은 또다른 거대서사적 의미를 갖는 것이었다. 이들이 만들기 시작했던 집은 더이상 가문이나 고향이나 전통이어서는 안 되었다. 가부장이 있어서는 안 되었다. 부부는 내외內外여서는 안 되고 동지여서도 안 되고 사제여서도 안 되었다. 민주적이고 평등한 사랑의 관계에 기초해야 했다. 새로운 가족 모형을 구성하고 새로운 삶의 형식을 친밀성의 공간에서 구현하는 것이

광장에서 청춘을 보낸 이 세대가 스스로에게 부과한 90년대의 과제가 아니었을까? 친밀성은 이들에게 좌절된 또는 유보된 혁명의 전이된 전선에 다름아니었을 것이다. 공적 영역에서 이들이 '87년체제'를 구축했다면 사적 영역에서 그들이 발명하고자 한 것은 '집의 체제'이다. 우화에 나오는 담쟁이 우거진 벌판의 집은 386세대의 '집'으로 읽힌다.

II. 사랑이라는 이름으로 할 수 있는 일
—

문제는 신경숙이 이처럼 포착해낸 '집'이 텅 빈 채 버려져 있다는 것이다. 벌판 위의 빈집은 집이 줄 수 있는 것으로 여겨지는 고유한 것들을 주지 못하는 불능에 빠져 있다. 그곳에 살던 가족은 파멸했다. 파멸 이후에도 살아남은 저 집은 다른 가족을 기다린다. 누군가 그 빈집에 들어가 자신의 삶을 시작한다 해도, 아마 동일한 비극이 반복될 것이다. 신경숙의 「벌판 위의 빈집」은 우리에게 이렇게 속삭인다. 집은 마성에 들려 있어. 엄마는 딸을 살해하고, 딸은 다시 태어나 엄마를 붕괴시킬 거야. 그곳에서 작은 실수는 치명적일 수 있지. 집의 메커니즘은 정교한 방식으로 우리는 파괴한다. 아빠는 행복을 만끽하지만, 돌연 그 행복이 상실되었을 때 무기력하게 집을 떠나는 자일 뿐이다. 책임도 윤리도 없는 자. 사랑은 진리가 아니다. 아이는 천사도 메시아도 아니다. 집에서 희망을 찾는 자는 헛것에 영원을 투기하는 어리석은 자이니, 가족의 친밀성이란 씻을 수 없는 상처의 반복에 불과한 것. 그러니 집에서 구원을 구하지 말기를. 집은 실체도 내용도 없는, 괴기스런 허공이므로.

신경숙의 우화가 우리를 전율시키는 것은 그 배후에서 울려퍼지는, 친밀성의 어둠을 응시하는 저 불길한 목소리 때문이다. 전적으로 긍정할 수도 없지만 그 진실을 쉽사리 부인할 수도 없다. 우리 마음의 어떤 부분이 그 메시지에 떨며 공명하기 때문일 것이다. 삶의 비수에 찔려, 타인과 결코 나눌 수 없는 고독 속에서 신음해본 자들은 안다. 사랑으로 묶인 남녀관계의 실재는, 계급의 실재와 마찬가지로, 어쩌면 적대이다. 사랑은 사랑의 파괴와 공진화한다. 우리의 가장 깊은 곳에 있는 아픔들은 대개 미지의 타인에게서가 아니라 가장 친밀했던 사람들, 사랑했거나, 사랑한다고 생각했던 사람들의 말과 행위로부터 온다. 친밀성 속에서 최상급의 순도로 빛나던 것이 무너질 때 관계는 곧바로 지옥으로 돌변한다. 부부는 종종 상대에 대한 가장 격렬한 정신적 가해자의 역할을 맡게 되며, 부모와 자식 사이에 존재하는 몰이해의 벽은 다른 어떤 벽만큼이나 차가울 수 있다. 우화에서처럼 어머니는 딸을 죽이고 딸도 어머니를 '파괴'할 수 있는 것이다.[1] 삶이 우리에

---

[1] 가장 친밀한 존재가 관계의 파트너를 (의도하지 않은 방식으로) 죽이고, 그 죽음이 행위자에게 심리적 고통을 야기한다는 이 아이러니는 신경숙의 대표적 장편들의 라이트모티프를 이룬다. 첫째, 1995년의 『외딴방』에 형상화된, 소설의 화자와 희재 언니의 관계가 그러하다. 이 관계는 우화 속의 어머니-딸의 관계가 전도된 형태를 보여준다. 즉, 소설의 화자는 희재 언니의 죽음을 의도하지 않은 채 도움으로써(방에 열쇠를 채워달라는 부탁을 실행함으로써), 희재 언니의 죽음과 그 사실의 은닉에 결정적 역할을 수행하고, 그 상처에 오랫동안 시달린다. 말하자면 화자는 희재 언니를 '죽이고', 그 죽음은 화자를 '파괴'한다. 둘째, 이 관계는 『엄마를 부탁해』에서도, 조금 완화된 형태이긴 하지만, 예외 없이 실현된다. 이 소설의 이야기의 핵심에는, 자식들과 남편이 (부주의와 몰이해로) 엄마를 죽게 하는 사태가 놓여 있다. 그리고 그 죽음은 이들을 정신적인 고통에 빠뜨린다. 셋째, 『어디선가 나를 찾는 전화벨이 울리고』에서 윤미루는 발레리나가 되려 했던 언니에게 치명적 상처를 입혀 언니의 인생을 굴절시킨다. 윤미루가 던져놓았던 송곳이 언니의 무릎에 박히는 사고가 발생한다. 후일 언니는 분신자살하고, 윤미루는 손에 화상을 입는다.

게 가르쳐주는 냉혹한 진실에 의하면, 사랑의 리얼리티는 언제나 괴담이다.

괴담. 사실 90년대 신경숙 소설에는 '괴담적uncanny'이라 부를 수 있는 분위기가 종종 출몰한다. 첫 소설집 『겨울우화』(1990)에서 삶은 기습적인 사건성에 구멍 뚫려 있다. 그 의미의 구멍에 대한 진술은, 그 자체로 괴담의 형식을 빌리지는 않았지만, 모든 괴담들이 제공하는 공포와 전율의 효과를 내포하고 있었다. 가령 「밤길」에서 볼 수 있는 '이숙의 죽음' 모티프는 음산한 귀기적鬼氣的 기미로 일렁거린다. 「성일聖日」에 등장하는 두 '정희'의 교차된 운명은, 6·25전쟁의 학살을 역사의 실제상황이 아닌 괴담의 한 에피소드로 전환시키고 있다. 전시에 발생한 민간인 학살의 기억은, 이름의 동일성을 매개로, 소설의 화자가 기억하는 또다른 정희의 삶에 유령과 같이 투영되고 있는 것이다. 이와 같은 운명적 반복의 이중성은 독자에게 기묘한 불안을 안겨준다. 『풍금이 있던 자리』(1994)에 실린 「직녀들」의 인물들이 보여주는 정신적 불구성 역시 섬뜩한 것을 방사한다. 소설의 말미에서 이들은 자동차사고로 모두 절명하지만, 이들은 이미 사고 이전에 삶의 생동감과 활력의 영역을 멀리 떠나 있던 존재들, 이미 죽은 자들처럼 보이기도 한다. 이숙의 죽음이 해결되지 못한 상처로 남아 있기 때문에, 이숙의 죽음에 이들이 감염되어 있기 때문은 아닐까? 어찌 되었건, 공허를 매개로 형성된 관계는 섬뜩한 두려움을 은밀하게 뿜어내고 있다.

그중에서도 특히 사랑의 친밀성이 괴담에 근접할 정도로 비틀어진 채 기묘한 아름다움의 아우라를 발산하는 대표적인 작품은, 개인적 견해에 의하면 1994년에 발표된 『깊은 슬픔』이다. 소설에 등장하는 거의 모든 친밀관계는 「벌판 위의 빈집」의 잔혹우화적 성격과 그 음조를 공유하고 있다. 건드리면 부서질 것 같은 취약성이 지배하는 모든 친밀 관계들(가족, 남매, 연인, 친구)은 어떤 수준의 리얼리티와도 화해하지 못하고 유사신화적 공간에 웅크린 채, 관계에 내재하는 소모적 역동성에 의해 서서히 부식되어가고 있는 것처럼 보인다. 특히 은서와 세의 사랑은 비극과 괴담 사이에서 미묘하게 진동하고 있다. 착잡하고 섬뜩한 애착의 표현들과 숨겨진 상처의 은밀한 교환은 착란과 폭력으로 번져 결국 광기를 향하지만, 은서의 자살로 이야기가 종결되고 소설은 가까스로 사후적 비극성을 획득한다. 서로의 인격을 파괴하는 지경에 이르러서야 비로소 그 존재가 확인되는 과도한 사랑의 열정은 소설이 끝나갈 무렵 세가 은서에게 던진 다음과 같은 질문에 압축되어 있다. "너와 내가 사랑이라는 이름으로 할 수 있는 일, 무슨 일이 남았니?" (신경숙, 1994: 237) 서사적 수준에서 이 질문은 은서의 죽음을 요청한다. 남은 것은 죽음이다. 사랑이라는 이름으로 할 수 있는 최종과제는 자살 즉 사랑 자체의 파멸적 보존이다. 실제로 은서는 아파트에서 투신자살함으로써 생을 마감한다. 그런데 위의 질문은 소설 내적으로 수행하는 논리적 기능을 넘어서 시대적 울림을 갖는다.

90년대식 사랑의 코드는 '사랑이라는 이름으로 할 수 있는 일'에 대한 암묵적으로 공유된 합의내용의 광범위한 확장에 기초하고 있었다. 불륜은 단순한 부도덕의 결과가 아니고, 이혼은 커플의 최종파탄이 아니며, 섹슈얼리티의 다양한 개방은 욕망에의 무절제한 함몰이 아니었다. 이 현상들은 '사랑이라는 이름으로 할 수 있는 일'들의 새로운 가능성들이었다. 사랑은 인간관계의 실험과 결합했고 도덕이 완강하게 지배하던 영역을 침범해들어가 거기 윤리의 치외법권을 설정했다. 사랑이라는 이름으로 할 수 있는 일과 할 수 없는 일을 가르는 국경선,

그 협소한 분리선이 사랑의 진정성에 배당된 불안정한 자리였다. 그것은 강력한 '반제도적 제도'의 성격을 갖고 있었다. 사랑하되, 사회가 허용하는 사랑의 방식으로는 사랑하지 않겠다는 것이다. 가족을 갖되, 사회가 허락해온 그런 가족을 갖지는 않겠다는 것이다. 아이를 낳되, 자신들이 자란 것과는 다른 방식으로 기르겠다는 것이다. 말하자면 제도의 창조에 대한 열망인 동시에 창조된 제도의 자기부정에 대한 소망이다. 진정한 사랑은 사랑 그 자신에 이르는 길을 가장 멀리 돌아가야 한다. 그 자신에 도달해서는 안 된다. 사랑의 진정성은 사랑의 영원한 자기부정상태의 반복적 강박에 묶인다. 자기 자신을 실현할 수 없다는, 자기 자신이 되지 않는 한에서만 그 자신으로 남게 된다는, 이 존재론적 역설이 사랑을 괴담으로 만든다. 사랑의 괴담은 그 허망함과 거짓됨이 아니라 사랑에 부과된 진정성의 강도에서 비롯되는 것이다. 진정한 사랑은 기괴하고 두렵다. 그것은 망각할 수 없는 상처의 불안으로부터 자유롭지 않다. 정치적 진정성이 논리적으로 선택할 수밖에 없었던 삶/죽음의 형식이 요절이었다면, 사랑의 진정성의 논리적 귀결은 사랑의 자기부정이다.

III. 사랑은 소통될 수 없다

—

진정성이 깊어질수록 사랑은 그로테스크하게 일그러질 수밖에 없다. 이 아이러니가 신경숙 문학의 기원적 풍경에 내포된 비통한 통찰이다. 사랑의 진정성과 그 괴담적 성격이 같은 뿌리를 갖는다면, 그 까닭은 무엇인가? 「벌판 위의 빈집」을 잘 살펴보면, 우리는 위의 질문과 연관된 중요한 테마를 하나 발견하게 된다. 그것은 의사소통의 문제다. 가령 사랑의 진정성은 친밀한 관계에 이상적 상호이해의 희망을 강력하게 투사한다. 합리적 의사소통에 대한 믿음이건, 아니면 감성적 교감의 신비로운 능력에 대한 신뢰이건, 인간과 인간의 내면적 진심이 나누어질 수 있다는 희망이다. 그러나 이런 기대와는 달리, 진정한 사랑의 마음은 쉽게 소통되지 못한다. 소통되지 못하는 진정성, 이해받지 못하는 진정한 사랑, 나누어질 수 없는 서로의 진심들이 얽혀 만들어지는 애착의 파노라마. 이 모든 상황들은 괴기스럽다. 왜 진심은 전달될 수 없는가? 왜 진정한 사랑은 소통될 수 없는가? 두 가지 이유를 제시할 수 있겠다.

첫째, 우리가 진심이라 부르는 마음의 상태는 포착될 수 없기 때문이다. 진심의 포착불가능성은 마음의 무저성無底性에서 비롯된다. 마음은 깊다. 인간의 마음에는 바닥이 없다. 어떤 수위의 마음이 진심을 말하는 심급인지 우리는 결정할 수 없다. 순간 스쳐지나는 직관이 나의 진심인가? 깊은 성찰 속에서 내리는 판단이 진심인가? 정신분석학적 해석을 통해 유추해본 무의식적 욕망이 진심인가? 기억의 바닥에 진심이 있는가? 아니면 그보다 더 깊은, 유식불교에서 말하는 아뢰야식阿賴耶識에 이르러서야 진심을 말할 수 있는 것인가? 누가 결정할 것인가, 어떤 마음의 깊이가 진심이며, 마음의 어떤 상태와 장소에 진심이 머무는지를? 사랑의 진심은 마음의 어느 결에 묻혀 있는가? 주지하듯이 사랑의 진정성은 사랑의 여부에 대한 최종판단을 오직 자신의 내면에서 들려오는 목소리에서 찾을 것을 명령한다. 그러나 그 목소리는 복수적이고, 변화무쌍하며, 때로는 가면을 쓰고 있다. 진정한 목소리를 듣기 위해서 요구되는 마음의 최종토대에 우리는 도달할 수 없다. 무한한 청취의 노동과 번복과 기다림과 대화는 사랑의 진심을 확정하는 것을 불가능하게 한다.

둘째, 설령 진심이 포착되었다 할지라도 그것이 타인에게 투명하게 전달되는 것을 기대할 수 없기 때문이다. 소통은 서로의 내면을 투명하게 바라볼 수 있는 두 사람이 각자가 저 깊은 마음의 지하에서 길어올린 '진정한 메시지'를 교환하는, 이상적인 담화의 과정이 아니다. 소통에 참여하는 두 주체는 서로에게 철저한 타자로 남아 있다. 소통은 타자와 타자의 탄젠트이다. 성공을 기약할 수 없는 희소한 사건이다. 소통 속에서 발생하는 것은, 의미(진심)의 순조로운 전달이 아니다. 그것은 선택된 정보가 선택된 방식으로 통지되어 특정한 이해에 이르게 되는, 지난한 과정이다. 선택의 매 순간마다 애초의 의미(진심)는 삭감된다. 상대방의 지평에 이해될 수 없는 것들은 소통의 과정에서 제외되거나 삭제된다. 개인적 의사, 의도, 진정과는 무관하게 소통은 '사회적으로' 즉 '상호적으로' 이루어진다. 소통을 통해서 두 개인은 진심을 나누는 것이 아니다. 소통할 수 있는 것과 소통할 수 없는 것 사이의 미묘한 분배, 조정, 합의에 참가하는 것이다. 소통 속에서 나는 너의 밖에 있고, 너는 나의 밖에 있다. 우리는 서로에게 외재적이다. 너의 생각 속으로, 영혼 속으로, 존재 속으로 나는 결코 들어갈 수 없다. 우리는 의식을 공유하고 있지 않다. 소통 속에서 나는 네가 아니다. 우리는 종종 이 사실을 망각한다. 소통하는 너와 나 사이에는, 사회학의 고전적 개념을 사용하여 말하자면, "이중의 우연성double contingency"이 존재한다(Parsons & Shils, 1951: 14-7). 내가 너에게 기대하는 것과 네가 나에게 기대하는 것이 이루어지는 것은 전적으로 '우연적'이다. 우리는 서로의 내부를 들여다볼 수 없는 두 블랙박스다. 공감의 신화가 꿈꾸는 것과 달리 소통은 역설적으로 그런 소통불가능성의 복판에서 발생한다. 그 불투명성 때문에 나는 너와 소통하는 것이기도 하다. 내가 너와 소통하는 것은 네가 아니기 때문이며, 나와 너 사이에 진심의 전달불가능성, 파악불가능성, 소통불가능성이 있기 때문이다. 그런 의미에서 "인간은 소통할 수 없다. 소통만이 소통할 수 있다"는 언명은 사태의 진실을 냉정하게 지적하는 말이다(Luhmann, 1990: 31).[2]

그런데 친밀성의 영역은 이와 같은 근대적 소통방식의 유일한 예외를 이룬다. 20세기 후반 사랑은 큰 이야기를 상실한 사람들이 그 안에서 여전히 존재의 구원을 꿈꾸는, 은밀한 종교성을 부여받게 된다. 벡과 벡-게른스하임은 이렇게 쓴다. "두 사람이 하나의 개인으로 마주서 있는 현대사회에서 사랑이라는 이 세속적인 신흥종교는 가정의 사생활 속에서, 이혼 변호사 앞에서, 결혼생활 상담소에서 끊임없이 벌어지고 있는 투닥거림들을 통해 격렬한 종교적 논쟁이 되어버렸다. 사랑에 대한 갈망은 현대의 근본주의가 되어버린 것이다. 거의 모든 사람들이, 심지어 근본주의적 신념에 반대하는 사람들마저 이러한 갈망

---

2 기능적으로 분화된 현대사회에서 우리는 이 사실을 무의식적으로 잘 알고 있다. 가령, 치과에 가서 의사와 소통할 때 우리는 그와 내면적 고뇌를 소통하려 하지 않는다. 소통은 철저히 비인격적으로 이루어진다. 치과의사와 나의 사회적 관계가 이미 특정한 소통의 양식을 규정하고 있기 때문이다. 나는 통증의 성격과 병력으로 내가 소통할 정보를 제한하고, 그것을 비교적 객관적인 방식으로 통지하여, 의사의 이해를 구한다. 의사 역시 의학적 언어를 사용하면서, 가능한 치료의 맥락에서 나와 합리적으로 소통한다. 의사는 나의 의식뿐 아니라 엑스레이 사진과도 소통한다. 나는 의사가 정확한 진단과 치료를 위해서 소통하는 다양한 파트너 중의 하나일 뿐이다. 환언하면 나와 의사가 소통하는 것이 아니라, 치과의사와 환자 사이의 소통시스템 그 자체가 나를 통해 가동된다고 말하는 것이 더 정확하다. 대면적이고 정서적인 소통은, 우리의 상식적 감각과는 반대로, 현대사회의 고도로 복잡한 시스템이 가동되는 데 있어 본질적이지 않다. 인간이 사회를 움직이는 것이 아니다. 사회는 인간으로 구성되어 있지 않다. 사회는 소통의 시스템으로 구성되어 있다. 이런 맥락에서도 소통이 소통하는 것이라는 말은 이해될 수 있다.

에 굴복하고 있다. 사랑은 종교 이후의 종교이며, 모든 믿음의 종말 이후의 궁극적 믿음이다. (……) 존재의 의미는 아직 사라지지 않았다. 최소한 일상생활의 매력과 압력 아래에서라면 인생은 허무하지 않다. 어떤 강력한 다른 힘이 밀고 들어와 이전 세계들의 신, 국가, 계급, 정치, 혹은 가족이 지배하던 곳의 빈틈을 메웠다"(벡·벡-게른스하임, 1999: 40-1).

이처럼 종교적 함의가 더해지는, 사랑의 관계에 요구되는 소통은 전인격적인 성격을 띠며, 높은 상호이해의 기대를 내포하게 된다. '사회'의 냉담하고 기능적인 소통을 넘어서는 '온전한' 소통에 대한 욕망이 그것이다. 그렇기 때문에, 사랑을 매체로 하는 소통과 관계는 의미의 과잉이라는 특성을 가질 수밖에는 없다. 단지 너를 사랑하는 데 그치는 것이 아니라, 너무나 사랑하여 어쩔 수 없는 상태가 늘 표현되어야 한다. 그러나 그 표현이 습관적이어서도 안 된다. 애정의 표현은 "반복된다는 징표를 띠지 않으면서 반복되어야 한다"(루만, 2009: 60-1). 영혼은 서로 내밀하게 상응해야 하며, 육체의 관능은 과감하게 표현되어야 한다.[3] 감정의 미묘한 변화도 서로에게 해독되어야 하고,

---

3 가령 홍상수 영화에 등장하는 '우스꽝스러운' 정사장면들은, 섹스 그 자체도 남성과 여성이 서로 교감하는 언어가 아니라는 사실을 보여준다. 사랑을 '나누면서' 대다수의 남성과 여성은 도리어 자신들의 감각세계에 더 폐쇄적으로 감금되어 들어가는 듯이 보인다. 홍상수 영화의 성교는 파트너의 육신이 갖고 있는, 쾌락을 제공하는 도구로서의 특성을 보여주는 계기로 기능한다. 섹스 도중에 남자들은 흔히 여자의 향유를 어설픈 언어로 확인하려 하거나, 불안한 듯이 혹은 장난을 하듯이 '사랑한다'고 말하는데, 이때 이렇게 발화된 '사랑'이라는 말은, 내면에 숨겨져왔던 어떤 진심의 토로와는 무관하고, 오히려 성적 욕망(욕망은 대개 불안을 감추고 있다)을 충족시키기 위해서 요청되는 친밀성의 분위기가 침묵이나 어색함에 의해 파괴되지 않도록, 그 침묵을 봉인하기 위해 내뱉는 상징적 윤활유에 더 가까운 듯이 보인다. 홍상수 영화는 다른 각도에서 21세기적 친밀성 신화의 파상(破像)을 가감 없이 드러내 보여주었다.

유년의 기억이나 아픔까지 따뜻하게 보듬어야 한다. 모든 행위는 사랑하는 존재를 위해서 행해지는 것처럼 해석되어야 하며, 그 존재의 입장이 관계의 유일한 시각이어야 한다. 이처럼 "온전함을 향한 동경"(슐트, 2008: 21)을 노골적으로 서로에게 기대하는 사랑의 꿈속에서 나누어지는 모든 것들은 근대적 소통의 유토피아를 이룬다. 하지만 바로 그런 이유로 현실 속에서 그것은 쉽사리 디스토피아(괴담)로 귀결되는 모습을 보인다. 루만이 말하듯이, "친밀관계 안에서 모든 소통은 소통 스스로 구성하는 소통불가능성"으로 쉽사리 인도되는 것이다(루만, 2009: 256). 신경숙의 「벌판 위의 빈집」에 나타난 엄마와 아이의 소통은 이를 잘 보여준다. 이 우화에 표상된 엄마와 아이의 관계는 완전한 커뮤니케이션 이상이 꿈꾸는 것과 달리, 기묘한 불통과 이해불능 속에 빠져 있음을 보여준다. 상식적인 그리하여 규범적 지배력을 갖고 있는 관념에 의하면, 엄마와 아이는 태내에서부터 상호작용한다. 모자간의 소통은 언어의 한계를 벗어난 신비로운 교감이라고 믿어진다. 그들은 '분리된 하나'이다. 그런데 「벌판 위의 빈집」은 그런 이상적 비전의 총체적 교란을 드러낸다. "엄마, 나 이뻐?"라는 자동인형적인 물음의 반복을 통해서 아이는 무엇을 말하고자 하는가? 아이의 마음'속'에는 무엇이 있는가? 아이는 무엇을 욕망하는가? 엄마는 알지 못한다. 아이와 엄마 사이에 존재하는 저 소통적 부자연스러움은 그들이 '분리된 하나'가 아니라 '분리된 둘'이라는 사실, 두 개의 블랙박스라는 사실을 가리킨다. 분리된 하나에 대한 과도한 열망이 분리된 둘이라는 각성에 의해 파괴될 때, 사랑은 자신의 대립물로 전환된다.

사실 위의 우화에서 친밀 소통의 문법을 정확하게 이해하고 있는 존재는 엄마가 아니라 아이였다. 아이의 말은 온전한 언어가 아니다.

하지만 사랑의 언어는 원래 온전하지 않다. 신경숙 소설이 종종 애틋하고 아름답게 표현하고 있듯이, 친밀 소통의 전형은 서로 신체의 일부분을 맞대고 있는 것, 음식을 나누어 먹는 것, 잠든 사람의 얼굴을 바라보는 것, 눈빛을 교환하는 것, 타인의 장갑이나 신발을 신어보는 것이다. 사랑의 언어는 침묵과 무의미 쪽으로 기울어 있다. 사랑의 소통은 소통을 포기하면서까지 그 밀도를 극대화하고자 한다. 루만은 이렇게 쓴다. "사랑은 그에 해당하는 소통의 문제들을 전적으로 고유한 방식으로 해결한다는 점이다. 이 점을 역설적으로 정식화하자면, 사랑이란 소통을 거의 포기하다시피하면서 소통의 밀도를 높일 수 있다고 할 수 있다. 사랑은 간접적 소통을 폭넓게 이용하며, 예감이나 이미 이해되어 있는 것에 의지한다. 사랑은 명시적인 소통, 즉 묻고 답하는 일을 통해 곧바로 불쾌하게 되어버릴 수 있다. 그런 식의 소통은 무언가가 자명하지 않다는 점을 드러내기 때문이다. 그래서 연인들은 말하지 않으면서도 끊임없이 대화할 수 있다는 주장이나 '눈 언어'도 고전적인 코드에 속하게 된다. 다시 말해 연인들이 서로 맞춰나가기 위해 소통적 행위, 질문, 사랑받는 자의 당부 등을 필요로 하는 것은 아니다"(루만, 2009: 45). 그 때문에 사랑의 장면들은 언제나 칭얼거림으로 가득하다. 사랑의 소통은 본질적으로 유아적이다. 사랑은 의미의 지속적 유예를 보장하는 텅 빈 발화를 통해서만 소통된다. '엄마, 나 이뻐?' 이 언표의 의미론과 화용론은 고장나 있다. 메시지는 미지에서 미지로 연기된다. 아이의 말은 어떤 메시지를 전달하기 위해서 말해진 것이 아니라 자신의 "전달가능성Mitteilbarkeit"을 전달하기 위해 말해진 것이다(Benjamin, GS II-1: 145). '엄마, 나 이뻐?'는 아무 뜻이 없는, 그러나 그 말을 함으로써 두 사람 사이에 말을 이어가는 일종의 언어 행위

speech act로 이해해야 한다. 의미론이 아니라 화용론인 것이다. 그러나 엄마는 아이가 발언한 언표의 '내용'을 향하고 있다. 거기에 아무런 의미가 없음을 견디지 못한다. 나의 일부라고 여겨지던, 투명하던 아이가 그 내면을 알 수 없는 존재로 돌변하는 순간 엄마에게 아이의 실존은 견딜 수 없는 타자성에 오염되어버린다.

'그런데 왜 그때 나 밀었어, 엄마?'는 타자로 변한 아이의 결정적 발언이다. 그 말은 복합적이고 다양한 의미로 장전되어 있다. 그것은 자신에게 가해졌던 폭력을 기억하는 자가 폭력의 주체에게 던지는 차분한 질문이기도 하고(나를 죽인 동기를 알고 싶다), 폭력 행위에 대한 도덕적 판단의 목소리이기도 하며(나를 죽인 당신은 죄를 범한 것이다), 생생한 원망 또는 복수의 시사이기도 하다(그러니 나도 당신을 죽일 거야). 어떤 경우이건 이 말은 아이와 엄마를 다시 '이중의 우연성'의 상황에 던져넣는다. 이제 엄마와 아이는 서로에게 천사일 수도 있고 늑대일 수도 있다. 친밀 소통의 이상은 붕괴한다. 소통 일반의 보편적 실재, 즉 인간은 소통할 수 없다는 사실이 드러날 때 집은 파괴된다.

IV. 여보, 나 갈래요
—

신경숙 문학의 저변을 관통하는 이 친밀성과 소통의 문제는 『모르는 여인들』에 묶여 있는 7편의 단편들에서도 공통적으로 발견되는 주제이다. 어떤 단편은 친밀 소통의 환상에 대한 각성을 유도하기도 하고 어떤 단편은 새로운 소통의 가능성을 좀더 긍정적이며 감동적으로 모색하고 있다. 스펙트럼은 다양하지만 거의 모든 작품들이 커뮤니케이

션 문제를 깊이 천착하고 있다. 책에 묶인 작품들이 2003년부터 2009
년까지 발표되었다는 점을 고려해보면, 이 소설집은 신경숙의 문학이
2000년대를 지나가면서 친밀성과 소통이라는 자신 고유의 주제를 어
떤 방식으로 심화시켰는지를 살펴볼 수 있게 한다. 이 소설집에서 우
리는 「벌판 위의 빈집」의 원형적 이미지인 '빈집'의 다양한 형태들을
또 만난다. 친밀성의 관계들은 여전히 위태롭고 공허하다. 가령 「성문
앞 보리수」의 이야기는 이렇게 진행된다.

자신이 근무하는 재단이 프랑크푸르트 도서전 측의 초청을 받아
독일을 방문한 작가 S는, 10년 전에 남편과 이혼하고 독일에 건너온
친구 '경'을 만나 소일하며 회포를 푼다. 그들에게는 수미라는 절친한
친구가 있었다. 과거에 셋은 단짝이었다. 하지만 서로 격조해진 지 꽤
나 오래되었던 것. 경은 수미의 소식을 묻는다. S는 대답한다. 죽었어.
S는 수미의 죽음을 이렇게 전한다. 참 열심히 살았던 아이였다. 현실감
각이 셋 중에서 제일 뛰어난 아이니까. 한국에서 살려면 집이 있어야
한다는 지론을 가지고. 집이란 존재의 근거라고 생각했다. 억척스럽게
살더니 결국 새 아파트를 분양받아 집을 마련했다. 입주하던 날, 탁자
에 꽃도 꽂아놓고 커튼도 정성껏 달고 남편과 딸과 성찬을 차려 저녁
을 잘 먹었다. 아이는 노래를 부르고 모두가 손뼉을 치며 즐거워했다
고. 자정이 되어 아이가 제 방으로 자러 가고 수미는 남편과 함께 포도
주을 한잔했다 한다. 결혼하고 처음으로 자기 손으로 산 포도주였다.
수미는 반쯤 남은 포도주잔을 들고 베란다 쪽으로 가더니 남편을 향
해 말했다. "여보, 나 갈래요……" 말릴 틈도 없이 아래로 투신하여 사
망했다(신경숙, 2011: 181).

수미의 저 충격적 자살은 인간에 대한 우리의 상식적 이해를 와해

시킨다. 어떤 용어로 저 죽음을 수식해야 하는지 쉽게 결정할 수 없는, 그런 죽음이 그려져 있다. 모든 것이 다 완결되어 있을 때, 자신의 삶을, 유언이나 해명 없이, '나 갈래요'만을 남긴 채, 가족 앞에서 떠나가는 저 행위를 무엇이라 불러야 하는가? 우리는 이 장면에서 다시 「벌판 위의 빈집」으로 되돌아와 있다. 집을 꿈꾸고 집이 성립되었을 때, 친밀성과 가족을 창출했을 때, 스스로의 손으로 집을 파괴하고 그곳을 떠나가는, 저주이다. 악몽처럼 되돌아온, 신경숙 문학의 기원에 새겨진 파상적 풍경이다. 괴담이다. 수미가 남긴 마지막 말 '여보, 나 갈래요'는 '엄마, 나 이뻐'만큼이나 공허하고 괴기스럽다. 신경숙은 언제나 말해왔다. 삶은 원래 "우리가 물리쳐볼 수 없는 절대의 상실"이며 삶에는 언제나 "돌연히 발생하는 부재나 돌연한 사별"이 있다는 것(신경숙, 1996: 34, 217), "어떤 인생이든 간에 그 무엇으로도 메울 수 없는 모래펄"을 갖고 있으며 "이 천지간에 말해질 수 없는 것들"이 있다는 사실을(신경숙, 2000: 12-3). 신경숙 소설은, 심지어 『외딴방』에서조차, 인간 행위자의 주체적 행위능력을 초과하는 마성적 힘(사회, 역사, 운명) 앞에 '프리케리어스'한 상태로 노출되어 있는 인간적 삶의 상처가능성, 파괴가능성에 대한 예민한 감수성을 보여준 바 있다. 언제나 위태로운 것으로 남아 있는 상징계는, 지독하게 성찰적인 글쓰기를 통해서 가까스로 확보되는, 세계의 압도적 힘으로부터 자아를 보호하는 얄팍한 피막과 같은 것이었다. '여보, 나 갈래요'라는 말은, 죽은 희재 언니의 구더기 끓던 얼굴처럼, 어떤 다른 상징이나 위안, 보상이나 대리물로도 쉽사리 봉합되지 않는, 그리하여 잊을 수 없는 존재에의 타격을 가한다.⁴ 거기에는 개연성 있는 정황도 합리적 이유도 징조도 없다. 수미는 '그냥' 죽은 것처럼 보인다. 삶과 죽음을 조롱하는 죽음을 죽은 것처럼 보인다. 섬뜩한 장난처럼 보인다. 떨어져 죽은 사람이 명계로 건너가지 못하고 다시 초인종을 딩동 누르면서 웃으며 돌아올 죽음처럼 보인다. '그냥'은 상징계의 신뢰를 해체한다. 왜 죽었니? 그냥. 더이상 말할 수 없다. '그냥'은 소통을 절단하는, 관계와 언어를 해체하는 부사이며, 사회적 기초를 허무는 폭력적인 부사이다. 그것은 앞서 언급했던 '사랑의 이름으로 할 수 있는 일'이라는 사랑의 의미론의 확장된 한계마저 초월해버린다.[5] 수미의 저 죽음은 사랑의 문법을 파괴한다. 사랑의 이름으로 할 수 있는 일의 경계 외부에서 쏟아져들어온 암흑이 소설집 전체를 캄캄하게 물들이고 있다.[6]

성격은 조금 다르지만 이와 유사한 '그냥'의 문법은 같은 소설집에 실린 「어두워진 후에」의 연쇄살인범에게서도 발견된다. 유영철을 형

---

4 『외딴방』의 그 얼굴은 후일 신경숙의 단편에 다음과 같이 다시 나타난다. "언젠가도 그랬지. 보아서는 안 될 인간의 얼굴을 봐버린 적이 있었다. 구더기가 들끓고 있던 다정했던 얼굴. 썩어문드러진 노동에 절은 손. 생을 향해 남긴 유서 위로 스멀스멀 기어가던 구더기. 그 여름의 긴 장마. 그 얼굴을 사랑했던 죄로 나는 오랫동안 얼굴을 들 수가 없었다"(신경숙, 1996: 227). 해체되고 파상된 끔찍한 얼굴, 시신의 얼굴이라는 이 테마는 단순히 문학적인 수사에 국한되는 것이 아니다. 사실 1980년대와 1990년대 초반 대학교정의 대자보에는 '의문사한 시신들'의 얼굴 사진이 연일 실려 있었고, 저처럼 "보아서는 안 될 인간의 얼굴"은 청년들의 삶의 가까이에 존재했다. 익사하여 부패하기 시작한 얼굴, 압력으로 안구가 돌출해나오고, 피부가 검푸르게 변했으며, 얼굴 전체가 부풀어오르고, 혀를 길게 빼어문 젊은이의 얼굴들. 1980년대 청춘들의 뇌리를 떠돌던, 광주 항쟁에서 사망한 청년들의, 문자 그대로 '으깨어진' 얼굴들은 또 어떠한가? 황지우 시집에 나오는 목 잘린 광주 청년들, 지장보살, 지장보살을 부르며 시인이 통곡하던 그 머리통들. 수박처럼 개머리판에 부서져, 피카소의 큐비즘을 현실에 구현해놓은 듯이 차마 눈뜨고 보기 어려웠던, 눈과 귀와 입과 코가 각기 다른 곳에 걸려 뭉개진 인간의 얼굴. 그것은 셰익스피어의 한 비유처럼, 뇌리에 너무 깊이 박혀 그것을 떼어내면 뇌수도 함께 떨어져나올 것같이, 의식에 각인된, 파상의 안면들, 시대의 얼굴들이다.

5 신경숙은 1997년에도 이와 유사한 자살 이야기를 쓴 바 있다. 「그는 언제 오는가」에 등장하는 서미란의 자살이다(『딸기밭』). 이 소설에서도 서미란은 '그냥' 죽은 것처럼 보인다. 하지만, 서미란의 남편과 언니의 이야기를 통해서 그 죽음의 암흑은 인간적 의미로 구제된다. '그냥'이 지배하는 죽음/죽임은 오히려 2000년대적인 것이다.

상화한 것으로 보이는 살인범은 "살인이 나의 직업"이고, "단지 좋아서 살인을 했다"고 고백한다(신경숙, 2011: 122). 그는 "살인을 하고 나면 나른하고 피곤하여 숙면을 취할 수 있었다"고, "깊은 잠을 자고 나면 다시 살인을 하고 싶은 충동을 느꼈다"고, "피해자의 시체를 매장하고 나면 하루 일을 보람 있게 끝낸 것 같은 만족감을 느꼈다"고 말한다(신경숙, 2011: 142). 살인자의 진술이 우리에게 절망감을 주는 것은, 그가 고백한 살인동기 속에서 꿈틀거리는 분노와 적의의 강렬함 때문이 아니다. 반대로 문제는 그 동기의 어처구니없는 사소함에 있다. 그가 참혹한 살인을 저지른 것은 원한이나 분노 혹은 가난 때문이 아니었다. 그는 욕망을 배설하듯이 살인을 통해 긴장을 해소했을 뿐이다.

개념적으로 말하자면 그에게 살인은 행위Handeln가 아니라 행태Verhalten였다. 베버에 의하면, 행위와 행태를 가르는 구분선은 "주관적으로 생각된 의미"의 존재 여부다(베버, 2003: 118-9). 인간 행위자는 자신의 행태에 의미를 부여함으로써 사회적으로 지향된 행위를 구성해낸다. 살인이 하나의 행위라면 거기에는 반드시 행위자의 주관적 의미가 있어야 한다. 그런 한에서 우리는 그 살인을 '이해'할 수 있으며, 그 살인의 '의미'가 발견되고 소통될 수 있다. 그러나 위의 살인은 수

---

6 한보희는 영화배우 박용하의 자살(2010년 6월 30일)에서 이 '그냥'의 예외성을 읽어낸다. 그는 이렇게 쓴다. "내게는 그가 '그냥' 자살한 것처럼 보인다. 마치 늦은 밤 샤워를 하듯, 또는 혼자서 커피를 한잔 내려 마시듯이 말이다. 그는 문을 열고 건넌방으로 가는 사람처럼 이 세상에서 나갔다. (……) 박용하의 자살 뒤로는 아무것도 보이지 않으며 어떤 말들도 잡히지 않는다. 그냥 텅 빈 백지나 어둠 같다. 그 점이, 생각할수록 더 섬뜩하게 느껴진다. 여느 때와 다름없는 일과나 일상적 동선의 한 끄트머리에, 마치 소파 위의 리모컨처럼 무표정한 얼굴로 자살이 놓여 있다면, 그것은 삶과 죽음 사이의 경계가 '목숨을 끊었다'는 표현이 무색할 만큼 희미해져버렸다는 뜻일까? 혹은, 같은 말일지도 모르지만, 우리가 삶과 죽음 사이의 '경계'에 놓여 있어서 점차 '삶도 아니고 죽음도 아닌' 그런 비식별역(非識別域, indiscernability)에 녹아들고 있는 것일까?"(한보희, 2010: 433-4)

미의 자살과 동일한 구조를 갖고 있다. 자동반사적이거나 충동적인 행태, 그것의 의미가 부재하고, 동기와 이유가 부재하는 행태이다. 그는 '왜' 무고한 사람을 죽였는가? 이 '왜'에 대한 해답은 제시되지 않는다. 제시될 수 없을 것이다. 그것은 행위자가 보여주는, 의미생성능력의 부재 속에 실종되어 있다. 그는 '그냥' 살인한 것처럼 보인다. 그냥이라는 부사의 작용하에서, 인간과 인간의 관계가능성이 부식되어버린다. 만일 누군가 누군가를 그냥 죽인다면, 그냥 폭행하고 그냥 상처 준다면, 사람 사이에 일반적 신뢰는 형성될 수 없다. 이런 의미의 휘발은 인간의 행동을 이해하는 모든 복합적인 과정인 소통을 중단시킬 것이다.

『모르는 여인들』은 인간과 인간의 소통, 사랑, 그리고 친밀성의 문제를 바닥없는 심연으로부터 모색하고 있다. 거기 여자들은 무언가에 들린 듯이 '그냥' 집을 떠난다. 「그가 지금 풀숲에서」의 아내 역시 그러하다. 남편은 인터넷 쇼핑몰에서 근무하는, 가상 커뮤니케이션공간의 전문가이다. 그는 인터넷 시장에서의 상품개발에 몰두해 있고 앞으로 포털사이트를 개설할 꿈을 꾸는 수완가이다. 아내는 순종적이고 조신한 부인. 그들 사이에는 애틋한 사랑의 기억도 없지만 그렇다고 특별히 문제가 있었던 것도 아니다. 어느 날 아내가 자신의 왼손을 통제할 수 없는 불가해한 상황이 시작된다. 그녀의 왼손은, 자신의 의지와는 무관하게, 남편을 때리거나 물건을 부수거나 심지어 남편의 목을 조른다. 의학적으로 그 증상은 '외계인손증후군'이라 불린다고 한다. 원인도 징후도 없었다. 일은 '그냥' 발생했다. 왼손으로 남편에 대한 살의를 드러내고, 왼손으로 남편과의 이혼을 선언한 것이다. 왼손 전체가 '여보, 나 갈래요'가 되어 울부짖었다. 수치와 분노를 견디다못한 남편은 아내를 친정으로 보낸다. 이렇게 또 아내는 남편을 떠난다. 아내를 찾아가던 남편은 교통사고를 당하여 척추가 부러진 채 풀숲에서 죽어간다. 남편의 기억 속에서 비로소 그들의 삶이 차분히 비추어진다. 광폭해진 아내의 왼손, 아내 자신도 어쩌지 못하는 그 왼손은 「벌판 위의 빈집」에서 아이를 떠밀어 죽인 것으로 서술된 엄마의 '손'과 흡사한 충동에 들려 있다. 집은 다시 텅 비었다. 「모르는 여인들」에 등장하는 '채'의 아내는 또한 어떠한가?

소설의 화자는 관절염 수술을 한 남편을 병원에 두고 옛 애인인 채를 만나러 간다. 20년 만의 해후이다. 다소 로맨틱한 상상이 동반된 만남이었지만, 채가 그녀를 보자고 한 것은 자신의 부인에 대한 이야기를 하기 위해서였음이 곧 드러난다. 채가 건네준 노트에는 자신의 아내가 가사를 도와주는 파출부 아주머니와 나눈 기능적 소통의 내용들이 적혀 있었다. 식사, 청소, 반찬 등에 대한 지침과 부탁. 그런데 어느 순간부터 이 '모르는 여인들' 사이의 소통은 친밀 소통의 형식을 띠기 시작한다. 그들은 서서히 마음을 열어가면서 우정의 관계를 만들어나간다. 심지어 채의 부인은 자신이 암에 걸려 죽어간다는 사실을 남편에게는 숨기고 노트를 통해서 아주머니에게 고백한다. 아내는 그렇게 남편을 떠나고자 했다. 이유도 근거도 없다. 아내는 '그냥' 그렇게 남편으로부터 숨는다. 채는 아내를 이해할 수 없었다. 그리하여 과거에 자신을 그렇게 말없이 떠나갔던 소설의 화자에게 달려와 이렇게 외치는 것이다. "아내가 아파…… 그런데 내게서 도망쳐. 찾아내면 또 도망쳐. 어디에 있는 줄도 아는데 갈 수가 없어. 내가 아내를 찾아내는 일은 아내를 또 도망치게 하는 일일 뿐이야. 힘들게 할 뿐이야. (……) 이 노트를 보지 않았다면 아내가 병과 싸우고 있다는 것도 나는 몰랐을 거야. 이게 말이 되니? 왜 자기 생각만 할까? 가족으로서도 할 일이 있는 법인데, 아내가 왜 그러는 걸까? 너는 알겠니?"(신경숙, 2011: 253). 「숨어 있는 눈」의 A 또한 집을 떠나 실종상태다. 세무사 남편과 재혼하여 살고 있는 A는 언젠가부터 고양이들을 집에 데려와 키우기 시작한다. 10마리가 넘는 고양이들을 동의 없이 데려와 키우는 과정 에서 갈등이 증폭되어 결국 남편은 집을 나간다. A는 귀먹은 고양이 들, 길 잃은 고양이들을 무작정 집으로 데려와, 집을 폐허로 만들며 고 양이들과의 생활 속으로 무너져내렸다. A는 사람과의 소통보다 고양 이와의 소통 속에서 더 따뜻한 친밀감을 느낀다. 그러던 어느 날 A는 회색 새끼 고양이를 묶어 베란다 천장에 매달고, 자신의 슬리퍼 한 짝 은 베란다 난간 위에 매달고, 어떤 언질도 연락도 없이, 실종인지 죽음 인지 알 수 없는 상황을 뒤로 한 채, '그냥' 사라진다. 남편은 A를 한 달 째 찾아 헤매고 있다.

때로는 죽음으로, 때로는 자살로, 때로는 결별로, 때로는 미지의 이 유로 사랑은 사랑을 버리고 떠난다. 사랑의 집은 텅 비었다. 소통은 빗 나간다. 언어는 단절된다. 괴담적인 것은 집요하게 부유한다. 친밀성 의 영역 전체가 '여보, 나 갈래요'의 주문에 포박되어 있다. 모든 정서 적 결단들의 근거는 '그냥'의 어둠에 잠겨 있다. 의미를 획득하지 못한 죽음, 의미를 삼키는 부조리한 부재가 지배한다. 신경숙이 90년대 초 반 이래 지속적으로 탐구해온 우리 사회의 친밀성의 구조가 약 20년 이 지난 이후에 어떤 형태로 귀결되었는지를 『모르는 여인들』은 절박 하게 보여준다. 그것은 가히 '집의 종언' 혹은 '집의 내파內破'라 불릴 만하다. 가족적 친밀성은 붕괴 직전의 혹은 직후의 폐허와 같은 상태 에 있다. 사랑의 진정성에 기초한 새로운 형식의 '집'에 대한 지난 20 여 년의 실험은, 그 '집'에 대해 품었던 꿈은 파상破像되었다.[7] 사랑의 꿈이 깨진 곳에 '빈집'이 폐허처럼, 환멸의 장소처럼 웅크리고 있다. 가족관계는 더이상 친밀 소통에 기초한 친밀성의 실질적 구현을 보장하지 못하는 실패한 형식이라는 선고가 신경숙 소설에 의해 제시되고 있다. 다만 특유의 미문과 서정성 그리고 단편소설적 서사장치들에 의해 그 파괴적 통찰과 진단이 가려져 예리하게 드러나지 않을 뿐이다.

이런 점에서 이 소설집에 제시된 이상적인 친밀 소통의 관계가 모두 가족의 외부에서 만나는 친구 혹은 스쳐가는 익명의 타인들과의 사이에서 이루어지고 있다는 사실은 놀라운 것이 아니다. 이런 모티프들을 제시함으로써 신경숙은 붕괴하는 가족으로부터 친밀 소통의 가능성을 구출하고자 하는 것일까? 신경숙은 우리에게 묻는다. 우리는 그동안 어떻게 살아왔는가? 우리가 만들고자 했던 '집'은 어찌되었는가? 우리는 얼마나 힘겹게 '빈집'의 저주와 괴력과 운명과 싸웠는가? 남편들이여, 아내들이여, 이혼한 친구들이여, 재혼한 벗들이여, 사랑은 종교인가, 이념인가, 원칙인가, 희망인가, 불가항력인가? 우리는 도대체 무슨 생각으로, 무엇을 위하여, 어떤 꿈을 꾸며 21세기의 친밀성을 견뎌내고 있는가? 20년 전 광장을 떠나 허허로운 벌판 위에 '집'을 꾸리고자 했고, 한 세월 그 '집'의 미래에 모든 것을 걸었던 우리, 하지만

---

7 한국 가족의 위기는 90년대 후반에 가속화된다. 그것은 크게 가족으로부터의 이탈, 가족의 축소, 가족구성의 유보라는 세 가지 형태를 띤다. 이를 집약하면, 그것은 탈가족화에 다름아니다. 가족으로부터의 이탈현상을 잘 보여주는 조이혼률(인구천명당 이혼율)은 1985년에 1.0이던 것이 1995년에 1.5, 1998년에 2.5, 2001년에 2.8, 2003년에 3.5로 급증한다. 주부, 노인, 아동의 가출 역시 같은 시기 우려할 수준으로 증가한다. 가족의 축소는 합계출산률의 하락을 통해 확인할 수 있다. 1995년에 1.65명이던 합계출산률은 점차적으로 하락하여 2005년에는 1.08명으로 낮아졌다. 또한 결혼의 유보는 비혼(非婚) 인구의 증가, 초혼 연령의 상승 등을 통해서 확인할 수 있다(장경섭, 2009: 305-11). 여러 차원에서 한국사회는 90년대 중, 후반 이래 근대 가족의 이념형의 붕괴를 체험하고 있다.

돌아보니 이제 허무하게 텅 비어버린 집을 목도하고 있는 우리는 다시 쓸쓸히 그곳을 떠나야 하는가? 집을 버리고, 사랑에 대한 기대를 버리고, 그 환상을 작파하고 우리는 어디로 가야 하는가? 어디로 갈 수 있는가?

V. 그냥의 시대

—

아마도 신경숙이 제시하는 공간, 신경숙이 구원의 가능성을 부여하는 장소는 마당인 듯 싶다. 「성문 앞 보리수」에서, '경'은 귀국하는 S에게, 마당이 있는 집을 하나 알아봐달라는 부탁을 한다. 그녀는 다시 한국에 돌아와 친구가 사는 곳 근처의 마당 있는 집에서 살고 싶었던 것이다. 너무 가깝지도 않고, 너무 멀지도 않은 장소. 밖도 아니고 안도 아닌 곳. 너무 깊은 소통도 너무 피상적인 소통도 아닌 담백하게 스쳐가는, 덧없어도 좋을 소통이 어쩌면 가능한 곳. 꽃이나 나무가 심어져 있는, 그래서 나무 아래 장난처럼 가부좌를 틀 수 있는 곳. 붓다처럼 쓸쓸히 앉아 노래라도 부를 수 있는 곳. 경이 가고자 하는 그곳, 광장도 집도 방도 아닌 마당. 「화분이 있는 마당」을 주목하게 되는 것은 그 때문이다.

위 소설의 화자는 인터뷰어다. 소통을 생업으로 하는 그녀가 애인으로부터 "갑작스럽고 돌연하고 단호하기까지 한" 결별선언을 통보받고 언어장애 증상을 보이고 있다. 사랑의 단절에서 발생한 충격으로 다른 모든 소통이 끊어졌다. 이 커플 중에서 돌연 떠나는 것, '여보, 나 갈래요'를 수행하는 자는 남자이다. 어찌할 것인가? 마침 후배 K가 화자가 사는 동네에 마당이 있는 집을 얻는다. 사진작가라서 출장이 잦은 후배의 '빈집' 마당에 물을 주러, 화자는 그 집을 종종 찾아가게 된다. 마당에는 환영처럼 재두루미가 스쳐지나가고, 꽃과 나무들이 울창하다. 말도 못 하고, 밥도 못 먹는 상태로 던져져 있는 화자는 그 빈집에서 우연히 털스웨터를 입고 뿔테 안경을 쓴 한 여자를 만난다. 모르는 여인이다. 어둑해진 마당에서 여자는 콩국물을 가져오고 집의 구조며 내력에 대해서 차근차근 설명을 해준다. 부부가 결혼 후 10년 만에 산 집이라 했다(집요하게 반복되는 신경숙 소설의 저 '빈집'의 테마……). 서로 이런 담소를 나누며 여자가 가져온 앵두화채를 마시고 나서, 둘은 밥상을 차려 음식을 먹었다. 화자는 갑자기 여자와 "얘기를 나누고 싶은 욕망"으로 달아오른다(신경숙, 2011: 69). 신기하게도 모르는 여자와의 만남 속에서 어느새 화자의 언어장애는 사라졌다. 그리고 집으로 돌아와 애인이 보낸 모든 편지들을 한 장 한 장 옮겨 적기 시작한다. 그런데 출장에서 돌아온 후배 K와 그간 있었던 이야기를 나누던 중, 화자는 깜짝 놀랄 만한 사실을 깨닫게 된다. 그것은 그 집에 후배 외에는 아무도 살지 않는다는 사실이었다. 그렇다면 여자는 누구였을까? K가 마당을 파다가 발견한 비닐봉투를 개봉했을 때 정체가 밝혀진다. 비닐봉투에는 여자가 입고 있던 털스웨터와 안경이 들어 있었다. 그 여자는 빈집의 귀신이었다. 마당에는 아내를 잃고 상심에 빠진 남편이 무참히 베어버렸지만 그래도 살아남은 목련나무가 있었다. 잘린 나무는 처음의 그 흉측한 몰골을 극복하면서 자라났다. 여자의 유품은 목련나무 아래 묻혀 있었다. 이 마당에서 발생한 소통과 치유와 회상은 모두가 '모르는 여인들' 사이에서 일어난 것이다. 마당은 소통공간의 상징이다.[8]

신경숙 소설에서 또다른 소통의 희망을 껴안고 있는 사물은 신발이다. 「세상 끝의 신발」은 아버지와 낙천이 아저씨의 관계 그리고 화자와 순옥 언니의 관계라는 두 인연이 운명적으로 교차하는 궤적을 보여준다. 가족이 아님에도 불구하고 이들이 보여주는 친밀성의 깊이는 애절하다. 그 상징이 신발이다. 이들은 말하자면 서로 신발을 바꿔 신어본 관계다. '타인의 신발에 나의 발을 넣는다는 것'은 신경숙이 보여주는 친밀 소통의 최대치다. 비록 내가 너의 영혼 속으로 들어갈 수는 없지만 나는 너의 신발 속으로는 들어갈 수 있다고 말하고 있는 듯하다. 친밀성의 장소가 저 도저했던 '내면'으로부터 '육신의 말단'으로 이전되고 있다. 인간의 '안'으로부터 인간의 '아래'로, 인간의 '깊이'로부터 인간의 '바닥'으로 옮겨오고 있다. 발을 만지는 것, 발을 씻겨주는 것, 발가락을 마주 대어보는 것, 잠깐 타인의 신발을 신어보는 것, 그 신발의 감각을 느껴보는 것, 그것으로 족한 친밀성. 친밀성의 소통은 희박해졌고 가벼워졌고 즐거워졌다. 가족 외부로 튕겨져나온 이 친밀 소통의 몸짓은 따뜻하다. 이것도 친밀성을 구제하는 하나의 방법일 수 있다. 「모르는 여인들」에서 채의 부인이 선택했던 길은 무엇인가? 그

---

8   이런 점에서 전형적인 작품은 「마당에 관한 짧은 얘기」다. 이 작품에도 역시, 『외딴방』의 희재 언니의 자살 테마가 변주되어 나온다. 새로 이사가 살게 된 건물에서 화자는, 닭을 들고 다니는 소녀를 만난다. 이 소녀는 기차 레일에 머리를 대고 누워 잠들었다가 기차가 지나가서 얼굴이 다 부서져 죽은 아이의 유령이었다. 화자는 유령의 이야기를 들어주고, 유령에게 뜨거운 코코아를 대접하고, 그녀의 "작고 야윈 발가락을 만져주었다"(신경숙, 1996: 233). 끊어졌던 소통의 장면은 화자의 몸속에 숨어 있던 마당들이 깨어나는 것으로 묘사되어 있다. "내 몸 속에 숨어살고 있던 마당들이 일제히 수수거리며 숨을 쉬기 시작했던 것이다. 수많은 마당들이 앞서거니 뒤서거니 떠올랐다. 배꽃이 질 때의 봄마당. 폭염이 쏟아지던 여름마당. 뒤란의 감나무 잎새가 어지러이 휘날리던 가을마당. 싸락눈이 사각사각 쌓여가던 겨울마당 들이 또렷이 되살아났다"(신경숙, 1996: 235). 이런 점에서 보면, 신경숙에게 마당은 전형적인 몽상공간(夢想空間)이라고 할 수 있다. 그것은 골목길처럼, 인간 사이의 관계와 연대가 아직 가능한 장소의 전형을 이룬다.

것은 자신의 비밀을, 얼굴조차 본 적 없는 '모르는 여인'과 나누는 것이었다. 남편과 아내 사이에 있어야 마땅한 소통 형식을 채의 아내는 완고하게 정지시킨다. 어쩌면 사랑의 이름으로. 어쩌면 사랑의 불가능의 이름으로. 그리고 죽음을 향해 걸어가는 자신의 고독한 발걸음 속에 타인을 동행시킨다. 신경숙처럼 말하자면, 익명의 여인으로 하여금 자신의 신발을 신어보도록 한다. 「어두워진 후에」에서 상처받은 남자를 조건 없이 보듬어준 여자 역시 '모르는 여인'이다. 가족이 모두 비참하게 살해되고, 삶의 의미를 상실한 사람을 받아준 그녀의 '집'에는 우물과 마당이 있었다. 우물을 내려다보며 그는 비로소 오열할 수 있었다. 악이 새겨놓은 지울 수 없는 흉터와 소통할 수 있었던 것이다.

이처럼 『모르는 여인들』에서 무심한 구원자로 등장하는 익명의 존재들은 무상증여를 통해 친밀성을 재생시키고 소통을 회복하는 것으로 묘사되어 있다. 그들은 공히 무상으로, 아무런 대가 없이, 보상에 대한 기약이나 이해관계의 계산이 없이, '그냥' 저질러진 폭력에 상처받은 사람에게 '그냥' 준다. 생명을, 희망을, 밥을, 술을, 잠자리를 그리고 살고자 하는 의지를. 신경숙 소설의 깊이가 여기에 있다. 신경숙은 2000년대의 한국사회를 두 개의 '그냥'으로 직관해낸다. 첫번째 '그냥'은 인간 행위의 지반을 허물어뜨리는, 소통의 기초와 의미의 바닥을 붕괴시키는 '그냥'이다. 그냥 죽는 것, 그냥 죽이는 것, 그냥 떠나는 것. 그것은 사랑의 붕괴이며, 신뢰의 불가능이며, 인간적 관계와 사회적인 것의 종말을 암시한다. 소통도 애정도 의무도 기대도 없는, 참을 수 없는 악惡이자, 사람과 사람이 서로의 심연을 지고 만나 공존하는 형식 그 자체의 덧없음과 연약함을 드러내는 파괴적 원리이다. 신경숙의 소설은 우리에게 읊조린다. '그냥'이 지배하는 우리의 친밀성이 얼마나 폐허적인지, 텅 빈 집이 얼마나 고요하고 슬픈지, 우리의 상처가 얼마나 깊은지, 우리가 얼마나 위태롭게 인간과 인간 아닌 것 사이에서 흔들리는지. '그냥'이 붕괴시키는 세계의 폐허를 신경숙은 담담하게 그래서 더욱 전율적으로 비춰준다.

신경숙이 발견한 우리 시대의 부사인 저 '그냥'의 파괴력은, 소설가 신경숙의 문필력과 구성력으로 어떤 지점에서 상쇄되고 있다. 즉, 악의 그냥이 발현되는 순간 우리를 휘감는 괴담적 불안은, 소설 속에 흩어져 있는 선의 그냥의 모멘트들(우리가 그것에 대해서 눈감기 쉬운, 우리의 시선에서 차단되어 존재하는)과 균형을 이루게 된다. 그냥이 지배하는 세계의 더이상 견딜 수 없는 지경이랄까, 어떤 한계 가까이 치밀어 오르는 도덕적 구토와 무력감이, 작가가 제시하는 또다른 균형추에 의해 차단되고 있는 것이다.[9] 선의 '그냥'은 그냥 주는 것이다. 그것은 '이유 없음'의 그냥인 동시에 '대가 없음'의 그냥이다. 깊은 생각도 계산도 욕망도 없이, 다만 문득 마음이 내켜 베푸는 무상의 증여. 그냥 말하고 싶어서 서로 말하는 것, 그냥 심심해서, 그냥 돕고 싶어서,

---

9   나홍진의 〈곡성(哭聲)〉은 그런 의미에서 신경숙의 괴담적 세계를 떼어내어 극단으로 밀어붙인 것과도 같은 작품이다. 그것이 2016년의 작품이라는 사실만으로도, 우리 사회가 무고한 희생자들에게 바쳐지는 곡소리에 휘말려 있다는 당대성을 환기시키는 이 작품 역시 가족이 가족을 죽이는 상황과 그 상황에 깊이 개입해 있는 '그냥'을 중요한 테마로 진행된다. 그 죽음이 독버섯에 의한 것인지, 이 방인의 도래에 의한 것인지, 아니면 집단적 환각인지, 그 어떤 다른 이유 때문인지, 합리적이고 인간적인 해명이 불가능한 상황이 지속되는 것이다. 그런 설명불가능의 상황, 서사불가능의 상황을 종식시키기 위해서 영화는 불가피하게 '악마'라는 행위의 원천, 초월적 행위자를 설정한다. 초월적 악마의 존재가 상정되지 않고서는 있을 수 없는 일들이 여기에서 벌어지고 있는 것이다. 신경숙으로부터 나홍진에 이르는 21세기 한국문화의 '사회학적 파상력'은 우리 삶의 허망한 꿈결 뒤에 어른거리는 절망과 위험의 심연을 보여주고 있다. 악마는 저 멀리에 흉포한 안면을 하고 등장하는 기괴한 이미지가 아니라, 가족이 가족을 죽여야 하는, 뜻도 목적도 희망도 없이, 서로가 서로에게 죄짓고 살아가야 하는 우리 시대, 우리 사회의 리얼리티 그 자체에 깃든 구조적 힘에 다름아니다.

그냥 아름다워서, 그냥 나도 모르는 이유로 행하는 것. 선의 그냥 또한 악의 그냥처럼 필연적이지 않고, 인과를 초월해 있으며, 내면적 진정성과 무관하다. 그것은 익명의 두 타자가 서로에게 기대할 수 있는 최소한의 선의와 소통만을 요청한다. 선의 그냥 또한 악의 그냥처럼 의미의 어둠에 뿌리를 내리고 있지만, 소통을 죽이지 않고 살려낸다. 파괴된 친밀성을 잠시나마 활성화시킨다. 그냥 떠난 사람이 있다면 그냥 오는 사람도 있는 것이다. 그냥 죽은 사람이 있다면 그냥 태어나는 사람도 있다. 그냥 죽이는 사람이 있다면, 그냥 살려주는 사람도 있다. 악의 그냥이 '빈집'을 생산한다면, 선의 그냥은 '마당'을 구성한다. '그냥'의 세계는 인간이 자신을 압도하는 초월적 힘 앞에서 세계의 합리적 구성과 희망적 전망이 난망해진 세계이다. 우리가 어떤 행위능력 agency을 발휘하여 그 싸움에 개입할 수 있는지 아무도 쉽사리 알 수 없는, 기묘한 수동성이 짓누르는 세계이다. 신경숙이 읽은 2000년대의 모습은 이처럼 두 개의 서로 다른 풍경이 겹쳐져 있다.

보론1. 타자의 마음을 이해한다는 것

—

미국의 저명한 문화인류학자 레나토 로살도는 필리핀 루손 지역 북부의 일롱고트Ilongot 부족의 '머리사냥'에 대한 연구로 명성을 얻었다. 이 부족은 3500명 정도의 인구를 갖고 있고, 필리핀의 마닐라에서 약 144킬로미터 떨어진 북쪽 고원지대에 거주하고 있는데, 그들은 주로 사냥과 기본적인 경작을 통해 삶을 유지했다. 이들에게는 매우 특이한 관습이 있었다. 그것은 바로 머리사냥head hunting이다. 머리사냥꾼들은 특정 장소에 숨어, 우연히 그 길을 지나게 되는 첫번째 사람을 기다렸다가, 그를 살해하고 머리를 벤다. 매복 장소를 찾기까지의 여행도 대단히 힘들고 고된 것이다. 더욱 특이한 것은 그들이 표적을 발견하고 그를 죽인 후에, 그 머리를 전리품으로 가져오지 않는다는 것이다. 죽은 자의 머리를 절단해서 그것을 던져버린다. 필리핀의 한 고원지대, 아름다운 풍경 속에서 평화롭게 사는 이 사람들에게 어떻게 이처럼 잔인하고 비합리적인 관습이 자리잡게 되었을까? 레나토 로살도는 이 문제를 풀기 위해서 14년을 고심한다. 레나토 로살도 박사는 일롱고트 부족의 구성원들이 머리사냥을 하는 이유를 그들에게 직접 물어본다. 대답인즉, 그들은 어떤 비통함과 분노의 감정을 해소하기 위해 그렇게 한다는 것이다. 참을 수 없이 화가 나서, 희생자의 머리를 베어 던져버린다는 것이다. 무엇이 그들을 그렇게 화가 나게 하는가? 그의 연구에 의하면, 어떤 상실에서 비롯된 분노였다. 무엇의 상실인가? 사랑하는 사람의 상실, 친구의 상실, 가족의 상실이다. 죽음이다. 박사는 이 사실을 이해하지 못했다고 고백한다. 자신은 아무리 노력해도, 누군가의 죽음을 그런 폭력적인 방식으로 해소하는 것에 공감하지 못했다고 고백한다. 무언가 다른 이유가 있으리라. 박사는 인류학과 사회학의 다양한 이론들을 가지고 추정해보았다. 설명하고자 해보았다. 그러나 어떤 이론도 이 관행을 설명하지 못했다. 14년간 그에게 일롱고트 부족의 저 관습은 수수께끼로 남아 있었다. 연구가 처음 시작된 1967년으로부터 14년이 흐른 1981년, 레나토 로살도는 자신의 부인 미셸 로살도와 함께 필리핀의 루손 지역에 거주하는 이푸가오 부족들에 대한 현지연구를 시작한다. 그해 10월 11일, 두 명의 이푸가오 주민과 길을 가던 부인이 발을 헛디뎌 19.8미터 높이의 절벽 아래로 떨어져, 마침 비에 물이 불어 있던 강물의 급류에 휩쓸려 죽는다. 박사는 자신의 아내를, 자신의 연구현장인 필리핀에서 상실한 것이다. 박사는 이렇게 쓴다. "그녀의 사체를 찾자마자 나는 분노에 휩싸였다. 어떻게 나를 버리고 떠날 수 있단 말인가? 어떻게 절벽에서 떨어지는 바보 같은 짓을 할 수 있단 말인가? 나는 울려고 애를 썼다. 목이 메어 흐느끼고 있었지만 분노가 눈물마저 압도해버렸다"(로살도, 2000: 40). 이 분노, 부정의의 감정, 다른 어떤 위로나 위안으로도 잠재울 수 없는 인간적 고통과 상실감을 그 스스로 체험하면서, 박사는 비로소 일롱고트 부족의 머리사냥의 '의미'를, 그들의 '마음'을 느낄 수 있었다. 자신도 일롱고트인들처럼 누군가의 머리를 베어 집어던짐으로써 그 분노를 해소하고픈 충동을 느끼기까지 한다. 미국 중산층 앵글로색슨의 기독교문화 속에서 자란 레나토 로살도의 의미체계 속에 분노란 표출되어서는 안 되는 것이었다. 그러나 가장 소중한 존재를 어처구니 없이 상실한 뒤에 그의 가슴에 찾아온 비합리적이고, 충동적이며, 동시에 인간적인 이 감정을 '통감痛感'한 후에야 비로소 로살도는 14년간 들여다보지 못했던 일롱고트 부족 사람들의 '마음'에 도달한다. 상실이 야기한 비탄과 분노의 자리에 스스로 가서 설 수 있었던 것이다. 로살도가 자신 연구대상의 '마음'의 이해에 이르는 데에는 14년의 시간과 가장 사랑하는 사람의 죽음이라는 대가가 요구되었다.

꿈과 사회

I. 문제제기
—

랜들 콜린스는 『사회적 삶의 에너지』에서 미래의 사회학에 대한 자신
의 희망을 다음과 같이 피력하고 있다. "마지막으로, 상징이 순환되는
삼차적 과정이 하나 더 있다. 다른 사람들이 없는 곳에서 혼자 있을 때
개인들이 상징을 가지고 하는 행위다. (……) 이 삼차적 상징의 순환
과정은 이차적 순환과정보다 포착하기가 더 힘들다. 현재의 연구 여건
으로는 거의 불가능하지만, 의례와 상징적 삶의 사회학을 이상과 목표
로 삼아 그 최대치를 설계한다면, 그 목록을 여기에 제시할 수는 있을
것이다. 즉, 이것이 바로 사회학이 꿈꾸는 것이며, 실로 그것은 꿈의 사
회학을 포함한다고 말할 수 있다. 꿈이 이미지에서 탄생하는 것이라면
그 이미지는 일차적인 상호작용 및 이차적인 상호작용에서 내면화된

내용의 단편들과 깨어 있을 때 일어나는 생각들이 내면화되거나 합쳐진 것이다. 우리의 야심찬 기획을 끝까지 밀어붙여보자. 완벽한 상징순환의 사회학은 인간의 외적 삶은 물론 내적 삶을 모두 다룰 수 있는 사회학일 것이다"(콜린스, 2009: 149. 번역은 부분 수정).

콜린스가 목표로 하는 사회학의 최종 대상은 소위 "서사구조가 있는 감각운동의 환각"인 꿈이다(갓셜, 2014: 99). 헤라클레이토스를 빌려 말하자면, "깨어 있는 자들에게는 유일한 공통의 세계"가 있지만 "잠들어 있는 자들 각자는 자기만의 세계로 돌아간다"(Héraclite, 1986: 63). 꿈은 우리가 자기만의 세계로 돌아간 수면상태에서 체험하는 가상적 정신현상이자 오묘한 상징사건들이며, 바로 그 이유로 소통이나 이해가 몹시 어려운, 고도로 주관적인 체험이다. 이런 깊은 심적 대상에 대한 사회학은 일견 환상적인 야심처럼 보이지만, 사실 꿈의 사회학을 주창했던 사회학자가 랜들 콜린스만이 유일했던 것은 아니다. 상징, 상상, 신화에 각별한 관심을 기울였던 카유아나 바스티드는 각성의 세계뿐 아니라 몽상의 세계도 의미 있는 사회학적 대상이 되어야 한다고 보았으며 이에 대한 진지한 연구를 제안한 바 있다 (Caillois, 1966; Bastide, 1966).[1] 이들 사회학자들이 말하는 '축어적' 의미의 꿈에 대한 사회학은 설령 그것이 실현되지 못한다 할지라도 경험적 사회현실을 다루는 사회학에 치명적인 결함이 되지는 않을 것이다. 그러나 만일 우리가 '꿈'이라는 단어를, 사회적 행위자들이 각성상태에서 심중에 품고 있는 미래에 대한 희망, 소망, 원망 등의 의미로 받아들인다면 이야기는 조금 달라진다. 비유적으로 이해된 꿈은, 미래의 어느 시점에 상상적으로 투사된 자아상과 세계상, 은밀한 욕망이나 비원, 향후에 성취하기를 갈망하는 개인, 가족, 조직, 국가의 이상적 상태, 문화적 판타지와 선망들을 난삽하게 포괄하는 일상용어다. 물론 이런 꿈들을 경험적으로 파악하는 것은 결코 용이한 과제가 아니며, 꿈이라는 용어는 학문 개념에 요청되는 정의적 명료함을 결여하고 있다.

그럼에도 불구하고 우리는 일상적 직관과 관찰로부터, 사회적 세계와 사회적 인간의 구성에 있어 '꿈'이 차지하는 심대한 중요성을 잘 알고 있다. 눈에 보이는 세계는 물질로 이루어져 있지만, 그 세계가 만들어지는 과정을 소급하여 거슬러올라가면, 거기에는 누군가의 꿈의 씨앗이 있고, 개화開花가 있고, 그 꿈의 전염, 모방, 전파가 있으며, 그와 대립하는 다른 꿈의 파동들이 있고, 그들 사이에서 벌어지는 격돌, 에너지의 상쇄, 혹은 시너지, 그런 과정에서 생성되는 특정 꿈의 잔존이나 영광스런 실현이 있을 것이다. 수많은 행위자들의 생활세계와 마음의 움직임을 좀더 깊이 탐구해보면, 우리는 어렵지 않게, 그들이 사색

---

1   역사학은 꿈에 대하여 사회학보다 훨씬 더 깊은 관심을 표명해왔다(Le Goff, 1980: 201-4; Le Goff, 1985: 193-242; Sobel, 2000). 헤로도토스부터 근세 초기까지 꿈은 역사적 리포트의 중요한 대상이었으며 꿈과 연관된 신화, 전설, 민담, 문학작품 들을 중요한 자료로 활용해왔다. 동서양을 막론하고 역사가들은 꿈에 대한 이런 관심을 공유하고 있었으나 근대 역사학의 성립과 더불어 이는 현저하게 약화된다(코젤렉, 1998: 316; 나인호, 2011: 486). 이런 경향에 하나의 전환점을 제공하게 된 중요한 서적이 바로 1966년에 출판된 독일 저널리스트 샬로테 베라트의 『꿈의 제3제국』이다. 베라트는 1933년부터 1939년까지 다양한 직종의 사람들이 파시즘 치하에서 꾼 약 300편의 꿈들을 소개하면서, 꿈의 역사성과 집합성에 대한 새로운 성찰을 유도한다(Beradt, 2004). 코젤렉은 베라트가 남긴 자료들이 제3제국의 역사를 다루는 역사가에게는 "최고의 사료"로서 "일기장도 이르지 못하는 층위"를 드러내는 것으로 평가하고, 꿈이야말로 특정 시대 인간들의 "심리적 엑스레이"라고 평가하고 있다(코젤렉, 1998: 328, 319). "꿈은 과거라는 지나간 리얼리티를 재현하기 위해 역사가가 결코 포기할 수 없는 소재"라는 주장(나인호, 2011: 486)이나, 꿈은 "허구적인 것의 피할 수 없는 사실성(Faktizität)을 증명하며, 그렇기에 역사가는 이를 포기할 수 없다"(코젤렉, 1998: 316)는 주장은 이런 맥락에서 이해될 수 있다. 한편, 서구철학의 영역에서 꿈의 테마가 어떻게 다루어졌는지에 대한 탐구로는 다음을 참조할 것(Carrique, 2002). 꿈의 사회적 성격을 실험적으로 탐구하는 소위 '사회적 꿈(social dreaming)' 연구에 관해서는 다음을 볼 것(Lawrence, 2005).

인이나 행위자이기 이전에 '몽상가dreamer'라는 사실을 깨닫게 된다. 사람들은 은밀하게 꿈을 키우고 그 영향과 자장하에서 삶을 영위한다. 장애에 부딪혀 꿈을 포기하기도 하고, 새로운 꿈을 다시 육성하기도 한다. 그들은 꿈과 현실 사이에서 복잡다단한 조율을 수행한다. 하나의 생명이 탄생할 때, 건물이 세워질 때, 단체와 조직이 만들어지고 한 권의 책이나 작품이 생성될 때, 어떤 사건이 시작될 때, 사회운동의 흐름이 형성되어 퍼져나갈 때, 우리는 그것을 일으킨 행위와 논리와 이념과 생각의 저변에서, 훗날의 현실을 씨앗처럼 품고 있는 '꿈'을 발견할 수 있다. 사회적인 것은, 사회과학이 일반적으로 그렇게 판단하는 것보다 훨씬 더 유기적인 방식으로 '몽상적인 것'과 연결되어 있다.

이 글에서 나는 위와 같은 입장을 좀더 구체적으로, 적극적으로 개진하고자 한다. 내가 제안하고자 하는 이론적 테제들은 i) 마음의 작용 중 하나인 '꿈꾸기'를 통해서 행위자들은 자신의 존재와 그 존재가 뿌리내린 세계의 미래를 상상적으로 창조해간다는 사실, ii) 미래라는 것은 시간의 기계적 흐름 속에서 자동적으로 도래하는 무엇이 아니라, 꿈꾸기를 통해 생산되고 분배되는 재화라는 사실(따라서 꿈은 개인의 소유물인 동시에 사회집단이나 장場, 혹은 국가나 문명이 생산하여 제공하는 공공재라는 사실), iii) 이처럼 꿈을 꾸는 능력은 가령 부르디외가 '자본'으로 개념화한, 사회적 행위자의 주요한 추구대상이자 자원이라는 것, 그리하여 꿈은 사회가 만들어내는 에너지로서 행위자들 사이에 흐르며, 행위자들의 신체와 마음에 축적된다는 사실, iv) 사회변동의 역사가 한편으로는 인간들이 '몽상구성체'를 건설해나가는 몽상사夢想史이며, 다른 한편으로는 그 꿈들이 새로운 꿈들에 의해 파괴되어 환멸적으로 부서지는 각성사覺醒史라는 사실로 집약된다. 여러 논자들은 20세기 후반 이래 미래라는 관념과 꿈을 통해 미래를 구성해나가는 능력이 전반적으로 퇴조하고, 꿈 자원의 배분이 양극화되거나 불평등해지는 여러 현상들을 지적해왔다(Hage, 2003; '비포', 2013). 특히 글로벌 자본주의의 지배와 신자유주의적 제도화의 강한 헤게모니에 맞서 그것을 넘어선 세계에 대한 대안적 꿈이 약화되는 현상은 주목의 대상이 되고 있다. 꿈을 깊이 탐구해야 하는 이유, 꿈에 대한 좀 더 과감한 이론적 천착이 요청되는 이유가 거기에 있다. 이 글에서 나는 베버, 파슨스, 부르디외, 벤야민의 통찰들을 활용함으로써 이런 이론적 쟁점들을 본격적으로 성찰해보고자 한다.

II. 고전사회학과 꿈
—

앞서 언급한 것처럼, 꿈이라는 주제는 사회적 실천을 이해하고 설명하기 위해서 반드시 고려해야 하는 필수 탐구과제다. 사회적 실천은 환경에의 적응인 동시에 시간지평을 타개하여 미래를 여는 하나의 '창조'이며(요아스, 2009), 그 근저에는 당면과제들을 해결하고 도달하기를 열망하는 미래의 소망표상 즉 꿈이 존재하기 때문이다. 꿈은 마음의 청사진이며 "미래의 생성자générateur"다(Minkowski, 1995: 87). 꿈은 '아직-아님not-yet'의 시간을 실천의 시간인 현재로 끌고 들어와 거기에 실체를 부여한다. 그것은 행위자(들)의 심적 에너지를 발동시키고, 그들을 움직이게 하고, 그들의 능력을 특정 방향으로 동원하여 현실화시킨다. 꿈이 사회이론의 정당한 관심대상으로 성찰될 수 있기 위해서는 꿈의 시간성과 수행성, 즉 미래가 실천에 중요한 의미를 갖는다는 관점을 내포하는 탄력적인 실천이론이 요청된다.

사회학 고전이론을 종합한 파슨스의 행위이론에 등장하는 '목적end' 개념은 우리가 논의하고자 하는 실천의 미래성을 흥미롭게 반영하고 있다. 파슨스가 제시하는 단위 행위unit act는 가장 단순한 요소들로 환원, 재구성된 행위시스템의 분석적 모델인데, '목적'은 그 중요한 구성 부분을 이룬다. "이런 의미에서 하나의 '행위act'는 논리적으로 다음과 같은 것들을 내포한다. i) 그것은 행위주체, 즉 '행위자'를 내포한다. ii) 정의하면, 행위는 반드시 '목적'을 가져야만 한다. 목적은 행위과정 이 지향하는 미래의 사태다. iii) 행위는 '상황' 속에서 촉발되는데, 이 상황의 전개 추세는 몇 가지 중요한 점에서 행위가 지향하는 사태인 목적과는 상이한 것이다. (……) iv) 이 단위의 개념과 그것의 분석적 사용에 내재되어 있는 것은, 이런 요소들 사이의 특정 양태의 관계이 다. 즉, 상황이 대안들을 가능하게 하는 한에서, 목표를 향한 대안적 수 단 선택에 있어서 행위의 '규범적 지향'이라는 것이 존재한다" (Parsons, 1968: 44).

단위 행위를 이루는 이 다양한 요소들 중에서 목적의 중요성은 각 별하다. 그것은 목적 개념이 미래의 시간성을 행위에 도입하고 있기 때문이다. 그는 이렇게 쓴다. "목적이라는 개념은 언제나, 아직 실존하 고 있지 않거나, 무언가가 행위자에 의해서 목적과 연관하여 행해지지 않는다면 실존할 리 없는 상태, 혹은 이미 실존하고 있더라도 변화 없 이 남아 있을 리 없는 상태에 대한 미래 준거를 함축한다. 이 과정은, 목적과의 연관이라는 관점에서 '달성' '실현' 혹은 '성취' 등으로 다양 하게 불린다"(Parsons, 1968: 45). 행위에 미래성을 도입함으로써 파 슨스는 행위의 의미를 그것의 목적과 긴밀히 연결시키고, 행위의 가능성을 그 미래적 표상에 정초하고 있다. 목적의 모멘트와 행위의 모멘트 사이에 존재하는 간격을 소멸시키는 운동이 바로 행위다. 문제는, 행위의 미래가 내포하는 사회적 삶의 부피와 드라마를 온전히 담기에 목적 개념이 지나치게 인지적이고 기하학적이라는 사실이다. 목적 개념은 여전히 행위자를 순수하게 합리적인 계산자로 모델화하는 경향과 친화적이다. 이와 비교하면 '꿈'은 합리적 선택능력뿐 아니라, 꿈꾸는 미래가 실현되리라는 지속적인 희망과 미래의 사태에 대한 의욕을 동시에 포함한다. 행위의 미래는 '목적'이라는 용어에 다 담기지 않는 무의식적이거나 비합리적인 충동과 욕망, 감정적 분출, 덧없고 근거 없는 환상들도 내포한다. 목적이 선형적 시간 속의 기하학적 '점點'으로 표상된다면, 꿈은 마음속에 그려지는 '영상' 혹은 '풍경'이다. 목적이 이지적으로 계산되는 것이라면 꿈은 상상되는 것이다. 목적이 '의식적' 소여에 가깝다면 꿈은 '직관적'인 소여로서, 언어화되지 못하거나 표현되지 않거나 심지어 의식되지 못할 수도 있고 있다. 다만 행위자들은 모종의 감각을 통해 삶과 꿈이 뒤엉킨 실천의 흐름을 일상적으로 살아나가고 있는지 모른다. 이런 점들을 고려했을 때, 사회적 실천에 의미를 부여하는 상상된 미래를 좀더 생생하게 포착할 수 있는 개념은 '목적'이라기보다는 '꿈'이다. '목적'에 내포된 계산가능성, 합리성, 도달가능성으로 완전히 환원되지 않는 비합리성과 비논리성, 그리고 실현불가능성을 내포하는 '꿈' 개념의 적실성에 주목해야 하는 것은 바로 그 때문이다.

파슨스 행위이론의 가장 중요한 원천 중 하나인 베버의 이해사회학은 이와 같은 통찰을 놓치지 않았다. 근대세계에서 목적합리성의 우위를 냉철하게 직시하고 있던 베버는 '객관성' 논문에서 "유의미한 인

간 행위의 핵심적 요소에 대한 모든 성찰은 우선 '목적'과 '수단'이라
는 범주에서 출발하지 않을 수 없다"고 쓴 바 있지만(베버, 2002: 84),
사회적 행위를 이해함에 있어서, 수단/목적 함수계산을 넘어서는 총
체적 이미지Bild가 행위를 메타적으로 구축한다는 점을 간과하지 않았
다. 그 유명한 철로의 비유를 사용하는 다음 구절에 그의 생각이 명시
되어 있다. 즉, "이념이 아니라 이해관계(물질적 그리고 이념적 이해관
계)가 인간의 행위를 직접적으로 지배한다. 따라서 이해관계의 역동
적 힘이 우리를 움직여 (문명의) 선로를 깔게 한다. 그러나 '이념Ideen'
을 통해 창출된 '세계상Weltbild'은 바로 이 선로의 방향을 결정짓는 전
철수Weichensteller 역할을 하는 경우가 매우 많았다. 결국 이 세계상에
따라, 사람들이 '무엇으로부터' 그리고 '무엇을 위하여' 구원받고자 하
는지 그리고 (……) 과연 구원받을 수 있는지 여부가 결정되었던 것
이다"(베버, 2002: 190-1). 또한 『경제와 사회』에서는 "보상희망
Vergeltungshoffnung" "복수희망Rächenshoffhung" "미래의 더 나은 삶에 대
한 희망Hoffnung"과 같은 표현들을 사용하며 유대교의 메시아주의를
미래에 던져진 간절한 꿈으로 해석하고 있으며(베버, 2008: 77-8,
143), 『프로테스탄티즘 윤리와 자본주의 정신』에서는 꿈이 인간의 실
천을 동원해내는 강력한 자원이 된다는 사실을 암시하고 있다.
　　특히 개신교 윤리에 관한 위의 연구에서 베버는, 종교개혁기 개신
교도들의 삶의 형식을 지도한 "동기" "심리적 동인Antrieb" 그리고 "정
신태도Gesinnung"를 탐색해들어가면서(베버, 2010: 172, 89, 206), 캘빈
주의의 가혹한 교리가 야기한 "전대미문의 내적 고독감" 즉 불안의 문
명사적 역할을 발견한다(베버, 2010: 183). 영혼의 구원이 이미 결정
된 사태이며, 이를 바꿀 수 있는 어떤 가능성도 존재하지 않는다는 섬

뜩한 교리가 야기한 불안은 구원에 대한 거센 욕망과 결합됨으로써 하나의 행위능력으로 증폭된다. 이들이 할 수 있었던 그리고 전념해야 했던 유일한 일은, 목회 실천의 권고를 따라, 자신이 구원되었으리라는 믿음을 전적으로 고수하면서 직업노동에만 전념하는 것, 강박적으로 스스로를 몰아붙이면서 세속적 삶에 몰두하는 것이었다(베버, 2010: 194). 이처럼 금욕적이고 합리적인 노동실천은 구원을 향한 열망과 자신이 구원받았다는 사실에 대한 불안스런 믿음이 기묘하게 착종된 심리풍경으로부터 솟아난 것이다. 비록 명시적으로 표명되지는 않았지만, 세속적 금욕노동을 야기한 특수한 마음/가짐의 형성이, 초기 개신교 신자들이 품고 있던 공통의 꿈으로부터 그 동력을 얻어왔다는 사실을 역설하고 있음을 알아채기는 어렵지 않다. 모든 것의 핵심에는 "구원희망 Erlösungshoffnung"(베버, 2008: 73, 139)이 있었던 것이다. 그것은 내재적 세계에서 구원(은총)의 징표를 확인하고 이를 통해 압도적인 불안을 넘어설 수 있는 삶의 형식에 대한 꿈이었다. 이는 베버 자신이 인용하는 『실낙원』의 다음 구절에 압축적으로 암시되어 있다.

다만 그대의 지식에 부합하는 행위를 하고,
거기에 덕, 인내, 절제를 보태라.
그리고 사랑을,
다른 모든 것의 영혼인
자애라는 이름으로 불리는 사랑을 보태라.
그리하면 그대 이 낙원을 떠나도 싫지 않을 것이니,
더욱더 행복한 낙원을 그대 마음속에 갖게 되리라(베버, 2010: 133, 강조는 베버).

가혹한 캘빈주의의 교리에 의해 존재론적 궁지에 몰린 신도들에게 세속적 금욕주의가 새로운 낙원에의 희망으로 부각되었듯이, 천사 미카엘은 버림받은 아담에게 또다른 파라다이스에 대한 꿈을 불어넣어주고 있다. 이 새로운 낙원은 천상이 아닌 눈앞에 펼쳐지는 세속적 삶, 노동하는 일상, 그리고 아담 자신의 "마음속"에 있는 것이다. 중세적 낙토를 상실한 주체에게 근대적 유토피아가 꿈꾸어지는 순간, 아담은 낙원을 떠나 신세계를 향할 수 있는 심적 '행위능력'을 얻게 된다는 이 문명사적 변환의 모멘트를, 베버는 동시대 예술작품에 표현된 한 구절에서 징후적으로 포착해내고 있다. 베버의 행위이론은 이처럼 자본주의가 단순한 경제시스템이 아니라 거기 연루된 행위자들의 심적 에너지를 조직하는(낙원을 꿈꾸게 하는) 마음의 시스템이라는 사실, 그리고 그런 마음의 시스템으로부터 창발하는 독특한 실천양식들의 기원에는 경제적 이해관계를 향한 욕망이 아니라 종교적 구원을 향한 강렬한 '꿈'이 있었다는 역사의 아이러니를 드러낸다. 꿈을 거세하는 차가운 합리성의 시스템으로 간주되는 자본주의는 사실 간절하고 절박한 몽상 에너지의 응집을 통해 형성되었던 것이다.

『프로테스탄티즘 윤리와 자본주의 정신』의 말미에서 베버는 "승리를 거둔 자본주의는 기계적 토대 위에 존립하게 된 이래로 금욕주의 정신이라는 버팀목을 더이상 필요로 하지 않는다"고 말함으로써 개신교 윤리의 쇠락과 자본주의 정신의 기계화를 묵시록적 어조로 진단하고 있다(베버, 2010: 365). 그러나 베버의 생각과는 달리 19세기 이후 완숙해진 자본주의 역시 행위자들의 실천양식을 규정하는 '꿈'을 제공하는 것을 멈춘 것이 결코 아니었다. 바우만은 미래의 꿈을 향해 현재의 만족을 포기하고 지연하는 것을 일반적인 의미에서 근대성(근대적 행위)의 핵심으로 파악하고 있다. "근대사회의 기초가 되고, 이 세상에 존재하는 근대적 방식을 가능하고 불가피한 것으로 만드는 태도/행동의 가르침은 만족의 지연(필요 또는 욕망의 충족, 즐거운 경험과 여흥의 순간의 지연)이었다. 미루기procrastination가 근대의 무대(혹은 근대적 무대라고 제시된 곳)에 진입한 것도 이런 체현 속에서였다"(바우만, 2005: 251). 세넷 또한 자본주의의 핵심동력이 결국 "시간-엔진 time-engine"의 발명, "미래에 보상을 받을 것이란 희망"의 발명에 있었음을 지적한다(세넷, 2009: 95-6). 베버의 문제의식을 좀더 충실히 계승하고 있는 볼탕스키와 치아펠로에 의하면, 자본주의는 언제나 "자기 자식들에게 더 좋은 삶이 있다는 희망"과 "희망할 이유"를 제공함으로써 성공적으로 기능할 수 있었다(Boltanski & Chiapello, 1999: 18, 28). 자본주의 정신은 행위자들이 자본주의에 실천적으로 연루되는 것을 도덕적으로 정당화하는 것을 넘어서, 그런 실천들에 "매력적이고 자극적인 삶의 조망"을 제공해야 하는 것이다(Boltanski & Chiapello, 1999: 65).

III. 꿈의 개념화
—

'꿈'의 의미론적 등가개념들인 열망aspiration, 희망hope, 욕망desire은 사회과학과 인문학에서 다양한 방식으로 사용되어왔다. 주로 '포부'로 번역되는 '열망'은 사회심리학과 교육학의 경험연구들에서 쉽게 발견되는데 "어떤 목적, 목표, 대상을 향한 욕망"(Chombart de Lauwe, 1971: 17), "개인이 희망하고 도달하기를 원하는 열망"(김정숙, 2006:

127), 혹은 "자기 미래에 대한 긍정적이고 바람직한 기대"(배영자·심성지, 2013: 72)와 같은 의미를 갖는다. 주로 진로, 직업, 혹은 교육영역에 국한되어 사용되며, 청소년들과 청년들의 직업관이나 직업의식에 대한 정량적 연구에 적용된다. '욕망'은 정신분석학, 문화연구, 페미니즘, 심리학, 인류학 등의 분과에서 사용되며, '희망'은 주로 신학과 철학의 사유대상이 되어왔다.[2] 몇 가지 대표적 실례를 들자면, 블로흐의 '희망의 철학', 몰트만의 '희망의 신학', 가브리엘 마르셀의 '희망의 형이상학', 로티의 '사회적 희망' 등을 거론할 수 있다(블로흐, 2004; 몰트만, 1973; Marcel, 2010; Rorty, 1999). 더불어 21세기의 글로벌한 정치적 상황에서 희망에 대한 관심이 학문적으로 부각되는 현상 또한 주목할 만하다.[3] 이는 특히, 정치적 행위능력에 대한 일반적 기대와 믿음이 약화되고 "전쟁, 환경재앙 그리고 증가하는 사회적 불평등에 대해 비관적이기 쉬운" 우리 시대의 분위기와 깊게 연관되어 있으며, 그

---

2   크라판자노는, 욕망과 희망이 서로 구분하기 어려운 방식으로 혼용됨에도 불구하고 양자 사이에는 무시할 수 없는 차이가 존재한다고 말한다. 그는 욕망과 희망이 보여주는 행위능력의 양태의 차이를 중시한다. 욕망은 특정 대상을 향하여 적극적으로 행위자를 추동하는 힘이다. 그 수동적 양태가 희망이다. 순수하게 주체의 능력에 소급되는 욕망과 달리 희망이 실현되는 과정에서는 초월적 행위능력들(신, 운명, 행운)이 요청되는 경우가 많다는 점에서, 희망 개념에는 인간 행위능력의 한계에 대한 예리한 감각이 내포되어 있기도 하다(Crapanzano, 2003: 6; Minkowski, 1995: 93; Deneen, 1999: 581). 가령 바츨라프 하벨이 1995년에 히로시마에서 한 다음의 연설에서 희망의 초월성에 대한 인식은 예리하게 표현되고 있다. "저는 희망의 기원은 형이상학적이라고 결론 내렸습니다. (……) 표현의 방식은 다르지만, 인간이 경험하는 심오한 모든 것은 배후 어딘가에 항상 인류 자신의 존재와 연결된 인류의 경험, 세계의 존재와 이어진 인류의 경험이 있습니다. (……) 저는 운명을 받아들이고 용기 있게 행동하는 것은 성공가능성에 구애받지 않기 때문이라고 생각합니다. 세속적인 희열을 초월하는 인류의 감각만이 그 이유를 설명할 수 있습니다. 이해하긴 어렵지만, 명백하게 절망적인 상황에서 피어나는 용기의 행위가 어떻게든 존재에 기록되고 기억된다는 믿음을 저는 가지고 있습니다. (……) 초월적인 것을 경험하지 못한다면 희망도 인간의 책임도 의미가 없습니다"(하벨, 2016: 271-3).

3   희망학(希望學)의 제안과 그 연구성과로는 다음을 볼 것(東大社硏·玄田有史·中村尚史, 2009).

배후에는 현실 사회주의가 몰락하고 신자유주의적 통치와 삶의 대안을 쉽게 발견하지 못하는 시대적 곤경이 자리잡고 있다(Zournazi, 2003: 14). 이상의 논의들을 고려하고 또한 사회적 실천이론의 맥락에서 보면 꿈은

  i) 욕망과 희망의 작용을 통해 구성/교섭/변형되며
  ii) 실천의 흐름에 방향과 의미를 부여하는
  iii) 미래의 소망표상

으로 정의될 수 있다. 이를 이루는 세 요소들은 다음과 같이 분석적으로 상술될 수 있다. 첫째, (명사로 표시되는) 꿈은 미래에 투사된 개인적이거나 집합적인 '소망표상'이다. 따라서 (동사적인 형태로) 꿈을 꾼다는 것은 소망하는 미래를 상상하는 것이다. 즉, 꿈의 능력은 상상력이다(Lynch, 1965: 22-5). 이는 꿈현상에 대한 접근이 '표상'의 관점에서 이루어져야 할 필요성을 암시한다. 꿈은 생각되거나, 표현되거나, 상상되거나, 서사된다. 꿈은 이미지와 이야기로 매개된다. 꿈을 이루는 두 축은 꿈의 영상과 꿈의 서사이다. 그것은 리얼리티 그 자체가 아니라 리얼리티에 대한 개인적/집합적 표상이다. 그런 이유에서 꿈은 리얼리티로부터 상대적 자율성을 갖는다. 중요한 것은 꿈이 현실을 얼마나 충실히 반영하느냐를 판별하는 것이 아니라, 하나의 표상시스템으로서 꿈이 내장하고 있는 의미발생 메커니즘과 구조, 그리고 그것이 개인적·집합적 행위자에게 발휘하는 심리·사회·문화·정치적 효과들을 분석하는 것이다.

둘째, 미래의 소망표상은 실천의 흐름에 방향과 의미를 부여한다.

방향과 의미는 미래에서 온다. 자신이 이루기를 바라는 미래의 사태가 일종의 의미론적 광원이 되어 현재를 비추고, 현재의 의미는 미래와의 연관 속에서 생성된다. 즉, 지금 전개되는 실천의 '의미'는 그것이 귀결될 미래의 희망적 사태를 준거로 구성되며, 그 핵심에서 지금과 미래의 '차이'가 구성된다. 가령, 우리가 연구하고, 저항하고, 노동하고, 연대하고, 토론하는 것의 의미는 연구, 저항, 노동, 연대, 토론을 통해 우리가 도달하고자 하는 미래의 소망표상으로부터 솟아나온다. 행위의 진행은 미래를 향하는 것이지만, 의미의 진행은 미래로부터 현재를 향한다. 양자의 교차점에서 사회적 실천들이 창발한다. 이처럼 실천에 의미를 부여하는 꿈의 지평은 시간의 전개 속에서 개인 혹은 집합 행위자들을 특정한 (이념적, 정치적, 미학적, 종교적, 경제적, 도덕적) 방향으로 이끌어간다. 꿈은 수행성performativity을 발휘한다. 즉, 그것은 개인 행위자들을 움직이며, 그들의 잠재적 행위능력을 가동시킨다. 또한 수많은 유토피아운동이나 민중들의 집합 행위에서 볼 수 있듯이 꿈은 결국 도달하고자 하는 이상향을 가리키는 나침반의 역할을 수행하기도 한다(Fülöp-Miller, 1935). 미래의 소망표상에 의해 방향/의미가 부여된 현재는 그리하여 "서사적 운동"에 포섭된다(세넷, 2009: 218). 미래에 설정된 목표와 현실상태의 간극이 좁혀지는 과정(희망, 장애, 극복)에서 삶의 이야기(역사)가 솟아나오며, 의미와 방향이 부여된 실천들은 하나의 조직된 내러티브로 구조화되는 것이다. 문제는 이런 서사와 의미론적 프레임이 '비전vision'으로서 행위를 지도하는 동시에 왜곡된 인식틀로 기능할 수도 있다는 것이다(Needleman, 2005: 23). 꿈은 현실을 조형하는 동시에 현실에 대한 왜상歪像을 야기하는 환몽이기도 하다.

마지막으로, 꿈은 희망과 욕망의 작용을 통해 구성/교섭/변형된다. 이 명제를 통해 우리는 소망, 희망, 욕망을 다음과 같이 구별할 수 있게 된다. 즉 소망은 꿈 자체에 표상된 기대이며, 욕망은 특정 대상을 향해 충당된 심적 에너지(리비도)이며, 희망은 그런 욕망을 지원하는 감정적 에너지이다(Lazarus, 1999: 663-5). 요컨대, 욕망이 발동하여 희망의 지원 속에서 형성된 소망의 이미지가 꿈인 것이다. 이때 희망은 성공의 개연성이 높은 사태들에 대하여 품게 되는 낙관적 감정만을 의미하지 않는다. 희망은 자신을 부정하는 사건들(시련, 고통, 낙담, 실패)을 딛고 넘어서는 회복탄력성resilience을 구성요소로 갖는다(Crapanzano, 2003: 15). 그것은 절망과 대립한다기보다는 절망적 체험의 한복판에서 의연하게 솟아나는 존재의 탄력적 감정에 더 가깝다. 이런 맥락에서, 래시는 "낙관주의 없는 희망"을 말하고(Lasch, 1991: 390-3), 타우식은 "통제된 비관주의"로서의 희망을 이야기하며(Zournazi, 2003: 47), 리쾨르는 희망의 구문론을 이루는 "~에도 불구하고"의 중요성을 강조하고(Ricoeur, 1986: xv), 블로흐는 희망의 핵심에서 "실망가능성disappointability"을 발견하는 것이다(Miyazaki, 2004: 69). 로마서 8장 24절의 "보이는 희망이 희망이 아니니 보는 것을 누가 바라리요" 혹은 4장 18절의 "아브라함이 바랄 수 없는 중에 바라고 믿었으니"라는 구절에서 보듯, 유대·기독교적 상상계에서 희망은 언제나 '희망할 수 없는 것', 희망의 불가능성을 향해 있는 역설의 힘을 보여준다. "희망은 희망되지 않은 것을 희망하는 것, 더 나아가서 가장 큰 절망에 의해 가로질러질 그러한 것을 희망하는 것이다"(Bensussan, 2001: 126)라는 메시아주의적 언사는 이런 희망의 힘을 가장 드라마틱하게 포착하고 있다. 희망의 힘으로, 욕망의 대상에 대한 행위자의 지향은 불굴의 생기를 띠며 그 대상을 생동감 있는 상태로 행위자의 마음속에 유지시킨다. 희망은 행위자가 욕망하는 상태를 실현시키기 위한 실천들을 강화시키고 유지하는 정서적 기능을 수행한다. 욕망이 대상에 투하되는 리비도라면 희망은 그 리비도와 대상의 상상적 연관을 살아 있는 것으로 유지시키는 감정적 지원이다(Oatley & Johnson-Laird, 1987: 31).

이처럼 욕망/희망의 작용을 통해 구성된 꿈은 동일한 상태로 유지되는 것이 아니라 부단한 교섭과 변형의 대상이 된다. 모두가 꿈을 갖고 있는 것도 아니며, 꿈이 단일하거나 동일하게 유지되는 것도 아니다. 꿈을 둘러싼 다양한 입장 사이에는 각축이 있을 수 있으며, 내적 욕망과 객관적으로 주어지는 가능성 사이에서 복잡한 교섭negotiation이 발생한다.[4] 어떤 꿈은 억압되거나 포기되고, 대립하는 꿈들 사이에 타협된 새로운 꿈이 품어지기도 한다. 절망과 좌절이 꿈을 파괴하고, 꿈 없는 삶이 지속되기도 하며, 은밀한 꿈들이 육성되기도 한다. 꿈은 자아에 의해 탄력적으로 운용된다. 외적 조건과 내적 열망의 사이에서, 가능한 꿈들의 비교 속에서, 환경의 변화를 고려하면서, 행위자는 꿈을 미세하게 조율하고 경영한다. 희망/욕망의 작용을 통해 구성되

---

4 2015년 9월 9일에 '느티나무 도서관'에서 열린 한 워크숍에서 문화사회학자 김은하 선생의 담화에서 나는 꿈의 교섭이 얼마나 어린 행위자에게도 발생하는지를 잘 보여주는 한 동시를 전해들었다. 부산의 한 초등학교 1학년에 재학중이던 한 학생이 쓴 시의 전문은 다음과 같다. "나는 ○○초등학교를 나와서/ 국제중학교를 나와서/ 민사고를 나와서/ 하버드대를 갈 거다/ 그래 그래서 나는/ 내가 하고 싶은/ 정말 하고 싶은/ 미용사가 될 거다"(이오덕동요제를만드는사람들, 2014: 120). 국제중학교, 민사고, 하버드대로 이어지는 사회의 꿈 혹은 부모의 꿈과 미용사라는 자신의 꿈 사이에 절묘한 균형을 맞추는 (혹은 팽팽한 갈등을 절묘하게 드러내는) 이 시는 우리에게 웃음을 자아내고, 우리를 씁쓸하게 하고, 어린아이의 꿈에 내포된 여러 힘의 결을 상상하게 한다.

고 교섭되고 변형되는 이 꿈의 생성/변형공간은 꿈에 대한 심층적 탐구대상을 이룬다. 바로 이런 점에서 꿈은 권력의 가장 중요한 통치대상이면서 동시에 통치불가능성의 원천이 된다. 권력은 행위자들의 능력에 개입하여 그것을 육성, 통제, 전유하고자 한다. 권력은 꿈을 꾸게 한다. 꿈을 통해서 특정 방향으로 나아가게 한다. 욕망과 희망을 증여한다. 이를 통해서 행위자의 '행동을 통솔conduire la conduite'하고자 한다. 그러나 문제는 꿈이 언제나 교섭의 대상이라는 것, 꿈에는 권력의 욕망뿐 아니라 저항의 욕망도 깃들 수 있다는 것, 욕망의 방향과 대상을 완벽하게 통치하는 것은 가능하지 않다는 사실에 있다. 꿈은 권력이 의도하지 않은 효과와 결과를 언제든지 산출할 수 있다. 이런 점에서 꿈은 통치가능성과 통치불가능성이 구분할 수 없는 방식으로 교착된 영역을 이루고 있다.

IV. 부르디외와 꿈의 테마

—

이처럼 행위능력으로 기능하며 실천과 유기적으로 연관되는 꿈꾸는 능력을 '꿈-자본'이라 부르기를 나는 제안한다. 꿈-자본은 행위자가 자신의 존재를 생산하고 이를 증강시켜가는 축적 프로세스를 구성하는 핵심요소다. 꿈을 우발적이고 덧없는 환상이 아니라, 실천과의 관계 속에서 육성, 고무, 관리, 추구, 축적, 통치되는 '자본'으로 개념화하기 위해서 나는 부르디외를 원용하고자 한다. 그의 자본 개념은 경제적 수준을 넘어서는 '상징'자본에 대한 성찰가능성을 제공하며, 그가 제시한 장과 실천의 이론은 근대적 사회공간의 분할된 소우주 속에서 자신의 존재를 유지하기 위해 고투하는 인간들을 포착함으로써, 꿈꾸는 행위처럼 사회적 차원과 무관해 보이는 심적 내밀성의 영역마저도 심원한 사회학적 의미를 지니고 있다는 통찰을 제공한다.

1. 일루지오illusio

자신의 사회인식에 '실천학적praxéologique'이라는 수식어를 부가하는 것을 통해 알 수 있듯이(Bourdieu, 1972: 234-5), 부르디외가 그려내는 사회적 행위자는 '스콜라적 이성'으로 세계를 관조하는 사변인이 아니라, "실천적 위급함의 한계 속에서" 활로를 뚫어나가는 문제해결자다(Bourdieu, 1980: 53). 몸에 체화된 성향habitus과 즉각적 감각을 통해 민활하게 움직여가면서, 자원의 배분공간이자 위치경쟁 장소인 장에 뿌리내리고 삶의 의미를 구성해나가는 이런 전투적 행위자는, 자신의 존재 역량을 지속적으로 축적함으로써 실존가능성을 확보해야 한다. 그는 장에서 도태되지 않고 존재를 유지하고 강화시켜 더 높은 위치로 전진하기 위해 '자본'을 맹렬히 축적해나가야 할 사회학적 운명에 붙들려 있는 것이다.

"축적된 노동"으로 정의된다는 점에서 부르디외의 자본은 마르크스의 그것과 유사해 보이지만(부르디외, 2003: 61), 거기에 몇 가지 이론적 확장과 변형이 부가되어 있다. 그는 자본을 "사회적 에너지" (Bourdieu, 1980: 209) 혹은 "사회물리학의 에너지"(Bourdieu, 1993: 30)로 간주하면서 장의 불균등한 구조화의 원리로 인지하고 있으며, 자본 형식을 다양화함으로써 경제자본 이외의 자본 유형들(사회자본, 문화자본)을 실험적으로 탐구해나간다. 그가 범주화한 자본의 세 형식은 다음과 같이 정의된다. "즉각적이고 직접적으로 돈으로 변환되며 재산권의 형태로 제도화될 수 있는 경제자본, 특정한 조건하에서는 경제자본으로 변환되며 교육적 자질의 형태로 제도화되어 있는 문화자본, 특정한 조건하에서는 경제자본으로 변환되며 사회적 의무(연결)로 구성되어 있고 고상함을 나타내는 신분의 호칭과 같은 형태로 제도화되는 사회자본"이 그것이다(부르디외, 2003: 65). 흔히 네번째 자본 유형으로 오해되는 상징자본은 사실은 이런 여러 형태의 자본들이 합법적인 것으로서 사회적 인정을 획득했을 때 나타나는 자본 형식에 붙여진 이름이다(부르디외, 2001: 345). 따라서 특정 양의 경제자본도 인정이나 성화consécration의 과정을 거쳐 상징화되지 않는다면 상징자본으로 설립되지 못한다. 졸부들에 대한 사회적 멸시나 반대로 성직자의 가난이 그의 종교자본의 축적에 중요한 구성요소가 되는 것에서 그 실례들을 찾아볼 수 있다. 이는 문화자본이나 사회자본도 마찬가지이다. 측정된 자본의 양이 중요한 것이 아니라 그 자본에 대한 사회적 판단과 평가가 상징자본 구성의 핵심 메커니즘이라는 점에서, 부르디외의 자본에 대한 관점은 경제학자들의 그것보다 훨씬 더 급진적으로 사회세계의 모세혈관에까지 뻗어나갈 수 있었으며, 동시에 경제학 모델이 의미로 구성된 사회세계에 정량적인 방식으로 적용될 가능성을 이론적으로 봉쇄해버린다(Bourdieu, 1987: 129-31, 124; Lebaron, 2005: 96-9; Jourdain & Naulin, 2012: 101).

장에 편만한 에너지이자 중요한 권력으로 활용되는 자본은 사회적 게임의 핵심적 내기물enjeux이 된다. 학자의 연구의 최종가치는 학문자본이며, 스포츠 선수가 추구하는 최종목표는 승리가 부여하는 기쁨과 영광이라는 스포츠자본이며, 예술가의 삶의 의미는 예술자본(예술성)의 획득에 있다. 행위자들이 내기물인 자본에 투여하는 관심, 열정,

믿음을 부르디외는 일루지오라 부른다(Bourdieu, 1994: 151). 일루지오에 사로잡힌 존재로 표상되는 부르디외의 행위자는 꿈꾸는 존재다. 우선, 일루지오의 특수한 마술적 성격으로부터 인식론적 환몽성이 비롯된다. 그가 이 맥락에서 참조하는 것은 마르셀 모스가 수행했던 마술에 대한 고전적 연구이다. 모스에 의하면 마술사가 발휘하는 힘은 마술사 자신에게서 오는 것도 아니고, 그가 사용하는 도구나 조작, 혹은 재현에서 오는 것도 아니다. 마술의 매혹과 현혹적인 힘의 원천은 마술을 대하는 집단이 그것에 부여한 집합적 믿음으로부터 온다. 즉, '사회'가 마술에 대한 믿음을 창조한 작인이다(Mauss, 1995: 84-90). 장이 "사회적 마술" 혹은 "사회적 연금술"의 공간으로 간주되는 것은 바로 이런 의미에서다(Bourdieu, 1992: 282-3, 16, 246). 납을 금으로 전환시키는 연금술(마술)처럼 장은 그 안에서 투쟁하는 행위자들에게 (외부의 시선으로 보면) 납에 불과한 가치들을 마치 금처럼 소중한 것들로 전환시키는 연금술의 장소로 기능한다. 이해관심intérêt 또한 사회적 연금술에서 온다. 왜냐하면 "사회적 마술은 거의 모든 것을 흥미로운 것intéréssante으로 구성하고 그것을 투쟁의 내기물로 설립"시키기 때문이다(Bourdieu, 1987: 126).

일루지오는 개인들이 갖고 있는 개별적 믿음이 아니라 사회적으로 구성된, 공유된 믿음이다. 문제는 일루지오가 그것을 공유하고 있지 않은 자들의 눈에는 하나의 환상illusion에 불과한 것으로 나타난다는 것이다(Bourdieu, 1994: 153). (외부의 시선으로 보면) 아무것도 아닌 것에 모든 것을 거는 특정 장의 행위자들은, 마술적 공간 속에 있거나 집합몽상 속에 있는 것처럼 보인다. 이것이 바로 일루지오가 "모두에 의해 만장일치로 인정되고 공유된 환상" 혹은 "현실의 환상illusion de réalité"이라 불리는 이유다(Bourdieu, 1992: 36). 가령 베버가 "직업으로서의 학문"에서 말하는 학자의 '열정Leidenschaft'은 전형적인 학문장의 일루지오의 예시다. 그는 말한다. "어느 고대 필사본의 한 구절을 옳게 판독해내는 것에 자기 영혼의 운명이 달려 있다는 생각에 침잠할 능력이 없는 사람은 누구든 학문을 단념하십시오. 이런 능력이 없는 사람은 우리가 학문의 '체험'이라고 부를 수 있는 것을 결코 자기 내면에서 경험하지 못할 것입니다. 학문에 문외한인 모든 사람들로부터 조롱을 당하는 저 기이한 도취, 저 열정(······)을 가지고 할 수 있는 것만이 진정으로 가치 있는 일이기 때문입니다"(베버, 2002: 39-40).

고대 필사본의 한 구절을 판독하는 것은 학자에게는 영혼의 운명이 걸린 일이지만, 문외한에게는 참으로 이해할 수 없는 과도한 열정으로 보일 것이다. 그런 열정은 비단 학자뿐 아니라 모든 장에서 관찰되는 현상이다. 즉, 장 내부에 형성되어 있는 일루지오는 외부에서 보면 그저 하나의 환상적 가치부여에 불과하다. 이런 점에서 보면, 부르디외의 일루지오 개념은 푸코가 말하는 '광기'를 장으로 끌고 들어간 형태이기도 한 셈이다. 장은 '현실적 환상'과 더불어 '허용된 광기'가 실천되는 공간이다. 사회가 청년들에게 흔히 권고하는 '자신의 일에 미쳐라'라는 말, 이때의 '미침'은 일루지오에 내포된 '사회적 광기'를 가리킨다. 꿈과 광기의 공간으로서의 장, 이것이 바로 부르디외가 보는 사회세계이다. 부르디외에게 사회는 하나의 꿈과 같은 현실을 이루고 있고, 분화된 수많은 장들마다 각이한 꿈의 세계들이 형성되어 있으며, 그리하여 전체 사회란 이처럼 수많은 몽상들의 복합우주를 이루고 있는 것으로 파악되고 있다. 부르디외 사회학은 이런 점에서 (마르크스가 그러했듯이) 사회세계의 근원적 꿈결, 꿈과 같은 성격을 폭로

하려는 비판적 의도를 강하게 함축하고 있다.

그런데, 다른 시각에서 보면 일루지오는 그것을 소유하고 있는 자에게 자신을 미래를 실천적으로 구성하게 하는 힘으로 기능한다. 그것은 환몽의 성격을 띤 동시에, 미래전망의, 미래로의 도약의 추동력이기도 하다. 부르디외 자신이 쓰고 있듯이, 일루지오는 "게임과 게임의 순간순간 미래에 투자하고, 기회들에 투자하도록 이끌면서 실존에 의미(이중적 의미에서)를 부여한다"(부르디외, 2001: 298). 사회적 행위자들이 자신들의 미래를 관심과 에너지의 투자대상으로 구성하게 하며, 실천과정에 미래의 시간지평을 창조적으로 끌어들여 존재역능을 그 방향으로 정향하게 하는 일루지오는 행위자의 실존에 의미와 방향(양자 모두 불어로는 'sens'라 불리는)을 부여할뿐더러 "존재이유"를 제공하기까지 하는데, 그 이유는 일루지오가 수여하는 행복이 결국 미래의 목적과 사회적 미션에 연관되기 때문이다. "사회세계는 그것이 제안하는 사회적 게임들을 통해서 외관상의 목적들보다 더 많은 것을, 그리고 다른 것을 확보해준다. (……) 그래서 임금, 상, 보상 같은 빤한 이익들을 넘어서는 행위의 행복이 있는 것이다. 이 행복은 무관심(또는 의기소침)으로부터 벗어나고 몰두하고 목적들을 향해 투사되고 있다는 사실과 (……) 사회적 미션을 부여받았다고 느끼는 사실 속에 있다"(부르디외, 2001: 342-3).

2. 꿈-자본

우리는 여기에서 일루지오가, 앞서 진술한 바 있는 구원에의 꿈(개신교 윤리)이나 목적(단위 행위)이라는 고전사회학의 개념과 은밀히 연결되어 있음을 깨닫게 된다. 근대적 사회공간은 공정한 경쟁을 통해

더 우월한 위치로 나아갈 수 있다는 존재론적 상승의 꿈과, 이를 추구하는 삶이 합당하고 매력적인 것이라는 도덕적·미학적 정당성이 복합적으로 빚어내는 꿈이라는 공적 자원을 생산하여 분배하는 시스템이다. 행위자와 사회 모두가 공유한 이 정당성의 환상인 일루지오는 일종의 공공재다. 부르디외의 일루지오 개념은 개인들의 꿈의 원천에 사회적 재화로서의 집합적 믿음의 에너지가 저수지처럼 존재하고 있음을 암시하고 있다. 사회세계에서 진행되는 게임에 대한 믿음인 일루지오를 체화함으로써 행위자는 미래의 꿈(목적)을 지향하는 방향성을 획득하고, 거기에서 주관적 행복, 사회적 미션, 그리고 실존의 의미를 발견해낸다. 일루지오는 환상과 비전의 역설적 결합물이다. 일루지오를 개인화함으로써 부르디외의 사회적 행위자는 단순한 "자본의 담지자bearer"의 위치를 넘어서(부르디외·바캉, 2015: 190), 자본의 소유를 열망하는 자, 자본의 소유로부터 기쁨과 자존감을 얻는 자, 그리하여 자본 획득의 미래의 가능성을 "미리 보고 예견할 수 있는 능력"을 체득한 자로 나타난다(Chauviré & Fontaine, 2003: 72).

"부르디외가 제공하는 존재(being)의 관념은 스피노자의 코나투스와 기쁨(존재의 증가)이라는 생각에서 영향을 받았다. 이것이 그의 인류학과 사회학을 이해하는 열쇠이다. 인간들이 존재를 축적한다는 생각을 정립하면서, 부르디외는 무엇보다도 '존재'가 양자택일적인 것이라는(셰익스피어의 '사느냐 죽느냐'에 축약된) 전체론적이고, 상식적이고, 현상학적인 관념을 허물고 있다. 실제로 부르디외에게 존재는 양자택일의 문제가 아니라 다소more or less의 문제이다. 누군가는 다른 사람들보다 더 많은 존재(더 의미 있고, 만족스럽고, 충만한 삶)를 소유한다. 부연하면, 사회에는 존재의 공산주의란 있을 수 없는 것이라고 말할 수 있다. 존재는 인구집단에 평등하게 분배되어 있지 않다. 누군가는 '많은 존재'를 상속받고, 다른 자들은 한 조각의 존재를 얻기 위해서 통의 바닥을 긁어야 한다. 부르디외 인류학의 핵심에는 사람들이 존재를 담는 수동적 용기容器가 아니라는 생각이 깔려 있다. 사람들은 존재를 축적하기 위해 싸운다"(Hage, 2003: 15-6).

인용문이 명쾌하게 표명하고 있듯이, 부르디외의 행위자는 자본에 대한 욕망과 희망에 불타는 코나투스적 행위자conatic agent다. 그의 노력은 미래를 향해 감각적으로 수행되어나간다. "투사된 미래에 대한 전망적 목표설정"(Bourdieu, 1972: 378), "장래에 대한 전망visée"(부르디외, 1995: 80), "모든 합리적 행위의 조건이 되는, 미래 속으로 자신을 투사할 능력"(Bourdieu, 1998: 97), "미래와 적극적으로 대결하는 데 필요한 성향들"(부르디외, 2001: 322), 혹은 "기획된 미래에 대한 선호 속에서 현재를 변화시키려는, 합리적 야심"(Bourdieu, 1998: 97)이라 부르디외가 다양하게 명명하는 이 마음의 힘들은 결국 행위자가 경제자본, 사회자본, 문화자본을 축적하고 이에 대한 인정을 욕망하도록 유도하는 원형적 동기를 이룬다.[5] 그 자체로는 아직 경제적, 사회적, 문화적 자본의 획득된 형태로 실현되지 않은 이 역량을 나는 '꿈-자본'이라 부르기를 제안한다. 꿈-자본은 꿈을 꿀 수 있는 힘, 꿈을 통해 자신이 미래에 향유하고자 하는 세계와 자아의 영상을 선취해낼 수 있는 힘, (불)가능한 꿈에 대한 감각, 합리적 실천을 추동해낼 수 있는 가능성을 모두 포괄한다. 그것은 욕망과 희망의 힘이자, 실천을 향해 존재를 떠미는 내적 힘이다. 그것은 자본을 지향하게 하는 마음의 발동 그 자체가 구성하는 자본이며, 자본을 향한 발심發心, 욕심慾心, 관심關心, 탐심貪心의 능력이다. 꿈-자본은 일루지오와 하비투스 수준에서 형성되는 자본이다.[6] 비유적으로 말하자면, 꿈-자본은 이미 물질화된 자본이 아니라, 다른 형태의 자본들(경제적, 사회적, 문화적)을 축적하여 사회공간에서의 위치상승과 더 나은 삶을 위한 활동에 돌입하게 하는 실천동기를 이루는, 일종의 "씨앗-자본seed-capital"이다(김홍중, 2015c: 250-2).

꿈-자본은 정신적이거나 심적인 동력이라는 점에서 문화자본과 외형적 유사성을 갖는 듯이 보이기도 한다. 그러나 학위나 학벌 혹은 지식이나 정보처럼 객관화되고 제도화된 문화자본은 꿈-자본 개념으로 말하고자 하는 역능과 동일시될 수 없다. 더 나아가서 체화된 문화자본 역시 꿈-자본과는 다른 질서에 속하는 자본유형이다. 가령, 세련

---

5   사실 부르디외는 '꿈'이라는 용어나 '꿈'의 상상적 기능에 이론적 중요성을 명시적으로 부여하지 않는다. 반대로 그의 텍스트에서 '꿈'은 도리어 비판적 함의를 띤 채 나타난다. 가령, 알제리에서의 현지조사과정에서, 미래를 합리적으로 기획할 수 있는 능력이 파괴되어 오직 백일몽적 비전을 가지고 미래를 공상하거나, 아니면 현재와 미래의 관계가 완전히 끊어진 것 같은 '장래 없는 인간들'의 "꿈꾸어진 야심들(ambitions rêvées)과 천년지복적인 희망들"을, 그는 현실성을 결여한 순수한 판타지로 폄하하고 있다(부르디외, 2001: 317). "모든 장래에 대한 부정적인 세계가 완전한 우세를 차지하기 때문에, 그들은 모든 것이 가능한 꿈꾸어진 미래(futur rêvé)에만 접근이 가능한데, 그것은 일상적인 사회경제적 생활세계를 지배하는 법칙들이 거기서는 정지되기 때문이다. 자기 자신에 대해서는 '좋은 직업', 즉 (……) '꿈의 직업(métier de rêve)'을 꿈꿀 수 있다. (……) 꿈속에서의 도약은 환상의 파괴자인 현실 속으로의 전락으로 이어진다. 개연성의 일정단계 내에서는 마술적인 수단만이 남아 있다. 주술적 희망(espérance magique)은 장래가 없는 자들에게 고유한, 장래에 대한 전망이다"(부르디외, 1995: 101). 이렇게 이해되는 꿈은 부르디외에게는 "몽환(onirisme)", 혹은 (일루지오를 의미하는 현실의 환상이 아닌) "진짜 환상(illusion vraie)"에 불과한 것이다(부르디외, 2001: 317; Bourdieu, 1992: 32). 이런 관점은 주관주의적이고 자원론적 행위가 아닌 하비투스에 의해 감각적으로 매개되는 행위를 강조하는 부르디외의 실천이론의 성격에 기인한다. 하비투스는 주관적 희망과 객관적 기회 사이에서 무의식적 조정을 행함으로써, 오직 가능한 꿈을 꾸도록 행위자들을 유도하는 것이다(부르디외, 2001: 310-2; Bourdieu, 1992: 531-3).

6   하비투스는 자본의 한 형태다. "사실상 하비투스는 하나의 자본이다. 체화된 탓에 마치 천부적인 것 같은 외양을 띠고 있을 뿐이다"(Bourdieu, 1984a: 134). 또는 "하비투스는 어떤 경우에 하나의 자본으로 기능할 수 있는 획득물이자 소유물이다"(Bourdieu, 1992: 294).

된 식사매너나 언어조음 스타일, 목소리, 눈빛, 몸가짐 등의 체화된 문화자본은 꿈-자본과 별다른 상관이 없다. 꿈-자본은 그런 스타일과 매너, 몸짓과 교양을 욕망하는 힘, 즉 문화자본의 이전에 발동하여 문화자본을 지향하게 하는 동력이다. 바로 이런 점에서 문화자본과 꿈-자본은 존재론적으로 구별된다. 더불어 꿈-자본과 상징자본을 혼동해서도 안 된다. 앞서 언급한 것처럼 상징자본은 하나의 독자적 자본 유형이 아니라, 사회가 자본으로 인정한 자본에 부여된 이름이다. 경제자본, 문화자본, 사회자본이 사회의 합법적 인정을 통하여 성화되면 그것은 '상징'자본으로 기능할 수 있는 것이다. 이렇게 보면, 꿈-자본과 상징자본 사이에도 명백한 범주적 차이가 존재한다. 꿈-자본은 다른 자본들과 마찬가지로, 상징자본이 될 수도 있고 그렇지 않을 수도 있지만, 그 자체로 상징자본과는 무관한 영역에서 구성되는 역량이다.

꿈-자본은 하나의 변수로서의 지위를 갖는 독자적 차원으로 간주되고 개념화되어야 한다고 말할 수 있다. 무엇보다도 꿈-자본은 종속변수로 취급될 수 있다. 즉, 개인이 소유하는 꿈-자본의 양과 내용은 다른 변수들(그의 경제/문화/사회자본, 그의 부모의 자본, 그가 속한 사회의 꿈 생산능력, 꿈의 배분구조 등)에 의해 설명되어야 하는 피설명항이다. 둘째, 꿈-자본은 이와 동시에 독립변수이기도 하다. 사회자본, 문화자본, 경제자본을 '자본화한 자본capitalized capital'이라 부를 수 있다면(부르디외, 2003: 65), 꿈-자본은 이들을 자본으로 구성하는 행위에 돌입하게 하는 자본이라는 의미에서 '자본화하는 자본capitalizing capital'이라 부를 수 있다. 독립변수로서의 꿈-자본 즉 '자본화하는 자본'은 '자본화된 자본'이 갖고 있는 구체적 물적 형태들을 띠기 이전의 역능이며 자본추구, 자본축적, 자본활용과 같은 '자본화'의 과정에 요

청되는 일루지오(욕망/희망)와 하비투스(상상/실천)의 결합물이다.[7]

3. 사몽私夢, 공몽共夢, 공몽公夢

꿈-자본의 형성에 영향을 주는 원천들은 다양하다. 부르디외의 시
각에 의하면 물론 개인의 꿈-자본의 원천은 사회(장)이다. 그러나 실
제로 꿈-자본을 반드시 장의 수준에서만 논의할 필연성은 존재하지
않는다. 행위자는 장에 속한 전문가인 동시에 국가의 국민, 시민, 민족
의 일원이며, 특정 조직체의 성원(학교, 직장, 종교단체, 친목단체, 정
당, 사회단체)이기도 하며, 가족의 구성원이기도 하기 때문이다. 장은
주로 전문직과 공적 활동을 포괄할 수 있을 뿐, 사회적 삶의 다양한 다

---

7   그런데, 왜 꿈을 '자본' 개념과 연결시켜야 하는가? 거기에는 어떤 필연성이 존재하는가? 이에 대
해서는 다음의 몇 가지 이유들을 제시할 수 있다. 첫째, 자원(resources), 자산(asset), 능력, 권능 등
의 개념들보다 더 강력한 경제학적 함축이 들어 있는 자본 개념은 사회공간이 하나의 '생존'공간이라
는 이론적 암시를 내포하고 있기 때문에, 꿈-자본이라는 용어는 꿈을 둘러싼 낭만화된 인식가능성
을 불식시키고, 꿈마저 경쟁적으로 획득, 추구, 재생산되어야 하는 엄중한 사회적 내기물이라는 사실
을 강조하는 효과를 갖는다. 둘째, 꿈을 자본 개념으로 포착함으로써 개인적 꿈의 수준에서 발견되는
불평등, 구별짓기(distinction), 그리고 재생산과 같은 주제들을 강조하는 효과를 기대할 수 있다. 꿈-
자본 개념을 통해서 우리는 꿈의 양극화와 꿈의 빈곤, 그리고 꿈의 수준에서 발생하는 갈등들에 대한
더 섬세한 연구로 이끌어질 수 있는데, 이는 부르디외가 자본 개념을 사용하면서 수행했던 주요한 연
구들과 조응하는 것이다. 셋째, 꿈-자본이라는 용어는 '자본' 개념에 정의상 내재되어 있는 포괄성을
환기시킴으로써, 그것이 단순한 자산이 아니라 일련의 사회적 과정 속에서 전개되는 것이라는 사실
을 효과적으로 말할 수 있게 된다. 주지하듯 자본은 단순한 부(wealth)가 아니라 특정 양의 화폐가 더
많은 화폐를 낳는 연속과정(M—C—M')에 투입되어 자기증식하는 가치로 전환될 때 나타나는 형태이
다. 자본은 실체가 아니라 "물질적 사물들을 그 지속적인 역동적 실존 속에서 사용하는 과정"이다. 따
라서 모든 화폐가 자본인 것이 아니라, "사용 중인 화폐(money—in—use)"만이 자본이라 불릴 수 있다
(Heilbroner, 1985: 36—7). 꿈-자본 개념은 사회적 행위에 수행성을 부여하는 꿈이 바로 이런 의미에
서 자본처럼 관리되고, 추구되고, 축적되고, 재투자되는 복합적 통치의 대상으로 구성된다는 점을 강
조할 수 있는 가능성, 즉 꿈의 통치성에 대한 탐구가능성을 자연스럽게 제공한다. 마지막으로 꿈-자본
의 개념은 꿈꾸는 능력이 개인과 집단 그리고 더 큰 사회적 단위에 하나의 에너지로서, 에너지의 흐름
으로서, 그것의 축적된 양으로서 측정될 수 있는 가능성을 타진하게 한다.

른 양상들은 포착하지 못한다(Lahire, 1999: 35). 행위자들은 장에서만 실천하며 꿈꾸는 것이 아니라, 장의 외부에서도 다양한 실천과 몽상을 수행한다. 따라서 꿈의 형성과 실천은 국가, 사회, 민족과 같은 공적公的 수준, 조직, 장, 모임, 단체, 상호작용을 포괄하는 공적共的 수준, 그리고 가족과 자아를 포함하는 사적私的 수준에서 모두 가능한 것이며, 이를 각각 사몽私夢, 공몽共夢, 공몽公夢으로 구분할 수 있다(김홍중, 2015c: 275-6).

사몽의 생산에 있어서 가족은 가장 중요한 주체가 된다. 특히 부모는 꿈의 능력을 자식에게 상속하는데, 이는 (무)의식적 실천들과 언행들을 통해서 이루어지는 경우가 많다. 가령 부모 자신의 꿈-자본이 부모의 사회적 성공과 성취를 물적 증거이자 매개로 하여 자식에게 상속되는 경우가 있을 것이다. 이때 상속은 다양한 가족서사, 애정을 통한 감화, 양육전략과 테크닉, 그리고 은밀하거나 설득과 회유의 형식을 띠게 된다. 부모가 달성하지 못한 꿈에 대한 회한이 자식에게 절실하고 부담스런 과제로 부여될 수도 있으며, 부모가 살아온 삶의 대척에서 아이의 미래의 꿈이 찾아질 수도 있다. 부모의 꿈이 자식의 꿈과 충돌할 때, 거기에 다양한 교섭들이 발생한다. 부모에게 부채감을 갖는 자식들은 자신의 진정한 꿈을 마음 깊은 곳에 숨기고 부모의 욕망을 따르는 연기를 하기도 한다. 이런 사적 꿈-자본의 형성에는 소위 개인 신화의 형식이 중요하게 작용한다. 개인 신화는 자아가 자신을 관리하고 육성하는 과정에서 동원하는 서사 혹은 믿음으로서 성공서사, 영웅서사, 희생서사 등 다양한 양상을 띨 수 있다. 심층 인터뷰를 수행하다보면 흔히 깨닫는 바이지만, 행위자들은 실제로 자신의 삶에 대한 열렬한 이야기꾼들이다. 이들은 자신의 고통, 곤경, 난관, 행복의 이유와 곡절에 대한 스스로의 이야기들을 만들어 의미를 부여하며, 가령 미래와 연관해서는, 문화적 이유로 쉽게 그것에 대해 말하지 않게 하는 사회적 규칙과 관행에도 불구하고, 자신의 희망과 소망의 내용들을 현재의 삶과 연결시킬 수 있는 성찰적 역량을 풍부하게 갖고 있다. 이런 자기서사의 핵심에는 많은 경우 합리적 근거를 발견하기 어려운 모종의 (종교적) 초월성이 개입하는 경우도 종종 있다. 자신이 숭배하는 신을 향한 절실한 기도, 기복, 운명에 대한 점복적 해석들, 삶의 고통이나 부조리를 중심으로 형성되었으며 자기애와 초월적 신심이 결합되어 만들어진 운명에 대한 긍정적 확신, 종교적 멘토들이 제공해준 훈화나 조언들, 이 모든 요소들이 마음의 깊은 수준에서 꿈-자본의 질료가 된다. 꿈을 불러일으키는 다양한 사회적 서비스들이 시장에서 판매되는 현상도 주목을 요한다. 자기계발 담론이나 감정코칭, 그리고 수많은 자기통치 테크닉들은 꿈-자본을 육성하는 방법을 지도하거나 자신감을 트레이닝한다. 심리학화된 각종 임파워먼트 프로그램들 역시 시장에서 소비할 수 있는, 꿈-자본 축적기술들이 상품화된 형태들이다.

둘째, 공몽共夢은 장이나 기능적으로 분화된 사회적 시스템들(루만), 혹은 다양한 조직체가 생산하고 그 구성원들에게 분배되는 꿈을 가리킨다. 부르디외의 일루지오는 이런 의미의 공몽과 조응한다. 공몽 또한 집단의 구성원들에게는 꿈-자본으로 기능할 수 있는데, 이 자본은 집단이나 조직 혹은 장의 역사적 변천과정에 종속되며, 그 부침은 장/시스템이 겪게 되는 흥망성쇠와 궤를 같이한다. 비근한 예를 들어보면, 사회학장場에 진입하는 존재들은 장이 부여하는 가능성의 공간에서 자신에게 주어진 꿈을 구성, 교섭, 재구성한다. 사회학 연구자가 된다는 것, 선생이 된다는 것, 교수가 된다는 것은 단순한 지위획득의 차원을 넘어서는 삶의 전반적 의미구조와 연관된 미래표상들이었다. 1990년대 이후 한국사회가 민주화되면서 사회학이 시민사회의 공적 가치를 지향하는 학문의 상징으로 성장하던 시기, 한국의 사회학장은 고도의 꿈-자본의 생산시기를 체험했다. 사회학장 자체가 확장되고 성장하던 시기에 행위자들은 진보적이고 비판적인 학문, 시장이나 국가에 복무하는 지식생산자가 아니라 사회의 공공성과 비판적 진보역량에 기여하는 지식인이라는 정체성을 형성하기 위해 필요한 풍부한 상징자본과 일루지오를 집합적으로 향유할 수 있었다. 그러나 2000년대 이후 사회학의 규범적 모태로 여겨지던 시민사회가 시장의 압박하에서 축소되고, 사회학의 위상을 약화시키는 지식생산시스템의 전반적 구조변동과정에서, 사회학장이 제공할 수 있는 공몽의 쇠퇴는 다각적으로 관찰되는 현실의 한 단면을 이루고 있다. 이는 특히 사회학장에 아직 본격적으로 진입하지 못했으나, 장에 대한 일루지오를 분유하고 있는 학생들에게 발견되는 희망의 약화현상에서 확인된다. 이처럼 특정 사회공간은 꿈-자본을 생산하고 분배하며, 이는 직장, 학교, 도서관, 노동조합, 정당, 종교단체, 시민단체, 동호회와 같은 중범위의 구성체들의 경우에도 마찬가지이다(박영숙, 2014).

공몽公夢은 국가가 공식적으로 생산하는 꿈을 가리킨다. 아메리칸 드림이나 중국몽中國夢처럼 국가는 자신의 정치적 비전과 정책적 약속을 구체적 소망이미지의 형식으로 결집시켜 이를 유포시킨다. 이런 의미에서 피터 J. 테일러의 연구는 흥미로운 시각을 제시한다. 그에 의하면 세계체제에서 헤게모니를 차지했던 세 국가인 네덜란드, 영국, 미국은 단순히 군사·경제·외교를 주도했던 리더였던 것이 아니라 "집합적 자기확신""모든 것이 가능하다는 헤게모니적 기분mood""캔-두 스 피릿can-do spirit"을 창조하여 이를 모델로 우월성을 인정받은, 이른바 꿈의 리더들이었다(Taylor, 1996: 84-9). 헤게몬hegemon이 된다는 것 은 다른 국가들의 미래에 자신을 위치시킨다는 것, 그들의 미래상이 된다는 것을 의미한다. "오늘날 헤게몬은 다른 나라들이 내일의 것으 로 기대한 바로 그곳을 표상한다. 그래서 헤게몬을 방문하는 것은 당 신 자신의 미래를 보는 것이다. 이보다 더 강력한 문화적 위치를 상상 하는 것은 어렵다. 헤게몬은 자신의 이해관계를 매우 성공적으로 보편 화할 수 있는데, 그 이유는 헤게몬이 모두의 미래로 인식되고 있기 때 문이다. 여러 나라들이 헤게몬을 모방하는 것은 놀라운 일이 아니다" (Taylor, 1996: 120). 하지만 비단 헤게모니 국가가 아니라 할지라도 개인 수준의 꿈이나 조직 수준의 꿈을 넘어서는 정치공동체의 꿈이 존재하며, 이 꿈이 국민을 동원하여 특정 사업을 실행하게 하는 힘으 로 작용한다는 사실은 의문의 여지가 없다. 그것은 국가이념이기도 하 고, 국가의 계획이기도 하며, 프로파간다나 담론 그리고 정책적 홍보 물에 표상된 국가적 미래의 소망상들이다. 공몽公夢을 제시하는 정치 지도자와 싱크탱크는 몽상 디자이너이며 이들은 지속적으로 국가의 비전과 미래에 대한 낙관적 그림을 그려냄으로써 국민적 에너지를 정 치적으로 동원한다.

이상에서 살펴본 바와 같이, 꿈-자본은 부르디외가 일루지오, 이 해관심, 사회적 리비도, 코나투스 등으로 부르는 역능에 자본 형식을 부여한 것이다. 부르디외 자신은 이런 힘 자체를 자본 개념으로 포착 하지는 않았다. 그의 자본 개념이 행위자의 능력 전반을 포괄함에도 불구하고, 정작 자본을 향해 움직이는 마음의 발동 그 자체는 자본 개념의 적용범위로부터 배제되어, 자본을 둘러싼 불평등현상의 비가시적 조건에서 작동하는 자본(꿈-자본)에 대한 좀더 예리한 논의가 전개될 수 없었다. 그러나 그가 천착했던 사회적 불평등의 문제가 가장 극적으로 제기되는 것은 바로 이런 힘들이 작용하는 심적인 동시에 사회적인 수준, 즉 '마음'의 차원에서이다. 사회적 경계는 마음의 경계를 가른다. 다른 어떤 형태의 자본보다, 심적 차원에서 발생하는 불평등은 교정하기 어렵고 또한 근본적fundamental이다. 꿈-자본 개념의 현실적합성은 여기에서 찾아질 수 있다. 20세기 후반, 우리는 글로벌한 수준에서 꿈-자본의 광범위한 붕괴를 목도하고 있다. 신자유주의가 야기한 양극화는 복지국가(사회국가)가 보장하던 안전망을 해체하고, 더 나은 삶에 대한 희망과 중산층(신화)을 붕괴시키는 결과를 낳았다(야마다 마사히로, 2010). 이에 대한 사회과학적 연구가 다른 어느 때보다도 중요한 과제로 등장하고 있는 형편이다. 왜냐하면, 화폐나 관계나 교양의 불평등보다도 더 심각한 것이 바로 꿈의 불평등, 즉 그런 자원들을 향한 욕망의 불평등, 그런 자원들을 획득할 수 있다는 희망의 불평등, 그리고 그런 미래를 꿈꿀 수 있는 상상력의 불평등, 상상력을 통해 실천을 수행할 수 있는 마음의 불평등이기 때문이다.

V. 벤야민과 꿈의 테마

—

벤야민은 꿈을 집합적이고 역사적인 체험으로 다루고자 했고, 이를 연구의 핵심 필드로 설정했다(Benjamin, GS V-2: 1214). 벤야민의 꿈에 대한 논의들을 좀더 선명하게 집약하기 위해서 나는 '몽상구성체dream formation'라는 용어를 제안한다. 몽상구성체는 '담론구성체formation discursive' 개념에서 착안한 것으로서(Foucault, 1969: 53), 리얼리티를 조형하는 힘으로 작용하면서 그 안에 삼투되며 구현되어 있는 집합적 소망표상의 앙상블을 지칭한다. 꿈에 대한 벤야민의 논의가 난해하고 비의적이지만, 몽상구성체 개념을 잘 활용하면 그의 통찰들을 좀더 효과적으로 전유할 수 있다고 판단한다. 이런 맥락에서 벤야민의 꿈에 대한 성찰이 단순히 19세기 유럽에 적용되는 특수한 역사서술의 범례에 그치는 것이 아니라, 근대성의 다양한 체험들에 적용가능성을 가지는, 보편화가 가능한 문화사회학적 모델로 재구성될 수 있는 가능성을 타진하고자 한다.

1. 모더니티의 기원사

꿈에 대한 이론적 성찰에서 벤야민이 차지하는 위치는 독보적이다. 꿈에 대한 관심은 그가 본격적으로 역사적 탐구를 시도하기 이전에 이미 형성되어 있었다. 벤야민은 정신분석학과 초현실주의자들의 작업을 잘 알고 있었고, 스스로의 꿈을 기록하고 분석하여 산발적으로 발표하기도 했다(Benjamin, 2008). 이런 관심은 '경험' 문제에 대한 학문적 천착에서 비롯되었다. 그는 감각체험의 변동에 테크놀로지가 행사한 영향에 주목해왔고(김홍중, 2009a: 294-301), 근대 경험이론에 의해 폄하되어온 다양한 '미메시스적' 체험가능성을 중시했다(Benjamin, GS II: 210). 마르세유에서 행한 하시시 실험이 그 대표적인 실례가 될 것이다(Benjamin, GS VI: 579-592). 꿈은 이런 점에서 소위 "범속한 각성"(Benjamin, GS II: 297-8), 즉 일상적 사물들이 그 사용가치를 찢고 나와 새로운 이미지로서 낯설게 나타나는 체험과 깊은 연관을 갖는다. 꿈에 대한 이런 관심은 1930년대에 벤야민이 『파사젠베르크』를 구상하고 그 구체적 내용들을 탐구할 때 가장 중요한 방법적 전략으로 진화해갔다(고지현, 2007). 그중에서 특히 유작으로 남아 1982년에 출판된 『파사젠베르크』는 서유럽 모더니티를 집합적 꿈과 깨어남이라는 시각으로 접근했던 기념비적 저작으로서, 꿈을 사회/역사공간의 구성원리로 파악하려는 우리의 시도에 강력한 영감을 주는 텍스트로 남아 있다(김홍중, 2012).

이 작업에서 벤야민이 겨냥하고 있던 것은, 실증주의와 목적론적 시각을 벗어나 "역사의 가시성Anschaulichkeit"에 기초한 유물론적 역사 서술을 수행할 수 있는 가능성이었다(Benjamin, GS V/1: 575). 그것이 바로 '19세기의 기원사' 기획이다. '기원'이란 여기에서 연대기적 시간의 처음 혹은 시초를 의미하는 것이 아니라, 망각된 과거의 편린이 의도하지 않은 계기에 불현듯 나타나는, 지난 것의 재귀에 붙여진 이름이다(김홍중, 2012: 340-7). 기원사에서 과거는 고정된 불변의 사실들이 아니라, 과거를 바라보는 시선과 맺는 성좌구조Konstellation에 묶인 만화경적 이미지들의 지평이다. 19세기의 기원사를 탐구한다는 것은 그리하여 19세기를 실증적으로 탐색하는 것이 아니라, 파시즘과 전쟁이 파국적으로 몰아닥친 1930년대의 관점에서 지난 세기를 바라볼 때 열리는, 두 시대의 '관계'를 포착하는 것이다(Gagnebin, 1994: 17-51). 따라서 이 기획에는 상호교차하는 엇갈린 두 가지 시간성이 내포되어 있다. 하나는 과거의 인간들이 자신들의 미래에 투사한 유토피아적 소망의 '전진하는' 시간성이다. 즉 몽상의 역사이다. 다른 하나는 이 꿈들이 악몽으로 전환된 현재의 폐허에서 과거를 되돌아보는 '회고적' 시간이다. 이것은 각성의 역사이다. 몽상사夢想史의 관점에서 보면 지난 꿈들은 유토피아로 나타난다. 그러나 각성사覺醒史의 관점에서 보면, 그것들은 자본주의적 상품물신의 환등상, 진보에 대한 부르주아 계급의 집요한 믿음, 영겁회귀에 대한 신화적 절망의 잔해들이 흩어져 있는 폐허의 풍경으로 나타난다. 이처럼 벤야민에게 꿈은 환상(신화)과 유토피아의 성격을 동시에 갖고 있었다(최성만, 2014: 350). 유토피아로서의 꿈은 수행성을 갖는다. 그것은 단순한 이데올로기나 세계관 또는 허위의식이 아니라, 테크놀로지에 의해 개방된 생산력을 특정 방향으로 이끌어 자연과 세계를 변형시키는, 집합역량을 실어나르는 일종의 운하이다. 그러나 그것은 또한 신화 혹은 환몽으로서 꿈이 깨어졌을 때 비로소 인식될 수 있는 비참과 허위를 은폐하는 기능을 한다.

두 상이한 시선의 충돌이 변증법적 이미지공간을 만들어낸다.[8] 꿈에서 깨어나, 엄습하는 현실의 충격 앞에서 빠르게 사라지는 꿈의 잔해들을 건져내는 사람처럼, 역사의 신화세계로부터 눈을 비비며 깨어나는 주체는 "위험의 순간에 섬광처럼 스치는 기억" 혹은 "위험의 순간에 (……) 예기치 않게 나타나는 과거의 이미지"와 조우하게 되는 것이다(Benjamin, GS I/2: 695). 과거의 꿈들이 "자신들의 진정한 (초현실주의적) 얼굴"을 드러내는 순간(Benjamin, GS V-1: 579), 역사가는 이 이미지들을 읽어 꿈의 가상을 폭로하고 "억압받은 과거를 위한 투쟁에서 나타나는 혁명적 기회의 신호를 인식"해야 하는 책무를 부여받는다(Benjamin, GS I-2: 703).

---

8 "과거(Vergangene)가 현재(Gegenwärtige)에 빛을 던지는 것도, 그렇다고 현재가 과거에 빛을 던지는 것도 아니다. 오히려 이미지란 과거에 있었던 것(Gewesene)이 지금(Jetzt)과 만나 하나의 성좌구조를 만드는 것을 말한다. 다시 말해 이미지는 정지상태의 변증법이다"(Benjamin, GS V-1: 576-7).

2. 몽상구성체

벤야민은 사회심리학적 시각과 영상이론의 독특한 결합을 통해서 집합적 꿈에 역사적 구성능력을 부여하고 있다. 즉 그에게 역사란 꿈의 공간이다(Rochlitz, 1992: 276-285; 벅-모스, 2004: 327). 1926년에 쓴 호프만슈탈의 『탑』에 대한 비평에서 그는 꿈을 "역사적 사건들의 중축Angelpunkt"으로 간주하고, 1928년에 쓴 "꿈키치"에서 "꿈꾸는 일이 역사를 형성하는 데 관여해왔다"고 언급하면서(Benjamin, GS II-2: 620), 꿈과 역사의 유기적 연관을 간파해내고 있었다(Benjamin, GS III: 31). 1930년대 이르면 이런 인식들은 파리의 파사주 연구에 결집된다. 그가 『파사젠베르크』에서 즐겨 인용하는 미슐레의 언명, "모든 시대는 다음 시대를 꿈꾼다"는 이를 핵심적으로 집약하고 있다(Benjamin, GS V-1: 46). 그는 근대를 빚어낸 역사의 동력을 역사이성(헤겔)과 같은 관념론적 실체에서 찾지 않으며, 또한 생산력과 생산관계의 모순(마르크스)이라는 사적 유물론의 관점을 그대로 차용하지 않는다. 대신 그는 19세기의 지배집단인 부르주아 계급의 집합적 상상의 힘, 미래를 꿈꾸는 힘, 즉 "몽상력capacity to dream"에 지대한 의미를 부여한다(벅-모스, 2004: 163).

이런 관점은 마르크스주의적 사적 유물론의 기본 도식(하부구조에 의한 상부구조의 결정)을 절묘하게 비트는 것이다. 이에 의하면, 상부구조는 하부구조의 단순한 반영에 그치는 것이 아니라 그 표현이다. 따라서 하부구조는 상부구조를 인과적으로 결정하지 않는다(Benjamin, GS V-1: 495). 상부구조를 이루는 문화의 영역은 생산력의 영역에서 이루어진 기술적 혁신(테크놀로지)을 나름의 방식으로 매개(상징화)하는, 독특한 꿈의 구성물들과 각성의 가능성들을 만들어낸다. 그 대표적인 실례가 바로 '건축'이다. 꿈은 도시공간을 구성하는 원리로 기능하면서, 세계의 표면을 자신의 방식으로 변형시킨다. 가령, 19세기 유럽에는 푸리에의 유토피아적 공상 속에 등장하는 건물들처럼 개인적 삶을 허무는 집단주의적 공간들(잿빛 건물, 시장, 백화점, 박람회장, 파사주)이 나타났고, 19세기의 수도인 파리는 "꿈의 도시Traumstadt"로 구상되었으며, 거기에 온실, 파노라마, 공장, 박물관, 카지노, 역, 휴양지와 같은 "집단의 꿈의 집들Traumhäuser des Kollektivs"이 들어선다(Benjamin, GS V-1: 493, 511, 520-1). 현대적 기술세계는 "신화의 고대적 상징세계"와 분리되어 있지 않다(Benjamin, GS V-2: 576). 상대적인 자율성을 부여받고 있는 상부구조는 다양한 집단의 꿈Kollektivtraum들이 출몰하는 공간이다. 『파사젠베르크』의 1935년 서문에서 벤야민은 그가 말하는 꿈의 의미를 다음과 같이 구체화하고 있다. "아직 초기단계에 불과하여 옛 형식의 지배를 받는(마르크스) 새로운 생산수단의 형식에 조응하는 것은, 집합의식 속에 존재하는 이미지들인데, 이들 이미지들 속에서 새로운 것과 오래된 것은 상호침투하고 있다. 이 이미지들이 바로 소망상이다. 거기에는 사회적 생산질서의 불완정성을 조명하는 동시에 그것을 극복하려는 집단적 시도가 담겨 있다. (……) 한 시대에는 그 시대에 이어지는 다음 시대의 이미지들이 꿈속에 등장하는데, 이 꿈속에서 다가올 시대는 기원사의 요소들, 다시 말해 계급 없는 사회의 요소들과 혼용되어 나타난다. 이 계급 없는 사회에 대한 경험들은 집단적 무의식 속에 저장되어 있고, 이 경험들은 새로운 것과 상호침투하여 유토피아를 빚어낸다. 이 유토피아는 오랫동안 남는 건축물에서 시작하여 신속히 지나가버리는 유행에 이르기까지 수많은 삶의 형상들 속에 그 흔적을 남겼다"(Benjamin,

GS, V-1: 46-7).

벤야민은 신화적이고 주술적인 힘이 모더니티의 핵심부에 얼마나 깊숙이 뿌리내리고 있는지를 통찰하고 있다. 모더니티는 단순히 '새로운 것'이 아니라, 기원의 시간과 미증유의 시간의 기묘한 결합이다. 역사의 추동력으로 작용하는 유토피아에의 꿈은 기원적 과거(신화)를 다시 불러낸다. 모더니티는 그리하여 진보의 첨단에서 가장 오래된 고대를 부활시킨다. 미래와 과거를 시대착오적 방식으로 결합시키는 소망상은 그 자체로 인간을 해방시키는 것은 아니지만, 해방과 행복을 향한 인간집단의 영원한 꿈을 표상한다. 근대성에 대한 이런 시각은 베버의 탈주술화 테제보다는 20세기 초에 유럽을 풍미했던 일련의 비합리성의 사회철학, 가령 베르그송의 '생의 약동', 파레토의 '잔기', 프로이트의 '무의식', 페기의 '신비', 그리고 소렐의 '신화' 등에 더 근접해 있다. 벤야민은 자본주의의 발생에 종교윤리가 중요한 역할을 수행했다고 본 베버와 달리 자본주의 자체를 종교로 파악하고 있으며, 그런 한에서 자본주의를 합리적 경제시스템이 아닌 하나의 잠에 비유한다.[9]

그는 근대성 내부에서 합리화가 진전된다는 사실 그 자체를 부정하지는 않았지만, 신화적이고 주술적인 힘이 근대성의 내부에 얼마나 깊게 자리잡고 있었는지를 깊이 사유했다. 19세기 유럽(특히 프랑스)의 부르주아계급이 개인화되고 내면화되었던 것만큼이나 집합적 꿈의 문화에 사로잡혔다는 사실을 지적하면서 이렇게 쓴다. "19세기는 개인의식은 점점 더 반성 속으로 침잠하면서 그러한 성향을 유지한

---

9 "자본주의는 꿈을 수반한 새로운 잠이 유럽을 덮친 하나의 자연현상으로, 이러한 잠 속에서 신화적 힘들이 재활성화되었다"(Benjamin, GS V-1: 494).

데 반해 집단의식은 점점 더 깊은 잠에 빠진 시대Zeitraum, 시대의 꿈ein Zeit-traum이다"(Benjamin, GS V-1: 491-2). 1930년대 이전의 벤야민이 '신화'를 계몽주의적 관점에서 진리의 대립항으로 설정하고 그 "마법의 해체"를 추구했다면(Benjamin, GS II-1: 213), 『파사젠베르크』 시기에 이르면 그는 몽상구성체에 오히려 "유토피아적 역능"을 부여함으로써, 꿈과 신화의 부정적 성격을 계몽주의적으로 교정하려는 시도와 그것의 변증법적 역할에 대한 긍정적 해석가능성 사이에서 나름의 중심을 획득하고, 몽상구성체를 역사공간의 조형적 힘으로 '구제' 한다(Menninghaus, 1986: 557).[10]

몽상구성체는 단순한 집합표상이 아니라, 꿈의 에너지와 리얼리티의 물질적 양태들이 뒤섞여 만들어진 꿈-현실의 혼합물이다. 그것은 "오랫동안 남는 건축물에서 시작하여 신속히 지나가버리는 유행에 이르기까지 수많은 삶의 형상들 속에 그 흔적"을 남기는 유토피아다. 이런 관점에서 보면, 현실과 꿈, 각성과 꿈의 경계는 생각보다 분명하지 않다. 근대 도시의 풍경은 그 자체로 물질적 실체를 갖는 것이지만, 그 실체에 부여된 형식들의 기원에는 집합몽상이 자리잡고 있다. 특정 시대의 물질문명 전체가 몽상구성체와의 여하한 연관으로부터 자유롭

---

10 벤야민의 신화 개념은 사상의 진화와 더불어 다양한 영향들을 흡수하면서 변화해왔다. 계몽주의, 낭만주의, 헤르만 코헨의 종교철학, 프로이트의 신화 개념, 융의 원형 개념, 아라공의 초현실주의적 신화지 등이 그것이다(Menninghaus, 1986: 529-30). 이중에서도 특히 파사주 연구와 직접적인 친연성을 보여주는 것은 아라공이다. 벤야민 스스로 고백하고 있듯이, 그가 처음 아라공의 『파리의 농부』를 읽었을 때 그는 너무 흥분하여 뛰는 심장을 안정시키기 위해서 책을 덮어야만 했는데(Benjamin, 1979: 163), 그 이유는 아라공의 텍스트가 근대적 공간들(특히 파사주)의 신화적 성격을 탁월하게 포착하고 있기 때문이었다. 다만 그는 이런 신화(꿈)의 세계에 예술적으로 침잠하는 대신, 그로부터 정치적으로 깨어나야 한다는 관점을 아라공과의 대비 속에서 확인한다(Benjamin, GS V-1: 571-2).

지 않다는 사실, 이처럼 현실의 구성 그 자체의 수준에서 꿈과 신화가
개입해들어오고 있다는 사실을 인지하고 나면 세계의 변화, 세계의 양
상, 세계의 풍경으로부터 꿈의 차원을 산뜻하게 분리해낸다는 것은 거
의 불가능에 가까운 일이 되어버린다.[11] 모든 근대도시들의 외관을 결
정한 것은 도시 속에 청사진의 형태로 잠재되어 있는 '꿈꾸어진 도시'의
이미지이다. "실제로 존재하는 도시 파리 안에 꿈의 도시 파리, 즉 아직
까지 실행되지 않은 온갖 건축 계획, 거리 계획, 공원 녹지 계획, 거리 이
름의 체계들의 집합으로서의 파리를 끼워넣어볼 것"(Benjamin, GS
V-1: 517). 이처럼 소망상 혹은 유토피아는 몽환적 영상들이 지배하
는 "몽상세계dreamworld"로서의 문화를 구성한다(벅-모스, 2008). 상부
구조에서 인식론적으로 특권적인 위치는 존재하지 않는다. 모든 것은,
만하임을 비틀어 말하자면, 몽상구속적이다. 벤야민에게 역사의 동력
은 꿈이며, 역사의 전개는 몽상구성체들의 투쟁적 전개과정이다. 꿈이
"19세기의 기원사에 대해 증언해줄 발굴이 이루어질 대지"라는 그의
언명은 바로 이를 의미한다(Benjamin, GS V-1: 140). 몽상구성체는
자신에 고유한 유토피아, 신화, 담론, 열정의 형식, 이상적 주체, 도시
풍경, 일상의 이미지를 갖고 있는 집합적 꿈의 체계이며, 역사에 활력

11　황석영의 『강남몽(江南夢)』은 시대의 꿈과 역사적 변화의 연관을 '강남몽'이라는 용어로 포착해
낸 소설적 사례다(황석영, 2010). 이야기는 개발독재 시기부터 삼풍백화점이 붕괴하기까지의 약 30년
동안의 파란만장, 즉 치부, 성공, 쾌락, 행복, 소비의 욕망이 인물들의 운명을 이끌어가는 역사를 중심
으로 전개된다. 강남이라는 공간의 꿈, 개발의 신화, 강남의 교육(8학군)이 보장하는 미래에 대한 열망,
강남 엄마, 강남 사람, 강남 아파트, 강남문화, 강남풍경 등의 복합적 요소들이 강남몽의 성좌를 이룬
다. 강남몽 속에는 개인적인 것과 집단적인 것, 사회적인 것과 심적인 것, 물질적인 것과 정신적인 것,
아름다운 것과 끔찍한 것, 미래에 대한 희망과 과거의 상처가 분리할 수 없는 방식으로 뒤엉켜 있다.
몽상구성체는 그런 혼용을 특성으로 한다.

을 부여하며 동시에 거기에 가상의 베일을 씌운다. 그것은 비전인 동시에 환상이다. 19세기의 역사를 증언하는 것은 그 시대가 꾼 꿈과 신화의 시스템인 몽상구성체들이기 때문이다.

3. 몽상사의 쟁점들

벤야민에게 각성은 역사인식의 모델인 동시에 정치적 행동 모델의 의미를 갖고 있다(최성만, 2014: 344). 이때 깨어남의 주체는, "역사철학 테제"의 12번 테제에 명시되어 있는 것처럼 "투쟁하는, 억압받는 계급 자신", 즉 프롤레타리아트다(Benjamin, GS I-2: 700). 1935년에 쓴 초안 『파리, 19세기의 수도』에는 자본주의적 환등상이 내적으로 균열을 일으키면서 프롤레타리아트가 집합적으로 각성하여 혁명적 해방을 이루게 될 가능성에 대한 그의 희망이 명확히 표명되어 있다. 발자크가 부르주아세계의 허상을 간파한 것으로 여겨지고 있으며, 파리 코뮌이 오스만이 꿈꾼 도시계획의 약점을 드러내버린 사건으로 서술되는 까닭이 거기에 있다. 초안의 말미에서 벤야민은 낙관을 숨기지 않고 이렇게 쓴다. "이러한 시대에서 나온 것이 파사주, 실내장식, 박람회장, 그리고 파노라마이다. 이것들은 꿈세계Traumwelt의 잔재들이다. 깨어날 때 꿈의 요소들을 활용하는 일Verwertung은 변증법적 사유의 본보기이다. 그래서 변증법적 사유는 역사적 깨어남의 기관器官이다. 모든 시대는 다가올 시대를 꿈꾸기만 하는 것이 아니라 꿈을 꾸면서 깨어나기를 조급하게 기다린다. 모든 시대는 자신의 종말을 내부에 지니고 있으며 그 종말의 과정을—일찍이 헤겔이 인식했듯이—간지를 통해 전개한다. 상품경제가 동요하면서 우리는 부르주아의 기념비들이 아직 붕괴해버리기도 전에 그것들을 폐허로 인식하기 시작한다"

(Benjamin, GS V-1: 59).

그러나 모든 시대가, 꿈속에서 꿈으로부터의 깨어남을 간절히 기다린다는 저 전율적 희망의 전언은 1939년 3월에 프랑스어로 쓴 두번째 초안에서는 전혀 나타나지 않는다. 거기에는 대신 무정부주의적 혁명론자 블랑키의 우울하고 절망적인 우주적 사변인 영겁회귀의 신화가 등장한다. 블랑키의 『별들을 통한 영원』을 길게 인용한 후 그는 이렇게 쓴다. "어떤 희망도 없는 이러한 체념이 바로 위대한 혁명가의 최후의 말이다. 19세기는 새로운 기술적 잠재성들에 상응하는 새로운 사회적 질서를 만들어내지 못했다. (……) 판타스마고리아에 의해 지배되는 세계, 바로 그 세계가―보들레르의 표현을 사용한다면―모더니티이다. 블랑키의 비전은 모더니티 (……) 안으로 우주 전체를 집어넣었다. 결국 새로움은 그에게 천벌의 선고를 받을 것들의 속성으로 비쳤다"(Benjamin, GS V-1: 76-7). 1935년과 1939년 사이에 겪어야 했던 암울한 실존적 상황, 전쟁의 발발, 심화되어가던 파시즘의 광기, 호르크하이머 그리고 아도르노와의 서신 교환을 통해 파사주 기획에 대한 심각한 비판을 받고 이를 수용할 수밖에 없었으며 1938년 2월에 블랑키의 텍스트를 재발견하고 감격적으로 이를 독해했다는 사실 등은 모두, 초고와 두번째 원고 사이에 나타나는 단절적 변화를 이해하는 데 중요한 단서가 된다. 비테는 더 나아가 유럽이 파시즘 앞에 굴복당하고 프랑스의 인민전선도 패배당한 당시의 상황에서 벤야민이 혁명의 주체를 발견할 수 없었으며, 바로 그 이유로 꿈에서의 각성이라는 기획이 결국 "역사의 집단적 주체에서 홀로 떨어져나온 한 개인의 소망"으로 전락하고 말았다는 냉정한 평가를 내린다(비테, 1994: 181).

그러나 중요한 것은 벤야민의 지적 기획이 성공했는지 아니면 실패했는지는 판정하는 것이 아니라, 그의 통찰을 생산적인 방식으로 사용할 수 있는 가능성을 모색하는 것이다. 이를 위해서는 무엇보다도 벤야민이 최후에 보여준 저 각성에 대한 태도 변화를 단순히 정황적으로 이해할 것이 아니라, 역사 인식에 있어서 냉정한 성찰의 결과로 재해석해야 할 필요가 있다. 일반적으로 벤야민의 '깨어남'은 꿈의 세계로부터의 파국적 각성, 꿈을 부서뜨리고 그 이데올로기적 효과로부터 자유로운 상태로 해방되는 것으로 이해되어왔다. 그러나 양자를 이렇게 분리시켜 파악하면, 꿈으로부터 자유로운 어떤 세계가 있고 깨어남이 그 세계로의 이전을 가능하게 한다는 도식적이고 안이한 인식을 야기할 수 있다. 타우식도 이와 유사한 인식을 표명한다. "깨어남은 많은 사람들에게 오늘날 탈신화화와 동의어로 여겨진다. 즉, 지식의 어두운 영역에 빛을 던지는 것, 리얼리티와 신화를 구분하는 것, 진실과 거짓을 구분하는 것 등이 그것이다. 나는 그렇게 생각하지 않는다. 벤야민이 하고 있던 것에 비추어 말하자면, 그리고 더 중요하게는 세상이 어떻게 구성되어 있는가에 관한 내 생각에 비추어 말하자면, 깨어남은 업고 가는 것piggy-backing, 즉 꿈세계와 같이 움직이는 것이다. 그것은 신화와 리얼리티를 구분하라는 계몽의 부르짖음이 아니다. (……) 그것은 무기력의 시기에서 행위의 시기로의 깨어남이 아니다. 그것의 절망의 시기에서 희망의 시기로의 깨어남이 아니다. 그래서 나는 언제나 그의 작업을, 당신이 말하는 희망의 불꽃이 아마도 감전적 효과를 불러일으키는, 그와 같은 탈신화화와 재마법화로 이해해왔다"(Zournazi, 2003: 54). 이런 맥락에서 각성은 꿈의 외부로 나아감이 아니라 꿈의 파상으로 이해해야 한다. 그것은 꿈의 완전한 종식이 아니라, 재구성 혹은 대체과정이다. 파상에 내포된 충격적 상황은 영원히 지속되는 것이 아니며, 언젠가는 또다른 몽환에 의해 봉합된다. 왜냐하면, 인간 행위자에게 꿈이 없는 삶은 다른 어떤 박탈의 상황보다 더 가혹하고 끔찍한 것이기 때문이다. 이렇게 보면, 우리는 벤야민의 〈꿈→각성〉의 도식을 두 가지 관점에서 변형시켜 사고해야 할 필요가 있다.

첫째는 특정 시대의 문화를 지배적 꿈(자본주의적 판타스마고리아)과 그것으로부터 깨어나는 집합주체의 '각성능력'을 중심으로 파악하는 관점 대신, 몽상구성체의 복수성複數性과 그들 사이의 각축, 경쟁, 충돌과정으로서 문화공간을 사고하는, 좀더 구조적인 시각을 채택할 필요가 있다. 실제로 『파사젠베르크』는 다수의 몽상구성체들의 생태계를 포괄적으로 다루고 있다. 거기에는 푸리에의 유토피아, 보들레르적 산책자의 환등상, 오스만의 미래 파리의 청사진, 니체와 블랑키의 영겁회귀의 신화, 생시몽주의자들의 산업주의의 꿈, 유겐트슈틸이 대표하는 내면성의 환몽, 그랑빌의 상상계, 부르주아계급의 진보에 대한 집합적 믿음, 사회주의에 대한 열망, 수집가들이 구현하는 실내장식의 판타스마고리아, 금융자본주의와 기술학교가 품고 있던 꿈들의 '성좌'가 존재한다. 이들 19세기 몽상우주의 만화경을 몽타주하는 것이 바로 벤야민 기획의 요체였다. 따라서 이 텍스트를 꿈과 그것으로부터의 깨어남으로 읽을 수도 있지만, 여러 꿈들의 병존과 융합 혹은 갈등의 역사에 대한 탐구로 읽는 것도 충분히 가능하다(가령, 부르주아의 환몽은 마르크스주의의 꿈과 격렬하게 적대, 충돌, 투쟁한다). 동시대의 몽상구성체들 사이에는 기본적으로 상징권력을 둘러싼 항상적 투쟁이 진행되고 있는 것이 아닐까? 계급, 젠더, 인종, 세대, 지역, 종교 간의 투쟁이란 결국 꿈의 투쟁이 아닐까? 문화란 다수 몽상구성체들의 전쟁공간이 아닐까? 이런 관점에서 우리는 20세기 중반 이후 한국사회를 지배해온 여러 꿈들의 역사를 벤야민의 시각으로 탐구할 수 있을 것이다. 그것은 한국사회를 조형한 작용인으로서 특정 사회그룹의 생각이나 이념이나 조직이나 네트워크를 묻는 것이 아니라 그들의 꿈, 그들의 꿈의 시스템이 무엇이었는가를 묻는 것이다. 그 꿈들의 모델이 된 원형적 꿈을 찾아내고 그것을 분석하는 것이다. 우리가 박정희의 꿈, 전태일의 꿈, 윤상원의 꿈,[12] 민초의 꿈, 정주영의 꿈, 순복음교회의 꿈, 중산층의 꿈, 강남 엄마의 꿈, 여공이나 식모의 꿈, 사회운동가의 꿈, 노인들의 꿈, 자살한 청소년들의 꿈, 탈북자들의 꿈, 꿈을 상실한 자들의 꿈, 촛불소녀의 꿈, 세월호 유족의 꿈, 그리고 가능한 모든 인간 집단들의 꿈을 질문하는 것이 이런 관점에서 새롭게 열리는 사회학적 비전이다. 이는 지배하는 자들의 꿈, 승자들의 꿈, 상승하는 꿈과 몰락하는 꿈, 사라진 꿈, 짓밟힌 꿈, 침묵에 갇힌 꿈, 파괴된 꿈, 악몽들과 절망들을 찾아내고 드러내는 작업이다.

둘째는 각성을 정치적 혁명과 곧바로 동일시하는 것이 아니라 사

---

12 2000년 5월 6일에 있었던, 5·18에 대한 한 좌담에서 정근식은 다음과 같이 말하고 있다. "지금까지 5월 연구에서 가장 뛰어난 분석들은 최정운 교수의 '절대공동체' 개념, 또 한상진 교수의 '승인투쟁' 개념이라고 생각하는데, 저는 그 두 가지 모두를 어느 글에선가 일정하게 비판한 적이 있어요. 두 사람의 논의가 동물적인 진압과 탄압에 굴하지 않고 어떻게 광주 시민이 그런 대규모 저항을 할 수 있었는가에 초점을 맞추고 있다면, 저는 그것과 아울러 **당시의 투쟁을 미래로 열어놓은 부분이 중시되어야 한다는 입장**입니다. 광주는 부활했느냐는 질문은, 1980년 5월 27일 새벽, 역사의 진보를 믿으면서 기꺼이 자기 목숨을 내던진 **사람들의 염원이 무엇이었는지 밝히는 작업**이 아직 과제로 남아 있다는 점을 상기시키려는 의도를 담고 있는 거지요"(정근식·김무용·김명섭·문부식 좌담, 2000년 5월 6일, 「광주 20년─국가의 기억, 민중의 기억」, 『당대비평』 11, 12쪽. 강조는 필자). 정근식은 비록 '꿈'이라는 용어를 명시하거나 개념적으로 이를 정교하게 짚어가지는 않고 있지만, 직관적으로 5·18에 대한 연구에서 중요한 과제로 남은 것이 저항세력의 '염원', 즉 그들이 자신들의 행위를 통해 열어내고자 했던 꿈이라는 사실을 천명하고 있다. 이 꿈을 잔혹하게 짓밟은 전두환의 꿈, 군부의 꿈, 지배세력의 꿈을 또한 사회과학적으로 물어야 함은 물론이다. 5·18은 이 두 적대하는 꿈의 부딪침이었다.

회구조가 심대하게 변화하는 시기에 동반되는 집합감수성의 변혁으로 이해하는 길이 있다. 물론, 꿈으로부터의 각성은 특정 시대의 몽상구성체들의 잠정적 정지와 충격으로 체험된다. 그것은 파국적 사건들의 형태로 온다. 그러나 문제는 꿈이 없는 삶, 꿈의 완전한 부재와 순수한 각성상태란 현실에 존재하지 않는다는 것이다. 꿈과 각성은 역사의 연속적인 두 "허망한"[13] 계기이다. 그러나 이 허망은 허무가 아닌 희망을 야기하는 허망이다. 허망의 인식 속에서 희망이 솟구칠 때, 이 희망이 바로 행위를 야기하는 역능이 된다. 이렇게 본다면, 기왕의 꿈이 붕괴한 이후 새로운 몽상구성체가 나타나기까지의 공백기에 발생하는 꿈의 아노미 상황이 어쩌면 벤야민이 말하는 각성과 가까운 것일 수 있다. 이런 각성의 순간 광범위한 기억의 재구축이 이루어지며, 미래와 현재의 관계 또한 근본적인 수정을 겪게 될 것이다. 이것은 집합적 현상이지만, 그 현상을 기록, 증언, 전달할 인간주체가 필요하다. 누군가가 이처럼 고양된 "인식가능성의 지금에im Jetzt der Erkennbarkeit에 머물면서(Benjamin, GS, V-1: 577), 글쓰기 속에서 파상의 폐허를 응시하고, 거기에서 희망의 흔적들을 찾아 드러내야 하는 것이다. 벤야민에게 그것은 '역사의 천사'로 표상되는 역사가였다. 하지만 그가 말하는 역사가는 우리 시대의 협소한 분과학문의 내부에서 갈라져나간 그 '역사학'의 주체가 아니라, 인간과 사회에 대한 탐구를 수행하는

---

13 루쉰은 「희망」이라는 산문시에서 이렇게 쓴다. "절망은 허망하다. 희망이 그러하듯 (……) 지금은 별도 없고, 달도 없다. 웃음의 아득함도, 사랑의 춤도 없다. 청년들은 고요하다. 그리고 내 앞에는 진정한 암흑의 밤조차 없다. 절망은 허망하다. 희망이 그러하듯"(루쉰, 2011: 38-9). 희망이 꿈이라면 절망도 꿈이다. 희망의 허망을 깨닫는 힘. 그것이 파상력이라면, 그 절망 또한 허망하다는 것을 깨닫는 힘 또한 파상력이다. 파상력은 절망에 머물지 않고, 절망에 절망하고, 절망을 넘어서는 힘이다. 루쉰처럼 벤야민의 기획을 정식화하면, 우리는 이렇게 말할 수 있을 것이다. 각성은 허망하다. 꿈이 그러하듯.

넓은 의미의 인문/사회과학 연구자에 더 가까운 것으로 보아도 무방하다. 연구자는 이런 점에서 파국적 상황(꿈의 파괴)에 던져진 증언자이자 해몽가이다. 그의 시간은 꿈이 부서지고 다른 꿈이 형성되기까지의 '카이로스'이다. 그에게 주어진 힘, 그에게 요구된 힘이 바로 파상력인 것이다.

각성의 의미를 이런 방식으로 이해하면, 우리는 20세기 한국의 근대성을 벤야민적 관점에서 바라볼 수 있는 하나의 시각을 확보한다. 구한말 이래의 정치·외교적 격변, 국권상실, 식민화, 한국전쟁, 산업화, 민주화로 이어져나가는 한국 모더니티는 꿈의 지배와 소멸이 빠른 시간 안에 이루어지며 지속적인 각성의 체험들이 구조화되는 꿈의 전변사轉變史를 이루고 있다고 말할 수 있다. 수많은 꿈의 씨앗들이 훼손되고, 다시 품어지고, 싹이 잘리며 이어지는 지속적 파상의 시대, 파상의 충격이 일상화되는 양상이 한국 근대성의 실상이 아닐까? 1997년의 IMF 외환위기가 가져온 충격파를 상기해보자. 1960년대 이후 약 30년을 지속한 발전의 꿈, 한강의 기적이라는 신화, 산업화의 성공에 대한 자부심을 단숨에 붕괴시키는 집합적 꿈의 파산을 우리는 체험했다. 이런 각성에 뒤이어 안개처럼 삶을 휘감아온 것은 또다른 몽상구성체인 신자유주의적 세계화다. 신자유주의는 이념이며, 제도이며, 정책원리일 뿐 아니라 하나의 꿈의 양식, 몽상구성체다. 그것은 자유주의자들의 오랜 꿈이 진화하여 20세기 후반에 새로운 형태로 형성된 공격적이고 모순적인 특정 욕망과 희망의 구성체이다. 이처럼 우리가 체험한 것은 〈꿈→각성〉의 행복한 스토리가 아니라 〈꿈1→각성→꿈2……〉의 끝없는 연쇄에 더 가까운 것이다. 우리는 산업화를 꿈꾸었고, 민주화를 꿈꾸었고, 이제 세계화의 꿈의 물결에 쓸려간다. 그 꿈들의 정체는 무엇인가? 우리는 지금 무슨 꿈을 꾸고 있으며, 무슨 꿈을 믿으며, 어떤 꿈들과 싸우고 있는가? 우리는 세계화와 신자유주의라는 이 거대한 꿈으로부터 어떻게 깨어날 수 있을까? 대안적 몽상구성체가 쉽게 전망되지 않는 이 시대에 어떤 꿈의 구성을 누구와 함께 꿈꾸어야 하는가?

VI. 마치며

―

꿈은 마음의 복합적 능력들을 이끌어내고, 실천의 흐름에 방향과 의미를 제공하는 미래의 소망표상이다. 꿈의 능력은 자본으로 기능하며, 집합적 꿈들은 미래의 헤게모니를 위한 다양한 투쟁의 과정을 겪는다. 꿈-자본과 몽상구성체의 개념은 바로 이런 현상들을 이해하고 설명하기 위해 방편적으로 고안되어 제안되었다. 주지하듯, 우리 시대는 꿈-자본의 양극화와 대안적 몽상구성체의 현저한 약화를 체험하고 있다. 공적으로 생산되어 분배되어야 할, 더 나은 삶에 대한 희망이 축소되는 현상, 자본주의적 삶을 넘어서는 다른 존재양식에 대한 꿈이 집합적 운동으로 전개되지 못하고 우울과 좌절과 냉소의 몸짓 속에 흩어져버리는 현상이 그것이다. 근대사회는 꿈을 공적으로 생산하여 평등하게 증여하겠다는 약속 위에 건립되었다. 이 약속이 배반된 곳에서 사회적인 것의 소실이 발생하고 있다. 사회적인 것은 현재적 행위뿐 아니라, 과거의 기억과 미래의 꿈의 결합체인 몽상구성체를 자신의 존재 지평으로 삼는다. 꿈을 생산하지 못하는 사회는 어떤 의미에서 사회라 불릴 수 있는가? 정의롭고 해방된 평등한 사회를 더이상 꿈꾸지 않는 사회는 어떻게 여전히 사회일 수 있는가?

보론1. 사회라는 꿈
—

수면시의 정신활동을 가리키는 꿈과 각성시의 소망을 가리키는 꿈 사이에는, 현실이면서도 꿈과 같은 성격을 갖는 영역·현상·담론 들이 존재한다. 철학이나 종교의 전통에서는 리얼리티를 꿈에 비유하는 다양한 메타포들이 존재해왔다. '인생의 꿈이다'라는 인식은 동서고금을 막론하고, 삶의 덧없음과 헛됨을 강조하는 대표적 클리셰 중 하나였다. 리얼리티 자체에 이런 인식론적 허구성을 부가하는 진리의 관점은 지식사회학의 한 전통을 이루고 있기도 하다. '의식의 존재피구속성(존재가 의식을 결정한다)'이라는 유물론적 시각을 견지해온 사회학은, 현실에 대한 인간의 인식이 자신의 사회적 위치에 의해 규정되면서 모종의 편파성이나 일면성, 더 나아가서는 물신성이나 몽환성에 오염되어 있다는 사실을 강조해왔다. 우상, 허위의식, 이데올로기, 세계관, 상품물신성 등이 바로 그런 개념들의 실례이다. 비판이란 말하자면 이를 교정하는 것이다. 예술활동 속에서 발현되는 '몽상rêverie' 역시 각성시의 정신작용이지만, 마치 축어적 의미의 꿈과 매우 흡사한 작용을 보여준다. 그것은 상상력의 창조적 성격에 대한 인식을 중시하는, 낭만주의 이래의 서구 미학의 발전과정에서 특히 두드러지게 나타나는 관점이다(베갱, 2001). 가령 창조적 상상력을 시학의 핵심으로 하는 바슐라르에게 '몽상'은 비유적 의미의 꿈과 축어적 의미의 꿈 사이에 존재하는 정신의 활동으로 간주된다(Bachelard, 1960). 사회학자

중에도 이처럼 현실세계를 꿈이자 일종의 "몽환극féerie"으로 이해한 독특한 인물이 존재한다. 그는 가브리엘 타르드다(Joseph, 1999). 주저『모방의 법칙』에서 타르드는 사회를 문자 그대로의 "집합적 꿈" 또는 "집합적 악몽"이라 부르고 있다(타르드, 2012: 19). 그것은 사회가 모방이나 반대모방에 의해서 생겨난 수많은 전염, 유사성의 확산 네트워크로 이해되기 때문이다. 사회를 이루는 것은, 타르드에 의하면 믿음croyance과 욕망désir이며, 그것은 모방되고 확산된다.[14] 근대 대중사회의 집합심리현상에 대한 날카로운 통찰과 긴밀히 연관되어 있는 이 관점에서 보면, 사회적 삶은 최면이나 몽유夢遊상태와 흡사하다. "사회상태란 최면상태와 마찬가지로 꿈의 한 형식에 불과하다. 즉 조종받은 꿈rêve de commande이며 활동하고 있는 꿈rêve en action이다. 암시된 관념들을 갖고 있는 것에 불과한데도 그것들을 자발적인 것이라고 믿는 것, 이것은 몽유상태에 있는 사람만이 아니라 사회적인 인간에게도 있는 고유한 착각이다. (……) A. 모리는 '최면상태에 있는 사람은 그의 꿈이 몰두하는 것 속에 들어오는 것만 보고 듣는다'라고 말한다. 달리 말하면 그의 믿음과 욕망의 모든 힘이 하나의 극으로 집중된다는 것이다. 이것이 바로 매혹fascination에 의해 일어나는 복종과 모방의 효과가 아니겠는가? 그리고 이 매혹은 진정한 신경증, 즉 일종의 사랑과 믿음의 무의식적 분극分極, polarisation이 아니겠는가? 람세스에서 알렉산더, 알렉산더에서 마호메트, 마호메트에서 나폴레옹에 이르기까지

---

14 "내가 욕망이라고 부르는 심리적 경향의 에너지, 즉 정신적 갈망의 에너지는 내가 믿음이라고 부르는 지적 파악의 에너지, 즉 정신적인 지지나 수축의 에너지와 마찬가지로 동질적이며 연속적인 하나의 흐름(courant)이다. 이 흐름은 각각의 정신에 고유한 감성의 색조가 변하면서 때로는 분산되어 흩어지기도 하고 때로는 집중되기도 하지만 어쨌든 동일하게 흐른다"(타르드, 2013: 31).

정말로 얼마나 많은 위인들이 이처럼 그들 백성들의 영혼을 한쪽 극으로 집중시켰겠는가?"(타르드, 2012: 120-4) 타르드 사회학은 21세기적 미디어환경에서 매우 흥미로운 현실적합성을 보여준다. 각종 대중매체와 인터넷 그리고 SNS는 타르드가 말하는 믿음과 욕망의 모방, 전파, 확산가능성을 극대화한다. 감정 혹은 정동은 즉각적으로 전염되고 상호침투한다. 먼 세계의 일상들이 우리 눈앞에 가시화되며, 최면적 영향력을 지닌 존재들(셀러브리티, 스타, 정치인, 종교인, 스포츠맨, 지식인, 언론인)의 육성과 얼굴이 우리 앞의 스크린에 감각적으로 등장하면서, "한 뇌세포에서 다른 뇌세포로 작용하는 암시"라 부르는 뇌간모방imitation intracérébrale을 촉진시킨다. 몽유적 상태는 이제 모든 사회적 상황으로 확장되고, 미메시스적 정동전염은 일상적 현상이 된다(깁스, 2010).

보론2. 일루지오와 환상[15]

—

부르디외 사회학에도 타르드적 관점이 은밀한 방식으로 스며 있다. 앞에서 분석한 것처럼 사회공간의 기본단위인 장은 그것에 대한 '믿음 croyance'과 그곳에서 통용되는 자본에 대한 '욕망désir'을 통해 작동한다. 부르디외가 일루지오라 부르는 것의 주된 재료 역시 욕망과 믿음이다. 믿음과 욕망이 구성하는 일종의 자기장磁氣場과 같은 사회공간은

---

15   이 글은 다음 글의 일부를 발췌, 재구성한 것이다. 김홍중, 2013, 「기생 혹은 죽음의 불가능성」, 『문학동네』 76.

그 내부와 외부 사이에 존재하는, 힘의 낙차로 구성된 경계선을 갖는다. 아무나 장에 들어갈 수 없고, 장에서의 추방은 추락의 체험과 흡사하다. 모든 장은 자신의 내부로 진입하려는 존재들에게 입장세droit d'entrée를 부과한다(Bourdieu, 1994: 153). 그것은 오랜 기간의 훈련, 학습, 노력에 투하되어야 하는 시간과 에너지의 총량이다. 학문장, 예술장, 정치장, 의료장, 관료장처럼 세속화된 장들에 최초로 진입하는 과정도 결코 순탄한 것이 아니다. 때로는 무언가의 희생을 바쳐야 하며, 이런 희생은 행위자들의 의식 수준에서는 하나의 신화로 작용하기도 한다. '다시 태어나도 이 길을 갈 것이라' 운운하는 경험담에서 엿보이는 유사-운명적 자기신화화가 바로 그것이다.

장에의 진입이 일단 이루어졌다 해도(입사, 입문, 등단, 데뷔 등), 장에서 자신의 위치를 더 견고하게 확립하기 위해서는 더 깊은, 진정한 몰입이 요청된다. 그 몰입은, 장에서 이루어지는 게임의 규칙을 신뢰하고, 게임에서 이기기 위한 최대한의 노력에 자신의 전 존재를 투자하는 것이다. 장에서 이루어지는 게임의 실체는 오인되어야 하고, 정당성은 의심되지 않아야 하며, 규칙은 신뢰되어야 한다. 사회적 게임에의 이런 심리적 투자를 가리키는 일루지오는 "게임에 빠지고, 게임에 사로잡히고, 게임이 한번 해볼 만한 가치가 있다고 믿는" 태도를 가리킨다(Bourdieu, 1994: 151). 장은 일루지오를 생산함으로써, 행위자들에게 '흥미'와 '이득'을 향한 게임에 참여하게 한다. 특정 장의 주요한 가치들은 일루지오의 작용을 통해서 중요한 추구대상으로 성립된다. 일루지오의 반대편에는 초연한 자세가 있다. 이겨도 그만, 져도 그만이라는 태도, 성공해도 그만, 실패해도 그만이라는 태도로서, 장의 인정으로부터 초탈한 듯이 보이는 태도이다. 하지만 장은 이러한 행위자의 무관심성을 용납하지 않는다. 학문장이나 예술장 혹은 종교장과 같은 고도의 정신적 자본으로 운영되는 사회공간에서는 초연함의 경쟁이 일어나기도 한다.

흥미로운 것은 특정 장에서 당연시되는 일루지오가, 장 외부의 시선으로 보면 부조리한 환상으로 인지될 수 있다는 사실이다(Bourdieu, 1994: 153). 가령, 정치의 장에서 권력을 추구하는 게임에 몰두하면서 정치적 자본을 추구하는 자들의 일루지오는, 정치적 장의 외부에서 보면 때로는 하나의 순수한 환상으로 보인다. 권력자들의 광기 어린 쟁투는 일반인이 보기에 하나의 희극이다. 그러나 이는 권력장만의 문제가 아니다. 예술장 내부에서 고귀하고 아름답고 가치 있는 천재의 행위로 여겨지는 어떤 것(가령 고흐와 고갱의 광태)이 외부의 시각으로 보면 자신을 이성적으로 통제할 수 없는, 정신적, 육체적으로 쇠약해져 있는 자들의 유사-종교적 환상으로 보일 수도 있다. 행위자들은 장안에서 일정 정도 '미쳐' 있다. 장에의 몰입에는 적정선이 없다. 장은 장 고유의 광기와 몽상을 행위자들에게 체화시킴으로써, 인간을 사회적 존재로 전환시킨다. 사회적 인간으로서 그는 자신에게 주어진 일의 미래와 가능성을, 별다른 증거나 성찰 없이, 신뢰하고 신앙하며 갈망할 수 있게 된다. 그것이 바로 일루지오다. 일루지오는 행위자에게 존재의 최대한의 투신을 가능하게 하는데, 정작 장의 논리에 몰입한 존재는, 꿈속의 존재가 꿈에서 깨어나지 못하듯이, 자신의 일루지오를 반성하지 못한다. 반성되지 못하는 한에서 행위자는 사회가 만들어 우리에게 새겨놓는 꿈으로부터 쉽게 벗어날 수 없다. 반대로 말하자면, 장의 논리를 믿지 않는 자, 장의 토템을 섬기지 않는 자, 장이 펼쳐내는 꿈의 논리로부터 각성되어 깨어난 자는 장에서 살아갈 수가 없다.

장은, 장의 외부만큼이나 몽환적인 꿈결의 세계인 것이다.

우리가 장의 몽환적 성격을 진정으로 깨닫는 것은, 장으로부터 존재론적 근거를 박탈당하는 폭력적 순간을 체험할 때뿐이다(우리는 자신의 의지로 꿈에서 깨어날 수 없다). 실직의 참혹함은 경제적 수단을 상실했거나 사회적 지위에 손상을 입었기 때문이기도 하지만, 근본적으로 자신이 그 안에 빠져 있던 꿈이 파손되었을 때 엄습하는 허무의 감정, 환멸감에 기인한다. 그는 장에서 보낸 모든 시간과 거기 투하된 자신의 열정이 허상으로 지각되는 난처한 체험을 하게 된다. 우리가 연애의 실패에서 체험하는 것도 이와 유사한 감정이다. 연애라는 꿈속에서(혹은 연애가 구성하는 미시적 관계가 만들어내는 관계의 믿음들, 즉 일루지오 속에서) 상상하고, 희망하고, 구성해놓은 세계는 연애가 종결될 때 함께 부스러진다. 이 파괴의 괴로움은, 허상을 구축하는 데 소비된 순도 높은 열정의 소실과 더불어, 연애를 통해 꿈꾸었던 모든 것의 증발이 야기하는 상실감에 기인한다. 인간이 세계 안에서 자신의 자리를 잡기 위해서는, 현재와 미래 사이에 허구적 상상과 서사를 통해 '길'을 구축해야 한다. 이 상상된 길, 즉 꿈이 부서질 때 사회적 인간은 존재론적 위기를 겪는다. 반대로 말하자면, 사회적 인간은 자신의 존재론적 안위를 위해서 꿈을 고수한다. 꿈은 사치품이 아니라 살아나가기 위한 필수적 자원이다.

문학장의 경우를 예로 들어보면, 부르디외의 관점은 다음과 같이 상술될 수 있다. 우선, 문학공간이 장이 되기 위해서는 문학은 자율성을 확보해야 한다. 작가의 경제적 능력이나 정치적 권력에 의해서 작품이 평가받아서는 안 되며, 작품의 문학적 가치를 법적 논리에 의해 규정당해서도 안 된다. 문학장에서의 최고의 자본은 '문학성', 즉 훌륭한 작품을 생산했다는 사실 혹은 생산할 수 있는 가능성이다. 문학장의 중심에는, 불운하고 무능했던, 그리고 그것을 하나의 운명으로 삼고 위대한 작품을 남긴 소설가와 시인들이 축성祝聖되어 있다. 이들은 문학장의 상징적 재화와 가치들을 생산하여 분배하는 문학성의 척도들이다. 이들이 장의 행위자들에게 모방의 규칙들을 강요한다. 문학장에서 벌어지는 대다수의 투쟁들은, 바로 이 기왕의 척도들과의 싸움이다. 소설가와 시인들은 이 척도들을 수용하여 체화하고, 자신들의 삶의 습관habitus으로 만들 수 있어야 비로소 작가가 되지만, 그것만으로는 충분한 것이 아니다. 그들은 이 척도들이 발휘하는 도덕적, 미학적, 실천적 권능을 전복시킬 때에 비로소 참된 작가가 될 수 있다.

즉, 작가가 되고자 하는 사람은, 자신의 우상을 최대한 닮으려 노력하는 동시에 그를 넘어서야 한다. 작가는 스스로 자신의 척도가 되어야 한다. 성공한 작가들은 문학이라는 꿈을 생산하여 분배하는 자들이다. 작가가 되겠다는 꿈, 작품을 쓰겠다는 꿈, 그런 삶이 멋지고 훌륭한 것이라는 느낌과 믿음(일루지오), 자신도 그런 존재가 되고 싶다는 마음의 결의, 이 모든 것들은 문학장이 생산해내는 공적 자원, 즉 공몽이다. 문학인이 된다는 것은 이처럼 문학성의 가치와 이상을 믿고, 그 믿음을 체화했다는 것을 의미한다. 문학성은 단지 추상적 가치에 머무는 것이 아니라 행위자들의 신체와 목소리, 눈빛과 제스처에 육화된다. 문학장이 재생산되기 위해서는 이와 같은 '문학적' 인간에 대한 선망과 존경이 지속적으로 생산되고, 전염되고, 물질화되어야 한다. 이런 점에서 가라타니 고진의 '문학의 종언' 테제는 문학이라는 이념의 관점에서뿐 아니라, 문학이라는 '꿈'의 관점에서 다시 접근되어야 한다. 그것은 문학장이 얼마나 활발하게 공몽共夢을 생산해내느냐, 아니면 그렇지 못하느냐를 탐구해야 할 문제다. 문학장이 그 안에서 활동하는 행위자에게, 혹은 그 안에 진입하고자 고투하는 지망생들에게 (국문과나 문창과에서 습작을 하는 학생들, 작가를 꿈꾸며 창작교실에 다니거나, 홀로 습작을 하는 사람들) 얼마나 많은 희망을 생산해주는지, 작가의 사회적 위신이 얼마나 높은지, 작가가 된다는 것이 얼마나 멋지고 훌륭한 것으로 인정받는지, 문학을 함으로써 얻게 되는 상징적 재화가 얼마나 풍요로운지, 문학장의 성공한 존재들로부터 얼마나 강력한 카리스마적 감염력이 생성되는지 등의 문제들을 살펴보아야 할 것이다.

2부

생 존 과 탈 존

서바이벌, 생존주의, 그리고 청년세대

I. 새로운 청년들

—

새로운 청년들이 몰려오고 있다. '88만원세대'라 불리는 젊은이들이다. 학교-직업의 자동적 연계가 파괴되어 최종 학력기관을 졸업한 이후 상당기간을 비정규직 혹은 잉여로 지내야 하며, 결혼과 출산을 하나의 선택으로 여기거나 혹은 포기하면서, 이전 청년들과 사뭇 다른 형태의 라이프스타일과 가치를 만들어가는 20대에서 30대 초반의 젊은이들이다. 신자유주의적 구조변동과정에서 구성된 이들 21세기 청년세대는 생물학적으로는 '청년'이지만 사회문화적으로는 '청춘'을 구가하지 못하는, 매우 독특한 집단을 이루고 있다. '청년'과 '청춘'이 분리되어, 정작 청년들이 '청춘'을 향유하지 못하는 현상, 능력 있는 장년과 노년이 오히려 '청춘'을 전유하는 현상이 관찰된다. 2007년에 우석훈과 박권일이 '88만원세대'라는 용어로 당시의 20대를 규정한 이래 'IP세대'(동아일보, 2008. 9. 30), 'Global세대'(조선일보, 2010. 1. 1), '2.0세대'(김호기, 한겨레신문, 2008. 5. 14), '삼포세대'(경향신문, 2011. 5. 11) 등의 호명과 후속진단들이 연쇄적으로 등장하면서, 한국 사회는 이른바 청년세대론의 폭발을 목도했다. 이런 관찰들 속에서 청년들은, 만성적 실업과 높은 등록금 그리고 정서적 불안과 폐색감閉塞感에 시달리면서, 사회적 문제보다는 개인적 활로를 타개하는 데 더 몰두하는 존재들로 표상되고 있다.[1]

주지하듯 청춘/청년은 역사적으로 발명된 하나의 '개념'이다 (Galland, 2011: 9-34). 유럽에서 19세기 후반 동아시아에 수입된 청년 개념은 당시의 다양한 사회적 과제들을 수행할 것으로 기대되는 존재들에게 이름이자 기호로서 부여되었다. 20세기를 거치면서 청년은 국가건설의 주역, 계몽주의자, 산업역군, 반공反共전사, 민주화투사, 새로운 문화의 창조자 혹은 아방가르드 등으로 다양하게 호명되어왔다(이기훈, 2014). 이 과정에서 청년은 특정 거대서사의 담지자 역할을 수행했고, 기성권력과 제도를 비판하고, 새로움을 추구하는 운동적 주체로 여겨졌다(Rossinow, 1998; 주은우, 2004). 그러나 21세기의 청년들은 불확실한 미래와 가혹한 경쟁에 노출된 채, 선배들이 누렸던 '영웅적' 청춘을 더이상 구가하지 못하는 것으로 관찰되고 있다(전상진, 2013: 316-20). 저항, 반항, 유희, 자유, 도전, 모험, 정치적 열정은 이들의 리얼리티와는 무관한 것이 되었다. 이들에게 가장 중요한 것은

---

1 사회변동에 의해 궁지에 몰린 청년세대와 이에 대한 관심은 글로벌한 현상이다(Comaroff & Comaroff, 2001: 16-19; Hutchens, 1994; Klammer, 2010; Kretsos, 2010).

'생존survival'이다. 청년들은 삶의 경쟁상황에서 도태되지 않고 각자도 생하기 위해 스스로를 변화시켜나가고 있다. 생존이 급선무가 된 상황에서 생존에 최우선의 가치를 부여하는 '생존주의'를 마음으로부터 구성해나가는 것은 합당한 선택으로 주어지기 때문이다. 생존주의는 후기 근대적 상황이 야기한 새로운 삶의 곤경에 직면한 청년들이, 자신들에게 제기되는 문제들에 효과적으로 응전하고 이를 해결하기 위한 고투 속에서 형성한 집합심리의 시스템으로서, 순수한 이념적 표현물이나 철학적 세계관으로 환원되지 않는다. 그것은 생존에의 불안과 강박 그리고 의지와 욕망의 형식으로 작용하면서 행위자들을 구체적으로 움직이는 '마음'의 구성체이다. 그리하여 생존주의는, 그 이념적·의식적 내용뿐 아니라 그것이 구성하는 습속, 그것을 형성시키는 장치나 제도들, 더 나아가 생존에 대한 열망의 미적 표현물들을 모두 내포하는, 마르셀 모스가 말하는, 하나의 '총체적 사회적 사실'로 접근될 필요가 있다.

이 연구에서 나는 21세기 한국의 청년세대를 '생존주의 세대'로 명명하고, 그 마음의 동력과 논리를 탐구하기 위한 성찰을 다음 절차들을 통해 수행하고자 한다. 첫째, 만하임의 세대론과 사회학의 기초개념들을 비판적으로 재구성하여 생존주의 세대라는 용어의 정합성을 타진한다. 둘째, 어떤 과정을 통해 이 세대가 '서바이벌'이라는 중심 문제를 부여받아 이를 해결하기 위한 집합심리시스템인 '생존주의'를 육성하게 되었는지를, 사회변동을 통해 재구성된 문제공간의 변천이라는 테마를 중심으로 살펴본다. 셋째, 생존주의 세대의 핵심 문제를 집약하고 있는 '서바이벌'의 의미론을, 글로벌한 수준에서 형성된 경쟁 패러다임의 맥락에서 다각적으로 분석한다. 넷째, 생존주의의 압력에 대한 다양한 대응 속에서 형성된 분화된 마음의 형식들로서 독존獨存주의, 공존共存주의, 탈존脫存주의라는 세 이념형을 제시하고 이들 각각이 펼쳐내는 삶의 형식의 차이들을 유형화한다. 마지막으로 21세기 청년들의 생존주의가 뿌리내리고 있는 한국 근대사의 굴곡과 문제 형성의 역사를 소략하게 살펴봄으로써, 생존주의 레짐의 역사성에 대한 차후 연구의 필요성을 제기하고자 한다.

II. 세대심世代心
—

만하임의 『세대 문제』가 출판된 이래 세대는, 사회학 전통에서 매우 중요한 개념적 자원으로 인지되고 활용되어왔다(Roseman, 1995: 7-8; Edmunds & Turner, 2002: 7-11; 유라이트·빌트, 2014: 29). 『세대 문제』는 『이데올로기와 유토피아』가 출판되기 2년 전인 1927년에 집필되었으며, 당대의 독일적 상황과 만하임 특유의 지식사회학적 지평이 선명하게 반영되어 있는 글이다. 만하임이 세대사회학에 가져온 가장 중요한 기여는, 계급과 마찬가지로 세대가 사회변동의 중요한 행위자의 역할을 수행한다는 사실을 이론적으로 정교화한 데 있다. 만하임은 마르크스의 사적 유물론의 지식이론과 계급중심성을 비판적으로 검토하면서, 특정 의식으로 무장한 세대가 역사의 전면에 등장하여 적극적 영향력을 행사하는 현상에 주목한다. 그는 세대위치generation location, 실제세대generation as actuality, 세대단위generation unit를 개념적으로 구분함으로써 세대 논의를 위한 입체적 공간을 마련한다. 세대위치는 계급위치처럼 객관적으로 규정되는 잠재적 그룹으로서, "명백한 행동, 감정, 그리고 사유의 양식"을 하나의 "내재하는 경향"으로 함축하고 있다(만하임, 2013: 47). 세대위치가 실제세대로 전환되기 위해서는 그러나 "역사적-사회적 통일성이라는 공동운명에 대한 참여"가 요청된다(만하임, 2013: 64-5). 또한 이 참여는 "동일한 세대위치에 있는 개인들 사이의 실질적인 연대"를 요청한다(만하임, 2013: 65-6). 그런데 실제세대는 다시 세대단위들로 분화될 수 있으며, 이렇게 분화된 세대단위들이 보여주는 내적 밀도는 실제세대의 그것보다 훨씬 더 높다(만하임, 2013: 67). 만하임에 예시에 의하면, 19세기 초반 독일의 청년세대(실제세대)는 합리적이고 자유주의적 집단과 낭만적인 동시에 보수적인 집단(세대단위들)으로 분화된 바 있다. 만하임의 이런 초석적 세대 개념은 그러나 이를 실제로 활용하고자 할 때 몇 가지의 난점을 노정한다.

첫째, 만하임의 세대 개념은, 특정 사건이 야기한 영향을 의식적으로 공유하는 '역사적 세대'(가령 68세대, 4·19세대, 제1차세계대전세대 등)에 초점이 맞추어져 있어서, 그런 체험을 공유하지 않는 다양한 '사회적 세대'들에 대해서는 적용가능성이 약화된다. 이처럼 세대를 '역사적' 의미에 국한하여 파악하는 것은 세대 개념을 지나치게 제한적으로 사용하는 것이다. 비록 모종의 외상적 사건을 동시적으로 체험하고 그 결과 자신의 세대에 강한 소속감을 갖고 있지 않더라도, 동일한 사회구조적 영향력이 형성한, 그리하여 다른 세대들과 구분되는 의식, 태도, 가치를 공유하는 연령집단들은 언제나 존재하고 있다. 이들에 대한 사회학적 접근을 위해서는 만하임의 모델을 '사회적' 세대 개념 쪽으로 좀더 끌고 와야 한다. 즉, 강한 소속감이나 정체성은 없지만, 다른 세대들과 명확한 경계를 형성하는 집단으로서의 세대 개념이 요청되는 것이다(Galland, 2011: 110). 이와 유사한 지적은 여러 연구자들에 의해 제기되어 왔다(Chauvel, 2006: 151; Chauvel, 2010: 86-7; Aboim & Vasconcelos, 2014: 167; Pilcher, 1994: 483). 특히 메리 브린튼은 "사회적 세대의 구성원들은 집합적 이해관계나 정체성을 반드시 인지하지 않아도" 되지만, 다른 세대들과 구분되는 특정한 사회화의 방식들을 갖고 있다고 말하면서, 일본의 '로스 제네'를 그 전형으로 파악하고 있다(Brinton, 2011: 10-1). 이런 관점은 생존주의 세대에 대한 접근에 매우 유효한 함의를 내포하고 있다.

둘째는 만하임에 의해 역사적 행위자로 상정된 세대에 너무 과도한 행위능력이 부여되고 있다는 사실을 거론할 수 있다. 잘 알려진 것처럼, 만하임 세대이론의 핵심은 그 변동론적 성격에 있다(Laufer & Bengtson, 1974). 그가 말하는 단위세대가 변화를 추동하는 행위능력을 소유하고 있기 것으로 간주되기 때문이다(Pilcher, 1994: 491). 그러나 특정 세대가 사회변동의 주역으로 등장하는 것은 사실 역사적 예외에 속한다. 다수의 사회적 세대들은 변동의 주체라기보다는, 사회변화에 의해 구성되는 존재들인 경우가 더 많다. 이 문제는 특히 21세기 청년세대에게서 더욱 중요한 것으로 제기된다. 이들은 자신들보다 앞선, 영웅적 청년세대들과 현격한 차이를 노정하는 존재들로 간주되어왔다. 정치보다는 경제나 문화가 더 중요한 것으로 여겨지기도 하며, 이념이나 대의에 동원되는 모습보다는 미시적이고 생활세계적인 삶의 양상들에 더 많은 에너지와 관심을 쏟는 모습을 보이기도 한다. 따라서 만하임의 입장에 적절한 수정을 가할 필요가 있다. 즉, 역사적 행위자로서의 생존주의 세대를 논하기 전에, 사회구조의 변화가 어떤 방식으로 그 세대가 공유하는 사회문화적 특성들을 형성했는가를 탐구해야 한다는 것이다(Aboim & Vasconcelos, 2014: 167).

마지막으로 고려되어야 하는 것은, 세대적 특이성의 본질, 즉 세대성世代性이다. 만하임은 세대성의 본질을 세대가 공유하는 '의식consciousness'에서 찾고 있다. 그러나 이처럼 '의식'에 중심을 두는 접근의 학문적 타당성은 논쟁의 여지를 제공한다. 왜냐하면, 그것이 세대의식이건 계급의식이건, 의식은 존재와 대립되는, 혹은 존재에 종속된 범주로서(의식의 존재구속성), 인지적이며 주관적이고 내면적인 정신활동을 주로 가리키는 경향이 있기 때문이다. 의식의 자료는 주로 사상이나 지식 혹은 철학적 언술들에서 찾아지고, 만일 이런 경우라면, 의식에의 접근은 개별 행위자들의 관념내용들(생각이나 의견들)을 조사하는 방법을 통해서만 가능한 것이다. 이에 반해서, 20세기 사회과학은 행위자의 '의식'을 넘어서는 집합표상들, 미디어들, 지식과 상징들, 혹은 그들에게 체화된 의식 이전의 습관들과 성향들, 의례나 공연을 통해 의식을 사후적으로 구성하는 다양한 실천들 혹은 상징적 상호작용들의 각별한 중요성에 주목해왔으며, 이는 세대를 세대로 구성하는 원리에 대한 탐구에서도 예외가 아니다.[2]

이런 맥락에서 이 연구는 세대'의식'이 아닌 세대'심'을 탐구대상으로 설정하는 관점을 제안한다. 이때 마음이란 인간 행위자의 총체적이고 심층적인 심적 능력을 가리키는 용어로서, 특히 파스칼, 루소, 토크

---

2 가령 필처는 세대의식을 대체할 세대사회학의 탐구대상으로 지식/담론의 복합체를 제안한다(Pilcher, 1994: 492). 아보임과 바스콘셀로스는 담론분석으로 세대의식 분석을 대체할 것을 권유하고 있다(Aboim & Vasconcelos, 2014: 174-9). 에이어맨과 터너는 세대의식이 아닌 세대 하비투스를 탐구하기를 제안한다(Eyerman & Turner, 1998: 93). 에슬러는 세대를 아날학파의 심성사 전통을 빌려서 '집합 심성(collective mentality)'으로 규정하고 이에 대한 접근이 세대의식에 대한 접근을 대체해야 한다고 본다(Esler, 1984).

빌, 뒤르케임으로 이어지는 프랑스 근대 사상에서 이성이나 정신과 구별되는 의지와 감정의 기관器官이자, 사회적인 것과 정치적인 것을 정초하는 토대로 이해되어온 바 있다. 이런 관점을 현대 사회학의 실천이론과 접목시키고, 이를 통해서 사회학적 실천에 대한 이해와 설명을 도모하려는 기획이 '마음의 사회학'이다. 마음의 사회학은 특정 사회구조의 작용하에서, 일군의 행위자들의 실천원리로 기능하는 집합심리가 어떤 구조로 발생하여 진화하는지를 탐구하고, 그로부터 생성되는 실천의 가능한 양태들을 포착하는 것을 주요한 과제로 설정한다. 이런 맥락에서 마음은, "사회적 실천들을 발생시키며, 그 실천을 통해 작동(생산, 표현, 사용, 소통)하며, 실천의 효과들을 통해 항상적으로 재구성되는, 인지적/정서적/의지적 행위능력의 원천"으로 조작되어 정의된다(김홍중, 2014a: 184).

마음이 행위능력의 원천이라는 이 입장은 심리적인 것과 사회적인 것 사이에 넘어설 수 없는 분리선을 긋는 강한 사회학주의적 관점과 스스로를 구별하는 것이며, 순수한 합리성으로 사회적 행위의 본성을 이해하는 사회과학의 오랜 전통과의 비판적 준별을 명시하는 것이다. 마음의 사회학의 관점에서 보면, 노동이건, 사랑이건, 학습이건, 양육이건, 저항이건, 창조이건, 운동이건, 소통이건, 혁명이건 모든 사회적 행위는 행위자의 마음에서 시작되어, 다시 그 마음으로 회귀한다. 마음은 실천의 시발점이자 종착역이다. 인간 행위의 의미는 마음에서 구성되고, 다른 마음들과 부딪혀 변화하고, 다시 마음으로 흡수되어, 이후의 다른 행위의 갱신된 원천으로 작용한다. 마음을 의식(생각)으로 환원하는 것은 그리하여 행위능력으로서 마음이 취하는 복합적이고 다각적인 형식과 내용을 부당하게 축소시키는 것이다. 왜냐하면, 생각이나 계산은 감정의 발흥과 욕망의 추동과 더불어 마음의 작동을 구성하는 한 차원에 불과하기 때문이다. 행위자의 마음을 이해한다는 것은 그의 생각뿐 아니라 감정과 의지까지 이해하는 복합적이고 심층적인 과정이다. 이를 위해서 마음이 작동하는 방식인 마음가짐heartset을 규명해야 할 필요성이 제기된다. 마음가짐은, 행위자들이 마음을 일으키고, 사용하고, 관리하고, 혹은 다른 마음들과 소통하는 방식을 규제하는 규칙과 규범들의 총체를 가리킨다. 이는, 사회적으로 공유된 행위준칙들rules of conduct인 사고방식, 감정양식, 그리고 욕망의 코드로 구성되어 있다. 그것은 문법이나 법률처럼 사회적 사실에 속한다.[3]

88만원세대라 불리는 21세기 한국의 청년세대는, 생존에 대한 불안이라는 기조감정과 서바이벌을 향한 과열된 욕망, 그리고 경쟁에서의 승리를 위해 자기 존재의 가능성들을 전략적으로 계발하려는 집요한 계산으로 특징지어지는 독특한, 마음의 역동을 보여준다. 행위와 실천을 이끌어내는, 이 세대에 고유한 삶의 형식들을 생산하는 이런 행위능력의 원천이 바로, 우리가 생존주의라고 명명하는, 이 집합심리다. 생존주의는, 개인의 인생에서 가장 중요한 문제로서 인지되고 체험되는 경쟁상황에서 다양한 퍼포먼스를 통해 자신의 수월성을 증명함으로써, 패배와 그 결과 주어지는 사회적 배제로부터 스스로를 구제하는 것을 최우선의 과제로 믿는 21세기 청년들의 세대심이다. 그것

---

3 뒤르케임을 빌려 말하자면, 마음가짐은 인간의 내부에 존재하는 외부, 혹은 내적 제도로 이해할 수 있다. 더 나아가서, 랑그와 파롤처럼 분리할 수 없는 일체를 이루는 마음과 마음가짐(마음/가짐)을 형성시키는 사회적 실정성(이념들, 습관들, 장치들, 풍경들)의 특정 배치를 우리는 '마음의 레짐(regime of the heart)'이라 부른다. 마음의 레짐은 자신들에게 부과되는 문제를 해결하기 위해 행위자들이 동원하고 활성화하는 마음/가짐을 사회적으로 생산하는 기능을 수행하면서 발생, 지속, 진화한다.

은 생존을 위한 전력투구를 도덕적으로 정당화해주는 이념들(이데올로기), 그런 생존능력을 신장하는 것을 도와주는 각종 테크닉들(장치), 그 과정에서 행위자들에 체화된 성향들의 체계(하비투스), 그리고 마지막으로 생존을 추구하는 자들의 희망과 기억 혹은 공포와 불안을 형상화한 문화적 산물들(풍경)이라는 복합적 차원들의 사회적 배치 속에서 역사적으로 형성된다. IMF 외환위기 이후 전개되는 신자유주의적 구조화과정에서 전면화된 생존주의는 21세기 한국의 청년세대의 가장 내밀한 마음의 레짐을 이루고 있다.

III. 문제공간의 변동―생존주의의 형성
―

마음을 세대구성의 가장 중요한 차원으로 고려하는 이런 관점에 의하면, '세대'는 사람들의 집합 즉, 특정 출생코호트로 환원되지 않는다.[4] 세대는 코호트로부터 창발한, 소통을 요소로 구성되는 하나의 사회적 시스템이라 할 수 있다(Corsten, 1999: 261-2). 만하임이 세대를 세대위치로 파악한 것도 바로 이 때문이다. 위치location는 살아 있는 인간이 아니라 그를 받아들이는 구조화된 공간에 분포된 자리이기 때문이

---

4 유럽 사회학과 미국 사회학은 여기에서 서로 다른 입장을 보이는 경향이 있다. 미국 사회학계에서는 주로 세대 개념을 친족관계에 대한 논의에 국한시키고 있으며, 특정 시기에 태어난 사람들과, 특정 사건(가령 결혼)을 동시에 체험한 코호트에 대한 통계적 접근에 집중하는 경향이 있다. 그러나 유럽 사회학계에서는 여전히 문화적으로 규정된 세대의 개념을 의미 있는 방식으로 사용하는 경향이 있다(Chauvel, 2006: 151; Chauvel, 2010: 81 이하). 코호트적 접근이 세대론적 접근을 대체할 수 없다는 입장에 대해서는 다음을 참조할 것(Alwin & McCammon, 2003: 41; Cavalli, 2004; Edmunds & Turner, 2005: 561).

다. 세대를 가능하게 하는 것은 세대형성적 소통의 총체이자 세대적 의미론을 내포하는 문화적 요소들의 결정체 즉, 세대가 공유하는 마음/가짐이다. 그렇다면 생존을 향한 강력한 열망과 불안과 계산의 집합심리는 어떤 과정을 통해 형성된 것인가? 마음의 사회학은 이에 대해 소위 실천론적praxéologique 설명논리를 제안한다(김홍중, 2014a: 203-4). 말하자면, 행위자들이 특정한 마음을 집합적으로 조직하는 것은, 그들의 삶에 공통의 '문제/과제'가 출현하여, 이 '문제/과제'를 해결하기 위해 자신들의 행위능력을 새로운 방향으로 정향할 실제적 필요성이 제기되었기 때문이다. 즉 마음은 문제에의 적응과정에서 형성되고 변화한다. 이런 시각에 의하면, 세대의 마음은 현실이 어떤 문제들로 인지되고, 구성되고, 틀지어지느냐 라는 '문제구성'의 논리에 의해 생성, 변형된다. 이때 행위자들이 해결해야 하는 문제들이 구축되고 그 서열과 중요성이 결정되며, 그들의 마음/가짐의 형성을 촉발하는 복합적 의사소통공간을 나는 '문제공간'으로 개념화한다. 문제공간은 구조와 행위의 두 차원을 매개하는데, 거기에서 '사건화 eventualization'와 '문제화problematization'라는 두 가지 중요한 현상들이 발생한다.

첫째, 문제공간을 통해서 구조의 힘은 행위자의 생활세계의 언어로 번역되어, 구체적 사건들의 형태로 행위자들의 체험세계에 영향을 끼친다. 즉, 문제들의 사건화가 발생한다. 주지하듯 사회구조는, 행위자들의 실천을 포괄적으로 규정하는 '사회적 파라미터들의 분포'의 형태로 사회적 행위에 일정한 영향력(압력)을 행사한다(Blau, 1974). 그런데 밀스가 정확하게 지적하고 있듯이, 구조가 행사하는 힘은 행위자들에게는 직접적으로 지각되지 못하고 오직 '개인적 문제'의 형식으로 번역되어 체험되는 경향이 있다(밀스, 1977: 9-10). 예를 들어 말하자면, 1997년 외환위기 이후 시작된 '신자유주의적 제도화'의 구조적 압력은, 아버지의 실업, 어머니의 우울증, 빈곤으로 인한 가족관계의 파탄, 등록금 인상, 청년실업, 의료비 증가, 양극화로 인한 절망 범죄의 증가, 취업난, 전세대란, 우울증의 발병, 혹은 세월호 참사와 같은 형태로 사건화되어 행위자들의 삶에 실질적으로 가시화되기 이전에는 하나의 추상적인 개념이나 용어로 남게 된다. 이처럼 구조(거시)와 행위(미시) 사이에는, 제도가 발휘하는 효과들이 구체적 삶의 사건으로 스스로를 드러내는 복잡하고 우발적인 사건화의 공간이 존재하는 것이다.

둘째, 문제공간은 사건화의 공간인 동시에, 특정 사회적 행위자들이 해결해야 되는 주요한 문제들이 구성되는 문제화가 발생하는 공간이기도 하다. 이는, 추상적 압력이 야기한 잠재적 문제들이 기존의 문화적 인지구조에 의해 해석되면서, 해결되어야 하는 '과제들'로 지각, 인지, 상징화되는 과정과 연관되어 있다. 사건화가 대개 사건들의 물리적 속성에 의해 규정된다면(물론, 사건을 사건으로 보도하고, 해석하고, 소통시키는 과정의 담론적 속성 역시 간과할 수 없지만), 문제화는 사건화보다 훨씬 더 상징적인 성격을 띤다. 어떤 문제도 그 자체로 가장 중요한 문제로서 인정되고 인지될 필연성을 갖고 있지는 않다. 모든 문제적 사안들이 문제가 되는 것이 아니다. 문제의 형성은 선택과 희소성의 원리에 기초한다. 문제화과정은 문제를 문제로 구성하는 행위자 집단의 담론적 성향, 도덕적 지향, 인지적 능력, 정치적 수준 등에 깊이 의존하고 있다. 가령, 20세기 후반 이래 독일사회는 핵발전소의 위험성을 중대한 사회 문제로 구성한 반면에, 프랑스사회는 이를 훨씬 더 경미한 사안으로 설정하고 있다. 환언하면, 핵의 위험은 두 사회에서 다른 방식으로 문제화되고 있다. 또한 어떤 문제들은 세대적, 계급적, 젠더적 차이에 의해서 상이한 문제화의 양상을 보여주기도 한다. 가령 출산이나 육아의 경우, 동일한 한국사회 내에서도 60대 이상과 40대 이하, 중산층과 부유층, 남성과 여성은 이를 매우 다르게 문제화하는 경향이 존재한다. 동일한 사안이나 대상이 역사적으로 다른 시간성 속에서 상이한 방식으로 문제화되는 경우도 지적할 수 있다. 실례로, 흡연이 중대한 사회 문제로 구성되는 것은 1990년대 중반 이후에 비로소 발생한 현상으로서, 그 이전에 담배를 피우는 행위는 개인들의 사적 기호였지 사회적이고 도덕적인 문제로까지 인지되지는 않았다(Brewis & Grey, 2008: 984). 문제화는 이처럼 사회적 경계들의 맥락에서 벌어지는 상징투쟁과 권력충돌의 함수이다. 또한, 문제공간은 상징들의 교환, 담론의 형성과 배제, 매스미디어의 프레이밍, 다양한 매체들을 통한 다층적 상호작용들에 의해 가로질러지며, 집합기억과 우연한 사건들에 의해 지속적으로 간섭받는, 부단히 변동하는 의미생성의 현장으로 파악되어야 한다(Best, 2012: 3-27).

한국 청년세대의 생존주의의 형성은, '서바이벌'이라는 특권적 '기표'를 통해 청년세대의 객관적 현실이 표상되어 재구성되고, 그 과제를 해결하는 데 가장 적합한 마음의 레짐을 구성하여 실천들을 조직하는 과정에서 가능했던 것으로 파악될 수 있다. 소위 87년체제의 20대 행위자들은 생존주의 세대와는 매우 다른 문제공간을 체험했다. 그들에게 가장 중대한 문제들로 '구성'되었던 것은, 민주화에 대한 시대적 열망과 권위주의적 군사정권의 억압이 충돌하면서 야기한 다양한 사건들과, 청년세대에게 부여된 정치적이고 도덕적인 과제들이었다(이희영, 2006). 그러나 1997년 이후 한국사회의 구조변동은 청년들이 해결해야 하는 다양한 문제들의 위계, 배치, 중요성에 심대한 영향을 미침으로써, 새로운 문제공간을 발생시켰다. 문제들의 위계는 전도되고, 과거에는 문제화되지 않던 새로운 문제들이 형성되어 지각되고, 이런 문제들을 해결하기 위한 자원의 동원, 마음가짐의 형성, 그리고 전략적 행위들이 창발한 것이다. 우선, 높은 청년 실업률과 '학업-직업 school-work'의 연계고리의 파괴가 야기한 취업 문제, 그리고 대학 등록금과 대출 그리고 주택자금의 문제, 즉 경제적 문제가 가장 중요한 것으로 부상했다. 안정적인 직장을 얻기 위해, 더 정확하게 말하자면 실업이라는 '실패상황'으로부터 벗어나기 위해 요구되는 '스펙'을 축적하는 것이 청년들에게 가장 중요한 과제로 인지되기 시작했으며 연애, 결혼, 임신, 출산, 육아로 구성되는 친밀성 영역이 합리적으로 관리되어야 하는 문제영역(리스크)으로 전환되어, 결혼과 출산이 삶의 필수적 과정으로부터 선택의 대상으로 전환되는 양상이 강화되기 시작했다(Kim, 2013: 324-5). 사회적 삶의 두 축을 이루는 직업과 가족, 사회성의 영역과 친밀성의 영역에서 모두 자명했던 생애과정이 탈-표준화 de-standardized됨으로써(Bruckner & Mayer, 2005), 과거에는 당연시되던 '취직-결혼-출산'의 '정상적' 삶이 고도의 노력과 능력을 요하는 과업으로 변화하고, 장기적 관점에서 삶의 서사를 세우고 미래를 전망하는 것이 어려워진 상태가 일반화된 것이다.

이런 상황에서 '생존'이란 용어는 이들 청년세대가 삶을 고민할 때 그것에 조회하게 되는 가장 핵심적인 문제설정의 틀로 등장하게 된다. 동일한 시기에 생산된, 청년세대에 대한 다양한 담론들이 이 사실을 잘 보여주고 있다. 가령 88만원세대론은 비정규직에 내몰리는 청년세대의 경제적 곤궁을 예리하게 관찰하고 있으며(우석훈 · 박권일,

2007), "삼포세대三抛世代"나 "이케아세대"라는 명칭하에 이루어진 관찰들은 20대 행위자들의 친밀성 영역에서 발생한 새로운 삶의 난관들을 식별해내고 있으며(전영수, 2013), "잉여" 혹은 "루저"나 "병맛" 등의 용어들[5]과 연관된 청년 하위문화에 대한 다양한 분석들은 사회성의 장애와 세대심리적 특이성들을 적절하게 포착하고 있다(한윤형, 2013; 이길호, 2012; 최태섭, 2013). 이런 곤경, 난관, 장애는 모두 이들의 기초적 삶의 과정에 발생한 생존 문제들에 유기적으로 연동되어 있다. 특히, 2010년경부터 에세이, 웹툰, 다큐멘터리, 영화, 그리고 소설의 형식으로 청년세대가 스스로 생산한 자기관찰들은, 정글과 같은 삶에서의 생존 문제가 이들 삶의 중심을 차지하고 있음을 별다른 어려움 없이 간파할 수 있게 한다.[6] '생존/낙오'는 청년들의 마음의 작동의 기초코드다. 생존과 낙오를 가르는 상황의 전형이 바로 경쟁이다.

원래 '경쟁'은 시장과 스포츠영역에 국한되어 사용되던 용어였다. 그런데 20세기 후반에 이르러 '경쟁'은 사회의 다른 영역들로 서서히 침투했고, 그런 영역들에서의 행위준칙을 지도하는 원리로 기능하기 시작한다. 기업을 위시한 여타 사회조직들을 지도하고 이끄는 인간상으로서 "전사, 리더, 모험가"와 같은 경쟁인homme compétitif의 형상이

---

5 '잉여'는 "자신의 전문적인 혹은 잡다한 지식이나 기술을 이용하여 타인들이 보기에 무의미한 시간 낭비로 비춰질 수 있는 어떤 특정한 사안에 개입하는" 청년들 혹은 직업을 아직 얻지 못한 고학력자들을 총칭하는 용어로, 이들이 주로 컴퓨터에 접속하여 위와 같은 행위를 하는 것을 '잉여짓'이라 부른다(김상민, 2013: 78). '루저(loser)'는 일반적으로 패배자라는 의미로 사용되는데, 이 비유도 광범위하게 확장되어 외모, 성격, 스타일에서 월등하지 못한 자들을 내포한다. '병맛'은 '병신 같은 맛'을 줄인 말로서 "어떤 대상이 맥락 없고 형편없으며 어이없음을 뜻하는" 용어이다. 원래 디시인사이드에서 생겨난 신조어로서 "네티즌들이 인터넷상에 올라온 다양한 창작물 중 수준 이하라고 생각되는 것에 조롱조 답글을 달 때 사용했고", 이후에 그 적용대상이 확대된다(김수환, 2013: 150-1).

군림하고(Ehrenberg, 1991: 13-4), 경쟁의 상상계가 소위 신경제시스템의 지배적 정신상태, 사회관계의 양태, 그리고 자기통치의 이상적 원리로서 독보적 위치를 확보하기 시작한다(Ehrenberg, 1991: 14-5; '비포', 2013: 131-5). 경쟁 프레임이 펼치는 상상계 속에서 인간의 근원적 관계 형식은 힘의 논리에 근거하여 차별화된 위치들이 서로 퍼포먼스를 통해 각축하는 경연장으로 나타난다. 자아는 근본적으로 승부에 임한 존재로 상상되며, 그가 스스로를 구제하는 방법은 가용한 모든 자원을 최대치로 동원하여 살아남는 것, 즉 서바이벌하는 것이다. '서바이벌'은 이제 물리적이고 생물학적 연명 혹은 죽음으로부터의 구제로부터 경쟁적 삶에서 배제되지 않는 상태로의 의미론적 전이를 겪는다.

IV. '서바이벌'의 의미론

이와 같은 경쟁 패러다임은 외환위기 이후 한국사회의 문화 수준에서

---

6 이에 해당하는 주요 서적들은 다음과 같다. 김예슬, 2010, 『김예슬선언』, 느린걸음; 단편선 · 전아름 · 박연수, 2010, 『요새 젊은 것들』, 자리; 김민수, 2013, 『청춘이 사는 법』, 리더스북; 유재인, 2010, 『위풍당당 개청춘』, 이순; 장현정 · 류성효 · 송교성, 2012, 『레알청춘대폭발』, 호밀밭; 청년유니온, 2011, 『레알청춘』, 삶창; 안치용, 2011, 『청춘은 연대한다』, 프로네시스. 다큐멘터리로는 여성영상집단 '반이다'의 〈개청춘〉(2009), 석보경 · 장경희 · 정동욱의 〈방, 있어요?〉(2009), 최신춘의 〈알바당선언〉(2008), 김은민의 〈내청춘을 돌려다오〉(2009), 하샛별의 〈나의 길 위에서〉(2010), 늘샘의 〈노동자의 태양〉(2010) 등이 주목할 만하다. 우문기의 〈족구왕〉(2013)이나 엄태화의 〈잉투기〉(2013)는 청년세대의 잉여문화에 대한 극영화로 잘 알려진 작품이다. 웹툰으로는 주호민의 〈무한동력〉, 윤태호의 〈미생〉, 노란구미의 〈돈까스 취업〉(2008), 곽인근의 〈당신과 당신의 도서관〉, 하일권의 〈목욕의 신〉, Seri의 〈고시생툰〉이 생존을 위해 투쟁하는 청년들을 삶을 그리고 있다. 문학장에서는 김애란을 필두로 김사과, 박솔뫼, 박주영, 서유미, 한재호, 김미월 등이 청년세대의 삶과 가치를 그려내고 있다.

어렵지 않게 발견되는 삶의 일상적 풍경을 이루게 된다. 가족, 학교, 공공기관 등에서 경쟁은 하나의 "사회문화적 분위기" 혹은 "시대정신"으로 자리잡았고, 한국의 청년세대는 이를 깊이 내면화해온 것으로 보인다(서상철, 2011; 류웅재·박진우, 2012: 142). 자기계발 담론, 경영 담론, TV에서 방영되는 각종 리얼리티 서바이벌 포맷 프로그램들의 압도적 인기와 영향력은 이를 방증한다.[7] 웹툰, 드라마, 문학작품 등에서 '배틀 로얄'로 상징되는 서바이벌 상황과 알레고리 혹은 상징들이 등장하여 광범위하게 수용되는 현상 역시 이와 무관하지 않다(김홍중, 2009d).[8]

루만에 의하면, 매스미디어와 학문, 예술이 생산하는 다양한 담론들과 문화적 산물들은, 고도로 분화되고 복잡한 현대사회가 스스로를 (자기)관찰하는 대표적 형식들이다(Luhmann, 1997: 1139). 사회는

---

[7] 서바이벌 포맷 프로그램들은 2009년부터 국내 예능 프로그램의 황금시간대를 점령하고 있다. MBC의 〈위대한 탄생 1, 2〉 〈나는 가수다〉 〈신입사원〉 〈댄싱 위드 더 스타〉, KBS의 〈밴드 서바이벌 TOP 밴드〉 〈도전자〉, SBS의 〈김연아의 키스 & 크라이〉 〈기적의 오디션〉 〈K-Pop Star〉 〈빅토리〉 등이 그것이다. 케이블에서도 tvN의 〈코리아 갓 탤런트〉, QTV의 〈에드워드 권의 YES CHEF 시즌 2〉, Mnet의 〈슈퍼스타 K3〉, tvN의 〈부자의 탄생〉, Onstyle의 〈도전슈퍼모델 Korea 2〉, Storyon의 〈아트 스타 코리아〉 등이 있다(류웅재·박진우, 2012: 144). 서바이벌 포맷 프로그램들은 '오디션' 상황을 가장 주요한 상호작용의 형식으로 설정한다. 서바이벌 오디션 프로그램에 대한 한 자기계발서는 오디션을 "목적을 가지고 한자리에 모여 정해진 시간 내에 자신의 특징, 장점을 드러내 보이는 일"로 정의하면서 면접, 미팅, 맞선 등을 모두 오디션의 범주에 포함시키고 있다(심혜안, 2011: 15-6).

[8] 한국 대중문화의 장에 2000년대 이후 빈번하게 등장한 '좀비(zombie)'의 형상은 이런 점에서 보면 생존주의 문화의 한 징후로 읽을 수 있다. 왜냐하면, 개성 없는 맹목적 욕망의 덩어리인 좀비들의 파상적 물결 앞에 위험에 빠진 채 생존을 도모하면서 살아남고자 하는 주인공들의 고투를 그리는 좀비 서사는 생존주의적 상상력과 깊은 친화력을 갖는 듯이 보이기 때문이다. 묵시록이나 파국의 상상력이 21세기 문화공간에 범람하는 현상 역시 생존의 상상계의 은유적 확장으로 읽을 수 있다. 왜냐하면 예상하지 못한 압도적 재난의 세팅에서 가장 중요한 것으로 부각하는 문제는 바로 '살아남는 것'이기 때문이다. 이에 관해서는 다음을 볼 것(박하림, 2016).

이런 자기관찰을 통해 작동하며, 작동의 고유한 원리인 의미를 지속적으로 생산하면서 소통을 이어간다. 루만은 이와 같은 사회의 작동(자기관찰)의 개연성을 높여주는 기대구조를, 라인하르트 코젤렉을 따라서 의미론semantics이라 부른다. 의미론은 의사소통과정에서 더 높은 이해와 수용을 가능하게 하는 "가능한 테마들의 온축蘊蓄"이다(Luhmann, 1995: 163). 자기관찰을 통해 작동하는 시스템으로 사회를 이해하는 루만의 이런 입장은, 어떤 사회적 그룹(가령 세대)이 담론적 관찰들의 외부에 초월적으로 존재하는 실체가 아니라, 오직 자기관찰 속에서, 그리고 그런 관찰들을 통해서 생성되는 대상이라는 '구성주의적' 파악을 가능하게 한다. 이를 따르자면, 매스미디어를 통해 생산되고 소비되는 프로그램들과 방송들 그리고 공론장에 유통되는 학문적 언설들과 연구들, 문화영역에서 유통/소비되는 자기계발서들, 소설, 영화, 드라마, 연극, 웹툰 등 사회의 자기관찰의 형식들은 단순한 이차적 재현물들이 아니라, '서바이벌'이라는 문제구성의 틀을 통해 '생존주의 세대'를 생산하는 중요한 심급이자 자료들로 취급되어야 한다. 이 방대한 텍스트 속에 난삽한 방식으로 구현되어 있는 '서바이벌'이라는 핵심기표의 의미는 다음과 같은 특성들의 모자이크로 나타난다.

첫째, 새로운 생존 개념이 지시하는 사태는 삶의 거의 모든 영역 또는 생애과정 전체에서 진행되는 경쟁상황에서 도태되거나 낙오되지 않는 상태를 가리킨다. 즉, 새로운 생존의 의미는 재난이나 위기에서 목숨을 구하는 것이라는 본래의 뜻이 비유적으로 확장된 형태를 취하고 있다. TV를 점령한 서바이벌 프로그램들은 과거에는 경쟁의 문법으로 이해하지 않았던 삶의 필드들(예술, 음악, 무용, 요리 등)을 치열한 경연상황으로 재구성한다.[9] 서바이벌 가이드(서적)의 형식으로 행위를 지도하는 담론들은 조기유학, 자녀양육, 회사생활, 연애생활, 대학생활, 세계여행, 주식투자, 마케팅 등 한국인의 일상적 삶의 거의 모든 부문들을 서바이벌 메타포가 적용되는 대상으로 삼고 있다. 심지어는 부부생활도 서바이벌 게임으로 인지되어, 게임에서의 실패가 '이혼'이거나 아니면 '불행'으로 의미화되는가 하면(주병선, 2005), 인생의 상처를 딛고 일어서는 것도 '서바이벌'로 불리면서 치명적 외상을 극복하고 정상적 삶으로 복귀한 자들이 "수퍼서바이버supersurvivor"라는 명칭을 획득하기도 한다(펠드먼·크라비츠, 2014). 생존 의미론의 이런 무작위적 확장은 그 기호가 지칭하는 사태, 문제가 되는 곤경의 성격, 그런 곤경을 벗어나고자 하는 주체의 유형, 삶과 죽음의 경계에 대한 감각 등을 자의적이고 유동적인 형태로 뒤섞어버림으로써, 거의 모든 삶의 상황들을 서바이벌과 무관하지 않은 것으로 나타나게 하는 기이한 상황을 야기한다. 그 결과 비정규직을 벗어나는 것, 해고되지 않기 위해 노력하는 것, 자신의 삶을 주체적으로 추구해나가려는 시도, 혹은 노동·주거·금융과 관련된 각종 '생존법률'들을 숙지하여 부당한 처우에 대처해나가는 것, 이들 모두가 청년세대에게는 서바이

---

9 국내에 번역된 한 자기계발서는 승리자(winner)를 다음과 같이 정의하고 있다. "우리는 자신이 가치 있다고 여기는 분야에서 무언가를 성취해낸 사람이라면 모두 '위너'로 부르기로 했다. 위너는 골프에서 스윙을 마스터하는 것이든, 자녀를 자신감 있는 아이로 기르는 것이든, 아니면 목표한 자리로 승진하는 것이든 자신이 이루려 했던 일을 이루어낸다"(브라운·펜스크·네포런트, 2011: 14). 흥미로운 것은, 골프나 아이의 양육이나 승진이 모두 '이겨야 하는 무엇'으로 인지되고 있다는 사실이다. 이는 취미, 육아, 노동을 가르는 질적 경계선이 경쟁의 언어에 의해 침식되었다는 사실을 암시하는 표식이다. 자기계발의 대상영역이 잘 보여주듯이, 경쟁상황은 공식적 삶으로부터 친밀성의 영역, 더 나아가서 내밀한 심리의 수준에까지 확산되어 있다.

벌을 위한 행위들로 간주되고 있다(청년유니온, 2011; 김민수, 2013). 서바이벌은 이처럼 다양한 내용들을 무차별적으로 포괄하면서, 청년의 존재와 의식을 규정하는 가장 중요한 상징어로 등극한다.

둘째, 생존은 경쟁에서 이겨 그 외부로 초월하는 것이 아니라, 경쟁상황을 한번 더 미래로 연장하는 것을 의미한다. 윤태호의 웹툰의 제목을 빌려 말하자면 생존을 추구하는 자는 미생未生이다. 사활死活적 상황의 연쇄를 내포하는 바둑의 메타포는 생존의 의미론에 매우 적합한 긴장과 불안을 추가한다. 생존한다는 것은 이제 '살아남았다'는 일회적 사건이 더이상 아니다. 생존과정의 영구적 연쇄가 불투명한 미래의 어딘가를 향해 뻗어나가고 있을 뿐이다. 사실 이런 상황은 탈근대 자본주의의 고유한 주체화의 특성과 조응한다. 예컨대, 초기 근대에는 학교를 졸업하고 노동세계로 진입하는 결정적 이행이 중요한 것이었다. 그러나 후기 근대적 노동세계는 "평생 교육을 통해 혹은 끊임없는 자기혁신을 통해 자신을 능력화"할 것을 강요한다. 그런데 이처럼 의무가 되어버린 능력이란 "분명한 내용으로 규정된 외재적인 기준이 없는 미지의 X"다. 어디부터 능력 있는 존재인가라는 질문에 대한 해답은 없다. 그리하여 "능력 있는 주체에 도달하기란 불가능한 일"이라는 언명은 설득력을 갖는다(서동진, 2003: 109-110). 사실, 노동유연화와 삶의 전반적 액화 속에서 끝없는 혁신과 자기계발을 통해 변화하는 상황에 맞추어 스스로를 변신시켜야 하는 사회적 압력을 염두에 두고 보면, 생존 개념의 외부는 용이한 상상을 허용하지 않는다(어쩌면 그 유일한 외부는 죽음일지도 모른다). 생존자는 다음의 경연 앞에 있는 자에 불과하며, 기왕의 생존자에게도 미지의 생존게임은 어김없이 펼쳐질 것이다. 청년들에게 대학입시나 취직은 그 자체로 완결된 성공이 아니다. 그것은 더 높은 경연장으로 나아갈 하나의 과정에 불과하다. 경쟁의 이 유사무한성은 생존에의 성공을 일종의 소실점으로 만들어버린다. 그리하여 "꼭대기의 딱 한 자리, 그 자리를 제외하고는 모두가 다 패자"라는 진단은 청년세대가 바라보는 세계상의 진실을 적시하고 있다(엄기호, 2010: 46).

셋째, 경쟁상황에서의 서바이벌을 위해서 개인은 자신의 모든 잠재적 역량을 가시적 자원(자본)으로 전환하는 자기통치의 주체가 되어야 한다. 이는 특히 청년세대들에게는, "개인들 간의 군비경쟁"이라 불릴 수 있는 다양한 스펙경쟁의 형식으로 스스로를 드러낸다(최철웅, 2011: 39). 생존 여부는 요행이나 운에 달린 것이 아니라, 생존 추구자가 자신의 자아와 맺는 합리적 규율과 통치가능성에 종속된다. 왜냐하면 경제자본, 사회자본, 문화자본 이외의 감정능력, 희망의 능력, 회복력resilience, 집중력mindfulness, 상상력, 기획력, 창조력, 인간적 품성, 꿈꿀 수 있는 능력 등, 개인이 동원할 수 있는 모든 역량들의 총체가 서바이벌을 위해 관리되고 계발되어야 하는 자본으로 구성되기 때문이다. 몇몇 자기계발서는 적절하게도 이런 힘을 "생존력生存力"이라 명명하고 있다(조용상, 2009; 김광희, 2013).[10] 생존력은 경연에 동원

---

10 소위 '멘탈'이라는 용어로 집약되는 심적 능력은 중요한 '서바이벌 키트'의 구성요소로 인지되고 있다. 한 자기계발서는 이를 '마음력(力)'이라 명명한다. "성공해야 행복한 것이 아니라 행복해야 성공할 수 있다. 힘들 때 빨리 에너지를 충전하는 법, 화날 때 빨리 풀어버리고 웃음을 되찾는 법, 대인관계를 세련되게 풀어가는 법, 자신감을 잃지 않고 긍정적으로 생각하는 법, 남의 장점을 잘 칭찬하는 법(……) 현대인에게 이것은 생존의 키워드다. 이제는 자기 삶에서 불행을 멀리하고 행복을 불러오는 방법을 알아야 한다"(우종민, 2007: 7). 주목해야 하는 것은 위의 인용에서 성공과 행복의 순서가 전도되어 있다는 것이다. 행복하기 위해 생존하는 것이 아니라, 생존하기 위해 행복해야 한다는 것. 행복은 이제 생존을 위해 요청되는, 성공의 이전단계에 위치함으로써, 노골적으로 도착적인 의미를 획득한다.

되는 자본이다. 또한 생존력의 확장이라는 최대의 과제는 오직 스스로 자신의 잠재적 생존력을 최대한 끌어내어 그것을 계발하는 것에 달려 있다. 그것은 모든 것을 삼켜 생존에 적합한 존재로 자신을 변환시키는 일종의 초도덕적 프로그램이다. 그리하여 힘과 도덕의 위계가 전도되는 현상이 발생한다. 가령, 포용包容과 같은 전형적인 도덕적 태도도, 한 리더십 매뉴얼에는, "가장 이기적인 생존전략"이라는 이름으로 등장하고 있다(정현천, 2011).[11] 해외자원봉사에 나가서 지구적 빈곤현장에 투신한 다수 대학생들을 연구한 조문영의 관찰에 의하면, 이해타산에 대한 계산을 넘어서는 무상성에 기초한 행위일 것으로 기대되는 자발적 봉사활동은, 많은 한국의 대학생들에 의해, 취업준비과정의 한 단계, 즉 취업을 위한 도구적 행위로 간주되고 있었다. 무사심disinterestedness을 요청하는 자원봉사활동도 하나의 프로젝트이자 생존을 위한 '스펙'으로 해석되며 실천되는 것은, 서바이벌의 의미론이 그만큼 강력한 문화적 언어로서 현실을 조형하고 있다는 사실을 방증하는 것이다(조문영, 2014: 245-6).

넷째, 새로운 생존은 특별한 성공이나 대단한 성취를 의미하지 않는다. 88만원세대의 젊은이들에게 서바이벌을 향한 노력은 성공이나

---

11 도덕이 생존의 도구로 전환되는 것과 동시에 생존 또한 도덕적으로 정당화된다. 생존에 성공한 자, 지속적으로 경쟁시스템에 잔류한 자는 게으르거나 무책임하지 않으며, 헛된 몽상을 좇는 자들이 아니고, 자신에 대한 합리적 경영과 냉혹한 규율에 성공한 자로 인식된다. 반대로 말하면, 생존을 위한 자기자본화의 절차에 실패하는 자는 무능할 뿐 아니라 부도덕한 자로 취급된다. 그런데 이러한 생존의 도덕화는 생존경쟁의 정당성에 대한 광범위한 승인을 동반하는 것으로 보인다. 우리 시대 한국의 대학생들이 생존게임 자체를 거부하거나 부정하려 시도하는 대신, 게임의 규칙들(가령 엄정한 학사관리와 상대평가)이 공정하게 적용되어 "규칙의 위반자들에 대한 철저한 불이익"이 가해지기를 요구하면서 동시에 "무임승차하는 자들에 대한 극단적인 증오"를 드러내는 경향이 있다는 사실(최철웅, 2011: 41)은 대학에서의 일상적 관찰에 크게 배치되지 않는다.

치부致富 혹은 명성의 획득을 위한 야심찬 시도가 아니라 놀랍게도 "평범한 안정을 위한 분투"이다(박고형준, 2014: 119). 계급적 차이를 고려한 세밀한 분석이 더 요청되지만, 몇몇의 관찰들에 의하면 21세기 한국의 청년세대들은 "평범함에 대한 열정"을 품고, 그 이상以上을 꿈꾸지 않으며, 안정된 삶을 소망한다(정수남·김정환, 2014). 김학준은 이들의 내면에서 소위 평범성의 유토피아를 읽어낸다. "이제 이들에게 꿈은 친밀성과 가족의 영역을 유지하여 계급을 재생산하는 것에 초점을 맞추게 된다. 이제 누구도 상승을 꿈꾸지 않는다. 금전적으로 부족하지 않게 살고, 평화롭게, 사회에서 튀지는 않지만, 화목한 가정을 이루어 평범하게 사는 것은 불가침의 유토피아가 된다"(김학준, 2014: 136). 이런 점에서 보면, 새로운 생존의 의미론은 20세기를 풍미한 소위 성공학 담론에서 이야기하는 그런 성공의 의미론과 동일시되기 어려운 특색을 갖고 있다고 보아야 할 것 같다. 생존은 풍요로운 미래를 향해 야심차게 전진하여 무언가를 의기양양하게 획득하는 그런 이미지라기보다는, 더 아래로 추락하지 않는다는 소극적 자세, 피로와 체념의 은폐된 감정, 화려한 삶이 아니라 소박하고 평범한 '보통의' 삶에 대한 소망의 이미지와 더 긴밀하게 결합되어 있다.

마지막으로, 새로운 생존의 의미론은 자아표현과 사회적 적응의 접합, 다른 표현으로 하면 자아가 스스로를 차별화differentiation하는 것과 자신을 사회적 규범에 맞추어 정상화normalization하는 것의 기묘한 접합으로 구성된다(Cederström, 2011: 39). 새로운 생존 개념은 더이상 생존을 위해 자아를 포기하거나 자아를 위해 생존을 포기하는, 그런 양자택일적 상황을 제시하지 않는다. 생존추구과정은 사회적 통제에의 순응(정상화)인 동시에 자아를 실현시켜 스스로의 정체를 표현하는 과정(차별화)이기도 한 것이다. 이런 의미에서 그는 진정성을 추구하는 동시에, 바로 그런 진정성을 통해 체제에 기능하는 이중적 존재로 나타난다. 모더니티의 문화적 문법에 의하면, 진정성의 윤리는 사회의 부조리와 억압에 저항하는 반역적rebellious 개인성과 연결되어 있었다. 그러나 후기 근대적 진정성은 사회와 길항하는 개인성이 아니라, 개인이 속한 조직이나 공동체에 기능적으로 복무하는 노동윤리에 충실한 주체형성의 원리로 변모한다(Murtola & Fleming, 2011: 2). 진정성의 추구가 사회적 순기능으로 전환되는, 소위 "진정성의 덫 authenticity trap"이 나타난다(Spicer, 2011: 47). 가령, 오디션 프로그램에 등장하는 출연자들이 존재 전체를 생존게임에 헌신하면서, 마음 깊은 곳으로부터 서바이벌을 욕망하는 방식으로 자아를 구성하고 연출함으로써 서바이벌 상상계의 휴먼드라마를 제공하는 장면들 속에서, 생존과 진정성은 분리할 수 없는 일체를 이루고 있지 않은가? 생존하기 위해 진정성을 버려야 하거나 아니면 진정성을 위해 생존을 버리는 것이 아니라, 생존을 향해 특수하게 정향된 새로운 유형의 진정성(생존주의적 진정성)은 "열정노동"이라는 적절한 용어로 포착된 새로운 노동 스타일 혹은 노동 통제의 심적 동력을 이루고 있다(한윤형·최태섭·김정근, 2011).

이 새로운 '서바이벌'은 리얼리티를 그대로 반영하는 현실태라기보다는 청년들이 자신들의 실천 속에서 추구해야 하는 기획이자 가치이자 규범으로 부과되는 일종의 가능태다. 리얼리티를 지도하는 추상적 원칙, 문화적 명령, 더 나아가서 미학적 판단근거이기도 하다. 그러나 사실 생존과 낙오를 가르는 저 선은 명확한 것이 아니다. 지금의 생존자가 차후의 생존자가 된다는 보장도 존재하지 않는다. 절대적 생존자도 절대적 루저도 존재하지 않는다. 다만 서열화된 위치들이 구성하는, 외부 없는 경연장으로 상상되는 사회 속에서, 자아의 전 부분을 생존투쟁에 요구되는 자원으로 전환시켜야 하는 강박에 밀려, 자기 자신과의 도구적 관계 그리고 타인과의 경쟁적 관계를 유지해야 비로소 획득할 수 있는, 어떤 영원한 유예moratorium의 상태가 그들을 지배하고 있을 뿐이다. 그것이 바로 생존주의의 헤게모니다.

V. 마음의 분화
—

생존주의는 21세기 한국의 청년세대에게 가장 강력한 영향력을 행사하는 마음의 레짐이다. 하지만 모든 청년 행위자들이 자동적으로 생존주의에 지배되는 것도 아니며, 생존주의적으로 살아가는 것도 아니다. 서바이벌의 이상을 중심으로 형성된 지배적 레짐의 힘은 잔존하는 다른 마음의 레짐에 의해 도전받기도 하며, 이상적 상태에 도달하지 못하고 패배하거나 낙오된 행위자들의 병리적 삶에 의해서 도덕적 타격을 입기도 한다. 혹은 좀더 진화된 다른 형태로 변화하기도 한다. 생존주의적 행위공간은 복수複數의 레짐들이 공존하며 경쟁하는 분화를 겪는다. 앨버트 허시먼을 빌려 말하자면, 생존주의에 대한 충성loyalty, 항의voice, 그리고 이탈exit의 가능성들이 존재하는 것이다(허시먼, 2005). 가령 공존주의와 독존주의가 생존주의에 대한 항의의 유형이라면, 탈존주의는 이탈의 유형을 이룬다. 이들 각각을 좀더 구체적으로 살펴보면 다음과 같다.[12]

독존주의는 생존주의와 일정한 거리를 두고, 개인화된 자율적 삶을 확보하고자 하는 마음/가짐을 지칭한다. 여기에서 독獨은 타인들과의 교제나 사교로부터 벗어나려는 초월적 자세를 표상한다. 독존주의의 마음은 사회적 삶으로부터의 거리두기, 혼자만의 안락한 공간에서의 독립된 삶에 대한 욕망, 강력한 개인주의적 가치, 타자들에 의해 자신의 삶이 교란될 가능성에 대한 거부 등을 내포한다. 독존은 생존투쟁에서 나름의 방식으로 승리했거나 아니면 그런 투쟁으로부터 (아마도 부모의 도움으로) 상대적으로 면제된 자들이 생존경쟁의 괴로움과 처절함을 회피하여 구성한, 자족적이고, 자기중심적이고, 비사회적인 '자유주의적'이고 고도로 '개인주의적인' 삶의 형식이다. 즉, 절대적 생존 문제로부터 비교적 자유로운 계급에 속하는 청년들이 독존주의와 친화력을 갖는다. 바람직하고 좋으며, 또한 욕망되는 것으로 형상화되는 '독존'이라는 삶의 형식은 초식남草食男, 나홀로족, 니트족, 혹은 싱글족으로 불리는 행위자들의 라이프스타일을 규정한다(우에노 치즈코, 2007). 독존주의가 동원하는 주요한 감정자원은 우월감 혹은 나르시시즘이며, 현실적으로 그것이 가능하건 그렇지 않건 간에, 독존주의는 언제나 미적 취향과 문화자본의 축적을 통한 자기의 창조적 실현이라는 환상적 가치를 그 이데올로기로 두르고 있다. 독존주의의 핵심 관심은 자기와 자기의 관계이며, 이와 같이 섬세하게 실천되는 자기에의 배려는 사회적인 것의 부담과 비용에 대한 단호한 거절이라는

---

12 전성우는 '실존의 사회학'이라는 제명하에, 생명을 가진 존재로서 사회를 구성하고 또한 자아를 설립시켜야 하는 인간의 필수욕구들의 보편성을 강조하면서, 사회적 존재의 세 상이한 차원을 (물리적) 생존, (심리적) 자존, (사회적) 공존으로 규정하고 있다. 생존, 자존, 공존은 인간 존재의 가능성을 포괄하는 개념들로서, 오랜 시간을 두고 진화하며 문명을 구성하는 기초요소들이다(전성우, 2013). 이 연구에서 개념화하는 생존, 독존, 공존, 탈존은 인간 존재의 보편적 가능성을 지칭하는 용어라기보다는 특정 역사적/사회적 상황에서 형성되어 기능하다가 소멸하는 '마음의 레짐'을 가리킨다.

단단한 보호막으로 둘러져 있다. 생존주의의 세계를 초월하여, 생존에 매몰된 청년들을 때로는 조소하며, 때로는 비판하면서, 삶의 미학적 표현과 구성을 통해 그들과 '구별짓기'를 시도하려는 욕망의 레짐, 그것이 바로 독존주의다.

공존주의는 생존주의적 삶의 형식의 시대적 전횡에 문제를 제기하면서 다양한 형태의 집합적 라이프스타일을 대안으로 모색하는 마음가짐이다. 여기에서 공共은 타인들과의 공동체를 구현하고 그 안에서 삶의 의미를 찾아내고자 하며, 공적 문제들에 대해서 목소리를 내고 대응하고자 하는 태도를 집약한다. 많은 경우 공존주의를 구성하는 주된 장치는 역시 다양한 형식의 운동이다. 시위나 집회, 공연, 학습, 세미나 등의 모임들을 통해서 공존주의자의 정체성이 형성되는 구체적 실천들이 발생한다. 이들의 중요한 감정적 자원은 분노와 공감이다. 분노는 사회/정치적 시스템을 향하며, 공감은 배제된 자나 피해자를 향한다. 한국의 대학공간에서 공존주의자들의 입지는 현저하게 축소되어 있다. 도리어 소수자로 전환된 공존주의자들에게는 '전망 없음'이라는 폐색감이 짙게 드리워져 있고, 이들 역시 자신들의 생존 문제 앞에서 불안해하고 있다. 그러나 대학 외부에서 새로운 형식의 공존주의의 활성화가 감지된다. 전통적 운동을 추동한 마음가짐과는 다른 "구체적인 활동과 재미"라는 새로운 동력으로 운동하는 청년들도 있으며(김강기명, 2011: 186-7), 생명평화운동, 대안주거운동, 기본소득운동, 양심적병역거부운동, 마을만들기운동, 협동조합운동 등의 다양한 활동들을 통해서 생존주의를 넘어선 공존을 꿈꾸는 청년들도 있다(이윤경·신승철, 2014). 〈서울시일자리청년허브〉에서 일하는 청년활동가들의 실천양태와 가치에 대한 연구에서, 류연미는 이들의 활동이 자기 자신에 충실해야 한다는 진정성의 논리를 추구하는 동시에 자기계발하는 주체의 성격도 갖고 있다는 점에서 모종의 양면성을 띠고 있다는 사실을 보여준 바 있다(류연미, 2013: 101-5). 운동의 윤리가 생존의 압박과 독특하게 결합하여 새로운 형태의 공존적 활동으로 나타나는 이런 현상들은 세심한 주목을 요한다. 가령, 2010년 3월에 창립된 세대별 일반노조인 청년유니온Youth Community Union이나 알바노조와 같은 자생적 운동조직들은 이런 점에서 새로운 공존주의적 실험의 모태가 되고 있다고 할 수 있다(유형근, 2015).

탈존주의는 생존주의로부터의 이탈의 운동이다. 탈존脫存이란, '존存'의 여러 형식들(사회적, 생물학적, 정치적)로부터 벗어나고픈 마음, 삶을 끊고 싶은 마음, 이처럼 비참한 세계에 새로운 생명을 잉태하여 낳고 싶지 않은 마음들의 방향성을 표상한다. 존재로부터 벗어나는 것, '사라지는 것'을 꿈꾸는 마음의 지향이다. 이는 정신분석학이 죽음충동이라는 개념으로 표현하고자 했던 인간 실존의 깊은 부정성과 상통하는 바가 없지 않지만, 자연적이고 본능적 충동과는 거리가 멀다. 탈존주의는 사회·역사적으로 구성된 마음/가짐이다. 그것은 가혹한 생존경쟁의 지속되는 압력에 효과적으로 적응하지 못한 채 도태되어가는 행위자들이 체험하는 '마음의 부서짐heartbreak'의 결과물이다. 생존의 꿈이 거부되었을 때, 공존의 현실이 파괴되었을 때, 그리고 독존의 환상이 환멸로 끝났을 때, 탈존의 참혹한 실재가 나타난다. 21세기 청년들의 마음풍경은, 발전과 성장의 신화를 체험했던 부모세대, 민주화의 진보를 체험했던 세대들의 맹목적 낙관주의와는 다른 허무와 비관, 피로와 체념, 꿈과 미래의 상실이라는 공유된 비관주의의 기본 정조로부터 자유롭지 않다. 탈존의 체험은 이런 비관주의가 개인적 삶의 해결할 수 없는 난관을 만나 병리적 증상들(자살, 디프레션, 여러 형태의 정신적 장애들, 범죄, 절망)의 형태로 표출될 때 비로소 가시화된다. 깊은 마음의 상처들과 무력감과 우울이 탈존주의의 보편적 잠재성의 영역을 이룬다. 앞서 말했듯이 생존주의의 레짐에서 진정한 생존자의 자리는 매우 희박하기 때문에, 사실상 다수의 분투하는 행위자들은 그 분투의 결과가 계속되는 좌절로 귀결될 때, 탈존의 방향으로 경사되어 갈 가능성이 높다. 최근 한국의 청년작가들 중에서 이런 탈존주의적 감수성을 예민하게 표출하는 이로서 박솔뫼를 거론할 수 있다. 박솔뫼 소설에는 "존재의 발자국을 남기려 애쓰는 삶이 아니라 존재의 발자국을 스스로 지우며 흔적 없이 스쳐가는" 청년들이 등장한다(정여울, 2010: 204, 207). 희박한 사회성, 삶과 미래에 대한 전망의 부재, 포기와 체념, 그리하여 사라짐에 대한 강박적 추구를 보여주는 젊은 군상들의 세계, 이른바 "탈존주의의 극장"이 그녀의 소설세계에 펼쳐진다(김홍중, 2014b). 탈존주의는 생존주의의 환상적 스크린이 미처 가리지 못하는 실패와 좌절의 리얼리티에서 자라나는 마음가짐이다.[13]

생존, 독존, 공존, 탈존은 청년세대의 마음을 지배하는 네 가지 삶의 좌표축이다. 각각의 마음의 레짐들은 청년들이 만들어내는 문화적 산물들, 그들의 상상력의 표상들 속에서 선명하게 표현되고 있으며, 다양한 조직과 활동들을 통해 구현된다. 각 레짐은 서로 다른 형태의

---

13 최근에 일본의 청년들은 비관적 탈존주의가 아닌 '낙관적' 탈존주의의 가능성을 보여주고 있다는 흥미로운 보고가 있다. '사토리(さとり)세대'라는 별칭을 얻은 일군의 일본 젊은이들은 현실세계에 더 이상 어떤 소망도 품지 않는 '쿨'한 태도를 견지하며 마치 깨달은 불교도들과 같이 욕망과 집착이 사라진 삶을 디자인하고 있다고 관찰된다('사토리'는 깨달음을 의미한다). 이 경우 탈존의 제스처는 비극적인 패배의 결과물이라기보다는 부조리한 세계에 대한 일종의 정신승리법, 방법적 초탈의 외양을 띤다. 이에 관해서는 다음을 볼 것(후루이치 노리토시, 2014).

하비투스의 형식으로 체현되고, 상이한 믿음의 체계를 갖게 될 것이며, 결국 다른 인간 유형을 만들어낼 것이다. 마음의 사회학으로 만하임의 기획을 이어가는 것은, 생존주의 세대의 사회적 형성을 설명하고, 그들 마음의 핵심 문제(서바이벌)의 의미론을 규명하고, 더 나아가서 이처럼 분화되어 각축하는 다양한 실천 유형들을 탐구하는 일련의 절차를 수행하는 것이다. 앞서 제시된 네 가지 개념은 이런 의미에서 모두 이념형적 수준에서 포착된 '유형type'들로서 현실에 실재하는 경험적 내용들을 발견술적으로 포착해내기 위한 이론적 구성물로 이해할 수 있다. 주지하듯 유형학적 접근은, 통계적 측량에 기초한 설명적 프로젝트와 연관되는 분류classement와는 달리 베버의 이해사회학적 프로젝트와 더 긴밀한 연관을 갖는다(Heinich, 2000: 13). 그것은 현실의 행위자들을, 그들의 속성에 기초하여 분류하는 것을 목표로 삼는 것이 아니라, "관찰된 행위들과 담론들을 더 잘 이해할 수 있게 해주는 추상적 관계의 논리를 계발하는 것"을 목표로 삼는다(Schnapper, 1999: 113-4). 이런 유형들의 구성과 설정이 가능하게 할, 차후의 확장되고 심화된 경험연구들을 통해서 우리는 청년세대의 심적 풍경에 대한 새로운 이해가능성과 가시성을 제공받기를 기대한다.

VI. 생존주의의 역사성
—

21세기 청년세대의 마음을 지배하는 생존주의적 경향은 선배세대로부터 상당히 비판적인 평가를 받아왔다. 386세대에 부여되는 일반적 인상(정치적 참여, 인습에 대한 저항, 강렬했던 문화적 정체성, 그리고

민주화를 이끌었던 운동주체로서 그들이 보여준 적극적 세대의식)과
의 대비는 이들 젊은 세대의 소위 '반反청춘적' 혹은 '비非청춘적' 속성
을 더욱 두드러진 모습으로 부각시켰다. 그러나 사실 생존주의 문화는
청년세대에만 국한되어 발견되는 것이라고 보기에는 매우 어렵다. 이
들을 그런 방식으로 주체화시키는 것은 앞선 세대가 만든 제도들과
장치들을 통해서이며, 부모세대가 체득한 삶의 진리들이 훈육과 소통
을 매개로 이들에게 재생산되는 과정을 통해서이며, 한국사회의 전반
적 분위기와 가치의 지속적이고 일상적인 학습을 통해서인 것이다.[14]
청년들만이 생존주의를 추구하는 것이 아니라, 어떤 의미에서는 전全
세대적으로 확산된 한국사회의 생존주의가 가장 노골적으로 드러나
는 약한 고리가 바로 청년세대라고 보는 것이 더 사태의 진실에 부합
할 것이다. 이렇게 보면, 생존주의적 삶의 태도와 이에 대한 사회적 승
인은 사실, 21세기에 비로소 관찰되는 특이한 현상이 아니라, 격랑을
헤쳐온 한국사회의 근대성의 역사적 체험 속에 깊이 뿌리내리고 있는

---

14 대학에서의 일상적 관찰(가령, 의도하지 않은 참여관찰)을 통해 살펴보면, 학과의 선택이나 전공 혹
은 진로와·연관된 문제에서 청년들이 놀라울 정도의 수동성 혹은 친밀성 속에서 부모들의 견해에 의
존하는 장면들을 목격하게 된다. 우리 시대 청년들의 외적 자유분방함, 세련됨, 개인주의적 태도를 한
꺼풀만 벗기고 들어가면, 위축된 내면, '엄마'나 '아빠'에 대한 부담과 애정과 의존과 억압된 분노 등
이 뒤섞인 복잡한 감정, 부모의 사랑으로부터 벗어나기를 꿈꾸면서 이와 동시에 거기 안주하고자 하
는 욕망 등이 착종된 흥미로운 심리풍경이 나타난다. 제임스 코테의 지적에 의하면, 이는 한국에 고유
한 것이 아니라 글로벌하게 나타나는 현상이다. 후기 근대에 접어들어 부모가 청년들에게 경제적 '안
전망'을 제공하기 시작하면서, 청년들의 정체성 형성과정에서 중요한 역할을 하는 다양한 이슈들, 가
령 직업 선택, 정치/종교적 신념, 삶의 스타일의 선호 등에 대해서 더 강한 영향력을 행사하고 있는 것
이다(Côté, 2005: 223). 이런 점에서 우리 시대의 청년연구는 반드시 그들의 부모에 대한 연구, 부모와
청년의 다각적 관계, 상호작용의 형식들, 영향력과 애정의 방식과 강도에 대한 연구, 그리고 청년세대
가 유년기 이후 현재까지 자신들의 인성, 성격, 습성, 가치를 육성해오는 데 영향을 끼친 주요한 제도
적, 담론적, 도덕적 장치들에 대한 정교한 연구를 동반해야 한다고 본다.

마음의 레짐이 아닌가 하는 질문을 제기해볼 수 있다(김종엽, 2014: 18-28). 이 질문은 특히 '마음'의 역사성과 연관해서 매우 중요한 함의를 내포한다.

역사적 조감을 통해 살펴보면, 생존 문제야말로 근대 한국인의 집합기억, 집합표상, 집합심리의 가장 중요한 테마 중의 하나였다는 사실은 비교적 자명한 것으로 드러난다. 한국은, 19세기 후반에 파국적으로 열린 '만국공법의 세계', 즉 제국주의 열강이 구성한 국민국가들의 경쟁공간에 던져짐으로 근대로 진입했고(1894년 체제), 식민화를 거쳐 1950년의 전쟁으로 인해 비극적 분단/냉전 구조(1950년 체제)를 맞이했고, 개발독재, 산업화, 그리고 민주화 이후에 신자유주의적 세계화의 구조(1997년 체제)를 체험한다. 이 세 가지 중요한 국면들을 통과하면서, 민족-국가의 형성 그 자체가 '생존'의 프레임을 통해서 이루어졌으며, 민중의 삶은 노골적 생존의 투쟁으로 인지되었고, 국민의 기초적 안전과 먹고사는 것을 보장해주는 소위 "생존의 정치"가 한국정치의 가장 중요한 목적이자 가치로 설정되었다(권태준, 2006: 17-20). 가령, 구한말의 위기상황이 일군의 유교지식인들에 의해 "힘에 의한 생존"이라는 프레임을 통해 해석되었다는 사실은 잘 알려져 있다(박노자, 2005: 28-9, 51). 이 시기에 박은식, 주시경, 이광수, 현상윤, 송진우, 이승만, 윤치호, 유길준, 서재필, 신채호, 한용운 등의 선각자들은 가토 히로유키加藤弘之, 1836-1916와 량치차오梁啓超, 1873-1929에 의해 번역된 서구의 사회진화론을 수용하여, '힘이 곧 정의'라는 시각, '세계는 약육강식의 정글'이라는 논리, 그리하여 '생존하기 위해서는 힘을 키워야 한다'는 처방으로 구성된 '우승열패'의 신화를 통해 민족 위기를 타개하고자 고투를 벌였다(신용하, 1995; 전복희, 1996; 박성진, 2003; 우남숙, 2011).

근대로의 전환기에서 여론과 민족적 집합의식을 선도한 이들에게 '생존'이란 조선왕조의 문약文弱을 서구적 문명개화를 통해 극복하는, 외경外競에서의 승리라는 의미를 획득했다. 그러나 세상을 온통 경쟁의 공간으로 파악하는 이런 관점은 이미 개인, 가족, 그리고 국가에 이르는 각 생존단위들에 무차별적으로 적용되고 있었다. 유길준은 이렇게 쓴다. "대개 인생의 만사가 경쟁을 의지하지 않는 일이 없으니 크게 천하 국가의 일부터 작게 한 몸 한 집안의 일까지 실로 다 경쟁으로 인해서 먼저 진보할 수 있는 바라, 만일 인생에 경쟁하는 바가 없으면 어떤 방법으로 그 지덕智德과 행복을 증진할 수 있는가?"(박노자, 2005: 231에서 재인용). 신소설을 분석하면서 최정운은 생존주의적 상상계가 개인들이 상호작용 수준으로 하강해 있음을 발견한다. 예컨대, 이인직을 비롯한 다수의 신소설 작가들의 작품에 표상된 사회는 연대 없는 홉스적 사회상태, 후에 이광수가 사용한 표현을 빌려 말하자면 '무정한 사회'로서, "사회적 유대가 사라지고 각자 개인들로 흩어져서 생존을 위해 자신을 지키기에 급급하고 기회만 되면 누구에게 무엇이라도 빼앗으려 하고 자신의 욕구를 채우고자 혈안이 되어 있는 모습"을 하고 있다(최정운, 2013: 93). 1894년이라는 단절점(청일전쟁, 갑오경장, 동학농민운동)을 기점으로 변화된 새로운 근대세계는 민중에게 "생존이라는 것이 온 사회에서 최대의 관심사"가 되는 예외상황을 창출한 것이다. "죽은 사람은 하릴없다. 산 사람은 살아야 한다"는 『혈의 누』의 메아리는 당시에 획득된 민중적 지혜를 표상한다(최정운, 2013: 112, 117).[15]

한국 근대성의 기원적 트라우마를 이루는 이런 아노미적 상황과,

그 이후 전개되는 유사한 장면들의 반복은 사회 구성원들에게 강력한 '생존주의적 태도'의 동인을 제공했다. 왕조의 패망, 식민화, 한국전쟁을 거치면서 민중은 "생존동기를 행동과 사유의 가장 기본적인 근거"로 삼게 되며, 이런 점에서 민중의 생존욕망과 불안은 냉전체제하에 형성된 고도의 생존불안 의식을 정치적으로 동원했던 박정희 정권에서 특히, 근대화의 심리적 동력으로 활용되었다(김홍수, 1999: 10; 박찬승, 1996: 353). 냉전체제 역시 국가/민족 수준의 생존과 개인 수준의 생존이 절대적으로 문제가 된 한국전쟁의 기억과 체험의 심각성을 그 심리적 토대로 삼고 있다. 국가는 공산화의 위협으로부터 국민의 생존을 보장해준다는 점에서 그 정당성을 부여받았다. 한국 민중은 전쟁을 통해서 무엇을 배웠을까? 한 구술사연구는 이렇게 쓰고 있다. "박수호는 전쟁현장과 포로수용소에서 끊임없이 싸우고 죽이고 편을 가르는 사람들을 목격했다. 그에게 전쟁은 조국이니 이데올로기니 좌우니 하는 모든 것을 떠나 '내'가 살아남으려는 생존투쟁 그 자체였다. 그에게 '전쟁'과 '가난'은 구별되지 않았다. 돈 없고, 백 없고, 힘없는 무지렁이 백성에게 한국전쟁의 의미는 국가에 의지하지도 말고, 남에게 의지하지도 말고 오직 '내' 의지와 노력으로 정직하게 땅을 일구며 비정치적으로 살아가는 것이다"(오유석, 2011: 186).

열강에 둘러싸여 존속을 보장받지 못한 민족-국가가 냉전적 대치

---

15 최정운에 의하면 근대 한국인이 보여준 사회창출능력의 두 극단은 신소설에 표상된 홉스적 상황과 80년 광주에서 형성된 절대공동체로 양분된다. 한편에는 사회의 소멸과 '만인에 대한 만인의 투쟁 상태(다원적 상태)'가 있고, 다른 한편에는 계급과 신분과 성별과 출신이 모두 녹아 사라진 자리에서 형성되는, 신기하고 아름다운 공동체의 상태가 있다. 생존주의는 물론 전자의 상황에서 솟아나오는 마음가짐이다.

상황을 돌파해나오면서, 또한 절대 빈곤에 다수 민중이 노출되어 목숨의 최저선이 위협받던 저개발상황을 돌파하면서, 한국사회는 생존의 정언명령을 상대화시킬 수 있는 다른 가치들, 즉 로버트 벨라가 말하는 시민종교들을 성공적으로 창출해내지 못했다. 따라서 "오랜 역사적 고통과 파시즘의 지반 위에 세워진 우리 근대성의 사회문화적 지평은 '먹고살기 위해서는 무슨 일이든 할 수 있어야 한다'는 '걸인의 철학'을 바탕으로 그 아래에서 살아가는 개인들에게 단순한 '생존'의 차원 너머에는 의미 있고 가치 있는 삶을 위한 공간을 쉽사리 허용하지 않았다. 그리고 바로 그렇게 강요된 생존 이데올로기의 핵심에는 속물근성이 필연적으로 들어 있었다"는 지적은 반박하기 어려운 것이다(장은주, 2008: 27-8). 수많은 난리와 파국의 상황들을 거쳐오면서 한국의 민중과 엘리트는 결국 힘의 차등으로 구성된 사회(시민사회로부터 국제사회까지)에서 살아남는 것은 강자이며, 결국 살아남는 것이 선이라는 원초적 생존주의를 지속적으로 학습하고, 이를 가장 소중한 삶의 철학으로 어린 세대에 학습시켜왔다.[16] 한국 근대의 사회적 상상은 이런 의미에서 '사회진화론'의 그것에 근접해 있다. 한국의 근대는 애덤 스미스의 근대(자유주의), 루소의 근대(민주주의), 마르크스의 근대(사회주의), 뒤르케임의 근대(공화주의), 혹은 베버의 근대(합리주의)와도 모두 다르다. 한국 근대성을 규정하는 사회풍경은 속류화된 다윈의 근대, 즉 생존주의로 특징지어지는 진화론적 상상력 위에 건설되어 있다.

이는 단순히 한국의 근대가 위기와 고통과 시련의 연속이었고 사회의 다수 행위자들이 자신들의 생존을 위해 투쟁을 했다는 '경험주의적' 언명이 아니다. 생존 그 자체는 생명의 자기보존 본능과 충동의 영역에 속하는 것이며, 그 자체로 악도 아니고 추도 아니다. 생존은 인간학적 상수로서, 유기체의 절대적 과제이다. 그러나 모든 인간이 생존을 위해 고투한다는 사실과, 어떤 사회가 특정 역사적 조건하에서 '생존'을 절대가치로 설정한다는 것은 엄밀히 구별되어야 하는 상이한 사태들이다. 한국의 근대성은 전방위적 생존의 위기를 겪은 동시에 그 체험을 '생존'이라는 문제틀로 적극적으로 구성함으로써 '생존주의'라 불릴 수 있는 마음의 레짐을 중층적으로 형성해왔다. 21세기 청년세대의 생존주의는 그와 같이 역사적으로 이미 형성되어 있던 생존주의적 태도, 가치, 지향, 즉 마음가짐들이 사회적으로 선행하지 않았다면, 지금처럼 강력하고 전일적인 방식으로 한국 청년들의 마음을 강박하지 않았을지도 모른다. 역사의 힘은 행위자의 마음속에서 살아 움직이는 것이다. 이와 같은 생존주의의 역사성에 대한 관심은 구한말, 냉전, 그리고 세계화시대의 세 가지 상이한 생존의 의미론들에 대한 정치한 분석과, 이들을 관통하는 공통성에 대한 탐구를 동시에 요청한다. 이

---

16 한국의 '엄마/어머니'는 이런 생존주의의 '숭고한' 주체이자 그 희생자이다. 남성 가장에게는 생존주의를 도덕적으로 은폐하고 위장할 수 있는 언술적·도덕적 자원들이 있었지만, 출산/양육/교육/생계/질병 등의 가장 구체적인 문제들을 해결해야 하는 직접적 책임을 지고 있던 여성들은 생존주의적 태도를 이데올로기적으로 은폐할 수 있는 위치에 있지 않았다. 종교적으로 말하자면 생존주의는 무교(巫敎)와 선택적 친화성을 갖는 것으로 보인다. 주지하듯 무교는 주로 여성들에 의해 가족의 문제들을 해결하는 실용적 수단의 역할을 수행해왔다. 특히 무교에 특징적인 역현(kratophany) 종교성 혹은 힘숭배(kratocult)는, 무교가 도덕적 선/악을 가리고 초월적 성스러움을 추구하기보다는, 실용적인 견지에서 민중의 삶의 생존 문제를 해결하는 데 도움이 되는 '힘'에 대한 숭배를 중요한 구성원리로 삼고 있다는 사실을 보여준다. 선하거나 옳은 것이 중요한 것이 아니라 살기 위해서 필요한 힘이 최우선시되는 것이다. 오랫동안 한국인들은 위기의 상황에서 무교적 수단을 동원하여 혈로(血路)를 모색해왔고, 그것은 특히 남성의 묵인하에 여성(어머니)이 수행해야 하는 역할이었다. 중요한 것은 종교시스템으로서의 무교 혹은 샤머니즘이 아니라 (개신교를 포함한 한국의 제도종교들에 습합되어 있는) 무교적 삶의 양식 혹은 마음/가짐이라 할 수 있다(Kim, 2014: 51~4). 한국의 문화적 문법을 유교/무교의 복합체로 파악하는 탁견은 다음을 볼 것(정수복, 2007).

를 통해서 우리는 21세기 한국의 청년세대의 마음을 이해하는 동시에, 근대 한국인들의 마음을 지배하는 공포와 불안, 꿈과 아픔의 세계를 이해하는 사회학적 탐구를 시도할 수 있으리라 희망한다.

VII. 사회적인 것의 환상

—

생존주의란 당혹스런 개념이다. 왜냐하면, 생존은 그 본성상 주의主義와 결합할 수 없기 때문이다. 생존은 주의 이전, 성찰 이전, 사고 이전의, 생명의 충동과 힘의 영역을 지칭하는 용어이다. 목숨이 붙어 있는 존재로서 생존에의 경향성을 벗어던질 수 있는 존재는 없으며, 살기 위해서 몸부림치는 존재들은 비난의 대상이 아니다. 생존에의 열망은 자연적인 것이며, 선악을 넘어서 있는 것이다. 문제는 생존이, 조직된 주의가 될 때, 지향된 가치가 될 때, 집합적 마음의 짜임의 원리가 될 때이다. 생존이 주의로서 나타날 때, 그것은 무언가의 붕괴를 지시하고 있다. 뒤르케임이 정확하게 간파한 것처럼, 인간의 사회적 삶은, 만약 그 구성원들이 순수한 목숨의 존재로서 먹고살고 살아남는 것을 최종목표로 한다면, 성립불가능한 것이기 때문이다. 인간이 구성한 사회는, 인간 존재의 생물학적 기초요건을 초과하는 지평에 대한 공유된 표상(토템 혹은 성스러운 것) 위에 건립되어 있다. 그것이 아무리 현실화될 수 없는 것이건(자유, 평등, 박애와 같은 가치들), 그것이 결코 오지 않을 것이건(사랑, 구원, 평화와 같은 가치들), 사회를 만들어 산다는 것은 우리가 자신의 생존 그 자체에만 몰두하는 존재들이 아니라, 그 너머를 갈구하는 존재라는, 타자와의 삶을 욕망하고 소망한다는, 고프먼적인 의미에서의 '위선'이나 '거짓'을 연기하고 신앙할 수 있어야 가능한 것이다. 도덕이란 바로 그 방법적 거짓의 차원에 붙여진 이름들이다. '주의가 되어버린 생존'은 바로 이 차원의 붕괴의 징후이다. 생존주의는 사회적인 것의 성스러운 환상이 벗겨진, 인간의 생물학적 나신을 있는 그대로 드러내는, 사회적인 것의 불가능이 생산하는 마음의 형식이다. 살기 위해 몸부림치는 행위자들의, 현실적인 너무나 현실적인, 몸짓들의 원리이다. 21세기 청년세대의 생존주의는 한국 근대성에 배태된 '생존주의'의 막막한 두께를 드러내는 현상이다. 청년세대를 비판하기에 앞서, 그들에게 좀더 청년적인 삶의 태도를 요구하거나 혹은 값싼 위로와 힐링의 언어를 던지기에 앞서, 한국사회 전체의 생존주의적 경로의존성을 차갑게 직시해야 하는 이유가 거기에 있다. 삶의 세목에서 펼쳐지는 실천들 속에서 청년세대는 자신들을 운명처럼 규정해오는 시대의 힘과 어떻게 싸워나갈 것인가? 그들은 생존주의에 속절없이 함몰되어버릴 것인가? 아니면 새로운 가치들을 창출하면서, 생존 너머의 어떤 세계에 대한 공유된 환상을, 사회라는 '성스러운 환상'을 다시 만들어낼 것인가?

동아시아 생존주의 세대의 얼굴들

I. 얼굴이라는 사례
—

청년문화를 탐구하는 과정에서 많은 젊은이들을 만나는데, 언제나 기억에 가장 깊이 남는 것은 그들의 얼굴로부터 얻게 되는 인상이다. 수업에서, 술자리에서, 거리를 거닐면서, 커피숍에서, 버스나 지하철에서, 그들을 방문하여, TV, 서적, 영화나 웹툰에서, 또는 그들이 좋아하는 음악을 듣거나 뮤직비디오를 보면서, 나는 내 앞에 현전하는 하나의 '얼굴'로 그들과 대면했다. 무기력하고 텅 빈 표정도 있었고, 욕망에 반짝이는 눈빛도 있었으며, 눈물에 뒤범벅되어 있거나, 분노와 좌절에 일그러진 얼굴, 내면을 철저하게 감추는 얼굴, 주눅든 얼굴, 냉소적이고 공격적인 얼굴들도 있었다. 얼굴에는 세대, 계급, 젠더와 같은 사회적 위치와 그에 조응하는 성향들이 육화되어 있고, 개인의 생각과 감정과 욕망의 역사가 새겨져 있다. 어떤 사회적 존재가 다른 사회적 존재들에게 발산하는 비언어적 기호들의 총체를 '얼굴'이라 부른다면, 얼굴은 한 시대와 사회가 자신을 드러내는 상징으로서, 그것이 발산하는 에너지는 쉽게 전달되고, 모방되고, 전염된다. 타르드처럼 말하자면, 얼굴은 사회적인 것을 이루는 욕망désir과 믿음coryance의 매체인 셈이다.

그런데, 이처럼 조사현장과 생활세계에서 만나는 얼굴들이 발산하는, 즉각적이고 명확하며 부인할 수 없는 리얼리티를 학술논문 형식에 담아낸다는 것이 생각처럼 쉬운 일은 아니다. 상호작용 속에 강렬한 이미지로 각인되어 있는, 얼굴의 사회성과 역사성을 객관적으로 측정할 수 있는 도구가 있는 것도 아니다. 얼굴로부터 받은 인상은 사실 글쓰기를 통해서 재현되거나, 사진이나 그림을 동원하여 시각적으로 전달될 수밖에는 없다. 그것은 분석되기 이전에 우선 묘사되고 제시되어야 한다. 해석되기 이전에 서사되어야 한다. 왜 수많은 다른 얼굴들이 아니라 이 얼굴이 말해져야 하는 것으로 선택되었는지를 서술해야 한다. 여기에서 문제가 되는 것은 얼굴 일반이 아니라 '바로 그 얼굴'이다.

즉, 다루어지는 얼굴은, 일반적으로 사회학이 요구하는 통계적 대표성을 갖지 못하고, 그것의 선택에 있어서 연구자의 주관적 판단이 깊이 개입하고 있다는 점에서 객관성도 희박하다. 그 얼굴은 따라서 양적 포착 속에서 의미를 부여받기보다는, 질적 특이성을 가진 하나의 '사례case'로 접근되어야 한다. 하나의 얼굴은 하나의 사례를 이룬다. 왜냐하면, 사례란 "경계를 가진 체계bounded system"혹은 "통합된 체계integrated system"로서, 그 자신과 그것이 아닌 것 사이의 구별이 명확하고, 자신의 특이성을 통해 각별한 연구관심을 유발할 때 하나의 정당한 연구단위를 구성하기 때문이다(Smith, 1978; Stake, 1995: 2; 메리엄, 2005: 36). 이 글에서 내가 다룰 세 상이한 유형의 얼굴들은 이런 맥락에서 보면 전형적인 '사례'들을 이룬다. 하나는 중국의 청년 예술가들과의 만남에서 나에게 깊은 인상을 남긴 낙관의 얼굴이며, 둘째는 요절한 일본의 화가의 그림에 재현된 일본 청년세대의 독특한 자기표상이며, 마지막으로 한국의 웹툰『미생』에 나오는 주인공 장그래의 얼굴이다.

II. 양광지안陽光之顏

—

2014년 12월 5일, 나는 동료들과 함께 베이징 근교에 위치한 쑹장宋庄 예술특구를 방문했다. 쑹장은 베이징시 퉁저우구通州区 북쪽에 위치한, 중국 동북부와 보하이만渤海湾 지역에서 베이징으로 올라오는 육로교통의 요지다. 행정구역상으로 말하자면, 총면적이 11만 5929km²에 달하고 47개의 행정촌으로 이루어져 있으며, 상주인구가 10만 명에 가깝다(리우웨이, 2010: 155-8). 이중 특히 예술특구는 샤오바오춘小堡村에 조성되어 있는 방대한 지역으로, 1990년대 초반 형성되기 시작하여 약 22개의 예술촌락, 100여 개의 갤러리, 15개의 대형미술관을 갖춘 명소가 되었다. 2013년 현재 6000여 명의 예술가들이 거주하고 있는 것으로 집계되어 있다(한창윤, 2012). 공항에서 승용차로 약 30여 분을 달려 도착한 쑹장지구는 그 전경과 규모만으로도 압도적인 느낌을 주기에 충분했다. 겨울 베이징의 메마르고 차가운 바람 속에 웅크리고 있는 낮은 건물들과 끝없이 이어진 작업실들은 하나의 소小공화국을 이루고 있었다. 우리는 지인을 통해 미리 연락이 되어 있던 두 명의 안내인을 만났다. 이들은 쑹장에서 작품활동을 하는 두 여성이었다. 오후부터 저녁까지 이들의 도움을 얻어 쑹장의 다양한 구역들에 거주하는 청년 예술가들의 삶을 생생하게 관찰할 수 있었다.

우리가 가장 먼저 방문한 곳은, 커리어의 초기단계를 밟기 시작한 화가 J(1985년생)의 아틀리에였다. 숙식을 할 수 있는 작은 방이 구석에 복층 구조로 마련되어 있는 작업공간은 햇빛이 잘 드는 양지였다. 주로 수묵화 작업을 하는 그는 여러 전시를 통해 실력을 인정받기 시작했다. 특히 최근에 『예술백년藝術百年』(2014년 10월 13일 발행)이라는 저널의 '본기인물本期人物'로 선정되어 집중적인 조명을 받았고 그 사실에 고무되어 있었다. 우리에게 건네준 저널의 표지에는 그의 사진이 전면에 실려 있다. 어두운 화랑 벽에 기대 선 그에게 쏟아지는 환한 '양광陽光' 속에서 이 젊은 화가는, 도전적 오만함과 은밀한 자신감이 혼용된 미소를 띠며 자신의 우측을 응시하고 있다.(그림1)

그림1. 『예술백년』 표지사진의 얼굴 부분

첫번째 방문지를 벗어나 이동하여 도달한 곳은, 1983년생 수묵화가 H가 살고 있는 고급 맨션이었다. 놀랍게도 그는 건물 전체를 소유하고 있었으며, 나이에 어울리지 않을 만큼 쾌적하고 화려한 작업실을 갖추어놓고 있었다. 하얼빈에서 미술학교를 마치고 크게 성공하여 이 건물을 구매하고 가족과 함께 여기 정착한 그의 얼굴에서 여유와 자신감이 풍겨나왔다. 우리를 응대하는 그의 태도 역시 자연스럽고 세련된 것이었으며, 조급하게 자신을 소개하려 하거나, 혹은 예술가 특유의 내성적 태도 속에서 자신을 감추려 하지 않으면서, 있는 그대로를 드러내는 방식으로 우리를 환대했다. 성공을 꿈꾸었고, 그것을 매우 빠른 시간에 실현시켰으며, 그 대가로 획득한 이 부유함을 매우 자랑스러워하고 있으며, 물질적 부가 그의 몸과 마음에 비교적 자연스럽게 체화되어가고 있다는 사실을 깨닫는 것은 어려운 일이 아니었다.

　H의 집에서 멀지 않은 곳으로 이동하던 중, 우리는 성채처럼 웅장하게 서 있는 한 건물 앞에서 차를 멈추었다. 1989년생 예술가 W가 거기 살고 있었다. 1층에는 그의 부모들의 작품이 벽에 전시되어 있었다. 알고 보니 부모들 역시 저명한 예술가들이며, 쏭장에 미술관을 짓고, 거기 아들의 작업실을 마련해준 것이었다. H나 J가 자신의 힘으로 예술계에서 입지를 만들어가고 있는 '자수성가형'인 것과 달리, W는 부모의 위광에 기대어 유력하고 풍요로운 위치에서 삶을 시작하고 있었다. 그러나 다른 예술가들과 비교하면, 그의 모습에는 어떤 오기, 야심, 의지와 같은 내적 추동력이 부족하다는 인상을 지울 수 없었다. 정작 가장 풍부한 자원을 소유하고 있음에도 불구하고 W에게서 발견하기 어려웠던 것, 반대로 말하자면 객관적 자원이 부족한 어려운 상황과 싸우면서 자신들의 삶을 꿈꾸어나가는 저 쏭장 예술가들의 얼굴에

서 빛나던 그것, 그 마음의 힘 혹은 환상의 정체가 무엇일까? 내가 면담하거나 스쳐지났던 수많은 중국의 청년들, 각기 다른 계층과 젠더와 지역, 출신을 불문하고 이들의 얼굴에서 발산되던 모종의 기운의 정체는 무엇일까?

뇌리를 떠나지 않던 이 질문에 대한 해답을 얻은 것은, 두 가이드의 거처를 방문하여 그들과 방담을 나누는 과정에서였다. 그들이 사는 곳은 쏭장에서 가장 빈곤한 지역이었다. 우리가 그 지역에 이르렀을 때 이미 석양이 진 후 어둠이 드리워져 있었고, 쏭장 전역에 밥을 지어먹기 위한 탄불의 매캐한 연기가 안개처럼 퍼져 있었다. 먼지와 뒤섞여 목을 찌르는 컴컴한 대기 속에 이들이 사는 허름하고 어두운 건물이 웅크리고 있었다. 그곳은 쏭장의 최하층 예술가들의 집단거소였다. 여기 거주하는 청년들의 삶은 열악한 것이었다. 벽에 걸어놓은 작품들은 예술품이라 부르기에 주저되는, 아마추어적인 습작품이거나 민속공예 혹은 키치에 가까운 소품들이었다. 이들은 경제자본뿐 아니라 문화자본에 있어서도 쏭장 위계서열의 가장 낮은 위치를 차지하고 있었다. 우리는 가이드의 아틀리에에 앉아 차를 마시며 이야기를 나누었다. 그녀는 이혼 이후, 새로운 삶을 타개하기 위해 이곳에 왔다고 한다. 경제적으로 매우 어렵기 때문에 상당한 내핍생활을 하면서 염색한 스카프 등을 팔고 있고, 좀더 성공한 친구들의 도움에도 가끔 의존하면서 생활한다고 한다. 추위를 막을 수 있는 난방장치나 음식을 조리할 수 있는 주방도 없는 상태에서 겨울을 버티는 것이 힘겨워 보였지만, 그녀는 자신의 미래에 대한 모종의 낙관적 감정을 드러냈다. 그것은 자신의 선택을 살아내기 위해 안간힘을 다해서 만들어낸 희망 같기도 했고, 같은 공간에 사는 예술가들이 공유하고 있는 삶의 감각(몇 년을 고생하면 이곳을 빠져나갈 수 있다는 확신) 같기도 했다. 중요한 것은 그녀 스스로 마치 자신의 삶을 응원하듯이, 스스로에게 희망을 불어넣어주려 하듯이, 밝음과 어둠이 기묘하게 섞여 있는, 그러나 결국 낙관과 긍정이 명백한 우세를 점하게 되는 그런 얼굴을 지어내고 있었다는 사실이다. 그녀가 자주 사용한 단어를 빌려서 말하자면, 그 얼굴은 바로 "양꽝陽光"의 얼굴이었다.

'양꽝'이라는 단어는 쾌활하고, 낙천적이고, 밝으며, 희망에 가득 찬 마음의 태도를 가리키는 말이다. 여러 정황을 고려해보건대, 그것은 미래에 대한 불안과 현재의 궁핍을 은폐시키는 가면이며, 어려움을 견디어 나가면서 고투하는 행위, 즉 '핀보拼搏'를 가능하게 하는 심적 동력이다. 또한, 유사한 가면을 쓴 사람들을 함께 친교하게 하는 사회성의 표징이었다. 한국이나 일본의 청년세대와 비교해보면, 중국의 '바링허우八十後'세대의 양꽝은 매우 두드러지게 돋보이는 감정양식이다. 바링허우세대는 1980년대 이후에 출생하여 경제발전의 혜택을 누리며 살아왔으며, 아직 한 번도 심각한 경기침체나 경제위기를 체험해본 적이 없는 중국 청년세대의 이름이다. 처음에 이 용어는 80년대생 젊은 작가들을 가리켰지만, 점차 확장되어 개혁개방 이후에 나타난 새로운 생활방식과 가치관을 가진 집단을 지칭하기 시작했다(黃洪基·邓蕾·陈宁·陆烨, 2009). 이들은 1가정 1자녀 정책하에서 태어난 외아들/외동딸이고 물질적 풍요 속에서 성장했지만, "방탕한 청춘" "전통에 대한 반역의 대명사" 혹은 예쁘지만 연약한 모습을 풍자한 "딸기종족", 고학력이지만 저임금에 시달리며 집단거주 양상을 보인다는 점에서 "개미족"이라는 부정적 별칭을 얻기도 했다(张有平·赵广平, 2008; 聂婷·张敦智, 2007; 刘锐, 2010). 서구적 가치와 개인주의, 그리고 상품소비에 익숙한 이들에게 미래는 하나의 약속으로, 가능성으로, 더 풍요로운 삶으로 표상되고 있다. 중국 대도시의 거리 곳곳에 전시되어 있는 중국몽中國夢 프로파간다[1]가 강변하고 있듯이, 나의 꿈이 중국의 꿈인 세계, 내 욕망이 사회, 국가, 공산당의 욕망과 결합되어 있는 세계, 자신의 꿈을 향해 돌진하는 스탠스 그 자체가 사회적으로 정당화되는 그런 세계에서 양꿍이 이들 삶의 심적 기저를 이루는 것은 전혀 이상한 일이 아닐지도 모른다.

잘 알려진 것처럼 중국사회는 고도성장을 통해 그 구성원들에게 중산층의 꿈, 더 나은 미래의 꿈, 경제적 풍요의 꿈을 풍부하게 제공해왔다(Wang, 2010). "신자유주의적 논리와 사회주의적 주권의 밀착"(Ong & Zhang, 2008: 2)으로 특정지어지는 21세기 중국사회는 "꿈 - 자본dream-capital"(김홍중, 2015b: 48-52)의 방대한 생산과 분배의 능력을 보여주고 있다. 감정의 지정학적 분포를 탐구한 도미니크 모이시에 의하면, 21세기의 세계는 문명권의 차이가 주된 감정의 차이와 중첩되어가는 양상을 보이는데, 서구는 '공포', 이슬람은 '굴욕', 그리고 중국과 아시아는 '희망'으로 대표된다(모이시, 2010). 2012년에 중국 교육부 산하 국어언어자원조사연구센터 등이 5일에 걸쳐 실시한 온라인 투표에서는 꿈 '몽夢'자가 투표자 5만 명 중에서 27%의 지지를 얻어

---

1 시진핑 주석은 2012년 11월 29일 리커창, 장더장, 위정성, 류윈산, 왕치산, 장가오리 등 중국공산당 중앙정치국 상무위원회 위원들과 함께 중국국가박물관을 찾아 〈부흥의 길〉이라는 전시를 돌아본 자리에서 처음으로 '중국몽' 담화를 연설한다. "누구에게나 이상과 추구하는 바가 있고 각자의 꿈이 있습니다. 요즘 '중국의 꿈'이 화두가 되고 있습니다. 저는 중화민족의 위대한 부흥을 실현하는 것이 근대 이후 중화민족의 가장 위대한 꿈이라고 생각합니다. 여러 세대에 걸친 중국인의 숙원이 담겨 있고 중화민족과 중국인민의 전반적 이익이 구현되어 있는 이 꿈은 모든 중국의 아들딸들이 공동으로 지닌 소망입니다"(시진핑, 2015: 53).

올해의 단어로 선정되기도 한다(서은영, 2014: 6). 이처럼, 사회주의 특유의 집단주의적 도덕률을 벗어나 자아의 욕망을 추구하기 시작한 중국대륙 꿈의 주체가 바로 '바링허우'다.

이들은 젊고, 물질적 풍요의 혜택을 향유하고 있으며, 자신의 삶이 더 나아질 수 있다고 믿으며, 도처에서 그런 믿음의 실현을 확인한다. 쑹장의 젊은이들은 어려움을 극복하고 성공한 친구들을 실제로 목도하면서, 꿈이 허상이 아닌 현실이라는 신념을 쌓아나가고 있었다. 이들의 얼굴과 눈빛에서 발산되던 저 양깡은 그리하여, 특정 개인의 심리적 특이성이나 쑹장이라는 특수공간의 전유물이 아니라 사실은 중국 청년들에게 중국사회가 분배하고 있는 미래에 대한 희망의 에너지, 즉 공적 자원으로 이해되어야 한다. 물론, 쑹장의 모든 예술가들이 양깡의 마음을 갖고 사는 것은 아니다. 가이드들에 의하면, 체념이나 비관 혹은 절망에 이른 젊은이들도 많고, 세상에 대한 어두운 시각에 휩싸여 있는 사람들도 결코 적지 않다. 오히려 자신들의 미래가 불안하고 두려움을 야기하는 것이기에, 그들은 필사적으로 '성공지심成功之心'을, 양깡의 기운과 얼굴을 스스로에게 불어넣고 있는 것인지도 모른다.

쑹장 탐방 이후에 우리는 칭화대 부설 청년창업 플랫폼인 〈칭화 X-lab〉을 방문하여, 주로 영상매체와 연관된 창조산업 영역에서 창업을 꿈꾸는 대학생들의 발표를 참관했다.[2] 또한 2015년 5월에 다시 베이징을 방문했을 때에는, 1991년생 영화감독인 A, 1990년생 온라인

---

2 〈칭화 X-lab〉은 칭화 대학의 부설기관으로서 청년들의 창업, 창의, 창신을 도와줄 목적으로 설립되어 학생, 졸업생, 교수, 기업, 정부 등의 다양한 자원들을 네트워킹하여, 칭화대 학생들의 '기업가정신'을 실현시켜주는 다양한 사업들을 수행하는 기관이다. 랩의 홈페이지 주소는 다음과 같다. http://www.x-lab.tsinghua.edu.cn.

소설가인 B, 1989년생 온라인 소설가 C, 인터넷의 유명한 필자인 D, 영화감독 E와 인터뷰하는 시간을 마련했다. 이 담화들을 통해 나는 쑹 장에서 발견한 '양광지안'을 다시금 확인하게 되었다. 다만 쑹장의 화 가들에게는 그 낙관이 미학적 성취와 경제적 성취의 긴장 어린 타협 을 배경으로 하고 있었다면, 인터넷과 첨단 영상매체에 종사하는 청년 들의 낙관은 좀더 합리화되고 체계적인 미래의 경영, 그리고 자아에 대한 좀더 예리한 의미화, 좀더 노골화된 기업가정신 혹은 기업가적 자아경영을 배경으로 하고 있었다. 바링허우 스토리텔러 중의 한 면담 자는 자신의 꿈을 "자기自己의 브랜드화"라고 명시했다(필드노트). 이 는 이들이 자신의 자아를 시장에서 유통되는 상품으로 인지하고 있다 는 사실을 암시한다. 또다른 면담자는 자신들이 "중국역사에서 최초로 꿈을 꾸기 시작한 세대"라고 토로했다(필드노트). 그것은 이들의 선배 세대들에게는 아무런 꿈이 없었다는 뜻이 아니라, 이들이 중국 현대사 에서 최초로, 자신의 꿈을 국가나 사회의 이념보다 더 중요한 것으로 여기기 시작한 '개인화된' 세대라는 사실을 가리킨다.

무엇보다 흥미로웠던 것은, 내가 만난 중국의 바링허우세대는 꿈 에 대한 질문 앞에서 머뭇거리나 부정적인 태도를 취하지 않았다는 점이다. 이들은 꿈에 대하여 말하는 것을 즐기고 있었고, 미래의 포부 와 가능성을 사고하고 그것을 주제로 담화하는 것에 대한 시니컬하거 나 냉소적인 태도를 거의 보여주지 않았다. 이들은 자신들의 소망에 대하여 명확한 영상을 갖고 있었다. 꿈에 대한 사변과 의견도 거침없 이 개진되었다. 꿈이 개인의 비밀스런 내면성의 문제가 아니라 공적 주 제로 여겨지는 것처럼 보였다. 이들에게 중요한 것은 세속적 욕망의 성 취 그 자체가 아니었다. 그들의 깊은 욕망은 자아의 진정성authenticity을 실현하는 것, 자기의 실현, 자기 가능성의 확장이라는 '자유주의적' 색채를 띠고 있었다. 바링허우세대의 양쾅의 핵심에는 당, 국가, 사회, 가족을 벗어나 질주하는, 욕망하는 자기, 욕망하는 자아가 자리잡고 있는 듯이 보였다. 물론, 꿈은 언제나 현실과 충돌하기 마련이다. 이들은 자신들을 둘러싼 사회적 환경이 결코 우호적인 세계가 아니라는 사실을 직시하면서, 스토리텔러로서 성공을 거둔 스스로를 "생존자survivor"라고 부르고 있었다(필드노트). 한 면담자는 자신을 "침몰하는 타이타닉 호에서 빠져나와 살아남은 자"에 비유하기까지 했다. 창의성은 "생존의 기술"로 이해되고 있었다(필드노트). 생존이란 중국 청년세대의 마음에 파고들어간, 매우 다양한 색깔과 의미의 스펙트럼을 갖고 있는 단어인 것이다. 2015년 서울대에서 열린 북경대-서울대 사회학과 공통 심포지엄에서 루휘린이 소개한 한 농민공의 시에서 '생존'은 다음과 같이 몸부림치는 춤으로 표상되고 있다.

(춤을) 추자, (춤을) 추자, (춤을) 추자
어떤 이는 내가 추는 춤을 생존의 춤이라고 한다
(춤을) 추자, (춤을) 추자, (춤을) 추자
우리가 추는 춤은 고통과 분노다
그 누가 우리의 인격, 존엄, (그리고) 가냘픈 팔을 비틀어
타향의 토지에서 힘없이 꿈틀대며 몸부림치고 있게 만드는가(Lu, 2015)

소위 '창조계급'을 꿈꾸는 청년이 말하는 '생존'과 이 농민공이 말하는 '생존'은 동일한 것이 아니다. 전자가 좀더 비유적인 함의를 농후

하게 풍기고 있다면, 위의 시에 표현된 저 벌레의 몸짓을 닮은 "생존의 춤生存的舞蹈"은 '먹고사는 삶'이라는 원초적이고 물질적인 의미에 더 가깝다. 중요한 것은 생존의 춤이건, 생존의 꿈이건, 생존의 기술이건, 이들에게 '살아남는 것'이 중요한 가치이자 과제로 부과되고 있다는 사실, 그리고 그런 과정에서 저 양꽝이라는 복합적 가면이 출현하고 있다는 사실이다. 양꽝을 만들어내는 힘은 복합적 원천을 갖는다. 거기에는 "꿈틀대며 몸부림치게" 하는 생존의 압력이 있고, 불안과 공포가 있고, 혼돈과 아노미가 있고, 그것들 모두를 압도하면서 휘몰아치는 희망과 낙관의 에너지가 있다.[3] 바링허우세대에게서 발견한 이 양꽝의 얼굴은 중국의 향후 발전과정에서 어떤 다른 얼굴로 변화해갈 것인가? 중국사회의 실험이 새로운 길을 보여주지 못하고 다양한 문제들 앞에서 좌초하게 될 경우, 이들의 양꽝은 어느 순간 급격히 소실되어 하나의 집단적 환상의 기억으로 변모할 수도 있다. 경제발전의 신화에 기초한 저 집합적 낙관은 글로벌 자본주의의 위기 앞에서 파국적으로 붕괴할 수도 있다. 이 모든 가능성을 열어둔 채 중국 청년들의 마음의 동력을 좀더 면밀히 살펴볼 필요가 있다.

---

3 바링허우세대에 대한 연구들 중에서 특히 그들 '마음'의 특정 차원에 초점을 맞춘 연구들이 존재한다. 가령, 중국 청년세대의 강력한 민족주의적 태도를 '분노한 청년(憤青)' 개념으로 포착하는 연구(Yang & Zheng, 2012)는 이 세대의 집합적 '분노'에 초점을 맞추고 있으며, 인터넷 공간에 등장한 중국식 루저(loser) 문화인 '띠아오스(屌丝)' 현상에 대한 논의(Best, 2014)는 동일한 세대의 냉소와 아이러니에 초점을 맞춘다. 또한 2010년 14명이 자살함으로써 물의를 일으킨 심천의 폭스콘 농민공들에 대한 연구들(Chan & Pun, 2010; Lin et al., 2014)은 동일 세대 농민공의 좌절과 절망을 중시한다. 그러나 이런 모든 부정적 감정들의 저변에는 현대 중국 청년세대의 광대한 양꽝의 흐름이 선행한다. 청년들의 분노는 중국의 민족적 꿈과 그것의 훼손(굴욕감)의 체험 위에 설립되어 있는 것이며, 띠아오스는 양꽝의 시대적 흐름으로부터 소외된 자들의 자의식이 반영되어 있다. 농민공 청년들의 생존의 꿈이 폭력적으로 통제되고 억압되는 곳에서 터져나온 사회 문제가 바로 폭스콘에서 발생한 연쇄 자살이었다.

III. 로스-제네의 자화상

—

요절한 일본화가 이시다 테츠야石田徹也, 1973-2005의 작품에는 화자 자신으로 보이는, 짧은 머리의 젊은 청년이 반복적으로 등장한다.[4] 청년의 몸은 갑각류의 곤충으로 일부 변태해 있거나, 주위의 사물, 가구, 기구(현미경, 재봉틀), 거대기계(비행기, 포클레인)의 일부와 결합되어 있거나, 거인처럼 확대되어 도시풍경의 일부에 녹아들어가 있거나, 건물들로 변화하고 있다. 공간은 초현실주의적으로 변형되어 있고, 상황은 기괴하며, 신체는 분할·파편화·물화되어 환경의 일부와 접합되어 있다. 좁은 공간에 웅크리고 있기도 하고, 자연스럽지 못한 특정한 자세 속에서 경직되고 애처로운 모습으로 표상되는 그의 그림들은 일반적으로 '로스제네의 초상화'로 불리고 있다. 평론가 우에다 유조上田雄三는 2010년 5월 19일자 아사히신문과의 인터뷰에서 "이시다의 그림에는 불만이나 불안, 고독과 같은 일본인의 어둠이 있다. 그것이 특히 로스트 제너레이션을 필두로 한 청년세대의 마음을 지금까지도 사로잡고 있는 것으로 보인다"고 언급한다.[5]

'로스제네'란 1971년부터 1980년대 초반 사이에 태어나 취업 빙하기, 혹은 학업과 취업을 자동적으로 연결해주던 사회적 장치들이 파괴되어, 오랜 구직과 실직을 체험하게 된 일본 청년세대의 별칭이다.

---

4 이시다 테츠야의 작품은, 서울대 아시아연구소의 주윤정 박사의 추천으로 접하게 되었다. 이시다 테츠야의 인터넷 갤러리 주소는 다음과 같다. http://www.tetsuyaishida.jp/gallery/. 이 연구에서 사용한 이미지는 2010년에 구룡당에서 출판된 이시다 테츠야의 전집도록 『이시다 테츠야 전작품집』의 이미지를 스캔하여 사용했다.

5 http://www.asahi.com/culture/news_culture/TKY201005190253.html.

2006년 8월 아사히신문에 의해 '로스트 제너레이션ロストジェネレーション'으로 호명되어 공론장에 처음 등장한 후 니트NEET족, 프리터, 넷카페 난민, 히키코모리, 파견 노동자 등 취업빙하기에 적응하며 살아가는 젊은이들을 총칭하는 방식으로 사용되고 있다. 2008년 5월에는『로스제네』라는 잡지도 발간되었고, 이와 비슷한 시기에 고용이나 경제 문제와 로스제네세대를 관련시킨 논의도 대규모로 증가한다(Brinton, 2011; 구마시로 도루, 2014). 이 새로운 젊은 세대가 등장하게 된 가장 중요한 사회적 배경은 1990년대 초반의 '버블붕괴' 이후 시작된 장기 경기침체이다. 여기에 1995년의 한신 대지진과 옴 진리교 사건이 촉발한, '전후체제'의 붕괴라는 사회적 대변환이 지적되어야 한다. 이 과정에서 일본 특유의 "안심사회"(山岸俊男, 1999)가 "격차사회"(다치바나키 토사아키, 2013)로 전환되고, 사회적 안정성이 무너진 "포스트 전후사회"(요시미 순야, 2013)로의 구조변동이 일어나면서, 그 약한 고리인 청년세대가 집합적으로 '길을 잃는(lost)' 현상이 발생한 것이다.[6]

이시다 테츠야의 생애경로는 로스제네의 사회적 형성경로와 거의 일치한다. 1973년에 시즈오카현에서 태어난 그는 1992년에 무사시노

---

[6] 야마다 마사히로는 일본사회가 공적인 의미에서 희망의 상실을 확인한 것이 1998년이라고 보며 이를 '1998년 문제'라 부른다. 이는 특히 청년세대의 가치관의 변동과 깊은 연관을 갖는다. "최근 몇 해 동안 증가하고 있는 프리터를 대상으로 인터뷰나 앙케트 조사를 실시한 결과를 살펴보면 (……) '장래의 불안에 두려워하고 있지만 그 불안을 느끼지 않기 위해 실현가능성이 없는 꿈에 매달리고 있는' 모습이 역력하다. 이러한 불안의식이 단번에 표출된 것이 1998년이라 생각한다. 이해는 중년 남자 자살률이 급증한 해이기도 하고, 청소년 범죄, 은둔형 외톨이, 등교거부 등이 증가하고 집에서 전혀 공부하지 않는 중고생이 급증한 해이기도 하다. 즉 현재는 적당히 넉넉한 생활을 하고 있지만 장래는 전망을 세울 수 없는 상황이 눈앞에 들이닥친 것이다"(야마다 마사히로, 2010: 17). 이런 점에서 일본의 로스제네는 한국의 88만원세대나 중국의 바링허우세대보다 생물학적으로 더 나이든 존재들이기는 하지만, 한국과 중국의 청년세대가 겪고 있는 문제와 유사한 문제를 일찍부터 체험해오고 있는 '동시대인들'이라고 있다고 할 수 있다.

대학 시각디자인 학과에 입학해서 1996년에 졸업한 후 아르바이트로 생계를 유지하면서 그림을 그린다. 그는 편의점 아르바이트, 빵공장 노동자, 그리고 경비원 등의 다양한 파트타임 직장들을 전전했던 것으로 알려져 있다. 1997년 일본예술문화진흥회 JACA 비주얼 아트전에서 대상을 수상하면서 본격적으로 이름을 알리기 시작했고, 1999년과 2003년 개인전을 여는 등 화가로서 큰 인기를 얻게 되지만, 기본적으로 그의 작품세계는 고독하고 외롭고 소외된 저들 로스제네의 사회적 생태를 짙게 반영하고 있다. 그의 그림이 로스제네 청년들의 깊은 공감을 얻을 수 있었던 것은 그 때문일 것이다. 2007년에 시즈오카현 미술관에서 열린 〈이시다 테츠야: 슬픔의 캔버스전〉의 큐레이터였던 마사토 호리키리는 이렇게 쓴다. "이시다 테츠야의 그림들은 특히 젊은 이들에게 인기가 있다. 그것은 그의 작품들이 조용하지만 직접적으로 젊은이들의 마음에 공명하는 힘을 갖고 있기 때문이다. 다른 이유는, 젊은이들이 당대 사회의 조건하에서 폐소공포감을 갖고 있기 때문이다"(Yokoyama, 2010: 224).

특히 그의 그림에 반복적으로 등장하는 얼굴은 이런 맥락에서 매우 강한 세대적 환기력을 갖는다. 짧은 머리를 한 젊은 청년의 눈빛은, 아무런 표정도 메시지도 감정도 담고 있지 않지만, 그럼에도 이유를 알 수 없는 우울의 감정을 야기한다.(그림2) 자신의 신체가 속절없이 물화되고, 사회가 요구하는 규격에 맞추어 처참히 왜곡된 상황에서도, 이 얼굴은 어떤 저항이나 적극적 반응을 하지 못한 채, 지극히 수동적으로 거기 적응해가는 자의 체념을 드러내고 있다. 교실 의자에 포박당한 채로 똑같은 얼굴표정으로 수업을 받는 학생들의 모습, 바bar에 앉아서 연료를 주입하듯이 파이프를 통해 손님들에게 음식을 서빙하

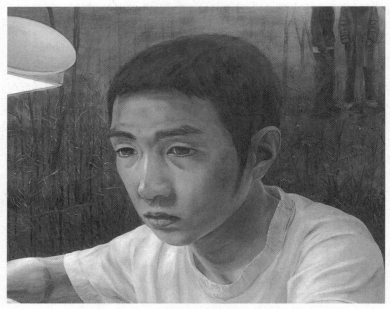

그림2. 이시다 테츠야, 2004, 〈무제〉, 『이시다 테츠야 전작품집』, 189쪽.
작품 중 얼굴 부분만 확대했다.

는 아르바이트생의 모습, 바퀴달린 머리통을 하고 아래위가 뒤집어진
채 굴러가는 청년, 허리가 꺾여 인사하는 자세로 벽에 못이 박힌 청년
들, 사적인 공간의 좁은 구석에 웅크리고 허공을 응시하는 텅 빈 얼굴
들은 그림을 보는 이의 마음에 착잡한 비애를 불러일으킨다. 이들 로
스제네의 초상은 앞서 살펴본 양광지안의 대척에 있는 얼굴 유형이다.
그것은 미래를 꿈꾸는 얼굴이 아니다. 여기에는 특별한 감정이 존재하
지 않는다. 체념, 무기력, 무감동, 무심함이 역설적으로 이 얼굴을 규정
한다. 이 얼굴들은 가령 자크 오몽이 말하는 해체된 얼굴 "혹은 탈-얼
굴dé-visage"을 연상시킨다. 얼굴의 영화적 재현을 탐구하면서 그는 이
렇게 쓴 바 있다.

포스트모던의 시대에서 얼굴과 얼굴의 재현은 복합적인 위상을 갖게 된다. 실제로 근대가 얼굴의 구성시대였다면, 탈근대는 수많은 우회적 방법들에 의한 얼굴의 해체시대라 할 수 있다. (……) 탈근대에는 '얼굴성visagéité'의 개념이 확장된다. (……) 이 개념은 얼굴의 해체며 얼굴의 통일성에 대한 거부다. 왜냐하면 얼굴의 각 부분들은 절단된 후 접착되어 다시 이미지의 표면에 놓이기 때문이다. 그것은 무한한 현란함으로 다가온다. 괴물처럼 엄청난 크기로 나타나는가 하면, 그와 반대로 극도로 축소된 소인화상태를 보여주기도 한다. 그러면서 얼굴성은 모든 종류의 상처를 받는다. 사람들은 그것에 삭제선들을 긋고, 그것을 찢고 할퀴고 태우며 집어던진다(오몽, 2006 : 39. 강조는 필자).

〈제압(Conquered)〉(2004)이라는 제목의 그림에 그려진 얼굴에는 핸드폰이 박혀 있다. 피투성이가 된 채 간신히 눈을 뜨고 있는 얼굴 깊숙이 박힌 핸드폰에서는 뉴스 프로그램인 듯이 보이는 방송이 무심히 전송되고 있다. 1999년작 〈분리〉에 나타나는 초현실주의적 얼굴들에는 드라이버의 십자 홈이 파여 있다.(그림3) 〈관리〉라는 1999년의 작품에 나타나는 얼굴의 구강 부위는 재떨이로 변해 있기도 하다. 얼굴은 훼손되고 왜곡되어 있다. 얼굴이 일반적으로 의미하는 개체성과 인격성의 기능도 분명히 드러나지 않는다. 한 화폭에 다수 인물이 등장할 때조차, 그들은 많은 경우 한 사람의 얼굴을 갖고 있다. 인간 얼굴의 단독성은 지워져 있다. 더 나아가서 인간의 안면부위로부터 이탈한 얼굴들이 풍경과 배경과 사물들의 표면에, 마치 공업적 생산품에 새겨진 무늬들처럼, 기계적으로 나타나기도 한다. 2003년의 작품 〈귀로〉는

그림3. 이시다 테츠야, 1999, 〈분리(Disassembly)〉, 『이시다 테츠야 전작품집』, 111쪽.

그림4. 이시다 테츠야, 2003, 〈귀로(return journey)〉, 『이시다 테츠야 전작품집』, 159쪽.

인간 개체의 얼굴이 완전히 사라져버린 기괴하고 공허한 표상을 보여준다.(그림4) 이것은 텅 빈 얼굴, 지워진 얼굴, 구멍 뚫린 얼굴이다. 얼굴은 아무 말도, 표정도, 움직임도 없는 허공으로 변해 있다. 얼굴에 뚫린 저 검은 구멍 안에 마치 유령처럼 혹은 기억의 편린처럼 허공에 떠올라 있는 어린아이는 누구인가? 얼굴을 갖고 있던 시절의 좌절된 꿈이 유령처럼 떠오른 무無의 공간 속으로 사라져버렸을 때, 이 얼굴의 소유자는 세계와 어떤 관계를 맺는 것인가?

이시다 테츠야의 얼굴은 "희망 없는 자no-hoper"(Hage, 2001)의 그것을 그려내고 있는 듯이 보인다. 희망이 없다는 것은 단순히 실망失望 상태를 가리키는 것이 아니다. 혹은 절망絶望상태를 가리키는 것도 아니다. 실망/절망은 희망의 부재가 아니라 그 역설적 구성요소다.[7] 희망은 언제나 난관 속의 희망, 희망을 가질 수 없는 상황에서도 솟구치는 불가사의한 마음의 발동이다. "아우슈비츠 죄수들, 기아와 내전에 파괴된 아프리카 사람들, 수천 에이커의 숲 때문에 멸종에 이른 아마존 부족인들이 보여주는, 거의 마술에 가까운 희망 없음 속의 희망hope-in-hopelessness"이라는 것이 존재하는 것이다(Crapanzano, 2003: 15). 이시다 테츠야의 저 '공동空洞화된 얼굴'은 희망과 절망의, 낙관과 비관의 "역동적 섞임dynamic mix"마저 몰각되고 소진되어(Zournazi, 2002: 47), 결국 탈존의 심연에 빠져들어가는 자의 얼굴로 보인다. "희망과 그것의 부재가 역동적 섞임으로 조직되는 장"(Zournazi, 2002:

---

7 "희망은 무조건적으로 실망가능해야(disappointable) 한다. 우선, 왜냐하면 그것은 전방으로, 미래-지향적 방향으로 열려 있기 때문이다. 희망은 이미 존재하는 것과 관계하지 않는다. 이 이유로, 희망은(실제로 정지상태에서) 반복이 아니라 변화에 맡겨져 있고, 더 나아가서, 그것 없이는 새로움이 있을 수 없는, 가능성의 요소를 육화시킨다"(Bloch, 1998: 341. 재인용 Miyazaki, 2004: 69).

47)이 닫히고, 모든 꿈으로부터 차갑게 깨어나 세계와의 여하한 인연을 잃은 채 하나의 사물로서 부스러져가기를 결심한 존재의 안면인 듯 보인다. 탈존의 침묵과 무의미의 구멍이 얼굴의 복판에서 파상적으로 열린 듯한 저 얼굴이 우리를 불안하게 하고, 섬뜩한 허무감을 야기하는 것은 바로 그 때문이 아닐까?

IV. 생존주의자의 얼굴

—

어린 시절(11살)부터 바둑기사를 꿈꾸던 소년이 있었다. 한국기원 연구생으로 들어가 청소년기를 보낸다. 온통 바둑만을 생각하며 바둑에 모든 것을 건다. 그사이 아버지는 작고하고, 어머니는 아들을 뒷바라지하며 늙어갔다. 불행히도 그는 결국 프로기사가 되지 못한 채 쓸쓸하게 기원을 떠난다. 그는 '루저'가 되었다. 군대 제대 후 후견인의 도움으로 한 대기업(원인터네셔널) 영업팀의 인턴(2년 계약직)으로 입사한다. 그의 이름은 장그래. 장그래가 비정규직 사원으로 일하면서 결국 재계약에 실패하고 퇴사하기까지의 고군분투를 통해, 신자유주의 한국 사회의 삶의 모습을 사실적으로 풀어낸 작품이 바로 『미생』이다. 『미생』은 2012년부터 2013년까지 연재된 윤태호의 웹툰인데, 2012년에는 위즈덤하우스에서 9권의 종이만화 형태로 출판되기도 했고, 2014년 10월에는 tvN에서 드라마로 방영되어 큰 인기를 누리기도 했다.

　『미생』에는 서로 다른 두 개의 서사라인이 중첩되어 있다. 하나는 장그래가 겪는 회사생활의 우여곡절이다. 다른 하나는 1989년에 있었던 제1회 응씨배 결승, 중국의 녜웨이핑 9단과 조훈현 9단의 최종대결이다. 이 세기적 대국의 기보해설의 진행과 긴밀히 조응하면서 장그래의 회사생활이 전개된다. 왜 바둑인가? 기보해설을 맡은 박치문 기자는 이렇게 쓴다. "바둑은 우선 살아야 한다. 살기 위해선 끊어지지 않아야 하며 서로 이어져 의지해야 한다. 때로는 옥쇄를 선택해야만 할 때가 오기도 하지만 생존은 기본적으로 모든 '돌'의 명제다"(1권 199쪽. 강조는 필자).[8] 바둑판 위의 모든 돌들은 살거나 죽게 되어 있다. 그것이 바둑이라는 게임의 법칙이다. 이때 삶과 죽음의 사이에 존재하는 돌의 상태를 가리키는 말이 '미생未生'이다. 완전히 살아 있는 상태完生 이전의 돌들은 죽지도 살지도 않은 이 중간상태에 머무른다. 절대적 안정상태가 바둑에는 존재하지 않는다. '아생연후살타我生然後殺他', 즉 내가 살고 나서 상대방을 죽이러 간다는 유명한 바둑 격언에 등장하는 '아생'의 절박성이 지배하는 상태가 바로 미생이다. 돌의 진행이 어떤 방향으로 이루어지느냐에 따라서, 계산의 착오와 성공에 따라서, 상대방의 응수에 따라서, 혹은 어쩔 수 없는 실력에 따라서, 이 돌들은 죽거나 산다. 죽거나 사는 사건적 사태들이 겹치면, 바둑을 두는 자들은 승자 아니면 패자로 나뉜다. 죽음과 삶의 이 절대적 분리, 생존이라는 과제의 돌올성突兀性, 그리고 끝없는 사활적 상황의 연쇄라는 특성으로 인해서, 장그래의 회사생활에 내포된 모든 상황들의 인간학적 본질이 바둑과의 자연스런 유비를 획득할 수 있게 되었던 것이다.

이런 관점에서 보면, 사실 이 작품의 주인공이 반드시 장그래여야 할 이유는 없다. 장그래는 바둑판에 놓인 수많은 미생상태의 돌들 중

---

8 『미생』의 텍스트와 이미지를 인용할 때는 위즈덤하우스에서 출판한 원작의 권수와 쪽수를 위와 같이 명기하도록 한다.

의 하나일 뿐이기 때문이다. 계약직이기 때문에 해고의 위험이나 재계약의 불확실성이 존재하지만, 사실 정규직이라 할지라도 안전이 보장되어 있는 것은 아니다. 글로벌 시장에서 무한경쟁하는 상사맨들에게 미래는 처절한 카오스다. 거기에 서바이벌을 보장받은 존재는 아무도 없다. 임원들 역시 다시 계약직의 상태로 후퇴하게 되며, 새로운 상황 속에서 자신의 가치를 입증해야 하는 과제 앞에서 불안하긴 매한가지이다. 무능력은 지속적으로 문제시되고, 시장상황은 전쟁과도 같은 긴장을 야기하며, 책임을 져야 하는 위치에 오른 자들은 자신의 가족이나 건강을 돌보지 못하면서 생존투쟁을 벌이고 있다. 언제나 붉게 충혈된 눈동자를 가지고 일하는 오과장은 이런 점에서 생존 투쟁의 선봉에 서 있는 상사맨의 화신이라 할 수 있다. 모험적이고 저돌적이지만, 따뜻한 감성으로 부하직원들을 챙기기도 하는 그의 삶은 회사의 업무에 전적으로 조율되어 있고 몰입되어 있다. 그는 가령 "메소드 배우같이 일과 자신을 동일시하는" 사람이다(4권 63쪽). 이를 통해서 그의 행위들이 지향하는 방향이 바로 '생존'이다. 그가 이끄는 영업3팀의 업무장면을 묘사한 한 장의 그림은 이를 잘 보여준다. 오과장은 말한다. "누가 우리를 낭만적이라 하는가. 우리는 생존 자체를 원하는 사람들이다!"

그러나 이 만화의 진정한 주인공이 역시 장그래일 수밖에 없는 이유는, 그가 어린 시절부터 바둑을 두어왔다는 사실 그 자체에 있다. 그는 11살부터 이미 바둑판 위에서의 이런 생존투쟁을 자신의 존재론적 본질로 훈련해온 사람이다. 그에게 실제적 삶의 매 순간은 바둑에서 익혀왔던, 체험해왔던 상황으로 번역되어 이해된다. 장그래는 삶을 바둑판들의 연쇄로 본다. "누구나 각자의 바둑을 두고 있다"(1권 278쪽)

는 말은 이를 절묘하게 표명하는 언사이다. 즉, 그가 만나는 사람들은 "각자의 바둑"을 두는 플레이어들이다. 그들은 자신만의 기풍을 가진다. 그들이 구사하는 전략과 의도는, 그들 바둑의 수준에 따라 때로는 은폐되고, 때로는 투명하게 읽힌다. 매 차례의 승부가 끝나면 그것을 복기하여 실수를 파악하고, 승부처를 확인하고, 다시 전략을 세우고, 냉철하게 고민하고, 생각에 생각을 거듭하면서, 상대를 이기기 위해, 자기를 이기기 위해, 때로는 누구를 이기기 위한 것인지 알지 못한 채, 생존하기 위해, 미생을 벗어나기 위해 살아가는 것이다. 그런 인간의 상징이 바로 장그래다. 그는 독백한다. "바둑은 기본적으로 싸움이고 전쟁이다. 다가오면 물러서기도 하고 상생을 도모하기도 하지만 승자와 패자가 분명한 세계다. 그 세계에서 10년 넘게 살았었다. 패잔병이지만 승부사로 길러진 사람이다"(1권 213-4쪽. 강조는 필자).

장그래는 이런 점에서 오과장보다 더 근본적인 '생존주의자'다. 그는 생존경쟁으로 단련되어온, 그 가혹한 압력에 눌려 상처받고, 단련되고, 부서지면서 형성된 인간이다. 바둑에서 배운 여러 테크닉과 안목을 현실에 적용하면서 서서히 적응해가고 있다는 점에서, 바둑은 그에게 생존주의적 주체성을 형성하게 하는 대표적인 장치의 기능을 수행해왔다고 할 수 있다. 윤태호는 이렇게 말한다. "바둑은 특별합니다. 세상 어느 일이 나를 이긴 사람과 마주앉아 왜 그가 이기고 내가 졌는지를 나눈답니까? 그것도 빠르면 6, 7세의 어린이부터 말입니다. 그들에게 패배란 어떤 의미일까요? 그들의 패배감을 어떻게 관리할까요? 그 아이는 마음이 얼마나 단단해졌을까요? 그 아이가 세상에 나와서 한 수 한 수 걸음을 옮기는 이야기가 바로 『미생』입니다"(1권 5-6쪽). 이처럼 단단해진 마음은 단단해진 얼굴로 나타난다. 그의 얼굴표상을 지배하는 외면적 무심無心은 이런 인간형성과정의 결정체다.(그림5) 가릴 수 없는 내향성과 고독을 삼키고 있는 저 준수한 청년의 얼굴은 수많은 승부에서 패배를 경험하면서, 결국 자신의 꿈이었던 프로기사가 되는 데 실패하여 어린 나이에 삶의 절벽으로 내몰린 자의 얼굴이다. 극도로 내성적이면서 동시에 바둑으로 단련된 공격성과 승부사의 뜨거움을 숨기고 있으며, 감정을 억누르고 스스로를 살펴가면서 상대방에게 내면의 불길을 들키지 않기 위한 두꺼운 가면을 장착한 그런 안면, 일종의 포커페이스다.(그림6) 자신을 소개하는 상황임에도 불구하고 그의 입은 최소한 벌어진 채 간신히 이름을 말하고 있고, 얼굴 전체가 기묘하게 그늘져 있어 무언가를 은폐하려 한다는 인상을 주고 있다. 작은 입에 비해 높게 솟은 코는 내적 자존심과 야심의 존재를 암시하는 듯하다. 날카롭게 뻗어나간 머리칼은, 무언의 이미지 속에서, 그 자신이 청년이라는 것을, 청춘의 한복판을 지나는 젊은이라는 사실을 강변한다. 흥미로운 것은 그의 눈이다. 그는 언제나 졸린 듯 반쯤 감긴 눈을 하고 있는데, 이는 바둑판에서 판을 응시하면서 형성된 습관인 듯이 보이기도 하며, 언제나 상황을 계산하고 관찰한 이후에 움직이는 바둑의 하비투스가 체화된 것으로 보이기도 한다. 이런 점에서 장그래의 얼굴은 더이상 패배로 인한 심적 상처를 받지 않기 위해서 얼굴에 뒤집어쓴 슬픈 가면이며, 값싼 도취에 함몰되지 않으려는 각성된 긴장이 구조화된 얼굴이다. 좀더 과감하게 이 인상을 밀어붙여 말해보자면, 그것은 생존주의적 삶에 내몰려 유년 시기로부터 청년 시기에 이르기까지 쉴 틈 없는 경쟁의 쳇바퀴 속에서 애써왔지만, 정작 밝은 미래를 발견하지 못하고 좌절한 채 고투하는 한국 청년세대의 한 전형적 초상으로 읽힌다.

장그래입니다.

그림5.『미생』1권, 88쪽

　21세기 한국의 청년세대가 해결해야 하는 공통의 적응과제는 '서
바이벌'이다. 포기한 것이 많다는 의미에서 'n포 세대'로 불리기도 하
는 이 새로운 청년들에게 '서바이벌'이란 위기의 상황에서 생명을 구
하는, 그런 의미의 축어적 함의를 갖지 않는다. 대신 그것은 "개인의
인생에서 가장 중요한 문제로서 인지되고 체험되는 경쟁상황에서 다
양한 퍼포먼스를 통해 자신의 수월성을 증명함으로써, 패배와 그 결과
주어지는 사회적 배제로부터 스스로를 구제하는 것을 최우선의 과제
로 믿는" 마음의 조직을 가리킨다(김홍중, 2015d: 186). 이런 맥락에서
보면 서바이벌은 하나의 메타포이며, 전위된 의미론적 함의를 획득하
게 된다. 즉, 그것은 도태되지 않고 계속 경쟁할 수 있는 상태에 잔존
하는 것을 가리킨다. 서바이벌은 '살아'남는 것이라기보다는 살아'남
는' 것에 더 가깝다. 그것은 대단한 성공이나 성취를 통해서 생존투쟁
의 회로로부터 벗어나는 것을 의미하는 것이 아니라, 그 회로 속에 지
속적으로 투쟁할 수 있는 상태로 잔존하는 것이다. 왜냐하면 생존투쟁

엄마…

저…
취직했어요.
합격…인 것…
같아요…

네…
감사합니다.

고생하셨어요, 엄마.

인턴 장그래.
2년 계약직 사원
최종합격.

그림6. 『미생』 2권, 271쪽. 인턴시험에 최종합격하고 나서 모친에게 전화를 거는 장그래의 얼굴에
는 아무런 표정이 없다.

회로의 외부는 쉽사리 상상할 수 없는 무엇이기 때문이다(김홍중, 2015d: 192-8).

실제로 『미생』이 표상하는 생존의 생태계 역시 그 외부가 명확하게 존재하는 닫힌 세계가 아니라 한없이 확장되는 동심원적 중첩구조를 하고 있다. 그 핵심에는 바둑판의 세계가 있다. 바둑의 세계와 유사한 규칙들이 적용되는 회사의 세계가 두번째 원환을 이루고 있다. 장그래는 이 두 상이한 동시에 유사한 생존계의 교차지대에 위치하고 있다. 그의 해석 속에서 바둑과 기업의 관계와 논리들은 번역가능한 공통의 구조를 가진 현상들로 전환되어 나타난다. 문제는 회사의 생존계가 가장 외곽의 생존지대가 아니라는 사실이다. 그 외부에는 회사의 규칙들이 의미 있게 적용될지 혹은 그렇지 않은지 확실하지 않은, 또다른 세계가 존재한다. 그것이 바로 회사 밖의 세상이다. 회사 밖의 세상을 살아가는 사람들 중에는 퇴사한 사람들이 속해 있다. 한때 상사맨으로 일하던 선배가 오과장을 찾아와서 건넨 다음과 같은 말은 그런 의미에서 간담을 서늘하게 하는 의미심장한 메시지를 담고 있다. "회사가 전쟁터라고? 밀어낼 때까지 그만두지 마라. 밖은 지옥이다"(5권 228쪽). 회사 밖이라는 지옥은 회사에서 밀려난 자들이 도달하게 될 더 무자비한 정글이다. 장그래는 이 사실을 자신의 방식으로 알고 있다. "내가 한 수, 상대가 한 수. 한 판, 두 판, 세 판, 네 판, 수많은 판을 거쳐 내가 가야 할, 도달해야 할 곳은 어디일까? 이 돌이 손가락이라면, 손가락에 속지 않고 봐야 하는 곳은 어디일까? 계약직이든, 정사원이든, 대리든, 사장이든 (……) 우리가 꿈꾸는, 도착하고 싶은 삶은 어떤 것일까?"(6권 211-2쪽) 도착점이 없는 무한한 도정을 거슬러가는 존재로서 장그래의 상징성은 세대적 한계를 훌쩍 뛰어넘는다. 그러나 이런 질문을 던지고 있는 저 어둡고, 건조하고, 체념적인 얼굴의 물질성, 청춘성靑春性, 그리고 보편성은 다시 위의 질문들을 우리 시대 청년들의 현실로 회귀시킨다. 장그래라는 이름에 새겨진 긍정성(그래=yes) 만큼이나 그의 얼굴에 각인된 상처의 두께는 한국사회에서 청년세대가 겪고 있는 체험들을 한순간에 역설하는 감각적 힘을 갖고 있기 때문이다.

V. 마치며

—

한국, 중국, 일본사회는 모두 각자의 방식으로 21세기에 등장한 새로운 청년들을 호명하고 있다. 한국의 '88만원세대', 중국의 '바링허우세대', 그리고 일본의 '로스제네'가 그들이다. 이들은 자신들의 선배세대와 매우 다른 삶의 환경과 문제공간을 부여받은 채 '살아남기 위해' 고투하고 있다. 이들의 공통 문제공간을 규정하는 용어는 '생존'이다. 개혁개방 이후의 중국사회, 97년체제의 한국사회, 그리고 장기불황의 일본사회는 모두 자국의 청년들에게 직업적·사회적 안정성을 부여하지 못하고, 이들이 개인화된 분투과정을 통해 극심한 경쟁상황을 극복하기를 요구한다(김홍중, 2015d: 181). 서로 다른 발전경로와 수준에 있음에도 불구하고 신자유주의적 통치성의 가장 노골적인 부분이 청년들의 삶에 여과 없이 투하되고 있다는 점에서 동아시아의 청년세대의 삶의 구조는 기묘하게 수렴되는 바가 있다. 그러나 유사한 문제구조가 반드시 유사한 반응 행위를 야기하는 것은 아니다. 삼국의 청년은 복합적이고 다양한 행위 자원들을 통해서 '생존' 문제에 대응하면서, 상이한 문화적 패턴들을 창출해나가고 있다. 이 글에서 다룬 세 가지 얼굴 형태들은 자신의 고유성 속에 존재하면서 각 청년세대의 마음을 특정한 방식으로 조명하는 심리풍경을 이루고 있다.

이 연구에서 나는 얼굴의 '표상'에 초점을 맞추고 그것을 분석하고 묘사하고자 했다. 얼굴에 대한 사회학적 접근경험이 워낙 일천하기 때문에 그 기초적 작업에 충실하고자 했다. 그러나 이 작업의 성격이 그런 초점에 국한되었다고 해서, 얼굴의 사회학적 의미가 표상의 차원에 머무르는 것은 결코 아니다. 얼굴은 표상이면서 동시에 비-표상적 혹은 초超-표상적 효과들을 낳는다. 21세기적 미디어환경과 이동의 일상적 조건들 속에서 인간 얼굴은 그야말로 도처에 항상적으로 나타나는 시각장의 중심요소이다. TV, 인터넷, 핸드폰, 광고, 영화, 그리고 모든 스크린 위에 인간 얼굴들은 끊임없이 나타나고, 우리는 도처에서 미지의 타인들의 얼굴들과 스쳐간다. 정치인이나 스타, 그리고 유명인과 스포츠맨의 얼굴을 우리는, 한층 더 선명해진 고화질의 이미지로 늘 접하고, 같은 사회를 살아가는 범죄자, 상인, 공무원, 경찰, 행인, 피해자 등의 얼굴과 거기에 내포된 정서적 내용들의 시각적 체험에 지속적으로 노출되어 있다. 얼굴을 통해서 불안과 공포와 기쁨과 희망이 퍼져나가고, 모방되고, 감염된다. 얼굴은 표상된 이미지에 고착되지 않고, 움직이며 효과를 발휘하며, 지속적으로 운동하는 심적 에너지의 저장고이다.

보론1. 20대 남성 얼굴의 변천사

—

2010년대 한국 청년 얼굴의 만화적 표상인 장그래의 얼굴을, 가령

1980년대의 청년 남성 얼굴(장그래의 부모세대의 젊은 시절의 얼굴)의 전형적 표상과 비교해보면, 우리는 곧바로 약 30년의 시차 속에서 한국 청년세대의 '남성성'과 '청년성'이 어떻게 변화해왔는지를 감각적으로 파악할 수 있게 된다. 1980년대의 한국만화는 소위 만화방에서 장편극화를 통해 큰 인기를 얻기 시작한 일군의 만화가들에 의해 주도되었다. 1970년대 중반에 데뷔했지만 이처럼 변화된 지형에서 전면에 나선 이현세, 허영만, 박봉성, 고행석, 하승남, 천제황, 오일룡 등이 그들인데, 이들은 30권 이상 되는 장편만화를 생산하면서 대본소 만화 전성시대를 열어간다(박인하·김낙호, 2010: 141). 이중에서 특히 흥미로운 남성 캐릭터를 창조하여 변주해간 인물들이 바로 이현세(1954년생), 박봉성(1949년생), 고행석(1948년생)이다.[9] 장그래의 얼굴은 이들의 계보를 이어가는 한국 청년 남성의 대표적 미남상이지만 이들과 확연한 차이점을 보인다. 장그래가 보여주는 눈빛의 어떤 부분은 구영탄의 반쯤 감긴, 나른한 눈빛을 은근히 연상시킨다. 양자 모두 형형하게 빛나면서, 외부를 향해 내적 에너지를 방사하는 그런 눈빛이 아니라, 내면의 진실을 겹겹이 가리고 은폐하는 눈빛이다. 이들 모두에게 눈은 마음의 창문이라기보다는 커튼에 더 가깝다. 그러나 장그래의 얼굴에는, 구영탄에게 특징적인 터무니없는 게으름과 고집, 세상의 흐름과는 무관하게 자기 식대로 상황을 이끌어가되, 그것이 타인들에게 해를 끼치는 것이 아니라 도리어 희생적 헌신으로 귀결되게 하는 기이한 마력 같은 것이 존재하지 않는다. 구영탄의 눈이 은근한 나르

---

9 허영만의 경우 이강토라는 걸출한 캐릭터가 있지만, 그는 다양한 작품들 속에서 오혜성(까치)이나 최강타 그리고 구영탄에 비해 매우 유동적이고 변화무쌍한 변신을 보여주었다. 따라서 한 가지 특성으로 그를 정리하는 것은 쉽지 않다(황민호, 2009: 159–60). 그런 의미에서 논의에서 제외한다.

시시즘의 기색을 띠면서 세속에 대한 초월적 태도를 표상하는 것과 달리, 장그래의 담담한 눈빛은 세계로부터의 심리적 도피나 방어기제를 표현한다. 바보스럽지만 결국 세상을 이기는 자가 구영탄이라면, 수많은 계산과 성찰을 함에도 불구하고 결정적으로 사회의 힘 앞에서 무력한 자가 장그래다.

까치의 전형적 얼굴과 장그래의 얼굴 역시 큰 차이를 갖는다. 장그래는 까치가 내뿜는 광기 어린 카리스마, 분노, 비정상적 사랑의 파토스를 갖고 있지 않다. 까치의 얼굴은 80년대 청년의 전형적인 얼굴이다. 결핍과 욕망과 격정을 꾹꾹 눌러담고, 폭발하기 일보 직전까지 농축되어버린 반항적 반사회성의 인간학적 표상이다. 그 얼굴에 응축된 우수와 고집이 뒤틀린 내면의 에너지를 받아 분출하면, 때로는 피학적이고 때로는 가학적인 활극이 펼쳐지게 된다. 까치는 지독히 어두운 인간이지만, 그 어둠의 힘으로 그로테스크한 영웅성을 획득한다. 이에 비하면 장그래의 얼굴이 내보이는 감정들은 가짓수가 매우 적고, 그 진폭 또한 보잘 것 없다. 그는 크게 웃거나, 오열하거나, 광폭한 정념에 사로잡히지 않는다. 오과장이 평가하듯이, 그는 절대 "취해 있지 않다"(5권 245쪽).

최강타는 또 어떠한가? 가령 『신의 아들』에서 최강타는 인간으로서는 불가능한 여러 도전들을 모두 수행해내는 초인超人으로 등장한다. 그의 머리카락은 내면에서 타오르는 불길을 상징하듯이 곱슬머리로 고정되어 있다. 이런 외모는 "집념에 차 있고 고집 센 그의 성격과 결부시켜볼 때 최씨, 곱슬머리, 고집쟁이의 속설을 이용하면서 동시에 강화시키는 작용"을 한다(정준영, 1994: 73). 최강타는 초기에는 까치와 흡사한 얼굴을 하고 있었지만, 서서히 자신에게 고유한 안면성을 확보해나가면서 까치와의 간과할 수 없는 차이를 노정한다. 즉, 까치에게 비합리적 어둠이 짙게 드리워져 있다면, 최강타의 얼굴에서 두드러지는 정념은 '야망'이다. 야망에 동반되는 어떤 집념과 확신이다. 최강타는 불가능하다 여겨지는 모든 난관들을 돌파하고, 그 돌파의 과정 자체를 즐기면서, 자신에게 부과되는 난제들을 모두 돌파해나간다. 그에게 이미 세계는 한국과 미국의 차이가 존재하지 않는 '글로벌'한 공간이다. 동질화된 공간에서 거의 초인적 능력으로만 가능한 기적적 행위를 수행하는 그의 얼굴은, 장그래에게서는 전혀 발견할 수 없는, 낙관적 광기로 이글거린다. 우리는 물론 장그래에게도 꿈이 있다는 사실을 알고 있다. 그러나, 그것은 가령 최강타가 품고 있는 '터무니없는' 야심과는 다른 꿈이다. 장그래는 자신이 할 수 없는 것과 할 수 있는 것 사이에 그어진 현실적 선분에 대한 예민한 감각을 갖고 있다.

까치, 구영탄, 그리고 최강타, 이 세 청년 남성 캐릭터, 그리고 그들의 얼굴 표상에 응집된 존재의 내적 특성들은 1980년대 한국사회가 '20대 남성 청년이라는 것'에 대해 부여한 의미구조를 시각적으로 드러내고 있다. 그 핵심에서 발견할 수 있는 가장 두드러진 특성은, 과도하게 표출되며 특이한 방식으로 정당성을 얻고 있는, '행위능력agency'이다. 환언하면, 이들은 세상에 짓눌리는 것이 아니라, 그것과 드잡이하면서 최종심급에서는 세상을 압도하는 '영웅적 주체'다. 순수에 가까운 지경으로 단순화된 "헤게모니적 남성성"(베이넌, 2011: 36-8)을 구현하는 이 '수컷'들의 삶의 서사는 비극적이거나(까치의 경우), 희극적이거나(구영탄), 무협지적(최강타)이라는 차이가 있음에도 불구하고, 결국은 세상과의 싸움에서 승리하고 자신을 증명하는 고양된 주체상을 보여준다는 점에서는 공통성을 갖는다. 이들은 터무니없고 과대

망상적인 태도를 취하면서, 자신들을 둘러싼 세상을 뒤흔들어놓는다. 이들에게 세계는 '제약'이 아니라 '가능성'의 총체에 더 가깝다. 이들은 마치 사회가 행사하는 중력 따위는 존재하지 않는 듯이, 실천을 제약하거나 좌절시키는 불가능성이란 없다는 듯이, 각자의 길을 질주해나간다. 이들은 요컨대 "구조-형성적 행위자structure-shaping agent"다(김홍중, 2015c: 244). 즉, 구조의 힘에 의해 눌려 있는 존재가 아니라, 구조를 생성시키는 사건이나 행위를 '저지르는' 존재들인 것이다.

사실 엄밀히 말하면, 이들에게도 역시 '생존'의 문제는 중요하고 시급한 것이다. 이들의 영웅담이 펼쳐져가는 이야기의 배경이 대개 스포츠와 기업이라는 점이 이를 잘 보여준다. 스포츠세계는 전형적으로 경쟁 패러다임과 정의(공정성)의 패러다임이 이상적으로 혹은 환상적으로 결합한 몽상세계를 이룬다. 스포츠는 기업과 마찬가지로 철저한 업적주의의 원리에 의해 운영된다. 엄격한 규칙과 심판의 존재, 그리고 스포츠 정신이라는 윤리원칙의 지배하에서, 선수들은 오직 스포츠의 규칙이 허용하는 자원을 최대한 활용하여 승부를 펼쳐나간다. 이런 점에서 스포츠세계는 시장市場만큼이나 자본주의적 생존경쟁의 살벌한 공간이라는 메타포를 부여받는다. 그러나 이와 동시에 스포츠세계는 현실세계와 달리 투명하고 공평한 방식으로 규칙이 적용된다는 믿음에 둘러싸여 있다. 스포츠 영웅이 추앙받는 현상의 이면에는, 스포츠에서의 경쟁이 공정하다는 사실, 거기에서의 승리가 정당한 승리라는 믿음이 공유되어 있기 때문이다. 이런 점에서 스포츠세계와 기업의 세계 사이에는 서사적 친화력이 있다. 가령, 장그래에게 바둑과 회사가 중첩되어 있다면, 까치에게는 프로야구의 세계가 있고, 구영탄에게는 고교축구의 세계가 있고, 최강타에게는 프로권투와 기업의 세계가 있다. 흥미로운 것은 80년대적 남성 영웅들은 게임의 룰을 지키면서 그 안에서 '정상적' 자리를 확보하기 위해 노력하고 싸우는 존재들이 아니라, 승부 시스템 자체의 파괴, 변경, 혹은 교란 등의 '비정상적' 변화를 추구한다는 점이다. 이들은 이현세 만화의 제목이 잘 드러내고 있듯이 '외인ㅅㅅ'들이다. 이 '바깥'이라는 것, 시스템과 환경의 외부라는 것이 이들에게는 존재한다. 그 외부는 시스템의 인간들이 상상할 수도, 가늠할 수도, 모방할 수도 없는, 경이로운 행위능력이 숙련되고, 숙성되고, 길러지는 곳이다. 이 외부의 존재가 이들 청년 영웅들에게 일종의 위상학적 숨통을 틔워주고 있다. 바깥이 있다는 것, 바깥에서 온 자들이, 바깥의 냄새를 풍기는 자들이 시스템과 부딪혀 파열음을 내고, 시스템을 흔들거나 그것과 충돌하고 그것을 불가사의하게 돌파해낼 때, 그런 스토리와 화면이 주는 통쾌감이 있는 것이다. 그것은 일종의 시대적이고 집합적인 '판타지'다. 하지만 이런 무모한 기개와 도전을 우리가 장그래에게서 발견하기 매우 힘들다. 그것이 생존 문제에 대처하고, 생존을 추구하는 양상에서 드러나는 결정적 차이다.

흥미로운 것은 만화 속에서 이들이 386세대에 속한 것이 분명하지만, 흔히 우리가 386을 상상할 때 그들에게 귀속시키는 여러 속성들과 무관한 존재들로 그려지고 있다는 사실이다. 즉 이들은 대학을 다니는 '먹물'이 아니고, '운동권'도 아니고, '노동자'도 아니고 '민중'도 아니다. 지금 와서 돌아보면, 이들의 정체는 매우 묘연하다. 이들은 우리가 386세대라는 이름으로 불러온 그 어떤 사회학적 속성에도 쉽게 포착되지 않는다. 이들은 아무도 아니면서 동시에 영웅이다. 이들과 비교하면, 장그래에게는 영웅성이 없다. 있다 하더라도 흔적으로 남아 있거나, 결코 과도하지 않다. 장그래는 순수한 생활세계로 하강하여, 자신의 존재를 바둑으로 상징되는 게임공간으로 환원시킨 자의, 불온하지 않은 표정과 안면을 하고 있는 것이다. 그는 구영탄과 같은 공존주의자도 아니며, 오혜성과 같은 파멸적 욕망의 덩어리도 아니며, 최강타와 같은 초월적 현실주의자도 아니다. 그는 자신의 아버지세대보다 훨씬 더 합리적이고, 합리화된 생존주의자의 면모를 하고 있으며, 자신의 행위능력의 한계를 명확하게 인지하고 있다. 그는 꿈꾸지 않는다. 그가 꾸는 꿈은 리얼리티 그 자체다.

탈존의 극장

I. 무작위의 작위

—

독서를 일순 중단시키고, 지적이고 미학적인 충격을 주는 문장, 그럼
으로써 서사를 초월하며 도리어 서사를 구원하는, 그런 각별한 문장을
박솔뫼 소설에서 만나는 경우는 흔치 않다. 미적 가상도 별로 없다. 공
들여 세공한 표현도, 무수한 퇴고를 거쳤으리라 짐작게 하는 구문도
별로 없다. 형용사와 부사의 사용은 제한되어 있고, 일반화된 단순명
료함 속에서 사태들은 즉각적으로 제시된다.

기도를 했다. 하나님께, 예수님께, 성모마리아님께. 간절해지면, 어
느 순간 기도를 할 수밖에 없었다. 기도를 하지 않을 수 없어지는 것
이다. 누구를 향하지 않은 간절한 마음은 누구를 향하지 않은 채로

계속해서 간절해질 수도 있는 것이지만 어느 순간에 이르면 구체적인 대상을 부르게 되었다. 사랑의 하나님 듣고 계시나요? 오늘도 여전히 죄를 지었습니다. 늘 죄를 짓고 용서를 구합니다. 수많은 죄가 있고 앞으로는 그보다 더 많은 죄가 있을 것입니다. 그렇지만 바라는 게 있어요. 정말로 지금은 살고 싶지 않아서 다른 시간으로 가고 싶어. 규대가 살아 있는 곳으로 가고 싶습니다. 부른다. 신이라는 존재들을. 이런 마음들은 바람에 뿌리고, 침 뱉으며 발로 밟아도 사라지지 않는다. 기도의 학교에서는 이런 기도를 뭐라고 할까. 기도가 아니라고 할까. 자매님, 그것은 기도가 아닙니다. 어쩌면 제대로 된 기도라고 할지도 모른다. 하지만 그게 맞는지 맞지 않는지는 하나님 예수님 성모마리아님밖에 모른다. 그러니까 확실한 기도를 하고 싶다면, 나에게 하는 수밖에 없다. 나에게 적합해서, 내가 보기에 좋은 기도를 해서 죄짓지 않고 용서를 구하지 않는다. 아무래도 그 방법밖에는 없다(박솔뫼, 2013a : 33).

비문에 근접한 문장, 불완전한 문장도 있고, '나'의 생각, 추측, 소망, 그리고 가상적 대화 상대자의 목소리가 하나의 문맥에 무차별적으로 섞여 있기도 하며, 화자의 '전의식'에서 솟아나는 듯한 상념들이 두서없이 전사傳寫되어 있기도 하다. 깊은 회상, 정교한 논리적 판단, 조리 있는 추론, 촌철살인의 에피그램도 희소하다. 일인칭 화자 '나'의 생각이며 느낌이며 동시에 말인 무언가가, 단문의 형태로 연쇄되면서 (심리적이며 연극적인) 무대장면을 구성하고 있을 뿐이다. '나'는 하나의 인격이라기보다는 보는 것을 말하도록 고안된 발화장치에 더 가깝게 느껴지기도 한다. 이 장치가 생산하는 발언들은 독특하고 생소한

말의 공간을 만들어낸다. 회화적이라기보다는 음악적으로 느껴지기도 한다. 그다지 공들여 쓰지 않은 듯한 느낌은 지울 수 없다. 흥미로운 것은 이런 특성이 결함으로 생각되기보다는, 도리어 인상적인 독서효과를 야기한다는 사실이다. 박솔뫼 소설은 '자연스러움'의 잊을 수 없는 인상, 신선한 '무작위無作爲'의 느낌을 준다. 어떤 부조리한 언사, 상황, 설정이 시도되는 경우라 할지라도, 황당하기보다는 왠지 그럴 법한 일로 여겨지게 하는 묘한 힘, 무작위의 힘이라 불려 마땅한 그런 힘을, 박솔뫼 소설은 갖고 있다. 소설가의 기발한 상상력을 통해 '창작'되었다기보다는, 별다른 의욕도 관심도 열정도 없지만 차분한 관찰과 진술의 임무를 부여받은 발화-장치가 자신이 목격한 바를 담담하게 기술하고 있는 듯이 보이기 때문일 것이다. 허름하게, 대충 쓴 듯이 보이지만, 박솔뫼 소설은 문학적인 것의 참된 맛을 느끼게 해주는 무언가를 갖고 있다. 비유하자면, 바로크 성당에 들어가서 의도적으로 구현된 과도한 성스러움을 체험할 때와 다른, 동네 어귀의 어느 눅눅한 지하실에 간소하게 꾸려진 개척교회에서 흘러나오는 초라한, 그러나 잊을 수 없는 찬송가 소리를 듣는 기분이랄까? 어떤 절실하고 참된 것의 체험, 그러나 그 참된 것의 체험이 다시 물화되지 않도록, 다시 이 속세의 지극히 속된 삶의 세파에 닳아 사라지고 없어지도록 배려하는, 최소한의 무작위의 작위와도 같은 세심한 무언가가 거기에 있다.

II. 작가와 글쟁이
—

이런 특이성은 무엇보다도 '나'의 독특한 존재양태 그리고 발화방식에 기인하는 것으로 보인다. 작품 저 너머에 존재하면서 작품에 기재된 모든 것들을 최종적으로 지휘하는 지휘자 혹은 주권자로서의 작가의 자리는 선명하게 드러나 있지 않다. 무작위적 글쓰기가 발휘하는 자연스러움의 효과를 위해 작가의 존재가 희생된 것처럼 보인다. '나'의 말들은, 작가의 개입에 의해, 그의 치밀한 조망과 점검을 통해 재구성되지 않은 채, 어떤 매개도 작위도 없이, 즉각적으로 전개된다. 소설공간의 모든 사태들은 그렇게 작위의 영도를 향하여 전진한다. 작위의 영도란 작위의 영도에의 끝없는 접근이며, 작위의 부재를 추구하는 작위이다.

"모든 것을 모든 방식으로 말할 수 있게 해주는 제도"로 문학을 정의했던 데리다는 문학의 자유를 강조했던 것이지만(데리다, 2013: 53 이하), 그가 지적하지 않았던 것은 문학이 자유인 동시에 규제라는 점이었다. 사실, 문학은 그 안에서 어떤 말이라도 해야 하는, 그런 숨막히는 제도에 더 가깝다. 문학은 말의 최대치의 생성, 말이 한껏 뻗어나갈 때의 그 말단의 말단에서 가까스로 만져지는, 파르르 떨리는 무언가, 언제나 그 피부만을 감촉할 수 있을 뿐 나머지 실체는 손 닿지 않는 저 광막한 어둠으로 사라져버리는 그 파르르 떨리는 무언가를 말로 붙들어내야 하는 섬세한 고문장치, 혹은 욕망의 대상을 유혹하는 광기 어린 구애의 장치다. 문학이 아니었다면 결코 말해질 필요도, 말해질 수도, 기억될 수도, 되새겨질 가능성도, 이유도 없는 것들을 세계의 집합기억으로 끌어내는 가혹한 언어생성장치이다. 그리하여 가장 강력한 의미에서, 문학은 최종심급이다. 문학은 법정의 판결 이후의, 정치적 심판 이후의, 역사적 판단 뒤에 오는 최종 판결기관이다. 다만, 무력한 최종심급, 영원의 최종심급이다. 왜냐하면 문학은 집행기구(군대, 처형장, 감옥)를 갖고 있지 못하기 때문이다. 문학의 진실은 문학 속에서만, 문학의 언어로만 이어져가며 실행될 수 있다. 여기 문학의 슬픔이 있다. 소설을 쓰고자 마음을 먹고 달려들었다면, 이런 문학장치의 힘을 벗어나는 것은 불가능하다. 다만, 작위의 영도로 향하는 운동을 반복함으로써 문학장치로부터의 방법적 이탈을 시도할 수 있을 뿐이다(사실, 모든 좋은 작가들은 이러한 비-작가로의 운동이 내포하는 긴장과 탄력을 자신들의 글쓰기 속에서 구현하고 있다).

이런 점에서 박솔뫼는, 작가가 되기 위해서, 작가임을 향해서, 작가의 그 어둡고 깊은 '세계 내적 세계를 품은 글쓰기의 독방' 속으로 접근해가는 소설가가 아니라, 오히려 그 반대쪽 끝을 향해서, '작가의 사라짐' 혹은 '작가의 삭제'를 통해 드러나는 '비-작가'의 방향을 향해 전진하고 있는 것처럼 보인다.[1] 박솔뫼에게 깊은 영향을 준 소설가들로 알려진 다카하시 겐이치로나 리처드 브라우티건 문학에서도 이런 경향이 발견되는 것은 우연이 아닐 것이다(박솔뫼, 2011a: 438-441). 이들의 소설이 방사하는 나른하고 안이한 희극성, 잘 빗긴 머리를 애정 어린 손으로 한번 엉클어놓은 것 같은, 한결 편해졌지만 왠지 헐렁해진 분위기, 우리가 '말하는 존재'라는 사실을 전율적으로 일깨우는, 문

---

1 2010년에 '문장 웹진'에서 행해진 인터뷰에서 박솔뫼는 다음과 같이 진술한다. "제가 무엇을 좋아하는지 생각해보면 누가 보아도 객관적으로 뛰어나고 아름답다고 말해지는 것들이 있지만 그런 영역보다는 그럼에도 불구하고 거칠고 예쁘지 않으며 분명히 부족하고 흠이 많지만 나름의 힘과 아름다움을 가진 것들을 좋아하는 것 같아요." 고봉준 외, 「2010년 장편공모 수상작가들과 함께」, 문장 웹진. 또 다른 인터뷰에서 그녀는 이렇게 말한다. "잘 쓰는 것 같다는 생각이 조금이라도 들면 그게 싫어요. 그럴 때면 '약간 넘어져야지' 생각하죠. 딱히 계산한 것은 아닌데, 본능적으로 그렇게 되는 것 같아요. 잘 만들어진 것을 견딜 수 없는 쪽인 것 같아요. 어울리지 않고 저에게 맞지 않아요." 한국일보 2014년 2월 6일자.

학의 악력으로부터의 신기한 문학적 미끄러짐, 상상력의 기발한 탈구, 설득력 있는 실어失語, 능변보다 더 많은 이야기를 하는 눌변, 혹은 성숙의 유일한 방법처럼 보이기까지 하는 유아적 퇴행, 프로페셔널리즘이나 걸작에 대한 욕망의 경이로운 부재, 비범한 재능을 미완성 상태로 끝없이 유지하고 거기에 진득하게 머무는 지독한 아마추어리즘. 이 모든 '비-작가'의 특이성을 박솔뫼 소설도 나누어 갖고 있다.

바르트에 의하면, '작가écrivain'란 제도적 정당성을 부여받은 채 언어에 대한 독점적 권리를 소유해온 자로서, 말하고 쓰는 행위를 규제하는 기술적, 장인적 규범의 근대적 전문가이다. 그는 세계가 자신에게 던지는 수많은 의문들을 '어떻게 쓸 것인가'라는 방법적 고민 속에서 해소시킨다. 말하자면, 그의 목적은 세상을 바꾸는 것이 아니라 좋은 글을 쓰는 것이다. 작가는 세상에 책임을 지는 것이 아니라 문학에 책임을 지고자 한다. 언제나 실현되지 못하는 약속으로서의 문학을 자신의 글쓰기를 통해서 견지해야 한다는, 그런 책임감이 작가의 것에 속한다. 바르트에 의하면, 19세기 후반에 이르러 이와 다른 방식으로 글쓰기를 실천하는 자들이 나타난다. 이들이 '글쟁이écrivant'다.[2] 자동사적 성격을 갖는 작가와 달리, 글쟁이는 타동사적인 존재, 그리하여 목적어를 갖는 존재다. 글쟁이는 증언하거나, 해명하거나, 가르치려고 쓴다. 세계에 대한 해답을 제공하고자 한다. 글쟁이들은 자신들의 문장과 언어를, 작가들이 그렇게 하듯이, 강박에 가까운 노력을 기울여 퇴고하고, 미화하고, 정련하지 않는다. 이들에게 언어는 비판의 도구

---

2 'écrivant'은 '글쓰다'를 의미하는 프랑스어 동사 'écrire'의 현재분사로서, '쓰는 사람'이라는 축어적 의미를 갖는다. 나는 이 단어를 글쟁이라 번역하고자 한다. 일본어 번역으로는 흔히 '저술가(著述家)'라는 용어가 사용된다(Barthes, 1964: 152-9).

이며, 위중한 상황에 개입하기 위한 도구이다. 이들에게 쓴다는 것은 세파의 흐름에 참가하는 것이다. 그것은 하나의 행위이다.

이 두 유형은 문학공간이 자율적 시스템으로 분화된 이후, 글을 통해 살아가는 사람들이 선택할 수 있는 주체성의 두 가지 극단의 형식이다. 한쪽 끝에는 글의 자율적 우주를 창조하여 세계를 그 안에 삼켜버린 사람들이 존재한다. 그 반대쪽 끝에서 우리는 선동의 언어, 개입의 언어, 정치의 언어, 과학의 언어를 구사하면서 글로 세계를 변화시키기를 욕망하는 사람들을 발견한다. 작가의 유토피아는 '작품'이지만, 글쟁이의 그것은 궁극적으로 '세상'이다. 그것이 역사의 법정이건, 정치의 법정이건, 아니면 기억의 법정이건, 종교의 법정이건, 학문의 법정이건 글쟁이가 염원하는 것은, 현장이 발산하는 진리의 최대치를 함유하고 있는 글을 써서 세상과 소통하고, 그 흐름에 영향을 주는 것이다. 양자는 적절한 방식으로 서로를 경멸하고, 서로를 오해한다. 전자의 눈으로 보면 후자는 '글쓰기'가 무언지 제대로 모르는 사람들이며, 자신의 글에 존재 전체를 투기해야 하는, 글쓰기의 처절한 궁극窮極을 체화하지 못한 자들이다. 그러나 후자의 눈으로 보면 전자는 글을 물신화하는 자들이며, 모든 글들이 뿌리내리고 있는 리얼리티가 제기하는 시급하고 막중한 문제들에 눈감는 자들이다. 바르트는 양자의 혼합적 형태인 소위 '작가-글쟁이écrivain-écrivant'라는 새로운 유형이 20세기에 등장했음을 지적한다. 작가-글쟁이는 전문 지식인으로서 '언어의 극장'을 건립하고자 하는 욕망을 품은 자, 글쟁이면서 작가가 되기를 염원하는 자, 문학의 외부에서 문학을 구현하고자 하는 자이다. 아마도 바르트가 이를 통해 암시하는 것은, 자신을 포함한 일군의 프랑스 지식인들의 개성적이고 매력적인 작업일 것이다. 글쟁이 고유의 영역인 학문/과학의 대가들인 동시에 단순한 텍스트의 저술자가 아니라 특정 글쓰기의 전형, 즉 "담론성discursivité"을 창조하기도 했다는 점에서(Foucault, 1994a: 804-6) 풍요로운 문학성도 내포하고 있는 이 일군의 작가-글쟁이들은, 예컨대, 글쟁이라는 외피 속에 문학성이라는 과육을 숨기고 있는, 그런 과일과 같은 글을 쓰는 자들이기 때문이다.

III. 불가능한 증언

이런 맥락에서 앞서 언급한 '비-작가'의 자리를 좀더 확실하게 규명할 수 있을 것 같다. 비-작가는, 작가에게 발생한 어떤 사건, 회심, 혹은 결단을 통해서, 그의 주체성에 어떤 결락이 발생하여 형성된, 이른바 작가적 자기가 삭제된 작가이다. 바르트는 이에 대해 언급하고 있지 않지만, 어떤 급박한 현실의 부름 속에서 작가가 글쟁이로 변신하는 경우에 (가령 르포르타주 문학의 주체로서) 이런 비-작가의 형상이 나타나곤 한다. 조세희가 『침묵의 뿌리』를 쓸 때, 체호프가 『사할린 섬』을 쓸 때, 조지 오웰이 『카탈로니아 찬가』를 쓸 때, 오에 겐자부로가 『히로시마 노트』를 쓸 때, 무라카미 하루키가 『언더그라운드』를 쓸 때, 마르케스가 『납치일기』를 쓸 때, 말로가 『희망』을 쓸 때, 공지영이 『의자놀이』를 쓸 때, 그들은 작가가 아니라 글쟁이였다. 황석영이 『죽음을 넘어, 시대의 어둠을 넘어』를 쓸 때 그는 글쟁이였다. 목격자였고, 증언자였다. 80년 봄의 광주에서 체험한 모든 것들을, 그 현장 자체가 요청하는 즉각적 '기록'의 정언명령에 복종하면서, 좋은 문장이나 플롯, 미적 효과에 대한 장인적 고려들을 타기한 채 집필하여 세상에 내놓을 때, 황석영이라는 탁월한 소설가는 글쟁이로의 변신 속에서 비-작가의 형식으로 스스로를 부정한다.

중요한 것은 문학성이 아니라 현장성이다. 미적 가치가 아니라 보고해야 하는 사실과 정보의 진실성이다. 비명, 고함, 탄식, 비참의 상세한 기록이다. 기발한 상상력이 아니라 '실재real'에의 고착과 밀착과 충성이다. 쓰지 않을 수 없게 하는 충격에 떠밀려, 눈앞의 일을 누군가에게 알리기 위해서, 쓰는 행위의 확고하고 분명한 실제적 목적에 복무하기 위해서 '도구적으로' 쓰는 것이다. 감식안이 뛰어난 독자를 위해 쓰는 것이 아니라 현장에 없는 자들을 위해, 현장의 진실에 무지하거나, 그것을 오해하는 자들을 위해, 미래의 타자들을 위해, 미래에 태어나 지금 이 상황의 진실을 알지 못할 그런 사람들을 위해, 공동체의 집합기억을 위해 쓰는 것이다.[3] '거기 현존함being there'을 '여기서 씀 writing here'으로 흡수해버리는 작가들과 달리, 글쟁이들은 '여기서 씀'의 의미가 최대한 희박해진 곳에서 '거기 현존함'을 극대화하는 글쓰기를 실천한다. 자신이 쓰는 글 속에서 개성을 최대한 발휘함으로써 불멸을 꿈꾸는 작가와 달리, 글쟁이는 세상의 변화를 위해서라면 자신의 여하한 흔적도 남기지 않을 수 있다(이런 체험과 사건의 원형은 성서 기자들에게서 발견된다. 예수를 만나면서 이들의 삶은 진리의 도구로 전환된다). 예컨대, 『죽음을 넘어, 시대의 어둠을 넘어』는 황석영의

3　가브리엘 타르드처럼 말한다면, 글쟁이는 현실을 재현하거나 창조하는 대신 모방(imiter)한다. 그가 말하는 모방은 "한 정신에서 다른 정신으로의 원거리 작용, 즉 어떤 뇌 속에 있는 음화(陰畵)를 다른 뇌의 감광판(感光板)에 거의 사진처럼 복제하는 것으로 이루어지는 작용"을 가리킨다(타르드, 2012: 8). 상이한 정신 사이에서 이루어지는 전염과 감응(感應)이 모방이라면, 글쟁이가 겨냥하는 효과는 모방이다.

것이 아니라, 광주의 것, 이 세상의 것, 1980년대 초반 한국사회 전체의 양심의 것, 마음의 것이다. 문학적으로 어떤 평가를 받느냐라는 문제를 일순 사소한 것으로 만들어버리고, 문학이 한 포기의 식물처럼 그 안에 묻혀 있는 토양인 이 세계의 얼굴을 비추는 거친 언어 속에서, 작가의 자의식은 녹아 소실되고, 그는 시대의 증인의 자격으로, 작품과 문학의 테두리를 찢고, 공공성의 빛 속으로 걸어나온다.

'비-작가는 증언자로서의 글쟁이이다. 현장에 던져진 글쟁이는 작위의 실행을 가능하게 할 모든 자원을 상실한 상태에서 글쓰기에 돌입한다. 그는 자신이 '목격한 것'을 쓴다. 이 목격은 전통적 소설의 작위의 시스템에 등재된 시선들의 어떤 것과도 동일하지 않다. 그것은 사회적 총체성을 바라보는 전지적 시선, 신의 시선(발자크)이 아니다. 목격자는 상황의 전부를 조감할 수 있는 능력을 상실한 자이기 때문이다. 또한 그것은 내면을 깊이 바라보는 도덕적 자기관찰자의 시선과도 무관하다. 목격자는 협소한 내면을 응시할 시간이 없다. 그의 내면은 꺼져 있다. 그는 외부를 향해 열린, 가장 원초적인 감각-기계로 변모해 있다. 마지막으로 그것은 사유와 저술의 매체 그 자체인 언어를 명상하면서 언어 속으로 깊이 침잠해들어가는, 메타적 성찰성의 시선, 끝없는 언어 속으로의 잠수와 실험도 아니다. 목격자에게 언어는 순수한 도구, 자신의 단단하고 명확한 도구성만을 갖고 있는 하나의 몸짓에 불과하다. 목격자는 언어를 사유하지 않고 언어에 매달리거나 언어와 유희하지 않고, 그것을 '사용'한다. 그러나 목격자는 눈앞의 현실과 언어의 사용가치 사이에 벌어진 간극에 괴로워하는데, 이는 언어 그 자체의 신비나 권능과는 하등 무관한 것이며, 실제로는 언어에 내재해 있던 그런 성스러움의 환상이 벗겨지고 드러난 언어의 무기력한 상태,

언어의 무기력해짐과 깊은 연관을 맺고 있다. 언어는 과녁에 도달하지 못하거나, 과녁을 언제나 빗겨가는 이상한 도구로 나타나며, 현실을 구성하거나 조형하기는커녕, 현실의 본질 근처에도 접근하지 못하는 껍데기와 같은 치욕스러움을 두른 채 현상한다.[4] 우리는 최근에 언어의 이런 무기력과 추함을 세월호 참사 속에서 체험한 바 있다. 이런 '텅 빔'이라는 사태를 견디어내고 자신의 위신을 회복하기 위해서, 언어는 오랜 시간의 정화(사실은 언어를 사용하는 집단의 망각)를 요구한다.

이처럼 압도적 감각부하를 걸어오는 현장의 급박함 속에서 쓰는 자, 이것이 바로 박솔뫼가 '욕망'하는 비-작가의 초상이다. "때때로 무언가를 목도하고 싶어질 때가 있는데, 그것이 내가 이미 알고 있는 일이든 곧 일어날 일이든 별것 아니든 그런 것은 크게 중요하지 않다. 다만 어떤 것을 보고 싶은 것이고, 그것이 벌어졌을 때 무엇이 생겨나는지 아무것도 생겨나지 않는지 드물지만 세상과 미약하게 긴장감을 갖는지 그런 것들을 보고 싶어지는 것이다. 가끔 그런 강렬한 감각에 휩싸이기 때문인가, 줄곧 무언가를 '보고 싶다' '목도하고 싶다'라는 마음은 중요하게 생각하는 어떤 것 중의 하나였다"(박솔뫼, 2012a: 133-4).[5]

박솔뫼의 욕망은 단순하다. 현장을 목도하고 그것을 증언하는 것이다. 어떤 현장인가? 「그럼 무얼 부르지」「어두운 밤을 향해 흔들흔들」「겨울의 눈빛」「우리는 매일 오후에」 등의 작품들에서 우리는 박

---

4 최정운은, 5·18 광주항쟁 현장을 취재하던 동아일보의 김충근 기자의 다음과 같은 회고를 인용하고 있다. "광주항쟁을 취재하면서 나 자신이 기자로서 갖추어야 할 표현력의 부족을 얼마나 한탄했는지 모른다. 글이나 말로는 도저히 전달할 수 없는 상황이 있다는 사실도 그때 뼈저리게 체험했다. (……) 기자로서는 이 같은 행위를 적절히 표현할 단어를 찾을 수 없었다. 만행, 폭거, 무차별공격 등의 단어는 너무 밋밋해 도저히 성에 차지 않았다. (……) 그래서 궁여지책으로 떠올린 단어는 '인간사냥'이었다"(최정운, 1999: 96-7. 강조는 필자).

솔뫼 소설세계의 전체 지평을 양쪽에서 당기고 있는 두 핵심현장을 확인할 수 있다. 1980년의 광주 그리고 가까운 미래에 초유의 재난을 겪게 되는 것으로 상상된 부산이 그것이다. 이들은 20세기 후반부터 21세기 초반 사이에 펼쳐지는, 한국 '후기 근대'의 양극단을 상징하고 있다. 광주는 우리 시대의 정치적 기원이며, 부산은, 우리 문명의 상상된 종말이다. 광주와 부산을 목도한다는 것은 우리 시대의 처음과 끝을 본다는 것, 시대의 눈동자를 본다는 것이다. 그런데 문제는 이 '목도'가 근원적 불가능성에 직면하고 있다는 것. 광주는 과거의 사건이며, 부산은 미래의 사태다. 현現장이 현장이 아니라, 과거의 장이며 미래의 장이다. 작가는 거기 있을 수 없으며, 발생하는 일들을 바라볼 수 없다. 그것들은 '지각의 장' 너머에 존재한다. 하지만 한 걸음 양보해서, 설령 작가가 현장에 있다 한들, 발생하는 일들을 자신의 두 눈으로 바라보고 있다 한들, 그 목도가 글쓰기로 자동전환되리라는 보장이 없다는 사실이 어쩌면 더 치명적인 것인지도 모른다. 전대미문의 파괴와 참상의 현장을 목격한 사람들은 자신들이 거기에서 바라보는 것이 무엇인지를 언어를 통해 상징화할 능력을 상실하는 것으로 알려져 있다. 목도한 것의 실재가 상징적 재현의 가능성을 크게 범람하기 때문이

---

5 유사한 욕망을 작품 내에서 진술하는 장면은 다음을 볼 것(박솔뫼, 2011b: 44). 다른 곳에서 그녀는 이렇게 말하기도 한다. "당신에게 정치란? 혹은 정치적 올바름이란?—나 자신이 어디에 서 있는가, 무엇을 보고 있는가 하는 물음에 긴장감을 잃지 않는 것. 그리고 행동하는 것. (……) 하지만 내게 환기시키는 것은 '그리하여 나는 무엇을 본 사람인가? 누구의 옆에 있는 사람인가? 그렇다면 이다음은?'이라는 몇 개의 질문이다. 내게 정치는 끊임없이 그 질문에 답을 하려 하는 과정이다. 또한 내 옆에 있던 사람의 눈동자를 잊지 않으려는, 잊지 않겠다는 의지이다. 정치라기보다 윤리인가? 그럴지도 모르겠다. 그렇다면 나는 다시 그 질문을 던진다. 지금 나는 무엇을 보고 있는가? 무엇을 본 사람인가? 내가 본 눈동자는 누구의 것인가?"(박솔뫼, 2011a: 437-8. 강조는 필자)

다.[6] 현장은 '필설로 다할 수 없는 것'을 증기처럼 발산한다. 엄밀히 말하자면, 현장에 있는 자는 시차적 부재 속에 있다. 그는 현존재Dasein가 아니라 거기-없는-존재Da-nicht-sein다.

IV. 광주와 부산
—

증언할 수 없는 현장은 그럼에도 불구하고 끊임없이 재현되어 상징 시스템에 포섭된다. 실재로서의 현장은 부재하지만, 상징으로서의 현장은 과잉생산된다. 이 부재와 과잉의 아이러니 앞에 선 인간의 당혹 감이 「그럼 무얼 부르지」의 테마 중 하나다. 1980년을 목격하지 않은 화자 '나'에게 광주는 끊임없이 표상되는 것, 번역되는 것, 의미작용 속에서 변신하면서 드러나는 무엇이다. 사건과 기억 사이에 어떤 막대한 기호들의 차원이 개입해 있다. 해나가 쓴 리포트의 광주, 영어로 표기된 광주, 체험한 적 없지만 그것에 대해 배운 적이 있는 광주. 정작 광주에서 태어나 거기 살아온 자신에게 그처럼 표상된 광주는, 내시경으로 들여다본 자신의 위장처럼, 낯설고 소외되어 있다. 그러나 표상된 광주는 그 대가로 객관성을 획득한다. 교토 여행에서 우연히 '나'는 광

---

6 가령 히로시마에 원폭이 투하된 현장에서 피폭된 채 며칠을 보낸 오타 요코가 후일 자신의 목격담을 바탕으로 저술한 「시체들의 도시」에서 집요하게 확인되는 것은, 그 현장에 대한 증언 행위의 원초적 불가능성이었다. 원폭을 목도한 자들은 언어를 상실하거나 백치가 된다. 이런 현장들은 상징을 삼키는 검은 심연이다(한민희, 2011). 클로드 란즈만의 〈쇼아〉는 절대악의 현장을 목도했던, 홀로코스트 생존자의 입을 통해서, 인간의 말은 결코 그것을 설명할 수 없다는 것, 거기서 벌어진 일들을 말로 재현하는 것은 불가능하다는 것, 거기에 있었지만 자신이 본 것을 믿을 수 없다는 말 이외의 어떤 말도 사실상 불가능하다는 것을 역설하지 않았던가.

주를 기억하는 일본인을 만나는데, 그는 당시의 참상을 일본어로 노래한 〈광주City〉라는 곡을 알고 있었다. '나'는 김남주의 시 〈학살2〉를 떠올리고, 김정환의 〈오월곡〉을 떠올린다(박솔뫼, 2014: 144-5). 광주항쟁 30주년을 맞이한 날 구도청에서 두 청년이 비디오를 통해 광주의 참상을 바라보고 있을 때, 화자는 한발 물러선 채, 그들이 비디오로 보는 그 장면들이 사실은 30년 전 바로 이 복도에서 일어난 일이라는 사실을 상기한다. 그들은 현장에 현존하면서, 현장의 '재현'을 바라보고 있었던 것이다. "텅 빈 복도. 어두운 복도. 회색 무거운 회색 복도. 시멘트 건물, 벗겨진 페인트 그 둘의 냄새. 이 회색 복도에서 정말로 무슨 일이 있었는지 입 밖으로 소리내어 말을 하는 사람은 드물다. 정말로 이곳에서 무슨 일이 있었는지 아는 사람들은 다른 이야기를 해줄지도 모른다. 이제까지의 이야기와 다른 이야기를 말이다"(박솔뫼, 2014: 150-1).

그러나 정말로 그곳에서 무슨 일이 있었는지를 겪은 사람들의 이야기는 들을 수 없을 것이다. 광주는 노래 속에, 시 속에, 소설에, 기사속에 있다. 형언이 불가능한 실재였던 광주가 이제 말들 속에, 이미지속에 있다. 광주는 광주에 대한 표상 속에 있다. 영어로, 일본어로, 오키나와와 제주의 4·3항쟁, 아일랜드의 피의일요일, 1947년의 타이베이, 게르니카, 1960년대 후반의 멕시코나 칠레의 어느 참혹했던 공간들과 함께 '학살massacre'이라는 단어가 구성하는 말들의 평면에 놓여 있다. 박솔뫼는 이 기억의 시스템과 자신의 거리를 '장막'이라는 단어로 표시한다. '나'와 광주 사이에는 장막들이 있다. 장막 너머에는 아마도 피의 강물이 흐를 것이지만 지금 여기서 그들은 팻 매스니 풍의 재즈를 틀어놓고, 죽과 떡과 국수 이야기를 하고 있다. 그리하여, 이런 난감한 고백을 우리는 마주한다. "해나를 광주에서 만났던 날 광주는 조용했고 큰 소리로 무언가를 말하는 사람은 아무도 없었다. 그 사실을 말할 수 있는 것처럼 말할 수 있다는 것도 아니다. 아니다. 아니다. 다만 내 앞으로는 몇 개의 장막이 쳐져 있고 나는 그 앞으로 직선으로 나아갈 수 없다는 것, 그것만은 확실하다는 이야기다"(박솔뫼, 2014: 167). 과거의 현장은 폐색된다. 폐색되었다는 사실이 확인된다고 말하는 것이 더 정확할 것이다.

현장의 부재가 적시되는 이와 같은 사태는 문명 종말의 상상된 현장인 부산에 대한 이야기에서도 유사한 방식으로 발생한다. 「겨울의 눈빛」에서 부산은, 소설의 현재로부터 약 3년 전에 고리 핵발전소에서 일어난 사고를 겪은 재난지역으로 설정되어 있다(고리와 해운대는 22 킬로미터의 거리를 두고 떨어져 있다). 광주항쟁이 그러했듯이, 원전 사고도 다큐멘터리를 매개로 경험되는 무엇으로, 이 소설은 폐허가 된 부산의 진실을 그려내는 어떤 다큐멘터리 영화에 대해 진술한다. 감독의 생활세계였던 해운대, 그러나 이제는 갈 수 없는 땅이 된 해운대가 거기 찍혀 있고, 사건이 야기한 막대한 환멸과, 환멸도 미처 지우지 못한 추억들, 다시 펼쳐지는 일상과 피난민들의 삶이 이야기되고 있었다. '나'는 영화가 끝나고 감독과의 대화에 참여했고, 술자리에 남아 술을 마셨고, 감독의 영화에 대해 비판적인 논평을 하던 중, 착잡한 심정으로 취하여 그곳을 빠져나온다. 리얼리티에 가장 저돌적으로 육박해 들어가는 예술로 간주됨에도 불구하고 결국 리얼리티를 포착하지 못하는 것으로 드러난 다큐멘터리 형식에 대한 실망감 때문이었다. '나'는 말한다. 원전의 거대 재난 이후, 수많은 다큐멘터리가 찍혔고, 해외 영화제에 초청되었고, 수상을 했으며, 그날 본 영화도 그런 재현들 중의 하나이지만, 특히 그 영화에 대해서 '나'는 "어떤 강력한 힘"이나 "특별한 매력"을 느끼지 못한다(박솔뫼, 2013b: 143). '나'의 욕망은, 일어날 수도, 일어나서도 안 되는 사건의 부조리한 진실을 참으로 부조리한 방식으로 뒤틀어버리는 영화를 향해 있다. 너무나 말이 안 되고, 어처구니없고 비현실적이어서 도리어 지금 눈앞에서 벌어지고 있는 원전사고가 내포하는 전례 없는 기괴함에 가장 접근해갈 수 있을 그런 영화. 어떤 재현이 현장을 재현 속에서 살려내기 위해서, 다시 말해서 강력한 힘이나 매력을 갖기 위해서, 그 재현은 우리가 살아가는 현실의 실감을 파괴하기에 이르러야 한다는 듯이. 우리가 매일매일 살고 있는 이 세계가 꿈이거나 환각이거나 아니면 장난처럼 여겨지게 하는 인식론적 충격과 절대적 단절감을 주어야 한다는 듯이. 우리를 꿈으로부터 파상破像시켜야 한다는 듯이.

'나'는 술좌석에서 우연히 함께 빠져나온 어떤 남자와 이야기를 나눈다. 그의 친구들이 고리 핵발전소 복구사업에 지원했다가 죽었고, 그의 또다른 예술가 친구가 작업을 위해 고리로 갔다는 말을 듣고 이렇게 생각한다. "고리에 가서 텅 빈 고리를 보는 것은 중요하지. 사람들이 모두 떠나서 폐허가 되었구나 하고 제 눈으로 보는 것은 정말 중요해. 이곳이 고리구나 생각하는 것도 의미가 있을 거야. 텅 빈 고리에 다녀왔어 정말 텅 비었더군, 이라고 말하면 무언가 달라질 수도 있겠지. 나는 지금 일어나는 그 사건, 바로 그 일을 자신의 눈으로 본 사람이 되어야 한다고 생각하는 마음에 피로와 기만을 느꼈다"(박솔뫼, 2013b: 147). 이 피로와 기만은 현장과 증언의 불가능성에 대한 착잡한 인식으로부터 오는 것이다. 광주와 부산은 모두 접근할 수 없는 장막 너머에 존재하는 현장이다. 그리하여 사실은 현장이 아니다. 박솔뢰는 이런 의미의 현장이 자신에게 박탈되어 있음을 안다. 이는 박솔뢰의 세대가 공유하고 있는 특이성이기도 하다. 이들에게 민주화의 현장들은 역사의 일부분으로 이미 상징화되었고, 미래의 재난들 역시 그에 대한 대안이나 변화의 전망을 쉽게 사고할 수 없는, 그리하여 온통 SF나 묵시록적 영화, 그리고 미디어를 통해서 과잉상상되는 무언가에 더 가깝다. 이 세대는 리얼리티에 대한 감각을 다원화할 수 있도록 보조하는 다채로운 인지적·기술적 미디어장치를 통해 주체화되었으며, 이런 미디어의 '장막'들이 삶의 조건이 되어버린 그런 체험구조에 익숙해진 사람들이다. 박솔뢰 소설은 현장이 없는 세대의 이야기이며, 동시에 현장 없음을 현장 삼아 사는 세대의 이야기이다. 바로 이 지점에서 우리는 박솔뢰 소설이 비非-작가를 지향했던 것과 마찬가지로 비非-글쟁이를 향한 운동 또한 내포하고 있다는 사실을 확인하게 된다. 비-글쟁이란 이제 부재하는 현장을 확인하고 더이상 글쟁이가 될 수 없음 앞에서 다시 작가 쪽으로 선회를 시작한 주체의 이름이다. 그것은 언어로의 선회이며, 작위로의 회항이다. 비-작가를 향해 가다가 다시 되돌아서서 비-글쟁이를 향해 고개를 돌린 자리, 거기가 바로 박솔뢰 소설이 발생하는 기원적 모멘트이다. 현장과 언어 사이의 어딘가에서 형성된 이 타협점, 거기에서 박솔뢰는 언어도 현장도 아니지만, 양자를 분유하고 있는 형식을 발견한다. 그것이 '극장'이라는 장치이다.

V. 세대 간 사상전思想戰

—

『그럼 무얼 부르지』에 실린 여러 단편들은 부조리극이 상연되는 연극

무대를 닮아 있다. 「차가운 혀」는 나와 누나와 사장, 이 세 인물들이 펼치는 기이한 행적들의 극장이다. 「안 해」와 「그때 내가 뭐라고 했냐면」은 '구름새 노래방'을 무대로 행해지는 납치, 폭행, 탈출의 사건들을 그린다. 「안나의 테이블」은 안나와 '나'가 극장에 들어가서 영화를 관람하는 이야기인데, 극장의 스크린에 손을 대면서 촉발된 몽상적 이야기들이 펼쳐지는, 환상극과 같은 인상을 주고 있다. 「해만」과 「해만의 지도」는 모두 관광지로 설정된 가상의 섬을 배경으로 한다. 해만은 그 규모나 분위기에서 대도시처럼 복잡한 구조를 가진 실제 공간이라기보다는, 관광객 숙소, 윈그리스도교 교정, 바닷가, 중국집 등의 조촐한 장소들로 구성된 일종의 광활한 무대장치라고 보아도 무방하다(손정수, 2014: 245). 현장과 언어의 타협점이 무대라는 사실은 중요한 의미를 갖는다. 무대 위에서 벌어지는 일들은 현장 그 자체는 아니지만 나름의 현장성을 내포하고 있고, 재현되는 것represented이 아니라 상연 presented되는 것, 물질적으로 제시되는 것이기 때문이다. 박솔뫼의 '나'는 이런 현장극의 작가인 동시에 연출자이다. 거기 상연되는 이야기들은 거의 대부분, 광주와 부산이라는 두 시간적 극점 사이에 펼쳐지는 '영원한 현재'를 살아가는 청년세대, 즉 자기 세대의 삶의 태도를 소재로 하고 있다. 신채호와 그랑빌을 동시에 연상시키는 단편소설 「밥 짓는 이야기」에서 그녀는, 인류 최후의 세대전쟁을 벌이고 살아남았다는 최후의 세대가 거주하는 소위 지구적 우주공간(지구-우주)의 전모를 유머러스하게 그려내고 있다. 거기에서 이 세대는 현대 대도시의 맥도날드, 카페 혹은 레스토랑에서 '서빙'을 하는, 비정규직 젊은 종업원들로 묘사되고 있다.

이 지구적 우주의 사람들은 아주 평범하고 평평하고 몹시 예의가 바르며 언제나 네네 하고 목이 마르신가요? 물을 드릴까요? 물이 나오셨어요 물이 담긴 컵 밑에 티슈가 받쳐지시겠어요 하고 말했는데 몹시 예의 바른 그들은 몹시 피곤한 얼굴을 하고 있었으며 같은 시간을 계속해서 살기로 결정한 그들은 더이상 늙지도 아프지도 않은 채로 계속해서 네네 하면 예의바르게 지구적 우주를 살아가기로 한다. 그들은 그곳에서 손님을 맞이할 것이며 의자를 내어줄 것이며 메뉴판을 펴줄 것이다. 유리컵에 물을 내올 것이며 물을 다 마시면 주둥이가 긴 주전자에서 보란 듯이 물줄기를 내보이며 물을 따라줄 것이다. (……) 그곳에서 나의 세대라고 하는 사람들은 모든 세대를 상대로 싸워 이겼고 그들이 선택한 방법으로 우주를 살고 있었다(박솔뫼, 2012b: 176-8. 강조는 필자).

박솔뫼 소설이 표현하는 세대는 이처럼 영혼 없는 감정노동자들로 묘사되어 있기도 하고, 극단적으로 수동적이며, 사회성이 결여되어 연약한 친밀성의 관계 속으로만 도피해들어가는 여린 존재들로 제시되기도 한다. 『을』에 등장하는 네 인물들(민주, 씨안, 프래니, 주이)은 사회적인 것의 실정성 속에 자신들의 존재를 정박하지 못한 채, 항상적 여행상태를 유지하면서 노마드처럼 살아가는 존재들이다. 이들이 맺는 인간관계들은 소박하면서 불안하고, 애틋하지만 덧없다. 사회적 관계의 최소단위인 3인 관계triad를 형성하지 못한 채, 사회적 관계가 형성되기 이전 혹은 사회적 관계의 파산 이후에나 가능한 어떤 유사자연적 상태 속에 던져져 있는 듯이 보이기까지 한다. 『도시의 시간』에 등장하는 네 명의 인물들(나, 우나, 우미, 배정) 역시 희미하고, 연약하며, 하릴 없이 부동浮動하는 존재들로 나타난다. 삶에 대한 근본욕망을 결여하고 있는 듯 무심하고 허탈하게 살아가는 이들은, 개성을 가진 독자적 존재라기보다는 한 인물의 변형체들로 보이기도 한다(강유정, 2011: 35).『백행을 쓰고 싶다』에서, 대학입시에 여섯 번이나 실패하고 좌절해가는 젊은이로 등장하는 원대는 소위 "0의 자리"를 살아가는 자로 묘사된다(박솔뫼, 2013a). 0의 자리란, 생물학적으로는 살아 있지만 사회적 인정과 관계망으로부터 배제되어 자신에게 갇혀 있는 자들의 자리이다. 거기에서 '원대'는 발산되지도, 표현되지도 못하는 자신의 실존을 끌어안고, '사라짐'을 향해 가는 존재로 그려져 있다.

『그럼 무얼 부르지』에 실린 여러 단편들은 이런 '0의 자리'를 살아가는 청년들의 '마음의 레짐'을 좀더 선명하게 증언하고 있다. "태어날 때부터 지루하고 이미 늙은 사람"(박솔뫼, 2014: 37)으로 스스로를 평가하는 이 세대는 "그저 앞으로의 시간에서 변하는 것이 없으리라는 것"을 확신하며(박솔뫼, 2014: 75), "무엇인가 변하는 것 없이 지속될 것이라는 예감"(박솔뫼, 2013b: 149)에 사로잡힌 채, "제대로 살아본 적이 없어서 살아 있을 때도 죽은 것만 같다"고 중얼거리며 존재의 소멸을 향해 나아간다(박솔뫼, 2013a: 241). 이들에게 미래란 상상할 수도, 표상할 수도 없는 막막한 미지의 것이다(박솔뫼, 2011b: 78). 미래는 영접해야 할 것이 아니라 도리어 피해야 할 재난의 시간이다(박솔뫼, 2012c: 260). 이들 '미래 없는 세대'는 미래가 이미 탕진되었음을 깨닫고, 그 통찰로부터 그에 적응하는 사고, 감정, 의지의 시스템(마음)을 구성하기에 이른 것으로 보이며, 미래를 포기하고 살겠다는 세계관을 정립한 것으로 보이기도 한다. 발레리가 언젠가 다윈처럼 말했듯 사유의 본질이 적응이라면(Valéry, 1973: 901), 우리는 이 최후의 세대의 무기력증, 무기력을 본질로 하는, 무기력(포기, 좌절, 비판)에 대한 긍정으로 특징지어지는 삶의 태도를, 새로운 환경에 적응하기 위해 고안해낸 하나의 사상으로 간주해야 할 필요가 있다. 그리하여 미래의 소유 여부를 분할하는 선분을 가운데 두고, 미래 없음의 의미를 절실하게 느끼고 절망하는 세대와 미래 없음의 뜻을 이해하지 못하고 그들을 공허하게 비판하는 세대 사이에서 벌어지는 전쟁은 세대전쟁인 동시에 사유의 전쟁, 사상의 전쟁이다.

「차가운 혀」의 사장은 '나'와 '나'의 여자친구(누나)가 아르바이트로 일하는 바의 주인이다. 그는 런던에 오랜 머문 경험도 있고, 문화자본도 풍부한 교양인이다. 사장과 '나/누나' 사이에는 계급적 경계와 세대적 경계가 동시에 그어져 있다. 간극은 도저히 건너갈 수 없을 정도고 넓고 깊다. 사장은 이들에게 여러 질문들을 던진다. 일하지 않고 쉴때는 무엇을 하느냐, 영화 보는 것을 좋아하느냐, 그림 보는 것을 좋아하느냐, 여행을 좋아하느냐, 등등. 하지만 이들에게는 사장의 질문에 답이 될 만한 경험이 없다. 이들의 대답은 가히 바틀비적이다. "아니요, 네, 잘 모르겠는데요, 그냥요, 그냥 밥이요, 아무것도 안 할 건데요, 아, 네, 아 네 잘 모르겠는데요"(박솔뫼, 2014: 23). 혀는 이런 응답을 맥없이 내뱉고 있지만, 그 말에는 어떤 뜻이나 심정도 담겨 있지 않다. 이들의 눈은 "모든 것을 비운 눈"이며 "멍한 눈"이며(박솔뫼, 2014: 13), 이들의 혀는 차갑다. 생명의 근본충동인 '코나투스conatus'마저 상실한 듯이 보이기까지 한다. 술을 마시고, 환각제에 중독되고, 자신들의 사라짐 속에서 그저 사라져가고 있다. 이들에게는 꿈이 없다. 꿈을 꿀 능력과 가망성이 존재하지 않는다. 사장의 화려하고 안정적인 문화적 세계에 도달할 수 없기 때문에, 그것을 버리고 깊은 체념의 세계를 향해 자발적으로 이동하고 있다. "결국엔 모든 것이 같다. 추운 겨울이든 따뜻한 봄이든 결국에는 말이다. (……) 겨울은 모든 하고 싶은 마음과 의지를 꺾는 계절이었고 내가 할 수 있는 일은 무릎 꿇고 순응하는 것뿐이었다. 방에 누워 이불을 덮고 잠을 자는지 깨어 있는지 알 수 없는 시간들을 보낸다. 하지만 누구든 알아야 했다. 봄이 되어도 바뀌는 것은 없다는 것을 말이다. (……) 그것은 변하는 것이 없다고 말하고 있었다. (……) 어지럽고 나른한 기분 속에서 결국 하고 싶은이라는 마음이 내게 있든 없든 내가 할 수 있는 것이 별로 없다는 것을 알게 된다"(박솔뫼, 2014: 9-10).

성의 없이 노래하는 자들을 감금하고 고문하며, 자신의 노래에 대한 진정성을 피력하는 열정적 광인으로 「안 해」에 등장하는 '구름새 노래방'의 사장은 '열심히'의 세계, 발전의 세계, 진보의 세계를 강박적으로 강조하고 그 실현가능성을 믿어 의심하지 않는다. 그는 과도한 진정성의 인간이다. 누군가가 전 존재를 걸고 노래하지 않으면(장난으로 노래하거나 영어로 노래를 부르거나 하면) 그런 손님을 가두어 살해한다. 노래를 믿는 자이며, 노래에 영혼을 바친 자이다. 그에게는 열정과 부르디외가 말하는 일루지오illusio가 있다. 하지만 '나'는 저 '열심히 이데올로기'에 대항하는 다른 사상을 형성시킨다. "저는 열심히 하지 않고 할 생각도 없고 왜냐하면 열심히의 세계가 없기 때문입니다"(박솔뫼, 2014: 65). 발칙한 대답이다. '안 해'의 세계는 '열심히 해'의 세계와 맞서기 시작한다. 열심熱心이 아닌 냉심冷心의 이념으로. 물론 '나'에게도 최종목표가 있다. 그런데 그것은 어딘가에 도달하는 것, 경지를 이루는 것이 아니라, 그저 '사라지는 것'이다. "뛰어가는 여주의 뒷모습을 봤는데 하나도 예쁘지 않고 정말 평범하다. 그런데 너무 잘

뛰니까 금방 사라져버렸다. 사라졌으니까 생각한다. 눈앞에 있는 걸 생각하고 싶지는 않지만 사라지는 건 생각하고 싶다. 그냥 마음이 그렇다. (……) 나는 피곤하기만 하다. 그런데 피곤하기만 한 것은 자꾸만 잠을 자게 하니까 뭐 좋다. 그러니까 지금처럼 으음 앞으로 뭐든 열심히 안 해야지. 이 잠만 열심히 자야지 열심히 안 해 아무것도. 지금까지 열심히 한 적도 없지만 앞으로도 안 한다. 안 해 절대 안 해"(박솔뫼, 2014: 69-70. 강조는 필자).

VI. 탈존주의
—

모든 것은 '사라짐'에 지향되어 있다. 사라진다는 것은 박솔뫼 극장의 라이트모티프이다. 세대극장의 주인공들은 곧 사라져버릴 것처럼 잠시 머무는 존재들이다(박솔뫼, 2010: 40). 이들은 영겁회귀하는 시간의 중압감을 느끼고 있지만 동시에 매 순간들이, "언젠가는 사라질" 것들이 갖고 있는 극도의 무상함에 오염되어 있다고 느낀다(박솔뫼, 2010: 172). "나는 천천히 사라져가고 가벼워졌다"(박솔뫼, 2014: 102)고 무심히 말하는 이들에게는 축적도, 성장도, 발전도 없다. 존재론적 영도零度의 숨 막히는 지속 속에서 이들은 생각한다. "무엇이 어떻게 사라지는지를 알고 있고 누가 언제부터 무너지는지를 알고 있고 모두가 결국엔 사라진다는 것을" 아는 것이, 이 사라져가는 세상에서 그들이 체험할 수 있는 유일한 아름다움이라는 것을(박솔뫼, 2013a: 47). 해만은 사라짐이 가치가 된 세계의 고유명이다. "해만에서 내가 보았던 것은 천천히 모든 것이 멀어지고 사라지는 것이었다. 사라지고 나면 무엇이 남나요? 사라진 곳에 대고 묻는다. 결국 텅 비어버린 자신이 강렬해질 뿐이지. 아, 정말 그렇지? 질문들도 빠져나간 텅 빈 곳에 대고 대답했다. 아, 그렇네 하고"(박솔뫼, 2014: 102-3). 모든 것에 '안 해'를 외치던 청년들은 '사라짐' 그 자체에 대해서만 '아 그렇네'라고 읊조린다.

박솔뫼의 세대는 1980년대에 태어나 청소년기에 IMF 외환위기를 맞이하고, 대학에 들어가서는 청년실업, 구조조정, 양극화 등의 사회변동이 야기하는 고도의 불안정성을 체험하고 있는 집단이다. 이들은 '학교-직업' 사이의 원활한 연계가 파괴되어, 학교를 졸업한 이후에도 직업을 얻지 못하는 상당히 긴, 잉여적 기간을 보내야 하는 존재들이다. 이들의 삶을 규정해오는 가장 중요한 구조적 변화는 '취약화 precarization'이다(Lorey, 2015: 63-71). 그 결과 이들은 존재론적 불안정성, 인식론적 불확실성과 그로부터 발생하는 정서적 불안이라는 취약화의 여러 양태들과 연관된 고통을 겪는다. 그것은 미래의 전망을 약화시키고, 당장 제기되는 경쟁상황에서의 패배와 이로부터의 배제를 피하여 살아남는 것(서바이벌)을 가장 중요한 삶의 가치로 설정하게 하는 강제력을 행사한다. 21세기 한국의 젊은 세대는 삶을 경연장 arena으로 여기며, '생존력'을 극대화시키기 위하여 자신의 존재 전부를 '자본화'해야 하는 전방위적 생존압박에 노출되어 있다. 문제는 생존주의 세대 전체가 생존주의자로 주체화되는 것은 아니라는 사실이다. 적응하는 자도 있지만, 싸우는 자도 있다. 물론 그 대척에는 도태되는 자들, 상처받는 자들, 포기하는 자들, 병들어가는 자들이 있다. 승자는 한줌이며, 그들도 서바이벌 게임의 야만성 앞에서 장밋빛 미래를 보장받지 못한다. 생존주의의 맷돌에 갈려나가는 청년들에게 주어지

는 삶의 형식은 분화의 과정을 겪을 수 있다. 첫째, 생존주의에 부득이
하게 고착된 채 살아가거나, 둘째, '우승열패'의 경연장으로부터 스스
로 거리를 두고 일종의 '독존獨存'적 삶을 지향할 수도 있고, 셋째, 생존
경쟁에의 함몰을 비판하면서 전통적 '연대'를 여전히 추구하는 '공존共
存'적 삶을 꿈꿀 수도 있다. 그러나 마지막으로 동일한 환경으로부터
움터나오는, 우리를 불안하게 하는 어떤 '사라짐의 사상'도 있다. 나는
그것을 '탈존주의'라 부른다.

'탈존주의'의 '탈존'은 하이데거 실존주의에서 말하는 '탈존으로서
의 실존'과는 무관하다. 내가 말하는 탈존은 문자 그대로 '존存'으로부
터의 벗어남이다. '존存'의 여러 정상적 형태들(생물학적, 사회적, 정치
적, 문화적)로부터의 이탈이다. 이것은 상황에 따라서 적극적일수도
있고, 소극적일 수도 있으며, 자신의 현재를 향한 것일 수도 있고, 자신
의 미래를 향한 것일 수도 있고, 병리적일 수도, 체계적일 수도 있다.
탈존은 언제나 존재의 외부를 향한다. 그것은 존재를 존재하게 하는
마음의 짜임이 부서지고, 꿈으로부터 깨어나 환멸과 무기력을 느낄
때, 이것을 넘어서서 다시 존재의 강화나 증강을 향해 가지 못할 때 나
타나는 현상이다. 이런 점에서 탈존은 프로이트가 말하는 '죽음충동'
을 연상시킨다. 그러나 탈존주의는 형이상학적인 의미의 '충동'으로
환원되지 않는다. 그것은 무시간적, 몰역사적 충동이 아니라 역사적으
로 구성되고, 생성되어, 기능하는 '마음의 레짐'이다. 인간 존재의 본질
이 아니라, 특수한 문제를 해결하기 위해 집합적으로 고안되어 생명력
을 얻게 된 사회-심리적 시스템이다. 탈존주의자들 중에는 자살, 중독,
자해, 디프레션에 함몰된 극단적 희생자들도 있지만, 마음 깊은 곳에
서 삶에 대한 희망을 끊어내고, 혼자 하나의 생명으로서 더이상 이것

을 반복하지 않겠다는 의지로 타자들과의 사랑의 관계를 포기하는 자들도 있다. 자본주의적 미래의 암울함에 절망하여, 파괴된 환경과 사악한 사회가 야기하는 공포에 굴복하고, 아이를 낳지 않겠다고 결심하는, 생물학적 단절이라는 도덕적 결단을 내리는 부부도 탈존주의자들이다. 자기만의 세계로 퇴거하여 세상과 단절한 자들 또한 그렇게 불릴 자격이 있다.

21세기 한국의 젊은 세대에게는 생존과 탈존이라는 두 극단으로 구성된 스펙트럼이 삶의 형식으로 주어져 있다. 양자 모두 절망적 분투이며, 불안을 넘어서려는 안간힘이다. 생존주의자는 살아'남기'를 욕망하지만, 탈존주의자는 살아 '사라지는' 것을 욕망한다. 그렇게 함으로써 최후의 존엄을 지키려 한다. 박솔뫼는 21세기 한국 청년세대의 '탈존'적 경향을 가장 선명하게 포착하고 있으며, 그 아픔에 가장 가까이 다가가서 글 쓰는 작가이다. 젊은 세대의 마음의 현장을 그녀는 극의 형식으로 증언하고 있다. 박솔뫼의 무대에는 "존재의 발자국을 남기려 애쓰는 삶이 아니라 존재의 발자국을 스스로 지우며 흔적 없이 스쳐가는 존재들" "드라이아이스처럼 흔적 없이 휘발되어버리는, 존재가 아니라 소멸을 위한 소통"을 추구하는 자들로 가득 넘친다(정여울, 2010: 204, 207). '열심히'의 이념이 가하는 억압에 지치고, 그 꿈으로부터 환멸적으로 깨어난 이들은, '미래'라는 공통의 자원이 고갈되었음을, 미래를 과거의 청년세대들과 같은 방식으로 살 수 없으며, 희망할 수 없으며, 신뢰할 수 없음을, 그런 삶을 가능하게 하는 어떤 토대가 소실되었음을 간파하고, 치욕스런 존재의 연속성으로부터 스스로를 거두어들이는 것이 유일한 삶의 방식이라고 강변하는 듯하다.

탈존주의는 심화된 자본주의와 신자유주의적 통치성에 대한 자기

파괴적, 병리적, 극단적 저항의 안타까운 형식이다. 존재를 부정한다
는 의미에서 최대치의 저항이지만 저항이라는 이름으로 불려서는 안
되는, 그렇게 부르는 것이 옳지 않은 것처럼 느껴지게 하는, 착잡한 패
배의 그림자이기도 하다. 그것은 사상의 순수한 몸짓인 동시에 몸짓에
머물러버린 사상이다. 마음의 레짐으로 채 형상화되지 못한 잔해들의
이름, 폐허의 명칭이다. 신음이고, 침묵이고, 정신질환이며, 폭력의 메
아리다. 관계로부터의 퇴거, 사회적인 것의 진공상태에서 생존을 위해
고투하다가 결국 품게 된 체념의 고집스런 응결. 잘못 내려진 결단, 반
복되는 실패, 언어화되지 못하는 우리 사회의 상처들, 이 모두가 탈존
주의의 질료들이다. 그것은 아우성 없이 존재를 벗어던질 것, 존재의
외피를 벗고 사라질 것을 유혹한다. 생물학적 재생산을 포기할 것, 깊
은 관계도 포기할 것, 발전이나 성숙도 포기할 것을 유혹한다. 잉여적
인 것에 투항할 것, 열심히 노래하지 않을 것을 촉구한다. 아이를 낳지
않을 것, 사랑하지 않을 것을 명령한다. 그들은 다만, 서서히 뜨거워져
가는(혹은 식어가는) 지구와 함께 존엄한 탈존을 사고한다. 존엄한 탈
존이란 포기가 아니라 최후까지 존중된 존엄성이다. 최후의 무언가를
지키기 위해서 탈존을 살아내어야 한다는 듯이.

『백행을 쓰고 싶다』에는 탈존 열망의 한 극단적 형상화가 제시되
어 있다. 스물한 살의 윤희는 연주라는 이름의 아이를 낳는다. 연주는
안타깝게도 곧 사망한다. 아이의 죽음이 야기한 비통한 감정상태는 몇
가닥의 환상적 대화들 속에서 착잡하게 묘사되고 있다. 죽은 아이가
아직 살아 있는 듯이, 엄마는 연주에게 소원을 물어본다. 죽어가는, 그
러나 쾌활한 아이는 이렇게 대답한다. "음, 그럼 나를 잘 싸매서 가방
에 넣어줘. 그다음에 가방을 반으로 접고 또다시 반으로 접어서 쇼핑

백에 넣어줘. 그리고 그 쇼핑백 입구를 접어서 잘 눌러줘. 그리고 음, 그걸 또다시 더 큰 쇼핑백에 넣어줘. (……) 아니 아니. 그 다음이 있지. 그 마지막 쇼핑백을 들고 버스를 타. 버스를 타고 가다가 그냥 창밖에 버려줘. 그러니까 그 버스가 다리를 지날 때 바다로 버려줘"(박솔뫼, 2013a: 215). 태어나서 "54시간 17분 58초"를 살고 간 아이의 꿈은 죽음으로부터 구제되어 다시 사는 것이 아니었다. 생존하는 것이 아니었다. 비참하게도 그것은 저렇게 그냥 사라지는 것, 탈존이었다. 아이는 세계로부터 도망가는 것이 아니라, 이 세계의 처참함을 단호하게 거절함으로써, 이 세계에 태어나기를, 여기에서 살아가기를 거부함으로써, 여기에서 사는 우리 모두를, '여기'를 만든 자들에게 가장 고통스런 진실을 드러낸다. 당신들이 실패했다고. 당신들은 사람다운 삶을 살 수 있는 사회를 만들지 못했다고. 사람이기를 원하는 자들은 사라짐을 선택한다고, 사라짐으로써 사람으로 남겠다고.

보론1. 탈존의 건축

—

2014년 3월 29일, 나는 정림문화재단에서 주최하는 〈2014 정림학생건축상〉7의 공개발표회에서 멘토의 자격으로 최종심에 오른 작품들을 심사했다. 2014년의 테마는 'The Space For Me. Micro-customization'이었다. 응모학생들에게 요청된 것은, 한 사람을 건축주로 정하여 그

---

7 정림학생건축상은 2012년부터 매년 시행되고 있고, 그간의 작품들과 테마들은 다음의 홈페이지에서 확인할 수 있다. http://www.junglimaward.com/archives.

를 심층면담하고, 오직 그만을 위한 공간을 특정 설계조건에 맞춰 기획하는 것이었다. 수백 편의 응모작 가운데에서 미리 선발된 작품들의 발표를 함께 지켜보면서 그중에서 5편의 대상작품과 다수의 입선 작품을 선정했다. 대상을 받은 5편 중에 심사위원 모두를 깊은 고민에 빠뜨리고, 어떤 의미에서는, 경악시킨 작품이 있었다. 제목은 "안토니오, 죽기로 결심하다". 부산의 모 대학 학생들이 만들어온 이 작품은 독특하고 어둡고 기발한 동시에 절망적인 기분을 안겨주었다. 이들이 선택한 건축주는 자살을 결심한 자이다. 물론 이것은 가상의 설정이었다. 다만, 자살을 결심한 자라는 배역을 주고, 그런 상황에서 그가 욕망하는 바를 청취한 것이다. 이 허구의 건축주 이름이 바로 안토니오다. 스토리에 의하면, 그는 불의의 교통사고로 아내와 아이들을 모두 잃는다. 사고차량을 운전하던 그는 죄책감과 무기력을 이기지 못하고 자살을 결심한다. 학생들은, 안토니오가 자신의 불행한 삶을 자발적으로 끊고, 스스로 거기에 무덤으로 갇혀 매장될 관이자 집인 무언가를 설계한다. 집안에는 그와 마지막을 함께할 몇 개의 사물들이 있다. 아이의 첫 장난감인 곰 인형, 가족과 보냈던 행복한 시간을 품고 있는 작은 테이블, 몇 권의 책들과 성경, 그리고 가족사진. 그는 더이상 삶을 영위할 의미와 목적을 상실했기 때문에 세상을 떠나고 싶은 것이며, 자신의 죽음을 처리해줄 친구도 이웃도 없기 때문에 타인에게 피해를 주지 않은 채 스스로가 스스로를 매장할 수 있는 건축적 장치를 요청해왔다는 설정이다. 그리하여, 초원 한적한 곳에 지어진 이 집은, 안토니오가 죽음을 결심하고, 욕조 위에 매달려 있는 교수대에 목을 걸어 자살을 감행하면, 욕조가 관이 되어 닫히고, 집의 모든 구조가 저절로 함몰되고, 최종적으로 집의 외벽마저 안으로 무너져내려 땅속으로 묻혀

들어가고, 책상만이 미리 뚫려 있던 외벽을 통과해 바깥으로 나와, 마치 아무 일도 없었던 것처럼 초원에 펼쳐져, 이른바 2차원의 평면으로 소멸해들어가는 죽음-장치로 설계되었다.(그림1)

프레젠테이션을 참관하면서 심사위원들은 당황했고 착잡해했고 고민에 빠졌다. 어두운 소재였고 무언가 윤리적인 성찰을 더 깊게 했어야 하는 것이 아닌가 하는 생각들이 스쳐갔고, 그런 이야기를 서로 나눴던 것 같다. 그러나 거기에는 모종의 단호한 판단과 가치가 있었다. 삶과 죽음에 대한 응모자들 나름의 '생각'이 명확하게 존재했다. 이에 의하면, 죽음에 대한 가치판단은 오직 자신의 죽음을 죽어갈 사람들의 의사에 달린 것이다. 또한 자살자에게도 인간적 존엄을 지켜 스

그림1. 〈안토니오, 죽기로 결심하다〉 콘셉트 이미지 ⓒ 정림문화재단

스로의 목숨을 거두어갈 권리가 있다. 이들은 자신들의 작품에 다음과 같은 소개글을 첨부했다. "우리는 이들(자살을 결심한 자—필자)의 행위를 인정하면서 동시에 이들이 가진 마지막 인권을 위한 공간을 설계하고자 한다. 자살을 결심한 이들이 겪는 가장 큰 고민 중 하나는 자신의 죽은 모습으로 인해 타인이 겪을 괴로움에 대한 것이다. 우리는 이번 설계를 통해 이들의 마지막까지 행복할 권리를 지켜주려고 한다. 자신의 마지막을 스스로 준비하고 실행에 옮기는 공간, 그 자체로 무덤이 되어 타인에게 공개되지 않는 공간을 제공하고자 한다." 이들에 의하면, 자살은 불행한 사건이 아니라 실존적 결단이다. 내가 제안하는 용어를 빌려 말하자면, 이들 무덤의 설계자들은 '탈존주의자'를 위한 공간을 설계한 셈이다. 가족을 모두 잃었다는 설정은, 안토니오에게 죽음 이후 자신을 찾아올 아무런 존재가 없다는 정황을 미리 결정해놓은 것이다. 자신을 기억해줄 사람이 없기 때문에 안토니오는 죽음 이후를 상상할 필요도 거기에 의미를 부여할 아무런 희망이나 근거도 갖고 있지 않은 것이다. 그리하여, 생존시에 남긴 모든 흔적마저 자연 속으로 깨끗이 소멸시켜버리고자 하는 그의 마음에는 어떤 주저도 있기 어렵다. 위의 그림에서 보듯이 집-무덤이 있는 자리는 그저 평화롭게 미풍이 살랑거리는 아름다운 초원으로 변화한다. 그리고 그것이 끝이다.

진정성의 수행과 창조적 자아에의 꿈

I. 들어가며

최근의 한 연구에서 내가 분석한 바에 의하면, 21세기 한국 청년세대의 중심문제는 '서바이벌'이라는 특권적 기표로 수렴된다. 이때 '서바이벌'은 문자 그대로의 구생求生, 즉 전쟁이나 재난에서 살아남는 것을 가리키는 것이 아니라, 경쟁상황에서 축출되지 않은 채 경연을 이어갈 수 있는 상태에 잔존하는 것을 비유적으로 가리킨다. 그것은 승리나 성공이 아니라, 현상태의 유지라는 소극적 함의를 가지며, 그 외부로의 탈출은 묘연한 것으로 남는다. 살아남기 위해서는 자아 전체를 자본으로 전환시켜야 한다는 점에서, 즉 진정한 자기를 실현시키려는 고도의 열정까지를 이 게임이 요청한다는 점에서, 이들 세대에게 서바이벌의 의미는 엄밀하게 말하자면 진정성과 배치되는 것 또한 아니다

(김홍중, 2015d: 192-8). 흥미로운 것은, 생존압박에 대한 다양한 대응방식 속에서 이 세대가 활발한 분화의 양상을 보여주고 있다는 사실이다. 생존력을 신장시키기 위해 신자유주의적 자기통치에 몰두하는 존재들이 다수를 차지하고 있음에도 불구하고, 그런 흐름에 저항하는 정치·문화적 목소리도 있고, 압도적 압력에 굴복하여 적응을 포기한 채 비관적 관점에 함몰되는 이들도 있으며, 다른 삶의 유형들을 발명해나가는 몸짓들도 있다(김홍중, 2015d: 198-201). 따라서 일반화하는 방식으로 이 세대를 탐구하기보다는 다종다기한 청년문화의 양상들에 대한 구체적 탐구를 수행하는 것이 더 바람직해 보이며, 실제로 다양한 사례연구들이 집적되어왔다.[1]

이 연구는 시인이 되기를 열망하면서 시적 실천을 수행하는 젊은 이들의 공동체인 시문학동인同人 P(익명)에 대한 탐구로서, 21세기 한국의 청년세대라는 거대한 모자이크를 구성하는 한 조각을 대상으로 하는 사례연구의 의미를 갖는다. P는 X 대학의 국어국문학과에 재학 중이던 3-4명의 학생들이 함께 시를 읽고 토론하는 자리를 구상하면서 시작된 비공식 조직으로 2007년에 처음 출범한다. 이들은 대학가의 한 주점에서 자유로운 방식으로 서로의 시를 평하는 모임을 가져

---

1 전상진은 자기계발에 몰두하는 청년들을, 정민우와 이나영은 고시원 주거경험이 있는 청년들을, 조문영은 대기업의 해외자원봉사 활동에 참가한 청년들을, 윤민재는 인턴체험을 한 청년들을, 유형근은 청년유니온과 알바노조에서 운동하는 청년들을 연구했다. 류연미는 하자센터에서 활동하는 청년 활동가들을, 김학준은 일간베스트의 극우청년들을, 박주연은 사회적 기업에서 대안을 찾는 문화예술계 청년들을, 박주현은 계간지 『킨포크』를 통해 소박함의 미학적 공동체를 추구하는 청년들을 사례연구한다. 김영과 황정미는 노동하는 청년들을, 정수남과 그 동료들은 빈곤청년들을 연구한 바 있다(전상진, 2008; 정민우·이나영, 2011; 조문영, 2013; 윤민재, 2014; 유형근, 2015; 류연미, 2014; 김학준, 2014; 박주연, 2010; 박주현, 2015; 김영·황정미, 2013; 정수남·권영인·박건·은기수, 2012).

오다가 2008년에는 동인지 『P』를 발간한다. 최초 멤버 중 일부가 취업 등의 이유로 활동을 지속하지 못하게 되었지만, 외부에서 새로운 멤버들이 합류하여 처음보다 더 다양한 구성원을 가진 공동체로 성장하였다. 5-6명의 동인을 중심으로 활발하게 활동해오던 중, 2015년 겨울에 구성원들의 문제제기와 토론을 통해 2016년 6월에 마지막으로 12호를 출간함과 동시에 '발전적 해체'를 단행하기로 결정했다. 약 10년의 시간 동안 아마추어 시인지망생 집단으로서의 정체성을 만들어가면서 고투해온 이 '시 쓰는 청년들'은 21세기 한국 청년문화의 일반적 풍경을 고려했을 때, 매우 흥미로운 존재들로 나타난다. 한 멤버가 인터뷰에서 토로했듯이, 시를 쓰거나 읽는 행위는 이들 또래에게는 매우 낯선 행위로 여겨지며 심지어 기이한 활동으로 비추어지고 있다 (A-1).[2] 시는 주변화되고 비가시화되어 청년문화의 변방으로 밀려났다. 굳이 시를 쓰지 않더라도 시집을 읽거나 시를 논하는 문화적 관행들도 현저히 약화되었다.

이런 현상은, 시문학이 한국사회의 중요한 목소리로 존중받던 1980년대와 비교하면 괄목할 만한 변화이다. 광주로부터 1987년 민주화대항쟁으로 이어지던 시기에 "시대의 문화적 중심"을 차지하고 있

---

2 녹취록을 인용하는 방식이다. 일반적으로 질적 연구에서는 피면담자(interviewee), 응답자(respondent), 주체(subject), 정보원(informant), 공동-연구자(co-researcher), 연구 참여자(participant) 등으로 연구대상자를 부르지만(사이드만, 2009: 31-2). 이 연구에서는 이들을 '동인'으로 표시하고 익명을 보장하기 위해서 영문 대문자 알파벳을 사용하여 그들을 표시한다. 또한 그 옆에 숫자를 부가하여 해당 동인과 행한 면담의 차례를 명시하고자 한다. 가령 동인A-1은 동인 A와 행한 첫 번째의 면담을 가리킨다. 면담 내용을 표시할 때는 되도록 원래 발화된 대로 기재하겠지만, 맞춤법의 기초적 오류나, 의사소통에 지장을 주는 구어적 장애들은 연구자의 책임하에 가독성을 높이는 방향으로 정리하여 제시할 것이다.

었던 것은 바로 문학이었다(정과리, 2014: 7). 시의 영역에서는, 황지우, 이성복, 최승자, 김정환, 고정희, 김혜순, 백무산, 박노해 등이 등장하여 치열한 언어와 몸짓으로 현실을 노래했다. 서정과 정치가 결합된 문학세계를 선보였던 이들의 시는 당대 청년들에게 많이 읽혔고, 그들의 주요한 문화자본을 구성했다. 시집을 들고 다니거나, 선물하는 것은 흔히 관찰되는 일상적 풍경이었다. 그 시기를 "시의 시대"(김현자, 2004: 4)라고 부르는 것은 그리하여 결코 과장이 아니다. 1990년대 중반까지 근근이 이어지던 이런 분위기는 그 이후 급격히 변모하여, 문학 혹은 시의 전반적 쇠퇴현상과 맞물려, 2000년대에는 쉽게 찾아보기 어려운 과거의 시대상으로 변화한다. 이제 대학사회에서 시를 쓰거나 읽는 사람들을 발견하기란 매우 어렵고, 시인에 대한 관심과 동경은 거의 소멸한 듯이 보인다.[3] 따라서 이런 '죽은 시인의 사회'에서 가령 P의 멤버들처럼 집합적으로 시적 실천을 지속해나갔다는 것은 그 자체로 독특하고 신기한 현상이 되어버렸다. 환언하면, 이들의 시 쓰기는 이제 "새로운 추론의 틀을 설립함으로써 해명해야 하는" 하나의 "케이스"로 등장하게 되는 것이다(Passeron & Revel, 2005: 10). 이런 맥락에서 이 연구는 다음과 같은 질문들에 대한 해답을 찾는 것을 주된 과제로 한다. 가령 이런 시대적 분위기에서, 시인이 되기를 열망하

---

3 전통적으로 대학 내에는 여러 형태의 문학회가 존재해왔다. 문학회는 역사적으로 학생운동과의 긴밀한 연관을 갖고 있는 경우가 많았다. 그러나 2000년대 이후에 문학서클들은 전반적인 약화를 겪어왔다. 특히, 시를 쓰기 위한 모임은 매우 희소하며, 있다 하더라도 주로 신춘문예를 목표로 결성되지만 신춘문예가 끝난 이후에는 자연스럽게 해체되는 경향이 많다. 그러나 최근에는 대학의 외부에 여러 강좌들이 생겨 시작에 관심이 있는 청년들을 수용한다. 문지문화원 사이의 〈시인아카데미〉 프로그램, 한겨레교육문화센터의 〈시창작겨울학교〉, 『현대시학』이 운영하는 문학교실, 한국작가회의의 문학교실 등이 그것이다.

는 이 젊은이들은 도대체 누구인가? 이들이 시에 부여한 의미, 이들이 시로부터 획득한 의미, 이들이 시적 실천을 통해 형성시키고, 공유하고, 창조해나갔던 의미의 논리는 무엇인가? 디지털매체와 인터넷문화의 압도적 우위를 체험하며 성장한 이 세대가, 하나의 단어에 존재 전체를 투사하는 고밀도의 상징 행위로 특징지어지는 시작詩作에 몰두했던 것은 어떤 '마음'으로부터 가능했던가?

II. 이론적 성찰
—

위의 질문들에 대한 해답을 추구하는 과정에서 나는 이들의 시적 실천을 야기하는 심적 역능의 포착에 연구의 초점을 맞추었다. 단순하게 표현하면 그것은 '시심詩心'에 대한 탐구이다. 행위자의 '마음'에 대한 이런 접근은, 구조나 체계보다 행위와 실천을 중시하는 사회학 전통에 기초하여, 심적인 것과 사회적인 것의 연관을 적극적으로 평가하는 이론적 스탠스를 함축하고 있다. 행위자들로 하여금 어떤 실천을 "하게 하는faire faire"것은 무엇인가?(Lordon, 2010: 17 이하) 행위자는 왜 무언가를 하지 않는 대신 그것을 하는가? 행行을 주재主宰하고 유발하는 것, 行의 원리는 무엇인가? 이런 질문들에 대한 해답을 행위자의 '마음'의 역동에서 찾는, 문화사회학의 한 프로그램으로 제안된 것이 '마음의 사회학'이다. 실천이론의 맥락에서 조작되어 재규정된 '마음'은 행위를 일으키는 역량이라는 역동적인 함의를 부여받는다. 개인적이거나 집합적인 행위가 있는 곳에서 그것을 일으킨 마음의 작용과 논리를 찾아내는 것이 따라서 마음의 사회학의 중요한 과제다. 이런 맥

락에서 이 연구는 시작의 실천들을 가능하게 한, 집합적 마음의 힘, 즉 시심詩心을 탐색해나갈 것이다.[4]

'시심'은 일반적으로 시적 영감이나 흥취가 솟구치는 것을 가리키는 일상용어이다. 시를 쓰고 싶은 의욕, 시적 감성이 충만해지는 시정詩情이나 시흥詩興 등이 시심이라는 용어에 함축되어 있다. 그런데 연구의 과정에서 발견된바, P그룹 멤버들의 시적 실천을 이끌어낸 '마음'은 결코 사건적 영감이 촉발되는 탈일상의 예외적 순간들만으로 환원되지 않았다. 그것은, 용어의 일상적 의미보다 더 구조화되어 있고, 특정 규칙과 규범에 의해 규제되며, 상호작용과 의례 속에서 규칙적으로 생산, 훈련, 강화, 성찰, 비평되는 무엇이다. 시심은 관계 속에서 확인되며 소통되고 있었으며, 더 나아가서 동인지를 통해 타인들에게 공식적으로 선포된다는 점에서, 내면적인 심리사건을 넘어서, 사회적으로 형성되고, 과시되고, 천명되는 '사회적 사실'이기도 한 것이다. 따라서 시심의 지속적 재생산에는 적절한 장치, 제도, 습관, 믿음이 뒷받침되고 있었다. 등단이나 인정, 문학 관련 학과로의 진학, 시집의 출판이나 시적 의례들은 시심을 생산하는 주요한 물적 토대로 기능하고 있

---

4 이들처럼 시적 언어를 매체로 지속적 상호작용을 펼치는 행위자들의 마음(시심)에 대한 접근은, '시적인 것'에 대한 모종의 선(先)이해를 요청하는 측면이 있다. 시적 글쓰기는, 열정의 낭비이거나 괴이한 취향으로 보일 수도 있는, 언어 그 자체에 대한 감수성과 집중을 요하기 때문이다. 시인들은 때로 하나의 단어, 하나의 이미지를 제시하기 위해 부조리해 보일 정도로 오랜 시간을 소비하는 경우가 종종 있다. 더구나 "자아와 세계가 구분되지 않을 만큼 동화"(김준오, 1996: 36)되는 것을 특징으로 하는 시적 체험에는 '마성적인 것'에 홀리는 체험들도 존재한다. 시인 이재무는 이렇게 쓴다. "절제를 모르는 열정 때문에 충동에 휩싸여 시를 썼던 시절은 충분히 아름다웠다. 한밤중 잠을 청하다가도 갑자기 찾아온 시마 때문에 이불을 박차고 일어나 책상에 앉아 꼬박 날밤을 새우던, 아름다운 소모의 시절은 다시 오지 않으리라"(이재무, 2014: 238.). 많은 시인들이 고백하듯이, 시인이 시를 찾는 것이 아니라 시가 시인에게 오는 순간이 있다.

었다. 이 과정에서, 나는 이들의 시심이 결국 다음과 같은 세 가지 핵심대상에 대한 심적 지향을 중심으로 구조화되어 있다는 사실을 발견하게 되었다.

i) 진정한 시를 향한 꿈—시적 진정성
ii) 진정한 공동체를 향한 꿈—관계적 진정성
iii) 진정한 자아를 향한 꿈— 자아 진정성

시 쓰는 청년들의 시심은 시, 공동체, 자아를 향한 진정성의 추구를 그 핵심으로 하고 있었다. 이것이 이들을 움직여 시를 쓰게 하는 심적 역동의 논리였다. 시심이라 해서 시만을 추구하는 것이 아니었다. 거기에는 시 쓰는 사람들과 이룰 관계에 대한 욕망과, 무언가를 만들어가는 자신의 자아를 건축하려는 욕망도 동시에 작용하고 있었다. 그것이 진정성 개념으로 포착되는 이유는, 이들이 대상에 부여하는 의미의 형성과정이 그 대상들을 '진정한 것'으로 구성하고 교섭해가는 '진정화authentification'의 성격을 띠고 있었기 때문이다. 시적 진정성, 관계적 진정성 그리고 자아 진정성의 추구는 일상적 삶과 의례적 상황들 속에서 지속적으로 수행되고 있었다. 이처럼 시심의 분석에서 중요한 자원으로 활용될 '진정성' 개념을 사용함에 있어서 나는, 구성주의적이고 비규범적인 입장을 엄밀하게 고수하고자 한다. 그것은 진정성이라는 용어에 흔히 가해지는, 본질주의적 개념이라는 혐의를 체계적으로 배제하기 위함이다.[5] 이런 이론적 정리작업을 다음과 같은 세 가지의 성찰을 중심으로 제시하고자 한다.

원래 진정성 개념은, 외부로부터 부과되는 도덕률을 넘어 자신의 내면과의 대화를 통해 옳고 그름의 판단기준을 마련한다는, 근대적 자아의 도덕적 이상과 긴밀히 연관되어 있다. 진정하다는 것은 자신의 욕망과 이상에 충실하다는 것, 타율적 규범을 맹목적으로 따르지 않는다는 것을 가리킨다. 따라서 진정성의 중심에는 '자아' 진정성이 있다(테일러, 2001: 40-6). 때로는 공동체와 때로는 지배적 문화규범과 갈등하면서 자기 자신이고자 하려는 몸짓이 진정성의 상징이다. 이런 의미에서 진정성 개념은 전통적으로 "자신 고유의 존재법칙에의 충실함"(Trilling, 1972: 93), "자신 고유의 행위프로그램에의 충실함"(Hewitt, 1989: 93), 혹은 "자아가치에 대한 헌신"(Erickson, 1994: 35)과 등가를 이룬다. 그러나 인류학, 민속학, 관광연구, 경영학, 음악학에서 다양하게 활용되는 과정에서, 자기윤리의 차원을 넘어서는 흥미로운 진정성 현상들이 관찰된 바 있다. 이에 의하면 진정한 것은 '자아'뿐 아니라 '사물' '체험' '관계' '장소'를 포함하는 다양한 대상들이다(Jones, 2010: 187-8).[6] 이러한 "복수의 다차원적 진정성들"(Theodossopoulos, 2013: 339)에 대한 고려를 통해, 이 연구는 자아 진정성과 더불어 관계

---

5 진정성 개념은 전체적이고, 조화롭고, 단일한 주체 이미지와 연관되어 있는 경향이 있다(Ferrara, 1993: 24-5). 그런 맥락에서 진정성 개념이 "낭만주의적 신화"(Lamla, 2009: 171), 혹은 "실체와 본질(entities and essences)과 연관된 모더니스트적 이념들"(Jones, 2010: 189)로부터 자유롭지 않다는 지적이 존재한다.

6 관광실천의 맥락에서 닝 왕은 "객관적 진정성" "구성적 진정성" "실존적 진정성"이라는 분화된 용법을 제안한다. 객관적 진정성은 관광체험의 대상이 갖고 있는 진품성을 가리키고, 구성적 진정성은 관광객들에 의해서 그 대상에 상징적으로 부여되는 진정성을 가리키며, 실존적 진정성은 관광을 통해서 관광객이 체험하는 "존재의 실존적 상태"를 가리킨다(Wang, 1999: 350-61). 레이, 피터스, 셸튼은 영국의 MG 자동차를 소유한 58명의 소비자를 심층 인터뷰하여, 사치품 소비를 통해서 이들이 어떻게 다양한 진정성을 동시에 체험하면서, 소비자적 진정성을 추구하는지를 탐구한다(Leigh & Peters & Shelton, 2006). 오스발디스턴이나 벤슨은 일상적 현실을 벗어나서 진정한 공간과 진정한 자아의 결합을 추구하면서 이주하는, 이동의 실천들에 대한 탐구를 수행한다(Benson, 2013; Osbaldiston, 2012).

적 진정성과 시적 진정성을 복합적으로 살펴보고자 한다.

둘째, 진정성은 자아의 윤리적 덕성이나 사물에 내재하는 진품성과 같은 실체가 아니라, 상호작용 속에서 "주장, 교섭, 수행, 기각되는" (Banks, 2013: 481) 일종의 "사회적 과정"(Benson, 2013: 502) 혹은 "수행적 사건"(Albrecht, 2008: 379-80)으로 간주될 것이다. 연출되지 않고 표현되지 않으며 사회적으로 소통되지 않는 이른바 '즉자적 진정성'은 존재하지 않는다(Peterson, 2005). 그것이 유효한 사회적 현실이 되기 위해서, 진정성은 "존재being"나 "행위doing"의 차원에 머무르지 않고 "공연showing doing"수준에서 실천되어야 한다(Schechner, 2002: 28).[7] 이런 맥락에서 이 연구는 P 멤버들의 시/관계/자아가 진정성에 부합하는 것인지 아닌지를 규범적으로 판정하는 것에 관심을 두지 않는다(그 여부를 판정할 수 있는 주체는 없다). 대신, 이들이 어떤 논리를 동원하여, 어떤 과정을 통해서, 어떤 방식으로 '진정한 것'들을 구성해나감으로써 진정성을 '수행'하는지를 탐구하는 데 초점을 맞춘다.

셋째, 진정성은 그것이 실현된 상태를 지향하는 미래의 소망표상, 즉 꿈이라는 맥락에서 접근될 것이다. 진정성의 시간은 현재가 아니라 미래이며, 그것을 '추구'하는 실천들에 의미와 방향을 제공한다(테일

---

7 사회적 삶을 이런 관점에서 바라볼 때 우리는, 사회적 행위자들이 "얼굴작업(face work)"이나 "감정작업(feeling work)"을 수행하는 것과 마찬가지로 "진정성작업(authenticity work)"을 행함으로써 진정성을 실현시킨다고 말할 수 있다(고프먼, 2013: 24; Hochschild, 2003a: 56-75; Peterson, 2005: 1086-88). 이 경우, 인위와 진정성은 사회적 공연 속에서 하나의 일체를 이룬다. 홍상수의 〈옥희의 영화〉(2010)에는 이를 잘 보여주는 장면이 등장한다. 영화를 전공하는 한 학생의 연기를 지도하면서 교수는 이렇게 말한다. "인위적인 것을 통하지 않고는 네 진심이 안 통해. 인위를 통해가지고 네 진심으로 가는 거야."

러, 2015: 109). 물론 진정성은 진정했던 것으로 여겨지는 과거를 향하기도 한다. 그러나 과거에 정향된 진정성 또한 현재적 행위를 통해서 다시 그 옛날을 회복하려 한다는 점에서 그것은 은밀하게 다시 미래와 연결된다. 진정성이 "자아에 동기를 부여하는 의미"로 규정되거나, 행위의 "동기"로 간주되면서, 희망의 시간성인 미래와의 깊은 연관 속에서 논의되는 것은 이 때문이다(Weigert, 2009: 38; Vannini & Burgess, 2009: 105-7). 진정한 것은 지금 이미 소유된 것이 아니라 언젠가 실현될 미래상을 구성한다. 이 미래상은 행위자들의 실천에 상상적 통일성을 부여하며, 행위능력(마음)을 지속적으로 동원하는 청사진으로 기능한다(김홍중, 2015b: 41).

이처럼 복합적 진정성의 추구로 구조화되어 있는 시심은 영속적인 실체가 아니라, 특정 조건이 가능하게 한 구성물, 경우에 따라서는 매우 불안정한 구성물이다. 시심의 강도는 경우와 계기에 따라 변화하며, 시간이 흘러 그 작동을 가능하게 했던 조건이 소멸하면, 홀연 사라질 수도 있다. 시마詩魔라 불릴 만큼 강렬했던 체험도 변형과 소멸에 노출되어 있다. 한 동인이 메일을 통해 토로한 바를 인용하자면 "시에 대한 열정 (……) 이건 열병 같아서 어마어마하게 타오르고 다른 것들을 모두 내던지도록 만들기도 하"지만 "무한정 타오르지는 않는" 것이다(동인B-이메일). 시를 쓰겠다는 마음과 그만 쓰겠다는 결심 사이에는 시심의 차별적 색조들의 스펙트럼이 펼쳐진다. 이것은 시의 의미를 둘러싼 상징적 교섭의 결과물들이다. 거기에는 시에 대한 갈망과 애정, 고민과 의심, 포기와 체념의 드라마가 응축되어 있다. 이 연구가 말하는 시심은 이처럼 무의식적 심층의식이나 내심을 말하는 것이 아니라, 사회적으로 작동되는 복합적 행위추동력의 총체를 가리킨다.

III. 방법과 대상

—

시심을 탐구하기 위해 연구에서 사용된 방법은 참여관찰, 비공식적 대화들, 형식화된 면접, 메일을 통한 질의응답, 그리고 이들이 쓴 시편들에 대한 참조이다.[8] 획득된 자료들은 필드노트에 기록되거나 녹음되었고, 때로는 사진이나 영상에 담았다. 면접질문은 반$\pm$구조화된 심층 인터뷰의 방식으로 진행되었는데, 대개 '당신은 왜 시를 쓰나요?'와 같은 개방형식open-ended을 취하고 있다. 면접대상자들은 현재 활발하게 활동하는 동인 6인과 최근에 P를 탈퇴한 과거의 동인 1인으로 했다. 이들과의 인터뷰는 모두 세 차례에 걸쳐 매번 다른 주제로 진행되었다. 인터뷰 시간은 대략 1-2시간 정도가 소요되었다. 첫번째 라운드에서는 시를 쓰는 체험의 형성과 동기, '시 쓰는 사람'이라는 자의식의 형성과정, 문단에 대한 인식과 등단에 대한 태도, 동인활동과 동인에 대한 의미부여, 좋은 시와 시인에 대한 관념들을 중점적으로 물었다. 두번째 라운드에서는 미래에 대한 태도, 직업 희망, 시와 연관된 꿈들, 꿈의 교섭과정, 꿈을 운영하는 방식 등, 주로 '꿈'에 대한 질문들을 던졌다. 이들이 P를 발전적으로 해체하기로 결정했다는 사실을 알고 일부 멤버들과 새롭게 행한 세번째 라운드의 면접에서는 P의 미래에 대한 결정과정과 소회, 그리고 앞으로의 개인적 시작 계획 등을 물었다.[9] 나는 이들의 합평회에 참석하여 관찰을 수행했고[10] 면담과 관찰과정에서 미처 확인하지 못한 사항들은 메일을 통해 질문하고 응답을 받

8 이 연구는 서울대 생명윤리심의위원회의 심의를 승인받았고(승인번호: IRB No. 1409/001-007), IRB 연구윤리 심사기준에 의거하여 참여자의 자발적인 동의에 의해 수행되었다.

았다.[11] 면접했던 7명의 동인들을 소개하면 다음과 같다.

동인 A(1991년생)는 X 대학 자연과학부에 재학중이다. P에 가입한 것은 2011년 여름이다. 동인 B(1986년생)는 X 대학 사회과학대학을 졸업했다. 졸업 후 모 대학의 문예창작과 대학원에 입학하여 재학중이다. P에 가입한 것은 2011년 여름이다. 동인 C(1983년생)는 X 대학 국문과를 졸업하고 대학원 박사과정을 밟고 있다. P에 가입한 것은 2008년 가을이다. 동인 D(1986년생)는 X 대학 국문과를 졸업하고 대학원에 재학중인 원년멤버로서 현재 활동하지는 않고 있다. P가 배출한 유일한 등단시인이다. 동인 E(1984년생)는 Y 대학 사학과 출신으로 2011년 여름에 P에 가입했다. 동인 F(1992년생)는 X 대학의 공대에 재학중이며 P에 합류한 것은 2014년 가을이다. 동인 G(1987년생)는 X 대학 국문과 대학원 박사과정에 재학중이며 현재 군복무를 하고 있다. P에는 2008년 가을에 가입했다.

이들은 대부분 학력과 지적 수준이 높고 상당한 문화자본을 소유

9　이들과의 면접은 2014년 10월부터 2015년 12월까지 약 1년 2개월에 걸쳐서 진행되었다. 동인 A와는 2014년 10월 8일에 1차 인터뷰를, 2015년 6월 30일에 2차 인터뷰를, 2016년 2월 13일에 3차 인터뷰를 했다. 동인 B와는 2014년 10월 15일에 1차 인터뷰를, 2015년 6월 3일 2차 인터뷰를, 2016년 2월 13일에 3차 인터뷰를 했다. 동인 C와는 2014년 10월 21일 1차 인터뷰를, 2015년 7월 15일 2차 인터뷰를 했다. 동인 D와는 2014년 10월 29일 1차 인터뷰를, 2015년 7월 16일 2차 인터뷰를 했고, 피면접자 E와는 2015년 1월 17일 1차 인터뷰를, 2015년 6월 3일 2차 인터뷰를 가졌다. 동인 F와는 2015년 1월 30일 1차 인터뷰를, 2015년 7월 15일 2차 인터뷰를 수행했다. 동인 G와는 2015년 12월 18일에 1차 인터뷰를, 2016년 2월 19일에 2차 인터뷰를 수행했다.

10　첫번째 참여관찰은 2014년 10월 18일에 수행했고, 두번째 참여관찰은 2015년 1월 11일에, 그리고 세번째 합평회는 2015년 1월 25일에 수행되었다. 내가 직접 참여하지 못한 2014년 11월 2일의 합평회는 동인들의 동의를 얻어 녹취를 하여 텍스트 형태로 풀어 자료에 포함시켰다. 참여관찰 녹취록을 인용할 때는 합평의 날짜를 명시하는 방식(합평-10월18일)으로 한다.

11　2016년 2월 4일 멤버들에게 일괄적으로 질문지를 보냈고 그 이후 며칠 동안 응답메일을 수신했다. 이메일로 수집한 내용을 인용할 때에는 가령 '동인A-이메일'이라 표시한다.

하고 있는 개성적 존재들이다. 이들은 대학이나 대학원에 진학중인 학생들이며, 전공 분야는 제법 다양하다. 시를 연마하는 사람들에게 요구되는 자성自省적 시선, 자기표현의 욕망과 결합한 자기에 대한 내적 탐구심, 섬세한 언어감각과 비유의 능력 등은 면담과정에 예기치 않은 활력과 긴장을 불러일으켰다. 가족환경에 대해 말하자면, 노동자계급 출신부터 경제적으로 제법 유복한 환경 출신도 있지만, 부모의 학력이나 재산 수준으로 미루어볼 때 중산층에 속하는 경우가 대부분이다. 이러한 가정환경과 현재의 위치(학생)로 인해, 이들은 절박한 취업준비에 내몰려 있거나 경제활동에의 압박을 받지 않은 채 시간을 벌어놓은 상태, 이른바 '유예된 청춘' 속에 있다고 할 수 있다. 그러나 대학에 재학중인 멤버들에게는 진로와 취업의 고민이, 대학원에 재학중인 멤버들에게도 연구자로서의 미래에 대한 불안이, 결혼하여 가족을 이룬 멤버들에게는 남편이자 부모로서의 책임감이 상존한다. 이런 상황에서 이들은 시에의 열정과 삶의 현실적 과제들 사이에서 적절한 타협점을 찾아나가면서, 여러 형태의 해체위기를 겪고 또 극복해나가면서 P를 이끌어왔다. 많은 경우 이들은 P에 가입하기 이전에 이미 시나 다른 형태의 문학, 더 나아가서 음악이나 연극 등의 문예적 창작에 흥미를 느끼고 있었거나 소박한 방식으로 습작을 해왔다. 그러나 P에 들어오면서 이전보다 한 단계 강화된 시적 커뮤니케이션을 접하고, 이미 씨앗처럼 품고 있던 시심의 심화와 증폭을 체험한다.

IV. 시심의 사회적 구성

—

앞서 언급한 것처럼 P는 2007년에 X 대학교 국문과 학생들로 구성된, 느
슨한 사적 모임 혹은 "생활공동체"(동인D-1)로 출발하였지만, 2008년
에 접어들면서 동인의 정체성을 확보하고 이를 구현하는 실질적 장치
들을 구비하게 된다. 그 내적 장치는 정기적으로 운영되는 '합평회'이
고, 외적 장치는 '동인지'12의 출간이다. 이런 기본적 틀(동인정체성,
동인지, 합평회)을 장착하게 된 이후 P는 구성원들의 변동과 무관하게
자신을 재생산할 수 있는 하나의 사회적 '시스템' 혹은 구조화된 사회
적 '공간'으로 형성된다.

우선, 동인지를 만들고 이를 판매하는 과정은 P가 집합적 자기를
연출하는 공식행사이자 내적 연대감을 강화하는 세속적 의례다. 이들
은 주로 도서관 근처, 사람들이 많이 왕래하는 장소에 테이블과 의자
를 설치하고 주변의 벽에 〈시문학동인 P〉라는 문구를 인쇄하여 부착
함으로써 공연공간setting을 구성한다. 그리고 하나의 팀을 이루어 이에
적합한 외양appearance과 매너manner를 유지하면서 '시 쓰는 자'라는
배역을 수행한다(고프먼, 2016: 36-44). 자신들의 활동을 공식적으로

---

12 동인지는 각 동인들이 나름의 방식으로 구성한 자신들의 소시집들을 묶는 방식으로 편집된다. 편
집은 동인들이 돌아가면서 책임을 진다. 가령 가장 최근에 발간된 11호를 보면, 6인의 동인들이 각자
표지, 자서(自序) 혹은 시인의 말, 그리고 몇 편의 시, 그리고 (경우에 따라서) 비평으로 구성된 6편의
소(小)시집들을 그 안에 함께 묶었다. 경우에 따라서 과거의 멤버들의 '초대시'가 실리기도 하고, P를 탈
퇴하는 동인의 탈퇴소감이 시로 묶이기도 했다. 대개 300부 내외를 인쇄하여 권당 3000원에 판매해
왔다. 이들은 현재 11권의 동인지를 발간했다. 동인지 『P』 제1권은 2008년 3월 15일 발간되었고, 그
이후 P의 멤버들의 변천이 동인지에 그대로 반영되면서 2015년 6월 2일 발간된 11호로 이어지고
있다.

드러내는 이런 "자아연출" 속에서 이들의 정체성은 시의 텍스트적 테두리를 범람하여, 시인임을 연기하는 얼굴과 신체, 몸짓과 분위기 전체에 의해 수행적으로 구성된다. 판매 부스를 지나쳐가는 행인들로부터 획득하는 수많은 인상은 이들에게 즐거움, 놀람, 혹은 각성과 같은 여러 정서적 반응을 촉발시킨다. 이들은 이런 우발적 인상들로부터 그들의 시를 읽어줄 독자들의 지평을 상상적으로 확장시키기도 한다. "이렇게 시집을 사가는 사람들을 굉장히 유심하게 봐요. 어떤 사람들인가를. 저 사람들이 내 시를 읽겠지, 다른 동인들의 시도 읽겠지, 그런 생각을 하면서 독자들을 보는 경험을 해요. 그게 저한테는 굉장히 즐거운 일이었거든요"(동인C-1). 며칠 동안 이어 진행되는 판매가 끝나고 대개 그 주말에 벌어지는 "잔치"(동인A-3)인 출판기념회에는 과거와 현재의 동인들이 대거 참석하여 동인지에 실린 작품들에 대한 새로운 비평과 감상을 교환하고, 판매과정에서 만났던 사람들에 대한 이야기꽃을 피운다(동인G-이메일).

동인지의 발행과 판매가 연중행사라면, 합평회는 훨씬 더 빈번하고 정기적으로 이루어지는 상호작용을 제공한다. 이들이 합평을 위해 모이는 장소는 대학에서 좀 떨어진 시장 주변의 지하주점이다. 90년대 분위기를 물씬 풍기는 민속주점에서 저녁 7-8시경에 모여 술을 겸한 식사를 하면서 각자가 써온 시를 낭송한다. 주연은 대개 2차로 이어지고, 경우에 따라서는 새벽 늦은 시각까지 토론은 계속된다. 합평이 시작되기 전에 가벼운 신변이야기나 담화들이 오가는데, 사실 이런 한가로운 외관 뒤에는 긴장과 흥분이 숨어 있다. 동인 B는 이 시간이 "제일 기대되는 시간"이라고 토로한다(동인B-1). 동인 C 역시 합평을 "복권"에 비유하면서(복권의 숫자를 확인하기 전의 흥분을 의미한다),

자신의 시를 타인들이 어떻게 읽어줄지에 대한 강한 기대와 불안을 느낀다고 말한다(동인C-1). 이런 은밀한 정서적 고양은 합평에서 진행되는 상호작용의 강도와 성격을 잘 드러내준다.

합평회는 시를 쓰는 행위와 시를 평가하는 행위라는 두 상이한 노선에 배역을 부여하여, 한 사람은 쓰는 자로 다른 사람들은 읽는 자로 연기하게 하는 공연이다(합평에는 가끔, 이들이 '뮤즈muse'라 부르는 손님들이 관객으로 참여한다. 손님들은 합평을 관람하고 나름의 방식으로 이에 참여한다). 배역은 돌아가며 바뀌고 결국은 모두가 읽는 자와 쓰는 자의 역할을 수행해보게 된다. 두 노선의 분리는 엄밀하게 말하면 합평 이전에 이미 가동되고 있는 글 쓰는 주체에 내재하고 있다. 즉, 시를 쓴다는 것은 쓰는 매 과정에서 타자(독자나 비평가)의 시선으로 자신이 쓰는 것을 검토하는 과정을 내포한다. 글 쓰는 주체는 '쓰는 나'와 '읽는 나'의 분리 속에 있는 존재이다. 습작이란 순수한 씀이 아니라, 씀과 읽음의 교차운동이다. 그런데 합평회는 글쓰기에 내포된 이런 구조적 분리를 사회적 수준에서 결정적으로 물질화한다. 자신이 쓴 시를 타자들 앞에서 낭송함으로써 시적 능력, 재능, 체험, 열정, 시심을 객관화하고, 이처럼 외화된 작품에 대한 타인들의 평가를 견뎌내도록 하는 것이다. 조지 허버트 미드를 빌려 말하자면, 시인의 주체적 자아I의 발현적 힘, 자발성, 충동, 욕망이, 비평을 통해 관철되는 문학적 규범, 규제, 관습과 같은 대상화된 자아me의 질서와 갈등하면서 시적 자아가 생성되는 과정이 바로 합평을 통해 이루어지는 정체성 구성의 핵심이다(Mead, 1934: 192-9).

합평회에서 이루어지는 대화는 거의 대부분 '시적인 것'에 집중되어 있다. 시적인 것과 시적이지 않은 것의 차이는 소통의 복잡성을 감축시켜 초점 잡힌 상호작용을 유도하는 코드이다. 사회적 사건, 정치, 경제적 사안이 시의 매개나 필터링 없이 토론대상이 되는 경우는 거의 없다. 이들은 시적인 것과의 여하한 연관을 획득함으로써만 소통에 흡수될 수 있다. 합평에서 이들이 나누는 거의 모든 주요대화는 그리하여 동인들이 창작하여 낭송한 특정 시의 전체적인 구성에 대한 논평, 시의 장점과 한계의 분석, 혹은 그 시가 불러일으키는 미적 감각과 인상에 대한 토로, 시에서 사용된 테크닉의 적절성과 효과에 대한 평가, 이런 시를 쓰게 된 동인의 상태에 대한 추론, 그의 과거 시와 현재 문제가 되는 시의 비교, 이 시에서 구사된 것과 유사한 시풍의 계보에 대한 추론 등으로 이루어진다. 이를 통해 그 시가 얼마나, 어떤 점에서, 왜 좋은 시 혹은 나쁜 시인가 라는 문제에 대한 논의를 진행해나간다. 흥미로운 것은 이런 시적 담론에 인격적personal 관심이 깊이 개입한다는 사실이다. 이들은 오랫동안 서로의 시를 읽어왔고, 시를 통해 각자의 생활을 읽어왔다. 시는 내면의 상태나 근황, 혹은 심경의 변화 등을 보여주는 인간적 징후이기도 한 것이다. 따라서 시적인 것에 대한 논의는 깊은 지점에서 인간적인 문제들에 대한 소통, 더 나아가 '테라피therapy'의 성격을 띠기도 한다.

합평회의 상호작용에서 가장 중요한 것으로서 평가되며 축적되는 것은 시와 연관되어 있고, 시적인 것을 중심으로 구성되는 문화자본, 즉 '시적 자본'이라 부를 수 있는 자원의 형태이다.[13] 시적 자본은 전공, 등단여부, 수상여부, 명성, 문학적 소양, 시적 표현력, 시에 대한 감

---

13 자본 개념은 부르디외의 용법을 따른다. 그는 자본을 "사회적 형성체 안에서 추구될 가치가 있는 것으로 스스로를 드러내는, 물질적이고 상징적인 모든 재화들"로 규정하고(Bourdieu, 1977: 178), 이 개념을 다양한 형태로 사용하기를 권장한다(Reay, 2000: 569).

식안, 공식비평의 언급, 시와 연관된 예술형식들에 대한 문화자본 등을 모두 포함한다. P의 멤버들 사이에서 시적 자본의 분포는 특정한 사회적 경계를 중심으로 형성되어 있다. 하나는 X 대학 국문과와 그 외부라는 경계이다. 국문과 출신들은 P를 설립한 창립멤버들이기도 하고, 또 가장 오래된 구성원들이라는 점에서 상징적인 중심성을 부여받고 있다. 더 나아가서 이들은 대학원에서 문학을 전공하면서 획득한 풍부한 지적 자원들을 가지고 합평에 참여하기 때문에 이들이 구사하는 비평적 어휘와 감식안은, 문학수업을 받아보지 못한 채 혼자서 습작하며 시를 읽어온 동인들의 그것과 차이를 가질 수밖에 없었다.[14] 이 차이는 양자 모두에게 인지되고 자각되고 있다. 동인 B는 처음 P의 합평회를 하고 난 이후의 감상을 이렇게 기억한다. "저희가 하던 합평은 거의 인상비평 수준이었죠. 느낌은 이러저러한데 정확히 왜 그런지는 모르겠다. 그런데, P에서는 그것을 다 언어로 표현을 하더라구요. (……) 그러니까 자기 언어로 얘기를 한다는 생각이 들었어요"(동인 B-1). 시가 만들어낸 미적 쾌감을 분석적 언어로 표현하되, 그것이 자신의 스타일과 관점으로 녹아들어 있는 상태가 바로 자기 언어로 시를 논하는 상태라면, B가 느낀 것은 바로 이런 능력의 차이에 다름아니다.

등단여부는 이보다 훨씬 더 결정적인 경계로 작용한다. 유일한 등

---

14 공교롭게도 P의 여러 초기 멤버들은 연극을 전공하거나, 극작을 하거나, 아니면 극회활동을 하면서 연기를 해본 경험이 있는 경우가 많았다. 가령 동인 C, D, G는 모두 연기의 체험을 갖고 있다. 연극에 대한 이런 관심은 합평회 이후에 펼쳐지는 많은 대화들의 주된 화제를 이루며, P의 초기멤버들과 이후에 국문과 외부에서 P에 가입한 멤버 사이에 일종의 문화적 경계로 기능했다. 새로운 멤버들은 이에 적응하기 위해서 따로 연극을 관람하는 등, 필요한 문화자본의 획득을 시도했다.

단자인 D는 여러 동인들이 공감할 수 있는 설득력을 갖고 타인들의 시에 대한 매우 직설적이고 경우에 따라서 거칠어 보이기도 하는 비평의 언어를 던진다. 그가 등단했다는 사실은 이런 감식안과 그것의 표현능력에 암묵적 정당성을 부여한다. 등단한 동인의 비평적 언사에 대한 다른 동인들의 태도는 미묘하게 수용적이다. 상처를 받는 경우도 있지만, 그 언사들의 적절함과 유용성에 대한 내적 승인이 존재한다. 이런 점에서 합평회라는 의사소통공간은 시를 좋아하는 청년들이 화기애애한 분위기에서 시를 즐기는 낭만적 자리처럼 보일 수 있지만 사실은 치밀한 분석과 해석, 그리고 냉정한 평가가 이루어지는, 차별적 시적 자본을 가진 행위자들의 경연공간이기도 한 것이다.[15] 합평회는 이처럼 관계의 수평성과 위계적 성격을 동시에 갖는다.

정기적인 합평회에 참가하기 위해 이들은 지속적으로 시를 생산해야 한다. 시는 이들에게 합평의 "입장료"이다(합평-10월18일). 시를 써가지 않으면 합의된 약속을 어기는 기분을 느끼고, 동료들의 은근한 눈총을 받기도 하며, 더 나아가서 자신에 대한 존중심에 손상을 입는다. 그런데 이를 위해서는 일상에서 시를 생산할 수 있는 모종의 메커니즘, 일종의 체화된 성향을 확립해야 한다. 불쑥 치밀어오르는 시적 영감만으로는 격주에 한 번씩 펼쳐지는 합평회에 자신 있는 작품을 들고 나갈 수 없다. 시를 중심으로 살고, 시적으로 상상하고, 시적으로 현실을 바라보고, 자신을 관찰하고, 떠오르는 시상을 메모하여 이를

---

15 이런 과정에서 비평적 언사에 대해 상처를 입는 경우도 종종 발생한다. "P에 들어온 지 초반에 합평을 할 때, 엄청나게 혹평을 많이 듣고, 그러고 나서 집에 가면서 눈물이 뚝뚝 떨어지는 날이 있었어요. 그때 가져왔던 시들이 제 딴에는 되게 야심작이었는데 "이건 시가 아니다" "이것은 일기다"라는 (……) 말을 들었을 때부터 혼이 빠져서 그다음에는 그냥 멍하니 있었어요"(동인B-1).

작품으로 발전시키는 습관, 한 동인의 표현을 빌려 말하자면 "시적으로 생각하는 버릇"(동인B-1)이 형성되어야 한다. 동인지의 발간을 준비하면서 또한 격주에 한 번씩 합평에 참여하면서, 시심이라는 심적 에너지는 이처럼 일상 속으로 체계화되고 동인들의 자아에, 마음과 몸에 스며들어온다. 예외적이고 폭발적인 특정 모멘트에서 솟아나는 시적 도취가 아니라 하나의 하비투스로 전환되어가면서 삶의 스타일이나 태도로 체화되어가는 것이다. 이들이 쓰는 시(텍스트)는 이처럼 구성된 시심이 표현되어나오는 '빙산의 일각'인 셈이다. 시의 형식으로 정련되어나온 한 줌의 언어 아래에는, 이들의 실천과 실천을 이끌어낸 마음의 역동이 뒤엉켜 흘러가는 시적 일상성이라는 체험세계가 존재한다. 시는 시적 삶의 한 부분이다.

V. 시심의 사회학적 분석

—

합평회와 동인지 출판/판매 같은 세속적 의례를 통해 생산되는 시심은 시에 대한 욕망, 시를 쓰는 과정에서 느끼는 다양한 감정들, 그리고 시에 대한 인지적 평가를 모두 포괄하는 마음의 힘이다. "P는 미치지 않으면 못해요"(동인A-1)라는 한 동인의 말에는 시심이 발휘하는 강력한 행위추동력이 가감 없이 드러나 있다. 이 미침의 논리와 의미가 무엇인가? 이들은 무엇에 미치는 것이며, 이 미침 속에서 형성되는 마음가짐은 무엇인가? 면담과 관찰을 통해 내가 발견한 것은 세 가지 상이한 대상(시, 공동체, 자아)을 향한 진정성의 추구였다.

1. 진정한 시

이들 시 쓰는 청년들은 우리가 일반적으로 '시인'에 대해 갖고 있
는 스테레오타입과는 거리가 있다. 이들은 평범한 학생들이다. 외모,
태도, 눈빛이나 인상에서 그러하다. 대화나 관찰을 통해서 이들에게
'하위문화'적 스타일이 강하게 존재하지 않음을 파악하는 것은 어려
운 일이 아니다. 시인의 형상을 규정하는, 낭만주의 이래의 신화, 즉
견자見者, 광인, 적선謫仙, 혹은 아방가르드로서의 시인상은 이들에게
별다른 영향을 미치지 못하는 듯이 보인다. 시인 특유의 포즈나 제스
처에 대해서 이들은 대체로 무관심하거나 냉소적이며, 현실적인 의미
에서 시의 사회·정치적 힘이나 거대서사적 의미를 역설하는 동인도
거의 없다. 오히려 시는 "특권적인 위치에 있을 필요"가 없고, 시를 좋
아하는 것은 일종의 "오타쿠", 즉 "시덕후(시마니아)"에 다름아니라는
견해가 더 지배적이었다(동인G-1). 시를 통해 세상을 바꾼다거나 세
상의 흐름에 영향을 주는 것이 가능하다고 응답한 동인도 있었지만,
이 '바꿈'의 의미는 시를 읽는 단 한 사람의 마음을 변화시킨다는 '미
시적' 차원으로 축소되어 있었다. 이처럼 시 고유의 영역으로 집중되
어 들어온 관심 속에서 이들이 추구하는 진정한 시의 이미지는, 이른
바 등단을 유일한 목적으로 하는 '신춘문예적인 스타일'과의 긴장적
관계를 중심으로 형성되어 있다. 2014년의 한 합평회의 대화에서 C가
동인들을 독려하면서 한 다음과 같은 말들은 이를 잘 보여준다.

동인C: 취미생활로 하다보면 이러다 영원히 시를 못 쓸 것 같은 거야.
동인B: 지금 취미로 하면 영원히 취미생활로 남을 것 같은데.
동인A: 이렇게 아마추어로서 시를 쓰기 위해서, 아마추어로 남는다

는 것은 좀 그렇다.

동인 C: 목적의식을 갖고 좀 도전해보자.

동인 B: 요절이 목표였을 것 아녜요.

동인 A: 뭐가 목표라고? (……)

동인 C: 요절 얘기가 나왔으니까 그런데 내가 옛날에 T문학상 수상 소감에서 그 얘기를 했었어. 천재는 스물일곱에 죽는다고. 그때 내가 스물일곱이었는데, 죽을 뻔하다가 살아났잖아. 그때 그 생각이 들더라. 나는 천재가 아니구나. 나는 천재가 아니다. (……) 천재가 아니니까 열심히 해야겠다. (……) 더 열심히 하면 되는 거지. 어떻게 보면. 우리는 그러니까 가능성이 있는 거지. 그걸 현실화하기 위해서는 더 치열하게 하는 수밖에 없는 거지 뭐. 내지는, 치열하게 한다고 해서 문창과 학생들 하는 것처럼 그런 식으로 하지는 말고, 그냥 우리는 우리 방식대로의 치열함을 생각해봤으면 좋겠어(합평-10월18일).

"우리 방식대로의 치열함"이란 이들이 추구하는 시적 진정성의 일단을 명료하게 지시한다. 이들은 "결과물을 보고 '여기에 대해서만 말해'라고 얘기하는 (……) 문창과식 합평"(동인G-1)을 선호하거나, "시를 볼 때 이 사람의 시세계를 보기보다는 등단을 할 수 있느냐 없느냐를 더 중시"(동인B-3)하기보다는, 인격적 표현이자 자아의 총체적 표현으로서의 시를 추구한다고 말한다. 그것은 한마디로 "각자가 각자답게 쓰는 것"(동인G-2), 등단제도가 형식화해놓은 시풍을 모방하는 대신에 자신에게 고유한 내적 진실을 시에 담아내는 것을 가리킨다. 이들 사이에서는 적어도 그런 시에 '진정한 시'의 위상을 부여한다는 암묵적 지향이 공유되고 있다. 진정한 시는 테크닉보다는 "자기에 대해 표현하는" 태도를 갖고 있어야 하는 것이며, "자기 시가 있다는 것은 다른 것에 봉사하지 않는 것"이라는 E의 말은 이를 암시한다(동인 E-1). 이처럼, 진정한 시와 진정하지 않은 시를 구분하는 코드는 여러 동인들에 의해 상이한 방식으로 모색되고 있었다. 가령 G는 '아마추어/프로'라는 코드를, D와 E는 '진짜/가짜'라는 코드를 사용함으로써 자신들이 추구하는 시적 진정성을 표현하고 있었다.

하나는 아마추어적인 것이고 하나는 프로적인 것이거든요. 근데 저한테 그건 약간 유년기하고 성인기에 대응하는 것 같아요. 그냥 성인이 되거나 프로가 된 사람은 100퍼센트 망한다는 생각을 저는 하고 있습니다. (……) 시가 아마추어적인 것을 잃어버리는 순간 가치를 상실한다고 생각하는 편입니다. 우리 P는 충분히 아마추어적이고, 이 사람들이 쓰는 시에서 나는 더 큰 감동을 느끼는데, 왜 그다지 좋다고 생각되지 않는, 기성의 시집을 내는, 등단한 사람들의 스타일을 공부하고 거기 맞춰서 시를 써야 하는가?(동인G-1)

동인 D: 진짜여야지 아름답고 올바르고 그런 것 같아요. 되지도 않는 말 써놓으면 무언가를 하려고 하는데 그게 가짜인 게 눈에 보이잖아요. (……)
연구자: 진짜와 가짜를 가리는 기준에 확신이 있어요?
동인 D: 그게 어떤 기준으로 있는 것이 아니라 그냥 감感으로 있는 거죠. 감에 가까워요. (……) 말하자면 치과에서 이빨을 치료하고 있을 때 거기에 아프냐 안 아프냐 그 기준이 있는 게 아니잖아요, 일단 아프잖아요, 이게. 그런 거예요. 아 (……) 못 견디겠다. 어떤 시

인의 시집이 새로 나왔다고 해서 서점에 가서 첫 시를 열어보는 순
간, 다시 집어넣는 거죠, 이거 사기네.
연구자: 가짜 시가 가장 나쁜 시인가요?
동인 D: 그렇죠, 사기죠. 사기 치는 거죠(동인D-1).

사실 제가 등단을 고민하면서 작년 12월부터 썼던 시들, 뭔가 구절
들은 예쁜데 전체적으로 무언가가 제대로 안 된 시들을 저는 가짜 작
품이라고 생각했어요. (……) 그림도 1차작이 있고 2차작이 있어서,
원래 자기가 그린 것이 있고 남의 그림을 모사하는 그림이 있잖아요.
(……) 등단한 작품들을 모사하려고 했던 제 시들이 그래서 가짜작
품이었던 거지요(동인E-1).

주목해야 하는 것은, 이들이 상정하는 진짜/가짜 혹은 아마/프로
의 구분은 선험적으로 주어지는 것이 아니라, 부단히 교섭되는 코드라
는 사실이다. '진짜'라는 것은 전범적典範的으로 존재하는 것이 아니다.
특정 시에 대한 해석과 가치판단은 동인마다 모두 다를 수 있으며, 무
엇이 진정한 시인지에 대한 견해도 결코 동일하지 않으며, 시 쓰기의
방향성에 대한 생각도 일치하지 않는다(누군가는 차라리 등단의 목적
을 더 명시화하고 등단에 적합한 시적 능력을 서로 제고하는 데 초점
을 맞추자는 의견을 갖고 있으며, 누군가는 시적 진정성의 강한 태도
를 더 고수하자는 의견을 갖고 있다). 이런 의미에서 '진정한 시'는 이
들에게 실체적으로 존재하는 것이 아니다. 그것은 일종의 논의의 형
식, 소통과 실천의 기대구조이다. 그 자체로는 텅 비어 있지만, 그것을
향한 발화와 실천을 야기하는 의미의 준거점이다. 이런 의미에서 시적

진정성은 반드시 의식될 필요조차 없다. D가 말하고 있듯이, 그것은 지식이나 이론의 소관이 아니라 감각적으로 직관되는 것, 감感에 더 가깝다. 이 직관은 물론 훈련되기도 하고, 전염되기도 하고, 공유되기도 한다. 그러나 의도나 목적에 반드시 수렴되지는 않는다. 사실 P가 10년 가까운 시간 동안 시동인집단으로 성장하고 재생산될 수 있었던 이유는, 등단욕망을 드러내어 추구하는 계약적 관계에 함몰되어 있지 않고, 시 자체의 반제도적/비제도적 가능성을 추구하는 아마추어적 순수성, '진정한 시'를 판별하는 이런 감각능력(시적 자본의 일종), 그리고 시적 진정성에 대한 신념이 성원들을 움직여왔기 때문이다. P 동인들 역시, 다른 모든 시 쓰는 청년들처럼, 당연히 등단을 욕망한다. 그러나 이 욕망은 노골적으로 말해지지 않는 경향이 있다. 이들에게 등단은 가장 중요한 이해관계의 대상이며 명백한 목표임에 틀림없지만, 일종의 "실천적 완곡어법euphémisme pratique"의 매개 속에서 추구되어야 한다(Bourdieu, 1994: 182-3). 즉, 간절히 원하지만 암묵적이고 은밀하게 욕망되어야 하는 것이다.[16]

등단을 염두에 둔 시작, 등단을 목표로 하는 합평, 그리고 등단한 시들과 그에 대한 비평규범에 부합하는 "신춘문예에 전형적인 스타일"(동인E-1)과의 지나치게 과격한 단절은 자칫 이들의 시작 행위를 협소한 궁지로 몰아갈 수도 있다. 왜냐하면, 등단하지 않은 채 시를 계속 쓰겠다는 것은 실행가능성이 낮을뿐더러, 문학장 외부에서 습작하는 아마추어 시인들에게 '등단'의 의미는, 그것을 아무리 축소시키고

---

16 "등단은 어떻게 보면 욕망의 대상이죠. 그런데 무게감이 너무 있으니까 다들 그 얘기를 공공연히 꺼내려 하지 않고, 그걸 목적으로 조직을 운영하면, 조직이 오래 못 갈 것 같다는 생각을 합니다"(동인 C-1).

중립화시키려 노력한다 할지라도, 결코 쉽게 무화될 수 있는 성격의 것이 아니기 때문이다.[17] 반대로, 순전히 도구적인 관점에서 시를 이해하는 태도 역시 이들에게는 수용할 수 없는 것이다. 등단에의 욕망과 자기 스타일의 시를 추구하는 것 사이에는 미묘한 타협과정이 존재한다. 양자 사이에서 동인들은 각자의 방식으로 등단과 진정성을 연결시키고 조화시킬 수 있는 길들을 모색해나가고 있다. 이런 관점에서 보면, D의 등단은 P 구성원들에게는 중요한 의미를 갖는 사건이다. 문단 외부의 '진정한' 시적 몸짓과 문단 내부의 '제도화된' 시적 몸짓 사이에서 획득된 유연한 타협점의 상징이 바로 D이기 때문이다. 자신들에게 고유한 자신들만의 시를 찾아나가면서도 등단을 통해 제도권의 인정을 받을 수 있다는 어떤 확증이 D로부터 생성되었을 수 있다. 시적 진정성은 이처럼 순수한 시에 대한 욕망이 아니라, 여러 현실적 조건들과의 다양한 관계 속에서 지켜져온, 지켜져가는 '흔들리는' 가치에 더 가까운 것이다.

---

17 가령 B는 시적 진정성의 추구에 내재하는 모순을 비교적 첨예하게 느끼고 있는 편이다. 이는 특히, 자신들과 같은 또래로 등단하여 활동하는 간판 시인들이 (자신들과 달리) 모두 문예창작학과에서 제도적으로 교육받은 자들이라는 인식으로부터 촉발된다. "최근 제 또래에 해당하는 시인들 중에서 훌륭하다고 생각되는 시인이 있었어요. 그런데, 그중 어느 누구도 제도권 외부에서 야인으로 들어온 사람은 없어요. 왜 그렇게 생각되는지는 잘 모르겠지만, 제 또래 중에서 가장 훌륭한 시인이라고 제가 평가하는 사람이 T인데. 그 T가 어디서 공부를 했느냐만 봐도 그래요. J대 문창과 출신이고, L시인 밑에서 공부했고, 대학원에 진학해서 석사를 마쳤고……"(동인B-2). 만일 당대의 가장 좋은 시인이 제도권의 한복판에서, 제도의 힘으로, 제도와 갈등하지 않은 채 탄생하는 것이라면, 제도의 외부에서 간신히 혈로를 뚫어가는 자신들의 진정성의 의미가 갑자기 묘연해지게 되는 것이다. 이런 현상은 시의 영역뿐 아니라 문화의 다른 영역에서도 관찰되고 있다.

2. 진정한 공동체

진정한 시에 대한 이들의 꿈은, 자신과 유사한 꿈(시심)을 소유한 자들과 소통할 수 있는 진정한 공동체에 속하고 싶다는 꿈과 결합되어 있다. P를 처음 시작했던 동인들에게 공동체의 의미는 특정 학과의 공통성 위에 구축되어 있었다. 이들이 P를 꾸려나가던 바로 그 시기 (2007-8년) 대학사회의 분위기는, 학부제가 야기한 파편화와 원자화가 일반화되어, 많은 학생들이 "어딘가에 속하고 싶은 욕망"을 갖고 부유하던 것으로 기억되고 있었다(동인G-2).

2007-8년 당시의 대학 분위기는, 학사관리가 엄격해지는 등, 점점 안 좋아지는 상황이었어요. 몇 가지 사건이 떠오르는데, 제가 입학했던 2005년만 해도 사실 비상총회다 해서 총장실 점거하고 그런 일이 있었는데 그때도 사실은 뭐가 모여서 같이 한다는, 의기투합한다는 분위기는 거의 사라져가고 있었던 것 같아요. (……) 어쨌든 다들 헤매고 있었어요. 자기가 소속되어 있는 행정적이고 현실적인 집단과 자기가 되고 싶어하고, 가고 싶어하는 집단 사이의 괴리로 인해서 대학 시절 방황하는 친구들이 아주 많았고 그 방황의 감정은 지금 입학동기들과 얘기를 해봐도 계속 갖고 있는 것 같아요(동인G-2).

이런 배경에서 동일한 학문배경과 관심을 가진 이들이 서로의 시심을 확인하고, 그것을 공유하면서 형성한 인간관계는 상당한 결속력을 갖게 된다. 외부에서 P에 가입한 멤버들 역시 혼자 시를 쓰다가, 시에 대해 이야기할 수 있는 공동체에 대한 선망을 키워온 자들이다. 이들은 "시가 정말 좋아서 시를 읽고 나누는"(동인A-1) 멤버들의 모습을 보았고, "여기 사람들이 훨씬 치열하고 시를 좋아한다는 느낌"(동인 F-1)을 받았으며, 그들이 "등단에 얽매이지 않고, 그 스타일에 얽매이지 않는"(동인E-1)다는 인상을 받고 P에 동참한다. 말하자면, 그것은 시적 진정성의 느낌이었다. 이제껏 경험했던 공동체들(인터넷 문학커뮤니티, 대학 동아리, 신춘문예를 겨냥한 여러 모임들)과 달리, P의 합평과 관계는 앞서 언급한 인격적 소통을 동반한 시적 진정성에 정향되어 있다는 사실을 발견했던 것이다. 이렇게 혼합된 멤버들이 새로이 만들어나가게 된 '동인'이란 이들에게 무엇의 의미하는 것일까? 그것은 "유일하게 남은 둥지"(동인B-1), "글 쓰는 친구들, 같이 글 얘기를 할 수 있는 친구들"(동인E-2), "자기 작품을 가장 잘 이해해줄 수 있는 사람들의 모임"(동인C-1), 혹은 그저 "집과 같은 곳"(동인A-3), 또는 "메타적으로 이야기를 할 수 있는 사람들"(동인G-1), 즉 담론공동체라는 의미를 부여받고 있었다. A는 다음과 같이 비유적인 응답을 주었다.

시를 통해서 소통하는 사람들만의 성城이죠. 공동체를 그냥 만드는 거죠. 그러니까 부표浮漂 같다는 생각이 들어요. (……) 해류는 계속 움직이니까 사회는 그 해류 따라서 계속 흘러가는데, 시를 쓰는 사람들의 공동체는 부표처럼 그냥 그 위를 상하운동만 하고 정지해 있거든요(동인A-2).

위의 응답에는 두 가지 비유가 등장한다. 하나는 성이고, 다른 하나는 부표이다. 성의 비유는 P가 왜 단순한 '동아리'가 아니라 '동인' 집단을 표방하는지를 암시한다. P는 폐쇄적인 면을 갖는다. 새로운 멤버를 충원하는 데 어려움을 겪었던 것도 그 때문이다. 이런 특성은 부표라는, 한가하고 덧없이 상하운동하는 물체의 이미지와 조응한다. 세상의 변화로부터 일정한 거리를 두고 자신들의 관심을 나누며 무언가에 몰두하고 있는 어떤 공동체의 이미지가 거기에 있다. P에 가입하기를 원하는 사람들에게 이들이 요구했던 것은, 시에 대한 가벼운 호기심이나 노골적 등단욕망, 또는 문학적 허영이 아니라 시적 진정성을 깊이 내면화한 '시심의 주체성'이었다. 단지 잘 쓰는 사람이 아니라 자기 시를 쓰고자 하는 사람, 자기 이야기를 하고자 하는 사람이었다. 이런 높은 기준은 자연스럽게 새로운 멤버의 충원을 어렵게 했다. 많은 사람들이 스쳐지나갔지만, 멤버들이 크게 증가하지 않은 이유가 거기에 있다.

대신, 성에 비유된 그 내부에서는 시적 커뮤니케이션에 서로의 존재를 열어가기로 작정한 사람들의 일상적 우여곡절이 발생한다. 멤버들이 열정으로 뜨겁게 타오르던 국면이 있는가 하면, 무기력한 매너리즘이 지배하는 시기도 있었다. 구성원들이 서로 연대하고 성장하는가하면, 갈등이나 반목이 있기도 하며, 이해와 오해가 교차하기도 하며, 연애와 이별이 있기도 했다. 이들의 시심을 이루는 핵심동력 중의 하나가 관계적 진정성이라는 것은, 현실의 P가 진정성이 이미 구현된 이상적 공동체, 진정한 시인들의 공동체라는 말이 아니다. 그것은, 구성원들의 소속감의 정도, 공동체의 미래에 대한 비전, 공동체의 활동에 대한 전념commitment의 강도가 모두 다름에도 불구하고, 진정한 공동체에 속하려는 욕망과 희망이 이들에게 있어, 중요한 심적 논리의 하나를 이루어왔다는 것을 가리킨다.

3. 진정한 자아

진정한 시에 대한 열망과 진정한 공동체에 대한 열망을 결합시키는 축이 '진정한 자기self'에 대한 열망이다. 이들에게 시의 의미는 자아를 중심으로 회전한다. 시는 "자신 고유의 자아에 충실한 감정적 체험"(Vannini, 2007: 3)이나 "핵심존재에 대한 감각"(Franzese, 2009: 87)을 준다. 이런 체험과 감각의 확실성이 다른 무엇보다 소중한 것이며, 그것이 바로 자아의 진정성이다. 시를 통해 자기를 구성한다는 의미에서 이들에게 시는 '자기의 테크놀로지'라 불려도 무방하다. A는 시를 자신의 "대변인"에 비유한다. "다른 사람들에게 이야기하고 보여주고 싶지만 말할 수 없는 부분"을 언어화한다는 의미이다. 그에게 시인이란 결국 "자기 얘기를 하는 사람"이며, 시의 가장 큰 매력 역시 자신의 진정한 모습에 목소리를 부여하는 것이다(동인A-1). C에게는 자기의 발견과 존재감의 증강이라는 의미부여가 돋보인다. 그에 의하면, 시는 학술논문과 달리 개인의 고유성의 자장 안에서 읽히고 해석되고 인정되는 것, 그것을 쓴 사람의 존재와 체험으로 온전히 회수되는 것으로 체험된다. 논문에서 '나'는 삭제되어야 하지만, 시에서 '나'는 표현가능성의 최대치로 상승해나오기 때문이다. 시는 "제 이름 달고 제가 쓴 거고 제 육성으로 낭독하는 것"이다(동인C-2). 그것은 자아의 표현이다. 바로 그때 존재의 실감을 느끼는 것이다.

저는 글을 쓰고 있는 동안에는 제가 가치 있는 인간이 된 것 같아요. (……) 글쓰기에서 제일 즐거운 순간은, 예를 들면, 무언가를 막 완성했을 때가 아니고, 무언가가 풀려나가고 있다는 인식을 할 때, 그때가 제일 즐거운 것 같아요. (……) 글쓰기를 하면서 뭔가 살아 있고 가치 있어진다는 그 느낌 자체를 향유하기 때문에 항상 그다음에 또 그 경험을 찾는 것 같아요. (……) 일종의 중독 같은 거죠(동인 C-2).

시 창작은 중독에 비유될 만큼 강한 흥분과 실존의 감각을 야기하는 것으로 인지되고 있다. 바로 이런 의미에서 그에게 시는 "자기증명"이며(동인C-1) "살아가고 있는 것의 핵심"으로 여겨진다(동인C-2). 앞의 대화에서 암시되기도 했지만, 그는 20대 후반에 위중한 수술을 받고 소생했던 체험을 갖고 있다. 그 체험이, 동인지 4호에 실린 「13층 병동」이라는 시의 소재가 된다.

선 채로 입관했다

펼쳐 보인 친구의 손바닥이 걱정스레 펄럭이고.

제 발로 걸어나가던 뒷모습은 합장하듯 닫혔다. 면벽(面壁)하고

반쯤 지워진 숫자를 더듬어가는 동안 그림자를 벗겨낸 발꿈치
가 가볍게 떠올랐다 (……)

하얀 옷에 새겨진 자모(子母)들이 아지랑이로 스멀거리고
공터에 멈춘 차들이 벌레처럼 느리게 기어나갔다

거리는 여전히 봄이었다(동인지4호 126-7쪽)

수술실에 오르기 위해 엘리베이터를 타고 가던 길이 '선 채로의 입
관'으로 비유되고, 마취하는 동안 숫자를 세던 기억이 '반쯤 지워지는
숫자'로 암시되고, 수술 이후에 기역자, 니은자 같은 한글 자음, 모음들
이 새겨진 환자복을 입고 입원해 있던 체험과 나른하고 몽롱한 봄이
어우러져 표현된 위의 시는 동인들에게 미학적인 아름다움을 느끼게
하기 이전에 인간적 공감을 발동시켰을 것이다. 자신의 친구가 느꼈을
심정을 추체험하게 하는 것이다. 인격적인 것과 시적인 것은 이렇게
얽혀 효과를 발휘한다. E는 10대 후반부터 우울증과 대인기피증으로
타인들과 사회적 관계를 맺는 것에 곤란을 느끼면서 살아왔다. 소위
정상적 삶의 궤도에서 벗어나 심적 고통을 겪어가면서, 타자들과의 대
화가 차단된 고독한 상황에서 "말을 못 하면 죽을 것 같다는 생각"(동
인E-1)과 더불어 역설적으로 솟구치던 소통의 욕구, 무언가를 말하고
그럼으로써 사람들에게 자신의 존재를 이해받고자 했던 욕구를 채워
준 것이 그에게는 시였다. 그는 이성복을 읽었고, 그의 시를 머리로 이
해하기 이전에 이미 그 말들이 가능하게 하는 정서적 자장磁場에 휘감
겨들어갔다고 한다. 슬프고, 아름답고, 때로는 가학적이고, 고통스러운
언어들, 그리하여 자신의 마음을 대변하는 듯이 보이는 말들의 힘을 거
기에서 발견했던 것이다. 습작과 독서는 그런 계기를 통해 시작되었다.

죽음 이후에는 내가 꾸었던 아름다운 꿈들이 다시 있진 않겠지.
세상에서 시작하였으나 세상에 있지 않은 세상. 그 세상의 빈약하
기 그지없는 기반인 나의 육신이 허물어지면 그 세상은 있었다는

조그만 흔적도 없이 사라지겠지. 나는 하늘을 날았지, 날면서 이
세상에 있지 않은 푸른 연못을 보았지. (……) 꿈에서는 내가 아는
모습들이 끊임없이 새로운 질서대로 섰고 나는 매일 밤 새로운 세계
에서
놀았지. 매일매일의 여행은 그러나 그 기반이 허약하여, 아직
그 기반이 무너지지 않았기에 나는 이 글을 쓰고 있지만, 내가 언
젠가 나의 꿈들이 끝났다는 것을 알게 된다면 곧 내가 죽었음을
깨닫겠지

　　2014년 10월의 합평회에서 낭송되고 동인지 11호에 실린 「꿈」이
라는 이 우울한 작품에는 유달리 '기반'이라는 단어가 자주 등장한다.
딛고 서 있는 땅을 가리키는 기반은 빈약하거나, 허약하거나, 무너지
는 무언가로 표현되고 있다. 후일 E와의 면담을 통해, 그의 상처와 그
것을 극복하고 도달하고 싶은 미래에 대한 꿈을 전해들은 이후에 나
는 비로소, 시적으로 그다지 세련되지 못한 느낌을 주는, 불필요한 반
복으로 느껴지는 저 '기반'이라는 용어가 E의 정신적 삶에서 갖고 있
는 의미를 이해할 수 있었다. 그는 자신 존재의 기반이 붕괴할지도 모
른다는 불안 속에서 살아왔던 것이다. 정도의 차이는 있겠지만, G에게
역시 시는 내밀한 기억과 연관되어 있다. 그는 대학에 입학하기 전까
지 "자폐적" 생활을 했다고 토로한다. 외환위기의 여파로 심란해진 가
족 분위기를 예민하게 고민하던 유소년 시절에 체험한 공포심과 불안
의 탈출구를 그는 문학적 '창작'에서 찾았다.[18] 그가 환상문학에 매혹
되었던 것도 이와 깊은 연관을 갖고 있을 것이다.
　　F는 군대가 강요하던 획일적 문화의 "톱니바퀴성性"(동인F-2) 속

에서 지워져가는 자신을 회복하기 위해서 시를 쓰고 읽기 시작했다고
말한다.

제가 쓰는 시는 남들이 대신 쓸 수 있는 게 아니니까요. 물론 사실 어
디에서 어떤 일을 하더라도 어느 경지에 도달하면 대체불가능한 지
점이 있지만 시라는 것은 처음부터 온전히 그런 성격이 묻어나는 장
르라는 생각을 했어요. 사실 제가 군대에서 처음 시를 읽게 된 것도
그런 모종의 절박함이 있었기 때문이었어요. 군대야말로 완전히 개
인들을 동일하게 만들어주는 공간이잖아요. 저는 그것을 견디기가
어려웠던 거예요. 군대에서는 (……) 내가 나라는 것을 입증할 수
있는 것이 없다고 생각했고, 그 사실이 굉장히 절망적이었거든요.
(……) 시를 읽는 것이 저를 그 공간에서 유일하게 만들어줄 수 있
는 것이라는 생각을 했어요. (……) 그런 식으로 시와 첫 대면을 했
고, 그게 이어져서 군 시절 내내 저는 시를 읽고 또 조금씩 쓰기 시작
하고 그랬습니다(동인F-2).

이들이 꿈꾸는 자아는, 자신에게 주어진 에너지를 무언가를 창작/
창조하는 작업에 집중시키는 주체이다. 창작하는 자아가 진정한 자아
라면, 창작하지 못하는 삶에 묻힌 자아는 진정하지 못한 자아로 여겨

---

18 "많이 맞았어요, 부모님한테. 아버지는 은행을 다니셨는데 워낙 바쁘시고 고졸 출신이다 보니까
그 당시에 정리해고 위험이 강했고요, 그러다보니 직장에서 해고당하지 않는 게 가장 중요한 목표였
기 때문에 가정을 전혀 돌보지 않았어요. 그래서 어머님이 폭력적으로 저희를 가르쳤고 (……) 부부관
계가 틀어지니까 그 분노와 여러 가지 그것도 고스란히 우리에게 왔다고 생각이 드는데, (……) IMF
때 가족 내 분위기가 공포스러워지는 그런 상황에서 한참 유행했던 괴담집 같은 것도 읽었었고, 토요
미스테리극장도 즐겨 보았어요. 그때는 공포의 정서가 가장 강했던 것 같아요"(동인G-1).

진다. 그것은 예를 들면, 직업과 생존에만 몰두하여 세속적 성공을 추구하는 자아, 혹은 '잘나가는 삶'만을 지향하는 자아, 아니면 창작이 불가능한 삶을 사는 자아이다. B는 이렇게 말한다. "가장 친한 친구랑 술을 마시는데(그 친구는 입사를 해서 회사에 다니거든요), 5년쯤 전부터 친구가 그런 얘기를 하더라고요. 자기 꿈이 뭔지 아느냐고. '나는 너랑 휴양지 같은 데 가족끼리 휴양지에 가서 바비큐를 하고 이런 게 내 꿈이다' 이렇게 말을 하더라고요. 그런데 저는 그 꿈에 공감을 할 수 없었어요"(동인B-2). 직장을 잡고 결혼을 한 친구의 저 '소박한' 꿈과, 아직 아무런 직장도 없으며, 심지어 아르바이트를 하면서 시만을 쓰며 시에 온전히 바쳐진 삶을 살겠다는, 무모해 보이는 결단을 내린 B의 '소박한' 꿈 사이에는 의미 있는 차이가 있다. 그것은 창조/창작하는 자아에 대한 꿈과 그것을 실현하겠다는 마음의 여부이다. 자아의 근원적인 자기정립과 자기표현의 욕망과 연결되어 있는, 창작하는 자아에 대한 열망은 강렬한 것이다. 왜냐하면, 창작물에는 자기의 '존재'가 분유分有되어 있기 때문이다.

이들에게 삶의 중요한 의미는 문화적 창작에서 온다. 그것은 반드시 시에 국한될 필요는 없다. 음악일 수도 있고, 소설일 수도 있고, 연극일 수도 있고, 회화일 수도 있다. 이들은 고교 시절부터 이미 문화적 창작의 매력을 체험해왔으며, 거기에서 자신의 미래상을 발견해왔다. 창조/창작의 삶에 대한 선망 속에서 이들은 비창조적 삶에 대한 거부의 태도를 형성하고 있다. F는 공대에 다니지만 삼성전자로 대표되는 성공한 직장에 대한 욕망이 별로 없다. 그가 꿈꾸는 것은 "대체불가능한 삶"(동인F-2), 남들은 만들 수 없는 무언가를 만들어내는 개성적 삶이다. C에게 역시 창작하는 삶의 가능성이 좌절되는 것은 "생각해본

적조차 없는 것"(동인C-2)이다. 무언가를 창작하는 기쁨이 박탈된 삶 혹은 '시심'이 없는 삶은 가혹한 좌절로 느껴지게 된다. 이들이 추구하는 창조성은 세속적 의미의 유용성을 갖고 있지 못하다. 등단을 통해 시인이 된다고 해서 시를 써서 생계를 유지할 수 있는 방법은 없다. 시인은 직업이 아니라 정체성이다. 그렇다고 그것이 정치적 차원에서의 유용성을 갖는 것도 아니다. P 멤버들이 추구하는 창조성, 창조적 기쁨과 의미는 사회적 현실을 비판하거나 고발하거나 변화시키려는 의지와 직접 연결되어 있지 않다. 거대서사와도 분리되어 있다. "배고픈 거지가 있다는 것을 추문으로 만들고, 그래서 인간을 억누르는 억압의 정체를 뚜렷하게 보여주는"(김현, 1991: 53) 계몽적 유용성도 아니다.[19] 그것은 심지어 인정에 대한 욕구로도 완전히 환원되지 않는다. 인정이 중요한 행위동기를 이루는 것은 물론이지만, 그럼에도 불구하고 이들이 중시하는 창조성의 세계에서 그만큼 중요한 또다른 목표가 타인의 인정 이전에 이미 감지되는 '실존의 느낌'이라는 사실을 간과하면 안 된다. 창조하는 것은 그 자체로 즐겁고 기쁘고, 열광과 흥분을 야기하는 행위이다. "제 시의 최초 독자는 저 자신"이라는 한 동인의 말은 이와 같은 창조성의 의미생성구조를 적시하고 있다(F-3).

　이런 세속적 무용성은, 그것의 실존적 유용성과 긴밀히 결합되어

19　1977년에 출판된 『한국문학의 위상』에서 김현은 '문학이 무엇을 할 수 있는가'라는 질문을 던지고 있다. 세속적 유용성을 갖고 있지 못한 문학으로부터 그가 찾은 효용은 역설적으로 자신의 무용함에 내재된 인식론적, 미학적, 비판적 가능성이었다. "그러나 역설적이게도 문학은 그 써먹지 못한다는 것을 써먹고 있다. (……) 억압하지 않는 문학은 억압하는 모든 것이 인간에게 부정적으로 작용하는 것을 보여준다. (……) 한 편의 아름다운 시는 그것을 향유하는 자에게 그것을 향유하지 못하는 자에 대한 부끄러움을, 한 편의 침통한 시는 그것을 읽는 자에게 인간을 억압하고 불행하게 만드는 것에 대한 자각을 불러일으킨다"(김현, 1991: 50).

있다. 이들이 추구하는 창조성은 현실을 움직이는 계산적 이성의 원리에 비추어보면 '무용한' 것이지만, 자신의 자아를 구성하고, 운영하고, 연출하고, 제작하는 과정에서는 다른 어떤 가치보다 핵심적인 의미의 원천으로 기능한다. 시를 쓰는 것은 단순한 취미활동이나 여가활동이 아니라, 자기의 생산, 자기의 제조, 자기의 창조과정이다. 이런 점에서 시적 창조성에의 열망은 '유용한 창조성'이다. 다만 이 유용성은 무용/유용의 협소한 코드를 넘어서는 의미로 채워져 있기 때문에 단지 '유용한 것'으로 계산되거나 측량되거나 말해지지 않을 뿐이다. 이런 점에서 심보선이 지적하는 우리 시대의 아마추어 시/예술의 가능성에 대한 성찰은 P 멤버들의 삶에 대한 관찰과 상응한다. "수많은 아마추어 예술가들의 작품을 통해, 그들의 고유한 몸짓과 표정을 통해 (……) 예술에 관한 어떤 진실들을 깨닫는다. 예술이 작품의 제작인 동시에 삶의 제작이기도 하다는 것, 예술적 제작활동에 몰두하면서 인간은 자신의 삶에 대한 장인으로 등장할 수 있다는 것, 그러한 몰두가 자아에 대한 배려인 동시에 사회질서가 자신에게 부과한 정체성으로부터 해방되려는 모험이라는 것을 말이다"(심보선, 2013: 234-5). 심보선을 빌려 말하자면 P 멤버들이 꿈꾼 것은 "작품의 제작인 동시에 삶의 제작"으로서의 시 쓰기이며, 이를 통해서 "자신의 삶에 대한 장인"으로 스스로를 정립하는 것이었다.

VI. 마치며
—

이들이 한국사회를 지배하는 생존주의의 변방에서 시작에 몰입할 수 있는 것은 이들에게 나름의 물적 조건이 구비되어 있기 때문일 것이다. 즉, 이들 꿈의 배후에는 부모의 경제력과 자신들의 학력자본이 있다. 그러나 이 사실만으로 시에 대한 꿈의 역동이 완전히 해명되지는 않는다. 이들에게도 취업의 문제는 엄중하며 미래는 불투명하다. 부모의 지원은 중요한 토대임에 틀림없지만 그 자체로 확고한 안전판은 결코 아니다. 그것은 학력 또한 마찬가지이다. 무엇이 이들로 하여금 시적 실천에 몰입하게 하는가라는 질문에 대한 해답은, 사회경제적 조건의 해명에 의해 자동적으로 주어지지 않는다. 행위자들이 품고 있는 시심의 '의미'에 대한 천착이 요청되는 것은 이 때문이다.

이들의 시심은 세 상이한 대상을 향한 진정성의 추구로 구성되어 있었다. 자기의 목소리로 자신을 표현하는 '진정한 시', 상호이해와 비평을 수행하는 '진정한 공동체', 그리고 문화적 창작(시작)을 통해서 삶의 의미를 찾아가는 '진정한 자아'에 대한 열망이 그것이다. 연구의 주된 발견인 이 복합적 진정성의 구조는 시적 실천에만 해당되는 마음의 짜임이 아니라, 사실 창조적 작업을 수행하는 다양한 분야의 청년 행위자들(음악, 미술, 예능, 컴퓨터 프로그래밍, 연극, 영화, 패션, 드라마, 만화, 웹툰)의 심적 동력의 구조를 해명하는 데 적용될 수 있을 것으로 예상한다. 향후 더 많은 사례연구가 필요하겠지만, 창조적 영역에 종사하거나 거기에서 자신의 커리어를 준비하는 청년들의 꿈과 의미세계를 이해하기 위해서는, 이 연구에서 파악된 진정성의 복합구조를 분석틀로 활용하는 접근법을 시도해볼 필요가 있다. 마지막으로 다음과 같은 두 가지 성찰과제를 제기하면서 논문을 마무리하고자 한다.

우선, 논문의 이론적 설계부분에서 논의한 바와 같이, 진정성 개념을 구성적·비규범적 관점에 초점을 둔 채로 사용하게 되면, 우리는

1997년 이후 한국사회의 급격한 구조변동하에서 민주화시대의 청년 문화를 지배했던 정치·도덕적 진정성이 소멸되었다는 소위 '포스트-진정성' 테제를 넘어서(김홍중, 2009a: 17-140), 여러 미시영역에서 어떻게 청년 행위자들이 여전히 다양한 형식의 진정성을 추구하고 있는지를 좀더 경험적으로 탐구할 수 있게 된다. 이런 경우 진정성의 '소멸'이 아니라 그것의 '변형'과 '분화'가 새로운 연구영역으로 열리게 된다. 환언하면, 한국 청년문화에서 진정성은, 민주화시기에 나타났던 정치·도덕적 형태가 약화되고, 실천의 다양한 영역으로 분화, 확산되어 있는 것으로 보인다. 따라서 소비, 노동, 여가, 취미, 예술, 사교, 여행, 이주, 사랑 등의 영역에서 관찰되는 진정성의 실천들을 면밀히 탐구해야 할, 이론적 정리와 후속연구의 필요성이 제기된다.

둘째, 시적 진정성과 관계적 진정성을 하나의 의미 있는 체계로 묶어내는 것은 '창조적' 자아의 진정성에 대한 욕망이었다. 이 발견은 흥미로운 문제를 제기한다. 즉, 청년세대의 일부에게는 '서바이벌' 그 자체가 이제 더이상 매력적이거나 행위를 추동하는 '꿈'의 지위를 갖고 있지 못할 가능성이 있다는 것이다. 생존에 몰두하고, 집착하고, 매진하는 행위가 가능하기 위해서는, 그런 행위에 의미와 방향을 제시하는 꿈의 사회적 생산이 요구된다(Boltanski & Chiapello, 1999: 53). 생존을 위한 투쟁이 멋지고, 의미 있고, 흥분되는 동시에 도덕적인 것으로 인지되어 그것에 대한 마음의 힘을 동원할 수 있을 때, 생존주의가 유효하게 기능할 수 있다. 그런데 생존의 의미론이 지나치게 과열되고, 그것이 행위자에게 가혹한 부담을 야기하면, 청년 행위자들은 서바이벌의 정언명령이 강제하는 삶으로부터 이탈하여 다른 종류의 삶의 형식을 모색하게 된다. P의 멤버들에게 그것은 '시'였다. 시작은 P의 멤버들에게 자신들이 욕망하는 삶의 핵심가치가 무엇인지를 깨닫게 하는 성찰과 학습의 시간을 부여한다. 그것은, 자신이 갖고 있는 창조적 잠재력을 발휘하여 작품과 자기 자신을 만들어가는 것이 주는 매력과 의미로 충만한 삶에 대한 꿈 위에 구축되어 있는 삶의 형식이다. 물론, 이 꿈은 리얼리티와의 집요한 교섭 속에서 존속되고, 실현되고, 좌절되는 등 다양한 행로를 겪게 된다. 그것은 환상인 동시에 비전vision이다. 환상으로서 현실을 가리기도 하고, 생존주의의 압력을 망각하거나 이로부터 회피하도록 유도하기도 하지만, 비전으로서 그 꿈은 인간 행위자를 특정 방향으로 움직이는 힘으로 작용하여, 예기치 않은 결과들을 야기할 수 있다. 이들의 꿈이 집합적으로 결집되어 이루어진 동인활동이 곧 종결되는 것은 아쉬운 일이다. 그러나 어쩌면 놀라운 것은 이들이 동인을 해체한다는 사실이 아니라, 이들이 10년에 걸친 시간 동안 이 활동을 이어왔다는 사실일지도 모른다.

3부

사 회 와 마 음

소명으로서의 분열

I. 문제제기

—

조은, 조옥라, 조혜란, 홍경선이 한 팀이 되어 진행된 '사당동 재개발지
역 현장연구'는 1986년 6월에 시작되어 1988년 말까지 이어졌다. 그
결과 1987년에 『도시 무허가정착지의 성격과 생활실태』와 1988년에
『재개발사업이 지역주민에 미친 영향』이라는 두 권의 프로젝트 보고
서가 제출되었다. 이 보고서들을 재구성하여 1991년에 서울대학교 출
판부에서 '인구 및 발전 연구총서' 제2권으로 간행된 것이 『도시빈민
의 삶과 공간』이다(조은·조옥라, 1991). 이 저서는 재개발사업을 통해
서울의 달동네가 공간적으로 재구조화되는 과정을 거시적 배경으로
하여, 그 역동적 사회변동에 휘말려 삶의 터전을 강제적으로 박탈당한
도시빈민들의 생활양식을 탐구했던, 사회학적 현장연구의 대표적 사

례를 제공한 바 있다. 참여관찰, 심층면담, 설문조사 등을 통해 이루어진 이 연구는 공간의 구조변동과 정책, 행위자의 생활세계와 문화, 질적 연구방법의 다양한 문제들에 대한 중요한 성찰들을 내포하고 있었다.

〈사당동 더하기 22〉는 조은이 2010년 제11회 전주국제영화제에, 그리고 같은 해에 제7회 EBS 국제다큐영화제에 출품한 다큐멘터리다. 84분의 러닝타임을 갖고 있는 이 작품은, 앞서 언급했던 사당동 재개발 지역연구(1986-1988)에서 만난 한 가족을 추적하여 영상으로 기록한 작업이다. 도시재개발 사업으로 사당동을 떠난 지 10년이 된 1998년 12월, 조은은 수많은 연구대상 중의 하나였던 정금선 할머니 가족의 삶의 궤적을 카메라에 담기 시작한다. 작업은 2008년까지 이어졌고, 그 결과 한 편의 다큐멘터리가 탄생했다. 한국 사회학계에서 이런 방식의, 영화를 통한 연구는 거의 존재한 적 없으며, 이런 의미에서 조은의 작업은 각별한 위상을 차지한다.

1986년부터 2008년 사이 22년의 세월을 배경으로 하는 이 작품은 우리에게 한 빈민 가족의 삶의 여정을 담담하게 보여준다. 1986년에 64세이던 정금선 할머니는 다큐멘터리가 끝나갈 무렵에 작고했고, 당시 38세이던 아들 이수일은 머리가 벗겨지고 예순 줄에 접어든 노인이 되었다. 1986년에 각각 13세, 10세, 7세이던 세 아이들(영주, 덕주, 은주)은 결혼을 하여 아이들을 낳았다. 한 세대가 빈곤 속에서 빈곤과 싸우다 가고, 다음 세대가 또다시 그 빈곤 속에서 태어났다. 조은의 〈사당동 더하기 22〉(이하 〈사당동〉)는 세대에서 세대로 흘러가는 이 삶의 시간이 어떻게 사회적인 것the social에 의해 형성되었는가를 보여주고 있다. 이 글은 조은의 〈사당동〉이 사회학적 연구방법과 글쓰기의 차원에서 제기하는 몇 가지 테마들을 성찰하는 것을 목적으로 한다.

II. 시간과의 계약

—

〈사당동〉이 사회학 연구에 던지는 가장 즉각적인 질문은 시간의 의미에 관한 것이다. 사실, 〈사당동〉의 모태가 된 재개발지역 현장연구에는 3년의 시간이 투하되었다. 하지만 〈사당동〉에는 모두 22년이라는 시간이 녹아 있다. 이렇게 확보된 시간 속에서 연구대상은 자신의 '역사'를 획득하고, 거기에 내재되어 있는 특정 사회적 상태(빈곤)의 패턴을 가시적으로 드러내게 된다. 〈사당동〉에서 그것은 할머니 정금선의 삶과 아버지 이수일의 삶, 그리고 영주, 은주, 덕주 세 아이들의 삶 사이에 형성된 모종의 유사성이자 안타까운 반복인, 삼대를 흘러가는 빈곤의 냄새, 빛깔, 분위기이다. 한 세대에게 운명적인 것으로 체험된 삶의 빈곤은, 다음 세대와 그다음 세대에게도 역시 운명처럼 반복되고 있다. 막내 덕주는 소박하지만 솔직한 언어로 자신의 삶을 지배하는, 계급적 한계와 빈곤을 반복시키는 마성적 힘을 표현한다. 그것은 "돌고 또 돌고, 또 태어나 또 돌고, 또" 돌게 하는 사회적 메커니즘, 계급 재생산이라는 맹목적이면서 저항하기 어려운 리얼리티의 힘이다. 폴 윌리스가 말하는 "간파penetration"의 좋은 실례가 될 수도 있겠지만, 이것은 서글픈 간파, 체념에 반쯤 점령된 간파라 하겠다(윌리스, 1989: 181 이하). 그의 인터뷰 내용이다.

아, 왜 나는 하필 태어날 때 하필 이렇게 왜 이런 집에서 태어났나? 다 그러잖아요, 못사는 집에 (태어난 아이들은). 막 그런 생각하다가, 또 누구 친구들 만나면, 친구들은 옛날에, 막 장난감 같은 거 약간 좋은 거 있으면은 막 자랑하고 다니잖아요. 나도 막 이렇게, 나는

장난감은 별로 좋아하지 않았지만, 막 갖고 싶은 걸 마음대로 못 가
지니까, 사자는 말도 못 하고. 그런 생각 했는데 많이, 조금씩 나이가
들수록 이런 생각이 들더라고요. 아, 내가 커서 내가 잘살면 내 아이
들도 이제, 잘살면 좋은데, 못살면 또 똑같게 생활하는 거예요. 누구
한 사람이 잘해야지, 성공해야지 되는데 그걸 못 하니까 계속 우리
집이 이렇게 못살고, 못살고. 누구 한 사람이 잘살아야 되는데. **돌고
또 돌고, 또 태어나 또 돌고 또 돌고 그러니까, 계속 그 자리에 머무는……**
(강조는 필자).

　물론 22년의 세월 동안 모든 것이 제자리에 머문 것은 아니다. 가
령, 할머니가 살던 사당동 달동네의 누옥은 몸을 누이고 잠을 자기 위
한 최소한의 공간이었고, 거기서는 모두 "칼잠"을 자야만 했었다. 할머
니 스스로 말하고 있듯이, 그것은 "사람답게" 사는 것이 아니었다. 하
지만 우여곡절 끝에 달동네가 재개발되면서 가족이 상계동 임대아파
트로 옮겨왔을 때, 적어도 외형적으로 그들의 집은 사당동의 그것과
비교할 수 없을 정도로 개선된 "대궐"이 된다. 삶은 전진했다. 할머니
는 "대통령 되었다"는 말로 그 변화를 표현한다. 더구나 손자, 손녀들
의 시대는 사당동 시절과는 판이하게 다르다. 모든 것은 나아졌다. 그
것을 발전이라 불러도 좋을 것이고 진보라 불러도 좋을 것이다. 나아
졌다는 믿음과 생각, 서서히 삶이 개선되고 있다는, 부인할 수 없는 확
신이 분명히 한편에 존재한다. 그러나 〈사당동〉은 우리에게 묻는다.
과연 무엇이 나아졌는가? 나아진다는 것은 그렇게 점점 좋아진다는
것인가? 아니면, 그들이 사당동에서 살면서 느꼈던 절대적 박탈의 감
정으로부터 자유로워진다는 것인가? 그렇게 나아지고 있는 과정에서

왜 어떤 가난의 '기미'가 집요하게 이 가족의 삶 속에서 유령처럼 배회하는가? 이런 질문들에 대한 명료한 해답을 제공하는 대신 〈사당동〉은 22년의 시간에 투영된 한 가족의 삶을 그저 보여준다. 22년의 세월은, 그것을 직접 살아갔던 행위자에게는 긴 생애의 한 부분이지만, 계급에서 계급으로 개인이나 가족이 이동하기 위해 요구되는 시간의 차원에서 보면, 지극히 짧은 순간에 불과한 것이다. 사실은 어떤 이동도 없었다. 그들은 여전히 빈곤 속에 있다. 그 빈곤의 불변하는 지속을 〈사당동〉은 사회학적으로 가시화한다.

III. 사회학적 단자론monadology

—

그 가시성의 중심에 한 가족이 존재한다. 정금선 할머니, 그녀의 아들 이수일, 이수일의 자녀들인 영주, 은주, 덕주 모두 다섯 식구다. 아이들의 엄마는 오래전에 가출을 했다. 이들은 도시빈민의 전형이다. 할머니는 월남하여 남편을 잃고 아들을 키우면서 남산 밑에 소위 '하꼬방'을 하나 장만해서 '색시 장사'를 하다가 강제철거당하고 사당으로 흘러들어왔다. 임대주택으로 옮기고 나서도 가사에 시달리며, 공공근로로 다양한 잡일을 나가며 손자들을 다독이는 생활력 강한 민초다. 아들은 아이들의 엄마가 떠난 후에 혼자가 되어, 10대 후반부터 생계를 위해 직업전선에 뛰어들어 지금까지 일용직으로 공사장에서 일을 한다. 90년대 후반에 중국 연변에서 온 여성과 결혼하여 행복을 꿈꾸었지만, 그녀는 이혼소송을 벌이며 집을 나간다. 결국 소송에서 지고, 아들은 다시 혼자가 되어 노동을 하고 있다.

손자들의 삶도 평탄한 것만은 아니다. 첫째 손자는 다양한 직업들을 전전하며 간신히 살아가지만, 전도사가 될 꿈을 꾸며 희망을 잃지 않는다. 그가 기억하는 유년기는 고아의 그것이다. 자신의 모멸스런 추억을 더듬다가 목이 메기도 한다. 사람 좋은 인상에 후덕한 외모를 가진 그는 항상 낙관적이며, 자신의 건강을 신에게 감사한다. 하지만 현실은 고단하기 짝이 없다. 이채로운 것은 그의 결혼과정이다. 그는 필리핀에 가서 한 여성과 결혼을 한다. '지지'라는 이름을 가진 그 여성과 처음 한국에 왔을 때 그녀는 영주에게 "한국은 좋은 곳이에요 Korea is a nice place"라 말한다. 〈사당동〉의 부제가 '좋은 곳A Nice Place' 이 된 것은 이 때문이다. 영주와 지지는 거의 의사소통을 하지 못한다. 하지만 그들은 사랑하여 아이를 낳는다. 4대의 아이가 태어났다. 둘째 손녀는 남편과 불화를 일으키며 이혼을 생각하지만 그래도 왕십리의 열악한 집에서 임대아파트로 옮겨와 삶의 환경을 개선해나가고 있다. 소년 같은 이미지의 이 '아줌마'는 벌써 세 아이의 엄마다. 막내 손자는 사춘기를 방황하며 보냈다. 친구들을 잘못 사귀어 감옥에 갔다 오기도 하고, 몸에는 문신을 새기고 있다. 복서가 되기를 꿈꾼다고 말하고 있지만, 사실 간절한 꿈은 그에게 없다. 스스로 그것을 자각하고 있다. 하지만 막내는 가족들 중에서 유일하게 경제적 비전을 갖고 있는 사람이라는 사실에 자부심을 느끼고 있다. 영세하기는 하지만 헬스클럽을 운영하고 있기 때문이다. 이들이 살아간 세월의 모든 갈피들이 〈사당동〉을 채우는 내용들이다.

이 가족은 앞서 말한 바와 같이 한국 도시빈민의 삶을 압축하여 그 모든 굴곡과 변화를 내부에 품고 있는 하나의 모나드다. 라이프니츠가 말하는 모나드는 "복합된 것 안에 있는 단순한 실체", 즉 자신의 부분을 갖고 있지 않은 세계의 최소요소다(라이프니츠, 2010: 251-2). 가장 단순한, 창문 없는 단자單子로 표상되는 모나드는 하지만 "전 우주를 표상"한다(라이프니츠, 2010: 282). 미소微少한 것에 극대極大한 것이 표현되어 있는 것으며, 모나돌로지는 이처럼 미소한 것에 응집된 극대한 것을 찾아내는 작업이다.[1] 가령, 〈사당동〉은 해당 사회현실로부터 '통계적 일반성'을 찾아내고자 하는 대신, 수많은 도시빈민들과 그들의 셀 수 없이 많은 삶의 이야기들 중에서 오직 하나의 사례, 하나의 이야기, 하나의 세부細部, 돌려 말하자면 하나의 모나드를 설정하고 거기에 전적으로 집중한다. 그 가족의 내부를 깊이 들여다본다. 그들과 소통하면서 그들 생활세계의 의미영역들을 차분히 가시화한다. 그런 방식으로 개방된 가족의 삶의 현실은, 가족을 품고 있는 한국사회 자체의 다양한 문제들을 응축(표현)하고 있다. 도시 재개발이라는 공간 재편의 원리와 한국적 근대화의 어둠, 빈곤층의 다양한 하비투스와 문화, 도시건설 노동시장과 노동자들의 일상, 어린이들의 생활과 그들의 놀이양식, 청년들의 사랑법과 양육법, 음식문화, 주거문화, 다문화가정

---

1 사실 20세기 인문·사회과학은 모나돌로지적 방법에 다양한 차원에서 깊은 주의를 기울여온 바 있다. 역사학의 영역에서 가장 대표적인 것은 미시사다(곽차섭, 2000). 그중에서 특히 진츠부르그(Carlo Ginzburg)의 작업들이 이를 잘 보여준다. 그가 자주 인용하는 독일 예술사가 아비 바르부르크를 빌려 말하자면, "신은 세부에 거주한다(God is in details)". 그는 작은 단위의 연구대상 속으로 들어가서 그 속에서 역사·사회적 총체성을 찾아낸다. 이 방법은 사실 19세기 후반에 창안된 새로운 인식론적 전환에 기초하고 있다. 그것은 미술사가 모렐리, 프로이트, 그리고 탐정 홈스의 탐구방법에서 엿보이는 소위 "추측적 패러다임(paradigme indiciaire)"이다. 추측적 패러다임은 전체가 아닌 미소한 디테일에 대한 정밀한 해독과 탐구를 통해 전체구조를 인지하는 방법이다(Ginzburg, 1989: 218-294). 모나돌로지는 벤야민의 중요한 방법론이기도하다. 그에 의하면, 자신의 탐구대상은 사회적 총체성을 이미지의 형식으로 내포하고 있는 '모나드'다(Benjamin, GS I-1: 228). 모나드에 접근하는 방법은 그리하여 그것을 다른 차원에 인과적으로 귀속시킴으로써 설명하는 것이 아니라, 그 내부에 은닉된·표현된 수많은 이미지들을 '보여주는' 것이다.

의 형성, 도시 빈곤층의 종교생활, 청소년 범죄, 꿈과 희망의 계급적 차등분배, 종교와 이데올로기, 그리고 그 가족이 겪은 이른바 "정신적 화상火傷"(조은, 2003b: 5-7) 등이 그것이다. 이 가족은 한국사회의 다양한 문제들의 복합적 압력이 빚어놓은 살아 있는 조각상들이라 할 수 있다. 이들의 사고양식, 행위양식, 감정양식은 우리 사회가 80년대 이후 현재까지 어떤 방향으로 발전해왔는지, 그 과정에서 어떤 문제들을 양산했는지, 그 결과는 어떠한지를 가늠케 하는 징후들이다. 관객으로서 우리는 〈사당동〉이 펼쳐놓는 드라마를 관람하는 가운데, 한국사회의 한 단면을 통찰하기에 이른다. 이런 관점에서 말하자면 〈사당동〉의 방법은 '사회학적 모나돌로지單子論'라 불릴 수 있다.[2]

IV. 이미지로 글쓰기
—

〈사당동〉은 사회학적 글쓰기의 '형식'에 대한 근본적 질문을 제기한다. 부언의 여지없이 사회학적 글쓰기를 규정하는 가장 중요한 형식은 학술논문이다. 하지만 학술논문이 아닌 다른 형태의 글쓰기는 어떻게

---

2 사회학적 모나돌로지에 조응하는, 좀더 일반화된 질적 연구방법은 아마도 '사례연구'일 것이다. 그 기원에는 프로이트의 정신분석학, 의학에서의 징후해석학(symptomatology), 법학에서의 판례연구 등이 존재한다(크레스웰, 2010: 111 이하). 이들 접근법들은 모두 개별자(모나드)로부터 총체성(구조)에 이르는 길을 모색한다는 특징이 있다. 그것은 이 개별자들이 총체성을 표현하고 있기 때문이다. 이희영은 이런 사례들을 "유형화된 사례"라 부르기도 한다. 유형화된 사례란 개별적 케이스에서만 구체적으로 발견되는 경험내용이지만, 그것이 다른 사람들의 경험내용에도 적용될 수 있는 가능성을 가진 사례를 가리킨다(이희영, 2005: 143). 이런 '사례' 속에서 우리는, 사회의 구조적 힘이 행위자들의 내면과 하비투스로 스며들어간 지점들을 발견하게 된다. 모나드는 구조와 행위의 이분법적 구도를 해소시키는 관찰과 탐구의 단위를 이룬다.

가능한가? 사실 에스노그래피 전통에서 영화 제작방법은 이미 오랜 역사를 갖고 있고, 그 역사만큼이나 다양한 쟁점과 논쟁의 테마들에 둘러싸여 있다(Henley, 1988; Harper, 1998).[3] 영상물이 인류학적/사회학적 탐구와 글쓰기의 매체가 되는 순간, 윈스턴이 "실재에 대한 요청claim upon the real"이라 명명한 바로 그것이 해결되어야 하는 중요한 문제로서 제기된다(Winston, 1995). 문자와 달리 영상, 특히 움직이는 영화이미지는 그것이 재현된 것이라는 사실을 은폐하는 경향이 있다. 영상물은 실재에 대한, 감각적인 수준에서 가장 리얼한 포착력을 갖고 있기 때문이다. 영상으로 사회학을 한다는 것은 그리하여 사회학의 대상인 사회적 현실에 가장 가까이 갈 수 있다는 어떤 암묵적 환상, 혹은 리얼리티 그 자체를 재현하고자 하는 욕망과 무관하지 않다.

그러나 20세기 후반에 이르면, 다양한 이론적 성찰의 심화와 영화적 접근경험의 축적 속에서 영상물과 리얼리티 사이에 단순한 반영·기록·재현의 관계를 설정하는 것은 거의 불가능하게 되었다. 어떤 카메라도, 어떤 영상물도, 어떤 이미지도 리얼리티 그 자체와 접촉할 수는 없다. 리얼리티 자체는 재현되지 않는다. 다만 리얼리티의 어떤 측면, 특정 시각에 의해서 이미 해석된 리얼리티의 특정 표상만이 존재할 수 있을 뿐이다. 이는 〈사당동〉의 경우 또한 마찬가지이다. 〈사당동〉의 미덕은 리얼리티를 포착하겠다는 욕망에 가해진 금욕적 자기제한에서 발

---

3 철학의 영역에서 영상적 글쓰기를 시도한 최근의 몇몇 사례들이 존재한다. 〈사당동〉과 같은 해인 2009년에 배리슨(David Barison)과 로스(Daniel Ross)가 만든, 하이데거 철학에 대한 영상적 탐구라 할 수 있는 〈이스터(Ister)〉, 그리고 역시 같은 해에 일본의 철학자 니시야마 유지(西山雄二) 감독이, 데리다가 창시한 파리의 국제철학학교에 관해서 찍은 〈철학의 권리(Le droit à la philosophie)〉가 있다. 사회학의 영역에서 인상적인 작품으로는 피에르 샤를이 찍은, 부르디외에 대한 다큐멘터리 〈사회학은 전투 스포츠다(La sociologie est un sport de combat)〉(2001)가 있다.

견된다.

〈사당동〉은 현장의 실재를 필름 위에 각인시키는 기록의 임무나 현장의 참상을 관객에게 전달하는 고발의 임무와 거리를 둔다. 만일 그런 목적을 갖고 있었더라면 반드시 포함되었어야 할 수많은 장면들이 〈사당동〉에는 등장하지 않는다. 감독의 관심은 그것이 아니다. 감독은 현실의 포착불가능성을 은폐하지 않은 채 현실에 무뚝뚝하게 접근해간다. 감독의 목소리와 질문, 그리고 피응답자의 대답이 일상적 대화처럼, 그러나 결코 일상적 대화가 될 수 없는 성찰적 잠재력을 가지고 스크린을 지배한다. 이는 전통적 다큐멘터리가 전제했던 투명한 재현에 대한 믿음을 교란시키는 결과를 가져온다. 조은의 카메라가 포착한 리얼리티는 객관적이고 투명한 시점을 전제하지 않는다. 오히려 시선의 주체가 시선의 대상들이 머무는 공간 속에 침입함으로써, 감독과 연구대상의 새로운 관계와 독특한 성찰성이 형성되는 것이다. 이런 점에서 허정식의 다음과 같은 지적은 설득력이 있다.

〈사당동〉의 감독이 사회학의 전통적인 문자매체 대신에 영상매체를 선택하는 것은 현실을 더 잘 기록하기 위해서가 아니라 현실에 좀더 다른 방식으로 접근하고자 하는 의도에 기인한 것이라 이해할 수 있다. (……) 무엇보다 중요한 것은 이 작품이 재현의 객관적 진실성이라는 회의적인 가치에 기대는 대신에 영화 매체를 연구자인 감독과 연구 상대 사이의 만남과 관계를 보여주는 성찰적인 면모를 보여준다는 점이다. 감독은 객관적인 제3자의 위치에 머물러 있지 않고 일인칭 '나'의 위치에서 등장하며, 이로부터 시작되는 영화 제작과정은 단지 한 빈민가족의 삶을 설명하는 것이 아니라 감독과 그 가족이 관계를 맺어가는 과정과 상호간 이해를 넓혀가는 모습을 보여준다. 이 점에서 감독은 인물에 대한 다큐멘터리적 접근법을 쇄신할 뿐 아니라 사회학적 접근법 또한 쇄신하고 있다(허정식, 2012: 73).

주인공들은 연기하는 것도 아니지만 그렇다고 연기한다는 사실 그 자체를 완전히 망각한 채 행동하는 것도 아니다. 그들은 자신들의 삶을 보여주고자 하지도 않고, 감추고자 하지도 않는다. 자연스럽지도 않고 부자연스럽지도 않다. 이들과의 인터뷰는 프라이버시를 가리는 커튼 너머에 감추어진 무언가를 드러내는 일이라기보다는, 그와 같은 중산층적 '사생활' 개념이 아예 존재하는 않는 공개된 삶의 무대에서 벌어지는 사건과 사고들로 점철된 일상의 한 단면을 의미 있는 시선과 언어로 다시 붙드는 것에 더 가깝다. 이 과정에서 주인공들은 단순히 대상화되는 것이 아니라 자신들의 삶을 말하는 '발화 주체'가 된다. 조은은 이렇게 쓴다. "이 영화는 긴 시간적 구성 속에서 미세하게 한 가족 개개인의 말투와 몸짓을 꾸준히 쫓아가며 관계를 맺는다. 가난한 사람들의 감동적인 인간 다큐도 아니며, 투쟁의 역사를 증언하기 위함도 아니다. 한 가난한 가족의 20년의 삶을 통해 가난한 사람들의 한국 사회에서 가난한 삶의 의미를, 가난은 어떻게 돌고 또 도는가를 보여준다. 이들은 찍히는 것이 아니라 스스로 말한다. 주인공들은 대상화되지 않으며 다큐의 주체가 된다"(조은 · 박경태, 2007: 936).

한쪽에서 일방적으로 말하는 것이 아니라 말이 건네지고 대답되면서 어떤 상호공간이 만들어진다. 이는 "관계로서의 리서치"의 가능성을 성찰하게 한다(Ceglowski, 2002). 이런 의미에서 조은은 〈사당동〉이 "한 가족의 이야기가 아니다"라고 말하는 것이다(조은 · 박경태, 2007:

936). 즉, 〈사당동〉은 한 가족이 주인공으로 설정된 각본에 의거해서 전개되는 그런 이야기가 아니다. 사당동 가족의 현실은, 그 현실이 있는 그대로 드러날 수 없다는 사실 위에서 '가까스로' 표현되고 있다. 가까스로 표현된 리얼리티는 착색 없이 담담하게 제시된다. 이미지들 역시 마찬가지이다. 말하자면 이미지는 결핍의 문법으로 〈사당동〉을 지배한다. 〈사당동〉이 선택한 것은 이미지의 검약이다. 〈사당동〉에서 미적 영상이나 영상적 조화, 미장센 등은 최소화되어 있다. 작품의 영상계는 소박하고 간결하다. 그 속에서 한 가족의 삶이 어슴푸레 드러난다. 그 삶은 있는 그대로의 삶도 아니고 허구도 아니다. 그것은 사회학적 연구디자인에 의해 데이터로 환원되어 분석된, 과학의 언어로 번역된 실재도 아니다. 빈곤을 대물림하는 저 가족의 삶은 조은이라는 사회학자-감독의 '작품' 속에서 '구제된' 현실이다.

요컨대 영상으로 쓴 풍경의 사회학은 단순한 연구 결과물이 아닌 하나의 '작품'에 근접해 있다.[4] 작품은 그것을 만든 사람과 그것을 향유하는 사람 사이에 특수한 커뮤니케이션 양식, 즉 자신이 품고 있는 '의미'가 정보의 처리와는 다른 방식으로 이해되고 해석되기를 요청한다. 작품을 읽는 사람의 지평과 작품의 지평 사이에 해석학적 반복가능성을 강제한다. 우리는 정보를 한 번 읽고 소화시키고, 다음의 새로운 정보로 넘어갈 수 있지만 작품은 여러 번 읽어야 하며, 그때마다 새로운 의미의 차원이 열린다. 우리가 만일 연구성과를 정보로 이해한다면, 그 가장 중요한 요체를 우리는 몇 줄로 요약할 수 있을 것이다. 그것은 다름아닌, 초록抄錄으로 제시될 수 있는 논리적 골격과 탐구된 실체의 축약일 것이다. 그러나 진정한 작품은 요약을 불허한다. 작품을 구성하는 모든 부분들은 유기적 생명의 필수적 구성요소다. 어느 한 부분이라도 자의적으로 절단되면, 작품 전체의 생명력이 손상된다. 요약은 작품을 살해한다. 엄밀히 말하자면, 연구자와 작가는 서로 겹칠 수 없는 두 개의 다른 활동의 주체이다. 경험과학으로서 사회학의 주체는 작가가 아니다. 좋은 사회학자가 되기 위해서 작가가 될 필요는 전혀 없으며, 반대로 좋은 사회학자가 되기 위해서, 좋은 경험연구자가 되기 위해서라면, 작가적 주체성을 억압하거나 삭제할 필요가 있는 경우가 존재하기도 하는 것이다.

그러나 사회학자와 작가가 서로의 역량을 강화시킬 수 있는 가능성을 품고 있는, 혹은 그런 가능성이 오히려 요청되는 영역이 있다. 그것이 바로 문화사회학(예술사회학이나 문학사회학을 포함하여)이다. 의미와 상징을 중시하는 문화사회학의 작업들은 작품의 세계 쪽으로, 미학적 차원으로 스스로를 이동시킬 유연성과 잠재력을 품고 있다(정

---

4 작품 개념과 대립하는 것은 아마도 연구자의 장기간의 실존적 투기가 동반되지 않은 채 진행되는 다양한 사업들, 즉 소위 '프로젝트'일 것이다. 21세기 한국 아카데미의 구조적 변화과정에서 연구 행위를 제도적으로 구성하는 강력한 프레임으로 나타난 '프로젝트'는 다수 연구자들이 특정 관심을 공유하면서 단기적으로 만나 하나의 주제에 대해 다양한 각도의 연구성과를 산출하고 그것을 묶어 책을 내거나 보고하는 형태를 취하고 있다. 프로젝트의 시간은 짧고 그 결합은 기본적으로 도구적이다. 거기에는 연구대상과 연구자가 맺고 있는 운명적인 인연, 평생을 지속하는 문제의식, 완성되지 못한 채 끌고 가면서 진화하는 연구 그 자체의 변화와 같은 요소들이 들어설 틈이 없다. 당연히 연구결과가 '작품'이라는 발상도 불가능하다. 국가나 기업에 의해 자금이 지원되고, 그 과정이 행정적으로 통제, 관리되고, 그 형식과 내용에 특정 방식의 틀이 암묵적으로 개입해 있는 이런 형태의 연구관행이 지배적일 때, 작품으로서의 연구성과를 꿈꾸고 그것을 향해 매진한다는 것은 매우 희귀한 지적 태도가 되어 버린다. 조은은 자신의 자전적 소설 『침묵으로 지은 집』에서 다음과 같이 말하고 있다. "얼마 전 누군가 내게 물었다. '선생님은 광주 사람이면서 5·18 구술사 프로젝트 같은 데 왜 참여하지 않느냐'고. 그리고 광주민주화항쟁 심포지엄 같은 데 왜 얼굴도 안 비추느냐는 질문도 했다. '글쎄요……'라고 짧게 답하고 만다. 그 이유를 댈 수가 없다. **광주는 그녀에게 프로젝트일 수가 없다. 그뿐이다**"(조은, 2003a: 195. 강조는 조은). 여기에는 프로젝트의 형식으로 광주에 대한 연구를 할 수 없다는 단호한 입장이 표명되어 있다.

수복, 2015; 최종렬, 2009). 문화는 사실들로 구성된 세계일 뿐 아니라 사실이 새로운 사실로 해석되고, 상상되고, 파상되고, 변형되는 공간이기 때문이다. 예술이나 문학이 오랫동안 탐색해온 인간세계의 진실에 대한 접근이 보여주는 형식화, 즉 작품이라는 상징적 생명체의 창출을 문화사회학이 간과할 수 없는 이유가 거기에 있다. 사실이 아니라 의미를 탐구하는 한, 그 탐구의 형식 자체는 생동감 있는 커뮤니케이션의 가능성을 보유하고 있어야 한다. 문화사회학적 작업이 작품을 지향해야 하는 이유가 거기에 있다. 작품은 카오스를 뚫고 나오는 하나의 질서이다. 작품은 리얼리티의 카오스의 거센 역동을 변형적으로 보유하고 있다. 구체와 추상이 거기에 기묘하게 절충되어 있다. 그것은 생동감을 유지하고 있는 질서, 질서에 갇힌 생生이다.[5] 바로 이런 점에서 사회학과 풍경의 결합, 사회학적 글쓰기와 예술적 글쓰기의 어떤 접합의 가능성에 대한 실험, 바로 이것이 〈사당동〉이 우리에게 입증해준 중요한 성취가 아닐 수 없다.

---

5 사회학과 예술적 가치들의 결합가능성은 이미 니스벳(Robert Nisbet)에 의해 탐구된 바 있다. 자신의 저서 『사회학과 예술의 만남(Sociology as an Art Form)』(1976)에서 그는 사회학을 예술 형식과 등치시키는 대담한 발상을 보여준다. 제3장에서 '사회학적 풍경화'의 개념을 제안하는 니스벳에 의하면, 마르크스, 퇴니에스, 베버, 뒤르케임, 짐멜의 사회학은 근대성의 다양한 현상들(대중, 권력, 대도시 등)에 대한 풍경화를 제공하고 있다. 고전사회학자들의 성공은 그들의 작업이 당대 예술의 통찰력에 포착된 근대성의 풍경들을 예리하고 포괄적인 방식으로 포착하여 제시함으로써 가능했다는 것이다. "우리가 적절하게도 사회학의 전개에 결부시키고 있는 대중사회, 게마인샤프트, 게젤샤프트, 사회적 지위, 권위, 성과 속, 소외, 아노미와 같은 개념과 또한 18세기의 유럽사회의 풍경에 대한 그 외의 주목할 만한 반응의 배후에 존재하는 것은 현행의 방법론이나 이론구성의 교과서의 고안된 규칙의 어떤 것에 따른 수량적, 경험적 과학이 아니라 예술가의 통찰력이다"(니스벳, 1981: 60).

V. 사회학적 풍경화

—

조은 사회학은 현장의 사회학이다. 현장이란 사회학자가 그 안으로 들어가 체험, 관찰, 기록, 사유, 판단하는 리얼리티의 거점을 가리킨다. 이 용어는 경험과학의 주체로서 가령 문화사회학자가 품을 수 있는 정당한 자부심을 담고 있는 말이다. 좋은 현장을 갖는다는 것, 그것은 문화사회학자에게는 하나의 꿈이다. 이 꿈에는 사회학의 뿌리에서, 사회학이 인류학과 맺고 있는 태생적 연관이 꿈틀거리고 있다. 현장은 이론과 실제의 연관, 사변과 문제의 연관을 사유할 것을 강요한다. 현장에서는 모든 공식적 방법, 방법론, 기법들이 제한적으로 그 효력을 발휘한다. 현장은 매뉴얼보다 더 방대하고 복잡하기 때문이다. 현장은 때로는 응급실이며, 법정이며, 전장이고, 공사장이다. 그곳은 사람이 죽기도 하고 살기도 하는 곳이다. 그곳은 이론의 평온하고 나이브한 회색지대가 아니다. 현장은 리얼리티이다. 그리하여 현장에서 중요한 것은 암묵적 경험들과 그런 경험들이 제공하는 방편들이라 할 수 있다.

방법μέτοδος은 그리스어로 '뒤에' 또는 '뒤따라'를 의미하는 '메타μετά'에서 온 말로서 "하나의 사태를 뒤쫓아 나아가는 길"이라는 의미를 갖는다(하이데거, 2001: 75). 거기에는 어떤 전범典範이 가정되어 있고, 그것에 대한 충실성이 암시되어 있다. 사회과학에서 '방법'은 과학적 지식을 생산하기 위해서 사용해야 하는 것으로 인정된 일련의 연구 방식에 대한 규범과 규칙들을 가리킨다. 이를 벗어난 곳에서 발화된 것들이나 통찰된 것들은 대개 사회과학의 담론적 규칙을 준수하지 못한 것으로서 타기되는 경향이 있다. 20세기 중반 이후에 강화된 이런 방법론주의적 경향은 사회과학이 자신의 과학성을 주장하면서 소위 자연과학과 같은 정상과학으로 인정받기 위한 투쟁과정에서 형성된 것이다(Luker, 2008: 22 이하). 반면에 방편方便, upaya은 "중생을 제도하기 위하여 여러 가지 수단 방법을 강구하는 것, 또는 그 수단 방법"을 가리킨다(김승동, 2011: 316). 가령 『중아함경』에 나오는 유명한 뗏목의 비유(강을 건넜으면 뗏목을 버리라는)가 암시하듯, 중생제도라는 유일목표에 기여하는 '모든' 것이 방편이 될 수 있다. 따라서 부처의 가르침, 설법, 경전, 말씀, 그리고 그의 존재 자체도 하나의 방편에 불과하다는 과격하고 아이러니한 인식이 가능한 것이다. 이처럼 방편이라는 말에는 '절대적 수단성'이라는 의미가 함축되어 있다.

모든 연구에는 방법의 몫이 있고, 방편의 몫이 있다. 서두에 이리저리 명시되는 방법들은 공식적 절차들이지만, 연구수행과정의 매 단계에서 연구자는 자신의 논문에 절차적으로 명시되지 않는 수많은 감각적 탐구방식들을 적극적으로 활용하는 것이다. 서호철은 실제적 연구과정이 요구하는 노하우들, 즉 방편의 중요성을 다음과 같이 예시하고 있다. "다른 한 가지 결정적인 과제는 각자의 연구주제와 관련해서 과연 어디에 어떤 자료가 있고 그것을 어떻게 구할 수 있는지를 알아내는 것이다. 전통적으로 이 문제는 대개 지도교수, 선배와 동료 연구자, 선행연구 등을 통해서 해결해왔다. 나머지는 현장이 아니면 한 도서관에서 다른 도서관으로, 도서관 서가와 복사기 사이를 걷고 또 걷는 일이다. 그럴 때 필요한 것은 거창하고 획일적인 '방법(론)'이 아니라, 마을 어른들께 인사를 어떻게 하는지, 같은 자료가 어느 도서관에서는 대출·복사가 되고 어디서는 안 되는지, 복사기와 카메라, 녹음기의 각 기능은 어떻게 쓰는지, 이미지 파일은 어떻게 이름을 붙여 분류·정리하는지 하는 그때그때의 깨알 같은 '노하우'다"(서호철, 2016: 175). 연구자료의 수집과 정리과정에서뿐 아니라 이론의 구성과 착안, 어떤 개념을 연구에 적용할 것인가를 판단하는 과정, 해석이나 분석과 정, 글쓰기와 제시, 그리고 발견술heuristics의 모든 미세적인 수준에서도 연구자들은 사실 (공식화된 방법이 아니라) 방편들을 활용한다. 방편의 원천에는 계급이나 젠더의 위치가 부여하는 시각, 연구자의 생애사적 특이성, 인간적 품성, 상처나 트라우마, 삶의 체험들,6 다른 분과 학문에서 빌려온 지식이나 관점 등 복합적 자원들이 존재한다. 이런 것들은 연구의 공식 방법으로 제시되거나 서술되지는 않지만, 실제로 서술되는 것들보다 훨씬 더 결정적인 역할을 수행한다.

〈사당동〉은 이런 의미에서 새로운 방법론을 보여준 것이라기보다는 오히려 새로운 방편론을 보여준 연구라 할 수도 있다. 아니면 방법

---

6 삶에서 얻은 체험이 학문적 탐구에 활용될 때 나는 이를 '의도하지 않은 참여관찰(unintended participant observation)'이라 부르고자 한다. 참여관찰은 질적 연구의 중요한 방법으로서 연구자가 특정 의도와 계획을 가지고 연구대상의 생활세계에 참여하면서 그 대상을 관찰하는 절차를 가리킨다. 그런데, 사실 많은 연구들은, 이와 같은 구체적인 의도와 의향이 없는 상태에서 연구자가 자신의 일상 속에서 자연스럽게 수행해온 수많은 참여적인 관찰들을 그 배경지평으로 하는 경우가 많다. 의도하지 않은 참여관찰은 이처럼, 사회학자로서의 의식과 의도를 갖지 않은 채, 자신의 삶에 일어나는 주요한 사건, 의례, 현상들에 참여하며 그것을 체험하는 것, 그리고 그런 의도되지 않은 체험이 사후적으로 사회학적 성찰과 반성과 관심의 대상으로 성립되면서 연구에 다각적으로 깊은 영향을 주는 경우를 가리킨다. 이는 특히 행위자들의 의미세계를 중시하는 문화사회학의 영역(혹은 마음의 사회학의 영역)에서 더 빈번히 발생되는 것이 아닐까 싶다. 사회학자의 성장, 교육, 질병, 입대, 교우, 가족생활, 결혼/이혼, 양육, 근친의 죽음, 사건/사고, 직업, 갈등, 성공/실패와 같은 모든 삶의 체험은 '언젠가는 연구의 주제로 전환될 수 있는 질문들'의 중요한 원천이 된다. 사회학적으로 형식화된 질문 이전에 던져진 전(前)이론적인 물음들이 그곳에서 발생하며, 이런 물음을 가능하게 하는 관찰과 체험이 그곳에서 축적된다. 문화사회학자 자신의 삶은 일종의 원형적 필드 혹은 현장이다. 연구란 이처럼 의도하지 않은 방식으로 살아낸 과거와 현재의 이 막대한 가능성이 구성하는 거대한 빙산의 일각을 이룰 뿐이다. 드러난 방법은 드러나지 않은 이 영역을 주관하는 방편들의 물화된 절차이다.

과 다른 방편의 중요성을 사고하게 하는 성찰을 가능하게 해준 연구라 해도 좋다. 중요한 것은 방편의 의미에 대한 사고를 촉발하는 것은 현장이라는 사실이다. 〈사당동〉은 현장에서 시작되고, 현장에서 배태되고, 현장에서 진행된 작업이다. 그러나 그것이 현장에서 시작된다는 말이, 그것이 현장에서 끝난다는 사실을 의미하는 것은 아니다. 〈사당동〉의 경우, 사회학자 조은은 현장에서 시작했지만 그것을 하나의 '풍경'으로 전환시키는 데 성공했다. 현장을 풍경으로 전환시켰다는 것은 무엇을 의미하는가? 그것은 리얼리티가 방출하는 거의 무한한 감각적 소여들을, 한눈에 직관할 수 있는 압축된 이미지로 제시했다는 것이다. 종합하고 표상한다는 점에서, 현장을 풍경으로 전환시키는 것은 개념의 작업과 유사한 바가 없지 않다(김홍중, 2009c: 12-7). 그러나 풍경의 생산은 전前 개념적인 수준에 존재하는 영상의 생산이다. 문자와 언어를 사용하기 이전부터 오랫동안 인간이 사유의 도구이자 표현의 매체로 활용했던 이미지 수준의 집약이다.[7]

요컨대, 대지 혹은 자연은 인간 실천에 의한 특정 변형을 거쳐, 정돈되고, 미화되고, 체계화되어 '풍경'으로 변형된다. 프랑스의 미학자 샤를 랄로를 원용하면서, 알랭 로제는 "풍경은 자연을 예술화한다 artialise"는 명제를 제시한다(Roger, 1997: 16 이하). 환언하면, 풍경은

---

7 풍경 개념에는 이미 이러한 집약, 종합, 수렴, 변환의 역동성이 내포되어 있다. 거의 대부분의 유럽어 계열에서 풍경이라는 용어는 대지(大地)라는 용어에 특수한 접미어가 부착된 형태를 띤다. 가령, 불어의 '대지-풍경pays-paysage', 영어의 'land-landscape', 독일어의 'Land-Landschaft', 스페인어의 'pais-paisaje', 이탈리아어의 'paese-paesaggio'의 관계가 그것이다. 네덜란드어로 풍경은 'landschap', 스웨덴어로 풍경은 'landskap', 덴마크어로 풍경은 'lanskal'인데, 모두 'land'의 파생어임이 명확하다. 거의 대부분의 경우 풍경은 자연에 대한 가공물, 인간화된 자연으로서 인간 실천에 의해서 생산된 것이라는 의미를 갖는다(Roger, 1997: 18).

자연 그 자체의 혼돈과 풍요, 감각적 다양성, 무절제, 원초적 자유 등을 인간의 미학적 질서 감각 속으로 투영해넣어 만들어낸 영상적 구성물이다. 예술화란 종합이며 압축이며 형식화이다. 우리가 〈사당동〉을 관람할 때 바라보는 것은 이처럼 풍경 속에 들어온 한 가족의 삶이다. 우리는 그들 삶의 고충과 아픔을 지성적으로 이해하는 데서 멈추는 것이 아니라, 그것이 감각적으로 주어지는 체험을 하게 된다. 풍경은 '이해'의 수위를 심정心情으로 하강시킨다. 관객들은 이와 같은 이미지를 통한 소통 속에서 '마음'의 움직임으로 이끌리고, 이런 마음의 움직임이 갖는 정치성은 개념이나 이념적 소통 속에서 드러나는 그것보다 훨씬 더 선명한 울림을 갖는다.

VI. 소명으로서의 분열

—

조은 사회학의 체계는 가족, 계급, 여성(젠더)라는 세 기본 축으로 구성되어 있다. 조은은 이 세 가지 문제영역에 대한 다양한 실증연구들을 1980년대 초반부터 진행해왔다. 2000년대에 접어들면서 조은은 한 권의 소설과 한 편의 다큐멘터리를 생산함으로써 사회학적 연구의 지평에 새로운 질문들을 던지게 된다. 〈사당동〉은 외적으로 보자면 매우 특이한 연구성과로 보이지만, 조은 사회학의 여정을 염두에 두고 생각해보면 사실 일관적이고 논리적인 귀결점이기도 하다. 〈사당동〉이야말로 가족과 계급에 대한 문제의식이 교차하는 지점에서 실현된 것이며, 최종적으로는 사회학자 조은이 자신의 사회학 전반에 대해 행한 성찰의 산물이기도 하다. 〈사당동〉을 통해 명확하게 드러나는바, 사회학자 조은이 연구자로서, 작가로서, 감독으로서 차지하고 있던 그 '자리'는, 앞서 언급한 용어를 사용하면, 현장과 풍경의 사이 어딘가다. 연구자는 현장의 세계와 풍경세계의 중간 어딘가에, 밑의 세계와 위에서 굽어보는 세계 사이에, 동국대가 있는 장충동의 세계와 사당동 달동네의 사이에, 지식인의 세계와 민民의 세계 사이에, 개념의 세계와 감각의 세계 사이에, 남성의 세계와 여성의 세계 사이에, 중산층의 세계와 빈곤층의 세계 사이에 있다. 그것은 운동에의 도덕적 요구와 연구의 윤리적 원칙 사이이기도 하고 현장의 현장성과 풍경의 풍경성 사이이기도 하다. 이 사이에서 연구자는 분열되어 있다. 연구자는 두 세계의 이율배반성에 노출되어 있고, 그로부터 때로는 상처를 혹은 혼돈을 체험한다. 조은의 자리는 바로 이 분열 그 자체이며, 어쩌면 조은의 영상적 글쓰기는 이 분열의 기록이다.

연구자의 존재론적 위치를 규정하는 이와 같은 분열은 단순한 피동적 '겪음'이 아니라 적극적 '행위'에 더 가깝다. 그것은 베버가 말하는 소명Beruf의 윤리와 연결된다. 즉 조은이 보여준 분열은 단순한 정체성의 혼란이 아니라, "자기성찰Selbstbesinnung과 사실관계의 인식에 기여하기 위하여 전문적으로 행해지는 직업Beruf"으로서의 전략적 분열로 읽혀야 한다(베버, 2002: 69). 이 분열은 엄격해야 한다. 즉 현장으로 가도, 풍경으로 와도 안 된다. 현장에 푹 빠지면, 풍경은 허위로 비추어진다. 소박한 경험주의는 자료 물신주의나 현장 실재론으로 우리를 이끌어갈 위험을 내포한다. 이런 시각에서 보면 풍경은 이 세상에 있어도 없어도 그만일 수 있다. 이와 반대로, 풍경 쪽으로 깊숙이 들어온 자는 현장에 갈 필요를 못 느낄 수도 있다. 풍경은 현장으로부터 질서와 구성의 원리를 부여받기보다는 오히려 질서와 구성의 불가능성에 의해 협박을 받기 때문이다. 현장에 가면, 풍경이 그곳에 없다는 사실이 드러난다. 있는 것은 해독되거나 정돈되지 못한, 수많은 의문들과 오류들로 구성된 거대한 자료와 감각 데이터의 더미일 뿐이다. 좋은 풍경은, 풍요로운 풍경은 그리하여 현장을 외면하는 연구자에 의해서도 생산될 수 있다. 빈곤이라는 리얼리티 그 자체와 거기에서 방출되는 날것의 데이터가 내포하는 '사실성'에 비추어보면, 빈곤에 대한 연구와 그 결과를 작품으로 만드는 행위는, 잉여적인 것으로 간주될 수 있는 것이다. 현장과 풍경의 변증법은 깨진다. 〈사당동〉은 이 같은 아이러니를 가로지른다. 이 작품이 현장에 충실할 수 있었던 것은 그것이 좋은 사회학적 풍경을 구성해내는 데 성공했기 때문이며, 정확히 이와 반대로 이 작품이 하나의 훌륭한 사회학적 풍경이 될 수 있는 것은 그것이 현장에 깊이 오랫동안 뿌리내리고 있었기 때문이다. 현장과 풍경이 결합된 이 자리는―이곳은 사실 베버 사회학에서 이념형이 차지하고 있는 자리와 매우 흡사하다―분열의 생산성을 방증한다.

분열은 분열된 채로 지속되어야 한다. 22년 이상의 역사성에 침윤된 분열은 분열의 구조를 만든다. 분열의 문법과 코드를 만든다. 분열을 전수시키고 분열을 훈련시킬 수 있는 분열의 재생산 가능성을 구성한다. 문학과 사회학의 분열, 이미지와 언어의 분열, 탐구와 묘사의 분열, 연구자와 대상의 분열, 연구자 내부의 또다른 분열, 이런 분열선들이 구성하는 차이의 사회학은 〈사당동〉에 의해, 명료하지는 않지만 은밀한 방식으로 제안되고 발의된다. 그것은 조은 사회학이 사회학 전통에 내재된 분열을 봉합하거나 통합하려 시도하는 대신에 그것을 하나의 '소명'이자 지식구성의 원리로 설정하고 있기 때문일 것이다. 사실 사회학의 전통은 언제나 질서와 진보, 자유와 평등, 개인과 사회, 구조와 행위, 미시와 거시, 참여와 과학성 등 대립하는 것들 사이에서 나타나는, '생산하는 분열'의 가능성을 보여주지 않았던가? 사회학자가 된다는 것은, 사회학의 역사 그 자체에 내재하는 이 수많은 이질성의 불순함을 수용하고 견디어, 그것을 가능성으로 전환시키려는 에토스를 습득하는 과정이기도 하다. 사회학자에게는 소명으로서의 분열이, 분열의 감각이, 분열의 변증법이 요청된다. 지식을 얻는 것은 대상을 착취하는 것이 아니라, 대상과 주체의 상호전염이라는 것, 지식을 얻는 과정은 대상을 지배하는 것이 아니라 대상과의 상징적 교환과정이라는 것, 지식의 생성지점은 주체의 의식이나 혹은 몸이 아니라 주체가 상실되고 대상이 확장되어 형성되는 주객의 전이지대 즉 그 둘의 사이라는 것, 이런 사실들에 대한 수용과 그런 운명에 대한 수락으로서의 소명의식을 〈사당동〉에서 우리는 읽을 수 있다.

사회적인 것이란 무엇인가?

I. 문제제기

—

1978년에 보드리야르는 『침묵하는 다수의 그늘 아래서』를 출간한다. 책이 나오기 1년 전인 1977년, 유럽은 일련의 충격적 폭력사태를 체험했다. 독일에서는 기업가 한스-마르틴 슐라이어가 적군파에게 납치되어 살해됐고, 며칠 뒤에 적군파 일원들인 안드레아스 바더, 얀-카를 라스페, 구드룬 엔슬린이 슈탐하임 교도소에서 사망한다. 이탈리아에서는 붉은여단이 운동을 시작하여 봉기들이 잇달았다. 폭동, 폭발, 테러는 체포와 구금으로 이어졌다. 같은 해 런던에서는 펑크뮤직이 태어났다. 그들은 "미래가 없다"고 노래했다('비포', 2013: 79). 보드리야르는 이 모든 정치-문화적 격변들이 더이상 리얼리티에 뿌리내리고 있는 '사회적' 현상이 아님을 직감한다. 사건은 '스펙터클'의 형식으로 매

스미디어를 통해 전파되고 있었다. 시민사회는 침묵했고, 시민들은 거리나 현장이 아닌 거실에서 기호화된 폭력을 소비했다. 보드리야르가 책의 부제로 "사회적인 것le social의 종언"이라는 표현을 명기하며 사회학을 포기한 것은 우연이 아니다. 그는 이렇게 쓴다. "사회과학은 이 사회적인 것의 명백함과 영원성을 인정하기에 이르렀다. 그러나 우리는 그 어조를 바꾸어야 한다. 사회적인 것이 없는 사회들societies without the social이 있었다. 그것은 역사가 없는 사회들이 있었던 것과 마찬가지이다. 다른 극점에서, 우리의 '사회'는 아마도 사회적인 것에 종언을 고하는 과정의 한가운데 있는지도 모른다. 사회적인 것을 자신의 시뮬라시옹 아래에 파묻는 과정 말이다"(Baudrillard, 2007: 80).

'사회적인 것'은 근대적 통치성의 대상영역으로 구축된, 시민사회의 조직, 원리, 가치를 지칭한다. 그것은, 자본주의 시장의 파괴적 효과로부터 인간 삶의 기초를 이루는 기본조건들을 보장받기 위해 19세기 이후 근대화된 국가들이 창출했던 사회보험, 연대, 공화주의, 인간적 교제/관계의 모든 형식들을 포괄하는 개념이다. 요컨대 사회적인 것은 복지국가의 가치이자 원리로 기능했던 현실-담론의 복합적 구성물이다(Dean, 2007; Deleuze, 2005; Donzelot, 1994; Foucault, 1977-8; Gordon, 1994; Steinmetz, 1993; Terrier, 2011). 사회적인 것이 종언을 고했다는 것은, 복지국가와 조직자본주의가 제공했던 직업안정성, 삶의 서사의 연속성, 각종 리스크에 대한 집합적 안전망이 사라졌다는 사실을 의미한다. 또한 이념적으로 그런 삶이 바람직한 것이라는 생각도 소멸했다는 것을 암시한다.

사실 1970년대 이후 사회적인 것의 위기를 경고하고, 그 종언을 표명한 사회과학자는 비단 보드리야르뿐이 아니다. 투렌은 "사회가 사라졌다"라는 도발적인 언명으로 시작하는 자신의 일기모음집의 제목을 '보이지 않는 사회société invisible'라 명명한다(Touraine, 1977). 그는, 인간이 이제 '사회적' 존재로 정의되어야 하는 역사적 상황이 끝났다고 보며, 사회학의 대상으로서의 사회라는 것이 더이상 존재하지 않는 시대, 즉 "사회 없는 사회학sociologie sans sociétés"의 시대를 선포한다(Touraine, 1981; Touraine, 1998: 177). 로장발롱은, 사회적인 것의 제도적 토대인 복지국가의 위기가 "사회적 상상력"의 좌초에 기인함을 지적한다. "사회적인 것의 해체désagrégation"의 원인이 되는 사회적 상상력의 약화는, 진보된 미래를 표상할 수 있는 집합적 능력의 위기다(Rosanvallon, 1981: 36). 볼탕스키와 치아펠로는 사회적인 것의 위기를, 그들이 "갱신된 자본주의capitalisme régénéré"라 부르는 새로운 유형의 경제체제의 도래와 연결시킨다. 1970년대 이후 서구에서 등장하기 시작하는 '갱신된 자본주의'는 금융 부분의 진화, 다국적 기업들의 확장, 노동 유연화 등으로 특징지어지는데, 이는 결과적으로 사회적 영역의 현저한 약화를 가져오고, 빈곤과 불평등을 심화시켜 삶의 안정성을 침해함으로써, '사회적인 것'을 위기에 빠뜨리고 있다고 본다(Boltanski & Chiapello, 1999: 21-8). 로즈는, 푸코가 1970년대 후반에 시도했던 '사회적인 것의 계보학'을 확장시키면서, 신자유주의적 통치성의 핵심을 "사회의 통치 없이 통치하기govern without governing societies"로 파악한다. 환언하면, 1980년대 이후 새롭게 등장한 통치성은 사회적인 것의 실재와 가치를 부정하면서(대처리즘), 가족과 공동체 그리고 개인화된 자기통치를 통해 사회를 통치하는 일련의 테크닉과 이데올로기를 창출하고 있다고 본다. 그에 의하면, 이런 '통치의 탈사회화de-socialization'가 결국 '탈사회적 시대post-social age'의 도래로 연결된다(Rose, 1996: 328).

이처럼 사회적인 것이 문제가 되는 시대에, 우리는 사회적인 것의 개념을 가장 선구적인 방식으로 탐구했던 아렌트의 논의에 주의를 기울이지 않을 수 없다. 아렌트는 '사회'라는 명사 대신, 형용사에 정관사를 붙인 '사회적인 것the social'이라는 용어를, 단순한 어감상의 수사적 효과(명사와 형용사의 차이)를 넘어서, 개념적 함의와 전략적 의도를 가지고 일관적인 방식으로 사용했던 최초의 사상가다.[1] 아렌트는 사회적인 것이 어떻게 근대적 삶의 공간에서 객관적 실재로 등장하게 되었는지, 그에 대한 지식체계들이 어떤 방식으로 사회적인 것을 포착하고 있는지, 그리고 이런 현상과 더불어 발생하는 '공적인 것the public' 혹은 '정치적인 것the political'의 퇴조가 어떤 의미를 갖고 있는지를 깊게 고민했다. 아렌트에게 사회적인 것은 무엇을 의미하는가? 사회적인 것에 대한 아렌트의 이 선구적 논의가, 그것의 종언을 목도하고 있는 우리 시대에 갖는 함의는 무엇인가?

II. 사회적인 것의 의미론
—

아렌트에게 '사회적인 것'이 의미하는 바는 우리가 흔히 '사회'라 부르

---

1   아렌트 이전에 짐멜 역시 '사회적인 것(das Sozial)'의 개념을 사용한 바 있다. 짐멜은 '사회적인 것'을 '사회'의 질료, 에너지, 생명 등으로 이해하고 있다. 주지하듯 짐멜은 생철학에 큰 영향을 받았으며, 그 기초도식인 '형식과 삶(Leben)의 변증법'을 사회세계에 부여하고 있다. 그가 정의하는 사회적인 것은 "가장 다양한 충동들로부터 솟아나오고, 가장 다양한 대상들을 지향하며, 가장 다양한 목적들을 겨냥하는 것으로서 사회를 구성하는 것"이다(Simmel, 1896: 167. 재인용. Elliot & Turner, 2012: 104). 사회적인 것을 사회라는 형식화된 패턴의 에너지적 질료로 파악하는 관점은 가령 라클라우와 무페에게서도 발견된다(라클라우 · 무페, 1990: 117-184).

는 것이 의미하는 바와 정확하게 일치하지 않는다.[2] 사실 다양한 연구자들이 아렌트의 '사회적인 것'을 의미론적으로 분류하여 이해를 도모해온 바 있다.[3] 이들의 논의를 참조하되, 이 연구는 해당 개념을 세 가지 상이한 차원으로 구분하여 접근해보고자 한다. 이에 의하면, 아렌트의 사회적인 것은 근대 사회공간에 출현한 새로운 '영역'이자, 근대 사회의 새로운 '통치대상'이자, 근대 대중사회에 지배적인 '삶의 형식'이라는 세 가지 의미로 구성된 복합체이다.

1. 영역으로서의 사회적인 것

고대 그리스 이래 서구 정치사상은 인간의 집합적 삶을, 두 상이한 공간에서 각기 다른 논리를 통해 영위되는 이중구조로 파악해왔다. 한편에는 이성/언어Logos를 중심으로 구성되는 공적 영역polis, 즉 자유의 공간이 있다. 다른 한편에는 생물학적 생산/재생산이 이루어지는 사적 영역oikia, 즉 필연의 공간이 있다. 전자는 국가로 후자는 가정으로 대표되는데, 인간 생명에 대한 관념도 이 두 영역의 차이에 의거하여 형성되었다. 단순한 생물학적 목숨인 조에zoē는 사적 영역에 뿌리내린 삶의 형태를 지칭하고, 정치적 삶을 의미하는 비오스bios는 공적 영역에서 획득되는 생명의 양태를 가리켰다. 아리스토텔레스가 인간을 '정

---

2 사회 개념에 관해서는 다음을 참조할 것(Elliot & Turner, 2012; 프리스비·세이어, 1992).

3 벤하비브에 의하면, 사회적인 것은 i) 자본주의적 상품 교환 경제, ii) 대중사회, iii) 시민사회와 시민적 연합들에서의 삶의 질을 동시에 가리킨다(Benhabib, 2000: 23). 캐노번에 의하면, 아렌트의 이 개념은 "확장된 오이키아로서의 사회"라는 의미와 "자신의 매너와 악덕을 갖고 있는 상류사회, 인구의 오직 작은 부분으로 구성된 사교계"라는 의미를 동시에 갖는다(Canovan, 1974: 105, 108). 피트킨은 아렌트의 사회적인 것이 '경제'와 등치된다고 파악하며, 그 안에 "규율적 규범화, 지배가치에 대한 억압적 순응, 개인성의 말살" 등 부대현상들이 암시되어 있다고 본다(Pitkin, 1998: 16-7).

치적 동물'이라 정의한 것에서 볼 수 있듯이, 인간에게 인간의 자격을 부여하는 것은 조에가 아닌 비오스의 원리였으며, 그런 점에서 인간 본성은 '사회적인 것'이 아닌 '정치적인 것'과 깊은 연관을 맺고 있었다.[4] 이런 관점에서 말하자면, 고대 그리스에는 현실적으로나 개념적으로나 근대적 의미의 '사회', 혹은 '사회적인 것'은 존재하지 않았던 것으로 볼 수 있다. 정치적인 것과 의미론적으로 구분되는 사회는 16세기 이후 근대성이 실현되는 점진적 과정에서 발생한 개념사적 사건으로 등장한다. 오랜 기간 인간의 활동공간의 기본적 위상학을 규정하던 공/사 영역의 이분법은, 새로운 제3영역의 발생에 의해 불가피한 재구조화를 겪게 되는데, 아렌트는 이 새로운 영역을 '사회적인 것'이라는 명칭으로 부르고 있다. 그것은 가족과 국가 사이에 펼쳐지는 국민경제 Volkswirtschaft의 영역이다. 국민경제는, 인간 필연성의 충족기능을 수행하던 경제(가족경영)가 공통적 삶의 공간인 네이션으로 확장된 형태를 가리킨다. 경제라는 점에서는 사적인 것이지만, 그 규모와 범위에 있어서는 공적인 것이라는 복합성을 갖는 이 사회적인 것(국민경제)은 과거의 사적/공적 영역 구분으로 포착되지 않는, 양자가 혼용되고 뒤섞인 새로운 공간으로 출현하게 된다.

사적인 영역도 공적인 영역도 아닌 사회적 영역의 출현은 엄격히 말하자면 비교적 새로운 현상이다. 이 현상의 기원은 근대의 출현과 일

---

4 희랍어 '정치적 동물(zōon politikon)'을 라틴어 '사회적 동물(animal socialis)'로 오역한 것은 세네카였다. 이 오역으로부터 인간의 본성과 군집성 사이의 거짓 친화력이 생겨났다. 아렌트에 의하면, 인간본성은 결코 서로 모여 산다는 것에 있지 않다. 그것은 곤충이나 동물들에게도 발견된다. 인간은 그가 정치적 존재라는 점에서 동물과 구별된다고 아렌트는 말한다(아렌트, 1996a: 74–5).

치하며 민족국가에서 그 정치적 형식을 발견한다. 지금 우리에게 중요한 것은 우리가 이러한 발전 때문에 공적 영역과 사적 영역, 폴리스의 영역과 가정, 가족의 영역, 끝으로 공동세계에 연관된 활동과 생계유지에 연관된 활동의 단호한 구분을 이해하기가 매우 어렵게 되었다는 것이다. (……) 이런 발전에 상응하는 과학적 사상은 더이상 정치학이 아니며 '국민경제' '사회경제' 또는 민족경제이다. 이 모든 표현들은 일종의 '집단적 살림collective housekeeping'을 지시한다. 경제적으로 조직되어 하나의 거대한 인간가족의 복제물이 된 가족집합체를 우리는 '사회'라 부르며 사회가 정치적 형태로 조직화된 것을 '네이션'이라 부른다(아렌트, 1996a: 80-1).

사회적인 것은 이처럼, 전통적 의미의 공적 영역과 사적 영역 사이에서 돌출해나온 "신기하고 다소간 하이브리드적인 영역" "사적인 이해에 공적인 의미를 부여하는 특이한 중간영역", 그리고 "단지 살기 위해서 상호의존한다는 사실이 공적인 의미를 획득하고, 단순한 생존에 관련된 활동이 공적으로 등장하는 곳"으로 정의되고 있다(아렌트, 1996a: 87, 99; 아렌트, 2004a: 214; Terrier, 2011: xii). 이를 좀더 분석적으로 풀어 정식화하면, 사회적인 것은 서유럽의 근대화과정에서 등장하여, 국가에 의해 규제되고, 분업시스템에 의해 조절되는, 근대 초기의 자본주의적 시장을 가리킨다고 볼 수 있다.

아렌트가 분석하는, 이와 같은 사회공간의 위상학은 사실, 헤겔에 의해 체계적으로 정립된 '시민사회론'과 그 맥을 같이 한다. 주지하듯, 헤겔에게 인륜성Sittlichkeit의 두 원천은 가족과 국가이다. 그러나 근대에 접어들면서 양자 사이에 새로운 인륜성의 영역이 발생하는데, 그것이 바로 두 영역의 차이로서 등장하는 시민사회다(리델, 1983: 48-9). 시민사회는 권력과 교회로부터 해방된 개인이 자유롭게 자신의 욕구(이해관계)를 추구하지만, 이를 위해서는 역설적으로 타인에게 전적으로 의존해야 하는(분업) 독특한 공간이다. 시민사회의 이런 이중성을 헤겔은 "욕구의 체계System der Bedürfnisse"라는 용어로 집약한다(헤겔, 2008: 357).[5] 욕구와 체계는 일견 상호배타적인 의미를 갖는다. 하지만, 헤겔은 양자의 독특한 결합을 근대성의 특징으로 파악하는 예리한 통찰력을 보여준다. 근대 시민사회에서 살아가는 인간들의 욕구는 오직 체계 안에서, 상호의존적인 방식으로, 더 정확히 말하자면 '사회적'인 방식으로만 충족될 수 있다는 것이다. 따라서 헤겔의 이 개념에 암시된 시민사회적 주체의 이미지는, 자유로우며 의존적이고, 독립된 개체로서 노동하지만 타인의 노동을 필요로 하고, 특수한 존재인 동시에 공동성을 갖고 있는 이중체의 형상을 하고 있다.[6] 헤겔은, 애덤 스미스를 강하게 연상시키는 논리를 구사하면서 개인의 이기심과 공동체의 욕구충족 사이의 조화가능성이 시민사회에 존재한다는 사실을 역설한다. "이상과 같이 노동과 욕구의 충족이 상호의존적으로 관계하는 가운데 주관적인 이기심이 만인의 욕구충족에 기여하는 것으로 전화한

---

5 근대 시민사회를 욕구의 체계로 이해했다는 것은, 헤겔이 애덤 스미스, 퍼거슨, 흄을 비롯한 소위 스코틀랜드 계몽주의자들에 의해 탐구된 근대사회의 구성에 대한 통찰들과 더불어 세이나 리카도 등의 정치경제학의 통찰들을 자신의 철학체계에 성공적으로 수용했다는 사실을 의미한다(헤겔, 2008: 367 이하; Rosanvallon, 1979: 164; 나종석, 2007: 331).

6 헤겔이 파악한 근대 시민사회의 이 역설은 고전사회학이 제기했던 가장 중요한 질문들 중의 하나를 이룬다. 우리는 이를 뒤르케임의 『사회분업론』의 서문에서 다시 발견한다. "이 책을 쓰던 초기에 내가 가졌던 질문은, 개인의 인격과 사회적 연대의 관계의 문제였다. 이는 현대 산업사회에서 개인들이 어떻게 더 자율적이 되면서 동시에 사회에 더 의존적이 될 수 있는가의 문제였다. 어떻게 개인이 더 개인적이면서 동시에 서로 더 많은 연대감을 가질 수 있는가?"(뒤르케임, 2012: 69).

다. ─특수한 것이 보편적인 것에 의해 매개된다는 이 변증법적 운동 속에서 각자가 자기를 위하여 취득하고 생산하고 향유하는 행위가 동시에 타인의 향유를 위하여 생산하고 취득하는 것이 된다"(헤겔, 2008: 376. 강조는 필자).

애덤 스미스에게 네이션이 "분업의 외연에 의해 규정되고 욕구의 사회경제적 시스템에 의해 추동되는 자유로운 교환공간"으로 파악되었던 것과 마찬가지로, 헤겔에게 시민사회는 "전면적인 상호의존의 체계ein System allseitiger Abhängigkeit"로 규정된다(헤겔, 2008: 357; Rosanvallon, 1979: 69). 다만, 보이지 않은 손의 작용에 의해 시민사회의 조화로운 질서가 저절로 획득되리라 기대했던 애덤 스미스와 달리, 헤겔은 시민사회를 사치와 빈곤의 증대, 노동의 기계화와 소외의 문제, 부와 빈곤의 대립 등 인륜성의 부패 위험을 내포하고 있는 영역으로 파악했다. 이를 보완하기 위해 그는, 시민사회가 단순한 '욕구의 체계'일 뿐 아니라, 소유권을 보호하는 '사법Rechtspflege'과 시민사회 내부에 존재하는 적대와 빈곤의 문제를 관리하는 '경찰행정Polizei'과 '조합Korporation'으로 구성되어 있다는 사실을 지적하지 않을 수 없었다. 그럼에도 불구하고, 헤겔 사회철학에서 시민사회는 궁극적으로 인륜성의 최고단계인 국가에 의해 지양되는 것으로 이해되고 있다. 이런 점에서 헤겔은 복지국가의 기초개념을 오래전에 선취하고 있었던 것으로 보인다(Avineri, 1974: 101; 나종석, 2007: 410 재인용).

이처럼 아렌트의 '사회적인 것'은 다소 낯선 명명에도 불구하고, 18세기 이후 서구 사회철학이 이론적으로 해명해야 하는 가장 중요한 대상으로 설정했던 바로 그 '영역'을 정확하게 지칭하고 있음을 알 수 있다. 그것은 애덤 스미스가 '네이션'이라 부른 것이며, 그 네이션의 통합원리로 기능했던 자본주의적 '시장'시스템이기도 하며, 더 나아가 애덤 퍼거슨과 헤겔이 '시민사회'라 부른 것이기도 했다. 그것은 또한 '인구집단population'이기도 하며, 국민국가에 의해 보호되고, 규제되고, 관리되어야 하는 것으로 상정된 국가 내부의 특정 영역이기도 했다. 사회적인 것은 이렇게 정치적인 것과 경제적인 것이 중첩된 야누스적 형상으로 탄생한다.

2. 통치대상으로서의 사회적인 것

그렇다면 이와 같은 새로운 영역인 '사회적인 것'은 어떻게 통치되는가? (가족에서와 같이) 가부장의 도덕적 권위에 의해서 통치되는가? 군주, 국가, 정부, 정당, 계급과 같은 정치적 기관들에 의해 통치되는가? 아니면 '말하는 입들'[7]이 민주적으로 토의하고, 논쟁하고, 투쟁하여 획득되는 공론에 의해 통치되는가? 아렌트에 의하면, 사회적인 것은 어떤 특정한 주관, 즉 '누군가'에 의해 통치되지 않는다. 굳이 말하자면, 사회적인 것을 지배하는 주체는 '아무도 아닌 자nobody'이며, 사회적인 것의 통치는 "아무도 아닌 자에 의한 지배rule by nobody"에 다름아니다(아렌트, 1999: 66-7). 아무도 아닌 자는 인간 행위자의 수준을 초월하는 어떤 체계의 존재를 암시하고 있는 표현이다. 개별적 행위자들을 넘어서는 익명적 시스템에 의해 사회적인 것 전체가 생산/재생산 될 때, 우리는 그 질서를 유지하는 통치의 인격적 주체를 식별할 수 없다.

---

7 '말하는 입들'이라는 메타포는 김항의 저서 『말하는 입과 먹는 입』에서 빌려온 것이다(김항, 2009). 말하는 입은 언어/이성을 가지고 토론하고 논쟁하는 공론장의 행위자들과 행위능력의 메타포다.

사회적인 것의 통치는 '주체 없는 과정'이다. 인간 행위의 역할은 그 과정에 별다른 의미를 갖지 못한다. 행위의 장소인 공적 영역의 자리 또한 의미 있는 방식으로 존재하지 않는다. 사회적인 것은 스스로가 스스로를 통치한다. 외부에서 질서가 부과되는 것이 아니다. 사회는 자기조절적 체계를 이루고 있기 때문에, 사실상 사회적인 것의 통치주체는 가시화되지 않는다. 이런 관점은 뒤르케임을 거쳐 파슨스와 루만에 이르는, 사회에 대한 시스템적 시각과 매우 흡사하다. 그것은 독자적sui generis이고, 자기지시적self-referential이다. 환언하면 자기생산적autopoietic이고 또한 자기조직적self-organizing이다. 가령 근대 자본주의 시장은 국왕에 의해 통치되지 않는다. 특정 상품의 가격은 왕의 명령에 의해 정해지는 것이 아니기 때문이다. 자연법칙과 흡사한 수요/공급의 법칙이 거기에 항상적으로 작용한다. 그 앞에 인위적 법률이나 권력의 자의적 명령은 무용하고 무기력한 것으로 나타난다. 시장이 스스로를 통치하는 이런 방식을 수식하는 가장 대표적인 메타포가 '보이지 않는 손'이다. "사회가 모든 영역을 장악하기 위해서는, 그것이 어떤 종류든 상관없이, '공산주의적 픽션'을 항상 필요로 한다. 이 허구의 현저한 정치적 특징은 사회가 '보이지 않는 손', 즉 익명에 의해 지배된다rule of nobody는 것이다. 우리가 전통적으로 국가 또는 정부라 부르는 것은 여기에서 단순한 행정으로 대체된다"(아렌트, 1996a: 97).

위의 인용문에 언급된 "공산주의적 픽션"이라는 표현은, 전통적 마르크스주의적 관점이 경제적인 것의 논리에 결정성을 부여하면서, 정치적인 것의 기능, 역할, 가능성을 축소시켜왔던 경향에 대한 아렌트의 비판적 시각을 암시한다. 그러나 경제적인 것을 통치성의 중심기제로 삼음으로써 정치적인 것을 소거하려는 야망의 기원은 마르크스주의가 아니라 사실 자유주의 고전경제학자들이 품고 있던 시장 유토피아적 발상에 뿌리내리고 있었다는 것을 아렌트 자신도 잘 알고 있었다(아렌트, 1996a: 96-7; 아렌트, 2004a: 140-1). 로장발롱의 표현을 빌려 말하자면, 마르크스는 (고드윈, 프루동, 푸리에, 바쿠닌, 생시몽과 더불어) 애덤 스미스의 비판자인 동시에 사실상의 계승자였다. 또한, 애덤 스미스에 의해 천명된 자유주의적 유토피아는 마르크스주의가 이론적으로 정립했던 사회주의적 유토피아와 심오한 상응관계를 맺고 있었다(Foucault, 1978-9: 95; Rosanvallon, 1979: 223, 226). 외면적으로 대립되는 이 두 사상은, 심층적인 수준에서는 상통하고 있는데, 그것은 양자 모두 정치의 적극적 역할을 통해 사회적인 것을 정초하려는 시도를 포기하고, 시장의 자율적 운동과정에서 형성될 것으로 기대되는 자발적 질서(시장의 조화, 자본주의의 해체)를 통해 사회적인 것을 제어하고자 기도하는 새로운 통치양식을 상상했다는 점이다. 아렌트가 위의 인용문에서 '국가나 정부가 행정에 의해 대체된다'고 주장할 때, 그녀는 근대사회가 스스로를 통치하는 방식에 매우 획기적인 변화가 일어났음을 지적하고 있는 것이며, 바로 이것이 자신이 말하는 '사회적인 것'의 핵심을 구성하고 있다는 사실을 명시하고 있는 것이다. 그것은 시장을 통한 통치, 즉 자유주의적 통치를 의미한다.

1977년부터 1979년까지 콜레주 드 프랑스에서 행한 강연에서 유럽 근대 통치성의 계보학을 재구성하면서 푸코는, 1970년대 중반 이래 자신이 활용했던 권력의 분류법(주권권력, 규율권력, 생명권력)에 기초하여, 그가 자유주의적 통치성이라 부르는 특정 통치기예의 등장을 추적하고 있다.[8] 이에 의하면, 유럽에서 18세기 후반에 등장한 새로운 권력유형은 자신의 통치대상을 법이나 규범으로 제한함으로써 다스리는 것이 아니라, 최소한의 통치를 통해 통치대상의 자기조절을 유도하는 방식을 취한다. 말하자면 자유주의적 통치성은 "어떻게 지나치게 통치하지 않을 것인가"의 문제를 중심으로 회전한다(Foucault, 1978-9: 15). 통치에 있어서 최소한의 통치를 통해 최대한의 효과를 발휘하다는 전략은, 국가가 더이상 개입할 수 없는 혹은 개입해서는 안 되는 것으로 여겨지는 새로운 영역의 발견과 동시적으로 이루어졌다(Foucault, 1977-8: 112). 그것이 바로 시장이다. 푸코에 의하면, 시장은 중세로부터 17세기까지는 '정의의 장소lieu de justice'로 알려져 있었다. 시장에는 복잡한 규제가 부여되었고 분배적 정의, 적정가격, 그리고 사기의 방지로 특징지어지는, 모종의 정의가 구현되어야 마땅한 공간이라는 인식이 지배적이었다(Foucault, 1978-9: 31-2). 그러나 18세기에 이르면 상황은 달라진다. 시장은 더이상 정의의 장소가 아니라, 소위 '진리발화의 장소lieu de véridiction'로 전환된다. 적정가격은 시장이 발화하는 자신의 실재에 대한 진실이다(Foucault, 1978-9: 33-4). 진리발화의 장소로 이해되는 시장은 도덕적 정의의 구현이라는 사회적 책무에서 해방된다. 시장은 더이상 인위의 정의가 시행되어야 하는 당위의 공간이 아니다. 그것은 특정 법칙들에 의해 운용되는 자연적 시스템이다. 따라서 정치적, 법적, 규범적 통치성은 시장에 대

---

8 푸코는 통치성의 개념을 "사람들의 행동을 통솔하는 방식(la manière de conduire la conduite des hommes)"으로 정의한다(Foucault, 1978-9: 192). 통치성은 타자들의 행동을 통솔하는 방식뿐 아니라 자기지배의 테크놀로지를 내포한다(푸코, 1997: 36). 법적 합리성에 기초한 주권권력과, 현실의 보완물로 기능하는 규범의 합리성을 매체로 작동하는 규율권력과 달리, 생명권력은 현실의 현상적 법칙성을 수용하면서, 그 안에서 가능한 정상성을 찾아나가는 새로운 합리성을 발견해나간다. 생명권력은 사법장치나 파놉티콘과는 다른 안전장치를 가동시키는데, 바로 이 안전장치가 자유주의적 통치성의 주요한 권력형식을 이룬다(Foucault, 1977-8: 7 이하).

해 어떤 진리도 발화할 수 없다. 이제 시장의 진리는 시장 스스로밖에 는 말할 수 없다.

18세기 정치경제학자들에 의해 소묘된 이런 시장의 개념은, 인위 적 개입 없이도 질서가 형성되고 조화가 이루어지는 이상적 사회상을 제공했다. 이와 더불어 한 세기 전 유럽의 정치이론이 다각적으로 상 상했던 '사회계약'의 원초적 장면들(로크, 루소, 홉스)은 이제 그 현실 성을 상실한다. 이제 사회는 계약으로, 계약을 통해 이루어진 주권의 양도와 정치조직의 설립으로 구성되는 것으로 이해될 필요가 없다. 사 회의 질서는 시민들의 협약을 필요로 하지 않는다. 시민협약의 결과 양도된 권리를 위임받은 통치기구들도 필요하지 않다. 질서는 '보이지 않는 손'의 조정력(아렌트의 표현을 빌려 말하면 '아무도 아닌 자의 지 배'), 사회의 자기조직능력을 통해 자연스럽게 달성된다. 이처럼 사회 의 설립과 유지는 행위자들의 행위(특히 정치적 행위)로 환원되지 않 는 시스템의 논리에 의해 자동적으로 실현되는 것으로 이해된다 (Rosanvallon, 1979: 47 이하). 결국 자유주의적 통치성이 시장사회의 개념을 중심으로 새로운 통치기획을 제시할 때 붕괴하는 것은 '정치적 인 것'의 역할과 기능 그리고 존재가치다. 이런 점에서 마키아벨리에 의해 열린 근대의 '정치적' 상상력은 애덤 스미스에 의해 폐쇄된다. 애 덤 스미스야말로 가장 강력한 반마키아벨리주의자라 불려도 무방한 것이다(Rosanvallon, 1979: 57).

3. 삶의 형식으로서의 사회적인 것

사회적인 것의 세번째 의미론은 '문화적' 차원과 긴밀히 연관되어 있다. 아렌트는 자신의 첫 저서 『라헬 파른하겐』에서 이미 '사회' 혹은

'사회적인 것'이라는 용어를, 상류사회와 그에 고유한 사회성sociability
의 내용들을 지칭하기 위해 사용하고 있다(아렌트, 2013; Pitkin,
1998: 31). 이 경우 사회적인 것은 "인간 상호작용의 패턴들, 의복, 식
사, 레저, 그리고 일반적으로 라이프스타일에서의 취향의 양태들, 미
학, 종교, 그리고 시민적 매너와 외양에서의 차이들, 결혼, 우정, 지인
관계들 그리고 상업적 교환을 형성하는 패턴들"을 모두 포함하는 소
위 '삶의 형식' 일반을 가리키게 된다(Benhabib, 2000: 28).

이처럼 문화적 의미로 이해되는 사회적인 것의 기원은, 엘리아스
의 연구가 잘 보여주는 것처럼, 18세기 프랑스 상류사회가 창조하고
전파한 '매너의 체계'이다. 매너는 인간 행태를 표준화/규범화함으로
써 문명화에 기여하지만 이와 동시에 "다양성을 부정하고 하나의 관
점을 강요하는 척도"를 부여하는 효과 또한 갖고 있다(Arendt, 1979:
317; 김선욱, 2001: 230-1 재인용). 궁정과 살롱에서 통용되던 이 '척
도'들은 20세기 대중사회에서는 "대중적 행태에 대한 동화와 적응을
위해 행사되는 순응주의적 압력"으로 변환되어 개인들을 압박한다
(Jalusic, 2002: 112). 아렌트는 루소가 혐오했던 상류사회의 위선적
분위기와 아도르노와 호르크하이머가 비판한 대중문화의 천박하고
텅 빈 속성을 모두 '사회적인 것'의 개념으로 묶고 이를 부정적으로 응
시한다(아렌트, 1996a: 93; 아렌트, 2005: 265 이하; 한센, 2007: 183).
이런 '강경한' 태도의 배후에서 우리는, 아렌트의 지적 원천을 이루는
하이데거(마르부르크), 후설(프라이부르크), 그리고 야스퍼스(하이델
베르크)의 실존주의 철학의 지적 분위기를 감지할 수 있다. 주지하듯,
실존주의가 사유의 거점으로 삼는 것은 추상적 인간 존재가 아니라
'나'의 실존이다(아렌트, 1996b: 285-6). 인간 실존은 세인적 일상에서

그 본성을 드러내는 것이 아니라, "죽음, 죄, 운명, 우연" 등의 한계상황에서, 그런 상황이 야기하는 절대적 고독 속에서 자신의 진면목을 개방한다. 진리는 객관적인 것이 아니라 지극히 주관적이고 내면적인 것으로 인지된다(아렌트, 1996b: 91, 289, 290).

두 가지 상이한 삶의 형식들이 거기 대립하고 있다. 한편에는 단지 "사라져가는 것"으로서 인지되는 무의미한 일상이 있다. 일상에서 행위자는 자신에게 부과되는 '사회적인 것'의 규범에 충실하며, 사회가 요구하는 기능을 수행하며 산다. 그러나 다른 한편에는 이와 대립하는 상황 즉, "진정한authentic 자아를 경험하고 인간의 상황 그 자체의 불안정성을 인식하는 몇몇 순간"이 존재한다. 이때 행위자는 타자와의 관계로 환원되지 않는 단독자로 스스로를 정립하며, 바로 그 자리에서 자신의 "진정한 실존"을 체험한다(아렌트, 1996b: 91-93). 아렌트에게, 사회적인 것은 진정성과 대립하는 범주이다. 진정한 삶을 살고자 하는 자는 '사회'와 싸워야 하고, '사회'와 충돌해야 하며, '사회'를 넘어서야 한다. 진정성은 '나'를 주어로 사유하게 하는 힘이다. 그러나 '사회적인 것'의 문법은 '나'라는 주어를 알지 못한다.

같은 논리로, 아렌트의 "정치적 실존주의"는 사회적인 것을 대상으로 하는 제도적 분과학문인 사회학에 대한 일관된 비판의 입장을 수반한다(Jay, 1978). 아렌트가 보기에 사회학은 단독자가 영위하는 진정성의 세계, 한계상황적 체험들을 탐구할 수 있는 인식론적, 방법론적, 윤리적 도구들을 갖고 있지 못하다. 도미渡美 이후 만난 미국의 사회학자들이 수행한, 나치즘과 절멸 수용소에 대한 연구들은 물론이거니와, 만하임, 마르크스, 베버 등 고전사회학 거장들의 연구들 역시 인간 행위자의 개체적 특이성을 배제하거나 억압한다. 사회학은 기능주의적 관점을 중시하며, 통계적 정상성과 이념형에 집착하며, 일상적 인간의 삶을 실존의 전형으로 삼음으로써, '전례 없는 것'의 새로움과 대면할 학문적 능력을 구비하고 있지 못하다는 것이다. '분노도 열정 도 없이sine ira et studio'라는 표현은 아렌트가 사회학의 이런 경향을 지 적할 때 사용하는, 사회학의 방법적 원칙이다. 여기에 표현된 객관주 의와 유형론 또한 비판의 대상이 된다(아렌트, 1996b: 580 이하, 619 이하; Baehr, 2002: 806; 프린츠, 2000: 164-50; 강정민, 2012). 그것은 사회학이 (삶의 형식으로서의) 사회적인 것에 깊이 침윤되어 있기 때 문이다. 아렌트의 사회비판은 이 지점에서 자신의 정점에 도달한다. 사회적인 것은 인간 행위자의 행태를 규정하는 '하비투스'의 무의식적 차원, 문화적 차원, 습속의 차원으로까지 하강해 있기 때문이다.

III. 사회라는 신과 행위하는 메시아

—

1. 사회적 상상

아렌트가 사회적인 것의 등장을 서구 근대성의 가장 중요한 사건 으로 파악하면서 이를 정치적인 것(공적인 것)과 선명하게 대립시켰 지만, 후일 스스로가 부분적으로 시인하고 있듯이, 양자 사이에 명확 한 분리선을 긋는 것이 항상 가능한 것은 아니다(Arendt, 1979: 315 이하). 번스타인에 의하면, 사회적인 것과 공적인 것의 이런 구분을 통 해 근대를 분석하는 아렌트의 논의는 "도발적인 동시에 불편한 것"이며, "불안정하고 심오한 긴장을 노정"한다. 그 배후에는 근대에 대한 아렌트 의 "경멸적 배음"이 함축되어 있다. 따라서 그는 사회적인 것과 공적인 것(정치적인 것)의 구분이 폐기되어야 한다고 주장한다(Bernstein, 1986: 238, 241, 248). 벤하비브의 견해도 이와 유사하다. 그에 의하면, 아렌트가 말하는 사회적인 것과 정치적인 것(공적인 것)은, 그것을 구현하는 제도의 수준이나 그것이 지칭하는 구체적 내용의 수준에서도 쉽게 구별할 수 없다. 다만, 양자의 차이는 그것이 내포하는 어떤 '태도'의 수준에서 노정된다. 사회적인 것은 '경제적 생존'을 중시하는 태도를 내포한다. 그러나 공적인 것(정치적인 것)은 공통의 과제의 해결과 공적 명예 등을 그보다 더 중시한다(Benhabib, 2000: 139-141). 스피박과 버틀러는, 아렌트가 사회적인 것을 경제와 동일시하고 이를 정치에서 배제함으로써 '경제정의'나 '노예제 비판' 등, 경제적 영역(사회적인 것) 안에서의 정치적 가능성을 차단시키고 있다는 사실을 지적한다. 이 경우 역시 사회적인 것과 정치적인 것을 근본적으로 구분하는 것이 불가능하다는 사실이 암시되고 있다(버틀러·스피박, 2008: 25-9).

그러나 내가 보기에 이런 견해들은 아렌트의 사회적인 것과 정치적인 것(공적인 것)의 구별이 단순한 개념적 수준의 차이가 아니라, '사회적 상상imaginaire social'(Castoriadis, 1975)의 차이에 뿌리내리고 있다는 사실을 간과한다. 사회적 상상이란 "동시대인들이, 그들이 그 안에서 살면서 유지하는 사회들을 상상하는 방식"이자 사회에 대한 "심층의 규범적 개념과 이미지들"의 총체를 가리킨다(테일러, 2010: 17, 43). 사회라는 것은 리얼리티이기 이전에 개념적 구성물이며, 개념적 구성물이기 이전에 하나의 상상이다. 상상으로 이해되는 사회는 그에 고유한 이미지, 표상, 혹은 풍경socioscape을 갖는다. 아렌트가 사회적인 것과 정치적인 것(공적인 것)을 대립시킬 때, 근원적으로 충돌하고 있는 것은 사회적인 것의 풍경과 정치적인 것의 풍경에 다름아니다.

풍경의 수준에서 말하자면, 양자의 차이는 결코 피상적인 것이 아니다. 그것은 '보이지 않는 손'이 지배하는 사회풍경과 '말하는 입'들이 토론하는 사회풍경 사이의, 지울 수 없는 차이이다. 전자는 유기적 조화와 섭리가 지배하는 어떤 세계의 이미지이며, 후자는 다원적 세계를 구성하는 다수 인간들의 행위를 통해 공통의 문제들이 숙의되는 또다른 세계의 이미지이다. 전자의 신비는 그 섭리의 비가시성에 있다. 후자의 신비는 이 세계의 항상적 변화가능성에 있다. 전자의 경우 신은 '사회적인 것'을 감싸고 들어와 그 안에 새로운 세속적 세계 구성원리로 변신해 있다. 전자는, 카를 슈미트의 용어를 활용하여 말하자면, '사회신학'을 구현하고 있다.[9] 신은 이제 사회 그 자체가 되거나, 혹은 사회의 질서와 조화를 유지하는 은밀한 원리로 변화한다. 반면에 말하는 입들의 사회풍경의 경우, 신은 추상적인 통치원리, 영역, 삶의 형식에 머물지 않는다. 신은 보이지 않는 손이 아니다. 신은 구체적 인간의 행위에, 언어에, 공적 활동에 메시아의 형상으로 깃들여온다. 아렌트는 독일 사회학의 건조한 행위 개념을 신학화하여, 인간 행위의 탄생성, 즉 새로운 세계를 열어낼 수 있는 잠재력에 주목한다. 요컨대, '사회신학'에 대응하는 아렌트의 이론적 전략은 바로 '행위신학'이었다. 아렌트는 행위신학으로 사회신학을 극복하고자 했던 것이다.

---

9 카를 슈미트는 정치신학(politische Theologie) 개념을 통해 정치철학의 다양한 개념들 속에 신학적 개념들이 잔존하고 있음을 섬세하게 보여준다(슈미트, 2010: 54). 그러나 이는 비단 정치철학의 영역에서뿐 아니라 근대 경제학과 사회철학에서도 발견되는 현상이다. 즉 '경제신학'과 '사회신학'이 그 것이다. 밀뱅크는 신학적 사유가 자유주의, 실증주의, 변증법 등의 사회사상에 어떤 영향을 주었는지를 포괄적으로 탐구한 바 있다(Milbank, 2006).

2. 사회로 변신한 신―사회신학의 논리

아렌트가 분석하는 사회풍경의 핵심에는 보이지 않는 손이라는 근본은유가 존재한다. 통치성의 한 형식으로 이해되는 사회적인 것의 개념을 분석할 때 드러난 것처럼, 사회적인 것의 통치는 인간 주체에 의한 개입을 넘어선 곳에서 자기생산적으로(보이지 않는 손에 의한 것처럼) 수행된다. 사실 보이지 않는 손의 메타포는, 아렌트 자신이 지적하고 있듯이, 플라톤까지 거슬러올라가는 오랜 역사를 갖는다. 인간사의 무대 위에서 벌어지는 수많은 현상들이 무작위적이거나 우연적으로 발생하는 것이 아니라 소위 "무대 뒤의 보이지 않는 행위자invisible actor behind the scene"의 조종에 의해 이루어진다는 플라톤적 관념은 "신, 보이지 않는 손, 자연, 세계정신, 계급이해" 등의 개념들이 암시하는 어떤 사회풍경의 전조를 이룬다(아렌트, 1996a: 246). 이 비가시적 행위자는 그에게 선험적으로 부여된 초월적 능력으로 현상계의 사건들을 조정하고 조율한다. 유일신교의 관념에서는 '신'이, 범신론적 관념에서는 '자연'이, 그리고 헤겔의 역사철학에서는 '역사적 이성'이나 '세계정신'이, 마르크스주의적 사적 유물론에서는 '계급이해'가, 그리고 자유주의의 사회적 상상에서는 '보이지 않는 손'이 그와 같은 역할을 수행한다. 이들은 특히 다음의 두 질문에 대한 해답을 제공하는 기능을 수행한다. 첫째, '질서'의 문제이다. 즉 '세계 혹은 사회에 어떻게 해서 질서가 가능한가?'라는 질문이다. 둘째, '악'의 문제이다. 즉 '세계 혹은 사회에 왜 악이 존재하는가?'라는 질문이다. 이 두 질문에 대한 해답이 바로 보이지 않는 행위자(신)의 존재에 의해 제공된다. 전능하고 전지한 존재인 보이지 않는 행위자가 선험적으로 가정되면, 그 존재를 알지 못하는 무지의 시선에는 악에 불과한 것으로 나타날 현상계의 카오스는 세계 혹은 사회의 전체적 선(질서)에 기여하는 질료로 이해될 수 있는 것이다. 가령 다음의 두 가지 대표적 설명도식이 그런 논리 위에 구축되어 있다.

첫째는 역사철학적 도식이다. 이 경우 문제가 되는 것은 특정 시점 A에서 체험된 악이 특정 시점 B에 이르러 선으로 전환되는 경우이다. 이 모델이 주로 해결하고자 하는 것은 '악이 어떻게 최종적으로는 선에 봉사하느냐'라는 문제이다. 역사이성을 이해하지 못하는 '무지'의 눈으로 보면, 역사는 악(재난, 고통, 시련, 전쟁)의 연속이다. 그러나 역사이성이 지향하고 운동해가는 방향성 자체가 선하다는 믿음과, 이를 바탕으로 하는 역사적 사건들의 의미해석을 거치면, 특정 시점에서의 악은 결과적으로 선이 실현되는 한 모멘트에 불과한 것으로 인지될 수 있는 것이다(성숙을 위한 시련, 발전을 위한 고통, 구원을 위한 타락). 헤겔이 말하는 이성의 간지奸智는 그렇게 움직인다. 모순의 심화가 모순의 지양의 전제가 되는 마르크스의 유물론 또한 이를 정확히 포착하고 있다.[10]

둘째는 기능주의적 도식이다. 이 경우 문제가 되는 것은 부분체계

---

10 불교적 사유는 이런 역설들로 가득하다. 『원각경』에는 이런 구절이 있다. "일체장애구경각, 득념실념무비해탈(一切障礙究竟覺. 得念失念無比解脫)". 모든 장애가 궁극에서는 깨달음이니. 생각을 얻건 잃건 해탈이 아님이 없다는 의미이다. 이 메시지는 "진흙에서 연꽃이 피어나는" 풍경을 연상시킨다. 진흙은 연꽃이 피기 위해서 반드시 필요한 질료이다. 진흙이 없으면 연꽃도 없다. 악은 최종 깨달음의 경지에 이르면 선으로 전환된다. 선과 악의 경계가 허물어지는 이 한순간의 극적 조명에 비추어 보면, 모든 악은 사실 악이 아니라 은폐된 선이었음이 드러난다. 일본 가마쿠라 불교의 신란(親鸞)의 『단니쇼(歎異抄)』에 나오는 저 유명한 구절, "선인(善人)조차도 극락왕생을 한다. 하물며 악인(惡人)이야"야말로 이런 사고방식의 가장 통렬한 경지를 보여준다고 볼 수 있다(스에키 후미히코, 2005: 180). 다른 맥락이긴 하지만, 정신분석학이 말하는 '승화(Sublimation)'도 이와 크게 다르지 않은 아이디어 위에서 가능한 개념이다. 육욕의 질료인 리비도의 진흙탕이 없다면, 그것이 형질변환을 거쳐 연꽃처럼 피어날 철학, 예술, 종교도 있을 수 없는 것이다.

의 수준에서 체험된 악이 전체체계에서 선으로 전환되는 경우이다. 뒤르케임에게 '범죄의 정상성'이 바로 이런 논리 위에 구축되어 있다. "범죄를 정상적 사회학의 현상으로 분류하는 것은, 범죄가, 비록 유감스럽긴 하지만, 인간들의 교정불가능한 사악함에 기인하는 불가피한 현상이라고 말하는 것이 아니다. 그것은 범죄가 공적 건강의 한 요소라는 사실, 건강한 사회의 구성요소라는 사실을 확증하는 것이다. 이 결과는 얼핏 보면, 우리 자신을 오랫동안 당황하게 했을 만큼 아주 놀라운 것이다. 하지만, 이 놀람의 인상을 통제하고 나면, 이런 정상성 normalité을 설명하고 그것을 확증하는 원인들을 발견하는 것은 그다지 어려운 일이 아니다. 우선, 범죄는 정상적인 것이다. 왜냐하면 범죄가 없는 사회는 있을 수 없기 때문이다"(Durkheim, 2005b: 66-7). 위의 인용문에서는, 범죄가 모든 사회에 존재하며, 바로 그런 한에서 병리적 수준으로 심화되지 않는 이상, 건강한 사회의 특수한 구성요소를 이룬다는 생각이 전개된다. 그런데, 뒤르케임은 여기에서 한 걸음 더 나아간다. 그는 범죄가 전체 사회에 최종적으로는 선한 기능을 수행한다는 역설을 구성해낸다. "그래서 범죄는 필요하다. 범죄는 모든 사회생활의 기본적인 조건과 관계가 있으며, 그리고 그러한 사실에 의해 범죄가 이러한 조건의 일부가 되어 그 자체가 도덕성과 법의 정상적 진보에 절대 유용하기 때문이다. (……) 이런 점에서 범죄학의 기본 사실들은 우리에서 완전히 새로운 모습으로 나타나게 된다. 통용되는 생각들과 달리, 범죄자는 사회 안에 들어온, 극단적으로 비사회적insociable 존재, 그러니까 일종의 기생적 요소이자, 이방인적이고 통합되지 못하는 그런 존재가 아닌 것으로 나타난다. 범죄자는 사회적 삶의 정규적 행위자agent régulier다. 범죄 역시 너무나 좁은 틀에 갇혀야 하는 하나의 악으로 인지되어서는 안된다"(Durkheim, 2005b: 70-2. 강조는 필자).
부분체계에서의 악(범죄)을 전체체계에서의 선(진보)으로 전환시키
는 것은 사회유기체의 작동원리 그 자체에 내재하고 있는 섭리 때문이
다. 역사철학적 사고와 기능주의적 사고는 이런 점에서 논리적 유사성
을 갖는다. 이들은 모두 사회적 문제와 악의 존재를 최종적 조화와 선의
논리로 해소시키는 길을 선택한다.

세계 혹은 사회의 구조와 운동을 이런 방식으로 상상하는 과정에
서 모습을 드러내는 것은, 머튼이 "행위의 의도치 않은 결과"라 불렀으
며 부동이 "사악한 결과effets pervers"라 부른 바 있는, 근대 사회이론의
핵심주제다(Merton, 1936; Boudon, 1993). 잘 알려진 것처럼, 홉스
이래 근대 사회사상은 사회질서의 근본원리를 탐구하는 데 상당한 정
열을 쏟아왔다. 자신의 맹렬한 이해관계를 추구하는 파편화된 개체들
로 구성된 시민사회에 어떻게 질서가 가능한가? 서로가 서로에게 능
대로 등장하여 각축하는 개인들이 모여 어떻게 공통성을 창출하고 공
존의 원리를 구현할 것인가? 이런 질문들에 대한 해답으로 제시된 것
이 바로 리바이어던과 같은 정치적 구조물 혹은 계약을 통해 구성된
정부이다. 이런 발상은 사회계약론의 전통을 관통해나간다. 이 경우
사회적인 것은 정치적인 것(주권적인 것)의 개입을 통해 규제된다. 사
회적인 것은 정치적인 것의 함수이거나 결과물이 된다. 그런데, 18세
기 중, 후반 이후 등장하는 자유주의적 전통은 사회질서의 구성에 있
어 이런 정치적인 것(주권적인 것)의 필요성을 과감하게 제거하는 새
로운 사회적 상상을 창안하게 된다. 이 과정에서 자유주의적 사유가
해결해야 했던 과제는, 정부(리바이어던)의 존재를 가정하지 않고 사
회에 내재하는 요소들 속에서 자발적이고 자연스런 질서형성의 원리

를 찾아내는 일이었다. 포프, 몽테스키외, 맨더빌, 파스칼, 비코, 칸트 등은 문제를 '욕망과 조화의 변증법'이라는 해답을 통해 풀어내고자 했다. 욕망과 조화의 변증법이란 개체의 자기애self-love가 공동체의 구성과 대립되는 것이 아니라는 발상, 좋은 공동체가 구성되기 위해서는 차이나 갈등과 같은, 특정한 반공동체적 질료들이 요청된다는 역설적 사고를 가리킨다. 이에 의하면, 자기애와 자기이득을 추구하는, 이기 심으로 가득찬 행위자들의 '악덕'은, 어떤 조건하에서, 사회전체의 복리에 긍정적으로 기능할 수 있는 것이다(Merton, 1936; Boudon, 1993). "자기애와 사회적인 것은 동일한 것이다"라는 포프의 간명한 주장은 이런 시대정신을 정확하게 집약하고 있다(Pope, 1965: 55). 프랑스의 대표적 자유주의자인 몽테스키외는 『법의 정신』에서, 행위자 개인들이 추구하는 "특수한 이해관계들intérêts particuliers"이 최종적으로 "공동선bien commun"으로 귀결되는 아이러니를 발견한다(Montesquieu, 1993: 149). '개인의 악덕이 사회의 이익'이라는 명제로 유럽 지성계에 스캔들을 일으켰던 맨더빌은 『꿀벌의 우화』에서, 악이나 범죄가 사회 전체의 조화에 기여한다는 미묘한 역설을 다음과 같이 풍자적으로 표현하고 있다.

이리하여 모든 구석이 다 악으로 가득한데
그래도 전체를 보면 낙원이었다······
이것이 이 나라의 축복이니
저들의 죄악이 저들을 위대하게 만든 것이었다(Mandeville, 1997: 28).

파스칼은 『팡세』의 단상 403에서 "그릇된 욕망에서 이처럼 훌륭한 질서를 추출해냄으로써 실제의 이성은 인간의 위대함을 입증한다"고 쓴다(Pascal, 1976: 158). 비극적 세계관으로 근대의 도래를 어둡게 응시하던 이 경건한 사상가에게서마저, 욕망과 질서는 서로 대립하는 것이 아니라 '신비롭게' 결합하는 것으로 이해되고 있다. 비코는 『신과학』에서 사회적 악이 법의 매개를 통해 사회적 행복으로 전환될 수 있음을 보여주고 있다. 그리고 바로 이 전환이 신의 실재를 증명한다고 주장한다.[11] 칸트 역시 『세계시민적 관점에서 본 보편사의 이념』에서 소위 '반사회적 사회성ungesellige Geselligkeit'의 개념을 제출한다. 칸트는 사회질서의 원인으로, 인간들 상호간의 적대Antagonism를 지목한다. 즉 폭력, 전쟁, 범죄 등의 반사회성을 내용으로 하는 행위들이, 사회적 수준에서 바람직한 것으로 작용하게 된다는 것이다(칸트, 1992: 29).

18세기 사회사상에 포착된 사회는 거대한 역설이 발생하는 공간이다. 욕망, 탐욕, 이기심의 덩어리에 다름아닌 인간은 저돌적 이윤추구자이자 악덕에 사로잡힌, 잠재적 갈등 촉발자의 풍모를 띠고 있다. 그러나 조화가 부서진 근대 시민사회의 이 정글과 같은 공간이, 보이지 않는 손이라는 섭리의 주체(신)에 의해 은밀하게 조율되고 있다는 사고들이 형성되고 있었다. 사회적인 것은 그 외면적 갈등과 혼돈에도

---

11 "132. 법률이란 있는 그대로의 인간을 인간사회에 유용하도록 고찰하는 것이다. 예를 들면, 모든 인간이 공통으로 가지고 있는 3악 즉 흉포, 탐욕, 야심을 가지고 군대, 산업, 궁정을 만들어 나라의 힘과 부와 지혜를 갖추는 것 따위이다. 이렇게 하면 **지상의 인류를 멸망시킬 수도 있는** 이들 **3악으로 사회적 행복을 창출할 수 있는** 것이다. 133. 이 공리는 신의 섭리가 **실재함을 증명한다.** 각자가 사리에만 몰두해 있다면 야수 못지않은 고립상태에서 살아갈 수밖에 없는 인간의 정념으로부터, 인간적 사회생활을 가능하도록 사회질서를 창출하는 신성한 입법정신이야말로 신의 섭리가 아니고 무엇이겠는가?"(비코, 1997: 82–3. 강조는 필자)

불구하고 '최종심급에서는' 정상적 균형을 달성한다. 개인과 사회 사이에, 부분과 전체 사이에, 욕망과 질서 사이에 어떤 신묘한 변환장치가 존재한다. 개인 수준의 악이, 그 의도하지 않은 결과가 구성하는 사회 수준의 선으로 변환되는 마술이 이루어지는 것이다. 이제 좋은 사회는 좋은 인간들로 구성될 필요가 없다. 좋은 사회에는 오히려, 보이지 않는 손에 의해 그 의미와 기능이 변화될, 악인들의 악덕이 필요하다. 따라서 좋은 사회를 만들기 위해서 개인들의 도덕적 능력을 제고하는 것, 개인들이 더 훌륭한 덕성을 갖춘 인간이 되는 것이 꼭 필요한 것은 아니다(가령 애덤 스미스의 『도덕감정론』이 동감의 테마로부터 이해관계의 테마로 전환하는 것은 이 때문이다). 네이션, 즉 사회는 시장에서 자기의 이익을 극대화하기 위해 노력하는 사람들의 이기심을 동력으로 부를 축적한다. 우리가 매일 식사를 할 수 있는 것은 빵집 주인의 자비심 때문이 아니라, 그가 추구하는 이해관계, 즉 이기심 때문이다(스미스, 2007: 17). 네이션을 가득 채운 이 이기심들의 총화總和를 이뤄내는 것은 보이지 않는 손이다.

따라서 각 개인이 최선을 다해 자기 자본을 본국 노동의 유지에 사용하고, 노동생산물이 최대의 가치를 갖도록 노동을 이끈다면, 각 개인은 필연적으로 사회의 연간 수입이 가능한 한 최대의 가치를 갖도록 노력하는 것이 된다. 사실 그는, 일반적으로 말해서, 공공의 이익을 증진시키려고 의도하지도 않고, 공공의 이익을 그가 얼마나 촉진하는지도 모른다. 외국 노동보다 본국 노동의 유지를 선호하는 것은 오로지 자기 자신의 안전을 위해서였고, 노동생산물이 최대의 가치를 갖도록 그 노동을 이끈 것은 오로지 자기 자신의 이익을 위해서였다.

이 경우 그는 다른 많은 경우에서처럼, **보이지 않는 손**에 이끌려서 그가 전혀 의도하지 않았던 목적을 달성하게 된다. 그가 의도하지 않았던 것이라고 해서 반드시 사회에 좋지 않은 것은 아니다. 그가 자기 자신의 이익을 추구함으로써 흔히, 그 자신이 진실로 사회의 이익을 증진시키려고 의도하는 경우보다, 더욱 효과적으로 그것을 증진시킨다. 나는 공공이익을 위해 사업한다고 떠드는 사람들이 좋은 일을 많이 하는 것을 본 적이 없다(스미스, 2007: 499-500. 강조는 필자).[12]

보이지 않는 손은 사회적인 것을 경제적인 것으로 치환, 번역, 대체하는 것을 가능하게 한다. 사회적인 것은 더이상 정치적인 것이나 법의 논리가 작용하여 산출되는 상태가 아니다. 폴라니와 정확하게 반대의 의미에서, 애덤 스미스의 사회(네이션)는 '시장'에 배태되어 embedded 있다. 사회적인 것을 조절하는 시장의 법칙은 개인들의 의도, 지식, 희망을 벗어나서 존재하는 '유사 자연적' 법칙이 된다. 시장은 인위가 개입하지 못하는 섭리공간으로 탈바꿈한다(Latour & Lépinay, 2008: 112-7). 경제법칙의 주재하에, 이윤은 경쟁을 통해 균형에 도달되며 자동적으로 조절된다. 임금은 인구의 함수로 작동하여, 지대는 사회의 확장에 비례하여 지주에게 돌아간다. 자연의 물리적 법칙이 그러하듯, 사회적인 것을 관장하는 경제적인 것의 신비는 개인의 행위/의식이 전혀 개입할 수 없는 초월공간을 구성한다. 이처럼 개인 수준의 악(이기심)을 사회의 선(국부)으로 전환시켜주는 메커니즘이

---

12 "보이지 않는 손"과 "섭리"는 『도덕감정론』에도 등장한다(스미스, 1996: 331).

바로 시장이다(하일브로너, 2008: 164; 테일러, 2010: 111 이하). 애덤 스미스는 사회적 상상의 중심에 시장을 배치하고, 그 안에 보이지 않는 손이라는 강력한 메타포를 장착시킴으로써, 기왕의 자유주의적 사유 속에 맹아적이고 파편적인 형태로 잔존해온 사회변신론sociodicée[13]의 흐름들을 종합한다. 애덤 스미스 이후, 호모에코노미쿠스들이 구성하는 사회적인 것은 "인간들의 공유된 실존에 고유한 자연성", 즉 자연법칙으로 기능하는 수많은 법칙들이 작용하는 공간으로 이해되기 시작한다(Foucault, 1977-8: 357). 이 모델은 사실 고전파 경제학의 영역을 훨씬 뛰어넘는다. 수많은 비판에 노출되었음에도 불구하고, 보이지 않은 손이라는 메타포의 힘은 강력하다. 그것은 시장을 넘어서 정치와 시민사회를 조직하는 원리로 파악되기도 하며(Karlson, 2002), 생명현상, 공간현상, 도시현상 등에서도 논의되고 있다(크루그먼, 2002).

　더욱 흥미로운 것은, 보이지 않는 손이라는 비유의 힘이 단지 경제적 자유주의자들의 사회적 상상에만 영향을 준 것이 아니라는 사실이다. 시장이 야기하는 문제들을 '사회보험'을 통해 통제하려는 집합적 시도의 결과로 등장한 서구의 복지국가, 사회국가, 혹은 보호국가 또한 보이지 않는 손의 원리에 의존하고 있다. 복지국가의 기초에는 19세기 후반 서유럽에 등장하는 사회보험의 논리가 존재한다. 사회보험은, 사회에서 발생하는 수많은 사고들을 리스크로 파악함으로써, 자신과 타자에게 일어날지도 모르는 불운, 비극, 사고, 우연에 대한 대비책

13　사회(socio)와 변신론(辯神論, théodicée)의 결합어다. 원래 변신론은 신의 정당함을 주장하는 이론으로서, 신이 전지전능하다면 왜 이 세상에 '악'과 '고통'이 있는지에 대한 해명에 집중한다. 사회적 변신론은 사회(지배, 질서, 헤게모니)의 존재의 정당함과 불가피성을 주장하는 이론/담론을 가리킨다.

을 집합적으로 확보하는 테크놀로지이다. 개인 행위자들은 자신에게 닥칠 가능성이 있는 미래의 불행에 대한 보장을 위해서, 급여의 일부를 보험금으로 공납하고 필요한 순간 이를 수혜할 권리를 획득한다. 사회보험은 사회 구성원들 전체를 공동운명체로 만든다. 시민사회가 '욕구의 체계'였다면, 사회보험이 재구성하는 사회는 일종의 '리스크의 체계'를 이룬다(Ewald, 1986; Ewald, 1991: 227).

리스크를 개인들의 신중함prudence을 통해 통치하는 자유주의적 경향을 근본적으로 수정하면서 등장한 이 연대의 원리는, 인간에게 닥치는 악을 '사회로 변신한 신'이 예방하고 보상해주는 집단적 섭리시스템을 창출하게 된다. 프랑스에서 복지국가를 섭리-국가état-providence라 부르는 것은 바로 이 때문이다. 이런 맥락에서 보면, 사회는 신과 동일한 임무와 권능을 갖는다. 사회의 이름으로 규합된 시민들의 실존적 불행을 '신=사회'가 책임지기 때문이다(Ewald, 1991: 208). 보이지 않는 손의 비유는 이처럼 시장의 전유물인 것만은 아니다. 복지국가도 '보이지 않는 손'이다.[14] 복지국가도 시장처럼 개인들 사이의 거대한 인터페이스로 존재한다. 복지국가는 행위자들에게 하나의 "주어진 소여이자, 자율적 시스템이자, 그들과 무관한 독립적인 것"으로서 나타난다(Rosanvallon, 1981: 41). 근대는 두 개의 유사한 보이지 않는 손을 발명했다. '섭리-시장marché-providence'과 '섭리국가

---

14 "이 관점에서 보면, 보험의 메커니즘은 보이지 않는 손의 메커니즘과 모순되지 않는다. 결국 보험의 테크놀로지는 하나의 보충으로서, 보이지 않는 손의 한 변이에 불과하다. 두 경우 모두, 개인적 이해관계의 추구라는 유일한 토대 위에 전체적 질서가 생산된다. 보험은, 보이지 않는 손처럼 '확실한 호의'와 같은 효과를 갖는다. 리스크 앞에서 보험을 들고자 할 때, 사람들은 그 자신의 이해관계만을 생각한다. 그러나 그 결과로 개별적 사건에 대한 집합회계가 도출된다"(Rosanvallon, 1981: 26).

état-providence'가 그것이다(Rosanvallon, 1981: 21). 아렌트가 '사회적인 것'의 대표제도로 파악한 시장과 복지국가는 모두 '사회로 변신한 신'에 다름아니었다. 신은 죽지 않았다. 아렌트가 공적인 것의 범주를 통해서 비판하고자 했던 것은 바로 이런 사회신학의 진면목이다. 마술처럼 스스로를 통치하는 비가시적 초월성의 사회적 육화를 이루는 근대 시장과 복지국가에 대한 비판의 근거는 바로 거기에 있다.

3. 행위자의 가면을 쓴 메시아—행위신학의 논리

사회적인 것은, 이기심에 추동된 개인들의 이윤추구 행위를 전체적으로 조화롭게 조절하는 보이지 않는 손이 지배하는 사회풍경을 이루고 있다. 거기 신은 숨어 있다. 신은 보이지 않는다. 그러나 이 은폐된 신은 쉼 없이 활동하는데, 그것이 바로 악을 선으로, 갈등을 통합으로, 혼돈을 질서로 변화시킨다. 아렌트의 비판은 사회로 변신한 이 신의 존재를 겨냥하고 있다. 하지만, 자본주의 시장의 파행과 위기로 점철된 19세기, 그리고 홀로코스트와 세계대전을 체험한 20세기에도 과연 선한 신이 존재하는가? 자기파괴와 문명멸절의 위협감을 불러일으키는 이 '어두운 시대'에도 역사와 사회를 주재하는 최종의미와 이성이 존재하는가? 아렌트의 정치철학은 18세기 자유주의자들이 발명한 시장 유토피아적 사회신학의 폐허를 바라보며, 사회적인 것의 현실과 담론에 내재되어 있는 이 믿음의 구조를 비판하고자 한다.

이런 관점에서, 아렌트에게 중요한 질문은 '개인의 악이 어떻게 사회의 선으로 변환되는가?'가 아니었다. 나치즘과 전체주의의 발흥을 목도하면서, 아렌트는 정확하게 그 반대의 상황에 집중하면서 다음과 같은 질문을 제출한다. 즉, 어떻게 선한(적어도 평범한) 개인이 특정 사회적 상황, 조직, 환경 속에서 악의 구현자로 변환되는가? 이 질문에는 인종 대학살과 같은 근본악의 현상을 통해 적나라하게 드러난, 악의 평범성 banality에 대한 문제제기가 내포되어 있다. 나치 전범 아이히만의 재판에 대한 유명한 리포트에서 아렌트는 사회신학의 역설(개인의 악덕이 사회의 행복)을 통렬하게 전도시킨다. 아이히만의 악행은 이기심이나 악마성에서 비롯된 것이 아니다. 그는 평범하고 소박한 인간이었다. 그는 내적 갈등 없이 주어진 명령을 실행했고, 자신에게 부여된 사회적 기능을 성공적으로 수행했다. 다만 나치 이데올로기, 나치 조직, 나치의 명령체계에 저항하지 못했을 뿐이다. 그는 무사유성thoughtlessness에 노출되어 있었다. 이런 관점에서 보면, 악의 뿌리는 개인의 마음에 존재하는 것이 아니라, 사회시스템에 내재하고 있다. 악인은 악하지 않다. 그는 평범하다. 악은 "사회화에 저항할 도덕적 책임"의 부재 혹은 사회적인 것이 부과하는 공인된 규범과의 윤리적 대결의 부재에서 발생한다(아렌트, 2006; 바우만, 2013: 298).

애덤 스미스에게 보이지 않는 손은, 메피스토펠레스의 대사를 빌려 말하자면, "항상 악을 원하면서도 항상 선을 창조해내는 힘"[15]으로 움직였다. 그러나 아이히만의 경우, 보이지 않는 손은 '항상 선을 욕망하면서도 결국 악을 창조하는 힘'으로 움직인다. 사실 20세기 유럽 사회사상에는 '보이지 않는 손'의 이런 전도된 형태들이 다수 존재하는 것이 사실이다. 막스 베버의 합리화 테제, 아도르노와 호르크하이머의 계몽의 변증법, 울리히 벡의 위험사회론 등이 그것이다. 이들은 공히

---

15 "파우스트: 그래 좋다. 대체 자넨 누군가?/메피스토펠레스: 언제나 악을 원하면서도 언제나 선을 창조하는 힘의 일부분이지요"(괴테, 2010: 88).

역사철학적 지평에서, 어떻게 특정 시대의 성공(선)이 다음 세대에게 고통, 위기, 리스크 등 악의 형식으로, 더구나 '의도하지 않은 결과로서' 되돌아오는가에 주목한다. 아렌트 또한 모더니티를 어둡게 각인시키는 마성적 논리의 작동에 대한 인식을 공유하고 있었다. 그러나 아렌트는 이와 같은 역사적 힘을 사회, 역사, 세계를 움직이는 '섭리'로 상상하는 것을 거부한다. 즉, '사회적인 것'의 고유한 상상계에 내포된 자기조직적 세계의 이미지를 부정한다. 대신 아렌트가 주목하는 것은 '내적 대화'로서의 사유의 공간, 사유로부터 솟아나오는 의지의 공간, 그리고 이를 통해 새로운 현실을 만들어내는 행위의 공간이다.[16] 만일 아이히만이 학살의 명령에 내포된 도덕적 의미를 깊이 사유하고, 무고한 살해를 중지할 것을 의지했다면, 그리고 그것을 어떤 방식으로든 행위로 옮겼다면, 그는 절대악의 실행자가 되지 않았을 수도 있었을 것이다. 인간이 '행위'를 통해서 자신들의 운명을 책임지고 세계를 재구성하는 '공적' 공간의 창출이 바로 아렌트가 말하는 '정치'에 다름아니라면, 아이히만의 '악'의 본질은 공적인 것(정치적인 것)의 부재와 교란으로 규정될 수 있다(Parekh, 1979: 76).

아렌트는 이런 방식으로 사회신학과는 근본적으로 상이한, 상상계를 가동시키고 있다. 이에 의하면, 악을 선으로 전환시키는 변환자는 인간 행위를 초월한 시스템적 자기조절 속에 존재하는 것이 아니다. 사실, 그런 변환자를 상정하는 것은 오직, 역사, 사회, 세계가 제작되는 것made이라는 특수한 관념이 존재해야 비로소 가능한 것이다. 제작되는 것이기 때문에 제작자가 있어야 하는 것이고, 그것이 보이지 않는

---

16 아렌트에게 사유는 내적 대화로서, 그 자체로 공적 공간을 이룬다(사이토 준이치, 2009: 47).

행위자로 나타나는 것이다. 그러나 아렌트에 의하면, 다수의 인간들이 참여하여 형성해가는 역사는 이처럼 누군가에 의해 '만들어지는' 것이 아니다. 실제 인간세계에는 '보이지 않는' 제작자의 자리가 존재하지 않는다(아렌트, 1996a: 247). 사회신학이 가정하는 신의 고유한 자리 즉 현상계 너머의 초월적 영역을 아렌트는 이론적으로 단호하게 봉쇄한다. 대신 아렌트에게 사회는, 인간들이 스스로 참여하여, 담화하고, 숙의하여, 만들어나가는 공통의 열린 공간으로 나타난다. 사회적인 것의 은폐성과 대립하는 이 공적인 것의 개방성은 "누구나 볼 수 있고, 들을 수 있으며, 그러므로 가능한 가장 폭넓은 공개성"을 함축한다(아렌트, 1996a: 102-3). 공적 공간은, 한 인간이 다른 인간 앞에 나타나는 현상 공간space of appearance이다. 공적 공간에 나타남으로써, 행위자는 자신을 "공통존재"로 정립한다(Parekh, 1979: 84; Tassin, 1989: 68). 공적 공간에 나타나지 못하는 자는 존재하지 않는 것과 같다. 왜냐하면 존재는 현상과 동일한 것이기 때문이다(아렌트, 2004b: 38; Fuss, 1979: 164). 공적인 것의 핵심에는 이처럼 가시성visibility의 요청이 인각되어 있다(한센, 2007: 126; Lefort, 1986: 72).[17] 그리고 이것은 보이지 않는 손의 비가시성과 날카롭게 대립한다.

이처럼 인간이 자유로운 존재가 되는 것은, 특정 목적이나 내면에

---

17 이런 점에서 공적 공간에서 이루어지는 정치적 행위는 무대 위에서 관객을 위해 기예(virtù)를 뽐내는 공연예술과 흡사한 점이 많다. 댄서, 연극배우, 음악가 들처럼, 행위자는 자신의 탁월함과 기교를 보여주기 위해 타인의 현존을 요구하며, 또한 공적으로 조직된 공간을 필요로 한다. 무언가를 창조하여 그 산물을 작품으로 남기는 창조예술(creative arts of making)과 달리 공연예술은 그 자신의 가시적 수행 이외의 어떤 결과물도 남기지 않는다. 공연이 끝나면 텅 빈 무대만 남는다. 행위는 행위의 수행 그 자체일 뿐, 행위자가 자신의 마음에 품고 있는 동기나 목적으로 환원되지 않는다(아렌트, 1996a: 269). 동기나 목적과 다른, 행위의 이 외적 추동력을 아렌트는 원칙이라 부른다(아렌트, 2005: 208).

숨겨진 동기를 넘어서 공적 공간의 중요한 가치들(원칙들)을 자기목적적으로 추구하는 행위를 통해서이다(아렌트, 2005: 209). 아렌트는 막스 베버가 확립한 '행위Handeln'개념을 심도 있게 확장시키고 있다.[18] 아렌트에게 행위는 목적합리성의 문법을 훨씬 벗어난 신학적 맥락을 부여받는다. 아렌트는 행위에서 '기적'을 본다(아렌트, 1996a: 312). 행위란 언제나 전혀 예상하지 못한 일을 발생시킨다. 행위는, 일어날 가망이 별로 없어 보이는 것들이 구성하는 세계, 자연의 세계, 즉 "무한한 비개연성infinite improbability"에 지배되는 세계의 내부에 아무도 예상하지 못한 새로움을 창발시킨다(아렌트, 2005: 231). 행위하는 인간이 있기에 역사가 가능하다. 예측할 수 없고, 예견할 수 없는 무언가를 개시하는 힘은 행위로부터 나온다. 그것이 기적이다(아렌트, 2005: 232). 행위가 존재하지 않는다면 세계의 오늘은 세계의 어제와 거의 같을 것이다. 인간은 이 동일성을 파괴하면서 새로움을 세계에 도입한다(아렌트, 1999: 59). 인간은 무언가를 시작하는 힘을 갖고 있다. 인간은 자연법칙의 숙명적 권능을 뚫고 새로운 것을 세계에 도래하게 하는 능력을 갖고 있다. 아이히만에게 결여되어 있던 것이 바로 이 행위능력이다. 아렌트의 사회사상은 아우구스티누스의 신학을 만나 '사회신학'을 해체하는 '행위신학'으로 전환된다. 아우구스티누스에 의하면, 인간이 세계에 등장하는 것, 그가 존재하기 시작했다는 것은, 우주

---

18 막스 베버는 행위를 다음과 같이 정의한다. "행위란, 단수의 행위자나 복수의 행위자들이 자신의 행태(Verhalten)에 주관적인 의미를 결부시킬 경우의, 그리고 그러한 한에서의 인간의 행태(……)를 뜻한다고 하겠다"(베버, 1997: 118-9). 사회과학에서 논의된 다양한 행위 개념에 관해서는 다음을 볼 것(요아스, 2002; Rubinstein, 1977).

가 창조되는 것과 비견할 만한 중대한 사건이다.[19] 인간으로 태어난다
는 것, 세계 속에 하나의 새로움으로, 가능성으로 등장한다는 것, 이 탄
생의 사실은 모든 행위에·내포된 새로운 시작의 가능성의 원천이 된
다(아렌트, 2005; 228). 태어난다는 생물학적 사실을, 인간세계의 공적
변화를 예견하게 하는 모든 가능성의 기초로 설정하는 이론적 도약을
통해서 아렌트는 자신의 스승 하이데거의 '죽음을 향한 존재'로 규정
되는 인간관을 전도시킨다. 인간은 무엇보다도 '도래하는 존재'이며,
태어남으로써 시작할 수 있는 존재다.[20] 아렌트의 탄생성 개념은 메시
아주의로 전화된다(Gottlieb, 2003).

인간사의 영역인 세계를 그것의 정상적이고 '자연적' 황폐화로부터
구원하는 기적은 궁극적으로는 다름아닌 탄생성이다. 존재론적으로
이 탄생성에 인간의 행위능력이 뿌리박고 있다. 달리 말하면 기적으
로 새로운 인간의 탄생과 새로운 시작, 즉 인간이 탄생함으로써 할
수 있는 행위이다. 이 능력의 완전한 경험만이 인간사에 희망과 믿음
을 부여할 수 있다. 그러나 고대 그리스는 인간 실존에 본질적인 두
특징인 믿음과 희망을 완전히 무시하고 '믿음'을 가지는 것을 매우

---

19 아우구스티누스는 세계와 시간의 시작 그리고 인간의 시작을 구분한다. 그는 전자를 프린키피움
(principium)으로, 후자를 이니티움(initium)으로 명명한다(Arendt, 1998: 55). 『신국』의 12권에서 아
우구스티누스는 이렇게 쓴다. "시작이 있었고, 첫번째 인간이 태어났고, 그 이전에는 아무도 없었다
(Initium ut esset, creatus est homo, ante quem nemo fuit)"(아렌트, 2005: 228).

20 아렌트가 '탄생'에 부여하는 의미는 세 가지이다. 첫째는 생물학적 탄생. 둘째는 행위를 통한 정
치적 탄생. 셋째는 사유의 무시간성으로 이동하는 이론적 탄생이다(Bowen-Moore, 1989: 1; 홍원표,
2009: 55 재인용). 시작할 수 있는 행위능력의 기초로서의 탄생성은 교육의 본질이기도 하고, 혁명의
원리이기도 하다(아렌트, 2004a: 아렌트, 2005: 237; 18-9; 홍원표, 2009: 68).

공동적이지 못한 덕으로 평가절하했으며 '희망'을 판도라 상자에 있는 악 중의 하나로 간주했다. 이 세계에서 믿음을 가질 수 있고 이 세계를 위한 희망을 가져도 된다는 사실에 대한 가장 웅장하면서도 간결한 표현은, 복음서가 그들의 '기쁜 소식'을 천명한 몇 마디 말에서 발견할 수 있다. '한 아이가 우리에게 태어났도다.'(아렌트, 1996a: 312).

아렌트의 메시아는 아직 아무것도 수행하지 않은 자, 미래밖에는 갖고 있는 것이 없는 '아이'이다. 메시아의 도래는 감격적이지만 자못 소박한데, 그것은 메시아가 왔다는 것이 현실적 정치질서의 변화를 자동적으로 의미하지 않는다는 점에서 그러하다. 다윗 왕국의 재건이나 유토피아, 혹은 좀더 근대적인 언어로 말하자면 어떤 정치 혁명도 직접적으로 암시되어 있지 않다. 그냥 한 아이가 태어나고 있을 뿐이며, 그가 메시아라는 소식이 있을 뿐이다. 물론 복음서에 적힌 저 아이는 예수다. 그러나 태어나는 저 존재는 '예수'이기 때문에 메시아가 아니라, '태어났기' 때문에 메시아인 것이다. 이것이 아렌트 행위신학의 요체이다. 아렌트의 메시아는 특정 초인이나 계급이나 젠더나 사회적 집합체가 아니다. 반대로 태어나는 '나'는 모두가 메시아이다. 이런 점에서 아렌트의 행위이론에 전제되어 있는 메시아주의는 벤야민의 그것과 깊은 친근성을 갖는다. 벤야민은 역사철학에 대한 자신의 단상에서 이렇게 쓴다. "행복의 관념 속에는 불가피하게 구원의 관념이 내포되어 있다. 역사가 대상으로 삼는 과거라는 관념도 사정이 이와 마찬가지다. 과거는 그것을 구원으로 지시하는 어떤 은밀한 지침指針을 지니고 있다. (……) 만약 그렇다면 과거세대의 사람들과 우리 사이에는 은밀한 약속이 있는 셈이다. 그렇다면 우리는 이 지상에서 기다려졌던 사람들이다. 그렇다면 우리에게는 우리 이전에 존재했던 모든 세대와 희미한 메시아적 힘eine schwache messianische Kraft이 함께 주어져 있는 것이고, 과거는 이 힘을 요구하고 있는 것이다"(Benjamin, GS I-2: 693-4).

일견 소박하지만 사실 매우 급진적인 의미를 함축하고 있는 위의 인용문에 나타는 메시아 역시 구원의 사실적 상태를 구현하는 초인적 신성의 화신이 결코 아니다. 메시아는 우리 자신이다. 우리가 바로 과거의 모든 세대들이 갈망하고 희망했던 것을 실현시킬, 더 나은 세계를 만들고 행복하게 살고자 하는 꿈을 실현시킬 과제를 어깨에 짊어지고 이 세계에 '태어난' 존재이기 때문이다. 그렇기 때문에 이 메시아적 힘에는 '희미한'이라는 형용사가 부가되어 있다. 그것은 발현될 수도 있고, 발현되지 못할 수도 있다. 구원은 보장되어 있지 않다. 구원의 주체도 초월적 신성이 아니라, 행위능력밖에는 갖고 있지 못한 우리 자신일 뿐이다. 환언하면, 벤야민과 아렌트가 공유하고 있는 저 유대교적 메시아주의는, 인간 행위자를 제외한 어떤 존재도 이 세계를 변화시킬 주체가 되지 못한다는 점을 강조하고 있다. 바로 이 맥락에서 우리는 아렌트의 행위신학이 자유주의적 사회신학의 극단적 대척점에 위치하고 있다는 사실을 쉽게 알 수 있다. 보이지 않는 손은 '나'의 자리가 없는 사회의 상상이다. 그것은 사회 그 자체의 끊임없는 전개와 연속의 섭리에 집중한다. 그러나 말하는 입들은 '내'가 메시아로 태어난 세계, 세계가 '나'를 메시아로 인지하고, '나'에게서 어떤 공적 행위를 기대하는 바로 그런 사회, '내'가 말하고, 행위하고, 참여해야 하는, '나'의 행위에 이 사회의 명운이 걸려 있을 수도 있는, 그런 사회의 상상이다. 양자의 첨예한 대립은 표면상으로는 개념의 대립인 듯이 보이지만, 궁극적 수준으로 내려가면 두 상이한 신들의 싸움이기도 하다. 보이지 않는 신(운명)과 내 안에 깃들여 있는 미약하지만 생생한 신(행위) 사이의 싸움이다. 그것은 사회로 변신한 신과 행위자의 가면을 쓴 메시아 사이의 전쟁이다.

IV. 남아 있는 질문들

—

서론에서 언급한 것처럼, 사회의 소멸 그리고 사회적인 것의 쇠퇴는 21세기 사회이론의 가장 중요한 문제이자 도전 중의 하나다. 울리히 벡의 위험사회론과 개인화 테제, 바우만의 액체근대성 테제, 그리고 기든스의 탈전통사회 테제 등 소위 후기 근대적 전환을 말하는 사회학자들 역시 초기 근대에 견고하게 형성되었던 사회적인 것의 소실을 다각적으로 지적하고 있다(바우만, 2009; 벡, 1997; 기든스, 1994). 뷰러웨이의 공공사회학 역시 "시장에 의해 파괴되고, 미디어에 식민화되고, 관료제에 의해 방해"받는 사회적인 것의 위축에 대한 강력한 문제제기에 추동되고 있다(Burawoy, 2005: 27-9). 세넷도 새로운 자본주의가 가져온 삶의 안정성과 서사적 가능성의 축소 속에서 사회적인 것의 종언을 암울하게 인준한다(세넷, 2009: 100). 21세기의 사회이론은 사회적인 것의 상실을 진단하면서, 그것을 새롭게 재구성해야 하는 과제를 스스로에게 부여하고 있다. 소멸하거나 약화된 것으로 파악되는 사회성을 어떻게 구제하여, 21세기의 새로운 환경 속에서 가능한 또다른 사회적인 것의 원리, 가치, 제도, 윤리, 장치들을 발견 또는 발명할 수 있는가? 이 질문이 현재 사회이론에 제기되고 있는 가장 중요한 문제 중의 하나라고 볼 수 있으며, 이에 대한 창의적 대안들이 다양한 방식으로 제기되고 있다(Candea, 2010; Latour, 2007; 세넷, 2013; 어리, 2013). 이런 맥락에서 아렌트의 사회신학에 대한 비판과 그 대안으로서의 행위신학은 어떤 현실적 함의를 갖고 있는가?

첫째, 아렌트의 사회적인 것에 대한 비판이 신자유주의적 맥락에서 갖는 적실성에 대한 의문이 제기될 수 있다. 아렌트가 사회적인 것을 비판하면서 공적인 것의 재활성화를 그 대안으로 제시하던 시기는 1960년대에서 1970년대, 즉 신좌파와 청년 운동의 물결이 그야말로 모든 '사회적인 것'의 허위와 위선과 억압과 인위를 혁파하고자 했던, 정치의 시대였다. 이 시기 아렌트가 사회적인 것으로 지칭하던 모든 것들은 해체되고 파괴되고 재구성되어야 했다. 복지국가, 관료제, 시장, 대중문화, 상식, 인종주의 등이 그것이다. 그러나 아이러니하게도 68세대에 의해 시도된 이 사회적인 것의 살해는 '신자유주의'를 통해 현실화되었고, 1980년대 이후 전개되는 세계는 실제로 더이상 사회가 존재하지 않는 유동성의 시대, '사회적' 안전망들이 녹아 용해되어 사라진 불안의 시대, 사회적인 것의 대안이 묘연한 시대에 다름아니다. 이 시대의 고통은 사회적인 것이 발휘하는 억압에서 오는 것이 아니라, 사회적인 것 자체의 부재에서 온다. 가령, 세넷의 고민이 그것이다. 그 자신 아렌트에게서 배웠지만, 세넷은 '새로운 자본주의'가 녹여 소멸시킨 사회적인 것이 과연, 1970년대의 저항문화 속에서 흔히 그렇게 생각되었듯이 '악마적'인 것이었나를 반문한다. 그에 의하면 복지국가나 관료제는 그 안에 포섭된 행위자들이 장기적 관점에서 자신들의 삶의 서사를 구성할 수 있게 하는 존재론적 안전감을 제공했다. "관료제의 쇠창살은 감옥이기도 하지만 동시에 심리적인 안식처가 될 수도 있는 것"이라고 세넷이 쓸 때, 그는 20세기의 '사회적인 것'의 제도적 장치들, 특히 사회적 자본주의social capitalism의 힘을 재평가하고 있는 것이다(세넷, 2009: 44). 만일 아렌트가 신자유주의가 드리운 이 시대의 어둠을 목격했다면, 사회적인 것에 대한 아렌트의 판단은 과연 『인간의 조건』에 나타난 대로 유지될 수 있었을 것인가?

둘째는 행위신학의 대안적 가능성에 관한 것이다. 아렌트가 사회적인 것과 근본적으로 대립하는 범주로서 공적인 것/정치적인 것을 전면에 내세울 때, 우리가 앞서 분석한 것처럼, 거기에는 행위 개념을 메시아주의적 관점에서 확장시키는 이론적 도약이 내포되어 있었다. 메시아주의와 결합한 아렌트의 행위이론은 희망의 정서적 토대 위에 정초된 것이었다. 그리고 이 희망을 육화한 존재가 '아이'다. 아이는 과거세대의 모든 꿈을 육화한 존재이며, 더 나아가 미래에 더 나은 세계를 만들어갈 것으로 기대되는 존재이기 때문이다. 이런 점에서 아렌트의 행위신학도, 비록 사회신학처럼 노골적으로 변신론적 관점을 취하는 것은 아니지만, 인간 역사의 행로에 대한 '낙관론'의 함정에 빠져 있다. 아렌트의 행위신학에서 미래는 열려 있는 가능성에 대한 희망으로 충만해 있다. 탄생성이라는 '성스러운' 개념의 힘으로 아렌트는 집합적 시간의 미지 속에 마지막 진보의 가능성을 배치한다. 그러나 20세기 후반 '미래'의 개념은 '진보'나 '꿈'이나 '발전'과 같은 개념들과 더불어 그 적실성을 상실하기에 이른다. 미래는 더 나은 세상과 연결되는 것이 아니라, 종말론이나 묵시론적 상상력과 더 긴밀하게 연결된다. 탄생성은 다시 한번 전도된다. 미래가 더 나은 세상이 아닐지 모르기 때문에, 태어나는 아이는 메시아가 될 가능성도 있지만, 종의 종말을 목격하고 증언해야 하는 '최후의 인간'이 될 가능성도 있다. 이런 점에서 아렌트의 행위신학에도 사회신학과 동일한 문제점이 존재한다. 예컨대 보이지 않는 손은 원래 악을 선으로 변환하는 작용을 하지만, 그것이 선을 악으로 변환하는 작용을 하지 않으리라는 보장이 어디에도 없다. 인간 진보의 역사가 언제나 새로 갱신될 수 있다면, 인간의 악의 역사도 언제나 새로 갱신될 수 있기 때문이다.

보론1. 사회적인 것과 소셜적인 것

—

1784년의 『세계 시민적 관점에서 본 보편사의 이념』에서 칸트는 보편사의 네번째 명제를 다음과 같이 제시한다. "자연이 인간들의 모든 소질을 계발시키기 위해 사용하는 수단은 (……) 사회 속에서의 인간들 상호간의 적대Antagonism이다. 내가 여기에서 말하는 적대는 인간의 반사회적 사회성ungesellige Geselligkeit을 의미한다. 즉 끊임없이 사회를 파괴하려고 위협하는 일반적인 저항들과 결합되어 있으면서도 사회를 이루고 살려는 인간의 성향을 말한다. (……) 그와 같은 반사회성이 없다면, 인간의 모든 재능들은 완전한 조화로움과 만족감 및 서로서로 사랑하는 목가적인 삶 속에서 영원히 꽃피우지 못하고 묻혀버리고 말 것이다. (……) 따라서 불화라든가 악의적인 경쟁심, 만족할 줄 모르는 소유욕이나 지배욕을 있게 한 자연에 감사할지어다! 이러한 것들이 없이는 인간성 속에 있는 모든 탁월한 자연적 소질 역시 계발되지 못하고 영면하고 말 것이기 때문이다"(칸트, 1992: 29-30).

칸트의 논리는 근대 유럽 사회사상에 특징적인 사고방식을 전형적으로 드러내고 있다. 포프, 몽테스키외, 맨더빌, 파스칼, 비코에게서도 공통적으로 발견되는 이 논리는 개체의 자기애self-love가 공동체의 번 영과 대립되는 것이 아니라는 발상, 공동체가 구성되기 위해서는 차이 나 갈등과 같은, 특정한 반공동체적 질료들이 요청된다는 역설적 사고 이다. 이에 의하면, 자기애와 자기이득을 추구하는, 이기심으로 가득 찬 행위자들의 '악덕'은, 행위의 의도하지 않은 결과로서, 사회전체의 복리로 이어진다. 같은 저술의 제5명제에서 칸트는 "보편적으로 법이 지배하는 시민사회의 건설"이라는 인류의 중대과제를 해결하기 위해 서(질서가 존재하는, 공존가능한 새로운 삶의 형식으로서의 사회를 구성하기 위해서) '반사회성'이라는 악한 질료가 요청됨을 역설하고 있다(칸트, 1992: 31).[21]

칸트가 말하는 반사회적 사회성이라는 표현에는 사회를 지칭하는 두 가지 의미소가 등장한다. 형용사로 사용된 '반사회적'이라는 말은 사회를 구성하는 개인에 내재된 성향 혹은 개인들 사이의 관계의 질 을 가리킨다. 그것은 불화, 경쟁, 투쟁이다. '반사회적'이라는 형용사가 수식하는 '사회성'은 그런 개인들의 반사회적 행위들이 야기하는, 전 체 사회의 수준에서 생산되는, 그리하여 개인들 수준으로 환원될 수 없는 결과물을 가리킨다. 반사회적 사회성이라는 개념에 내포된 함의 를 풀어 전개시키면, 시민사회 전체의 정치적 조화(법이 개인의 자유 를 보장하는 시민사회)를 특징으로 하는 사회성은, 사회를 구성하는 개인들의 반사회적 성격, 행위, 관계로부터 역설적으로 도출된다는 명

---

21 "인류를 장식해주는 모든 문화와 기술 및 가장 아름다운 사회적 질서는 반사회성의 결실들이다. 반사회성은 강제로 자기 자신을 훈련시키며, 강요된 기술을 통해 자연의 맹아를 완전히 전개시킨다" (칸트, 1992: 31-2).

제로 정립된다. 그 자체로 모순을 내포하고 있는 반사회적 사회성의 개념은 근대 시장, 시민사회, 복지국가의 구성원리를 표명하는 칸트적 정식인 셈이다. 개인의 반사회성이 사회 전체의 기능적, 유기적, 총체적 조화와 배치되는 것이 아니라는 (넓은 의미의) 자유주의의 꿈이 이런 상상 속에 집결되어 있다. 그런데, 이처럼 개인들의 본성과 관계를 수식하는 형용사(반사회적)와 전체 사회의 존속과 번영에 기능하는 방식(사회성)을 결합시키는 칸트적 조어법은 (그는 언급하고 있지 않지만) 반사회적 사회성이라는 논리적 조합 이외에 다음과 같은 다양한 가능범주들을 사고하게 한다.

i) 반사회적 반사회성
ii) 사회적 사회성
iii) 사회적 반사회성

가령, 반사회적 반사회성은 근대 이전에 흔히 발견되는 사회적 상상의 가장 대표적이고 흔한 실례이다. 개인 수준의 반사회성이 사회 수준의 악으로 귀결되는 것으로 사회의 작동과 구조를 상상하는 것이다. 반대로 사회적 사회성은 개인 수준의 덕과 선이 사회 전체의 번영과 부유로 매개 없이 이어진다는 생각을 표상하는데, 이런 점에서 이 역시 전근대 소규모사회의 상상에 속한다. 반사회적 반사회성이나 사회적 사회성의 논리 속에서는, 개인과 사회 사이의 매개, 형질변화, 역설이 존재하지 않는다. 뒤르케임식으로 말하자면, 개인과 사회 사이에는 '창발emergence'의 논리가 끼어들지 않는다. 양자는 질적 차이 없는 양적 확장의 관계를 이룬다. 이로부터 매우 단순한 생각이 도출되는데 그것은 착한 사람들이 모여서 좋은 사회(공동체)를 만드는 것이며, 나쁜 사람들이 모이면 나쁜 사회(공동체)가 만들어진다는 생각이다. 이런 관점에서 보면, 사회적 개인, 사회성으로 충만한 개인, 사회 자본이 풍부한 개인, 사회를 사랑하는 개인은 전체적 맥락의 사회에 긍정적으로 기여하는 사회성, 즉 사회적 사회성을 소유하고 있는 개인이다. 그와 반대로 사회성이 없는 개인, 고독하고 비사교적인 개인은 사회성의 총체를 삭감시킨다. 범죄, 자살, 우울, 질병은 사회적인 것에 기능적이지 않다. (반)사회적인 것은 (반)사회성과만 결합할 수 있다.

이런 맥락에서 흥미로운 성찰을 요구하는 범주가 바로 '사회적 반사회성'이다. 결론을 앞당겨 말하자면 나는 사회적 반사회성이 칸트가 말하는 '반사회적 사회성'과 대척을 이루는, 우리 시대의 사회적 상상을 점차로 지배해가고 있는 형식이라고 본다. 즉, 우리 시대는 이제 시장과 복지국가가 대표하는 '보이지 않는 손'의 섭리적 질서로 사회를 상상하는 데 어려움을 겪고 있다. 그런 추상적 섭리에 대한 신뢰는 깨졌다. 20세기 후반에 전면화된 신자유주의적 통치성은 복지국가를 약화시켰고, 지속적인 자본주의의 위기상황은 시장 신화를 불가능하게 한다. 이런 상황에서 등장한 새로운 사회상은 가령, 개인들의 수준에서 고도의 사회성이, 사교성이, 사회적 기능에의 충실성이 추구되지만, 실제로 그것들이 총합을 이루어 나타나는 전체 사회의 양상은 위기에 다름아닌 어떤 당혹스런 그림이다. 사회성의 수준에서 모종의 전도현상이 발생한 것이다. 개인들은 순치되고, 적응되고, 선량하고, 문명화되었다. 그러나 그들이 만들어내는 사회라는 것은 공존이 어려운 상태(반사회성)로 귀착된다. 바로 이런 시기에 '사회'를 대신하여 새롭게 등장한 의미소가 바로 '소셜'이라 불리는 무언가이다. '소셜'이라는 새로운 형용사가 '사회적'이라는 형용사를 대신하여 등장하면서, 만들어낸 새로운 사회적 현실과 원리들을 나는 '소셜적인 것'이라 부른다.

소셜미디어, 소셜네트워크, 소셜마케팅, 소셜커머스, 소셜웹, 소셜브랜딩, 소셜게임, 소셜비즈니스 등으로 사용되는 이 새로운 의미소로서의 '소셜'이란 무엇인가? 주목할 것은 이 새로운 '사회성'의 영역들이 주로 인터넷으로 연결된 미디어공간과 연관되어 있으며, 주로 경제적 사업, 경영, 비즈니스와 연관되어 있다는 것이다. 테크놀로지와 비즈니스가 결합된 영역에서 이루어지는 친교와 교제, 만남과 소통을 가리키는 말이 바로 '소셜'이다. 그리하여 '소셜'영역의 핵심 키워드는 친밀성과 네트워크이다. 소셜한 것은 조직적인 것이 아니라 네트워크적인 것이며, 유지되는 견고한 관계가 아니라 유동적이고 액체적인 관계이며, 익명의 인구 전체와 맺는 '상상된 공동체'가 아니라, 직접 대면하는 것은 아니지만 그럼에도 불구하고 깊은 친밀성의 분위기에 의해 구성된 '접속된 공동체' 속에서 형성되는 관계이다. 소셜적인 것은 그리하여 사회나 세계의 문제가 아니라 나와 우리의 문제를 중심으로 맺어지고 풀어진다. 사회적인 것의 약화와 후기 자본주의, 후기 근대의 시대에 바로 이런 네트워크의 비유와 네트워크화된 세계의 이미지가 등장하는 것은 그리하여 우연이 아니다(Boltanski & Chiapello, 1999: 208 이하). 소셜적인 것은 사회적인 것이 약화된 세계에 나타난, 사회적인 것의 대리보충이다.[22] 로베르 카스텔의 표현을 빌려 말하자면, 소셜적인 것은 "사회적인 것이 없는 세계에서 사회적인 것le social dans le monde sans social"의 역할을 대리하는 것이다(Castel, 1981: 178). 이것이 바로 사회적 반사회성이 새롭게 등장하는 맥락이다.

사회적 반사회성은 행위자들의 사교성/사회성이 도리어 전체 사회의 사회적인 것의 부재로 이어지는, 혹은 그런 부재를 증거하고, 그런 부재를 드러내는 방식으로 기능하는 역설을 가리킨다. 사회적 반사회성은 네트워크를 통해 얽히는 사회적 관계와 자본의, 그보다 상위논리에 있어서의 역기능을 지칭한다. 소셜적인 것은 사회적 반사회성의 별칭이다. 사회적인 것이 해체되었을 때 나타나는 소셜적인 것의 상상형식으로의 이 사회적 반사회성은, 사회적인 것의 부재가 개인들에게 야기하는 사회적인 것의 시뮬레이션의 의무를 표상한다. 그 시뮬레이션의 의무가 우리 시대의 과잉동정, 과잉애정, 과잉공동체주의, 과잉표현주의를 양산하는 것으로 보인다. 사회적인 것이 없을 때, 즉 비가시적 섭리에 대한 믿음일 불가능할 때, 행위자들은 안간힘을 다해서 자신이 사회적 인간임을 상연해야 한다(고프먼). 사회적 인간임을 상연하는 자아연출은 대개의 경우 자기표현의 형식을 띤다. 사회적 문제에 대한 발언(트위터나 페이스북)의 솔직함과 과격함, 개인에 대한 정보와 감정적 체험, 미적 취향의 전시공간으로서의 SNS, 소셜적인 것을 통한 친밀한 공동체의 확장 등은 그러나 사회적인 것으로 이어지지 않는다. 양자 사이에는 도리어 역전의 관계가 존재한다. 즉 사회적인 것의 부재가 소셜적인 것의 범람으로 증명되는 것이다. 찰스 테일러는 서구 근대가 발명한 세 가지 주요한 사회적 상상에 대해 언급한 바 있다. 시장, 주권적 인민, 그리고 공론장이 그것이다(테일러, 2010). 우리

---

22 로베르 카스텔은 프랑스사회에서 소위 '심리학적 담론'이 어떻게 사회적 담론을 대체하면서 등장했는지를 보여주는 연구에서 칸트의 반사회적 사회성의 의미를 뒤틀어, 이런 심리학적 담론들을 사회성 혹은 사회적인 것이 비워진 사회성 즉, 비사회적 사회성(a-sociale-sociabilité)이라 명명한다. 이는 새로운 형식의 사회성으로서 사회가 아닌 가족과 친밀성 그리고 개인 심리의 영역에서 사회적인의 것의 부재를 대리하는 방식이다(Castel, 1981: 177 이하).

시대는 시장과 주권적 인민과 공론장이라는 세 가지 주요한 사회적 상상이 모두 위기에 처해 있다. 시장의 상상과 나머지 두 형태의 상상 사이에는 중요한 차이가 있다. 시장이 자기통치하는 시스템으로 상상되는 반면, 공론장과 주권적 인민은 "공통의 행위주체성common agency"(테일러, 2010: 148)을 가진 것으로 상상된다. 즉, 집합적 행위자들의 실천이 효력을 야기하는 그런 사회의 상상이다. 시장 신화는 이미 오래전에 크게 흔들렸고, 주권적 인민의 저항과 목소리는 현저하게 약화되어 있으며, 공론장을 가능하게 하는 숙의 민주주의는 도처에서 위기를 겪고 있다. 이 세 가지 사회적 상상이 파상된 자리에 나타난 것이 바로 '사회적 반사회성'이다.

사회적인 것의 합정성

I. 감정적 전환

—

'감정'은, 오랫동안 주류 사회학의 관심을 얻지 못한, 낯설고 주변적인 주제로 남아 있었다. 근대사회에 대한 과학적 탐구를 지향해온 사회학이 감정현상에 대해 취할 수 있는 입장이 애초부터 제한되어 있었기 때문일 것이다. 주지하듯,[1] 근대의 주인공들은 열정으로 움직이는 중세적 인간들과 달리, 정념을 조절·통제하고, 설정된 목표나 이해관계를 합리적으로 추구할 줄 아는 행위자들이다. 이들의 행위와 그 결과로 형성되는 제도·질서·구조 등을 해명하는 과정에서 감정보다는 합리성에 대한 호소가 더욱 중요한 것으로 받아들여졌다(허시먼, 1994). 가령, 파슨스 이론이 지배하던 20세기 중반 동안 사실상 사회학은 감정이라는 주제를 망각하고 있었다. 감정은 설명의 대상으로도, 원인으로도 평가받지 못한 채, 이론적 잔여범주로 남아 있었던 것이다. 이런 이유로 메슈트로비치는 "대부분의 사회학적 이론화가 결여하고 있는 것은 감정의 역할이다"라고 말하고 있다(Meštrović, 1997: xi).

하지만 1970년대 중반 이후 사회학뿐 아니라 철학, 정치학, 인류학, 심지어 심리학에서도 감정이 주요한 관심대상으로 부상하기 시작한다(바바렛, 2006: 47). 특히 사회학 영역에서 감정 논의의 급증은 이례적이기까지 했다. 1970년대 중반부터 1980년대 중반까지 감정을 다룬 서적과 논문들은 폭발적으로 증가했다.[2] 이와 더불어 영국, 미국, 호주에서 학회들이 설립되기 시작했다. 미국 사회학회는 1986년에 감정사회학분과를 설치했고, 영국 사회학회는 1989년에 감정사회학 연구모임을 결성했으며, 호주 사회학회의 연례학술대회에는 1992년 이후에 감정사회학 패널이 열리고 있다(실링, 2009: 25). '감정적 전환 emotional turn'이라 불러도 좋을 법한 이런 변화의 기저에는 무엇보다 근대성의 핵심원리인 '이성' 중심의 사회과학적 패러다임에 대한 전반적 반성과 1960년대 이후의 신좌파운동과 70년대 이후의 신사회운동

---

1 이 글에서는 'emotion'을 감정으로, 'affect'를 정동으로, 'feeling'을 느낌으로, 'passion'을 정념으로, 'sentiment'를 정서로 옮겨 사용한다. 감정에 대한 담론들이 항상 이런 개념들을 명확하게 정의하고 있지는 않다. 많은 경우, 이들 용어들은 혼용되는 것이 사실이며, 그들을 구별하는 구체적이고 객관적인 기준이 존재하는 것도 아니다. 대개 사회학과 심리학에서 감정(emotion) 개념을 주로 사용한다면 정신분석학, 문화연구, 이탈리아의 자율주의운동 계열의 논의들에서는 정동(affect) 개념을 주로 사용한다. 후자의 경우 특히 스피노자, 타르드, 들뢰즈, 가타리의 논의에 그 뿌리를 두고 있다. 정동은 감정보다 더 원초적이고 미분화된, 생성과 운동의 논리와 연결된 개념이다. 감정은 개인에 의해서 포획된 정동을 의미한다.(들뢰즈, 2005; Massumi, 2002: 28; Zembylas, 2007: 445.)

2 대표적인 저서들을 거론하자면 콜린스의 『갈등사회학』, 켐퍼의 『감정의 사회적 상호작용이론』, 혹실드의 『관리되는 마음』, 그리고 덴진의 『감정의 이해』 등을 들 수 있다(Collins, 1975; Kemper, 1978; Hochschild, 1983; Denzin, 1984).

을 통해 부각된 수많은 정체성 정치의 활성화라는 사회적 요인들이 자리잡고 있다(박형신·정수남, 2009).

이 연구는 현대 사회이론이 지난 30여 년에 걸쳐 수행해온 '감정적 전환'의 핵심논리를 '합정성合情性'의 재발견으로 규정하고, 이에 사용된 합정성이라는 새로운 개념을 제안하는 것을 목적으로 한다.[3] '합정성'은 합리성, 합법성, 합목적성 등에 나타난 한자 구성원리를 응용한 개념으로서, 특정 행위, 상호작용, 규칙/규범, 사회 시스템이, 개인 혹은 다수 행위자들의 내적 감정, 혹은 객관적으로 생산, 소통, 표현되는 감정적 리얼리티에 발생적으로 연관되거나, 기능적으로 조응하거나, 혹은 구조적으로 연동되는 양태와 능력을 가리킨다. 위의 정의에 이미 나타나 있듯이, 합정성은 네 가지 상이한 유형으로 구분된다.

첫째, 행위 합정성. 이는 사회적 행위의 창발과정에 작용하는 감정 연관성, 혹은 행위자가 자기 자신, 행위의 파트너, 행위규칙의 감정적 상태에 조응하여 행위할 수 있는 성향과 능력을 가리킨다(베버의 신

---

3 내가 합정성 개념에 착안하게 된 것은 한상진 교수의 담화를 전해 듣게 된 계기를 통해서다. 2012년 9월 15일 동국대 사회과학대학에서 열린 이론사회학회 월례발표회(삼토회)에서 유승무 교수는 '불교와 사회의 연기법적 접근 시론'이라는 제목의 발표를 했다. 이에 대한 토론 중에, 한상진 교수는 중국인들의 일상용어에 '합리합정(合理合情)'이라는 단어가 있음을 지적하면서, 이에 대하여 상술했다. 필자는 당일 삼토회에 참여하지 못했지만, 지인으로부터 당시 한상진 교수의 코멘트 내용을 상세히 전해 듣고 깊은 인상을 받았다. 그래서 2013년 전기사회학대회에서 한상진 교수를 만나뵙고, '합리합정'이라는 용어에 대하여 질문을 하고 연관된 담화를 나눴다. 담화 중에 나는 한상진 교수에게 '합정성'을 개념화하여 합리성의 문제를 보완할 수 있는 이론적 가능성을 모색하고 있다고 말씀을 드렸다. 자리를 빌려, 한상진 교수께 감사의 말씀을 전한다. 『현대한어사전』(상무인서출판사, 2002년 증보본)에 의하면, 합정합리는 합호정리(合乎情理)와 같은 의미를 갖는다(508쪽). 여기에서 합호는 부합한다는 의미이며, 정리(情理)는 "사람이라면 누구가 가질 수 있는 마음이나 생각(인지상정) 혹은 일반적인 도리"를 의미한다(1035쪽). 이 논문에서 사용하는 '합정성' 개념은 중국어의 일상용법을 사회이론의 맥락에서 재구성한 것이다.

교윤리론, 프래그머티즘의 행위이론, 케인스의 행위이론). 둘째, 규칙/규범 합정성. 이는 다음의 두 가지 의미를 동시에 내포한다. 하나는 사회적으로 합의되어 실행되는 행위규칙 혹은 규범들이 사회적 수준에서의 감정적 공감과 승인에 뿌리내리고 있다는 사실(로티의 인권론, 벨라의 시민종교론), 다른 하나는 감정 행위는 언제나 사회적 규칙이나 규범들에 종속되는 경향이 있다는 사실을 의미한다(뒤르케임의 사회적 사실, 혹실드의 감정규칙 개념). 셋째, 상호작용 합정성. 이는 사회적 상호작용이 감정을 촉발하고, 구성하고, 물질화하는 일련의 감정연쇄를 만들어내며, 이 감정연쇄가 상호작용의 재생산을 가능케 하는 토대로 작용하는 현상을 가리킨다(뒤르케임의 집합열광이론, 콜린스의 감정에너지론). 마지막으로 시스템 합정성. 이는 특정 사회시스템의 작동에 '감정적인 것'이 핵심요소로 개입하는 현상을 지칭한다(일루즈의 감정자본주의론, 혹실드의 감정노동론). 이와 같은 메타 수준의 개념 지도를 바탕으로 나는 감정사회학적 논의의 주요통찰들을 네 가지 합정성으로 분할하고 이들 각각을 상술함으로써, 사회이론의 '감정적 전환'이 어떤 의미에서 '합정성의 재발견'으로 규정될 수 있는지를 보여주고자 한다.

II. 고전사회학에서 발견되는 감정의 중심성
—

1. 사회계약론

데카르트 이래 근대적 사유는 이성(정신)과 감정(신체) 사이에 심연을 설정하고, 감정을 이성에 의해 지도되어야 하는 비합리적 충동의 영역에 위치시켰다. 감정은 이성과의 대립 속에서 선험적으로 열등한 무언가로 간주되어왔다. 그런데 17세기 이래 사회사상은 도리어 이런 감정의 영역에서 '사회적인 것'의 구성가능성을 발견하려는 시도를 보여주었다는 점에서 매우 이채롭다. 사회적인 것의 합정적 정립이라 부를 수 있는 이런 시도는 사회계약론자들의 '사회적 상상'에서 두드러지게 나타난다. 그 배경에는 서구 근대의 특수한 사상사적 맥락이 존재한다. 즉, 봉건제가 와해되고 근대적 시민사회와 정치질서가 등장하던 이 시기에 이르면, 사회적 질서, 조화, 구성 등 '사회적인 것'의 정립을 더이상 사회에 외재적인 '신적인 것'에 의해 보장받지 못하게 되는 상황이 도래하게 된다. 초월적 원리를 부여하는 신이 아니라면, 이 자유로운 동시에 사적 욕망에 사로잡힌 개인들의 무질서하고 상호 적대적인(서로가 서로에게 늑대인) 군집에 질서를 부여하는, '사회 내재적' 원리는 과연 무엇이어야 하는가? 이 퍼즐을 풀기 위해 발명된 모델이 바로 '사회계약'이었다. 이는, 해방된 개인들이 계약을 맺어 주권자에게 권리를 양도하고, 그 결과 형성된 정치적 실체가 사회를 정립, 통치, 조절하는 사회에 대한 상상이었다. 사회가 질서 잡힌 전체로 존재할 수 있는 것은 행위자들의 계약을 통해서라는 그림은 그렇게 등장한다.

그렇다면, 왜 해방된 개인들이 자신들의 욕망을 필사적으로 추구하는 대신, 타자들과의 계약상황에 동참하게 되는가? 무엇이 그들을 계약으로, 욕망의 제한으로, 공통성의 창출로 이끄는가? 바로 이 질문에 대한 계약론의 해답이 바로 인간의 본원적 감정에서 구해졌다. 가령 홉스에게 그것은 공포였다. 인간은 생존에의 두려움으로 인하여, 그 공포를 이겨내기 위해서 사회계약에 참여한다. 루소에게 그것은 동정심이었다. 동정심의 감정은 타자에게 도움의 손길은 내밀게 하고,

이것이 사회적인 것의 구성원리가 된다. 이처럼 사회계약론은 '사회적인 것'을 상상하는 과정에서 "정념의 산술학arithmétique des passions"을 수행했다(Rosanvallon, 1979: 11). 사회적인 것의 '합정성'에 대한 이런 상상은, 애덤 스미스의 『도덕감정론』으로 대표되는 계몽주의의 도덕철학적 접근을 거쳐, 콩트 사회학의 『실증정치체계』에 이르는 근대 사회사상의 한 저류로 흘러간다.[4] 이들은 모두 근대 사회공간이 합리적 이해관계의 추구에 의해 유지, 운영되는 것이 아니라, 그보다 더 깊은 수준에서 작용하는 정념들에 의해 구성되고 있다고 보았다. 이 정념은 단순히 이성의 작용을 교란시키는 것이 아니라, 인간을 자신보다 더 큰 유기체적 전체인 '사회' 혹은 '인류'에 소속된 존재로 느끼게 하는 힘으로 작용하고, 그로 인해 차이들을 극복하고 하나로 결합할 수 있는 '도덕적' 또는 '규범적' 원천을 제공하는 것으로 파악되었다.

다수의 고전 사회학자들도 위의 생각을 공유하고 있다. 토크빌은 『미국의 민주주의』 2권 2부에서 민주주의와 감정 문제를 집중적으로 다루고 있으며, 파레토는 행위에 영향을 주는 '인간의 감정' 특히 "비이론적 행위를 정당화시키고 합리화시켜주는 이론이나 신념체계"에 대한 관심을 집중시킨 바 있다(코저, 1988: 570). 마르크스도 1844년의 『경제학, 철학 수고』에서 소외감에 대한 분석을 제시하고 있는데, 이런 경향은 소렐, 구스타브 르봉, 퇴니에스, 짐멜 등에게서도 공히 발

---

4 콩트 사회학에서 『실증철학강의』와 『실증정치체계』 사이에는 일반적으로 하나의 간극이 존재한다고 여겨진다. 전자가 엄격한 실증주의적 과학에 대한 강조로 특징지어진다면, 후자는 인류교와 사랑의 감정 등, 소위 유사-종교적 열정을 보여주고 있기 때문이다. 전자에 감정에 대한 강조가 희박하다면, 후자는 감정사회학의 다양한 요소들을 내장하고 있다. 이에 관해서는 다음을 볼 것(실링·멜러, 2013: 81-9).

견된다(Marx, 1975; 짐멜, 2005; Denzin, 1984: 32-8). 고전사회 사상과 사회이론은 사회적인 것의 합정적 근거에 대한 이론적 탐색에 결코 인색하지 않았다. 합정성은 사회적 상상의 중요한 한 갈래를 이루고 있었고, 이는 인간 행위, 상호작용, 규칙, 그리고 다양한 시스템 혹은 전체 사회의 '합정적' 발생, 작동, 재생산에 대한 이론적 관점을 유도했다. 이런 시각에서 바라보면, 합리성은 도리어 합정성이라는 거대하고 미분화된, 사회적인 것의 바다 위에 떠 있는 빙산과도 같은 것이었다. 감정에 대한 이런 관심이 사회이론의 지평에서 퇴조하게 되는 것은 파슨스 이후의 일이다. 잘 알려진 것처럼, 파슨스는 사회적 행위의 규범적 성격을 강조함으로써 행위자의 감정요소를 주변화시켰고, 제도의 작동에서 '감정 중립성affective neutrality'을 중시함으로써, 감정을 1차적 제도인 사적 친밀성의 관계로 유폐시킨다(Parsons, 1951). 1930년대부터 1970년대까지 사회학에서 감정의 테마가 중심적이지 못했던 것은 바로 이와 같은 학사적學史的 경향에 기인하고 있다고 말할 수 있다.

2. 뒤르케임

사회이론에서 합정성을 가장 깊고 넓게 탐구한 이론가는 역시 뒤르케임이다. 뒤르케임에게 합정성은 '사회적인 것'의 알파와 오메가를 이룬다. 사회학을 심리학과 구분되는 제도적 정상과학으로 정립하고자 했던 뒤르케임은 사회학 고유의 대상을 이론적으로 확정해야 할 필요를 느꼈는데, 이는 1895년에 출간된 『사회학적 방법의 규칙들』에서 '사회적 사실'이라는 다소 낯선 명칭하에서 다음과 같이 제시되고 있다. "여기 매우 뚜렷한 특성을 가진 사실의 범주가 있는데, 그것은 개인에 외재하며, 개인에게 부과되는 강제력이 주어져 있는 행위양식 manière d'agir, 사고양식manière de penser, 감정양식manière de sentir으로 구성되어 있다. 사회적 사실들이 표상과 행위로 구성되어 있기 때문에, 그들을 유기체적 현상과 혼동하면 안 되며, 개인의식 가운데서, 개인의식을 통해서만 존재하는 심리적 현상들과도 구분된다. 그래서 사회적 사실들은 새로운 종을 구성하고, 그것에 대해서는 '사회적'이라는 형용사가 붙어야 한다"(Durkheim, 2005b: 5).[5]

위의 인용문에서 뒤르케임이 명시하고 있듯이 사회적 사실은 우선적으로 개인들의 행위를 규제하는 특수한 '행동규칙들règles de conduite'을 가리킨다. 뒤르케임은 세 가지 상이한 유형의 행동을 제시한다. 사고, 행위, 감정이 그것이다. 감정양식이 사회적 사실에 포함되어 있다는 것은 뒤르케임이 파악하는 '사회적인 것'이 행위와 사유만큼이나 인간의 정서적 운동에 의해 구성되어 있다는 그의 인식을 반영한다. 사실 사회적 사실에는 "기호체계, 화폐제도, 신용도구"와 같이 객관적 실재나, 사회조직처럼 고정된 형태를 가진 것들이 포함된다. 그러나 여기에는 또한 그가 '사회적 흐름들courants sociaux'이라 부른 무형의 비감각적 트렌드, 유행, 미묘한 사회적 분위기, "군중의 열정적 운동, 분노, 연민"도 포함된다(Durkheim, 2005b: 406). 집합감정, 집합표상, 집합의식, 연대, 도덕 등은 모두가 감정적 특성을 갖고 있는 개념들이며, 『분업론』 1권 5장에서 기계적 연대와 유기적 연대의 징후로서 나타나는 법형식의 차이를 설명할 때나, 『자살론』 2권 6장에서 자

---

5 유기체적 사실, 심리적 사실, 사회적 사실의 구분과 각 단계로의 창발에 대한 논의는 다음을 참조할 것(Durkheim, 2010).

살의 원인을 설명할 때, 뒤르케임에게 가장 중요한 원리로 인지되는 것 역시 감정이라는 점에서, 뒤르케임 사회학의 감정에 대한 감수성은 두드러지게 표출되고 있다(실링, 2009: 38-42; Fisher & Chon, 1989; Fish, 2002; Fish, 2005).

하지만 이런 경향은 무엇보다도 그의 종교사회학에서 더욱 선명하게 나타난다. 『종교적 생활의 원초적 형태들』 제2권 7장에서 그는, 의례를 통해 나타나는 집합 열광이 성스러운 토템에 고착되어 사회가 발생하는 과정을 탐구하면서, 집합적 흥분, 열에 들뜬 몸짓, 비명, 그리고 이처럼 강렬하게 촉발된 감정을 영속화시키는 역할을 수행하는 상징으로 이어지는 일련의 프로세스를 묘사하고 있다(뒤르케임, 1992: 294 이하). 물리적 공현존이 밀도 높은 상호작용을 낳고, 이 과정에서 강력한 감정적 체험들이 창발하고, 이 체험들이 다시 상징화되는 일련의 과정에 대한 뒤르케임의 발견은 내가 앞서 '상호작용 합정성'의 개념으로 집약한 사회적 상호작용의 감정연관성을 가장 드라마틱한 방식으로 탐구해들어간 사회학적 성과를 이룬다. 그런데, 이렇게 합정적으로 발생한 상호작용은 이제 다시 "감정양식"의 실정적 규칙이 되어 개인 행위자들의 감정행위를 합정적으로 규정한다.

한 가지 중요한 사실은 불변이다. 그것은 장례식이 개인감정의 자발적 표현이 아니라는 것이다. 만일 친척들이 울고 탄식하고 상처를 입힌다 해도, 그것은 그들이 근친의 죽음에 대해 인간적으로 슬픔을 느껴서가 아니다. 물론 특수한 경우에 있어서 표현된 슬픔은 실제로 느껴진 것일 수도 있다. 그러나 좀더 일반적으로는 느껴진 감정과 의식 집행자들이 행한 몸짓 사이에도 아무런 관계도 없다. (……) 장례식은 잔인한 상실에 의해 상처받은 개인감정의 자연스러운 동요가 아니다. 그것은 집단이 부과한 의무이다. 사람들은 단지 슬퍼서가 아니라 그렇게 하도록 강요당하기 때문에 우는 것이다. 그것은 사람들이 관습을 존중하기 때문에 적응해야만 하는 의례적인 태도이다. 그러나 이것은 대개 개인의 감정상태와는 무관하다. 게다가 이러한 의무는 신화적 혹은 사회적 제재에 의해서 뒷받침되었다. (……) 따라서 관례에 따르기 위해서, 사람들은 때로 인위적인 방법에 의하여 억지로 눈물을 흘려야만 한다(뒤르케임, 1992: 546-7).

이런 입장은 감정에 대한 확고한 '실증주의적' 관점을 표방한다. 감정은 순수한 주관성과 내면성, 그리고 마음의 깊은 어둠 속에서, 타자들에게 도달되지 않는 사적 체험으로 환원되지 않는다. 뒤르케임 자신이 『사회학적 방법의 규칙들』의 제2판 서문에서 제안하는 개념을 빌려 말하자면, 감정은 하나의 "제도institution"이다. 감정의 생성, 표출, 이해는 영혼의 자연스런 분출이 아니라 "집합체에 의해 만들어진 모든 신념과 행위의 양식"에 다름아닌 '제도'의 함수인 것이다(Durkheim, 2005b: xxii). 이런 인식은 인간의 내면과 외부의 경계선을 지워버린다. 이제 사회적 인간의 내부는 그 자신의 외부와 통해 있다. 우리가 자신의 내면에서 벌어지는 현상으로 간주하는 많은 것들은 사실 우리 안에 스며들어와 있는 '사회적인 것'이 작용한 결과물이기 때문이다 (뒤르케임, 1992: 300). 이런 점에서 뒤르케임의 실증주의는 인간의 내적 영역, 그의 마음, 혹은 그의 영혼까지도 외재적이고 강제적인 사회적 사실로부터 자유롭지 않은 것으로, 요컨대 "내부에 존재하는 외부extérieur intérieur"로 뒤바꾸어놓는다(Keck & Plouviez, 2008: 39). 뒤르케임에게 '내면적intérieur'이라는 것과 '객관적objectif'이라는 것은 반드시 서로를 배제하지 않는다.[6] 인간 내면이 이렇게 사회적 사실로 재편되는 한에서, 인간 내면을 우리는 '하나의 사물처럼' 다룰 수 있게 된다.

이런 관점에서, 뒤르케임은 내가 이 논문에서 '규칙/규범 합정성'이라 부르는 합정성의 특정 유형 또한 선구적으로 정립한다. 앞서 규정한 것처럼 규칙/규범 합정성이란, 사회적 삶에서 감정 행위들이 결코 자발적, 우연적, 충동적 속성만을 띠는 것이 아니라 규칙에 의해 규제되는 경향을 가리킨다. 즉 장례식에서 우리는 슬픔을 느끼도록 '강제'된다. 엄밀히 말하자면, 우리의 감정적 자발성은 감정규칙의 강제성과 배치되지 않는다. 감정과 규칙 사이에는 상합相合의 사회적 힘이 작용하고 있다. 이로부터 한 걸음 더 나아가, 뒤르케임 사회학이 사회를 신과 동일시하여, 사회적인 것을 성스러운 것과 일치시키려는 이론적 시도를 보여주는 과정에서 또다른 의미의 규칙/규범 합정성의 강력한 맹아가 발견되고 있다. 즉, 특정 규칙들은 단순히 그것이 규제를 동반한 의무이기 때문에 지켜지는 것이 아니라, 그 규칙들이 사회적으로 의미 있는 감정 요소들(성스러움, 일체감, 연대감)과의 유기적 조응 속에서 막대한 상징적 힘을 발휘하기 때문에 정당화되며 생명력을 유지하는 것이다.[7] 요컨대, 뒤르케임은 '사회적인 것'의 표피에서 드러나

---

6 『분업론』에서 그는 이렇게 쓴다. "그러한 법률과 관습이 나의 정서에 맞고 그것을 내면적으로 intérieurement 느낀다고 해도, 그와 같은 현실은 내가 만든 것이 아니고 단지 교육을 통해서 이어받은 것이기 때문에 여전히 객관적이다(objective)"(뒤르케임, 2012: 54).

7 이런 점에서 벨라의 시민종교에 대한 분석들은 규칙/규범 합정성에 대한 또다른 선구적 논의라고 평가될 수 있다(Bellah, 1992).

는 공리주의적 합리성의 저변에서 '계약의 비계약적 전제'를 이루며, 개개인 행위자의 깊은 마음까지를 규정하는 '합정성'의 거대한 지층을 발견한다. 바로 이 지층에 뒤르케임 사회학의 주요한 테마들인 연대감, 도덕, 집합 의식, 성스러움, 동정심 등의 개념들이 집결되어 있는 것이다.

3. 베버

뒤르케임과 달리 베버의 경우 감정에 대한 관점은 다소 분열되어 있다. 사회학의 대상을 유기적 총체를 이루는 전체사회가 아니라, '행위'로 재정립함으로써 소위 "사회 없는 사회학"(김덕영, 2012: 844)을 시도했던 베버는『경제와 사회』에서 사회적 행위를 목적합리적 zweckrational 행위, 가치합리적wertrational 행위, 감정적affektuell oder emotional 행위, 전통적traditional 행위로 나누고 있다. 이중에서 가장 지배적 유형으로 간주되는 것은 목적합리적 행위이다. 감정적 행위는 전통적 행위와 함께, 의미있게 지향된 행위와 그렇지 않은 행위 '사이' 어딘가에 배치된다. 환언하면, 감정적 행위는 "주관적으로 생각된 의미"에 의해 구성된 행위가 아니라 즉각적이고 성찰 없는 생리적 반응에 더 가까운 것으로 인지되고 있다(베버, 1997: 146-7). 사실 베버의 이런 관점은『크니스와 비합리성의 문제』(1905)에서도 반복적으로 발견되는데, 거기에서 감정은 "충동적이고 사고와 이성을 파괴하기 때문에 본질적으로 비합리적인 것"으로 간주된다(베버, 2003; 바바렛, 2006: 70-2).

베버 사회학의 이론적 밑그림에서 이처럼 잔여범주로 설정된 감정은 그러나 그의 종교사회학적 탐구에서는 매우 중요한 고려대상으로 등장한다. 베버는 근대세계가 주지주의적 합리화 경향을 심화시키는 방향으로 전개되어나간다는 통찰을 기본적으로 견지하지만, 흥미롭게도 그런 합리화의 기제가 생성되는 과정에서 소위 '비합리적 감정'이 근본적인 역할을 수행했다는 역설적 사실에도 비상한 주목을 기울인다. 이런 관점이 선명하게 표명되어 있는 작업이 『프로테스탄티즘 윤리와 자본주의 정신』이다. 주지하듯, 이 논문에서 베버는 세속적 금욕주의로 특징지어지는 근대 자본주의 정신이 어떻게 특정 개신교(캘비니즘) 윤리에서 비롯되었는지를 해명하고 있다. 베버는 이 과정에서 "종교적 신앙과 종교적 삶의 실천을 통해 형성되어 생활양식에 방향을 제시하고 개인을 거기에 확고히 붙잡아두는 심리학적 동인 psychologische Antrieb"을 탐구하고자 한다(베버, 2010: 172). 베버의 전략적 초점은 예정설이 신도들에게 야기한 '감정'상태였다. 신도들의 감정풍경을 결정한 것은, 캘빈주의의 독트린, 즉 구원예정설이었다. 이에 의하면, 영혼의 구원은 절대타자로 정립된, 그리고 변경이 불가능한 신의 선택에 의해 결정된다. 오직 일부의 인간들만이 구원을 받는데, 누가 구원받은 자인지 알 수 있는 어떤 방안도 없으며, 구원을 인위적으로 모색하는 모든 길도 엄격하게 차단되어 있다. 이런 독트린이 신도들의 '마음'에 가져온 결과를 베버는 이렇게 서술하고 있다.

그런데 이 비정함을 불러일으킬 만큼 비인간적인 교리는 그 장엄한 논리적 일관성에 몸을 내맡긴 한 세대의 정서Stimmung에 무엇보다 다음과 같은 결과를 가져올 수밖에 없었다. 즉 각자 개인이 직면하는 전대미문의 내적 고독감innern Vereinsamung이 바로 그것이다. 종교개혁시대의 인간들에게 가장 결정적인 삶의 관심사는 다름아닌 영원한 구원이었는데, 이제 그들은 영원으로부터 확정된 운명을 따라 고독하게 자신의 길을 가는 것 외에 달리 방법이 없었다. 아무도 그들을 도와줄 수 없었다. (……) 고대 유대교의 예언과 더불어 시작되고 헬레니즘의 과학적 사고와 결합되어 모두 주술적 구원 추구수단을 미신과 독신이라고 비난했던 저 위대한 종교사적 과정, 즉 세계의 탈주술화과정이 여기에서 완결되었다(베버, 2010: 183).

구원이 이미 결정되어 있고 어느 누구도(목사도, 교회도, 심지어는 신 자신마저도) 구원의 사실을 변경할 수 없다는 가혹한 교리는 신도들의 심리에 특수한 감정형식을 형성한다. 그리고 이 감정(고독감, 절망감)이 신도들의 행위를 지도하는 고유한 윤리를 생성시킨 동력으로 기능했다. 『프로테스탄티즘 윤리와 자본주의 정신』을 이렇게 읽었을 때 두드러지게 나타나는 것은 바로 감정의 행위능력agency 혹은 수행성performativity이다. 감정 개념에는 고대로부터 전해내려오는 의미론적 원형인 '수난passion', 즉 외부에서 부여되는 감각적 소여를 받아들이는 행위에 내포된 피동성의 뉘앙스가 부여되어 있다. 감정(정동)은 무언가에 꼼짝없이 사로잡히는 체험이다. 그러나 베버 종교사회학에서 감정은 그 반대편에 위치한다. 감정은 단순히 외적 자극이 주체에 가해질 때 발생하는 수동적 체험이 아니다. 감정은 행위를 촉발한다. 무언가를 수행하며, 사람들을 움직여 현실을 변화시킨다. 돌려 말하자면 의미 있는 사회적 행위는 합정적으로 촉발되고, 창발되고, 실행된다. 감정의 힘과 논리가 행위자를 어떤 방향으로 이끌어간다. 요아스의 표현을 빌려 말하자면, 베버에게 감정은 '행위의 창조성'의 원리로 기능한다(요아스, 2003). 전대미문의 고독과 불안, 그리고 자신이 구원되지 못한 존재일지도 모른다는 의혹의 감정은, 캘빈주의를 믿는 신자들에게, 고도로 집중되어 있으며, 절박한 의지를 동반한 특정 실천양식들을 실행하게 하는 힘으로 기능했다. 자신이 선택되었다고 간주하고, 그런 확신을 실현하기 위한 부단한 직업노동에 매진하는 생활양식을 수용하도록 강제 혹은 유도했던 것이다(베버, 2010: 194-5). 이런 점에서 베버는 행위 합정성과 연관된 다양한 논의들 중에서 가장 선구적이고 밀도 높은 논의가능성을 보여주었다.

이런 사태가 가려진 채 베버에게서 '합리성'의 옹호자로서의 이미지만이 부각되었던 것은, 베버가 신교윤리와 자본주의 정신하에서 살아가는 호모에코노미쿠스의 행위패턴을 묘사하는 과정에서, 그 기원의 '합정성' 대신 그 결과의 '합리성'을 강조하고 있기 때문이다. 자본주의적 생활양식, 에토스, 정신, 윤리는 '감정'으로부터 왔다. 그러나 그렇게 도래한 자본주의적 쇠우리 안에 감정적 분출과 표현공간은 거의 남아 있지 않다. 왜냐하면, 그 뿌리를 이루는 청교도 윤리는 "자각적이고 의식적이며 명철한 삶을 영위할 수 있는 능력"을 갖는 것을 목표로 했으며, "감정적 측면Gefühlsseite 일체를 억제하는 것"을 특징으로 하고 있었기 때문이다(베버, 2010: 207, 212). 감정은 구원의 탈마술화 과정에서 철저히 소거되어 "합리적 인격이 감정에 의해 무너지지 않도록 버티어주던 제동장치들"을 구비하게 되었다(베버, 2010: 221-2). 이런 상황에서 솟아나온 자본주의 정신이 형성시킨 근대적 호모에코노미쿠스의 삶은 "정신없는 전문인, 가슴 없는 향락인"(베버, 2010: 367)이라는 불길한 예감하에 조망되고 있는 것이다.

사회적인 것의 합정적 구성을 거시적 관점에서 통찰했던 뒤르케임과 달리, 베버는 '행위' 합정성의 이론적 초석을 놓았다. 우리는 합리화의 근저에 비합리적 감정의 역동이 발생적으로 연관되어 있다는 그의 통찰을 통해 베버가 '감정'을 단순한 잔여범주로 취급하는 대신 매우 중요한 요소로 간주하고 있었다는 사실을 확인할 수 있으며,[8] 그의 행위이론과 합리성이론이 합정성 개념의 조명하에서 새롭게 조망되어야 할 필요성을 느끼게 된다.

III. 사회적인 것의 합정성을 찾아서

1. 합정성의 유형화 근거

서문에서 나는 합정성의 네 가지 유형을 각각 행위 합정성, 규칙/규범 합정성, 상호작용 합정성, 시스템 합정성으로 제시한 바 있다. 제시된 네 항목들(행위, 상호작용, 규칙/규범, 시스템)은 사회이론의 전통에서 '사회적인 것the social'[9]을 구성하는 가장 중요한 단위unit로 간주되어온 것들이다. 사회적인 것의 단위란, 사회를 사회로서 구성하는 가장 기초적이고 근본적인 수준 혹은 차원을 가리킨다. 근대 사회학은 바로 이 사회적인 것의 단위를 둘러싼 다양한 관점들의 공존과 경합으로 특징지어진다. 가령 사회는 무엇으로 구성되는가? 사회/사회적인 것의 기초적 요소는 무엇인가? 이에 대해 사회이론은 대략 네 가지의 큰 단위들을 제시한다.

---

8 실제로 그의 카리스마 개념은 정치사회학의 주요 개념으로 사용되고 있으며, 정치 공동체가 감정적 토대로부터 그 정당성과 힘을 획득한다고 주장을 제출하기도 한다(Weber, 1978: 903). 『고대 유대교』에서 베버는, 성직자의 직무와 역할을 감정 발생과 조정이라는 측면에서 언급하고 있기도 하다(실링, 2009: 47-50; 바바렛, 2006: 69-75; Barbalet, 2000).

첫째, 사회적인 것의 기초단위는 인간의 사회적 행위라는 관점이 존재한다. 베버 사회학에서 사회적인 것은 사회적 총체성(사회나 국가)이 아닌 '사회적 행위'에 놓여진다. 사회를 구성하는 기초원리로서의 사회적인 것은, 사회적 행위자가 '의미'를 부과함으로써 구성한, 타인에게 지향되어 있는 행위이다. 베버의 이런 관점은 파슨스의 단위행위unit act 개념으로 이어진다(Parsons, 1937: 43-51).

둘째, 사회적인 것은 상호작용을 그 기초단위로 한다는 관점 또한 존재한다. 우리는 이런 관점의 대표적 이론가로서 짐멜을 거론할 수 있다. 짐멜에게 사회는 언제나 상호작용의 형식이었다(김덕영, 2004: 104 이하). 이런 관점은 엘리아스의 결합태Figuration 개념이나 네트워크 개념으로 심화, 연결된다. 이런 점에서 보면, 사회적인 것이 개인과 개인의 복합적 관계망을 기본단위로 형성되는 것이라는 관점 또한 사회이론의 중요한 전통을 구성하고 있다고 있다.

---

9 일반적으로 '사회적인 것'의 개념은 이론가마다 상이한 내용과 관점을 포괄하는 매우 폭넓은 개념으로 받아들여지고 있다(Castel, 1992: 125). 사회적인 것은 때로 사회라는 고정된 형태를 이루는 다양한 상호작용의 그물망을 가리키기도 하고(Simmel, 1896: 167), 근대적 국민경제 시스템을 가리키기도 하며(아렌트, 1996a: 80-1), 실정적이고 제도적인 '사회'의 근저에서 작용하는 상징적, 담화적, 비총체적 차원을 일컫기도 한다(라클라우·무페, 1990: 122 이하). 푸코의 영향을 받은 학자들에게 사회적인 것은 19세기 프랑스의 계급투쟁의 전개 속에서 자본주의 시장이 야기하는 다양한 문제들을 집합적으로 해결하는 국가적 통치성의 통치대상으로 형성된 역사적 구성물을 가리킨다(Donzelot, 1994). 그러나 이 연구에서 나는 '사회적인 것'의 개념을 사회이론의 맥락에 고정시켜 사용하고자 한다. 이때 사회적인 것은, 뒤르케임의 방법에 대한 논의에서 명시되고 있듯이, 유기체적인 것, 그리고 심리적인 것과 구분되면서, 집합적 질서를 이루는 독자적(sui generis) 차원을 가리킨다. 거의 모든 고전사회학 이론은 바로 이 '사회적인 것'의 자율적이고 자기조회적 양태를 적극적으로 확보함으로써 자연과학이나 심리학과 구분되는 사회학의 대상영역을 확정하고자 했다. 이런 경우 사회적인 것은 독립변수의 총체를 이루는 설명항으로 기능한다. 즉, 모든 현상들을 '사회적인 것'을 작용인으로 하여 발생한 것으로서 설명해낼 수 있는 것이다(뒤르케임의 자살에 대한 사회학적 설명시도). 이 논문에서 사회적인 것은 그리하여, 바로 이와 같은 '이론적' 관점을 따르고자 한다.

셋째, 사회적인 것은 행위 규칙들rules과 도덕적 규범이 구성하는 구조를 기본단위로 한다는 관점이 있다. 주지하듯 뒤르케임에게 사회적인 것은 규칙/규범의 총체인 제도로 이해되고 있다. 뒤르케임과 소쉬르의 전통을 이어간 레비-스트로스 이래의 구조주의적 입장에서 보면 사회적인 것은 언제나 행위의 선험적 준거틀인 규범과 규칙을 그 기초단위로 한다. 수많은 사회적 행위들과 상호작용들은 모두 이 선험적 구조의 작용에 종속되어 있다는 이런 관점 또한 사회이론 전통의 제외할 수 없는 중요한 견해를 구성하고 있다.

마지막으로, 사회적인 것은 시스템을 기본단위로 한다는 관점도 있다. 파슨스로부터 루만의 거대이론에 이르는 사회이론의 중심관점 중의 하나는 시스템이론이다(Parsons, 1951). 루만의 시스템이론은, 자신과 환경 사이의 차이를 창출하고 유지하는 가운데 스스로를 구성하는 시스템의 작동에 초점을 맞춘다. 시스템은 분화를 통해 환경과의 차이를 반복하는데, 현대사회는 기능적으로 분화된 하위시스템들(과학시스템, 경제시스템, 정치시스템, 법시스템, 교육시스템, 예술시스템, 종교시스템 등)이 구성하는 것으로 파악된다. 사회적인 것의 중요 단위는 이처럼 독립된 코드를 갖고 작동하는 사회적 시스템이다(루만, 2013).

합정성의 유형화는 이 네 단위들을 각각 유형화의 단위로 차용함으로써 가능해진다. 이로부터 행위 합정성, 상호작용 합정성, 규칙/규범 합정성, 그리고 시스템 합정성이라는 네 가지 상이한 형태가 도출된다. 물론 이러한 유형적 구분은 합정성 개념을 제안하는 과정에서 '색출적heuristic' 목적으로 시도된 것이지, 합정성의 개념 그 자체에서 연역되어 나오는 것은 아니다. 왜냐하면 사회적인 것의 단위에 대한 탐구는 향후 시도될 미지의 다양성에 열려 있기 때문이다. 이런 맥락에서 나는 우선, 기왕의 감정사회학적 담론들에서 위의 네 가지 합정성의 유형들과 조응하는 다양한 이론적 모색들을 논의해보고자 한다.

2. 행위 합정성

부동에 의하면, 합리성 개념은 고전적 의미의 이성reason 개념을 대신하여 인간 행위를 설명하기 위해 근대에 접어들면서 사용된 보다 좁은 개념이다(Boudon, 2009; Boudon, 2007). 매우 복잡하고 다양한 계보를 갖는 이 개념은 그러나, 특정 목적을 달성하기 위한 최적의 수단을 사고와 추론을 통해서 찾아낼 수 있는 능력이라는 포괄적 정의에 의해 규정된다. 콜먼과 페라로의 용어를 빌려 말하자면, 합리적 행위자는 효용극대화와 비용최소화로 특징지어지는 최적화optimisation를 추구하며, 게리 베커의 용어로 말하자면, 자신의 선호preferences의 실현을 극대화maximalize하고자 한다(Coleman & Fararo, 1992: xi; Becker, 1986: 110; 실링·멜러, 2013: 361-2). 이는 근대적 행위자들의 자기이해에 부합한다. 합리적 행위자는 효용, 이득, 소득, 쾌락 등을 최적화/극대화하기 위한 수단을 찾는 '공리주의적' 존재로 표상된다. 따라서 합리성은 의사결정decision-making의 가장 중요한 원리로 이해되며, 감정은 이를 교란하는 방해요인으로 등장한다. 그러나 양자의 전통적 이분법과 위계에 이의를 제기하면서 인간 행위에 대한 새로운 이해가능성을 제안하는 다양한 관점들이 존재한다. 환언하면, 우리가 행위 합정성이라 부르고자 하는 성향과 능력에 대한 이론적 타진이 존재한다.

행위 합정성에 대한 이해에 가장 민감했던 사회이론의 경향은 프래그머티즘이다. 행위능력, 우연성, 미래성futurity, 실험주의에 대하여 각별한 관심을 기울이는 것으로 특징지어지는 프래그머티즘 전통에서 합리성(지성)은 애초부터 결코 감정과 선명하게 분리된 것으로 사고되지 않았다(웅거, 2012: 94-106). 가령, 윌리엄 제임스는 1879년의 에세이 『합리성의 정서』에서 신념belief과 믿음faith의 중요성을 강조하면서, 바로 그러한 감정들이 진리를 구성하는 중요한 작인이라는 사실을 강조하고 있다.[10] 그는 다음과 같은 상황을 독자에게 사고실험의 대상으로 제시한다. "예컨대 내가 알프스를 등반하는 도중에 실수로 위험스러운 건너뛰기가 유일한 탈출구인 위치에 가게 된 불운을 겪고 있다고 하자. 나는 그런 경험을 한 적이 없어서 건너뛰기를 성공적으로 할 수 있는지에 관한 내 능력을 알 수 없었다. 그렇지만 나 자신에 대한 희망과 신뢰confidence가 그렇게 할 수 있다고 확신을 갖게 하고, 내 다리로 하여금 그런 주관적 정서 없이는 아마도 불가능할 것을 하게끔 하는 용기를 북돋운다. (……) 이 경우(그리고 이것은 수많은 경우 중 하나) 지혜의 한 요소는 분명히 원하는 것을 믿는 것이다. 왜냐하면 신념은 그 대상의 실현에 관한 필수적인 예비조건들이기 때문이다"(제임스, 2008: 50).

이 가상의 행위자는 지금 위험한 장소에서 도약해야만 살아나갈 수 있는 상황에 놓여 있다. 제임스에 의하면 이런 경우 의사결정에 절대적 영향을 행사하는 것은 계산적 합리성이 아니다. 오히려 중요한 것은 그가 "합리성의 정서sentiment of rationality"라 부르는 감정의 힘이

---

10 윌리엄 제임스에 의하면 이론적 합리성과 다른 실용적 합리성은 "현재 순간의 충분함, 그 절대성(설명하고 정당화할 필요가 전혀 없는)에 관한" 느낌, "편안함, 평화, 휴식의 강한 느낌들", 즉 합리성의 정서다(제임스, 2008: 10-1).

다. 결과를 계산할 수 없는 미래의 일에 대해, 만일 행위자가 희망이나 신뢰의 감정으로 움직인다면, 그것은 성공으로 연결될 수 있을 것이다. 그러나 반대로 희망이나 신뢰가 부재한다면, 그것은 실패로 이어질 가능성이 높다. 특정 감정의 발현 여부가 도약 행위의 결정적 요인으로 작용하고 있다. 희망과 신뢰를 품을 수 있는 능력이 생존을 좌우한다. 이런 사고는 존 듀이나 로티와 같은 프래그머티즘 사상가들에게서도 여실히 발견된다. 1921년의 저서 『인간 본성과 행동』에서 듀이는 인간 행동이 합리적 계산과 선택을 통해서만 이루어지는 것이 아니라는 주장을 펴고 있다. 지성의 작용으로서의 숙려deliberation에 대해 논의하면서, 그는 지성의 운용에 감정이 핵심적 역할을 수행한다는 사실을 지적한다. 감정은 숙려를 촉발하기도 하고, 상상력을 매개로 하여, 판단/선택에 지대한 영향을 미친다(Dewey, 1921: 199-200).

프래그머티즘의 이런 관점과 매우 유사한 행위 합정성에 대한 통찰은 케인스에게서도 발견된다. 그는 경제학 고유의 행위 개념으로부터 과감한 이론적 이탈을 보여준다. 그가 구상한 경제적 행위의 패턴은 단기적 이해관계를 추구하는 합리적 행위가 아니다. 가령, 그에 의하면 인간 행위는 "현존의 사태가 무기한으로 계속된다"는 일종의 관습에 기초하고 있다. 즉 그는 행위자를 둘러싼 "일상생활에 상당한 정도의 연속성과 안정성이 있다는 사실"을 인정한다(케인스, 2007: 178-9). 따라서 인간의 의사결정은 단기적 예상을 넘어선 "장기기대의 상태" 위에서 이루어지게 된다(케인스, 2007: 173-4). 이렇게 미래의 어느 순간을 지향하는 행위는 순수한 계산적 합리성으로는 수행될 수 없다. 거기에는 특수한 감정적 지원이 요청된다. 케인스는 이렇게 쓴다. "미래를 좌우하는 인간의 결정은, 그것이 개인적인 것이건 정치적인 것이건 또는 경제적인 것이건 간에, 엄밀한 수학적 기대치에 의존할 수 없다는 것—왜냐하면 그와 같은 계산을 할 기초가 없기 때문이다—그리고 일이 제대로 돌아가게 만드는 것은 인간이 타고난 행위에 대한 충동urge이며, 우리의 합리적인 자아는 가능한 경우에는 계산을 많이 하지만 많은 경우 우리의 동기를 기분whim이나 감정sentiment 또는 요행chance에 맡기면서 여러 가지 선택의 대상으로부터 최선의 것을 선택한다는 것, 이런 것들이다"(케인스, 2007: 191).

특별하게 합리적인 경향을 갖는 것으로 여겨지는 경제 행위의 경우에도, 결국 행위의 순간과 그 결과가 나타나는 시간 사이의 간격이 존재하기 때문에, 그사이에 발생할 수 있는 모든 가능성을 합리적으로 계산하는 것은 불가능하다는 것이다. 이때 행위능력을 추동하는 중요한 요소로 등장하는 것이 바로 기분, 감정, 요행과 같은 요소들, 그리고 자신 행위의 결과에 대한 믿음, 또는 케인스가 "야성적 충동animal spirits"이라 부른 어떤 자발적 열정의 힘이다(케인스, 2007: 189). 전형적인 행위 합정성의 논리이다.

사회적, 경제적, 도덕적 행위들이 순수한 합리성이 아닌 합정성의 맥락에서 촉발된다는 이런 관점을 자연과학적 기초 위에서 점검할 수 있게 하는 뇌과학의 성과는 다마지오에 의해 제시된 바 있다. 그는 자신의 저서『데카르트의 오류』에서, 코 뒤쪽에 있는 복내측 전전두피질이 손상된 환자들이 보여준 특이한 증상을 이야기한다. 신경학자들에 의하면 이 부분이 파손된 사람들은 정신적 활동에 요구되는 다양한 능력에 별다른 이상을 보이지 않지만, 이상하게도 의사결정과 판단을 하지 못하는 모습을 보인다. 그렇다고 해서 이들이 합리적으로 생각하지 못하는 것이 아니다. 오히려 이들의 계산능력은 뇌손상 이전과 다르지 않다. 놀랍게도, 문제는 감정을 느끼는 능력의 감퇴에 있었다. 다마지오에 의하면, 환자들은 감정능력의 쇠퇴로 인한 무감정상태에 빠졌고, 감정의 불능은 다시 의사결정과 판단력의 손상으로 이어졌다. 이들은, 알기는 하지만 느끼지는 않는 상태에 빠져들었고, 시간과 자아와 일정을 관리할 수 있는 능력의 붕괴를 체험했으며, "미래에 관해 계획할 수 있는 능력"의 상실을 겪었다(다마지오, 1999: 49, 40-1, 25). 감정능력의 파괴가 합리적 의사결정능력의 손상으로 이어졌다는 사실은, "감정, 느낌 그리고 생물학적 조절기능 모두가 인간의 이성에 작용"하고 있음을 보여주는데, 이런 다마지오의 논의는 합리성과 합정성이 유기체적 수준으로부터 매우 긴밀한 연관을 맺고 있을 가능성을 시사하고 있다(다마지오, 1999: 3; 다마지오, 2007: 165 이하). 이런 관점에서 보면, 행위를 합리적 관점에서만 이해하고 설명하고자 했던 근대 사회과학의 지배적 행위 패러다임들은 사실상 행위 합정성의 관점에서 다시 성찰되어야 할 필요성 앞에 놓여 있다고 볼 수 있다.

3. 규칙/규범 합정성

일반적 상식에 의하면, 자발적이고 우연적으로 분출하는 것으로 체험되는 감정의 영역에는 논리적 성격과 규범적 성격이 희박할 것으로 기대된다. 그러나 앞서 살펴본 바와 같이, 고전사회학은 이미 감정의 제도성 혹은 실정성, 즉 '규칙/규범 합정성'에 대한 깊은 이해에 도달해 있었다.[11]

이런 흐름은 20세기 후반의 '감정적 전환' 속에서 혹실드의 감정작업emotion work 개념을 통해서 보다 명료하게 섬세하게 갱신된다. 혹실드는 '감정작업'을 "감정 혹은 느낌에 있어 변화를 시도하는 행위"로 정의한다. 감정을 대상으로 작업을 한다는 것은 감정을 관리하는 것, 혹은 내면연기를 한다는 것이다(Hochschild, 1979: 561). 그것은 단순히 감정을 '통제'하고 '억압'하는 것이 아니다. 감정작업은 특정 감정을 느끼고 불러일으키려는 시도까지를 포괄하는 확장된 개념이다(Hochschild, 1979: 565). 이 점에서 혹실드가 바라보는 사회적 행위자는 고프먼이 바라보는 사회적 행위자보다 더 깊은 수준에서 자기연출을 수행하는 존재이다. 고프먼의 경우 행위자는 남들에게 드러나는 자신의 모습, 즉 '인상'을 관리하는 수준에 머물러 있다. 그러나 혹실드의 행위자는 내면 연기deep acting을 시도하고 그에 성공하는, 좀더 근본적인 수준의 연극적 행위능력을 갖추고 있는 존재다(Hochschild, 1983: 38 이하). 감정작용은 자신이 느끼기를 원하는 감정을 불러일으키는 행동이지만, 그것은 언제나 사회적 규칙과 조화를 이루어야 한다. 정식화하자면 사회적 행위자는 특정한 방식으로 정의된 상황 속에서 공식적 프레임이 규정하는 적절한 감정을 준수해야 할 의무에 구

---

11 사실 감정을 포함한 인간의 내적 영혼이 외부로부터 작용하는 객관적 힘에 의해 규정된다는 의미에서 '실정성'의 개념을 처음 사용한 사상가는 헤겔이다(Hyppolite, 1996). 헤겔은 『기독교의 실정성』에서 감정과 연관된 인간의 행동들이 구속력이 강한 규칙들에 의해 규제되고 있다는 사실을 다음과 같이 지적하고 있다. "이 관습 역시 사람들이 현실적으로 가지고 있는 감정이 아니라 그들이 가져야 할 감정과 관련을 맺고 있다. 예를 들면 사람들은 자기의 친척이 죽었을 때 그들이 현실적으로 느끼는 슬픔보다 더 많은 슬픔을 느껴야 하며, 이러한 감정의 외적인 기호(Zeichen)는 그들이 실제로 느끼는 것에 의해서가 아니라 그들이 느껴야만 하는 것에 의해서 형성된다. 그리고 이 경우에 사람들은 감정(Empfindung)이 어느 정도 강해야 하고 얼마나 지속되어야 하는지에 대해 일치된 견해를 가지고 있다. 우리의 많은 관습에서뿐만 아니라 우리의 공공종교 역시 단식일, 사순절의 애도, 부활절의 장식과 축제 그리고 이런 모든 문제들에서 보편적으로 유효한 감정의 규칙들(Regeln)을 제정해두고 있다. 그래서 이제 우리의 풍속에는 그토록 많은 공허하고 생명력이 없는 것들이 생겨나게 된 것이다. 왜냐하면 감정이 저 규칙과는 전혀 상관없는 것임에도 불구하고 규칙은 우리에게 특정한 상황에서는 어떤 감정을 가져야 하고 그 강도는 어떠해야 하는지를 계속 요구하기 때문이다"(헤겔, 2005: 337-8).

속되어 있다. 혹실드는 이를 '감정규칙feeling rules'이라 부른다. 감정규칙은 "내가 느껴야만 하는 것"을 규정하는 사회적 지침들을 가리킨다 (Hochschild, 1979: 565). 그런데 감정규칙의 존재와 운영방식은 다양한 사회집단에 따라서 상이한 양태로 나타난다.

전반적으로 볼 때, 나는 여성, 개신교, 중간 계층의 사람들이 남성, 가톨릭, 하층인 사람들에 견줘 감정을 억누르는 습관이 많을 것이라고 예상하고 있다. 문화적으로 남성보다는 여성이 행위보다 감정에 중점을 두는 경우가 많고, 개신교는 중간적 구조로서 교회나 성사, 고해의 도움이 아니라 신과 나누는 내적 대화를 중시한다. 또한 문화 속에서 중간층 직업에 종사하는 사람들은 서비스 직종에서 감정을 관리해야 한다. (……) 사실 사람들이 감정규칙과 감정작업에 관해 갖는 관심의 정도는 이런 사회적 경계선을 따라 나타나는 경향이 있다(Hochschild, 1983: 57).

사회적 공간은 '합정적으로' 구조화되어 있다. 사회공간을 분할하는 선들은 사회적 경계, 문화적 경계인 것만이 아니라 감정적 경계이기도 하다. 계급, 종교, 젠더 등에 부합하는 감정규칙들의 존재와 운영에 의해 사회공간은 분할되어 있는 것이다. 따라서 행위자들은 "감정하비투스emotional habitus"라 부를 수 있는 성향의 체계를 실천원리로 육화한 채 행위하고 있다(칼훈, 2012: 87). 혹실드는 상호작용의 차원에서 작동하고 있는 이와 같은 합정적 규칙들의 실행을 면밀하게 관찰함으로써, 공적 영역, 사적 영역, 그리고 자아의 영역에서 발견되는 감정규칙의 규범적 성격을 인상적으로 부각시키는 데 성공하고 있다

(Hochschild, 2003b; 혹실드, 2001; Hochschild, 2012).

혹실드의 논의가 규칙/규범 합정성의 한 차원(감정 행위는 언제나 사회적 규칙이나 규범들에 종속되는 경향이 있다는 사실)의 좋은 실례를 제공하고 있다면, 규칙/규범 합정성의 다른 차원(사회적으로 합의되어 실행되는 행위규칙 혹은 규범들)이 사회적 수준에서의 감정적 체험에 뿌리내리고 있다는 사실을 보여주는 좋은 실례는 네오 프래그머티즘을 주창한 철학자 로티의 '인권론'에서 찾아볼 수 있다(헌트, 2009). 로티는 20세기 인권문화의 핵심에서 도덕적 지식의 확장이나 도덕성의 제고가 아니라 특정 감정적 능력에 대한 문화적 호소의 성공을 읽어낸다. 돌려 말해서, 인권의식, 인권규범, 인권가치가 우리 시대에 점점 더 중요해지는 것은, 칸트적 의미의 도덕적 정언명령들이 세계인들을 모두 '인간'이라는 보편적 개념과 형상으로 통일해냈기 때문이 아니라, "감정의 조종과 감정 교육"을 통해서 서로 다른 종류의 사람들이 서로를 인간으로 '느끼고', 인간적 공감과 동정심을 갖게 되는 과정이 있었기 때문이라는 것이다(로티, 1993: 158). 이런 논의를 통해 로티는 인권이라는 '보편적' 규범의 핵심에 합리적 계산이나 도덕적 명령이 있는 것이 아니라, 일종의 감정적 체험들이 존재함을 주장하고 있다. '왜 나는 나와 다른 이방인들을 걱정해야 하는가?'에 대하여 우리가 다음과 같이 대답할 수 있을 때, 그때 비로소 인권규범은 현실적 효력을 획득한다. "즉 '당신이 그 여인의 입장에 있다고 생각해보면 집에서 멀리 떨어져 이방인들 사이에 있다는 것이 어떤 것인지 알 수 있을 테니까' '그 여인이 당신의 며느리가 될지도 모르니까' '그 여인의 어머니가 무척 슬퍼할 테니까'"(로티, 1993: 170). 요컨대, 인권규범은 그것을 수용하는 행위자들이 감정적 상상과 공감을 수행할 수 있을 때 비로소 '규범'이 된다. 규칙/규범 합정성 개념은 이처럼 현재 작용하고 있는 사회적 규범들의 생명력의 근저에서 형성되고 변화하는, 인간 감정을 둘러싼 복합적인 과정을 고찰하는 것을 가능하게 한다.

4. 상호작용 합정성

『사회적 삶의 에너지』에서 랜들 콜린스는 행위자들의 상호작용의 례를 통해 발산되는 감정에너지가 상징으로 전환하여 사회적 결속력을 신장시키는 일련의 과정을 이론화하고 있다. 그의 출발점은 역시 상호작용 합정성의 발견자인 뒤르케임이다. 콜린스는 『종교적 생활의 원초적 형태』에서 뒤르케임이 수행하고 있는 의례분석을 면밀히 검토하면서, 집합 열광, 공유된 감정, 신성한 상징의 발생 등을 '상호작용 의례interaction ritual' 개념으로 재구성한다. 이때 핵심적인 것은 감정 에너지이다. 그는 행위자들 간의 상호작용이 감정적 토대를 갖고 있다는 명제, 이른바 '상호작용 합정성'을 강하게 주장한다. 사회적인 것의 원초적 발생에는 감정이 연관되어 있다는 것이다(콜린스, 1995: 214). 이런 시각에서 보면, 콜린스의 행위자는 합리적 선택 이론이 가정하는 목적합리적 행위자(더 많은 편익을 제공하는 행위 경로를 선택하는 존재)가 아니라 더 많은 감정에너지의 흐름을 제공하는 행위를 추구하는 합정적 행위자의 이미지를 띠고 있다(콜린스, 2009: 91, 204-7; Collins, 1993).

상호작용 의례에서 감정적 조율이 성공적으로 이루어지면 그 결과로 연대감이 산출된다. 상호작용 의례의 성분이 되는 감정은 일시적이지만 그 산출물은 오래 지속되는 정서이며 그 자리를 함께한 집단에 대한 애착의 감정이다. 그래서 장례식의 단기적 감정은 슬픔이지만 장례식이 의례를 행한 결과는 집단 유대의 생산(또는 회복)이다. 파티의 감정적 성분은 친밀감이나 유머겠지만 장기적 결과는 신분집단의 성원으로 느끼는 소속감이다. 나는 이 장기적 산출물을 감정적 에너지라고 부른다. 감정적 에너지 수준이 높은 쪽에는 자신감, 열광, 긍정적 자아감이, 중간 수준에는 통상적인 덤덤한 느낌이, 낮은 쪽에는 침울함, 의욕 결핍, 부정적 자아감이 있다. 감정적 에너지는 욕망drive이라는 심리학적 개념과 비슷하지만 엄밀하게 말하면 사회적 지향성이다. 높은 감정적 에너지는 사회적 상호작용에 대한 자신감과 열광이다(콜린스, 2009: 161).

감정에너지는 끊임없이 재생되어야 한다. 상호작용 의례는 감정의 부단한 재생산을 수행하는 기제이다. 거시적 시스템들을 구성하는 것도 이런 미시적 상호작용의례들이라는 관점을 콜린스는 견지한다(Collins, 1981). 흥미로운 것은 감정에너지가 사회적 계층에 따라서 차별적으로 배분되어 있다는 점이다. 감정에너지를 풍부하게 소유한 소위 '에너지 스타'들은 특정한 관계의 네트워크 속에서 높은 감정 에너지의 발휘를 통해서 낮은 감정에너지의 소유자들을 압도하고 지휘한다(콜린스, 2009: 190). 상호작용의례는 이런 점에서 거시와 미시를 연결하는 '시장'을 이루기도 한다. 이 시장에서 감정에너지는 행위자의 "핵심자원"으로 기능한다(콜린스, 2009: 213). 이처럼 감정은 구조인 동시에 수행이며, 상징인 동시에 에너지이다. 합정적인 방식으로 창발하는 상호작용은 행위자들의 내면적 수준, 혹은 사회적 에너지와 같은 보다 객관적인 수준에서 모두 감정과의 불가피한 연관성 속에서 구조화된다.

5. 시스템 합정성

시스템 합정성은 특정 사회 시스템의 작동과정에 '감정적인 것'이 중요한 요소로 기능하는 현상을 가리킨다. 기능적으로 분화된 다양한 하위시스템들 중에서, 우리는 앞서 베버에 의해 분석된 자본주의적 경제시스템을 실례로 들어 시스템 합정성 개념을 점검하고자 한다.

베버의 자본주의에 대한 관점의 새로움은 자본주의가 기본적으로 '자본 축적의 경제논리'로만 운영되는 것이 아니라, 그와 상응하는 모종의 문화적 생활양식, 그리고 특수한 주체화의 양식과 불가분의 관계를 맺고 있다는 사실을 밝혀낸 데 있다. 즉 자본주의는 경제시스템과 그 시스템을 가동시키는 행위자들을 생산하는 상징시스템(자본주의 정신)의 결합을 통해서만 지속적으로 작동할 수 있다. 법, 도덕, 윤리, 종교, 문화의 영향력은 자본주의의 경제과정에 끊임없이 간섭하고, 그것을 기능적으로 지원하고, 이념적으로 정당화한다. 바로 이런 점에서 자본주의에는 반드시 정신Geist이 요청되는 것이다(Boltanski & Chiapello, 1999: 58-9).[12] 베버는 근대 서구 자본주의의 정신을 '세속적 금욕주의'에서 찾았고 그 핵심에서 '합리성'을 발견했다. 합리적 문

---

12 볼탕스키와 치아펠로는 자본주의 정신을 "자본주의에의 연관(engagement)을 정당화하는 이데올로기"로 정의한다. 그들이 사용하는 이데올로기 개념은 루이 뒤몽에게서 빌려온 것인데, 이에 의하면 이데올로기는 순수한 사변적 이념의 체계가 아니라 "공유된 신념의 총체로서, 제도들에 각인되어 있고, 행위에 연루되어 있으며, 그것을 통해서 실재에 닻을 내리고 있는 것"으로 규정된다(Boltanski & Chiapello, 1999: 58-9). 요컨대 자본주의 정신은, 관념론적 의미의 이념이 아니라 제도, 행위, 사회적 실재 속에 자신의 물질적 근거와 작동장치들을 구비하고 있는 집합적 신념을 가리킨다.

화, 합리적 주체가 합리적 경제시스템을 운영하는 사회상이 바로 그것이다. 베버가 『종교사회학 논총』 서문에서 쓰고 있듯이, 자본주의 경제시스템은 그것의 작동을 전적으로 다양한 수준의 '합리성'을 동력으로 한다는 점에서, 그리고 비합리성이 자본주의 경제시스템의 작동을 저해하는 것으로 인지되어 배제된다는 점에서, 시스템 합리성을 구현하고 있다(베버, 2010: 15-26).

문제는 베버 자본주의론의 핵심을 점령하고 있는 이런 '시스템 합리성'이 20세기의 새로운 자본주의적 진화과정에서 예상치 못한, 다른 양상으로 전개되어갔다는 사실이다. 일루즈는 자신의 저서 『감정자본주의』와 『근대적 영혼을 구원하기』에서 20세기 자본주의가 합리성과 금욕적 노동윤리 대신, 합정적 소통윤리를 새로운 정신으로 하는 '감정자본주의emotional capitalism'로 진화했다는 테제를 제출한다. 감정자본주의는 시스템 합리성과 상이한 '시스템 합정성'을 구비한 자본주의이다. 즉 경제시스템이 제대로 작동, 운영, 재생산되기 위해서, 베버가 말한 것과 같은 합리성이 요청되는 것이 아니라, 도리어 인간 감정의 내용과 형식들을 드러내고, 계발하고, 그것을 테마로 소통하는 다양한 이데올로기와 실천들, 그리고 문화적 표현물들이 요청되었다는 것이다. 자본주의는 순수한 합리주의를 떠나서 '합정성'과 결합했다.

이를 이해하기 위해서는 무엇보다도, 감정문화의 영역에서 발생한 중요한 변화를 추적하는 것이 중요하다. 일루즈에 의하면, 미국의 감정문화는 20세기 초에 프로이트의 정신분석학이 소개되면서 큰 변동을 겪게 된다. 주지하듯 정신분석학은 분석의가 환자의 언어를 청취하여, 그의 무의식적 충동을 해석하고 합리적 언어로 그 내용을 소통함으로써, 환자가 증상으로부터 해방되도록 도와주는 일련의 담화적 과정을 추구한다. 정신분석학은 자아와 자아의 관계 그리고 자아와 타자의 관계에 합리성과 투명성을 갖춘 언술적 소통과 치료의 절차를 들여온다. 정신분석학의 도식들이 문화적으로 수용되면서, 20세기 초반 미국에서는 "치료학적 감정양식therapeutic emotional style"이 형성되고 미국사회의 공적 영역과 사적 영역에 확산되어, 비단 신경증 환자들뿐 아니라 일반인들의 삶에 큰 영향을 끼치게 된다(일루즈, 2010: 24). 특히 개인의 감정을 섬세한 소통의 대상으로 정립시키는 이 실천양식은 노동현장인 공장에 확산된다. 그 계기를 이룬 것이 바로 1924년부터 1927년까지 사회학자 엘턴 메이오가 행한 호손 실험이다. 이 연구는, 노사관계가 노동자의 감정을 신중히 배려하는 성격을 띨 때 고도의 생산성으로 이어진다는 새로운 발견을 통해서, 감정이라는 키워드를 생산현장과 경영테크닉에 유입시켰다.

엘턴 메이오가 가져온 경영이론에서의 혁명은 첫째, 자아됨selfhood 이라는 윤리의 언어를 심리학의 언어로 전환시켰고, 둘째, 합리성이라는 엔지니어적 수사를 감정을 포함하는 인간관계라는 '합정적' 어휘로 대체했다는 사실로 압축된다(일루즈, 2010: 32). 관리자들은 이제 부드러운 성격을 가지고 노동자들을 이해하고 그들과 상담해야 하는 과제를 떠맡게 된다. 이때 관리자에게 가장 중요하게 요구된 실천 형태가 바로 '소통'이었다. 좋은 관리자의 이미지는 소통에 능한 사람, 타인에게 자신을 감정이입할 수 있는 감정적 능력을 가진 사람으로 설정된다. 당대 경영학 담론은 이처럼 "경제적 인간으로부터 소통하는 인간Homo communicans"으로의 전환을 보여주고 있다(Illouz, 2008: 58). 이런 현상의 결과는 무엇인가? 그것은 바로 경제시스템이, 우리가 흔히 그렇게 생각하듯이, 감정이 결여된 순수한 합리성의 영역이 아니라, 사실은 정동으로 충만한 '합정적' 영역으로 구성되었다는 사실이다(일루즈, 2010: 54-5). 자본주의적 시스템 합정성은 20세기 자본주의의 새로운 '정신'으로 등극한다. 합정성을 구현하는 인간 유형이, 금욕적이고 강박적인 노동자/자본가를 대신하여, 새로운 자본주의적 인간의 이념형이 되었다. 일루즈의 분석은 베버의 사회학적 통찰을 이어가면서 동시에 그것을 뒤집어놓는다.

흥미로운 것은, 친밀성 영역에서는 이와 정반대의 경향이 진행되고 있었다는 것이다. 앞서 말한 바와 같이, 미국사회의 공적 부문이 감정을 중심으로 재구성되었던 것과 마찬가지로, 친밀성 영역인 가족 역시 심리학의 제도화, 페미니즘의 발흥, 그리고 치료학의 등장 등 다각적 요인들의 영향하에서 새로운 방식으로 조형되기 시작했다. "친밀성의 문화 모델에는 20세기에 여성적 자아를 구성한 두 가지(곧 심리학과 자유주의 페미니즘이라는 문화설득담론)의 핵심동기들과 상징들이 포함되어 있다. 곧 근대적 친밀성의 이상은 평등, 공정, 중립적 절차, 감정 소통, 섹슈얼리티, 감춰진 감정의 극복과 표현, 언어적 자기표현의 중시 등을 핵심으로 하고 있다"(일루즈, 2010: 65). 이는 요컨대 "친밀한 관계의 합리화과정"(일루즈, 2010: 70)으로 요약될 수 있다. 부부관계와 부모-자식관계는 치료학적 감정양식, 소통의 모델, 그리고 감정의 합리적 분석 등의 기본적 절차들에 의해 조율되게 되었다. 이는 20세기 미국의 공적 영역, 특히 자본주의 시스템이 합정화되는 경향과 대립된다. 요컨대 '경제시스템의 합정화合情化'와 '친밀성의 합리화'라는 이중 방향의 운동이 감정자본주의를 지탱하는 두 축이었다.[13]

엄밀하게 말하면, 에바 일루즈가 분석하는 현대 미국사회는 합리성과 합정성이, 마치 보로메오의 매듭처럼, 서로 얽힌 양상을 보여준다. 시스템의 논리 속에 합정성이 깊숙이 스며들어가고, 친밀성의 영역에 합리성이 틈입한다. 그러나 이보다 더 흥미로운 것은, 합정성의 활성화가 합리성의 위축을 의미하는 것이 아니라는 것이다. 감정에 대한 담론의 폭발, 감정적 삶의 확장과 심화, 감정적 소통능력이 갖는 중요성의 신장, 감정적 상호작용의 괄목할 만한 증대 등, 합정성 고유의 영역이 이처럼 형성, 확장되는 과정은 정확히, 그 영역에 작용하는 '주지주의적 합리화'의 경향이 증대되는 과정과 궤를 같이 한다(Illouz, 2008: 138). 에바 일루즈는 감정사회학이 자본주의와 근대성의 진화의 가장 중요한 설명적 차원으로서의 감정현상을 얼마나 깊이 있게 다룰 수 있는지, 그 가능성을 보여주고 있다.

IV. 남은 과제들

—

마지막으로 다음의 두 가지 쟁점을 추가적으로 검토하면서 논문을 마치고자 한다. 첫째, 합정성과 합리성의 관계에 대한 좀더 심도 있는 논

---

13 이러한 다양한 현상들은 현대사회에 일종의 감정장을 창출했다. 감정장(emotional field)은 "사회 생활의 한 영역, 곧 국가, 학계, 각종 문화산업, 국가와 대학이 인가한 전문가 집단, 대규모 의약 및 대중문화 시장 등이 이리저리 교차함으로써 창출되는 모종의 작용, 담론영역"으로서 "그 나름의 규칙과 대상과 경계를 갖고 있"는 것으로 이해된다(일루즈, 2010:125). 감정장은 감정능력을 갖춘 주체성을 요구한다. 사회가 감정의 관리, 성찰, 표현, 이해, 처리를 중시하는 문화적 패턴을 일반화시켰기 때문에, 사회적 행위자는 그런 감정능력을 소유하고 있는 존재로 기대되며, 그런 능력은 사회적 편익(benefits)으로 전환되는 것이다. 감정자본은 신체에 육화되어 있으며, 가장 덜 성찰적인 부분을 동원하기 때문에 피상적 연기능력이 아니라 그야말로 깊은 수준의 연기(deep acting)를 요청하는 것이기도 하다(일루즈, 2010: 125-7).

의가 요청된다. 사실, 사회이론은 전통적으로 합리성을 중시하는 분파와 합정성을 중시하는 분파로 분리되어 있다. 사회학 행위이론 전통은 개인들의 '합리성'과 그런 합리적 행위들의 '의도하지 않은 결과'로서의 질서라는 '사회적 상상'을 통해 '사회적인 것'을 정초하고자 했다(Merton, 1936). 이런 관점과 대립하는 것이 바로 '사회적인 것'의 감정적 기초를 강조하는 전통이다. 이 흐름은 초개인적 수준에서 작용하는 거대한 집합감정의 실재가 합리성의 외관적 지배를 넘어 근대사회를 구성하는 근본원리라는 사실에 이론적 가능성을 걸고 있다. 이처럼 합정성과 합리성이 대립되었을 때, 우리는 자칫 합정성을 합리성의 대립항인 비합리적인 것 혹은 비합리성과 동일시할 위험에 빠진다. 그러나 합정성은 단순한 비합리성이 아니다. 합정성에는 합리성에 함몰되지 않는, 다른 종류의 논리, 절차, 형식에 부합할 수 있는 일관된 작동 능력이 전제되어 있다. 이 시점에서 우리는 합리성rationalité과 합당성raisonnabilité을 이론적으로 분리시킨 부르디외의 논의를 참조할 필요가 있다. 부르디외는 사회적 행위자들이 반드시 합리적 선택을 하는, 합리성의 구현자들이 아님에도 불구하고, 그들의 행위는 놀랍게도 다양한 고려사항들(규범, 정서, 규칙, 분위기)에 대해서 합당하다는 사실, 즉 사회적 행위자들이 합리적rationnel이라기보다는 오히려 분별력이 있다raisonnable는 사실을 발견한다(Bourdieu, 1994: 149-50). 비록 부르디외에게 이 구분은 행위자의 수준에만 적용되는 것이지만, 이 구분의 이론적 함의는 향후 더 깊은 주목을 요한다. 요컨대, 합정성은 합리성은 아니지만 그렇다고 해서 비합리성에 귀속되는 것도 아니다. 합정성은 합리성을 넘어서는 포괄적 사회이성의 한 유형으로 설정되어야 하는 것으로 보인다.

둘째, 합정성 개념은 동아시아의 '사회적인 것'의 구성을 이해하고 설명하기 위한 도구로 사용될 수 있다. 한국사회에는 하버마스가 말하는 바와 같은 의사소통적 '합리성'보다는 오히려 의사소통적 '합정성'이라 부르는 것이 훨씬 더 설득력 있는, 어떤 논리가 도처에 존재한다. 일상적 삶으로부터 법이나 정치, 경제, 문화나 의료와 같은 사회시스템의 논리에 깊숙이 스며들어와, 나름의 일관성을 가진 채 작동하고 있는 이와 같은 사회적 원리는 감정의 문법 혹은 '마음'의 논리를 고려하지 않고서는 이해되지도 설명되지도 않는 경우가 많다. 한국, 중국, 일본 혹은 베트남과 같은 동아시아 사회들에서 '정情'이란 어쩌면, 개인의 내적 감성의 내용물이라는 의미를 훨씬 떠나서 이미 '사회성'의 가장 중요한 차원이었는지도 모른다. 이를 위해서 합정성 개념의 이론적 논의는 동아시아의 전통사상과 생산적으로 조우해야 할 필요가 있다(유승무, 2013).

마음의 사회학을 이론화하기

I. 파스칼적 명상
—

이 글에서 나는 사회학적 실천이론을 '마음' 개념을 중심으로 재구성하고자 한다. 이를 위해 마음이라는 용어를 마인드mind보다는 하트heart에 가까운 의미계열로 다룰 것이다. 일반적으로 전자는 주로 인지적 능력에 초점이 맞춰진 용어로서 인문·사회과학, 진화심리학, 인지과학, 뇌과학 등에서 지배적으로 사용된다(라일, 2004; 베이트슨, 2006; 핑커, 2007; 류지한, 2010).[1] 후자의 경우 마음은 합리적 사고능력만을 가리키지 않고, "모든 앎의 방식이 수렴되는 중심부"이며 "마인드만으로는 다다를 수 없는 더 심층적인 앎"과 연관된 인간의 심적 기관을 지칭한다(파머, 2012: 38, 57). 하트로 이해된 마음은 마인드를 배제하는 것이 아니라 오히려 이를 '포괄'하면서, 인간의 인지·정서·

의지적 행위능력의 원천을 종합적으로 지시하는 경향이 있다.

이 기획을 수행하기 위해 부르디외가 말하는 '파스칼적 명상'을 새로운 각도에서 시도해본다. 부르디외는 자신 사회학 이론의 '실천적 전환'을 구성하는 주요 통찰들이 파스칼 철학과 깊은 연관을 갖고 있음을 고백한 바 있다(부르디외, 2001). 이 '비극적 사상가'에 의해 포착된 세계는 합리적 토대를 결여하고 있는 '숨은 신Deus absconditus'의 세계이며, 거기 거주하는 인간 행위의 근본에는 데카르트의 코기토가 아닌 습관, 의지, 성향 혹은 믿음의 관행들이 자리잡고 있다. 즉 이성적 의사결정자가 아니라, 육체에 각인된 습관의 힘에 사로잡힌 채 당면과제들을 해결해나가는 실용주의적 민중의 모습이 파스칼이 바라본 인간의 얼굴이다. 이런 우회를 통해 부르디외가 최종적으로 확립한 행위자의 이미지는, '스콜라적 이성'이 아닌 '실천이성'에 호소하면서, 신체에 체화된 감각과 성향의 시스템을 가동시키며, 의미를 생성하는 실천을 수행하는 자다. 그런데 흥미로운 것은, 파스칼이 '마음coeur'에 부여한 심원한 의미에 대해서 부르디외가 정작 별다른 언급을 하지 않고 있다는 사실이다. 그것은 아마도, 하비투스와 몸을 강조하는 자신의 사회학 이론과 '마음'의 조화로운 연결이 쉽지 않기 때문일 것이다. 하지만 나는 파스칼 사상이 현대 사회학 이론에 기여할 수 있는 잠재적

---

1 가령 인지주의에서 마인드는 "정보를 수용하고, 저장하며, 변형시키고, 전달하는 복잡한 시스템"으로 규정된다(신현정, 2010: 20). 컴퓨터과학에서 마인드는 "외부로부터 입력된 정보를 처리하여 다른 형태의 정보로 출력하는 컴퓨터의 연산장치, 저장장치와 같은 것"으로 파악된다(장종욱, 2010: 79). 마인드의 사회학을 탐구하려는 시도는 제루바벨에 의해 이루어졌다. 그는 '마인드풍경(mindscape)'이라는 개념을 통해 인지사회학의 이론적 가능성을 타진하고 있다(Zerubavel, 1997). 프랑스에서는 특히, 심리적인 것과 사회적인 것의 연관현상들이 심리사회학(psychosociologie)이라 불리는 분과에 의해 집중적으로 연구되고 있다(Maisonneuve, 1973; Aubert & Gaulejac & Navridis, 1996).

역량은, 오히려 그가 꿰뚫어본 저 '마음'이라는 것이 사회적 삶에서 차지하는 중심성에 대한 비범한 통찰에 있다는 입장을 표명하고자 한다. 왜냐하면 삶의 의미의 부재가 야기하는 혼돈(신 없는 비참)을 극복하기 위해 요청되는 인간적 기관器官을 파스칼은, 이성이 아닌 마음에서 찾고 있기 때문이다(Delhom, 2009: 170-5; Hibbs, 2005; Moles, 1969). 그에 의하면 "사람의 마음은 이성raison이 모르는 그 자신의 이성/이유들raisons을 갖고 있"으며(Pascal, 1976: 127), "신을 느끼는 것은 이성이 아니라 마음"이고, "마음과 본능에 대한 인식 위에 이성이 자신의 근거를 두어야 하며, 그의 모든 논리의 기초를 두어야 한다"(Pascal, 1976: 127-9). 이런 언급을 통해 그는 진리 혹은 신성을 지각하는 능력을 이성으로부터 '마음'으로 이전시킨다. 『팡세』는 이런 점에서 모든 사변신학의 종말을 선포하는 책이라는 골드만의 지적은 전적으로 타당하다(Goldmann, 1956: 78). 파스칼에게 중요한 것은 사변적 이성이 아니라, 무의미를 타개하고 의미를 생성하는 실천을 가능하게 하는, 저 근원적인 '마음'의 능력이었던 것이다.

사실 '마음' 개념은 프랑스 사회사상으로부터 현대의 감정사회학에 이르기까지 다양한 형태로 계승, 진화되어왔다. 18세기에 이르면, 개인성의 성찰적 구성, 교육, 사회계약에 이르기까지 마음의 논리를 전면에 내세우는 루소가 등장한다. 아렌트는 루소가 "마음의 친밀성 intimacy of the heart"과 "마음의 반항rebellion of the heart"이라는, 근대인의 독특한 존재방식과 활동양태를 발명한 최초의 사상가라는 사실을 지적하고 있다(아렌트, 1996a: 91). 하버마스 또한, 루소 정치철학의 핵심을 이루는 '일반의지'는 숙의를 통한 합의가 아닌 "마음의 합의ein Konsensus der Herzen"에 가까운 것이며, 그가 말하는 헌법 정신은 궁극적으로 "공민의 마음에im Herzen der Staatsbürger 새겨져 있다"고 평가한다(Habermas, 1962: 171). 이들이 적시하고 있듯이, 루소의 주체는 마음으로부터 솟구치는 무언가를 통해서 행동하는 인간들이며, 이들이 구성하는 '정치적인 것'의 핵심에는 저 '마음'의 역능이 웅장하게 자리잡고 있다(Tassin, 1989: 84). 토크빌 또한 자신의 기념비적 저서에서 미국 민주주의에 대한 '제도적' 접근을 넘어 그가 '풍속moeurs'이라 부르는 문화적/상징적 차원의 중요성을 강조하면서, 그 구성요소의 하나인 '마음의 습관들habits of the heart'에 대해서 말하고 있다. "여기에서 풍속이라는 표현으로, 고대인들이 그 단어에 부여했던 의미mores를 가리키고자 한다. 즉 고유한 의미의 관습, 그러니까 마음의 습관들 habitudes이라 부를 수 있는 것뿐 아니라, 사람들이 갖고 있는 다양한 생각, 사람들 사이에서 통용되는 의견, 그리고 정신의 습관들을 구성하는 이념의 총체가 그것이다. 하여 이 말로 내가 의미하는 것은, 특정 인민의 도덕적, 정신적인 전체 상태이다"(Tocqueville, 1986: 426). 토크빌적인 의미에서 마음은 이미 개인의 주관적 내면성의 범위를 넘어 사회적으로 구성된, 공유된 심리질서로 확장되고 있다. 파스칼로부터 토크빌에 이르는 접근들은 20세기를 통과하면서 사회학, 경제학, 정치학 등의 다양한 영역에서 '마음'의 중요성을 인정하는 다양한 시도들로 진화한다.

이런 배경을 뒤로하고, 이 글은 다음과 같은 절차들을 통해서 '마음'을 중심으로 하는 사회학적 실천이론의 재구성을 기획한다. 첫째, 나는 마음 개념을 조작적으로 정의하여 마음에 대한 사회학적 접근의 기초를 설정하고자 한다. 둘째, 마음의 행위능력을 사고, 감정, 의지의 차원에서 조망하고, 이를 각각 합리성, 합정성, 그리고 합의성으로 개넘화한다. 셋째, 마음의 제도적(실정적) 성격을 수행성과 외밀성外密性으로 규정하고, 이를 사회사상과 고전사회학의 논리 속에서 추적한다. 넷째, 마음의 사회적 구성을 담당하는 실정성들의 배치를 마음의 레짐이라 부르면서, 그 구성요소들을 설명하고, 마음의 레짐을 통한 사회학적 설명논리를 모색한다.

II. 마음의 사회학적 개념화

—

마음이라는 용어는 일상의 삶에 가장 깊이 들어와 생동하는 말 중의 하나다. 마음을 먹고, 마음을 나누고, 마음을 풀고, 마음을 놓고, 마음을 열고, 마음을 닫고, 마음을 닦고, 마음을 비우는 이런 행위들의 의미는 한국어 사용자에게는 자명한 것이다. 그러나 바로 이 자명성이 도리어 '마음이 무엇인가'라는 질문에 대한 해답을 어렵게 한다. 하지만 마음이라는 용어를 유효한 개념으로 전환시켜 사용하려는 연구자는 '마음이란 무엇인가'라는 질문에 대한 해답을 모색해야 하는데, 그것은 대개 다음의 두 가지 방법을 통해서 가능하다.

1. 정의

우선 마음을 하나의 '개념'으로 설정하고, 그것에 적합한 개념사적 접근을 시도하는 것이다. 환언하면, 마음이라는 용어를 특수한 사회적 맥락에서 발생하여, 의미화의 독자적 과정을 겪으면서, 실재를 반영하는 동시에 그것을 조형해온 언어적 구축물construct로 간주하는 것이다. 이런 관점에서 보면, 동아시아의 '씬心' '마음' '고코로こころ', 희랍어의

'프시케psyche', 라틴어의 '코르cor', 인도 문화권의 '찌따citta', 히브리어
의 '레브lev', 프랑스어의 '코르coeur', 영어의 '하트heart', 그리고 독일
어의 '헤르츠Herz' 등은, 비록 그들이 동일한 실재를 지칭하고 있는 듯
이 보이지만 사실, 상이한 문화적 토양에서 나름의 고유한 상징화의
과정을 거쳐 형성된, 동일 평면에서 비교되기 위해서는 세심한 절차를
요청하는 의미론적 단위들이다. 요컨대, 그것은 개념사적 접근의 주요
한 대상이 된다. 개념으로서의 마음은 다른 문화권에서 사용되는 유사
기표들과의 비교를 요청할 뿐 아니라, 동일 문화권 내에서 유사한 의
미를 갖는 방계적 기표들(정신, 영혼, 심정, 심리, 가슴 등)과의 비교
또한 요청하는데, 이를 위해서는 특정 문화권이 배양하고 육성한, 인
간의 심적 권능을 지칭하는 무수한 어휘들에 대한 총체적 개념지도를
그려내어야 할 필요가 있다(회스타, 2010; 최상진, 1999: 20; 유성선,
2002: 62; 장영란, 2010; 임승택, 2013: 5-16; 김재성, 2013: 34 이하;
변희욱, 2013; 유권종·최상진, 2009: 48-60; 문석윤, 2013).

두번째 가능성은 '마음'을 조작적으로 정의하는 것이다.[2] 실제로
뒤르케임으로부터 부르디외에 이르기까지, (특히 프랑스) 사회학은
일상어를 학문 개념으로 그대로 사용하는 것을 진지하게 경계해왔으
며, 상식이나 선입관prénotion이 구성하는 '당연한 것을 낯설게 해야 한
다exotiser le domestique'는 의무를 스스로에게 부과해왔다(뒤르케임,
2012: 67 이하; 뒤르케임, 1992: 50; Durkheim, 2005b; 43 이하;
Bourdieu, 1984b: 289; Bourdieu, 2002: 37). 그것은 "자연발생적 담
론 속에 각인되어 있는 사회철학과 단절"하고 사회학의 과학성을 제
고하려는 목적을 갖는다(Bourdieu, 2002: 37). 이런 전통에 비추어보
면, '마음'이 사회학적 개념으로 활용되기 위해서는, 적절한 인식론적

"단절의 테크닉" 혹은 "단절의 도구"를 적용하는 것이 불가피하다 (Bourdieu & Chamboredon & Passeron, 1968: 125-130). 이런 맥락에서 이 연구는 '마음' '마음가짐' '마음의 레짐' 개념의 정의를 다음과 같이 조작적으로 제시한다.

i) 마음heart은, 사회적 실천들을 발생시키며, 실천을 통해 작동(생산, 표현, 사용, 소통)하며, 실천의 효과들을 통해 항상적으로 재구성되는, 인지적/정서적/의지적 행위능력agency의 원천이다.

---

2 사실 기왕의 인문·사회과학의 영역에서 우리는 마음이라는 용어를 특별한 개념적 조작 없이 사용하면서, 그 기표가 발휘하는 물질적 환기력, 상징적 호소력, 그리고 소통적 잠재력을 극대화하는, 좋은 선례들을 발견할 수 있다. 혹실드는 『관리된 마음(Managed Heart)』에서 마음이 어떤 사회적 감정규칙들(feeling rules)에 의해 관리되고 구성되는지를 설득력 있게 보여준다(Hochschild, 1983). 피터 게이는 『벌거벗은 마음(The Naked Heart)』에서, 19세기 유럽의 문화적 지형 속에서 역사적 구성물로서의 마음이 어떻게 발명되었는가를 보여준다(Gay, 1996). 낸시 폴브레는 애덤 스미스의 '보이지 않는 손'에 대한 실질적 보완물로 기능하는 '보이지 않은 마음(invisible heart)', 즉 돌봄 경제의 원리를 분석한다(폴브레, 2007). 파커 파머는 민주주의적 정치에서 마음의 역동이 얼마나 중요한지를 보여주고 있으며(파머, 2012), 벨라는 토크빌의 '마음의 습관'을 활용하여 미국 개인주의를 설명한 바 있다(Bellah et al., 1985). 크리스티안 슐트는 루만을 원용하여 현대적 사랑의 의미론을 '마음의 코드(Code des Herzens)'라는 용어로 풀어내고 있다(슐트, 2008). 이 연구들의 강점은 '마음'의 직관적 보편성을 십분 활용한다는 것이다. 그러나 좀더 본격적인 마음의 사회학을 위해서는 마음 개념을 더 정교하게 탐색할 필요가 있다. 한국의 사회학계에서 마음 개념에 대한 지속적 천착을 보여주는 것은 유승무가 유일하다. 그는 베버의 종교사회학 저술들을 창의적으로 재해석하면서, 서구의 합리주의(合理主義)와 다른 사회적 원리로서의 합심주의(合心主義)의 개념을 제안하고, 동아시아사회에서 마음의 사회이론적 가치와 중요성을 강조하고 있다(유승무, 2013: 97-104). 또한 유승무, 박수호, 신종화는 『조선왕조실록』에 나타나는 마음(心)의 용례들을 표본 추출방식으로 분석하여 마음 관련 어휘들의 유형과 용법을 살펴보았고, 이중에서 특히 '합심(合心)'이라는 용어의 용례들을 집중 검토했다. 이를 통해 이들은, 조선사회의 소통 행위의 중요한 원리로서 마음 개념을 확인하고 이성과 감정을 넘어서는 포괄적인 마음 개념을 사회학적 개념으로서 탐구하고 있다(유승무·박수호·신종화, 2013: 3).

ii) 마음가짐heartset³은 그러한 마음의 작동을 규정하는, 공유된 규칙과 규범의 총체를 가리킨다.

iii) 마음의 레짐regime of the heart은, 마음의 작동과 마음가짐의 형성을 가능하게 하고 조건짓는 사회적 실정성(이념들, 습관들, 장치들, 풍경들)의 특정 배치를 가리킨다.

위의 정의를 통해 나는 마음의 사회학이 인간 심리현상의 전모를 다루려는 기획이 아니라, 사회적 실천이라는 특수한 맥락과 연계되어 있는 심적 차원, 혹은 심적 차원을 조형하는 사회적 실천들에 관심을 국한시킨다는 사실을 명시한다.⁴ 마음은 순수하게 개인의 내적 지평에서 발생하는 현상들로 체험되지만, 사실 그것은 마음가짐이라는 공유된 구조의 규제하에서 작동되며, 또한 마음의 레짐이라는 사회적 제도들의 틀에 의해 구성되는 것이다. '마음-마음가짐-마음의 레짐'은 마음의 사회학을 구성하는, 그리고 서로 분리할 수 없는 방식으로 얽혀 있는, 세 차원이다. 마음은 '역능'이며, 마음가짐은 규칙/규범, 즉 '구조'이며, 마음의 레짐은 경험적 현실의 배치, 즉 '아장스망agencement'이다.

---

3 이 글에서 사고, 감정, 의지의 방식을 지칭하는 용어로서 'mindset'이 아닌 'heartset'이라는 용어를 사용한다. 그리고 이를 마음가짐이라 부르고자 한다. 혹은 양자를 구분하지 않고 '마음/가짐'으로 표현하기도 할 것이다. 현대 중국어에서 이와 유사한 단어는 '씬타이(心态)'를 들 수 있으며, 일본어에서는 '고코로에(心得)'가 그에 가장 가깝다.

4 뒤르케임이 '사회적인 것'과 '심적인 것'을 존재론적, 인식론적으로 구분하면서 사회학과 후자의 연관을 봉쇄시킨 이래, 사회이론에서 심적인 것의 위치는 잉여범주의 그것을 벗어난 적이 없었다. 가령 그의 글 「개인표상과 집합표상(Représentations individuelles et représentations collectives)」을 볼 것(Durkheim, 2010: 1~48). 그러나 사실 양자의 결합은 다양한 방식으로 이루어지면서 사회이론의 저변을 흐르고 있다(Leledakis, 1995; Edelman, 1981).

2. 이론적 함의

'마음은 행위능력의 원천이다'라는 명제는 사회적 실천의 원리를 '뇌'나 '의식'이나 '무의식'이나 '신체'가 아닌 행위자의 '마음'에서 찾는 다는 이론적 입장의 표명이다. 마음의 사회학은 이런 의미에서 뇌과학, 진화심리학, 현상학, 정신분석학적 관점으로부터 인간 행위를 설명하려는 시도, 그리고 좁은 의미의 합리성으로 사회적 행위에 접근하는 사회학적 관점(가령, 합리적 선택이론)과 명백한 차이를 노정한다. 가령, 사랑이라는 행위는 생식을 관장하는 DNA나 성적 욕구나 사랑의 감정을 유발하는 호르몬, 사랑에 빠진 자의 두뇌 특정 부위의 활성화, 혹은 사랑하는 자의 의식적 표상이나 현상학적 진실들, 혹은 사랑을 통해서 기대되는 경제적 이익에 대한 계산으로부터 설명되거나 이해될 수 없다는 입장을 나는 취한다(Fisher & Aron & Brown, 2005; 모알렘, 2011; Becker & Posner, 2009). 사랑의 행위는 사랑 속에서 샘솟는 기쁨, 불안, 기대, 그리고 사랑의 대상과 펼쳐나갈 삶에 대한 희망, 사랑이 내포하는 무수한 욕망들, 즉 사랑의 '마음'과 그것의 생산, 표현, 소통, 사용을 가능하게 하는 사회적 실정성의 배치(가령 낭만적 사랑을 구현하는 제도들과 담론들의 역사적 구성)에 대한 탐구를 요청한다. 이것이 마음의 사회학의 관점이다.

둘째, '마음은 실천 속에서 현실화되고 실천을 통해 재구성된다'는 명제가 명시하듯, 우리는 마음을, 발현하는emergent 행위능력이자 실천에 의해 생산/재생산되는 수행적 사건으로 이해한다. 이런 "실천학적 praxéologique" 접근에 의하면(Bourdieu, 1972: 234-5), 마음은 마음의 작동과 구분되지 않는다. 마음은 실천을 통해서 마음을 구성하는 사건들과 다르지 않다. 마음은 마음의 생산이며, 마음의 표현이며, 마음의 소통이며, 마음의 운용運用이다. 이들을 넘어서서 존재하는 어떤 마음 그 자체가 있는 것이 아니다. 이런 점에서 보면,『금강경』제18분分에 등장하는 "과거심불가득過去心不可得, 현재심불가득現在心不可得, 미래심불 가득未來心不可得", 즉 과거의 마음도, 현재의 마음도, 미래의 마음도 얻을 수 없다는 붓다의 언명은, 마음을 실체로 접근하려는 세속적 태도의 허망함을 일깨우는 대승불교적 역설을 언표하는 것이지만, 이와 동시에 마음의 사회학이 상정하는 마음의 작동방식을 탁월하게 표현하는 언명이기도 하다. 마음은 고정된 상태로 얻어지고 전달되고 양도될 수 있는 실체가 아니다. 마음은 불변하는 심층구조가 아니다. 마음은 끝없이 진행되는 '마음의 작동' 그 자체와 순환적으로 연루되어 있다. 명사로서의 마음은 오직 동사적 작동 속에서만 나타나는 특정 모멘트일 뿐이다.

셋째, 행위 원천으로서의 마음은 행위의 규칙/규범으로서의 마음 가짐과 변증법적으로 결합되어 있다. 비유컨대, 마음이 용用이라면, 마음가짐은 체體이고, 마음이 질료라면 마음가짐은 형식이다. 마음은 가능태dynamis이고, 마음가짐은 현실태energeia이다. 동사처럼 창발하는 마음의 결과들이 마음가짐을 이루며, 그 마음가짐들이 마음의 사용, 표현, 소통, 생산의 구조, 즉 규칙과 규범의 총체로 기능한다. 기왕의 사회과학이 에토스, 세계관, 가치관, 감정규칙, 집합의식, 정서구조, 망탈리테 등으로 불러온 이 마음씀의 공유된 질서를 마음가짐이라 부른다면, 마음과 마음가짐은 이런 의미에서 경험적으로는 구분할 수 없는 일체를 이룬다고 할 수 있다. 마음을 통한 실천은 반드시 마음가짐의 작용을 전제하며, 마음가짐은 마음의 작동에 불가결한 요소를 제공한다. 양자가 이처럼 융합되어 있는 상태를 이 논문에서는 '마음/가짐'으로 표현한다. 마음/가짐은 행위 능력인 동시에 행위의 규칙으로서, 마음의 사회학의 주요한 탐구대상을 이룬다. 마음의 역량은 언제나 마음가짐의 제한과 변증법적으로 결합되어 실천되기 때문이다.

마지막으로, '마음은 마음의 레짐 속에서 작동한다'는 명제는 마음의 레짐의 정의와 긴밀히 연관되어 있다. 앞서 우리는 마음의 작동(생산, 표현, 소통, 사용)을 가능하게 하고 구조화하는 사회적 실정성들의 배치agencement를 마음의 레짐으로 규정했다. 마음의 레짐은 상이한 사회적 차원들(이념, 습관, 장치, 풍경)의 이질적 구성으로서, 그 복합작용 속에서 특정 마음/가짐이 생산되고, 표현되고, 소통되고, 사용된다. 이 공간은 마음의 도식들을 통하여 자신들에게 부가되는 문제들을 인식하고 구성해내는 일종의 '문제공간', 그런 문제들을 해결하기 위한 다양한 실천들을 수행하는 '행위공간'과 유기적으로 결합되어 있다. 마음의 레짐은 문제와 행위 사이에 존재하는 수많은 마음의 작동들을 가능하게 하는 의미생성구조에 붙여진 이름이다.

III. 마음의 행위능력
―

파커 파머를 빌려 말하자면 마음은 "모든 것이 시작되는 곳"이다(파머, 2012: 43). 마음은 행위의 시발점이자 종착역이다. 사회적 행위는 마음으로부터 근본동력을 제공받는다. 모든 의미 있는 사회적 행위는 마음으로부터 솟아나온다. 이런 점에서 사회적 행위는 단순히 육화되어 embodied 있을 뿐 아니라 심화心化된 실천inhearted practice이기도 한 것이다. 우리는 이런 마음의 능력을 합리성, 합정성, 그리고 합의성으로 나누어 접근해보고자 한다.

1. 합리성rationality

일반적으로 합리성은 특정 목적을 달성하기 위한 최적 수단을 찾을 수 있는 지적 능력을 가리킨다. 합리적 행위자는 효용을 극대화하거나 최적화하는 자, 혹은 선호 실현의 극대화를 추구하는 능력을 갖고 있는 자다(Boudon, 2007). 전통적으로 사회이론은 행위자의 이런 '인지적' 능력에 모종의 특권을 부여해왔다. 베버의 행위 유형에서 가장 중요한 것으로 상정되는 '목적 합리적 행위'는 어떤 목적을 달성하기 위해 최적의 수단을 찾아낼 수 있는 능력을 가리킨다(베버, 1997: 146). 파슨스의 행위 개념은 뒤르케임적인 "규범적 지향"을 강조했지만, 역시 "인지적 요소"가 행위를 이끌어가는 것으로 정리되어 있다(Parsons, 1937: 44; Parsons & Shils, 1951: 73). 슈츠 역시 "행위자에 의해 사전적으로 고안된 인간 행동conduct"으로 행위를 정의하면서 행위자의 의식에 그려진 미래에 대한 투사project로서의 행위 개념을 고수한다(Schutz, 1962: 20; Rubinstein, 1977; 211).

상징적 상호작용론이나 민속방법론 역시 사회적 행위를, 행위자의 의식에서 구성되는 인지적 의미에 토대를 둔다는 공통점을 갖는다. 푸코의 실천이론에서도 합리성의 핵심적 위치를 확인하는 것은 어렵지 않다. 그가 통치성 개념으로 다양한 행위들을 설명하고자 할 때, 가장 중요한 것으로 간주되는 이론적 범주는 역시 합리성이다(Foucault, 1978-9: 192; Foucault, 1991: 78-82). 근대적 이성에 대한 발본적 비판작업(광기의 고고학)을 수행했던 그에게 역시 인간 실천의 이해에서 가장 중심적인 범주가 합리성이라는 사실은 다소 아이러니하다. 하버마스는 행위 개념을 '소통 행위'로 성공적으로 확장시킴으로써, 공리주의적 행위자를 '소통하는 인간'으로 재구성하고 있지만 이를 다시 의사소통적 '합리성' 개념에 수렴시킴으로써, 결과적으로는 확장된 합리성을 행위능력의 핵심에 배치하고 있다(하버마스, 2006).

행위이건 상호작용(소통)이건 이처럼 기왕의 사회이론은, 행위자를 이해함에 있어서 합리성 모델에 깊이 경도되어 있었다. 하지만 실제의 일상적 삶에 대한 사회학적 관찰 속에서 행위를 구성하는 중요한 힘으로 부각되는 것은 그토록 중심적인 의미를 부여받아온 합리적 사고와 계산능력이라기보다는, 좀더 암묵적으로 작용하는 복합적 행위능력이다(Kaufmann, 1997: 308). 가령, 우리가 탐구하고자 하는 감정능력, 그리고 의지와 욕망의 능력은 합리성에 비하면 상대적으로 덜 명시적이지만 실제로는 근본적인 영향력을 행사하는 요소들이다. 허버트 사이먼의 용어를 빌려 말하자면, 실천이론에서 합리성은 언제나 "제한된 합리성bounded rationality"으로 취급되어야 한다(Simon, 1984). 이 제한은 바로 인간 행위능력의 정서적 성격과 욕망적 성격으로부터 온다.

2. 합정성emotionality

사회이론의 전통을 조금 깊이 살펴보면, 통념보다 훨씬 더 광범위하게 감정emotion과 정동affect의 중요성에 대한 인식과 고려가 존재해 왔음을 알 수 있다. 다수의 사회계약론자들은 소위 "정념의 산술算術"을 통해서 사회적인 것이 어떻게 감정적인 것에 기초하고 있는지, 환언하면 사람들이 계약을 통해 정치체를 창건하는 활동이 어떤 감정적 기초를 갖는지에 관심을 가져왔다(Rosanvallon, 1979: 11). 이런 경향은 콩트, 뒤르케임, 베버, 짐멜의 고전사회학에서 두드러지게 발견되는 것이기도 하며, 1970년대 이후 소위 '감정적 전환'이라는 사회이론의 중요한 징후 속에서 특징적으로 나타나는 것이기도 한다. 행위이론의 맥락에서 말하자면 합정성은 사회적 행위가 창발되는 과정에서 관찰되는 감정연관성, 혹은 행위자가 자신, 행위 파트너, 행위규칙의 감정적 차원에 부합하여 행위할 수 있는 능력으로 규정된다. 그것은 행위자를 움직이는 정념의 능력인 동시에, 상호작용에서 요청되는 타자들의 감정에 대한 감수성, 해석능력, 판단력, 타인의 위치에 자신을 놓을 수 있는 상상력 등을 포괄적으로 내포한다. 사회적 삶에서 이루어지는 다수의 상호작용과 소통은 합정성을 요청하는 경우가 대단히 많으며, 정치적 운동, 사회적 운동, 종교 행위, 심지어는 경제적 행위에서도 합정성은 매우 중요한 역할을 수행한다(스미스, 1996; 케인스, 2007: 191; 달, 2010: 46).

사회이론의 전통에서 합정성에 대하여 가장 섬세한 고려를 보여준 것은 프래그머티즘이다. 웅거가 지적하고 있듯이 프래그머티즘은 행위능력, 우연성, 미래성, 실험주의 등에 대하여 각별한 관심을 기울이는데(웅거, 2012: 94-106), 이 전통에서 합리성은 항상 감정과의 긴밀한 연관 속에서 사고된다. 대표적 실례가 바로 윌리엄 제임스이다. 그는 합리성을 하나의 정서sentiment로 파악하는 발상의 전환 속에서, 행위를 생성시키는 힘으로서의 감정의 역할을 다음과 같은 상황 속에서 설득력 있게 전개시킨다. 즉 만일 누군가 알프스를 등반하던 중 협곡을 만나 건너뛰어야만 탈출할 수 있는 그런 곤경에 빠져 있다면, 이런 상황에서 벗어나기 위해 요청되는 능력은 결코 합리적 계산능력이 아니라 자신에 대한 희망과 신뢰confidence이며 용기라는 것이다. 그런 정서적 지원이 있는 자는 협곡을 뛰어넘고자 도약할 것이지만, 그렇지 못한 자는 협곡을 넘어서지 못할 것이다(제임스, 2008: 50). 존 듀이 역시 『인간 본성과 행동』에서 지성작용으로서의 숙려deliberation를 논의하면서 지성의 작용에 감정이 미치는 영향을 적극적으로 평가하고 있다(Dewey, 2012: 199-200). 로티 또한 독특한 감정론을 펼치는데, 그에 의하면 20세기에 접어들어 인권에 대한 인식이 제고되고, 소위 인권문화가 확장된 것은 인권의 도덕률이 규범적으로 교육된 결과가 아니라, 타인의 고통에 공감하고, 감정적으로 타인의 처지를 이해하는 "감정의 조정과 감정교육"을 통해 가능했던 것이다(로티, 1993: 158). 인권규범에 조응하는 행위를 할 수 있는 역량은 타인을 자신과 동일한 인간으로 '느낄 수 있는feel' 능력이었다. 로티에게 인간 행위의 가능성은 근본적으로 '감정'과 '의욕'의 능력에 기초하고 있다. 합정성은 이와 같은 감정연관적 실천능력 일반을 지칭한다.

3. 합의성volitionality

행위능력을 구성하는 의지와 욕망의 힘인 합의성合意性에 대해, 기왕의 사회과학은 기이할 정도의 무관심을 보여준다.[5] 행위이론이 상상한 행위자는 마치 '의욕의 능력'을 전혀 갖고 있지 않은 듯이 보이는 계산기계다. 그러나 이는 우리의 일반적 직관과 크게 배치된다. 행위자들의 삶을 파고들어가보면, 그들의 '생활양식Lebensführung'을 규정하는 욕망의 힘, 소망의 힘, 의지의 힘을 발견할 수 있다(베버, 2010: 214). 『프로테스탄티즘 윤리와 자본주의 정신』에서 베버가 간파해낸 것처럼, 캘빈주의자의들의 세속적 금욕주의라는 생활양식을 이끌어낸 것은 그들의 '마음'을 온통 사로잡고 있던 구원에의 '의지'였다. 구원을

향한 욕망의 능력(합의성)이 구원 여부의 불가능성이 야기하는 전대
미문의 불안(합정성)과 결합하여, 세속적 일상생활에서의 합리적 노
동의 실천적 조직능력(합리성)과 연계됨으로써 '자본주의 정신'이라
는 마음/가짐이 형성된 것이다. 베버의 이해사회학이 궁극적으로 '이
해'하고자 했던 것은 이처럼 자본주의 정신의 원형을 이룬 청교도 윤
리가 형성시킨 '마음'의 행위능력들이었다. 그것은 영혼의 구원을 향
한 열망이라는 합의성, 불안의 합정성, 그리고 "자각적이고 의식적이
며 명철한 삶의 영위할 수 있는 능력"으로서의 합리성에 대한 포괄적
인 동시에 심층적인 이해의 과정이었다(베버, 2010: 207).

사실 의지와 욕망은 고대로부터 중요한 철학적 탐구의 대상이 되
어왔다. 의지에 대한 철학적 사유는 특히 기독교의 자유의지 논쟁에

---

5 행위이론의 맥락에서 '의지'의 문제에 관한 주목할 만한 탐구를 시도했던 것은 아렌트가 거
의 유일하다. 아렌트는 『마음의 삶』의 후반부를 '의지'의 성찰에 할애하면서, 그리스부터 중세 기독
교철학, 그리고 근대 주체철학과 헤겔, 니체, 쇼펜하우어, 하이데거에게서 그 문제를 논의하고 있다
(Arendt, 1971). 한편, 윌리엄 제임스와 존 듀이와 같은 프래그머티즘 사상가들은 '믿으려는 의지(will
to believe)' 혹은 '의지와 습관'의 관계 등에 대한 의미 있는 성찰을 시도했다(제임스, 2008: 157~198;
Dewey, 2012: 24~42). 로티는 '사회적 희망(social hope)'의 중요성을 강조한다. 희망은 "미래가 지금
과는 다를 수 있음을 믿는 능력"이며, "확실성을 상상력으로 대체하고자 하는 의욕(willingness)"으로
정의된다(Rorty, 1999: 88, 121). 사회학자로서 합의성에 지대한 관심을 보였던 사람을 거론하자면, 제
도권 사회학에 의해 오랫동안 방기되어 있다가 20세기 후반에 다시 본격적으로 논의되고 있는 프랑
스의 가브리엘 타르드를 들 수 있다. 그가 바라보는 사회세계는 반복, 대립, 적응의 법칙을 통해서 구
성되는 것으로서, 이를 파악하기 위해서 타르드는 소위 "뇌간심리학(psychologie intercérébrale)"으
로서의 사회학을 기획하고(타르드, 2013: 28), 그 핵심요소로서 욕망(désir)과 믿음(croyance)을 제시
한다. 사회는 욕망과 믿음의 정신적 에너지들이 흐르는 공간이다. 그는 이렇게 쓴다. "내가 욕망이라
고 부르는 심리적 경향의 에너지, 즉 정신적 갈망의 에너지는 내가 믿음이라고 부르는 지적 파악의 에
너지, 즉 정신적인 지지나 수축의 에너지와 마찬가지로 동질적이며 연속적인 하나의 흐름(courant)이
다. 이 흐름은 각각의 정신에 고유한 감성의 색조가 변하면서 때로는 분산되어 흩어지기도 하고 때로
는 집중되기도 하지만 어쨌든 동일하게 흐른다"(타르드, 2013: 31). 최근에 "의욕(willfulness)" 개념으
로 주체이론을 재검토하는 시도로는 다음을 볼 것(Ahmed, 2014).

뿌리내리고 있는데, 이는 인간에게 죄가 아닌 구원을 향한 행위로의 자발적 가능성이 있느냐는 질문을 중심으로 회전한다(Proust, 2005). 근대 철학에서 의지에 대한 논의는 언제나 회의주의를 동반하곤 했는데, 이때 '의지'란 자신이 자유롭다고 생각하는 주체의 환상에 불과한 것으로 여겨졌기 때문이다(Arendt, 1971: 23-8; 라일, 2004: 78-102). 의지가 새로운 의미를 지닌 철학적 문제로서 제기되는 것은 헤겔의 변증법적 역사철학에서이다. 왜냐하면 헤겔 사상에 포착된 근대인은 과거가 아닌 미래를 '의욕'하는 자들로 나타나기 때문이다(Arendt, 1971: 43-51). 이런 흐름은 잘 알려진 것처럼 쇼펜하우어에서 니체로 흘러가는 근대적 의지철학에 의해 다시 활성화된다.

지난 세기 동안 사회이론이 전적으로 방기했던 이 의지/욕망의 이론은 정신분석학, 그리고 정신분석학이 제기한 문제들을 적극적으로 사고했던 일군의 철학자들에 의해서 심도 있게 논의되었다. 그 대표적 인물이 들뢰즈다(김재인, 2013: 7-8). 그가 가타리와 함께 저술한 『앙티 오이디푸스』는 라캉의 욕망 개념을 비판하면서, 욕망을 결여가 아닌 생산으로 사고하는 발상의 전환을 촉구했다. 이들은 사회적인 것과 심적인 것을 "욕망하는 기계machine désirante"의 비유를 매개로 연결함으로써, 욕망을 억압하는 것으로 간주되어온 '사회적인 것'이 실제는 욕망에 의해 생산되는 무엇이라는 사실, 욕망이 사회적인 것을 만들어내는 원동력이라는 사실을 강조하고 있다. "한편에 리얼리티의 사회적 생산이 있고 다른 편에 환상의 욕망 생산이 있는 것이 아니다. (……) 사실 사회적 생산은 특정 조건 속에서의 욕망의 생산일 뿐이다. 우리는 사회적 장이 욕망에 의해서 직접적으로 가로질러진다고, 사회적 장은 욕망의, 역사적으로 결정된 산물이라고 말하는 바다. (……) 욕망과 사회적인 것밖에는 아무것도 없다"(Deleuze & Guattari, 1972/3: 36). 행위능력으로서의 합의성은 이처럼 사회적 행위의 창발과정에서 드러나는 의지 혹은 욕망과의 연관성, 혹은 행위자가 자신과 행위 파트너의 의지적 차원에 부합하는 방식으로 행위할 수 있는 능력을 가리킨다. 사회적인 것과 심적인 것을 가로지르면서 활동하는 생산적 역능인 합의성은 꿈의 능력이기도 하고, 희망의 능력이기도 하고, 욕망의 능력이기도 하다. 사회세계는 계산과 감정뿐 아니라, 사회적 실천에 내재되어 있는 이 소망의 작용을 통해 구성된다. 마음의 사회학은 사회적 행위의 필수적 차원을 이루는 합의성에 대한 면밀한 고려를 요청한다.

IV. 마음의 실정성
—

이처럼 마음을 행위능력의 원천으로 설정하는 것은 자칫 사회적인 것의 설명과 이해에 있어 인간 행위자의 역할, 특히 그 내면의 자율적 역동을 과대평가하는 것으로 비쳐질 수 있다. 그러나 앞서 명시한 바와 같이, 우리는 마음을 순수한 심적 실체나 기관, 즉 행위자의 내적 소유물로 파악하는 관점에 명확하고 엄격한 제한을 가한다. 사회학이 다루는 마음은 마음의 작동(생산, 표현, 사용, 소통)을 통해서만 현상하는 무엇이며, 사회적인 것과 심적인 것의 독특한 접합 속에서 경험적으로 주어지는 무엇이다. 환언하면 우리에게 마음은, 일종의 내면화된 제도로서 견고한 실정성positivity을 갖는다.[6] 실정성의 두 양태를 마음의 외밀성과 수행성이라는 두 차원에서 규명해보고자 한다.

1. 마음의 외밀성

마음의 실정성은 마음이 개인의 순수한 내면적 현상으로 '체험'되는 동시에, 외부로부터 가해진 힘에 의해 '작동'하는 독특한 이중체로 등장하는 사태를 가리킨다. 마음은 사회를 비추고, 사회는 마음을 규정한다. 사회적인 것과 심적인 것 사이에 형성된 이러한 재귀적 순환성reflexive circularity의 고리가 바로 마음가짐이다.[7] 마음의 작용이 마음가짐(규칙)에 의해 은밀하게 규제되고 있음을 간파한 것은 뒤르케임이다. 바로 이 인식이 뒤르케임 사회학의 방법적 성찰의 요체를 이루고 있다. 잘 알려진 것처럼, 그가 말하는 '사회적 사실fiat social'은 언어, 화폐, 법과 같은 물적 현실에 기초한 제도들뿐 아니라 "고정된 형태를 지니지 않으면서도 똑같은 객관성과 개인에 대한 우월성을 갖는 다른 사회적 사실", 예컨대 패션이나 트렌드, 군중의 운동과 같은 유동적 현

---

6 여기에서 실정성이란 "외부의 힘에 의해 개인에게 부과되어, 이른바 신앙이나 감정의 체계 속에 내면화된 규칙, 의례, 제도가 주는 모든 부담"을 가리킨다(아감벤, 2010: 21; Hyppolite, 1996: 20–5). 헤겔은 「기독교의 실정성」에서 유태교와 기독교의 차이를 논의하면서, 자발적 감정을 유도하는 유대교와 달리 기독교에서는 내면적 '심성(Gesinnung)'이 공적으로 조형된다는 사실을 지적하면서, 이를 기독교의 실정성이라 부른다(헤겔, 2005: 339). "사람들은 자기의 친척이 죽었을 때 그들이 현실적으로 느끼는 슬픔보다 더 많은 슬픔을 느껴야 하며, 이러한 감정의 외적인 기호는 그들이 실제로 느끼는 것에 의해서가 아니라 그들이 느껴야만 하는 것에 의해서 형성된다. (……) 우리의 많은 관습에서뿐만 아니라 우리의 공공종교 역시 단식일, 사순절의 애도, 부활절의 장식과 축제 그리고 이런 모든 문제들에서 보편적으로 유효한 감정규칙들(Regeln der Empfindungen)을 제정해두고 있다"(헤겔, 2005: 337–8). 헤겔의 이런 통찰은 뒤르케임에게서도 거의 유사한 형태로 발견된다. 다만, 실정성에 비판적이었던 헤겔과 달리 뒤르케임에게 마음의 실정성은 사회적 삶의 정상적 양태이다(뒤르케임, 1992: 546–7).

7 동아시아 전통에서 인간의 내부의 조율기제는 악(樂), 즉 음악이었고, 외부의 조율기제는 예(禮)였다(양자의 결합은 시(詩)에서 찾아졌다). 그리하여 예악(禮樂)은 수신과 치국이라는 내부적·외부적 통치성의 경첩과 같은 역할을 하며, 이 통치의 최종대상은 '마음'이었다(윤용섭, 2014: 15–34). 즉 예악을 통해서 통치된 '마음'은 단순히 근대적 의미의 개인 심리가 아니라 정치, 심리, 사회, 문화를 모두 구현하고 있는, 가령 마르셀 모스의 용어로 하면, '총체적 사회적 사실'이었던 셈이다.

실도 포함하고 있다(Durkheim, 2005b: 4). "사회학은 심리학의 파생명제가 아니다"라고 선언함으로써 심리학과의 단호한 결별을 선언했지만, 뒤르케임은 후일 스스로 인정하고 있듯이, 집합심리psychologie collective를 주요한 사회학적 연구대상으로 설정하고 있다(Durkheim, 2010: 47). 그런데, 이처럼 심적인 것의 사회적이고 제도적인 성격을 인정하게 되면, 믿음과 행위의 방식이 행위자의 내면에 "제도화된다institué"는 것을 명시하는 셈이 되는데, 이런 논리전개 속에서는, 사회적 사실의 두 가지 속성으로 전제되었던 "강제성"과 "외재성" 중에서 특히 외재성의 의미가 모호해진다. 즉, 마음이 사회적 사실이라면, 행위자의 마음은 그의 '안'에 있는 것인가, 아니면 그의 '밖'에 있는 것인가?

뒤르케임은 이 난제를 '내부에 존재하는 외부extérieur intéreur'라는 새로운 논리적 가능성을 사회적인 것에 도입함으로써 해결하고자 했다. 내부에 존재하는 외부는, 심적인 것에 스며들어 심적인 것을 자신의 논리로 변형시킨 사회적인 것을 가리킨다(Keck & Plouviez, 2008: 39). 그는 1926년의 글 「도덕적 사실의 확정」에서 이렇게 쓴다. "사회는, 그것이 우리에게 외재적이고extérieure 우리보다 우월하기 때문에, 우리에게 명령한다. (……) 그러나 다른 한편으로 사회는 우리의 내부에 존재한다intérieure. 그것은 마치 사회가 우리 안에en nous 있는 것, 사회가 우리 자신인 것과 같다. 이 때문에 우리는 사회를 좋아하고 또 욕망한다"(Durkheim, 2010: 82). 그에 의하면, 사회는 밖에 있지만, 이 외부는 인간 내면에 침투하여, 그것을 자신의 논리로 채운다. 그것은 안에 있는 밖이다. "외부세계는 우리의 내부에서 메아리치며, 우리가 그 세계로 범람해들어가는 것과 같은 방식으로 우리 안으로 연장된다se prolonge en nous. 사물들, 외부로부터의 존재들은 우리의 의식 안으로 뚫고 들어와서 우리의 내적인 삶 안에서 밀접하게 융합되고 우리의 존재 안으로 얽혀들며, 역으로 우리는 그것들과 우리의 실존을 결합시킨다"(Durkheim, 2005a: 271). 사회적인 것은 밖으로부터 안으로 연장되어 우리의 실존 속에서 하나로 융합되어 있다는 것이다. 이처럼 안과 밖의 경계가 이론적으로 허물어지면, "사회는 개인의식 속에서 그리고 개인의식을 통해서만 존재할 수 있기 때문에 우리 안에 스며들고pénètre 그 안에서 조직화된다s'organise en nous"는 언명이 가능해진다(뒤르케임, 1992: 300). 자신의 내밀한 소유물이라고 생각하는 영혼 역시, 이런 각도에서 보면 사실 "우리의 외부에 있는 종교적 힘을 우리 안에다 연장시킨 것"이며 우리의 내부에 들어와 작용하는 외부적 힘으로 간주되고 있다(뒤르케임, 1992: 394-5). 하여, "우리는 외부로부터du dehors 실제로 강제하는 힘을 마치 우리 스스로가 만들었다는 환상의 피해자이다"라는 뒤르케임 사회학의 통렬한 진단이 가능하게 된다(Durkheim, 2005b: 7).

가장 내적인 것의 기원이 사실은 외적인 것이며, 행위자에게 고유한 것(가령 정체성)이 사실 외적 힘에 의해 구성되어, 내부와 외부가 뫼비우스의 띠처럼 연결된 것일 때, '마음'은 뒤르케임이 말하는 영혼과 마찬가지로 외밀外密한 것으로 나타난다. 즉 마음의 원리는 외밀성 extimité을 따른다(Miller, 1994). 그렇다면 마음을 탐구하기 위해 딜타이가 시도했던 추체험의 방법을 시도해야 할 필요가 없다(딜타이, 2009: 500-7; Durkheim, 2005b: 12-3). 왜냐하면, 그 내부로 꿰뚫고 들어가야 할, 은폐되고 차단된 내면적인 '마음'이란 사실상 존재하지 않기 때문이다. 모든 시선으로부터 차단된 진정한 마음의 깊이 혹은 참된 내밀성이라는 것을 확정할 수 있는 주체는 없다. 자기 자신도 자신의 마음의 어떤 수준이 진심인지를 결정할 수 없다. 마음은 끝없이 변화하며, 그 바닥을 알 수 없을 정도로 깊은 것이며, 끝없이 내부와 외부를 뒤섞으며 전개된다. 이런 점에서 "사회적 사실로 사회적 사실을 설명한다"로 요약되는 뒤르케임의 방법적 원칙은 심리적 현상에 대한 설명을 포기하는 언명이 아니라, 사회적 사실에 외밀한 방식으로 포섭된 인간의 집합적 심리현상을 심리학의 도움 없이 사회학적 방법만으로도 충분히 탐구할 수 있다(마음을 내면이 아니라 사물로 다룰 수 있다)는 자신감의 표명이라 할 수 있다(Bouglé, 2010: lxv). 따라서 뒤르케임 이래 사회학은 심리현상들에 대하여 내성introspection이 아닌 이른바 외성extrospection의 방법, 즉 마음/가짐의 양상들에 대한 다각적 관찰이라는 방법을 사용할 수 있게 된 것이다.[8]

2. 마음의 수행성

마음의 실정성의 두번째 양상은, 마음이 행위를 가능하게 하는 능력의 원천인 동시에, 그 능력을 생산하는 다양한 사회적 제도와 실천들에 의해서 구성된다는 사실과 연관되어 있다. 이런 관점에서 보면, 마음은 생산된 동시에 생산하는 행위능력, 수행된 동시에 수행하는, 이중의 행위능력이다. 마음의 능력은 현실을 창조하고, 창조된 현실은 다시 마음의 능력을 생산한다. 마음은 구체적 실천들로부터 되먹임되

---

8 뒤르케임은 심리학적 내면성으로의 인식론적 접근을 '내성주의(introspectionnisme)'라 부르며 비판한다(Durkheim, 2010: 46). 유사한 맥락에서, 뤼시앙 레비-브륄의 제자였던 샤를 블롱델(Charles Blondel)은 내성(內省)이 아닌 외성(外省, extrospection)의 방법을 제안한다. 외성은 문자 그대로 밖으로부터 관찰하는 것이다. 뒤르케임의 사회학적 방법은 심적 현상에 대한 내성이 아닌 외성의 방법을 채택하고 있다고 말할 수 있다(Blondel, 1928).

어오는, 행위자들에게 부과된 '주체화' '권력작용' 혹은 '통치'의 결과물이며, 동시에 이 결과물은 행위자들이 사회적 실천을 수행하게 하는 원동력으로 기능한다. 이와 같은 '자기-준거적 이중구성'의 형식은 20세기 후반 사회과학의 중요한 개념 중의 하나인 '수행성performativity'의 논리와 상통한다(Butler, 1997; Alexander, 2011). 『감시와 처벌』에서 푸코가 근대적 '영혼'의 사회·역사적 생산을 다음과 같이 지적할 때 이와 같은 관점이 선명하게 드러나고 있다.

영혼âme이 하나의 환영이거나 이데올로기적 효과라고 말해서는 안 된다. 반대로 이렇게 말해야 한다. 영혼은 실재하며 리얼리티를 갖는다. 영혼은 신체의 주위에서, 그 표면에서, 그 내부에서, 권력의 작용에 의해 끊임없이 만들어지는 것이다. 보다 일반적으로, 그 권력은 감시받고 훈련받고 교정받는 사람들, 광인, 유아, 초등학생, 피식민자, 어떤 생산 기구에 묶여 살아 있는 동안 계속 감시당하는 사람들 모두에게 행사되는 것이다. 기독교 신학에 의해서 표상되는 의미에서의 영혼과 다른, 이 영혼의 역사적 리얼리티는 처벌, 감시, 징벌, 속박 등의 소송절차를 거쳐 생겨나는 것이다. 실재적인, 그러나 비신체적인 이 영혼은 실체가 아니다. 영혼은 하나의 요소인데, 바로 그 요소 속에서 특정 유형의 권력효과와 어떤 지식의 준거가 결합되는 것이다. 영혼은 하나의 톱니바퀴와 같은 기계장치로서, 그것을 통해서 권력관계가 가능한 지식을 낳고 또한 지식이 권력의 여러 성과들을 뒷받침해주고 강화해주는 것이다. 영혼이라는 이 리얼리티-준거réalité-référence 위에 사람들은 각종 개념들을 건설했고, 분석의 영역들을 잘라내었다. 그것이 심리psyché, 주체성, 개인성, 의식 등이다.

(……) 영혼은 정치적 해부술의 성과이자 도구이며, 또한 신체의 감옥이다(Foucault, 1975: 34).

영혼은 허위의식도 아니고 인식론적 가상도 아니다. 영혼은 행위 능력의 원천으로서 사회적 행위자들의 존재에 깃들여 있는, 체험된 현실이다. 그러나 영혼이 행위자의 순수한 내적 본질로서 외부와 무관하게 자율적으로 생성, 운동하는 형이상학적 '실체'인 것 또한 아니다. 서구 근대가 '영혼'이라는 단어로 포착한 이 정신적 능력은 푸코에 의하면, 신학적 기원을 갖는 것이 아니라 계보학적 기원을 갖는다. 즉 그것은 특정 권력과 지식의 작용 속에서 영혼이라는 이름, 형식, 이미지, 내용 등으로 채워진 일종의 '내면적 제도'의 하나로, 푸코 자신의 용어를 빌려 말하자면 "영혼의 경제"나 "영혼의 레짐"으로 형성된 것이다(Foucault, 1977-8: 195-7). 그리고 이는 결국, 영혼을 생산하는 테크닉들(처벌, 감시, 징벌, 속박)에 결합된 행위자들이 영혼 형성적 실천들을 끊임없이 수행해왔기 때문에 가능했던 것이다. 따라서 영혼은 실천들의 가소적可塑的 결정체이다. 이런 관점은 영혼의 행위능력을 인정하는 동시에, 그 기원에 대한 사회과학적 탐구를 동시에 가능하게 한다.『감시와 처벌』이 근대 감옥의 역사를 다루는 것은 바로 이 때문이다. 감옥, 특히 벤담의 파놉티콘은, 규율된 '유순한 신체'에 깃들이는 근대인의 '자유주의적' 영혼의 발생을 가능하게 했던 수많은 수행들을 가능하게 해준 장치이자 도식이자 다이어그램이었다(Foucault, 1975: 207). 파놉티콘을 통해서 규율권력은 영혼으로 체험되는 내적 심리상태를 창출했고, 그것을 관리하는 방법들을 고안해냈던 것이다.
위에서 푸코가 '영혼'이라 부른 것은 이 논문에서 '마음'이라 개념화하는 심적 장치와 개념적 등가물을 이룬다. 영혼처럼 마음도 사회, 경제, 정치, 문화적으로 구축된다. 마음은 관리되고, 검사되고, 판단되고, 단련되고, 조절되는 통치의 대상이자, 몸/제도/의식/타자와의 복잡한 관계 속에서 반복적으로 생성, 소멸, 재생산되는 통치의 결과물이다. 마음은, 마음을 마음으로 구성하는 사회적 실천들 속에서, 마음가짐의 작용을 통하여, 비로소 하나의 현실로서 나타난다. 니콜라스 로즈나 에바 일루즈의 작업들은 이런 푸코적 발상을 좀더 생산적으로 끌고 나간 '마음의 수행성'에 대한 좋은 탐구의 실례들을 제공한다 (Rose, 1999; Illouz, 2008).

V. 마음의 레짐
—

마음은 구조화하는 구조인 동시에 구조화된 구조이다. 행위를 추동하는 능력이라는 점에서 '구조화하는' 심급이지만, 수행에 의해 하나의 일관된 경향(마음가짐)으로 구축된다는 점에서는 '구조화된' 심급이다. 그리하여 마음에 대한 탐구는 그 구조화된 형태인 마음가짐의 형성에 대한 탐구와 더불어, 마음을 그런 방식으로 구조화하는, 사회적 힘들에 대한 접근을 동시에 요청한다. 마음/가짐을 생산하는 이 사회적 힘들의 배치를 마음의 레짐이라 부른다.

1. 마음의 레짐의 구성
마음의 레짐은[9] 마음의 작동(생산, 표현, 수행, 소통)과 마음가짐의 형성을 가능하게 하고 조건짓는 사회적 실정성들의 배치다. 그것은 이념, 습관, 장치, 풍경의 이질적 요소들의 네트워크로 이루어져 있다. 이념, 습관, 장치, 풍경은 모두, 마음이 사회적인 것에 내리고 있는 경험적 닻들이며, 마음/가짐의 사회적 형성과 작동을 규정하는 제도적 앙상블로서, 그들의 상호작용 속에서 우리가 흔히 '문화'라는 용어로 통칭하는 제반 상징적 도구들이 생성되고 운용되는 공간이 열린다. 위의 네 요소가 (많은 경우) 우연적으로 구성하는 특정 공간에서 행위자들의 마음이 생산되고, 사용되고, 표현되고, 소통되며, 그 작동의 규칙들과 규범들(마음가짐들)이 만들어지고, 적용되고, 교육되고, 변형된다. 마음의 레짐을 구성하는 이 주요요소들을 하나씩 살펴보면 다음과 같다.(그림1)

첫째, 장치는 마음을 생산하는 다양한 테크닉들의 총체를 가리킨다. 마음은 사회적 진공상태에서 신비롭게 발생하는 것이 아니라, 구체적이고 물질적 테크닉들의 보조, 지원, 적용에 의해서 형성된다. 이데올로기의 기구appareil로서의 성격을 강조했던 알튀세르는 다음과 같은 파스칼의 말을 인용하고 있다. "무릎을 꿇고 입술을 움직여 기도하라, 그러면 당신은 믿게 될 것이다"(알튀세르, 2007: 285). 신앙이 기도를 낳는 것이 아니라, 기도가 신앙을 낳는다. '신앙인'이라는 주체를

---

9 마음의 레짐 개념은 2009년의 「진정성의 기원과 구조」에서 최초로 제안되었다. 이 연구는 80년대와 90년대 초반까지 한국의 청년세대를 규정했던 "인지, 도덕, 미학적 판단의 총체"이자 "주체화의 장치"로 기능했던 '진정성(authenticity)'의 윤리를, 그 구조와 발생 그리고 변환을 중심으로 탐구했다(김홍중, 2009b: 8). 그러나 당시에 제안된 '마음의 레짐'은 개념적 엄밀성을 결여하고 있었고, 더 나아가 '마음'이라는 용어가 제대로 정의되지 않았기 때문에 직관적 호소력을 넘어서는 학문적 정합성의 차원에서의 결함을 갖고 있었다. 이후 2000년대 청년세대의 생존주의를 분석할 때 마음의 레짐 개념은 간헐적으로 원용된 바 있다. 2014년에 『소시에테(Sociétés)』에 실린 논문 「샤먼 윤리와 한국 신자유주의 정신」에서 마음의 레짐은 "마음을 구조화하고 조건화하는 행위들을 생산하는 이데올로기, 하비투스, 상상계, 장치의 총체"로 재규정된다(Kim, 2014: 44).

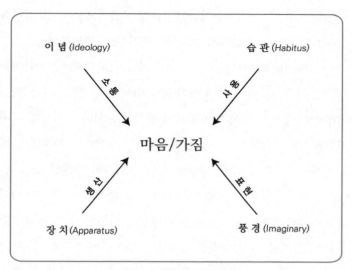

이 념 (Ideology)　　　　　　습 관 (Habitus)

수행

내사

마음/가짐

전유

표현

장 치 (Apparatus)　　　　　　풍 경 (Imaginary)

그림1. 마음의 레짐의 구성

만들어내기 위한 장치가 바로 의복, 자세, 기도의 내용, 묵주, 성경과 성인들에 대한 지식, 기독교적 가치와 윤리 등을 모두 규정하는 '예배' 라는 장치인 것이다. 베버 역시 행위와 특정 테크닉들이 결합하는 방 식에 대해 주목한 바 있다. 베버에게 테크닉Technik이란 "행위에 사용 되는 수단을 총괄하는 개념"이다(베버, 1997: 197). 따라서 행위의 다 양성만큼 테크닉 또한 다양하게 존재할 수 있다.[10] 푸코가 분석한 파놉 티콘, 공장, 감옥, 고해, 클리닉, 정신분석, 섹슈얼리티 등은, 바로 이런 의미에서 모두 특정 형식의 마음을 생산하는 장치들이다. 이런 장치들

10　베버는 "기도기술, 금욕의 기술, 사유기술과 연구기술, 기억기술, 교육기술, 정치적 또는 교권제적 지배의 기술, 행정기술, 성적 사랑의 기술, 전쟁기술, 음악적 기술(예컨대 명인), 조각가나 화가의 기술, 법률적 기술" 등을 거론한다(베버, 1997: 197).

은 특수한 마음의 양태들과 마음가짐들을 구성함으로써, 그 장치와의 연관 속에서 실천하는 행위자들을 특정한 주체로 생산해낸다.

이런 점에서 볼 때, 마음의 레짐에 대한 사회학적 탐구의 첫번째 단계는 바로 장치들의 발생에 대한 탐구가 아닐 수 없다. 왜냐하면, 마음의 생산은 장치의 생성과 직결되어 있기 때문이다.[11] 기왕에 존재하는 마음가짐을 파괴하거나 그것을 변형하거나 대체하는 '마음의 변화'는 구조적 변동이 야기한 "위급상황에 응답하기 위한 중대한 기능"을 전략적으로 수행하기 위해 고안되는 장치들의 출현을 통해 설명되어야 한다(Foucault, 1994b: 299). 마음의 레짐을 이루는 네 차원 중 '장치'가 다른 것들보다 더 선차적인 중요성을 부여받아야 하는 것은 바로 이 때문이다. 장치는 그것을 발생시키는 어떤 '사건'과 긴밀히 연관되어 있고, 그런 의미에서 완벽하지 않으며, 때로는 의도하지 않은 마음/가짐의 형성을 낳을 수도 있다. 장치가 생산하는 마음의 정당성은 이념에 의해서, 그것의 일상화는 하비투스의 형성에 의해서, 그리고 그것을 미학화하는 것은 풍경에 의해서 수행된다.

둘째, 습관은 위에서 언급된 방식으로 생산된 마음이 행위자에게 체화되어 형성된 하비투스의 총체를 가리킨다. 주지하듯 부르디외는

---

11 푸코는 1977년의 한 인터뷰에서 '장치'를 담론적·비담론적 요소들로 구성된 이질적 네트워크로서, 요소들 간의 다양한 접합을 통해서 구성되며, 특정한 역사적 상황에서 부여되는 급박한 임무를 수행하는 과정에서 권력-지식과 긴밀하게 연관되어 특수한 주체를 생산하는 구조로 규정하고 있다(Foucault, 1994b: 299-300). 초기에 장치는 담론적인 성격을 갖고 있었으나, 후기의 계보학적 탐구에서는 언표(énoncé)의 외부에 존재하는 '제도적' 차원으로 확장된다. 예를 들어, 파놉티콘 장치는 '규율권력'이 개별자에 대한 지식체계를 활용함으로써, 그 장치에 포섭된 재소자(在所者)들을 유순한 몸을 지닌 자기 통제적 영혼으로 변환시키는 주체화의 기제다. 장치 개념의 확장에 관해서는 다음을 참조할 것(아감벤, 2010: 33).

행위자들이 특별한 의식적 노력을 기울이지 않은 채, 마치 축구 선수가 게임 감각을 발휘하여 직감적으로 경기장에서 움직이듯이 자연스럽게 행위하는 능력을 획득하고 있다는 사실에 주목하고, 이처럼 행위자의 신체에 배어 있는 육체적 헥시스héxis와 정신적 에토스ethos를 하비투스로 개념화한다. 하비투스는 행위자의 존재에 체화된 "지속적이면서 전환가능한 성향들의 체계"이자 "실천들의 발생 도식들의 체계 système de schèmes générateurs de pratiques"이다(Bourdieu, 1980: 88; 부르디외, 2005: 314). 하비투스 덕택에 행위자들은 사회적 환경이 해결을 요구하는 다양한 적응 문제들에 대한 분별력 있는 해답을 실행해 나갈 수 있다. 장치가 생산해낸 마음/가짐이 사회적으로 효력 있는 힘으로 작용하기 위해서, 그것은 하비투스의 수준에서 습관화되어 행위자의 실존에 각인되어야 한다. 장치가 마음을 '생산'한다면, 습관은 마음의 '사용'을 관장한다. 마음의 레짐에 대한 사회학적 접근의 두번째 과제는 생산된 마음을 사용하는 방식에 대한 정밀한 관찰과 분석, 즉 마음의 습관에 대한 탐구이다.

셋째, 마음은 장치에 의해 생산되고, 하비투스의 원리에 입각하여 운용되는 동시에, 이념에 의해 중요한 소통의 코드를 부여받고, 자기 존재의 정당성을 확보한다. 베버에 의하면 사회적 행위자들의 삶의 방향을 지정하는 것은 이해관계의 추구가 아니라 이념적 정향이다. "이념이 아니라 이해관계(물질적 그리고 이념적 이해관계)가 인간의 행위를 직접적으로 지배한다. 따라서 이해관계의 역동적 힘이 우리를 움직여 (문명의) 선로를 깔게 한다. 그러나 '이념'을 통해 창출된 세계상은 바로 이 선로의 방향을 결정짓는 전철수Weichensteller 역할을 하는 경우가 매우 많았다"(베버, 2008: 153). 일상적으로 수행되는 마음의 작동이 주로 습관에 기초하여 이루어진다면, 이와 반대로 마음의 장기적 행로, 혹은 행위자들의 삶의 중요한 결정, 결단, 변화의 순간에 일어나는 마음의 선택들은 우리가 이념이라 부르는 '공유된 신념들의 총체', 혹은 좀더 분석적으로 말하자면, 행위자들이 수행하는 사회적 실천들에 도덕적 정당성, 가치, 매력, 흥미를 부여해주는 담론화된 집합표상과의 긴밀한 연관 속에서 행해진다. 이런 점에서 이념의 기능은, 장치가 생산하고, 습관에 의해 체화되어 작용하는 마음/가짐에 도덕적 정당성을 제공해주며 이를 공유하는 자들을 통합하고 소통시키는 코드들을 제공하는 것이다. 이념은 사상의 형태를 띨 수도 있고, 종교, 사회과학, 학설의 외양을 취할 수도 있으며, 때로는 일상적 지식이나 상식의 양태를 빌릴 수도 있다.

마지막으로 마음의 풍경은 특정한 마음/가짐을 가시적 형태로 드러내는 상상적 표현의 총체, 즉 상상계imaginary를 지칭한다(Boia, 1998).[12] 주지하듯, 상상계는 리얼리티의 원리를 넘어서 펼쳐지는 이미지들의 질서이며, 예술, 문학, 영화, 대중문화의 영역에서 생산되는 다양한 문화적 산물들에 의해 구현되는 집합환상의 차원이다. 마음의 소망은 이상적 세계상이나 디스토피아로 표상되어 상상계에 물질화된다. 마음의 레짐은 단지 마음을 생산하고(장치), 소통시키고(이념), 사용하게(하비투스) 할 뿐 아니라, 마음이 꿈꾸는 과거와 미래의 소망 이미지를 빚어내는 풍경들과 맞물려 있는 것이다. 유토피아에 대한 열망, 꿈꾸던 사회나 인간에 대한 판타지, 그리고 다채로운 선망들이 펼쳐지는 문화적 스크린인 상상계에서, 마음은 자신의 풍경을 물질화한다.[13]

---

12 "심적 풍경(psychic landscape)" 개념에 대해서는 다음을 볼 것(Reay, 2005).

요컨대 장치는 실천 테크닉들의 체계로서, 그 주된 기능은 마음/가 짐의 생산이다. 그것은 기술적-제도적 양태를 띠고 있으며 행위자들 의 일상적 실천과정에 물질적이고 형식적인 규정력을 행사한다. 장치 에 대한 사회학적 탐구를 위해서 우리는 푸코가 시도했던 계보학적 탐구를 활용할 수 있다. 습관은 성향들의 체계로서 행위자의 심신에 체화되며, 일상적 실천의 도식으로 구현된다. 하비투스는 마음의 사용 을 촉진시키며 적응에 기여하는 주된 기능을 수행한다. 이에 대한 사 회학적 탐구는 참여관찰이 적합하다. 믿음들의 체계로 정의되는 이념 의 주요기능은 행위의 정당화와 소통코드의 제공이다. 주로 담론의 형 식으로 구성되는 경향이 있기 때문에, 이념에 대한 사회학적 탐구방법 은 다차원적 담론분석, 혹은 지식사회학적 방법이 원용될 수 있다. 마 지막으로 풍경은 꿈과 기억의 표상들의 체계로서 예술, 문학, 대중문 화의 방대한 영역에서 마음/가짐을 표현하는 기능을 수행하고, 주로 이미지의 형태로 구현된다. 상상적 풍경들에 대한 접근은 문학, 예술 사회학에서 주로 사용하는 징후해석학적 방법 등이 유효할 것이다. 이 네 가지 경험적 닻들은 우리가 '마음'의 문제를 실증적이고 경험적인 방법과 자료들을 동원하여 객관적으로 탐색할 수 있는 구체적 방안들

---

13 이런 점에서 마르크스, 루카치, 벤야민으로부터 골드만에 이르는 전통 문학/예술사회학을 비판하 면서, 장이론에 기초한 탐구를 주창했던 부르디외의 문학/예술사회학은 문학과 예술작품이 창조적으 로 펼쳐내는 마음의 '풍경'들의 해석학적 가치를 포착하려는 노력들을 위축시키는 결과를 가져왔다. 문학과 예술에 대한 접근이 문학장과 예술장에 대한 탐구를 요청하는 것은 당연한 일이지만, 거기에 멈추는 것도 별다른 의미를 갖지 못한다. 문화적 산물들이 사회적 공간의 논리의 반영이며 그 제한 속 에서 만들어진 것이기는 하지만, 사회적 논리를 초월하는 상징적 가치 또한 내장하고 있기 때문이다. 이런 점에서 마음의 사회학은 문학작품과 문화적 산물, 그리고 예술작품들에 표현되어 있는 시대의 꿈/기억의 시스템인 마음의 풍경을 읽어내는 작업, 즉 텍스트를 향한 운동 쪽으로 래디컬하게 선회할 필요가 있다(최정운, 2014: 15-29; 최정운·임철우, 2014: 346-7).

을 제공한다.

2. 설명 논리

그렇다면 마음의 레짐의 기능과 발생동학은 무엇인가? 나는, 마음
의 레짐이 거시적이고 객관적인 사회구조의 압력이나 중대한 사건에
의해 야기된 '문제들'을 해결할 수 있는 행위능력의 생산이라는 기능
을 충족시키기 위해 발생/지속/진화한다고 본다. 문제를 해결하는 인
간으로 행위자를 파악하는 이런 관점은 서문에서 언급한 '파스칼적'
입장으로부터 온다. 파스칼의 인간은 학자적 여가(스콜레)의 여유로
운 시간이 아니라 행위를 통해 사태에 개입해야 하는 급박한 시간을
산다. 그는 해결해야 하는 문제들pragmata 앞에서 분투하는 인간이다.
그는 문제들을 상속받았고, 문제들에 둘러싸여 있으며, 문제들을 헤쳐
나간다. 문제들은 차등적으로 분배되어 있기 때문에, 언제나 누군가의
문제는 다른 누군가의 문제보다 더 위중하고, 해결하기 어렵고, 절망
적이다. 문제의 주체는 개인이기도 하고, 가족이기도 하고, 한 조직의
구성원 전체, 특정 장場의 행위자들, 민족이나 국가, 혹은 유적 존재로
서의 인간이기도 하다. 제기되는 각종 문제들에 맞닥뜨려 이들을 해결
하기 위해 움직이는 행위자들의 실천적 삶을 구조적 영향과 강제의 논
리를 맥락으로 하여 설명하고 이해하려는 노력은 다음과 같은 그림으로
표현될 수 있는, 논리적 설명모델을 가능하게 한다.(그림2)

그림의 상부에 표시된 S(1)에서 S(2)로 가는 화살표 e는 마음의 레
짐의 형성, 전개, 진화를 품고 있는, 사회변동의 두 극점을 가리킨다.
S(1)이 행사하는 구조적 힘의 작용은 '문제공간space of problem'을 매
개로 특정 마음의 레짐을 형성시키고, 이 마음의 레짐으로부터 열리는

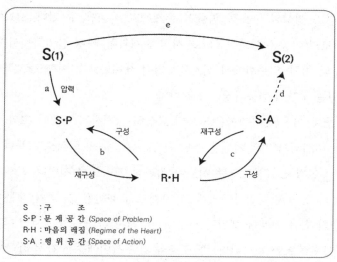

S ：구 조
S·P : 문 제 공 간 (Space of Problem)
R·H : 마음의 레짐 (Regime of the Heart)
S·A : 행 위 공 간 (Space of Action)

그림2. 설명의 논리

'행위공간space of action'에서 문제들을 해결하기 위한 다양한 실천들이 펼쳐진다. 이 과정에서 마음의 레짐은 구조적 압력을 문제로 번역하는 문제틀로 기능하는 동시에, 실천을 생산하고 그 실천에 의해 다시 재구성되는 행위의 틀로도 기능한다. 이들을 하나씩 구체적으로 살펴보면 다음과 같다.

첫째, 위의 그림에서 S(1)은 사회적 행위자들의 실천을 포괄적으로 규정하는 거시적·객관적 차원, 피터 블라우를 빌려 말하자면, '사회적 파라미터들의 분포'의 형태로서 사회적 행위에 일정한 강압적 영향력(압력)을 행사하는 구조를 가리킨다(Blau, 1974; 김용학, 2003: 70-73). 예를 들어, 최근의 약 15년 동안 한국사회를 규정하는 구조적 논리인 '신자유주의화'를 S(1)의 핵심으로 파악한다면, 우리는 그것을 각종의 법률개정, 금융화, 노동유연화, 양극화 등의 복합적 제도변동의 결과 형성된 구조적 힘들의 총체라고 이해할 수 있다. S(1)에서 S(2)로의 이동은 사회변동의 거시적 전개과정, 가령 산업화에서 민주화로의 이행, 민주화에서 신자유주의적 세계화로의 이행으로 적시될 수 있는 구조적 변동과정을 표시한다.

둘째, 마음의 사회학은 S(1)이 표상하는 거시적 차원과 그와 대응하는 미시적 행위의 차원을 소위 단속short-circuit의 형식으로(무매개적으로) 연결시키려는 모든 시도에 비판적 거리를 설정한다. 왜냐하면 구조의 압력은 행위자들에게 그 자체로서 체험될 수 없기 때문이다. 구조의 힘은 언제나 행위자들이 의식하지 못하는 수준에서 진행되다가 '사후적으로' 지각된다. 즉, 구조와 행위 사이에는 시간적 간극이 존재한다. 또한, 구조적 힘의 익명적이고 자동적 과정이 행위자들에게 언제나 요행, 운명, 비극, 참상 등의 실존적 언어로 번역되어 체험된다는 점에서 거기에는 해석학적 간극 또한 존재한다.[14] 이처럼 구조와 행위의 두 차원 사이에서 존재하는, 그리고 거기에서 '사건화'와 '문제화'라는 두 중요한 현상들이 발생하는 공간을 '문제공간'이라 부른다. 사건화란 구조의 힘이 여러 가지 사건들의 형식으로 행위자들의 삶의 세계에 나타나는 것을 가리킨다. 가령 1997년 외환위기 이후 본격화되는 '신자유주의적 제도화'의 구조적 압력은 행위자들의 생활세계와

---

14 이 간극을 극복하게 하는 능력이 가령 밀스가 말하는 사회학적 상상력이다. "현대인들은 자신의 사생활이 일련의 올가미에 사로잡혀 있다는 느낌을 자주 갖게 된다. (……) 이러한 올가미에 씌워졌다는 느낌의 근저에는 겉으로는 비개인적인 것처럼 보이는 사회구조 자체의 변화가 작용하고 있다. (……) 그런데도 사람들은 자신들이 겪고 있는 고통을 역사적 변동과 제도적 모순에 의해 규정하려고 하지 않는 게 보통이다. 그들이 누리고 있는 안락 역시 자신이 살고 있는 사회의 커다란 흥망성쇠 탓이라고 생각하지 않는다. (……) 그들은 자신의 개인적 문제를 개인적 문제의 이면에 항상 개재해 있는 구조적인 변모를 통제하는 것과 같은 방법으로는 극복하지 못한다"(밀스, 1977: 9-10).

충돌하면서 다양한 사건들로(부친의 실업, 모친의 우울증, 등록금 인상, 비정규적 아르바이트 노동, 건강과 의료비 부담의 문제, 부채, 취업의 어려움, 세월호 참사) 전환되어 현실화된다. 문제화는, 추상적 압력이 야기한 잠재적 문제들이 기존의 문화적 인지구조에 의해 해석되면서, 해결되어야 하는 '과제들'로 지각, 인지, 상징화되는 과정을 가리킨다. 문제의 형성은 선택과 희소성의 원리에 기초하고 있으며, 문제화 과정은 문제를 문제로 구성하는 행위자 집단의 담론적 성향, 도덕적 지향, 인지적 능력, 정치적 수준 등에 깊이 의존하고 있다. 이처럼 문제의 구성은 문제를 문제로서 걸러내는, 특정 인지구조인 문제틀 problematics의 개입을 통해 이루어진다. 마음의 레짐이 생산하는 마음/가짐(에토스, 세계관, 집합의식)은 이런 문제틀로 기능하면서 문제공간의 형성에 기여하는 것이다.[15]

셋째, 행위공간은 이처럼 제기된 '문제들'을 해결하기 위해 시도되는 상이한 행위와 전략적 실천들이 펼쳐지는 차원이다. 구조의 힘을 굴절시키는 문제공간과 행위공간은 마음의 레짐을 매개로 연결된다. 마음의 레짐은, 구조가 제기하는 문제를 구성하는 문제틀로 기능하는 동시에 행위를 촉발하는 행위능력의 원천인 마음/가짐을 생산함으로써, 문제와 행위를 접합시킨다. 이때 행위공간은 분화된 실천들이 전개되는 공간이다. 왜냐하면, 구조의 압력에 굴복하고 순응하고 적응하는 행위자들도 있지만, 반항이나 저항을 시도하는 자들도 있고, 문제

---

15 사회이론의 구성주의적 관점은 언제나 문제들의 생성에 특수한 인지구조(문제틀)가 개입하고 있다는 사실을 강조해왔다. 프랑스의 경우 이는 바슐라르의 과학철학으로 거슬러올라가며, 푸코가 '에피스테메'라 부른 인식의 질서라는 통찰로 이어진다. 루만의 구성주의에서 이와 유사한 개념은 '의미론(Semantik)'이다(Bachelard, 1949; Luhmann, 1984: 163, 282).

를 외면하고 이로부터 도피하는 그룹도 있을 수 있으며, 문제 자체를 문제시하는 발본적 대응을 보여주는 자들도 있을 수 있기 때문이다 (허시먼, 2005; McGillivray, 2005). 가령, 신자유주의적 세계화의 결과로 형성된 구조적 힘이 야기한 대표적 마음의 레짐인 '생존주의 survivalism'는 사회 경제적 구조의 권능에 대한 자발적 순응의 결과로서 형성된 것이지만(Kim, 2014), 생존이라는 절대과제의 압력으로부터 벗어나 비경쟁적 삶의 가능성獨存主義을 추구하거나, 전통적 연대를 모색함으로써 생존주의의 파괴적 효과에 저항하거나共存主義, 아니면 생존주의의 논리에 극단에서 허무주의적이며 비관적인 동시에 급진적인 이탈을 추구하는脫存主義 등, 여러 상이한 실천논리들 또한 존재한다(김홍중, 2014a: 102-7). 이들이 차이를 빚어내면서 갈등적으로 각축하는 공간이 바로 행위공간이다. 이러한 설명논리는 구조와 행위의 관계설정이라는, 사회이론의 오랜 난제에 대하여 새로운 해답의 가능성을 제안한다. 말하자면 구조는, 오직 다음의 두 유보조건을 전제로 해서만 행위에 결정력을 행사한다. 한편으로, 구조의 객관적 힘은 문화의 구성적 개입(문제공간)에 의해 불가피하게 제한되어 '굴절'된다. 구조는 문화가 발휘하는 이 구성력의 제한 속에서만 행위에 영향을 준다. 다른 한편으로 구조의 압력하에서 생산된 문제에 대하여 오직 하나의 주요한 행위패턴이 일의적으로 형성되는 것이 아니라, 인지적·정서적·의지적 능력(마음)에 기초한 다양한 선택에 의거하여, 복수의 행위가능성이 각축하는 행위공간이 열릴 수 있다. 요컨대 마음의 사회학은 S(1)에서 S(2)로 나아가는 구조변동과정에 이중의 굴절논리를 개입시킨다. 모든 객관적 문제들이 중요한 문제로 인지되는 것이 아니듯이, 지배적 마음의 레짐이 유일한 행위패턴을 선험적으로 결정하는 것도 아니다. 여러 문제유형이 존재하는 것만큼 마음의 레짐들은 복수로 존재하며, 또한 그만큼 다양한 행위패턴들이 존재할 수 있다. 마음의 레짐은 이런 분화와 진화의 논리 속에서 탐구되어야 하며, 마음의 사회학은 이 자유와 구속의 변증법이 복잡하게 진행되는 삶의 공간을 최대한 현실적으로 묘사하는 것을 중요한 과제로 삼는다.

다섯째, 위의 그림에서 S(2)는, S(1)이 변동을 겪어 새롭게 형성될 것으로 예상되는 새로운 구조를 지칭한다. 사회변동에 대한 다수의 사회과학적 설명 논리들은 e의 과정에 대한 다각적 설명을 시도해왔다(부동, 2011). 그러나 마음의 사회학은 문화(마음)의 힘에 기초한 실천들로부터 사회구조의 변화가 도래한다는 인과적 상호관계의 설정을 유보한다. 실선으로 남게 된 d는, 구조의 변동을 행위의 결과로 '설명' 하려는 시도를 마음의 사회학이 스스로에게 제한한다는 표식이다. d의 여부를 미리, 선험적으로 혹은 규범적으로, 아니면 희망적으로 상정하는 것은 매우 어려운 일이다. 행위로부터 구조가 변동하는 과정은 우발적으로 일어나기도 하고, 때로는 좌절되기도 하고, 행위공간에 존재하는, 서로를 상쇄하는 복수의 실천들의 효과로 불발되기도 하며, 행위의 의도하지 않은 결과로 촉발되는 등, 미리 예단하기 어려운 복잡한 양상들을 보일 수 있다. 따라서 d의 여부에 대해서는 실선으로 그 가능성을 열어놓는다. 대신, 마음의 사회학적 탐구의 주된 관심을 나는 다음의 두 질문에 대한 해답에 전략적으로 국한시키고자 한다. 첫째 '구조의 힘이 어떻게 문제공간을 매개로 특수한 마음의 레짐을 형성시켰는가'라는 질문, 즉 〈a→b〉의 과정에 대한 질문. 둘째, '어떤 마음의 레짐이 특수한 행위 공간을 열었는가'라는 질문, 즉 〈b→c〉의 과정에 대한 질문. 전자의 경우 마음의 레짐은 종속변수이며, 후자의 경우에 그것은 독립변수로 기능한다. 마음의 사회학이 설명하고자 하는 것은, i) 구조적 변동이 야기한 마음의 변화와, ii)마음이 야기한 행위의 가능성이다. 그리하여 행위 공간에서 새로운 구조의 형성으로 나아가는 소위 구조화(기든스)의 가능성(d)에 마음의 사회학은 매우 신중한 이론적 입장을 취한다. 불가능과 가능의 확정할 수 없는 미래가 실선에 의해 표상되고 있기 때문에 도리어 그 실선은 인간 행위의 미래에 대한 열린 희망을 상징할 수 있다.[16]

VI. 마치며

—

마음의 사회학은 구조적 변동과정에서 형성된 문제의 해결을 목적으로 하는 여러 유형의 실천들을 가능하게 하는 마음의 레짐의 역사적 형성, 그 구조와 기능을 탐구하는 문화사회학의 한 프로그램이다. 그

---

16 이는 문화에 대한 마음의 사회학의 독특한 입장에 기인한다. 마음의 사회학은 문화가 사회적 삶을 조형하는 가장 중요한 힘이라는 전제 위에서 시작된다. 문화의 결정체인 마음/가짐이 사회적 실천들의 원천이라는 인식이 바로 그것이다. 그런데, 문화의 힘은 구조를 변경시키거나 구조에 변화를 가져오는 힘이 아니라, '문제'를 구성하는 힘 그리고 '행위'를 창조하는 힘으로 이해된다. 앞서 이야기한 것처럼, 문제공간과 행위공간은 이중의 굴절논리 속에서 구조에 대하여 상대적 자율성을 갖는다. 이것이 삶의 자율성이다. 환언하면 문화는 세계 일반이 아닌, 의미로 구성된 우리의 삶의 영역만을 지배하는 힘이다. 중력이 있다고 하여 거기에서 춤을 추지 못하는 것은 아닌 것처럼, 구조가 사회세계를 짓누른다고 하여 거기에 인간 행위의 여러 가능성들이 선험적으로 차단되는 것은 아니다. 바로 이런 점에서 마음의 사회학은 문화(마음)의 중요성에 대한 선명한 인식을 바탕으로 하고 있다. 그러나 반대로 춤을 춘다고 해서 중력의 구조가 변화하는 것 또한 아니다. 구조의 변화는 문화/마음/행위만으로 설명해내기에는 너무나 복잡하고 다차원적이며 때로는 우연적인 것이다. 바로 이런 점에서 마음의 사회학은 문화(마음)의 한계에 대한 선명한 인식 또한 내포하고 있다.

기획은 386세대의 정치적, 도덕적 진정성에 대한 연구에서 시작되었다. 그것은 1990년대 후반의 외환위기 이후 청년세대의 가치관 변화에 대한 관심으로부터 촉발된 연구였다. 그러나 사회적 현상과 연관된 것은 언제나 행위자들의 실천과 연관되며, 실천을 야기한 심적 논리와 역능의 사회적 형성에 대한 설명이 요청된다는 점에서, 마음의 사회학은 향후 다양한 방식으로 확장되고 심화될 수 있다. 그것은 감정사회학이나 욕망의 사회학, 혹은 꿈의 사회학과 같은 여러 심적 현상들을 대상으로 하는 경험연구의 기초를 제공하는 이론적 자원으로 활용될 수도 있으며, 여러 상이한 행위자들의 유형(세대, 계급, 젠더, 소수자 등)들이 수행하는 특정 실천들을 이해하고 설명하는 사례연구들에 적용될 수도 있다. 사회적인 것을 이루는 여러 차원들(행위, 규칙/규범, 상호작용, 시스템이나 장)에서 모두 마음은 작동하며, 역사와 장소에 따라서 차이를 생산하며 분화된다. 마음현상의 방대함과 심오함은, 마음에 대한 사회학적 탐구의 가능성과 한계를 동시에 조건짓는다.

| 참고문헌 |

가토 노리히로(加藤典洋), 2012, 「미래로부터의 기습」, 『사상으로서의 3·11』, 윤여일 옮김, 그린비.

갓셜(J. Gottschall), 2014, 『스토리텔링 애니멀』, 노승영 옮김, 민음사.

강유정, 2011, 「'나'그리고 또 다른 '나'들의 시공간」, 『세계의문학』 141.

강은영·박지선, 2009, 『아동실종 및 유괴범죄의 실태와 대책』, 한국형사정책연구원.

강정민, 2012, 『아렌트의 사회학과 사회학비판』, 『담론201』 15(4).

강내희, 2004, 「서울의 도시공간과 시간의 켜」, 『문화/과학』 39.

강수미, 2003, 「서울의 환상」, 『서울생활의 재발견』, 현실문화연구.

강영조, 2005, 『풍경의 발견』, 효형출판.

고지현, 2007, 『꿈과 깨어나기』, 유로.

고프먼(E. Goffman), 2013, 『상호작용의례』, 진수미 옮김, 아카넷.

———. 2016, 『자아연출의 사회학』, 진수미 옮김, 현암사.

곰브리치(E. H. Gombrich), 1994, 『서양미술사』 하, 최민 옮김, 열화당.

곽차섭 엮음, 2000, 『미시사란 무엇인가』, 푸른역사.

괴테(J. W. Goethe), 2010, 『파우스트』 1, 이인웅 옮김, 문학동네.

구마시로 도루(熊代亨), 2014, 『로스트 제너레이션 심리학』, 지비원 옮김, 클.

권근 엮음, 2004, 『효행록』, 윤호진 옮김, 경인문화사.

권태준, 2006, 『한국의 세기 뛰어넘기』, 나남.

기든스(A. Giddens), 1994, 「탈전통사회에서 산다는 것」, 『성찰적 근대화』, 임현진·정일준 옮김, 한울.

―――. 2003,『현대사회의 성, 사랑, 에로티시즘』, 배은경·황정미 옮김, 새물결.

기어츠(C. Geertz), 2014,『저자로서의 인류학자』, 김병화 옮김, 문학동네.

김강기명, 2011, 「청(소)년, 그리고 몰락의 정치」, 『잉여의 시선으로 본 공공성의 인문학』, 이파르.

김광중·강범준, 2003,『지표로 본 서울 변천: 주요 통계와 동향』, 서울시정개발연구원.

김광중·윤일성, 2003,『서울 20세기 공간 변천사』, 서울시정개발연구원.

김광희, 2013,『당신은 경쟁을 아는가?』, 넥서스BIZ.

김기찬, 2016,『골목안 풍경 전집』, 눈빛.

김기찬·강수미, 2003, 「서울 〈골목 안 풍경〉의 사진가 김기찬과의 대담」, 강수미 외, 『서울생활의 발견』, 현실문화연구.

김대환, 1998, 「돌진적 성장이 낳은 이중 위험사회」, 『사상』 38.

김덕영, 2004,『짐멜이냐 베버냐』, 한울.

―――. 2012,『막스 베버』, 길.

―――. 2014,『환원근대』, 길.

김도민, 2014, 「다시 함께 광화문으로 걸어야겠다」, 『진보평론』 62.

김동춘·김명희, 2014, 「전쟁·국가폭력과 한국 사회의 트라우마」, 『트라우마로 읽는 대한민국』, 역사비평사.

김민수, 2013,『청춘이 사는 법』, 리더스북.

김병익, 1996, 「불길한 아름다움―신경숙의 '벌판 위의 빈집'」, 『문학동네』 8.

김상민, 2013, 「잉여미학」, 『속물과 잉여』, 백욱인 엮음, 지식공작소.

김석, 2014, 「야만의 시대. 애도의 필요」, 『시작』 50.

김석원, 1985, 「골목과 재개발사업」, 『환경과조경』 여름호.

김선욱, 2001, 「한나 아렌트의 정치 개념」, 『철학』 67.

김성칠, 1993,『역사 앞에서』, 창비.

김성호·최명호, 2008, 「1948년 건국헌법 전문에 나타난 '우리들 대한국민'의 정체성과 정당성」, 『한국정치학회보』 42(4).

김수환, 2013, 「웹툰에 나타난 세대의 감성구조」, 『속물과 잉여』, 백욱인 엮음, 지식공작소.

김순천, 2014, 「세상이 절망적일수록 우리는 늘 새롭게 시작할 것이다」, 4·16 세월호 참사 시민기록위원회 작가기록단, 『금요일엔 돌아오렴』, 창비.

김승동, 2011,『불교사전』, 민족사.

김애란, 2014, 「기우는 봄, 우리가 본 것」, 『눈먼 자들의 국가』, 문학동네.

김영·황정미, 2013, 「'Yoyo' 이행과 'DIY' 일대기」, 『한국사회』 14(1).

김영종, 2004, 『난곡 이야기』, 청년사.

김용학, 2003, 『사회구조와 행위』, 나남.

김재성, 2013, 「마음에 대한 일인칭적 접근」, 『마음과 철학』 불교편, 서울대학교 철학사상연구소 엮음, 서울대학교 출판문화원.

김재인, 2013, 「들뢰즈의 비인간주의 존재론」, 서울대학교 철학과 박사학위논문.

김정숙, 2006, 「중학생의 직업포부 결정요인」, 『교육문제연구』 26.

김종갑, 2006, 「실재에의 향수」, 『문학과 영상』 7(1).

김종선·신남수, 1998, 「도시 주거지역내 골목길의 행태에 관한 연구」, 『대한건축학회 학술발표논문집』 18(2).

김종엽, 2009, 「촛불항쟁과 87년체제」, 『87년체제론』, 김종엽 엮음, 창비.

──. 2014, 「'사회를 말하는 사회'와 분단체제론」, 『창작과비평』 165.

김준오, 1996, 『시론』, 삼화원.

김학준, 2014, 「인터넷 커뮤니티 '일베저장소'에서 나타나는 혐오와 열광의 감정동학」, 서울대학교 사회학과 석사학위논문.

김항, 2009, 『말하는 입과 먹는 입』, 새물결.

김현, 1991, 『한국문학의 위상/문학사회학』, 문학과지성사.

김현자, 2004, 「책머리에」, 『행복한 시인의 사회』, 이화현대시연구회, 소명출판.

김혜란, 1998, 「서울 인사동지역내 막다른 골목의 해석」, 『국토계획』 33(5).

김홍중, 2005, 「문화사회학과 풍경의 문제」, 『사회와이론』 6(1).

──. 2006, 「멜랑콜리와 모더니티」, 『한국사회학』 40(3).

──. 2007, 「발터 벤야민의 파상력 연구」, 『경제와사회』 73.

──. 2009a, 『마음의 사회학』, 문학동네.

──. 2009b, 「진정성의 기원과 구조」, 『한국사회학』 43(5).

──. 2009c, 「이론가는 왜 바보여야 하는가?」, 『사회와이론』 15.

──. 2009d, 「육화된 신자유주의의 윤리적 해체」, 『사회와이론』 14(1).

──. 2012, 「미완의 고찰─발터 벤야민, '아케이드 프로젝트'」, 『사회과학 명저 재발견』 3, 오명석 엮음, 서울대학교 출판문화원.

──. 2013, 「사회적인 것의 합정성을 찾아서」, 『사회와이론』 23.

──. 2014a, 「마음의 사회학을 이론화하기」, 『한국사회학』 48(4).

──. 2014b, 「탈존주의의 극장」, 『문학동네』 79.

──. 2015a, 「성찰적 노스탤지어─생존주의적 근대와 중민의 꿈」, 『사회와이론』 27.

──. 2015b, 「꿈에 대한 사회학적 성찰」, 『경제와사회』 108.

──. 2015c, 「파우스트 콤플렉스」, 『사회사상과 문화』 18(1).

──. 2015d, 「서바이벌, 생존주의, 그리고 청년 세대」, 『한국사회학』 49(1).

김흥수, 1999, 『한국전쟁과 기복신앙 확산 연구』, 한국기독교역사연구소.

깁스(A. Gibbs), 2010, 「정동 이후─공감, 동화 그리고 모방 소통」, 『정동이론』, 멜리사 그레그·그레고리 시그워스 엮음, 최성희·김지영·박혜정 옮김, 갈무리.

나가이 다카시(永井隆), 2011, 『그날, 나가사키에 무슨 일이 있었나』, 김재일 옮김, 섬.

나인호, 2011, 「역사서사를 재고함」, 『문학동네』 68.

나종석, 2007, 『차이와 연대』, 길.

남원석, 2004, 「도시빈민 주거지의 공간적 재편과 함의」, 『문화/과학』 39.

낭시(J. L. Nancy), 2010, 「유한하고 무한한 민주주의」, 『민주주의는 죽었는가』, 김상운·양창렬·홍철기 옮김, 난장.

노명우, 2004, 「새로운 기억관리 방식: 기억산업의 징후」, 『문화/과학』 40.

노진철, 2010, 『불확실성 시대의 위험사회학』, 한울.

니스벳(R. Nisbet), 1981, 『사회학과 예술의 만남』, 이종수 옮김, 한벗.

다마지오(A. Damasio), 1999, 『데카르트의 오류』, 김린 옮김, 중앙문화사.

──. 2007, 『스피노자의 뇌』, 임지원 옮김, 사이언스북스.

다지마 마사키(田島正樹), 2012, 「시작도 끝도 없다」, 『사상으로서의 3·11』, 윤여일 옮김, 그린비.

다치바나키 도시아키(橘木俊詔), 2013, 『격차사회』, 남기훈 옮김, 세움과비움.

달(R. Dahl), 2010, 『정치적 평등에 관하여』, 김순영 옮김, 후마니타스.

데리다(J. Derrida), 2003, 『불량배들』, 이경신 옮김, 휴머니스트.

──. 2013, 『문학의 행위』, 데릭 애트리지 엮음, 정승훈·진주영 옮김, 문학과지성사.

뒤르케임(E. Durkheim), 1992, 『종교 생활의 원초적 형태』, 노치준·민혜숙 옮김, 민영사.

──. 1993, 『자살론』, 김충선 옮김, 청아.

──. 2012, 『사회분업론』, 민문홍 옮김, 아카넷.

들뢰즈(G. Deleuze), 2005, 「정동이란 무엇인가」, 『비물질노동과 다중』, 서창현 외 옮김, 갈무리.

디디-위베르만(G. Didi-Huberman), 2012, 『반딧불의 잔존』, 김홍기 옮김, 길.

딜타이(W. Dilthey), 2009, 『정신과학에서 역사적 세계의 건립』, 김창래 옮김, 아카넷.

라이프니츠(W. Leibniz), 2010, 『형이상학논고』, 윤선구 옮김, 아카넷.

라일(G. Rylet), 2004, 『마음의 개념』, 이한우 옮김, 문예출판사.

라클라우(E. Laclau)·무페(C. Mouffe), 1990, 『사회변혁과 헤게모니』, 김성기·김해식·정준영·김종엽 옮김, 터.

렐프(E. Relph), 2005, 『장소와 장소상실』, 김덕현·김현주·심승희 옮김, 논형.

로살도(R. Rosaldo), 2000, 『문화와 진리』, 권숙인 옮김, 아카넷.

로티(R. Rorty), 1993, 「인권, 이성, 감정」, 박홍규 옮김, 『현대사상과 인권』, 사람생각.

루쉰(魯迅), 2011, 『들풀』, 이욱연 옮김, 문학동네.

루만(N. Luhmann), 2002, 『현대사회는 생태학적 위협에 대처할 수 있는가』, 이남복 옮김, 백의.

──. 2009, 『열정으로서의 사랑』, 정성훈·권기돈·조형준 옮김, 새물결.

──. 2013, 『사회의 사회』 1, 장춘익 옮김, 새물결.

류연미, 2013, 「지속가능한 삶으로서의 활동」, 서울대학교 사회학과 석사학위논문.

류웅재·박진우, 2012, 「서바이벌 포맷 프로그램에 침투한 신자유주의 경쟁 담론」, 『방송문화연구』 24(1).

류지한, 2010, 「마음의 진화─진화심리학에서 마음」, 『마음학』, 백산서당.

리델(M. Riedel), 1983, 『헤겔의 사회철학』, 황태연 옮김, 한울.

리우웨이(厲無畏), 2010, 『창의로 중국경제를 바꾼다』, 허유영·정승철·김재훈 옮김, 논형.

만하임(K. Mannheim), 2013, 『세대문제』, 이남석 옮김, 책세상.

메리엄(Merriam, S. B), 2005, 『정성연구방법론과 사례연구』, 강윤수 외 옮김, 교우사.

모알렘(S. Moalem), 2011, 『진화의 선물』, 정종옥 옮김, 상상의숲.

모이시(D. Moïsi), 2010, 『감정의 지정학』, 유경희 옮김, 랜덤하우스.

몰트만(J. Moltmann), 1973, 『희망의 신학』, 이신건 옮김, 대한기독교서회.

문석윤, 2013, 『동양적 마음의 탄생』, 글항아리.

문재철, 2002, 「영화적 기억과 문화적 정체성에 대한 연구」, 중앙대학교 첨단영상대학원 박사학위논문.

밀스(W. Mills), 1977, 『사회학적 상상력』, 강희경·이해찬 옮김, 기린원.

바르트(R. Barthes), 2006, 『밝은 방─사진에 관한 노트』, 김웅권 옮김, 동문선.

바바렛(J. M. Barbalet), 2006, 『감정의 거시사회학』, 박형신·정수남 옮김, 일신사.

바우만(Z. Bauman), 2009, 『액체근대』, 이일수 옮김, 강.

──. 2013, 『현대성과 홀로코스트』, 정일준 옮김, 새물결.

박고형준, 2014, 「'성공'하지 않아도 괜찮아」, 『대학거부 그후』, 김남미 외, 교육공동체 벗.

박노자, 2005, 『우승열패의 신화』, 한겨레신문사.

박명규, 2014, 『국민, 인민, 시민』, 소화.

박상섭, 2008, 『국가·주권』, 소화.

박성진, 2003, 『사회진화론과 식민지 사회사상』, 선인.

박솔뫼, 2010, 『을』, 자음과모음.

────. 2011a, 「오늘의 작가─박솔뫼」, 『세계의문학』 141.

────. 2011b, 「도시의 시간」, 『세계의문학』 142.

────. 2012a, 「코드프레스에 관한 몇 가지 생각들」, 『인문예술잡지F』 7.

────. 2012b, 「밥 짓는 이야기」, 『헬로, 미스터 디킨스』, 이음.

────. 2012c, 「우리는 매일 오후에」, 『2013 제4회 젊은작가상 수상작품집』, 문학동네.

────. 2013a, 『백 행을 쓰고 싶다』, 문학과지성사.

────. 2013b, 「겨울의 눈빛」, 『창작과비평』 160.

────. 2014, 『그럼 무얼 부르지』, 자음과모음.

박영숙, 2014, 『꿈꿀 권리』, 알마.

박인하·김낙호, 2010, 『한국현대만화사』, 두보CMC.

박주연, 2010, 「대안적 일터로서의 사회적 기업」, 연세대학교 석사학위논문.

박주현, 2015, 「소박함에의 열망─계간지 〈킨포크〉와 킨포크문화를 중심으로」, 서울대학교 사회학과 석사학위논문.

박찬승, 1996, 「한말, 일제시기 사회진화론의 성격과 영향」, 『역사비평』 34.

박하림, 2016, 「2000년대 한국문화에 나타난 좀비서사 연구」, 서울대학교 비교문학협동과정 석사학위논문.

박형신·정수남, 2009, 「거시적 감정사회학을 위하여」, 『사회와이론』 15.

배영자·심성지, 2013, 「사회복지학 전공 학생들의 내, 외적 진로장벽과 사회복지 진로 결정수준의 관계」, 『사회과학연구』 29(4).

버틀러(J. Butler), 2008, 『불확실한 삶』, 양효실 옮김, 경성대학교 출판부.

────. 2003, 『의미를 체현하는 육체』, 김윤상 옮김, 인간사랑.

버틀러(J. Butler)·스피박(G. Spivak), 2008, 『누가 민족국가를 노래하는가?』, 주해연 옮김, 산책자.

벅-모스(S. Buck-Morss), 2004, 『발터 벤야민과 아케이드 프로젝트』, 김정아 옮김, 문학동네.

────. 2008, 『꿈의 세계와 파국』, 윤일성·김주영 옮김, 경성대학교 출판부.

베갱(A. Béguin), 2001, 『낭만적 영혼과 꿈』, 이상해 옮김, 문학동네.

베버(M. Weber), 1997, 『경제와 사회』 I, 박성환 옮김, 문학과지성사.

———. 2002, 『'탈주술화'과정과 근대—학문, 종교, 정치』, 전성우 편역, 나남.

———. 2003, 「크니스와 비합리성의 문제」, 『문화과학과 사회과학의 방법론』 I, 염동훈 옮김, 일신사.

———. 2008, 『막스 베버 종교사회학 선집』, 전성우 옮김, 나남.

———. 2010, 『프로테스탄티즘 윤리와 자본주의 정신』, 김덕영 옮김, 길.

베이넌(J. Beynon), 2011, 『남성성과 문화』, 임인숙·김미영 옮김, 고려대학교 출판부.

베이트슨(G. Bateson), 2006, 『마음의 생태학』, 박대식 옮김, 책세상.

벡(A. Beck), 1997, 『우울증의 인지치료』, 원호택 외 옮김, 학지사.

벡(U. Beck), 1997, 『위험사회』, 홍성태 옮김, 새물결.

벡(U. Beck)·벡-게른스하임(E. Beck-Gernsheim), 1999, 『사랑은 지독한, 그러나 너무나 정상적인 혼란』, 강수영·권기돈·배은경 옮김, 새물결.

벡-게른스하임(E. Beck-Gernsheim), 2000, 『내 모든 사랑을 아이에게?』, 이재원 옮김, 새물결.

벤느(P. Veyne), 2004, 『역사를 어떻게 쓰는가』, 이상길·김현경 옮김, 새물결.

변희욱, 2013, 「알려는 마음을 해체하다」, 『마음과철학』 불교편, 서울대학교 철학사상연구소 엮음, 서울대학교 출판문화원.

보드리야르(J. Baudrillard), 2001, 『시뮬라시옹』, 하태환 옮김, 민음사.

복도훈, 2014, 「애도와 인류성」, 『말과활』 5.

부동(R. Boudon), 2011, 『사회변동과 사회학』, 민문홍 옮김, 한길사.

부르디외(P. Bourdieu), 1995, 『자본주의의 아비투스』, 최종철 옮김, 동문선.

———. 2001, 『파스칼적 명상』, 김웅권 옮김, 동문선.

———. 2003, 「자본의 형태」, 『사회자본』, 유석춘 외 편역, 그린.

———. 2005, 『구별짓기』, 최종철 옮김, 새물결.

부르디외(P. Bourdieu)·바캉(L. Wacquant), 2015, 『성찰적 사회학으로의 초대』, 이상길 옮김, 그린비.

부어스틴(D. Boorstin), 2004, 『이미지와 환상』, 정태철 옮김, 사계절.

브라운(W. Brown), 2010, 「오늘날 우리는 모두 민주주의자이다……」, 『민주주의는 죽었는가?』, 김상운·양창렬·홍철기 옮김, 난장.

브라운(J. Brown)·펜스크(M. Fenske)·네포런트(L. Neporent), 2011, 『위너 브레인』, 김유미 옮김, 문학동네.

블로흐(E. Bloch), 2004, 『희망의 원리』 1, 박설호 옮김, 열린책들.

블루머(H. Blumer), 1990, 『사회과학의 상징적 교섭론』, 박영신 옮김, 민영사.

비코(G. Vico), 1997, 『새로운 학문』, 이원두 옮김, 동문선.

비테(B. Witte), 1994, 『발터 벤야민』, 안소현·이영희 옮김, 역사비평사.

'비포'(F. B. 'Bifo'), 2013, 『미래 이후』, 강서진 옮김, 난장.

───. 『프레카리아트를 위한 랩소디』, 정유리 옮김, 난장.

사이드만(I. Seidman), 2009, 『질적 연구 방법으로서의 면담』, 박혜준·이승연 옮김, 학지사.

사이토 준이치(齋藤純一), 2009, 『민주적 공공성』, 윤대석·류수연·윤미란 옮김, 이음.

샤츠슈나이더(E. Schattschneider), 2008, 『절반의 인민주권』, 현재호·박수형 옮김, 후마니타스.

서동진, 2003, 「백수, 탈근대 자본주의의 무능력자들」, 『당대비평』 23.

서상철, 2011, 『무한경쟁이 대한민국을 잠식한다』, 지호.

서울학연구소, 1997, 『서울의 문화유산 탐방기』, 숲과나무.

서은영, 2014, 「중국의 문화적 국가홍보 전략」, 연세대학교 중어중문학과 석사학위논문.

서호철, 2016, 「사회사/역사사회학의 자료와 그 이용」, 『사회사/역사사회학』, 다산출판사.

서희경, 2011, 「한국 헌법의 정신사」, 『정치사상연구』 17(1).

성경륭, 1998, 「실업과 사회해체」, 『사상』 38.

세넷(R. Sennett), 2009, 『뉴캐피털리즘』, 유병선 옮김, 위즈덤하우스.

───. 2013, 『투게더』, 김병화 옮김, 현암사.

셀리그만(M. Seligman), 1983, 『무력감의 심리』, 윤진·조긍호 옮김, 탐구당.

───. 2012, 『낙관성 학습』, 우문식·최호영 옮김, 물푸레.

소영현, 2014, 「4·16 이후의 삶을 위한 네 개의 물음」, 『말과활』 5.

손정수, 2014, 「모더니즘의 문제와 리얼리즘의 문제는 어떻게 하나의 이야기 속에 양립할 수 있었는가?」, 『그럼 무얼 부르지?』, 자음과모음.

송호근, 2011, 『인민의 탄생』, 민음사.

슈미트(C. Schmidt), 2010, 『정치신학』, 김항 옮김, 그린비.

슐트(Ch. Schuldt), 2008, 『사랑의 코드』, 장혜경 옮김, 푸른숲.

스미스(A. Smith), 1996, 『도덕감정론』, 박세일·민경국 옮김, 비봉.

───. 2007, 『국부론』, 김수행 옮김, 비봉.

스에키 후미히코(末本文美士), 2005, 『일본불교사』, 이시준 옮김, 뿌리와이파리.

스카치폴(T. Skocpol), 2010, 『민주주의의 쇠퇴』, 강승훈 옮김, 한울.

시진핑, 2015, 『시진핑 국정운영을 말하다』, 중국외문출판사 편집팀 엮음, 차혜정 옮김, 와이즈베리.

신경숙, 1994, 『깊은 슬픔』 하, 문학동네, 237쪽.

———. 1996, 『감자먹는 사람들』, 창작과비평.

———. 2000, 『딸기밭』, 문학과지성사.

———. 2011, 『모르는 여인들』, 문학동네.

신용하, 1995, 「구한말 한국민족주의와 사회진화론」, 『인문과학연구』 1.

신현정, 2010, 「인지: 인지심리학에서 마음」, 『마음학』, 백산서당.

심승희, 2004, 『서울 시간을 기억하는 공간』, 나노미디어.

실링(C. Shilling), 2009, 「감정사회학의 두 가지 전통」, 『감정과 사회학』, 박형신 옮김, 이학사.

실링(C. Shilling)·멜러(Ph. A. Mellor), 2013, 『사회학적 야망』, 박형신 옮김, 한울.

심보선, 2013, 『그을린 예술』, 민음사.

심혜안, 2011, 『서바이벌 오디션 멘토링』, 넥서스.

아감벤(G. Agamben), 2008, 『호모 사케르』, 박진우 옮김, 새물결.

———. 2010, 『장치란 무엇인가?』, 양창렬 옮김, 난장.

아렌트(H. Arendt), 1996a, 『인간의 조건』, 이진우·태정호 옮김, 한길사.

———. 1996b, 『이해의 에세이』, 이진우·태정호 옮김, 한길사.

———. 1999, 『폭력의 세기』, 김정한 옮김, 이후.

———. 2004a, 『혁명론』, 홍원표 옮김, 한길사.

———. 2004b, 『정신의 삶』 1, 홍원표 옮김, 푸른숲.

———. 2005, 『과거와 미래 사이』, 서유경 옮김, 푸른숲.

———. 2006, 『예루살렘의 아이히만』, 김선욱 옮김, 한길사.

———. 2013, 『라헬 파른하겐』, 김희정 옮김, 텍스트.

아쿠타가와 류노스케(芥川龍之介), 1997, 『어느 바보의 일생』, 조사옥 옮김, 웅진출판.

안병무, 1979, 「예수와 오클로스」, 『민중과 한국신학』, NCC 신학연구위원회 엮음, 한국신학연구소.

알렉시예비치(S. Alexievich), 2011, 『체르노빌의 목소리』, 김은혜 옮김, 새잎.

알튀세르(L. Althusser), 2007, 『재생산에 대하여』, 김웅권 옮김, 동문선.

야마다 마사히로(山田昌弘), 2010, 『희망격차사회』, 최기성 옮김, 아침.

양보람, 2013, 「한국사회의 우울증 담론에 관한 사회학적 연구」, 서울대학교 사회학과 석사학위논문.

어리(J. Urry), 2013, 『사회를 넘어선 사회학』, 윤여일 옮김, 휴머니스트.

어효선, 2000, 『내가 자란 서울』, 대원사.

엄기호, 2010, 『이것은 왜 청춘이 아니란 말인가』, 푸른숲.

──. 2014, 「견딤의 시간, 혹은 견딘다는 것」, 『말과활』 4.

에런라이크(B. Ehrenreich), 2011, 『긍정의 배신』, 전미영 옮김, 부키.

엘리스(A. Ellis)·맥레런(C. MacLaren), 2007, 『합리적 정서행동치료』, 서수균·김윤희 옮김, 학지사.

엘리엇(T. S. Eliot), 1988, 『T. S 엘리엇 전집』, 이창배 옮김, 민음사.

오몽(J. Aumont), 2006, 『영화속의 얼굴』, 김호영 옮김, 마음산책.

오창룡, 2014, 「세월호 참사와 책임회피 정치」, 『진보평론』 61.

오유석, 2011, 「가난한 자의 피할 수 없는 전쟁」, 『구술사로 읽는 한국전쟁』, 한국구술 사학회 엮음, 휴머니스트.

요시미 순야(吉見俊哉), 2013, 『포스트 전후사회』, 최종길 옮김, 어문학사.

요아스(H. Joas), 2009, 『행위의 창조성』, 신진욱 옮김, 한울.

우남숙, 2011, 「사회진화론의 동아시아 수용에 관한 연구」, 『동양정치사상사』 10(2).

우석훈·박권일, 2007, 『88만원 세대』, 레디앙미디어.

우에노 치즈코(上野千鶴子), 2007, 『싱글, 행복하면 그만이다』, 나일등 옮김, 이덴슬리 벨.

우종민, 2007, 『마음력』, 위스덤하우스.

윌리스(P. Willis), 1989, 『학교와 계급재생산』, 김찬호·김영호 옮김, 민맥.

윌리엄스(R. Williams), 1991, 『이념과 문학』, 이일환 옮김, 문학과지성사.

웅거(R. Unger), 2012. 『주체의 각성』, 이재승 옮김, 앨피.

유권종·최상진, 2009, 「한국인의 내면에 형상화된 '마음'」, 『유교적 마음모델과 예교 육』, 한국학술정보.

유라이트(U. Jureit)·빌트(M. Wildt), 2014, 「세대들」, 『'세대'란 무엇인가?』, 박희경 옮 김, 한울.

유성선, 2002, 『율곡 이이의 수양공부론』, 국학자료원.

유승무, 2013, 「동양 사회 내재적 종교성과 베버의 동양 사회론」, 『현대사회와 베버 패 러다임』, 나남.

유승무·박수호·신종화, 2013, 「'마음'의 사회학적 재발견과 '합심'의 소통행위론적 이해」, 『사회사상과문화』 28.

유영우, 2004, 「나의 서울생활」, 『문화/과학』 39.

유인호, 2011, 「돌아오지 못하는 아이들」, 『영어권문화연구』 4(1).

유형근, 2015, 「청년 불안정 노동자 이해대변 운동의 출현과 성장」, 『아세아연구』 58(2).

윤민재, 2014, 「청년층 인턴문화에 관한 연구」, 『민주주의와 인권』 14(1).

윤용섭, 2014, 『음악, 마음을 다스리다』, 글항아리.

윤일성, 2006, 「도시빈곤에 대한 두 가지 시선」, 『경제와사회』 72.

윤재홍, 2002, 「골목과 이웃의 교육인간학」, 『교육철학』 27.

윤태호, 2012, 『미생』 1-9, 위즈덤하우스.

이건영, 1987, 『살고 싶은 집 걷고 싶은 거리』, 청계원.

이국운, 2008, 「미완의 프로젝트 48년 체제와 대한민국」, 『시민과세계』 14.

─── . 2010, 『헌법』, 책세상.

이기훈, 2014, 『청년아 청년아 우리 청년아』, 돌베개.

이길호, 2012, 『우리는 디씨』, 이매진.

이동미, 2005, 『골목이 있는 서울 문화가 있는 서울』, 경향신문사.

이명원, 2014, 「주권양도의 딜레마」, 한겨레신문 5월 26일자.

이영진, 2014, 「2014년 여름, 비탄의 공화국에서」, 『문학과사회』 107.

이오덕동요제를만드는사람들, 2014, 『복숭아 한번 실컷 먹고 싶다』, 보리.

이윤경·신승철, 2014, 『달려라 청춘』, 삼인.

이재무, 2014, 「시와 함께 걸어온 길」, 『시인으로 산다는 것』, 강은교 외 엮음, 문학사 상사.

이재열, 1998, 「대형사고와 위험─일상화한 비정상」, 『사상』 38.

이케가미 요시히코(池上善彦), 2012, 「저선량피폭지대로부터」, 신지영 옮김, 『후쿠시마 에서 부는 바람』, 조정환 엮음, 갈무리.

이희영, 2005, 「사회학 방법론으로서의 생애사 재구성」, 『한국사회학』 39(3).

─── . 2006, 「타자의 (재)구성과 정치사회화」, 『한국사회학』 40(6).

이희은, 2006, 「과거 만들기와 미래 발견하기」, 『언론과사회』 14(2).

일루즈(E. Illouz), 2010, 『감정자본주의』, 김정아 옮김, 돌베개.

임석재, 2006, 『서울, 골목길 풍경』, 북하우스.

임승택, 2013, 「심리적 세계의 이해」, 『마음과 철학』 불교편, 서울대학교 철학사상연구 소 엮음, 서울대학교 출판문화원.

임은미, 2006, 「노스탤지어 관광상품 개발에 관한 탐색적 연구」, 『관광학연구』 30(3).

임혁백, 2011, 「대의제 민주주의의 대의성」, 『왜 대의민주주의인가?』, 이학사.

장경섭, 1997, 「복합위험사회의 안전문제」, 『녹색평론』 33.

———. 1998, 「결론: 복합위험사회의 안전권」, 임현진·이세용·장경섭 엮음, 『한국인의 삶의 질』, 서울대학교 출판부.

———. 2009, 『가족, 생애, 정치경제』, 창비.

장세훈, 1994, 「서울시 무허가정착지 철거정비정책의 전개과정」, 『철거민이 본 철거』, 한국도시연구소.

장은주, 2008, 「상처 입은 삶의 빗나간 인정투쟁」, 『사회비평』 39.

장영란, 2010, 『영혼의 역사』, 글항아리.

장종욱, 2010, 「회로망—컴퓨터과학에서 마음」, 『마음학』, 백산서당.

제임스(W. James), 2008, 『실용주의』, 정해창 편역, 아카넷.

제임슨(F. Jameson), 1989, 「포스트모더니즘」, 정정호·강내희 엮음, 『포스트모더니즘론』, 문화과학.

전복희, 1996, 『사회진화론과 국가사상』, 한울.

전상진, 2008, 「자기계발의 사회학」, 『문화와사회』 5.

———. 2013, 「경제민주화와 세대」, 『상생을 위한 경제민주화』, 한국사회학회 엮음, 나남.

전성우, 2013, 「'실존'의 사회학」, 한양대학교 비교문화연구소 초청 강연문.

전영수, 2013, 『이케아 세대』, 중앙북스.

정경일, 2014, 「애도, 기억, 저항—세월호 '안의' 민중신학」, 『기독교사상』 668.

정과리, 2014, 『1980년대의 북극꽃들아, 뿔고등을 불어라』, 문학과지성사.

정근식, 2007, 「광주민중항쟁에서의 저항의 상징 다시 읽기」, 『기억과전망』 16.

———. 2013, 「사회적 감성으로서의 슬픔」, 정명중 외, 『우리시대의 슬픔』, 전남대학교 출판부.

정민우·이나영, 2011, 「청년세대, '집'의 의미를 묻다」, 『한국사회학』 45(2).

정수남·김정환, 2014, 「방황하는 청년들의 계급적 실천과 '평범함'에 대한 열정」, 서울대학교 아시아연구소 대중문화프로그램강연(6월 19일) 발표원고.

정수남·권영인·박건·은기수, 2012, 「'청춘'밖의 청춘—그들의 성인기 이행과 자아정체성」, 『문화와사회』 12.

정수복, 2007, 『한국인의 문화적 문법』, 생각의나무.

———. 2015, 『응답하는 사회학』, 문학과지성사.

정여울, 2010, 「흔적 없는 존재, 쾌락 없는 소통」, 『을』, 자음과모음.

정용택, 2014, 「국가란 무엇인가」, 『말과활』 5.

정운현, 1995, 『서울시내 일제유산답사기』, 한울.

정원옥, 2014a, 『국가폭력에 의한 의문사 사건과 애도의 정치』, 중앙대학교 대학원 문화연구학과 문화이론 전공 박사학위논문.

―――. 2014b, 「4·16과 애도담론」, 『자음과모음』 26.

정준영, 1994, 『만화보기와 만화읽기』, 한나래.

정태석, 2003, 「위험사회의 사회이론」, 『문화/과학』 35.

정하제, 2010, 「'아이 유괴 스릴러' 영화 장르의 부상」, 『공연과리뷰』 71.

정현천, 2011, 『나는 왜 사라지고 있을까』, 리더스북.

조명래, 2003, 「한국 개발주의의 역사와 현주소」, 『환경과 생명』 37.

조명래 외, 2004, 『신개발주의를 멈춰라』, 환경과생명.

조문영, 2013, 「공공이라는 이름의 치유」, 『한국문화인류학』 46(2).

―――. 2014, 「글로벌 빈곤의 퇴마사들」, 『정치의 임계, 공공성의 모험』, 혜안.

조용상, 2009, 『생존력』, 나무한그루.

조은, 2003a, 『침묵으로 지은 집』, 문학동네.

―――. 2003b, 「차가운 전쟁의 기억」, 『한국문학연구』 26.

조은·박경태, 2007, 「영상으로 사회학적 글쓰기」, 『2007년 후기 사회학대회 자료집』, 한국사회학회.

조은·조옥라, 1991, 『도시빈민의 삶과 공간』, 서울대학교 출판부.

주병선, 2005, 『주병선의 부부서바이벌』, 늘봄.

주은우, 1998, 「현대성의 시각체제에 대한 연구」, 서울대학교 사회학과 박사학위논문.

―――. 2004, 「4·19 시대의 청년과 오늘의 청년」, 『문화과학』 37.

줄레조(V. Gelézeau), 2007, 『아파트 공화국』, 길혜연 옮김, 후마니타스.

지주형, 2014, 「세월호 참사의 정치사회학」, 『경제와사회』 104.

짐멜(G. Simmel), 2005, 『짐멜의 모더니티 읽기』, 김덕영·윤미애 옮김, 새물결.

천정환, 2014, 「허무와 4·16 이후」, 『실천문학』 115.

청년유니온, 2011, 『레알청춘』, 삶창.

최성만, 2014, 『발터 벤야민』, 길.

최원, 2014, 「멈춰진 세월, 멈춰진 국가」, 『실천문학』 115.

최상진, 1999, 「서론」, 『동양심리학』, 지식산업사.

최성각, 2005, 「길에 관한 다섯 가지 허튼소리」, 『환경과 생명』 44.

최인섭, 1996, 『어린이 유괴범죄에 관한 연구』, 한국형사정책연구원.

최인호, 2006, 「일본 관광객의 한류관광 체험」, 『소비문화연구』 9(3).

최정운, 1999, 『오월의 사회과학』, 풀빛.

─── . 2013, 『한국인의 탄생』, 미지북스.

최정운·임철우, 2014, 「5·18 광주민주화 운동 34주년 기념 대담─절대공동체의 안과
밖」, 『문학과사회』 106.

최종렬, 2009, 『사회학의 문화적 전환』, 살림.

최진영, 2014, 「2014년 4월 16일 이후」, 『실천문학』 115.

최철웅, 2011, 「'청년운동'의 정치학」, 『문화과학』 66.

최태섭, 2013, 『잉여사회』, 웅진지식하우스.

카브동(J. M. Cavedon), 2006, 『방사능은 정말로 위험할까?』, 정은비 옮김, 민음인.

칸트(I. Kant), 1992, 『칸트의 역사철학』, 이한구 편역, 서광사.

칼훈(C. Calhoun), 2012, 「감정을 제자리에 위치시키기」, 『열정적 정치』, 제프 굿윈·제
임스 제스퍼·프란체스카 폴레타 엮음, 박형신·이진희 옮김, 한울.

커머드(F. Kermode), 1993, 『종말의식과 인간적 시간』, 조초희 옮김, 문학과지성사.

케인스(M. Keynes), 2007, 『고용, 이자 및 화폐의 일반이론』, 조순 옮김, 비봉출판사.

코저(L. A. Coser), 1988, 『사회사상사』, 신용하·박명규 옮김, 일지사.

코젤렉(R. Kosellek), 1998, 『지나간 미래』, 한철 옮김, 문학동네.

콜린스(R. Collins), 1995, 「사회구조에 있어 감정의 역할」, 『감정사회학』, 이성식·전신
현 편역, 한울.

─── . 2009, 『사회적 삶의 에너지』, 진수미 옮김, 한울.

쿠마르(K. Kumar), 2011, 「오늘날의 묵시, 천년왕국 그리고 유토피아」, 『종말론』, 맬컴
불 엮음, 이운경 옮김, 문학과지성사.

쿤데라(Kundera, M), 1988, 『참을 수 없는 존재의 가벼움』, 송동준 옮김, 민음사.

크라우치(C. Crouch), 2008, 『포스트민주주의』, 이한 옮김, 미지북스.

크레스웰(J. W. Creswell), 2010, 『질적연구방법론』, 학지사.

크루그먼(P. Krugman), 2002, 『자기조직의 경제』, 박정태 옮김, 부키.

클러만(G. Klerman), 2002, 『대인관계치료』, 이영호 옮김, 학지사.

타르드(G. Tarde), 2012, 『모방의 법칙』, 이상률 옮김, 문예출판사.

─── . 2013, 『사회법칙』, 이상률 옮김, 아카넷.

테일러(C. Taylor), 2001, 『불안한 현대사회』, 송영배 옮김, 이학사.

─── . 2010, 『근대의 사회적 상상』, 이상길 옮김, 이음.

──. 2015, 『자아의 원천들』, 권기돈·하주영 옮김, 새물결.

틸리(C. Tilly), 2010, 『위기의 민주주의』, 이승협·이주영 옮김, 전략과문화.

파머(P. Palmer), 2012, 『비통한 자들을 위한 정치학』, 김찬호 옮김, 글항아리.

펠드먼(D. Feldman)·크라비츠(D. Kravetz), 2014, 『슈퍼서바이버』, 이은경 옮김, 책읽
는수요일.

폴브레(N. Folbre), 2007, 『보이지 않는 가슴』, 윤자영 옮김, 또하나의문화.

푸코(M. Foucault), 1993, 『담론의 질서』, 이정우 옮김, 새길.

──. 1997, 「자기의 테크놀로지」, 『자기의 테크놀로지』, 이희원 옮김, 동문선.

프로이트(S. Freud), 1997, 「슬픔과 우울증」, 『정신분석학의 근본개념』, 윤희기·박찬부
옮김, 열린책들.

프리스비(D. Frisby)·세이어(D. Sayer), 1992, 『사회를 어떻게 볼 것인가』, 김철수·박창
호 옮김, 한국광보.

프린츠(A. Prinz), 2000, 『한나 아렌트』, 김경연 옮김, 여성신문사.

플라톤(Plato), 1997, 『국가·정체』, 박종현 옮김, 서광사.

핑커(S. Pinker), 2007, 『마음은 어떻게 작동하는가』, 김한영 옮김, 동녘사이언.

하버마스(J. Habermas), 2006, 『의사소통 행위이론』, 장춘익 옮김, 나남.

하벨(V. Havel), 2016, 『불가능의 예술』, 이택광 옮김, 경희대학교 출판문화원.

하비(D. Harvey), 2009, 『신자유주의』, 최병두 옮김, 한울.

하이데거(M. Heidegger), 2001, 『형이상학의 근본개념들』, 이기상·강태성 옮김, 까치.

하일브로너(R. Heilbroner), 2008, 『세속의 철학자들』, 장상환 옮김, 이마고.

한민희, 2011, 「불가능성과 형상―오타 요코의 '시체들의 도시'를 중심으로」, 『문학동
네』 68.

한보희, 2009, 「새로운 질문들, 촛불을 든 '새로운 주체'는 누구인가?」, 『그대는 왜 촛
불을 끄셨나요』, 산책자.

──. 2010, 「생명시대, 또는 죽음을 삼킨 생명의 잠과 꿈」, 『문학동네』 65.

한상진, 1998a, 「광주민주화운동에서 본 국민주권과 승인투쟁」, 『세계화시대의 인권
과 사회운동』, 한국사회학회 엮음, 나남.

──. 1998b, 「왜 위험사회인가?」, 『사상』 38.

한센(P. Hansen), 2007, 『한나 아렌트의 정치이론과 정치철학』, 김인순 옮김, 삼우사.

한윤형, 2013, 『청춘을 위한 나라는 없다』, 어크로스.

한윤형·최태섭·김정근, 2011, 『열정은 어떻게 노동이 되는가』, 웅진지식하우스.

한정식, 2003, 「아름다운 시절은 가고」, 김기찬, 『골목안 풍경 30년』, 눈빛.

한창윤, 2012, 「중국 북경 쑹장 예술촌의 문화창의산업지구화에 대한 연구」, 조선대학교 대학원 순수미술학과 석사학위논문.

허시먼(A. Hirschman), 1994, 『열정과 이해관계』, 김승현 옮김, 나남.

─── . 2005, 『떠날 것인가, 남을 것인가?』, 강명구 옮김, 나남.

허정식, 2012, 「다큐멘터리 영화의 관계 미학 연구」, 동국대학교 대학원 영화학과 박사학위논문.

헌트(L. Hunt), 2009, 『인권의 발명』, 전진성 옮김, 돌베개.

헤겔(F. Hegel), 2005, 『청년 헤겔의 신학논집』, 정대성 옮김, 인간사랑.

─── . 2008, 『법철학』, 임석진 옮김, 한길사.

홍원표, 2009, 『한나 아렌트와 세계사랑』, 인간사랑.

혹실드(A. R. Hochschild), 2001, 『돈 잘 버는 여자, 밥 잘 하는 남자』, 백영미 옮김, 아침이슬.

회스타(O. Høystad), 2010, 『하트의 역사』, 안기순 옮김, 도솔.

황동규, 1995, 『풍장』, 문학과지성사.

황민호, 2009, 『내 인생의 만화책』, 가람기획.

황병일, 1999, 「소비자 행동과 광고에서 향수(nostalgia)에 관한 연구」, 『광고홍보연구』 6(2).

황석영, 2010, 『강남몽』, 창비.

황익주, 2005, 「골목길과 광장 및 공원」, 『건축』 49(1).

황정은, 2014, 「가까스로, 인간」, 『눈먼 자들의 국가』, 문학동네.

후루이치 노리토시(古市憲壽), 2014, 『절망의 나라의 행복한 젊은이들』, 이언숙 옮김, 민음사.

4·16 세월호 참사 시민기록위원회 작가기록단, 2014, 『금요일엔 돌아오렴』, 창비.

黄洪基·邓蕾·陈宁·陆烨, 2009, "80后: 对一代人的透视与研究—关于 '80后'的研究文献综述", 『中国青年研究』 7.

张有平·赵广平, 2008, "覤后'媒介形象研究初探—由大批判到盛赞的逆转, 山东省青年管理干部学院学报", 『青年工作论坛』 6.

聂婷·张敦智, 2007, "中国 '草莓族' 现象分析", 『北京青年工作研究』 5.

刘锐, 2010, "互联网对城市 '蚁族' 的增权作用: 以 '京蚁' 为例", 『中国青年研究』 7.

東大社研 · 玄田有史 · 中村尚史 編著, 2009, 『希望学』 1~4, 東京大学出版会.

山岸俊男, 1999, 『安心社會から信賴社會へ』, 中央公論社.

Aboim, S. & Vasconcelos, P., 2014, "From Political to Social Generations", *European Journal of Social Theory* 17(2).

Abramson, L. Y. & Seligman M. E., 1978, "Learned Helplessness in Humans", *Journal of Abnormal Psychology* 87(1).

Agamben, G., 2004, *Image et mémoire*, Paris, Desclée de Brouwer.

Ahmed, S., 2014, *Willful Subjects*, Durham & London, Duke University Press.

Albrecht, M. M., 2008, "Acting Naturally Unnaturally", *Text and Perfomance Quarterly* 28(4).

Alexander, J., 2011, *Performance and Power*, Polity.

Alwin, D. & McCammon, R., 2003, "Generations, Cohorts, and Social Change", *Handbook of the Life Course*, ed. J. Mortimer & M. J. Shanahan, New York, Kluwer Academic/Plenum Publishers.

Anders, G., 2002, *L'obsolescence de l'homme*, trad. Christophe David, Paris, Ivrea.

———. 2006, *La menace nucléaire*, trad. Christophe David, Paris, Le Serpent à plumes.

Arendt, H., 1971, *The Life of the Mind*, San Diego & New York & London, Harcourt.

———. 1979, "On Hannah Arendt", *Hannah Arendt*, ed. Melvyn A. Hill, New York, St. Martin's Press.

———. 1998, *Love and St. Augustine*, Chicago University Press.

Aubert, N. & Gaulejac, Vincent de & Navridis, K., 1996, *L'aventure psychosociologique*, Paris, Desclée de Brouwer.

Avineri, S., 1974, *Hegel's Theory of Modern State*, Cambridge University Press.

Bachelard, G., 1943, *L'air et les songes*, Paris, José Corti.

———. 1949. *Le rationalisme appliqué*, Paris, PUF.

———. 1960, *La poétique de la rêverie*, Paris, PUF.

Badiou, A., 2005, *Le siècle*, Paris, Seuil.

Baehr, P., 2002, "Identifying the Unprecedented. Hannah Arendt, Totalitarianism, and the Critique of Sociology", *American Sociological Review* 67(6).

Banks, M., 2013, "Post-Authenticity", *Anthropological Quarterly* 86(2).

Barbalet, J. M., 2000, "*Beruf*, rationality and emotion in Max Weber's sociology", *European Journal of Sociology* 41(2).

Barrel, J., 1980, *The Dark Side of the Landscape*, New York, Cambridge University Press.

Barthes, R., 1964, *Essais critiques*, Paris, Seuil.

Bastide, R., 1966, "Sociology of the Dream", *The Dream and Human Societies*, ed. G. E. von Grunebaum & R. Caillois, Berkeley & L. A. University of California Press.

Baudelaire, Ch., 1961, *Œuvres complètes*, éd. C. Pichois, Paris, Gallimard.

Baudrillard, J., 2007, *In the Shadow of the Silent Majorities*, trans. P. Foss & J. Johnston & P. Patton & A. Berardini, Semiotext(e).

Beck, U., 2007, *Weltrisikogesellschaft*, Frankfurt a. M., Suhrkamp Verlag.

Becker, G., 1986, "The Economic Approach to Human Behaviour", *Rational Choice*, Oxford, ed. J. Elster, Blackwell.

Becker, G. & Posner, R., 2009, *Uncommon Sense*, University of Chicago Press.

Beck-Gernsheim, E., 1996, "Life as a Planning Project", *Risk, Environment & Modernity*, ed. S. Lash & B. Szerszynski & B. Wynne, Sage.

Bellah, R., 1992, *The Broken Covenant*, The University of Chicago Press.

Bellah, R. & Madsen, R. & Sullivan, W. & Swidler, A., 1985, *Habits of the Heart*, University of California Press.

Benhabib, S., 2000, *The Reluctant Modernism of Hannah Arendt*, Rowman & Littlefield Publishers.

Benjamin, W., 1972-1989. *Gesammelte Schriften*, Frankfurt a. M., Suhrkamp Verlag.

―――. 1979, *Correspondance, 1929-1940*, Paris, Aubier.

―――. 2008, *Träume*, Frankfurt a. M., Suhrkamp Verlag.

Benson, M., 2013, "Living the 'Real' Dream in *la France profonde?*", *Anthropological Quarterly* 86(2).

Bensussan, G., 2001, *Le temps messianique*, Paris, J. Vrin.

Beradt, Ch., 2004, *Rêver sous le IIIe Reich*, trad. P. Saint-Germain, Paris, Payot.

Berlant, L., 2011, *Cruel Optimism*, Duke University Press.

Bermingham, A., 1986, *Landcape and Ideology*, Berkeley, University of California Press.

Bernstein, R. J., 1986, "Rethinking the social and the political", *Hannah Arendt* vol. III, ed. G. Williams, London & New York, Routledge.

Best, J., 2012, *Social Problems*, W. W. Norton & Company.

Best, K., 2014, "Diasosi. China's 'Loser' Phenomenon", *On politics* 7(1).

Blanchot, M., 1955, *L'espace littéraire*, Paris, Seuil.

Blau, P., 1974, "Parameters of Social Structure", *American Sociological Review* 39.

Bloch, E., 1998, *Literary Essays*, eds. W. Hamacher & D. E. Wellbery, trans. Andrew Joron et al., Standford University Press.

Blondel, Ch., 1928, *Introduction à la psychologie collective*, Paris, Armand Collin.

Boia, L., 1998, *Pour une histoire de l'imaginaire*, Paris, Les Belles Lettres.

Boltanski, L. & Chiapello, E., 1999, *Le nouvel esprit du capitalisme*, Gallimard.

Boudon, R., 1993, *Effets pervers et ordre social*, Paris, PUF.

———. 2007, *Essai sur la théorie générale de la rationalité*, Paris, PUF.

———. 2009, *La rationalité*, Paris, PUF.

Bouglé, C., 2010, "Préface", E. Durkheim, *Sociologie et philosophie*, Paris, PUF.

Bourdieu, P., 1972, *Esquisse d'une théorie de la pratique*, Paris, seuil.

———. 1977, *Outline of a Theory of Practice*, Cambridge University Press.

———. 1980, *Le sens pratique*, Paris, Minuit.

———. 1984a, *Questions de sociologie*, Paris, Minuit.

———. 1984b, *Homo academicus*, Paris, Minuit.

———. 1987, *Choses dites*, Paris, Minuit.

———. 1992, *Les règles de l'art*, Paris, Minuit.

———. 1993, *The Field of Cultural Production*, ed. Randal Johnson, Polity Press.

———. 1994, *Raisons pratiques*, Paris, Seuil.

———. 1997, *Méditations pascaliennes*, Paris, Seuil.

———. 1998, *Contre-feux*, Paris, Raison d'agir.

———. 2002, *Questions de sociologie*, Paris, Minuit.

Bourdieu, P. & Chamboredon, J.-C. & Passeron, J.-C., 1968, *Le métier de sociologue*, Berlin & New York & Paris, Mouton.

Bowen-Moore, P., 1989, *Hannah Arendt's Philosophy of Natality*, Houndsmill, The MacMillan Press.

Boym, S., 2001, *The Future of Nostalgia*, New York, Basic Books.

Brewis, J. & Grey, Ch., 2008, "The Regulation of Smoking at Work", *Human*

Relations 61(7).

Brinton, M., 2011, *Lost in Transition*, Cambridge University Press.

Bruckner, H. & Mayer, K. U., 2005, "De-standardization of the Life Course", *Advances in Life Course Research* 9.

Burawoy, M., 2005, "For Public Sociology", *Public Sociology*, ed. col, Berkeley & L.A & London, University of California Press, 2007.

Butler, J., 1997, *Excitable Speech. A Politics of the Performative*, Routledge.

Caillois, R., 1966, "Logical and Philosophical Problems of the Dream", *The Dream and Human Societies*, eds. G. E. von Grunebaum & R. Caillois, Berkeley & L. A. University of California Press.

Candea, M., 2010, *The Social After Gabriel Tarde*, Routledge.

Canovan, M., 1974, *The Political Thought of Hannah Arendt*, New York & London, Harcourt Brace & Jovanovich.

Carrique, P., 2002, *Rêve, vérité*, Paris, Gallimard.

Castel, R., 1981, *La gestion des risques*, Paris, Minuit.

——. 1992, "Les deux sens du social", *Déconstruire le social*, dirigépar S. Karsz, Paris, L'harmattan.

Castoriadis, C., 1975, *L'institution imaginaire de la société*, Paris, Gallimard.

Cavalli, A., 2004, "Generations and Value Orientations", *Social Compass* 51(2).

Cederström, C., 2011, "Fit for Everything", *Ephemera* 11(1).

Ceglowski, D., 2002, "Research as Relationship", *The Qualitative Inquiry Reader*, eds. N. Denzin & Y. S. Lincoln, Sage.

Celan, P., 1983, *Gesammelte Werke* 1, Frankfurt a. M., Suhrkamp Verlag.

Chan, J. & Pun, N., 2010, "Suicide as Protest for the New Generation of Chinese Migrant Workers", *The Asia-Pacific Journal* 37.

Chauvel, L., 2006, "Social Generations, Life Chances, and Welfare Regime Sustainability", *Changing France*, eds. Pepper D. Culpepper & Bruno Pailer & Peter A. Hall, Palgrave Mcmillan.

——. 2010, *Le destin des générations*, Paris, PUF.

Chauviré, Ch. & Fontaine, O., 2003, *Le vocabulaire de Bourdieu*, Paris, ellipses.

Chombart de Lauwe, P. H., 1971, *Pour une sociologie des aspirations*, Paris, Denoël.

Coleman, J. S. & Fararo, T. J., 1992, "Introduction", *Rational Choice Theory. Advocacy and Critique*, eds. J. S. Coleman & T. J. Fararo, London, Sage.

Collins, R., 1975, *Conflict Sociology. Towards an Explanatory Science*, New York, Academy Press.

———. 1981, "On the Microfoundations of Macrosociology", *American Journal of Sociology* 86(5).

———. 1993, "Emotional Energy as the Common Denominator of Rational Action", *Rationality and Society* 5(2).

Comaroff, J. & Comaroff, J. L., 2001, "Millennial Capitalism", *Millennial Capitalism and the Culture of Neoliberalism*, eds. J. Comaroff & J. L. Comaroff, Duke University Press.

Corsten, M., 1999, "The Time of Generations", *Time Society* 8.

Côté, E. J., 2005, "Identity Capital, Social Capital and the Wider Benefits of Learning", *London Review of Education* 3(3).

Crapazano, V., 2003, "Reflections on Hope as a Category of Social and Psychological Analysis", *Cultural Anthropology* 18(1).

Davis, F., 1979, *Yearning for Yesterday*, New York, Free Press.

Dean, M., 1999, "Risk, calculable and incalculable", *Risk and Sociocultural Theory*, ed. D. Lupton, Cambridge University Press.

———. 2007, *Governing Societies*, Open University Press.

Deleuze, G., 2005, "L'ascension du social", J. Donzelot, *La police des familles*, Paris, Minuit.

Deleuze, G. & Guattari, F., 1972/3, *L'anti-oedipe*, Paris, Minuit.

Delhom, P., 2009. "Sous l'égide de Pascal", *Pierre Bourdieu*, dirigé par M. A. Lescourret, Paris, PUF.

Deneen, P. J., 1999, "The Politics of Hope and Optimism", *Social Research* 66(2).

Denzin, N., 1984, *On Understanding Emotion*, San Francisco, Jossey-Bass Publishers.

Dewey, J., 2012, *Human Nature and Conduct*, Mineola & New York, Dover Publications.

Didi-Huberman, G., 2000, *Devant le temps*, Paris, Minuit.

Donzelot, J., 1994, *L'invention du social*, Paris, Seuil.

Durkheim, E., 2005a, *L'éducation morale*, Paris, Fabert.

———. 2005b, *Les règles de la méthode sociologique*, Paris, PUF.

———. 2010, *Sociologie et philosophie*, Paris, PUF.

Edelman, R., 1981, *Psyche and society*, Columbia University Press.

Edmunds, J. & Turner, B. S., 2002, *Generations, Culture and Society*, Buchingham & Philadelphia, Open University Press.

———. 2005, "Global Generations", *The British Journal of Sociology* 56(4).

Ehrenberg, A., 1991, *La culte de la performance*, Paris, Hachette.

Elliot, A. & Turner, B. S., 2012, *On Society*, Polity.

Erickson, R. J., 1994, "Our Society, Our Selves", *Advanced Development Journal* 6.

Esler, A., 1984, "The Truest Community", *Journal of Political and Military Sociology* 12.

Ewald, F., 1986, *Histoire de l'état providence*, Paris, Grasset.

———. 1986, *L'État providence*, Paris, Grasset.

———. 1991, "Insurance and Risk", *The Foucault Effect*, eds. G. Burchell & C. Gordon & P. Miller, Hemel Hempstead, Harvester Wheatsheaf.

———. 1993, "Two Infinities of Risk", *The Politics of Everyday Fear*, ed. B. Massumi, Minneapolis & London, University of Minnesota Press.

Eyerman, R. & Turner, B. S., 1998, "Outline of a Theory of Generations", *European Journal of Social Theory* 1(1).

Fairclough, N., 1995, *Critical Discourse Analysis*, London, Longman.

Ferrara, A., 1993, *Modernity and Authenticity*, State University of New York Press.

Fish, J., 2002, "Religion and the Changing Intensity of Emotional Solidarities in Durkheim's The *Division of Labour in Society*", *Journal of Classical Sociology* 2.

———. 2005, *Defending Durkheimian Tradition. Religion, Emotion and Morality*, Ashgate Publishing Company.

Fisher, G. A. & Chon K. K., 1989, "Durkheim and the Social Construction of Emotions", *Social Psychology Quarterly* 52(1).

Fisher, H. & Aron, A. & Brown, L., 2005, "Romantic Love. An fMRI Study of a Neural Mechanism for Mate Choice", *Journal of Comparative Neurology* 493.

Foucault, M., 1969, *L'archéologie du savoir*, Paris, Gallimard.

──────. 1975, *Surveiller et punir*, Paris, Gallimard.

──────. 1977-8, *Sécurité, territoire, population*, Paris, Seuil.

──────. 1978-9, *Naissance de la biopolitique*, Paris, Seuil.

──────. 1991, "Questions of Method", *Foucault Effect*, eds. G. Burchell & C. Gordon & P. Miller, University Of Chicago Press.

──────. 1994a, *Dits et écirts I-1, 1954~1988*, Paris, Gallimard.

──────. 1994b, "Le jeu de Michel Foucault", *Dits et écrits 1954-1988* III, Paris, Gallimard.

Franzese, A. T., 2009, "Authenticity", *Authenticity in Culture, Self, and Society*, eds. Ph. Vannini & J. P. Williams, Ashgate.

Furedi, F., 2002, *Paranoid Parenting*, Chicago Review Press.

Fuss, P., 1979, "Hannah Arendt's Conception of Political Community", *Hannah Arendt*, ed. M. A. Hill, New York, St. Martin's Press.

Fülöp-Miller, R., 1935, *Leaders, Dreamers, and Rebels*, trans. Eden & Cedar Paul, The Viking Press.

Gagnebin, J. M., 1994, *Histoire et narration chez Walter Benjamin*, Paris, L' Harmattan.

Galland, O., 2011, *Sociologie de la jeunesse*, Paris, Armand Colin.

Gay, P., 1996, *The Naked Heart*, W. W. Norton & Company.

Gibson-Graham J. K., 2006, *A Postcapitalist Politics*, Minneapolis & London, University of Minnesota Press.

Gielen, P., 2013, *Creativity and Other Fundamentalisms*, Ram Publications.

Ginzburg, C., 1989, *Mythes, emblèmes, traces*, trad. Monique Aymard et al., Paris, Verdier.

Goldmann, L., 1956, *Le dieu caché*, Paris, Gallimard.

Gombrich, E. H., 1970, *Aby Warburg*, The University of Chicago Press.

Gordon, D., 1994, *Citizens Without Sovereignty*, Princeton & New Jersey, Princeton University Press.

Gottlieb, S., 2003, "Arendt's Messianism", *Hannah Arendt* vol. III, ed. G. Williams, London & New York, Routledge.

Habermas, J., 1962, *Strukturwandel der Öffentlichkeit*, Suhrkamp Verlag.

Hage, G., 2001, "The Shrinking Society. Ethics and Hope in the Era of Global

Capitalism", *Evatt Journal* 1, http://evatt.org.au/papers/shrinking-society.html.

———. 2003, *Against Paranoid Nationalism*, Pluto Press.

Harper, D., 1998, "An Argument for Visual Sociology", *Image-based Research*, ed. Jon Prosser, London & New York, Routledge Falmer.

Hartas, D., 2008, *The Right to Childhood*, Continuum.

Heinich, N., 2000, *Être écrivain*, Paris, La Découverte.

Heilbroner, R. L., 1985, *The Nature and Logic of Capitalism*, New York & London, W. W. Norton & Company.

Henley, P., 1988, "Film-making and Ethonographic Research", *Image-based Research*, ed. Jon Prosser, London & New York, Routledge Falmer.

Hewitt, J., 1989, *Dilemmas of the American Self*, Philadelphia, Temple University Press.

Héraclite, 1986, *Fragments*, trad. M. Conche, Paris, PUF.

Hibbs, Th., 2005, "Habits of the Heart", *International Philosophical Quarterly* 45(2).

Hochschild, A. R., 1979, "Emotion Work, Feeling Rules, and Social Structure", *American Journal of Sociology* 85(3).

———. 2003a, *The Managed Heart*, University of California Press.

———. 2003b, *The Commercialization of Intimate Life*, University of California Press.

———. 2012, *Outsourced Self*, New York, Picador.

Huffer, L., 1998, *Maternal Past, Feminist Futures*, Stanford & California, Stanford University Press.

Hutchens, S., 1994, *Living a Predicament*, Avebury.

Hyppolite, J., 1996, *Introduction to Hegel's Philosophy of History*, trans. B. Harris & J. Spurlock, University Press of Florida.

Illouz, E., 2008, *Saving the Modern Soul*, University of California Press.

Jackson, S. & Scott, S., 1999, "Risk Anxiety and the Social Construction of Childhood", *Risk and Sociocultural Theory*, ed. D. Lupton, Cambridge University Press.

Jalusic, V., 2002, "Between the Social and the Political", *The European Journal of Women's Studies* 9(2).

Jaspers, K., 1963, *La bombe atomique et l'avenir de l'homme*, trad. E. Saget, Buchet/Chastel.

Javeau, C., 2006, "La problématisation de l'enfance, des enfants et de l'enfant dans la société dite ⟨du risque⟩", *Éléments pour une sociologie de l'enfance*, Rennes, PUR.

Jay, M., 1978, "The Political Existentialism of Hannah Arendt", *Hannah Arendt* vol. III, ed. G. Williams, London & New York, Routledge.

――――. 1988, "Scopic Regimes of Modernity", *Vision and Visuality*, ed. H. Foster, Seattle, Bay Press.

Jones, S., 2010, "Negotiating Authentic Objects and Authentic Selves", *Journal of Material Culture* 15(2).

Joseph, I., 1999, "Gabriel Tarde. Le monde comme féerie", G. Tarde, *Les lois sociales*, Paris, Institut Synthélabo.

Jourdain, A. & Naulin, S., 2012, *La théorie de Pierre Bourdieu et ses usages sociologiques*, Paris, Armand Colin.

Kalyvas, A., 2005, "Popular Sovereignty, Democracy, and the Constituent Power", *Constellations* 12(2).

Karlson, N., 2002, *The State of State*, New Brunswick & London, Transaction Publishers.

Kaufmann, J. C., 1997, *Le coeur à l'ouvrage*, Paris, Nathan.

Keck, F. & Plouviez, M., 2008, *Le vocabulaire d'Emile Durkheim*, Paris, Ellipses.

Kelly, P., 2001, "Youth at Risk", *Discourse* 22(1).

Kemper, T., 1978, *A Social Interaction Theory of Emotions*, New York, John Wiley.

Kim, Hong Jung, 2013, "Risk or Totem?", *Development and Society* 42(2).

――――. 2014, "L'éthique chamanique et l'esprit du néolibéralisme coréen", *Sociétés* 122.

Klammer, U., 2010, "The 'Rush Hour' of Life", *A Young Generation Under Pressure?*, ed. Joerg C. Tremmel, Springer.

Kretsos, L., 2010, "The Persistent Pandemic of Precariousness", *A Young Generation Under Pressure?*, ed. Joerg C. Tremmel, Springer.

Kristeva, J., 1997, "Women's time", *The Portable Kristeva*, ed. Kelly Oliver, New York, Columbia University Press.

Lacan, J., 2006, *Le séminaire.* XVI, Paris, Seuil.

Lahire, B., 1999, "Champs, hors-champs, contre-champs", *Le travail sociologique de Pierre Bourdieu*, Paris, La Découverte.

Lamla, J., 2009, "Consuming Authenticity", *Authenticity in Culture, Self, and Society*, eds. Ph. Vannini & J. P. Williams, Ashgate.

Lasch, Ch., 1991, *The True and Only Heaven*, New York & London, W. W. Norton & Company.

Latour, B., 2007, *Changer de société, refaire de la sociologie*, Paris, La Découverte.

Latour, B. & Lépinay, V. A., 2008, *L'économie*, Paris, La Découverte.

Laufer, R. S. & Bengtson, V. L., 1974, "Generations, Aging and Social Stratification", *Journal of Social Issues* 30(3).

Lawrence, G. W., 2005, *Introduction to Social Dreaming*, London & New York, Karnac.

Lazarus, R. S., 1999, "Hope", *Social Research* 66(2).

Lear, M. W., 1963, *The Child Worshipers*, New York, Pocket.

Lebaron, F., 2005, "Pierre Bourdieu", *After Bourdieu*, eds. D. L. Swartz & V. L. Zolberg, Kluwer Academic Publishers.

Le Goff, J., 1980, *Time, Work, and Culture in the Middle Ages*, trans. A. Goldhammer, Chicago & London, The University of Chicago Press

———. 1985, *The Medieval Imagination*, trans. Arthur Goldhammer, Chicago & London, The University of Chicago Press.

Lefèbvre, H., 1974, *La production de l'espace*, Paris, Anthropos.

Lefort, C., 1986, *Essai sur le politique*, Paris, Seuil.

Leigh, Th. W. & Peters, C. & Shelton, J., 2006, "The Consumer Quest for Authenticity", *Journal of the Academy of Marketing Science 34*.

Leledakis, K., 1995, *Society & Psyche*, Oxford & Washington D.C., Berg Publishers.

Lin, Thung-Hong & Tseung, Wei-Ling & Lin, Yi-Ling, 2014, "Suicides et révolte dans une usine mondialisée", *Travailler 31*.

Lordon, F., 2010, *Capitalisme, désir, et servitude*, Paris, La Fabrique.

Lorey, I., 2015, *State of Insecurity*, trans. A. Derieg, London & New York, Verso.

Lowenthal D., 1985, *The Past is the Foreign Country*, Cambridge, Cambridge

University Press.

Lu, Huilin, 2015, "World Factory and Plight of New Generation of Peasant Workers in China", presented at 2015 The 4th SNU-PKU Joint Symposium on sociology.

Luhmann, N., 1984, *Social Systems*, trans. J. Bednarx Jr. & D. Baecker, California, Stanford University Press.

————. 1990, *Wissenschaft der Gesellschaft*, Frankfurt a. M., Suhrkamp Verlag.

————. 1991, *Risk*, trans. R. Barrett, New York Aldine de Gruyter.

————. 1995, *Social Systems*, trans. John Bednarz Jr. & Dirk Baecker, California, Stanford University Press.

————. 1997, *Die Gesellschaft der Gesellschaft*, Frankfurt a. M., Suhrkamp Verlag.

Luker, K., 2008, *Salsa Dancing Into the Social Sciences*, Harvard University Press.

Lupton, D., 1999, "Risk and the ontology of pregnant", *Risk and Sociocultural Theory*, ed. D. Lupton, Cambridge University Press.

Lynch, W. F., 1965, *Images of Hope*, University of Notre Dame Press.

Maisonneuve, J., 1973, *Introduction à la psychosociologie*, Paris, PUF.

Mandeville, B., 1997, *The Fable of the Bees and Other Writings*, abr. & ed. E. J. Hundert, Hackett Publishing Company, Inc.

Marcel, G., 2010, *Homo Viator*, South Bend & Indiana, St. Augustine's Press.

Marx, K., 1975, "Economic and Philosophical manuscripts", *Early Writings*, trans. R. Livingstone & G. Benton, New York, Vintage.

Massumi, B., 2002, *Parables for the Virtual. Movement, Affect, Sensation*, Durham & London, Duke University Press.

Mauss, M., 1995, *Sociologie et anthropologie*, Paris, PUF.

McGillivray, D., 2005, "Fitter, Happier, More productive", *Culture and Organization* 11(2).

Mead, G. H., 1934, *Mind, Self, and Society*, University of Chicago Press.

Menninghaus, W., 1986, "Science des seuils", *Walter Benjamin et Paris*, trad. Alain Juster, éd. H. Wismann, Paris, Cerf.

Merton, R., 1936, "The Unanticipated Consequences of Purposive Social Action", *American Sociological Review* 1(6).

Meštrović, S. G., 1997, *Postemotional Society*, Sage.

Milbank, J., 2006, *Theology and Social Theory*, Blackwell.

Miller, J. A., 1994, "Extimite", *Lacanian Theory of Discourse*, ed. M. Bracher, New York University Press.

Minkowski, E., 1995, *Le temps vécu*, Paris, PUF.

Miyazaki, H., 2004, *The Method of Hope*, Stanford University Press.

Moles, E., 1969, "Pascal's Theory of the Heart", *MLN* 84(4).

Montesquieu, C., 1993, *De l'esprit des lois. tome* 1, Paris, Flammarion.

Murtola, A. M. & Fleming, P., 2011, "The Business of Truth", *Ephemera* 11(1).

Needleman, J., 2005, "Two Dreams of America", *Deepening the American Dream*, ed. M. Nepo, Jossey-Bass.

Negri, A., 1997, *Le pouvoir constituant*, trad. É. Balibar & F. Matheron, Paris, PUF.

Oatley, K. & Johnson-Laird, P. N., 1987, "Towards a Cognitive Theory of Emotions", *Cognition and Emotion* 1(1).

O'Malley, P., 1996, "Risk and Responsibility", *Foucault and Political Power*, eds. A. Barry & Th. Osborne & N. Rose, The University of Chicago Press.

Ong, A. & Zhang, L., 2008, "Introduction. Privatizing China", *Privatizing China*, ed. A. Ong & L. Zhang, Ithaca & London, Cornell University Press.

Osbaldiston, N., 2012, *Seeking Authenticity in Place, Culture, and the Self*, Palgrave.

Palmer, P., 2005, "The Politics of the Brokenhearted", *Deepening the American Dream*, ed. Mark Nepo, Josey-Bass.

Panofsky, E., 1915, "Le problème du style dans les arts plastiques", *La perspective comme forme symbolique*, trad. sous la direction de G. Ballangé, Paris, Minuit, 1975.

Parekh, B., 1979, "Hannah Arendt's Critique of Marx", *Hannah Arendt*, ed. M. A. Hill, New York, St. Martin's Press.

Parsons, T., 1937, *The Structure of Social Action* vol. I, New York, The Free Press.

———. 1951, *The Social System*, London, Routledge.

———. 1968, *The Structure of Social Action* I, The Free Press.

Parsons, T. & Shils, E., 1951, *Toward a General Theory of Action*, Cambridge, Mass.

Pascal, B., 1976, *Pensées*, Paris, Garnier-Flammarion.

Passeron, J. C. & Revel, J., 2005, "Penser par cas", *Penser par cas*, Paris, EHESS.

Peterson, R. A., 2005, "In Search of Authenticity", *Journal of Management Studies* 42(5).

Pilcher, J., 1994, "Mannheim's Sociology of Generations", *American Journal of Sociology* 45(3).

Pitkin, H. F., 1998, *The Attack of the Blob*, Chicago & London, The University of Chicago Press.

Ponge, F., 1948, *Proêmes* I, Paris, Gallimard.

Pope, A., 1965, *An Essay on Man*, ed. F. Brady, New York & London, The Library of Liberal Arts.

Proust, J., 2005, *La nature de la volonté*, Paris, Gallimard.

Reay, D., 2000, "A useful extension of Bourdieu's conceptual framework?", *The Sociological Review* 48(4).

———. 2005, "Beyond Consciousness?", *Sociolgy* 39(5).

Revel, J., 2002, *Le vocabulaire de Foucault*, Paris, Ellipses.

Ricoeur, P., 1986. "Foreword", Bernard P. Dauenhauer, *The Politics of Hope*, New York & London, Routledge & Kegan Paul.

Rochlitz, R., 1992, *Le désenchantement de l'art*, Paris, Gallimard.

Roger, A., 1997, *Court traité du paysage*, Paris, Gallimard.

Rorty, R., 1999, *Philosophy and Social Hope*, New York, Penguin.

Rosanvallon, P., 1979, *Le capitalisme utopique*, Paris, Seuil.

———. 1981, *La crise de l'état-providence*, Paris, Seuil.

———. 1998, *Le peuple introuvable*, Paris, Gallimard.

Rose, N., 1996, "The Death of the Social?", *Economy and Society* 25(3).

———. 1999, *Governing the Soul*, London & New York, Free Association Books.

Roseman, M., 1995, "Introduction", *Generations in Conflict*, ed. Mark Roseman, Cambridge University Press.

Rossinow, D., 1998, *The Politics of Authenticity*, New York, Columbia University Press.

Rousseau, J. J., 2003, *Le contrat social, Oeuvres complètes* III, Paris, Gallimard.

Rubinstein. D., 1977, "The Concept of Action in the Social Sciences", *Journal for the Theory of Social Behaviour* 7(2).

Schechner, R., 2002, *Performance Studies*, New York & London, Routledge.

Schnapper, D., 1999, *La compréhension sociologique*, Paris, PUF.

Schutz, A., 1962, *Collected Papers* I, The Hague, Martinus Nijhoff.

Scott, A., 2000, "Risk or Angst Society", *The Risk Society and Beyond*, eds. B. Adam & U. Beck & J. van Loon, London, Sage.

Scott, S. & Jackson, S. & Backett-Millburn, K., 1998, "Swings and Roundabouts. Risk Anxiety and the Everyworlds of Children", *Sociology* 32(4).

Seligman, M., 1972, "Learned Helplessness", *Annual Review of Medecine* 23.

Seligman, M. & Maier, S. F., 1967, "Failure to Escape Traumatic Shock", *Journal of Experimental Psychology* 88.

Simmel, G., 1896, "Superiority and Subordination as Subject-Matter of Sociology", *American Journal of Sociology* 2.

Simon, H., 1984, *Models of Bounded Rationalitly*, The MIT Press.

Smith, A. T., 2000, "Images of the Nation", *Cinema and Nation*, eds. M. Hjort & S. Mackenzie, London & New York, Routledge.

Smith, L. M., 1978, "An Evolving Logic of Participant Observation, Educational Ethnography and Other Case Studies", *Review of Research in Education*, ed. L. Shulman, Peacock.

Sobel, M., 2000, *Teach Me Dreams*, Princeton & Oxford, Princeton University Press.

Spicer, A., 2011, "Guilty Lives", *Ephemera* 11(1).

Stake, R. E., 1995, *The Art of Case Study Research*, Sage.

Steinmetz, G., 1993, *Regulating the Social*, Princeton University Press.

Tassin, E., 1989, "La question de l'apparence", *Politique et pensée*, Paris, PUF.

Taylor, P. J., 1996, *The Way the Modern World Works*, John Wiley & Sons.

Terrier, J., 2011, *Visions of the Social*, Leiden & Boston, Brill.

Theodossopoulos, D., 2013, "Emberá Indigenous Tourism and the Trap of Authenticity", *Anthropological Quarterly* 86(2).

Tocquevillle, A. D., 1986, *De la démocratie en Amérique* I, Paris, Gallimard.

Todorov, T., 1993, *Eloge du quotidien*, Paris, Adam Biro.

Touraine, A., 1977, *La société invisible*, Paris, Seuil.

———. 1981, "Une sociologie sans société", *Revue française de sociologie* 22(1).

——. 1998, "Can we live together, equal and different?", *European Journal of Social Theory* 1(2).

Trilling, L., 1972, *Sincerity and Authenticity*, Harvard University Press.

Ungar, S., 2001, "Moral panic versus the risk society", *British Journal of Sociology* 52(2).

Urry, J., 2002, *The Tourist Gaze*, London, Sage Publication.

Valéry, P., 1973, *Cahiers* I, éd. Judith Robinson, Paris, Gallimard.

Vannini, Ph., 2007, "The Changing Meanings of Authenticity", *Studies in Symbolic Interaction* 29.

Vannini, Ph. & Burgess, S., 2009, "Authenticity as Motivation and Aesthetic Experience", *Authenticity in Culture, Self, and Society*, eds. Ph. Vannini & J. P. Williams, Ashgate.

Wang, H., 2010, *The Chinese Dream*, Bestseller Press.

Wang, N., 1999, "Rethinking Authenticity in Tourism Experience", *Annals of Tourism Research* 26(2).

Warburg, A., 2003, "Images du territoire des indiens pueblos en Amérique du nord", *Le rituel du serpent*, trad. S. Müller, Paris, Macula.

——. 2008, *Der Bilderatlas MNEMOSYNE*, Berlin, Akademie Verlag.

Weber, M., 1978, *Economy and Society* vol. II, eds. G. Roth & C. Wittich, Berkeley, University of California Press.

Weigert, A. J., 2009, "Self Authenticity as Master Motive", *Authenticity in Culture, Self, and Society*, eds. Ph. Vannini & J. P. Williams, Ashgate.

Wilson, J. L., 2005, *Nostalgia*, Lewisburg, Bucknell University Press.

Winston, B., 1995, *Claiming the Real*, London, British Film Institute.

Wolin, S., 2008, *Democracy Incorporated*, Princeton, Princeton Universtiry Press.

Wyness, M., 2006, *Childhood and Society*, Palgrave.

Yang, Lijun & Zheng, Yonghan, 2012, "Fen Qings(Angry Youth) in Contemporary China", *Journal of Contemporary China* 21(76).

Yokoyama, Katsuhiko, 2010, "Notes on Tetsuya Ishida", 『石田徹也全作品集』, 求龍堂.

Zelizer, V. A., 1978, "Human Values and the Market", *The American Journal of Sociology* 84(3).

Zembylas, M., 2007, "Emotional Capital and Education", *British Journal of*

Educational Studies 55(4).

Zerubavel, E., 1997, *Social Mindscapes*, Havard University Press.

Zournazi, M., 2003, *Hope*, New York, Routledge.

사회학적 파상력

ⓒ김홍중 2016

초판 인쇄   2016년 11월 4일
초판 발행   2016년 11월 14일

지은이 김홍중
펴낸이 염현숙
책임편집 이경록
디자인 강혜림 이주영 | 마케팅 정민호 이연실 정현민 김도윤 양서연
홍보 김희숙 김상만 이천희
제작 강신은 김동욱 임현식 | 제작처 한영문화사

펴낸곳 (주)문학동네
출판등록 1993년 10월 22일 제406-2003-000045호
주소 10881 경기도 파주시 회동길 210
전자우편 editor@munhak.com | 대표전화 031) 955-8888 | 팩스 031) 955-8855
문의전화 031)955-3576(마케팅) 031)955-3572(편집)
문학동네카페 http://cafe.naver.com/mhdn | 트위터 @munhakdongne

ISBN 978-89-546-4299-6 93300

www.munhak.com